増補版 プロの仕事が身につく和食の庖丁技術

▼野菜の飾り切り・むきものの技術
▼魚のおろし方・切りつけ・活造りの技術
▼和庖丁の基礎知識

第一章 和食の庖丁技術（口絵カラー）

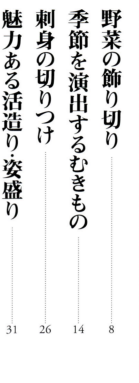

第二章 和庖丁の基礎知識

第三章 野菜の基本の切り方と飾り切りの技術

第四章 野菜のむきものの技術……67

◎本書をお読みになる前に

■本書は『わかりやすい和食の包丁技術』（平成13年、小社刊）をベースに『むきものの技術』（平成18年、小社刊）の掲載内容を合わせて加筆し、一冊にまとめたものです。内容構成は基本的に『わかりやすい和食の包丁技術』をふまえていますが、庖丁の冴えを訴求しやすい四季折々の野菜類の飾り切りやむきものについては、ページを特に多く使って多彩なバリエーションを紹介しています。

■前著で技術指導をしていただいた方は次の通りです。第二章・和庖丁の基礎知識（基本の姿勢）＝後藤紘一良氏、第三章・野菜の基本の切り方と飾り切りの技術【野菜の基本の切り方】＝中村昌次氏、同【野菜の飾り切りの技術】＝田中喜一氏・工藤久明氏、第四章・野菜のむきものの技術【十二ヵ月のむきもの】＝川口正信氏、第五章・魚のおろし方の技術【手法別魚のおろし方】＝中村昌次氏、第六章・刺身の切りつけと活造り・姿盛りの技術【刺身の切りつけの技術】＝沢辺利男氏、【活造り・姿盛りの技術】＝内山　敏氏

第一章

和食の庖丁技術

野菜の飾り切り

料理の引き立て役に欠かせないのが、野菜の飾り切り。身近な野菜を使い、野菜の形を活かしつつ、庖丁一本でさまざまな形を切り出していく。料理をひときわ彩る楽しい仕事だ。

唐草（大根）

＊本文はP51

菊花作り（大根）

＊本文はP50

矢車草（大根）

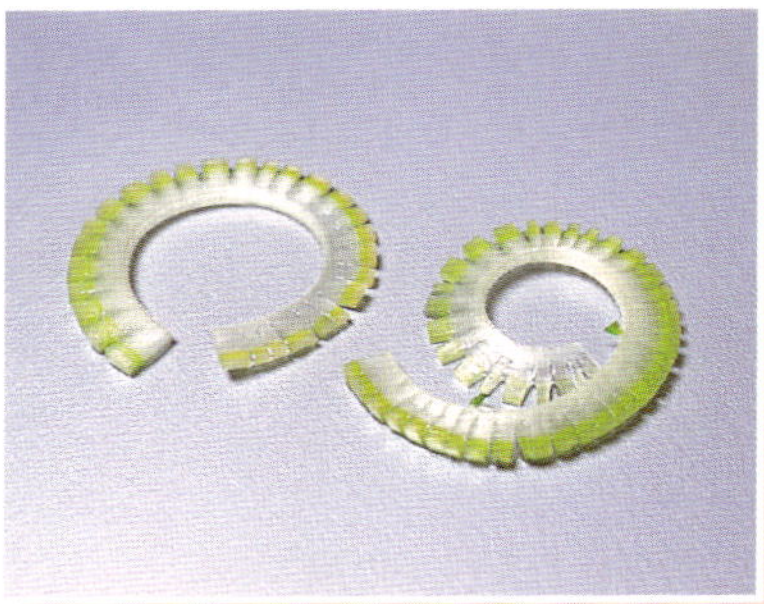

＊本文はP51

網むき（大根）

＊本文はP50

わさび台/桜、梅（人参）

＊本文はP52

羽子板（大根）

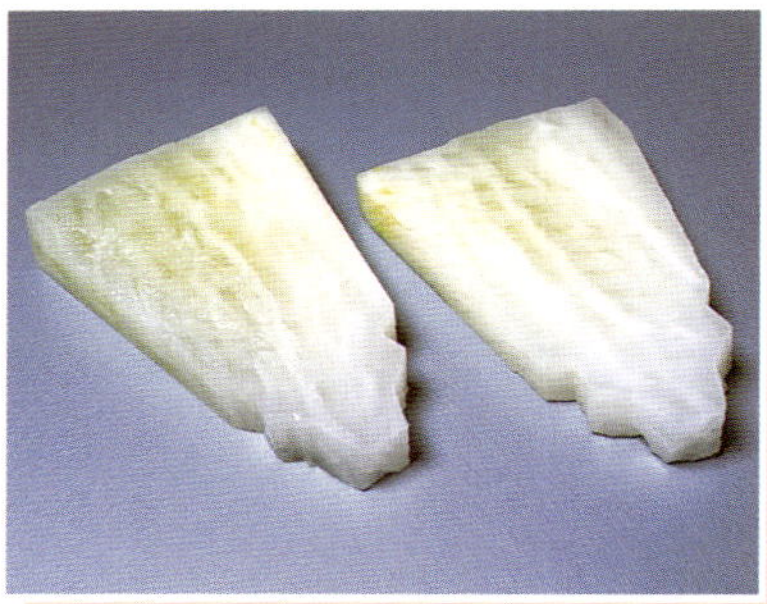

＊本文はP51

わさび台/菊（人参）

＊本文はP52

わさび台/桜（大根）

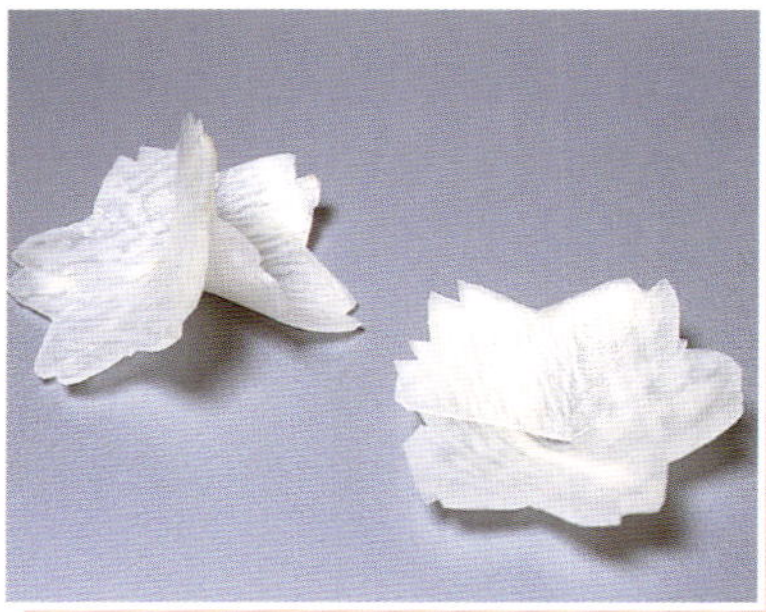

＊本文はP51

わさび受け（胡瓜）

＊本文はP54

木の葉（人参）

＊本文はP53

千鳥（人参）

＊本文はP52

蛇腹《じゃばら》胡瓜（胡瓜）

＊本文はP54

結び文（人参）

＊本文はP53

末広人参（人参）

＊本文はP52

舞鶴《まいづる》胡瓜（胡瓜）

＊本文はP55

切り違い（胡瓜）

＊本文はP54

より人参（人参）

＊本文はP52

扇面《せんめん》胡瓜（胡瓜）

＊本文はP55

水玉胡瓜（胡瓜）

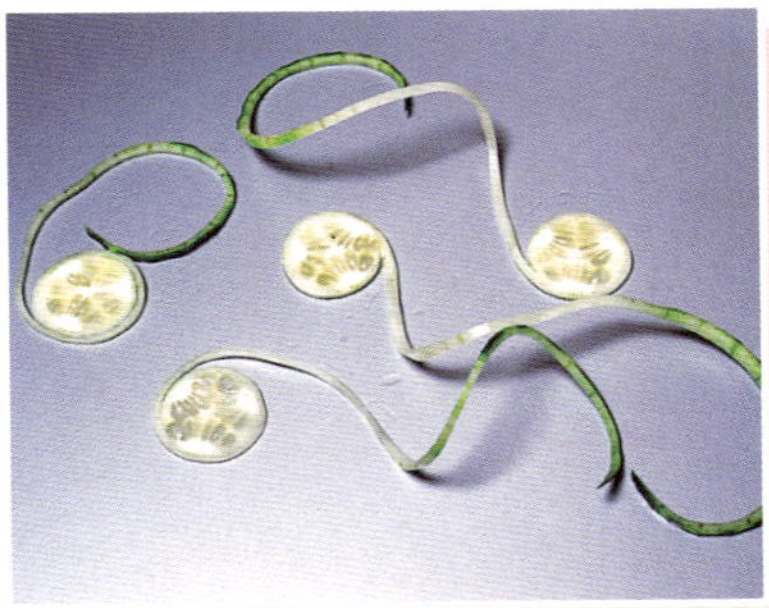

＊本文はP54

ねじ梅（人参）

＊本文はP53

葉つき蕪（蕪）

＊本文はP58

花切り（うど）

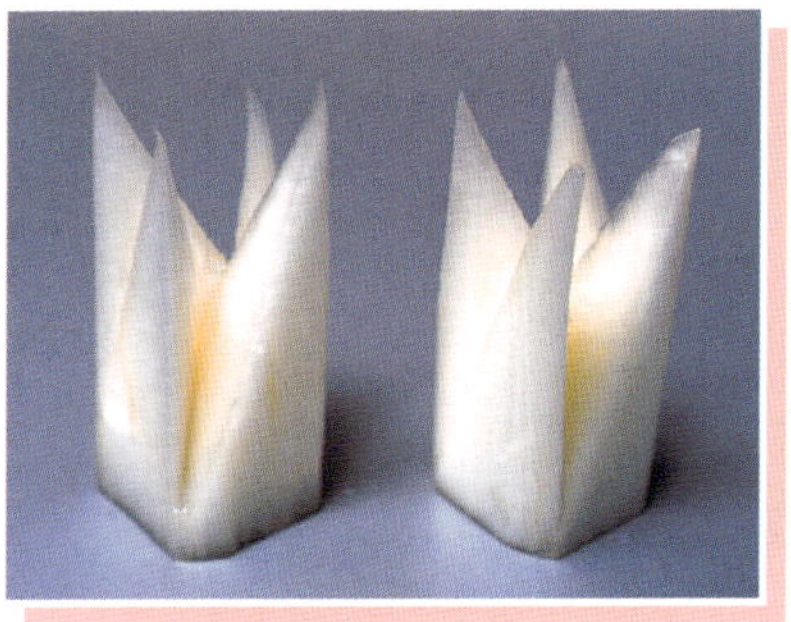

＊本文はP57

五葉松（胡瓜）

＊本文はP56

地紙（蕪）

＊本文はP58

菖蒲《あやめ》（うど）

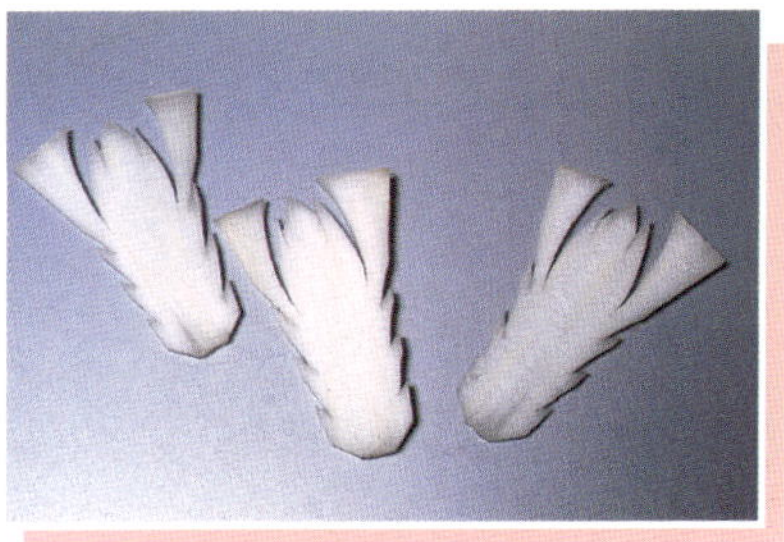

＊本文はP57

松葉・向い松葉（うど）

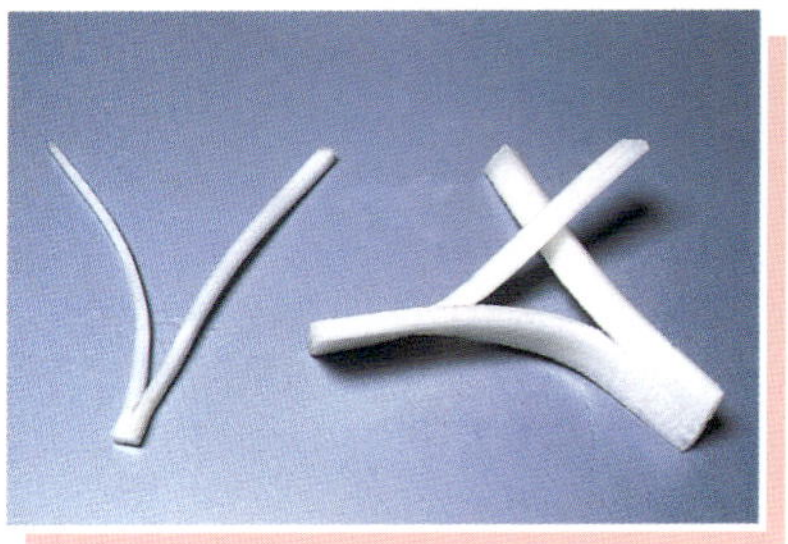

＊本文はP56

花蓮根（蓮根）

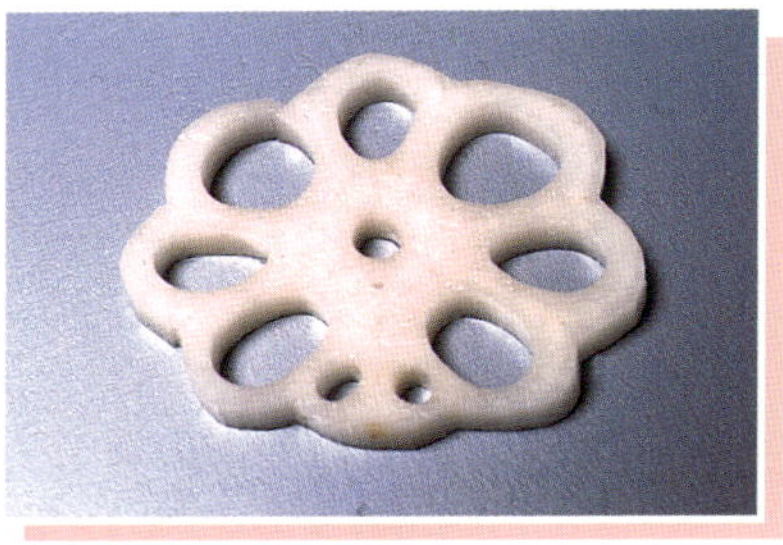

＊本文はP59

ひょうたん（蕪）

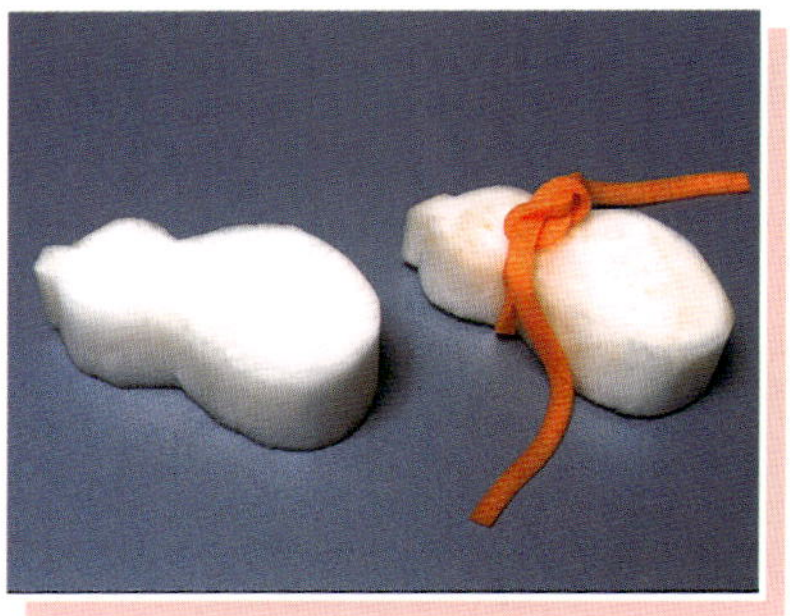

＊本文はP58

よりうど（うど）

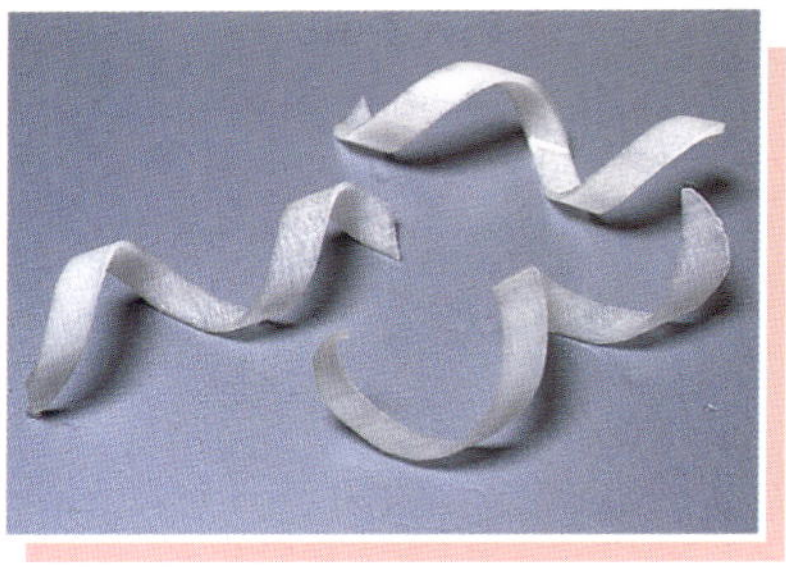

＊本文はP56

雪輪（蓮根）

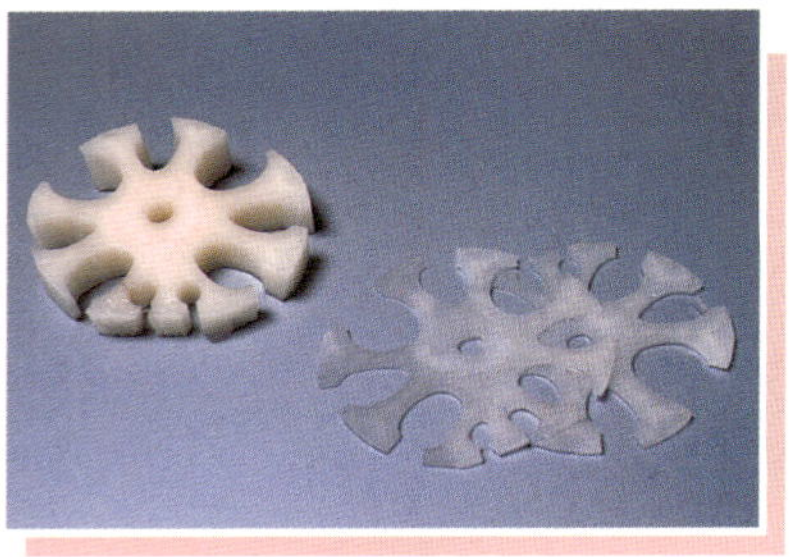

＊本文はP59

菊花蕪（蕪）

＊本文はP58

吉原（葦原）切り（うど）

＊本文はP57

木の葉（くわい）

＊本文はP61

太鼓・六方むき（里芋）

＊本文はP60

蛇籠《じゃかご》（蓮根）

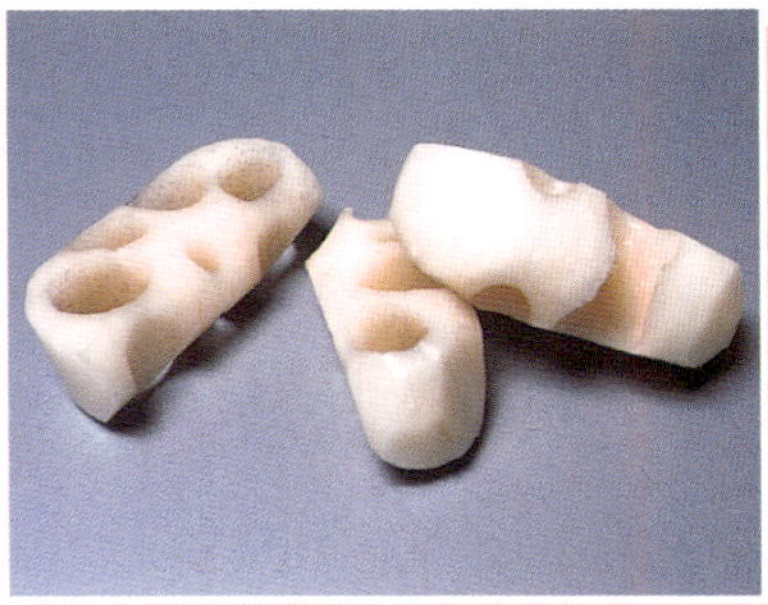

＊本文はP59

牡丹（百合根）

＊本文はP61

松茸（里芋）

＊本文はP60

矢羽根（蓮根）

＊本文はP59

花びら（百合根）

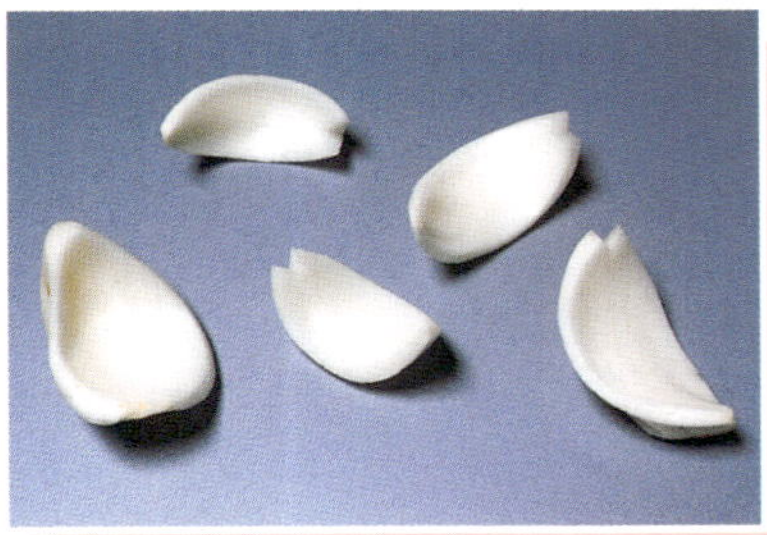

＊本文はP61

網代《あじろ》（里芋）

＊本文はP60

蓮根桂《はすがつら》（蓮根）

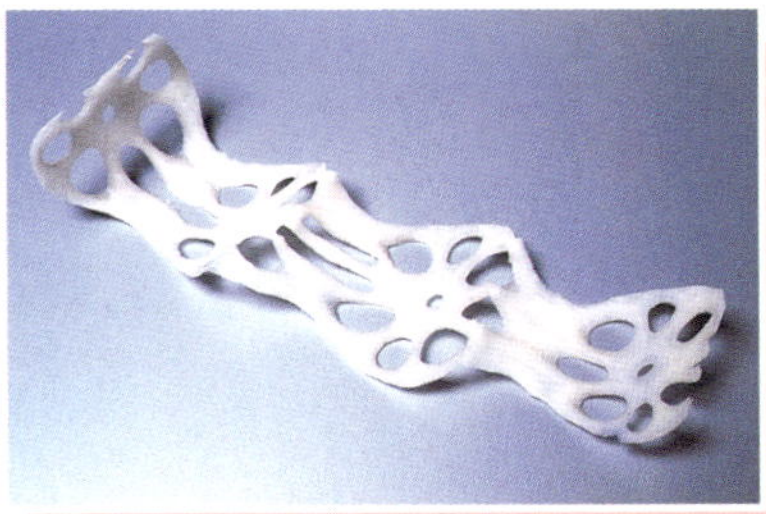

＊本文はP59

筆（谷中生姜）

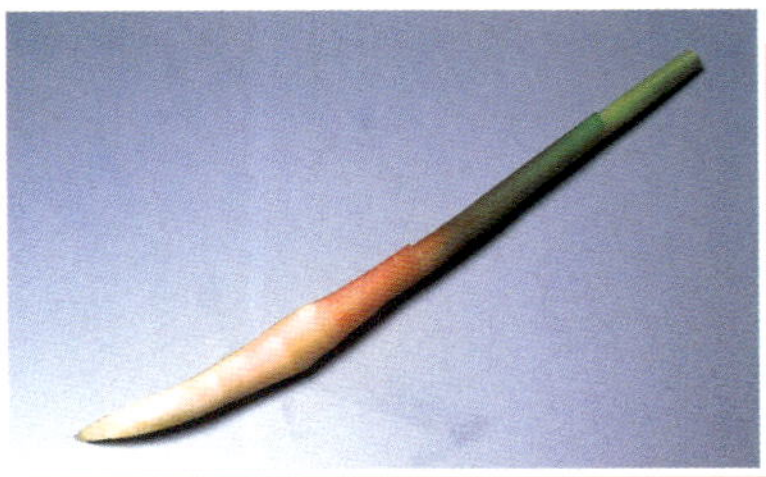

＊本文はP62

亀甲（くわい）

＊本文はP61

手毬《てまり》（蓮根）

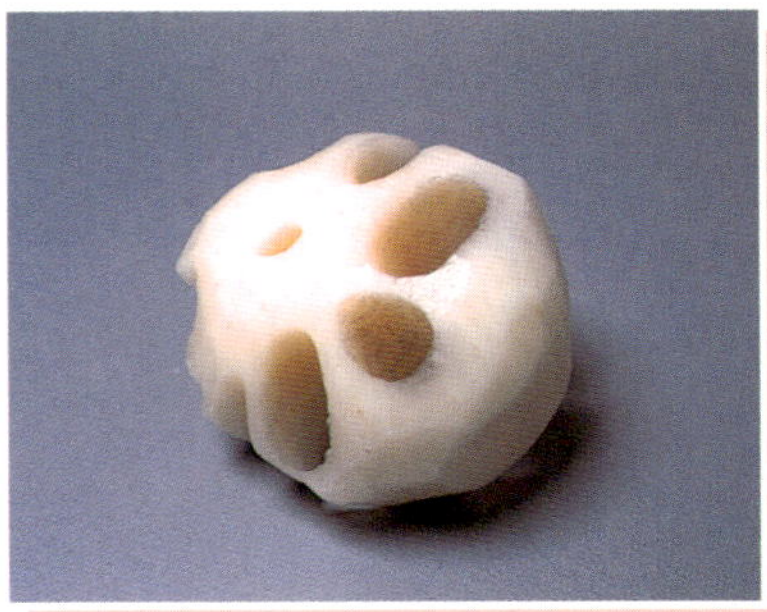

＊本文はP59

花ラディッシュ（ラディッシュ）

＊本文はP65

木の葉（根生姜）

＊本文はP63

杵（谷中生姜）

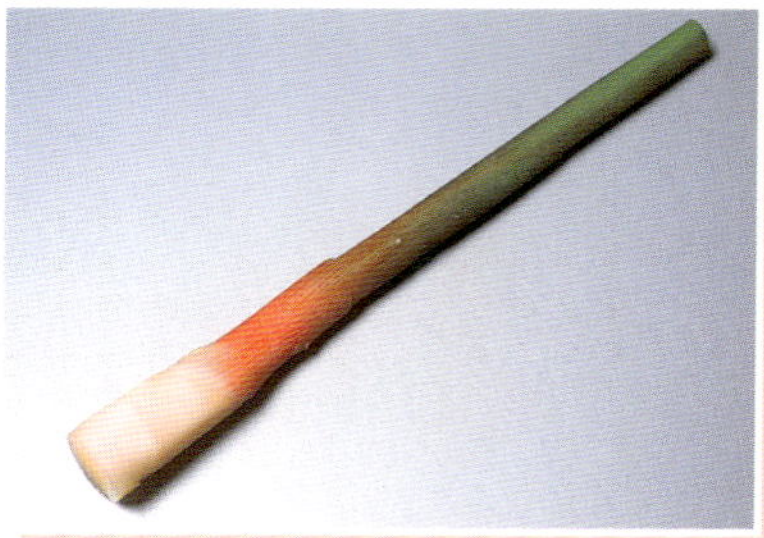

＊本文はP62

結び防風（防風）

＊本文はP65

蝶々（根生姜）

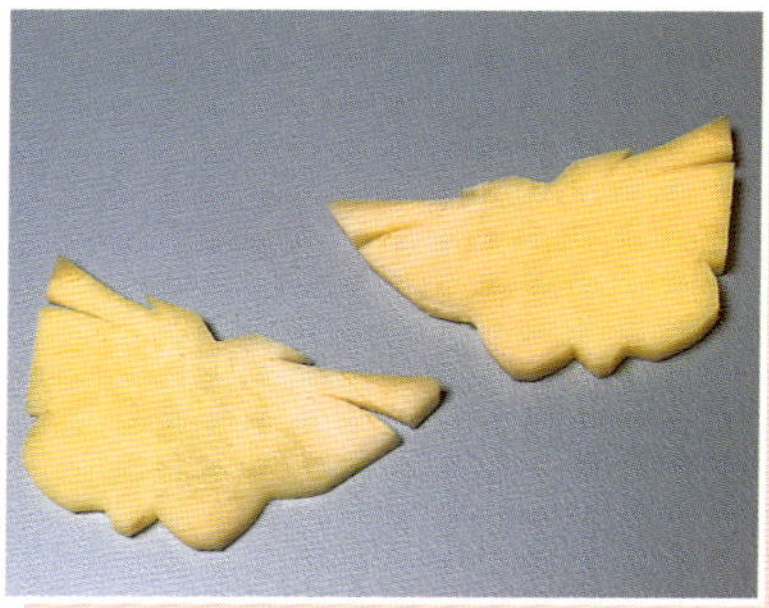

＊本文はP64

木の葉（谷中生姜）

＊本文はP62

碇《いかり》防風（防風）

＊本文はP65

かもじ（葱）

＊本文はP64

双葉葵（谷中生姜）

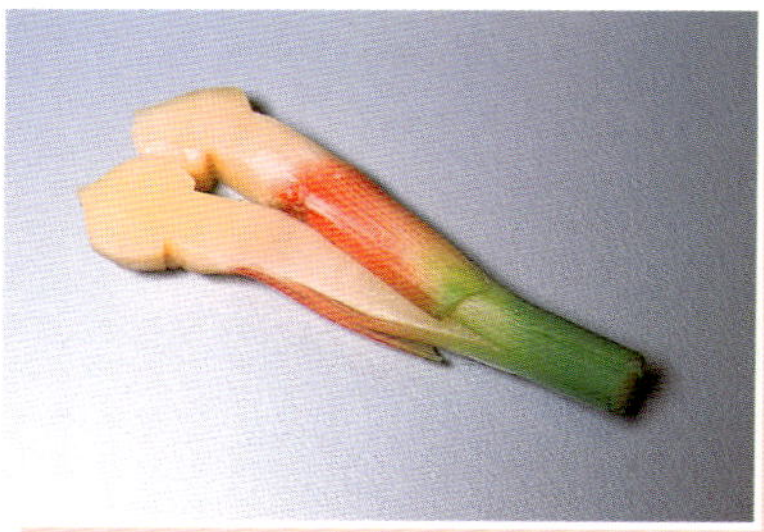

＊本文はP63

剣防風（防風）

＊本文はP65

ささら（葱）

＊本文はP64

つばくろ（谷中生姜）

＊本文はP63

型抜き椎茸（椎茸）

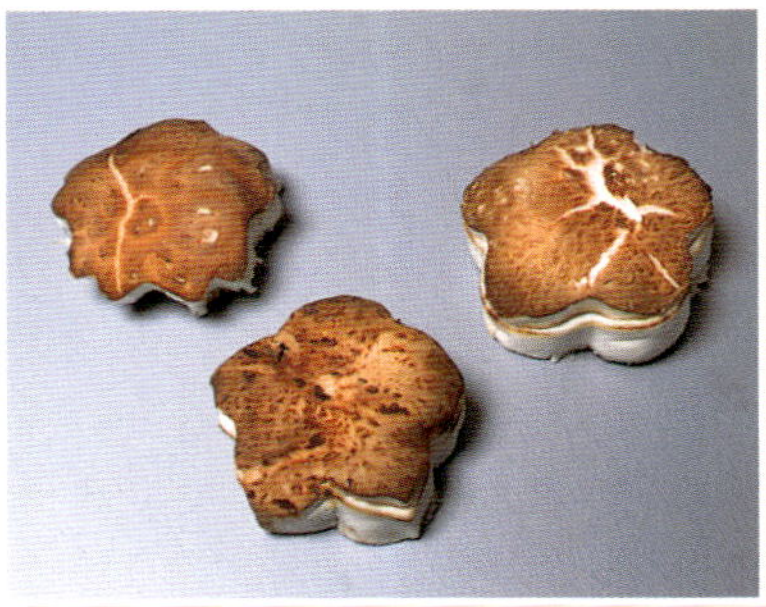

＊本文はP66

茶筅《ちゃせん》（茄子）

＊本文はP66

柚子釜（柚子）

＊本文はP65

傘椎茸・くさび・亀甲（椎茸）

＊本文はP66

ねじり茶筅（茄子）

＊本文はP66

松葉・結び柚子（柚子）

＊本文はP65

桂椎茸（椎茸）

＊本文はP66

鹿の子（茄子）

＊本文はP66

型抜き柚子（柚子）

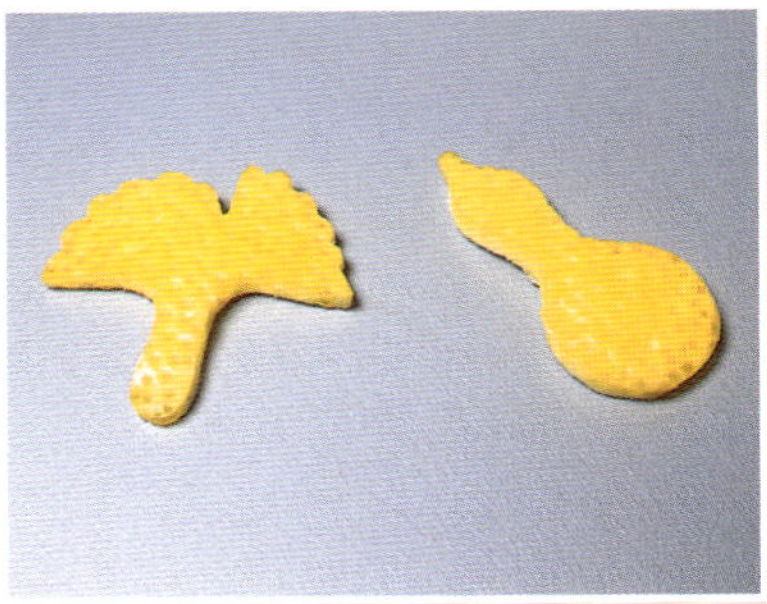

＊本文はP65

季節を演出するむきもの

時季の野菜で、春夏秋冬の花々や風物を表現するむきものは、料理に季節感と趣を与える。展示用や演出のためだけではなく、素材の季節を表現する手段として身につけたい。料理への実際の例とともに紹介する。

一月のむきもの

紅白お鏡餅

*本文はP70

大根は上側の断面をくり抜いて鴨肉を詰め、人参は下側の断面をくり抜いて詰め、重ね合わせる。

● 煮物椀
お鏡大根鴨射込み

大根と金時人参を鏡餅に見立ててむき、ともに中に鴨の挽き肉を詰め、蒸し上げてから八方地に含めて椀だねにする。

独楽《こま》

*本文はP71

● 小ダイ姿焼き

くわいの形を活かしてむいた独楽をくちなしで茹でて黄色く色づけし、レモン煮にして、焼き物の前盛りとしてあしらう。

鶴の子

*本文はP72

● 雑煮　白味噌仕立て

里芋を鶴の子が首を後ろに向けている姿にむき、芋の白さを活かして、だし、味醂、塩だけで煮含める。目の部分には梅肉をのせる。

松笠

*本文はP74

● 棒鱈の旨煮

エビ芋を松笠にむき、一度油で素揚げしてから鱈の旨みがしみ込んだ煮汁で煮含める。揚げることで、笠の形が崩れにくくなる。

千代結び

*本文はP76

祝い事の料理の椀だねや口取りによく使われる千代結び。ここでは大根と人参をむき、真昆布との焚き合わせにした。

● 焚き合わせ

二月のむきもの

鶯《うぐいす》

＊本文はP78

●取り肴

ブロッコリーの太い茎の部分を利用して鶯にむく。それを、湯がいて色出ししてから西京漬けにし、取り肴の背景として飾る。

鶴小芋

＊本文はP80

●粕汁

鶴のくちばしにむいた里芋、亀甲にむいた大根、梅の花にむいた人参と鰯のつみれを椀だねにする。野菜はいずれも柔らかく下茹でして吸い地に含ませる。

鬼面

＊本文はP81

●枡蕪 柚子味噌

節分にちなんだ鬼を、金時人参でユーモラスな顔にむき、煮物の材料に。裏側は中をくり抜いて鴨の挽き肉を詰め、蒸して含め煮に。

ねじり梅

＊本文はP82

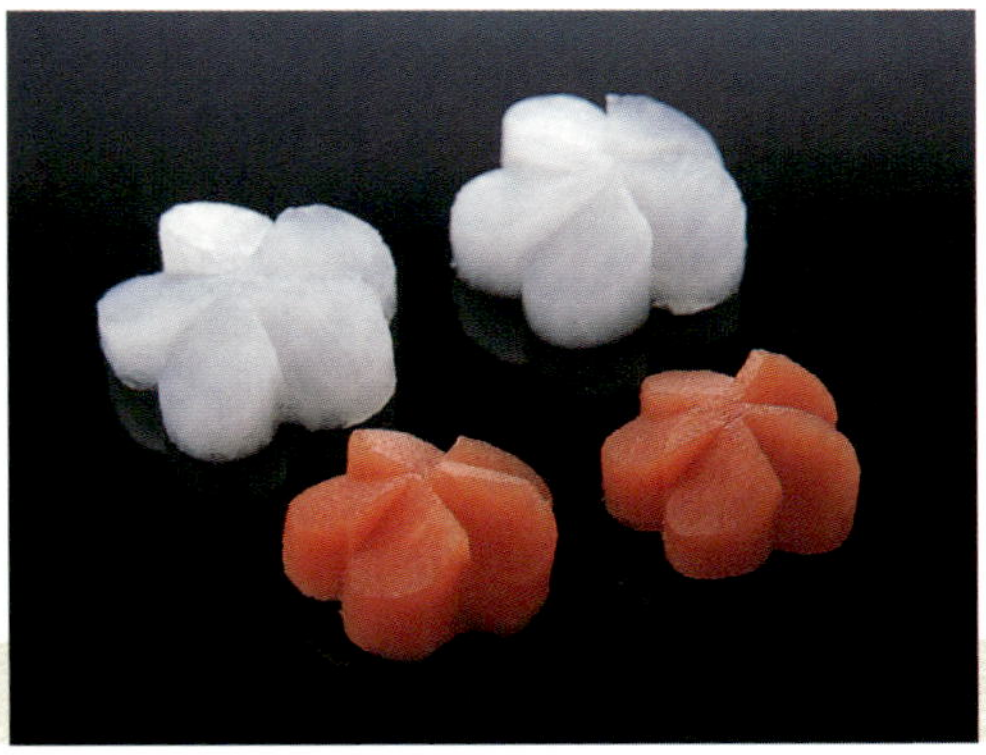

●鶉丸袱紗仕立て

鶉のつみれに紅白の梅にむいた大根と人参を取り合わせる。花びらにねじりを入れて立体感を出し、別々に茹でて吸い地に含める。

枡大根

＊本文はP83

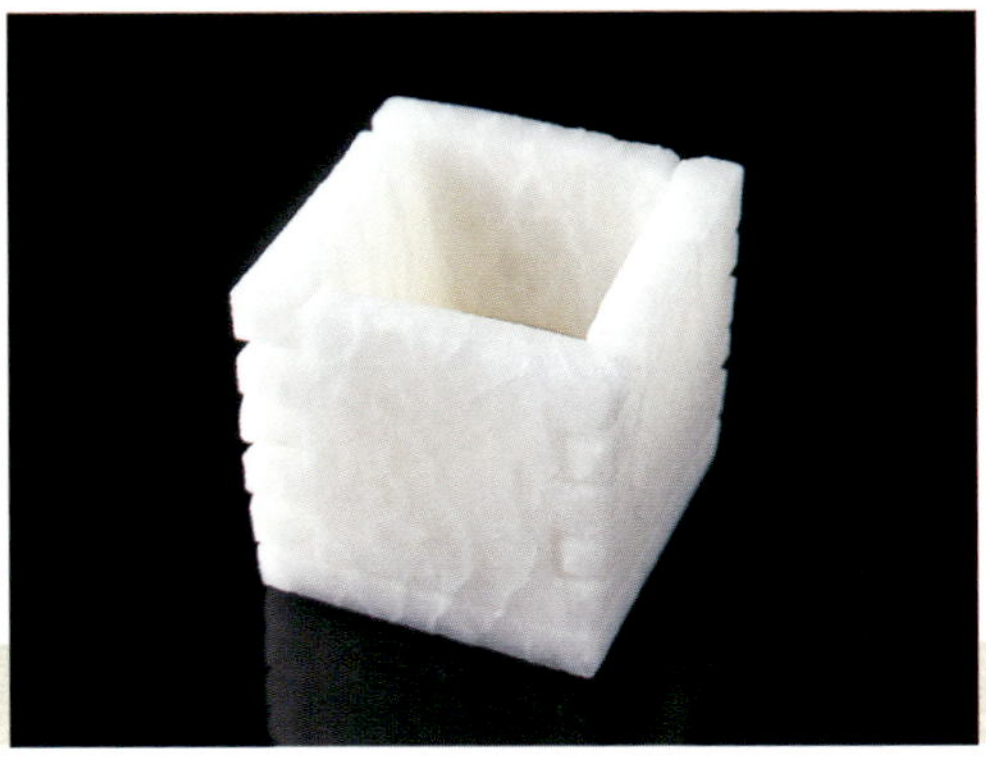

●鬼きんこ 鰯手綱ずし

一合枡の形にむいた大根を前菜の盛り器とする。大根の枡は米のとぎ汁で下茹でし、八方地で煮含めてから使う。

三月のむきもの

鈴

＊本文はP84

金時人参を鈴の形にむいて三つ葉の紐をかけ、菱形に切った蟹しんじょに添えて雛祭りの風情を出す。鈴人参はさっと湯がいてから含め煮にする。

●菱餅蟹しんじょ
清まし汁仕立て

丸鶴

＊本文はP85

エビ芋に左右に羽を広げた鶴をむき、バーナーであぶって形をくっきりとさせる。含め煮にして柚子味噌に盛る。

●煮物
敷き柚子味噌

松

＊本文はP86

松の形を長芋でかたどり、酢の物のあしらいに。長芋はぬめりが強いため一度水に落とし、その後軽く焼き目をつけてむき、甘酢漬けにする。

●赤貝　細魚の酢の物

蓑亀《みのがめ》

＊本文はP87

筍を米糠でやわらかく茹でてから、穂先を活かして蓑亀にむく。だし、味醂、淡口醤油で煮含める。

●筍とタイの子の
焚き合わせ

手籠

＊本文はP88

手籠にむいた南瓜を盛り籠にする。胴部がくびれた京都特産の鹿ヶ谷南瓜を使い、その形を活かす。

●若菜摘み（アマゴ、土筆、
たらの芽、こごみの天ぷら）

四月のむきもの

桜

＊本文はP90

桜は、長芋をむき、梅紫蘇で色と香りをつけて含め煮にする。飯蛸桜煮に取り合わせ、花見の季節感を引き立てる。

●飯蛸桜煮　豆あん

ひょうたん桜

＊本文はP91

冬瓜のみずみずしさを活かしたむきものを、タイのあらとともに椀に盛る。桜ひょうたんはむいてから重曹を混ぜた塩をすり込んだ後、色出しをして、吸い地に含ませる。

●タイ潮汁

花蓮根

＊本文はP92

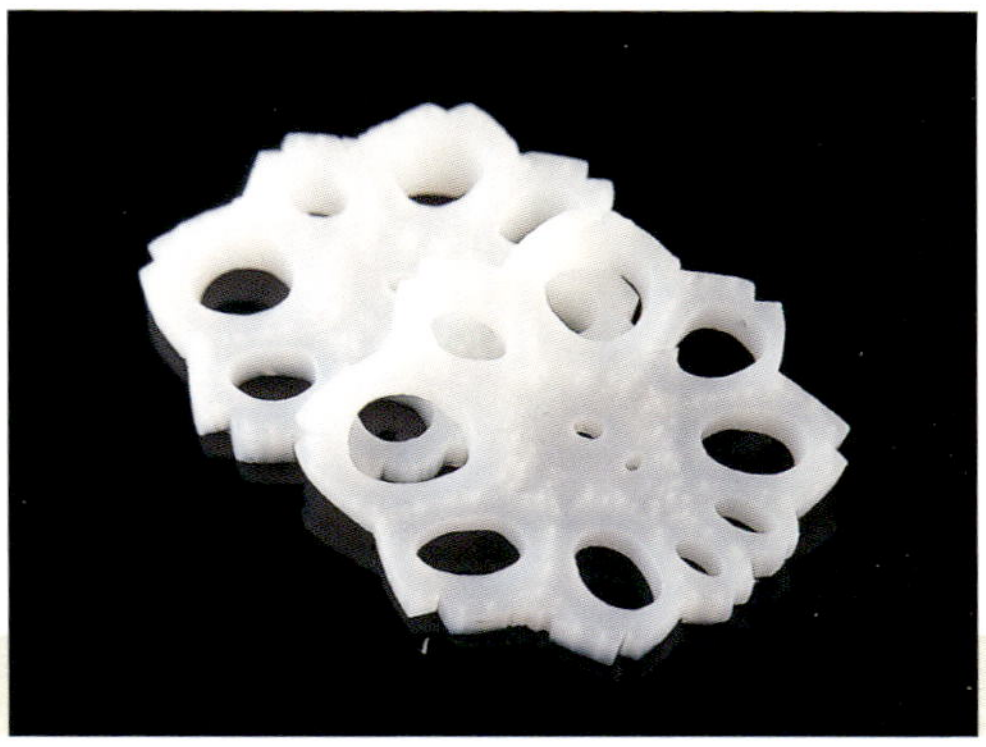

小ぶりの蓮根を花にむき、可憐な花に見立てて盛る。蓮根は酢水で茹でてあくを抜き、薄切りにして塩味をつける。

●甘ダイ桜蒸し
吉野仕立て

ひょうたん

＊本文はP93

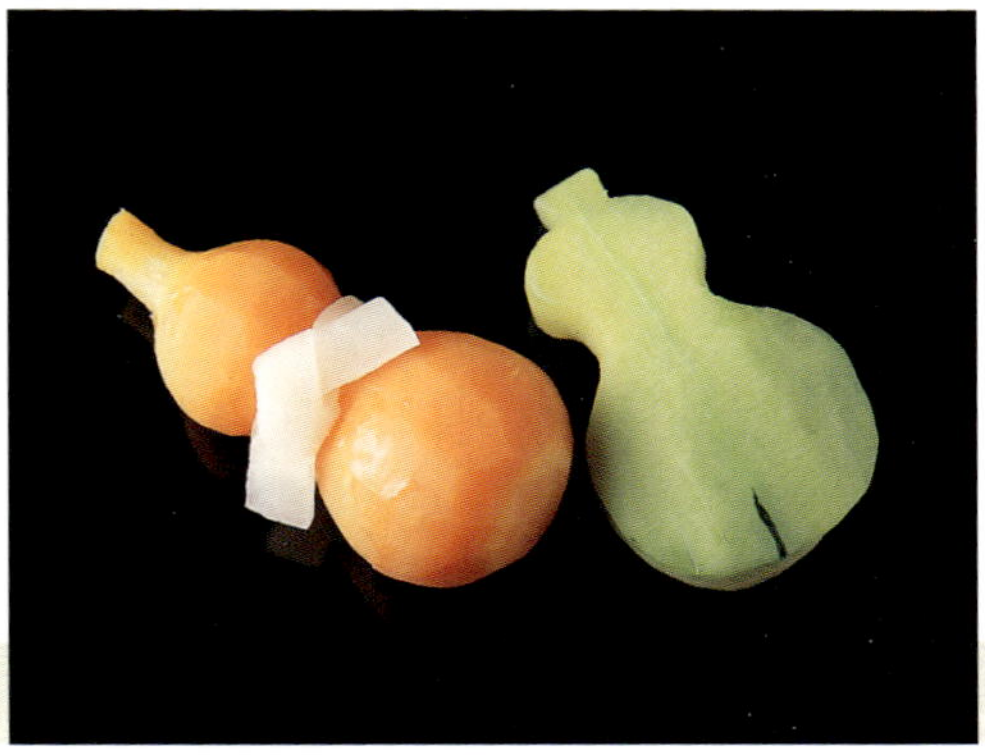

縁起物として喜ばれるひょうたんはむきものによく用いられる。素材はいろいろ使えるが、ここでは人参と南瓜を使った。それぞれ下茹でしてから八方地で煮含める。

●タイあら煮

魚《び》籠《く》

＊本文はP94

ペポカボチャの一種であるプッチーニを丸ごと使って魚籠の形に。わたをていねいにくり抜いて鶏肉を詰め、一度蒸してから再び蒸し煮にして味を含ませる。

●鋳込み南瓜　車エビつや煮

南瓜には鶏の挽き肉を詰める。ペポカボチャは肉のような味の強い素材と相性がよい。

五月のむきもの

鱗

＊本文はP96

本来の鯉こくは鱗をつけたまま輪切りにすることから、走りの新薩摩芋を鯉の鱗模様にむいて取り入れた。いったん油で素揚げして煮含める。

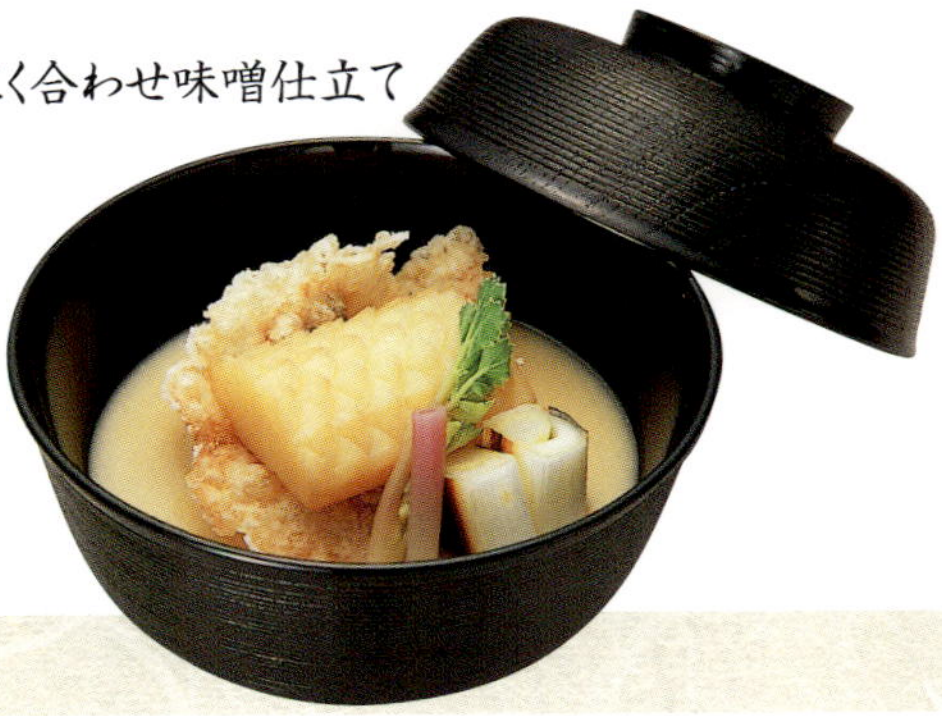

●鯉こく合わせ味噌仕立て

木の葉南瓜

＊本文はP97

黒皮南瓜を木の葉にむき、新緑の季節感を表現。むいてから一度下茹でして、葉脈の模様がくずれないように煮上げる。

●蛸小倉煮

五月鯉

＊本文はP98

大きめの人参一本を使って鯉の姿にむき、あしらいとして盛りつける。鯉のむきものは生のまま使う。

●鯉飴炊き

ねじり甘薯

＊本文はP101

新薩摩を斜め切りにしてねじるように皮をむく。庶民的な甘味が、洗練された形に揃えることで上品な一品に。

●大学芋

竹やぶ

＊本文はP102

黒皮南瓜に笹の葉が生い茂る竹やぶの景色を彫り込み、造りの盛り器に。竹林で七人の隠者が酒宴を開く中国故事がテーマの料理。

●福子　車エビの洗い

六月のむきもの

亀

＊本文はP104

鮮やかな濃緑色のえびす南瓜を使い、亀甲の模様が消えないように蒸し煮に。鱧しんじょの蒸し物にあしらう。

●水無月鱧しんじょ

蛇の目傘

＊本文はP106

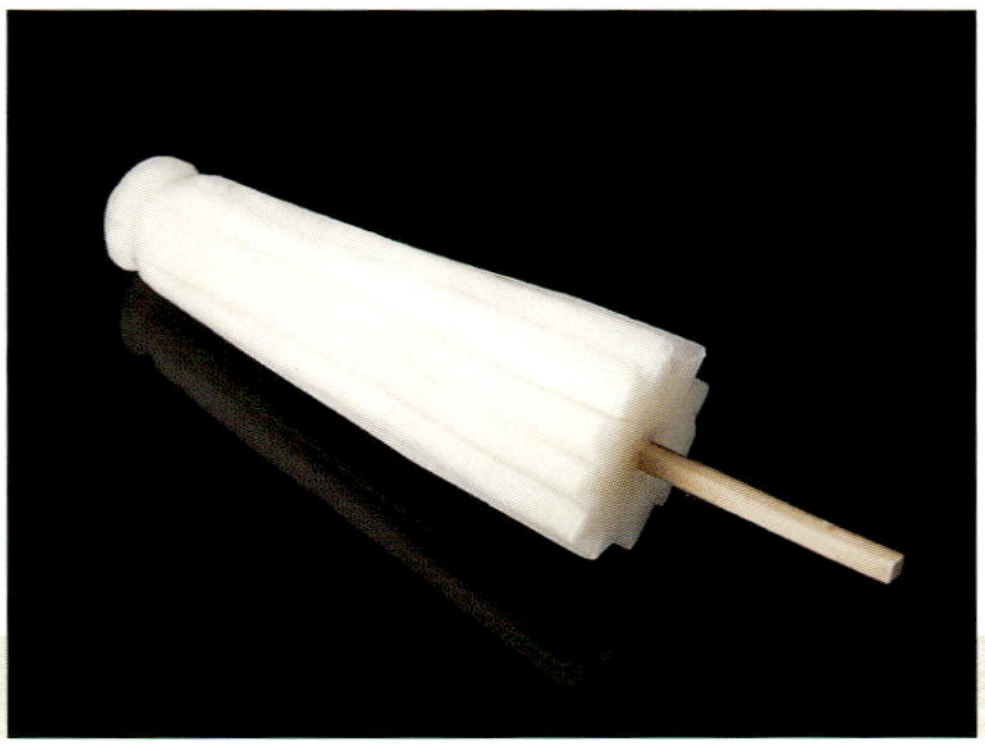

●前菜

うどを蛇の目傘にむき、梅酢漬けにする。鱧ずし、煮梅、沢蟹の揚げ煮、紫陽花寄せの前菜の盛り合わせとともに盛る。

栗甘薯

＊本文はP107

栗にはまだ早い季節に、薩摩芋をむき栗の形地に整え、くちなしで色づけして蜜煮に。ないはずの料理を遊びとして提供する。

●鰻八幡巻き

蓑亀《みのがめ》

＊本文はP108

鮎の塩焼きと沢蟹の素揚げとともに蓑亀のむきものを盛りつけ、初夏の清流に泳ぐ風情を描く。

●鮎塩焼き

沢蟹

＊本文はP110

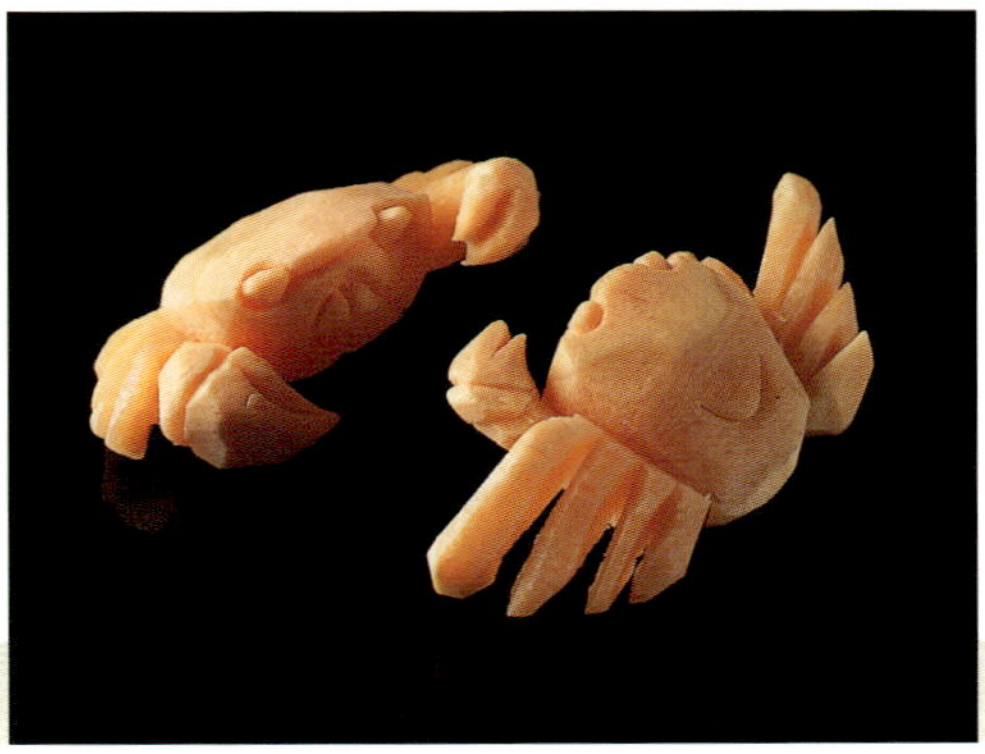

二匹の沢蟹をもろみを囲んで向き合わせ、鱧ずしのつけ合わせとして楽しませる。

●鱧ずし

七月のむきもの

笹の葉

*本文はP112

●鰹すり流し汁

鰹のすり流し汁の椀だねとして、笹の葉にむいた冬瓜を使う。冬瓜は皮を取り、塩に重曹をすり込み、湯がいてから吸い地に含ませる。

睡蓮《すいれん》

*本文はP113

●造り（鱧落とし、マグロ、車エビ）

水面で花開く睡蓮を造りの背景に。睡蓮は黒皮南瓜を使い、天地を逆にして彫り込み、中の種を取って透かし彫りにする。

丸に竹笹

*本文はP114

●エビそぼろ餡掛け

冬瓜の緑と白の濃淡を活かしたむきもの。冬瓜をむき、塩に重曹を混ぜてすり込んで透明感が出るまで湯がき、八方だしで煮含める。

切り竹

*本文はP115

●造り（鱧落とし、コチ洗い、車エビ）

切り竹は縁起のよい題材として一年中使う。ここでは太胡瓜の「金沢太」を孟宗竹の切り株に見立ててむいて七夕をイメージ。

竹籠

*本文はP116

●焚き合わせ

盛り器の竹籠ごと食べられる焚き合わせ。黒皮南瓜で竹籠をむき、八分通り下茹でしてから八方だしで蒸し煮しておく。

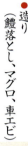

八月のむきもの

❖木の葉

＊本文はP118

P20の「笹の葉」と同様に冬瓜を木の葉にむき、含め煮にして南瓜の鉄鉢に盛る。鉄鉢は黒皮南瓜をくり抜き、ガーゼで包んで下茹でしてから蒸し煮にする。

●鉄鉢南瓜

❖葉付き朝顔

＊本文はP119

葉の間から朝顔の花がのぞく様子をむいた品格のあるむきもの。冬瓜をむき、重曹を混ぜた塩をすり込んで湯がき、八方だしに含ませる。

●冷やし素麺

❖お櫃《ひつ》

＊本文はP120

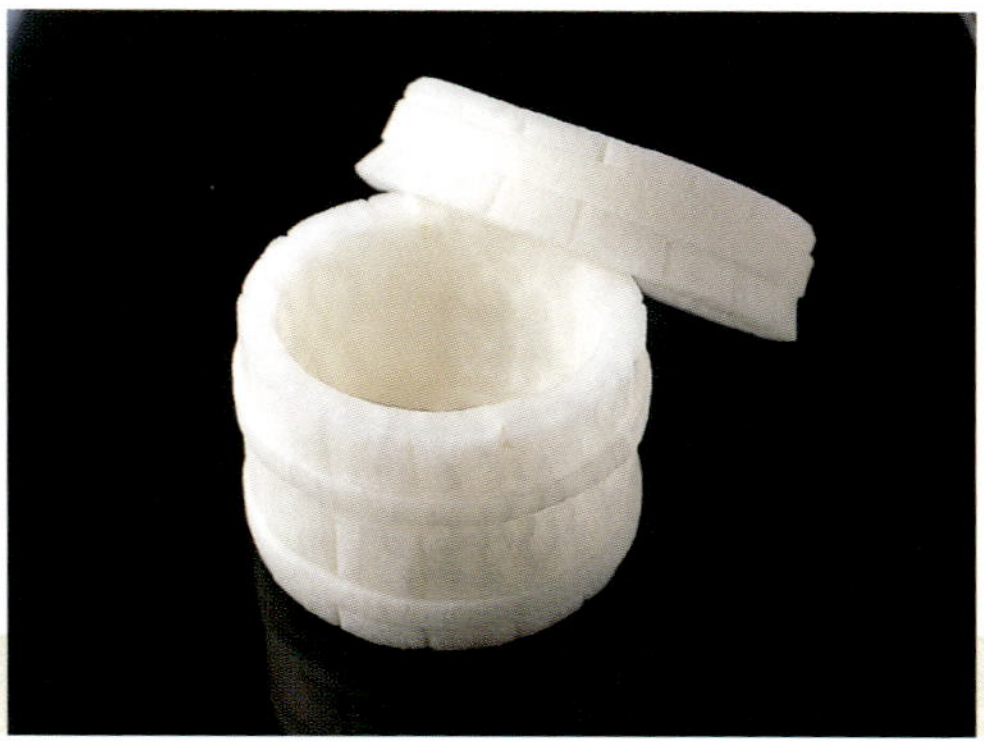

大根をご飯を移すお櫃にむいて煮物の盛り器に。むいてから柔らかく焚き、大豆とともに煮た鮑や醤油の辛煮にしたワタを盛り込む。

●鮑大船煮

❖松茸小芋

＊本文はP122

松茸の代わりに、味が充実してきた里芋を活用して松茸に見立てる。むいてから油で揚げ、形を固めてだし汁で煮含める。

●煮鮑　松茸小芋オランダ煮

❖分銅

＊本文はP122

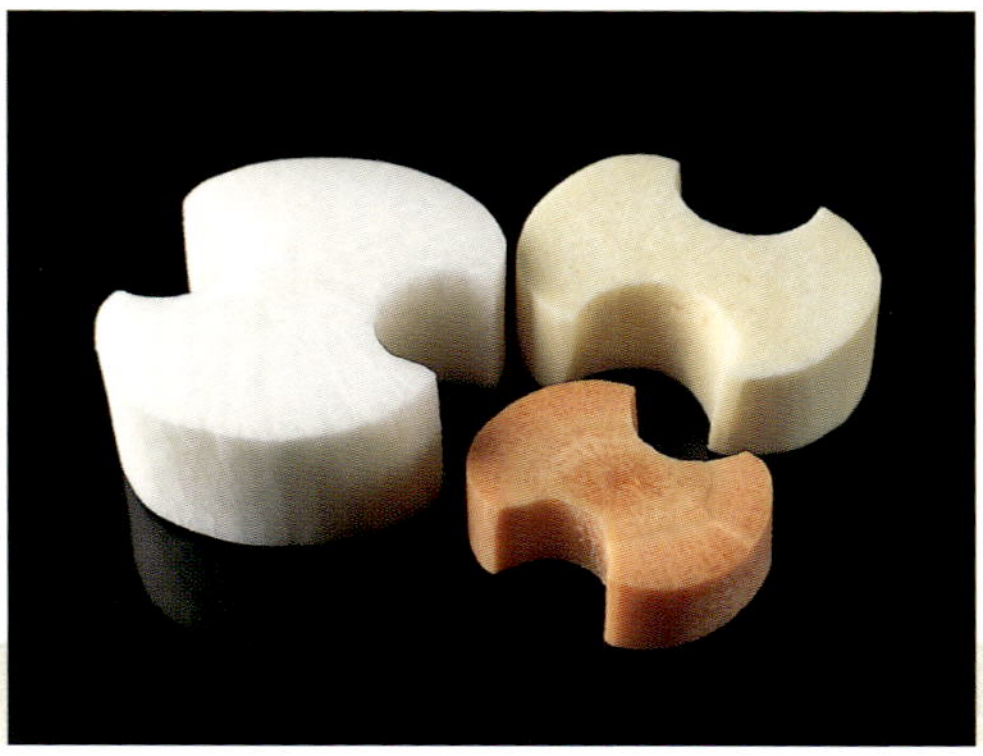

鱧をの煮凍りのつけ合わせとして、分銅にむいた大根、薩摩芋、人参の三種を添える。それぞれ八方だしで煮含める。

●鱧煮凍り　梅餡掛け

九月のむきもの

菊菱

＊本文はP124

● 菊菱エビ芋卵黄とじ

エビ芋を菱形にかたどった大輪の菊にむき、風格のある吸い物に。むいたエビ芋は米のとぎ汁で柔らかく茹で、淡い味に煮含める。

懸崖《けんがい》の菊

＊本文はP125

● 月見団子

中秋の名月の月見団子に添える豪華な菊飾りとして栗南瓜で菊をむく。植木鉢に針金と大根で台座を作り、虫ピンで止める。

菊蕪

＊本文はP126

● 香り菊　蟹餡掛け

蕪を手鞠のように丸々とした菊の花にむく。いったん米のとぎ汁で柔らかく茹でてから、中に鴨肉を詰め、八方だしで煮含める。

桂むき大根

＊本文はP127

● 秋鯖酢〆

大根の桂むきを使うむきもの。半分ほどむいて巻き戻し、水にさらしてから、切り揃え、重なりを美しく見せながら鯖を盛りつける。

菊花蕪

＊本文はP128

● 子持ち鮎の甘露煮

焼き物のつけ合わせに欠かせない菊花蕪。ここでは近江蕪を使用。むいてから塩水に漬け、鷹の爪を加えた甘酢漬けにする。

十月のむきもの

俵

*本文はP129

米俵は実りの秋の象徴。出回り始めの京芋を使うと、細工をしても煮くずれしにくい。一度油で揚げて中にエビしんじょを詰め、蒸して煮含める。

●子持ち鮎と俵京芋の焚き合わせ

公孫樹《いちょう》

*本文はP130

公孫樹の葉を栗南瓜でむき、蒸して吸い地に含ませてからあしらう。椀だねは、百合根とじゃがいもで鴨そぼろを包み、粟をつけて揚げたもの。

●煮物椀　鴨たわら揚げ

網大根

*本文はP131

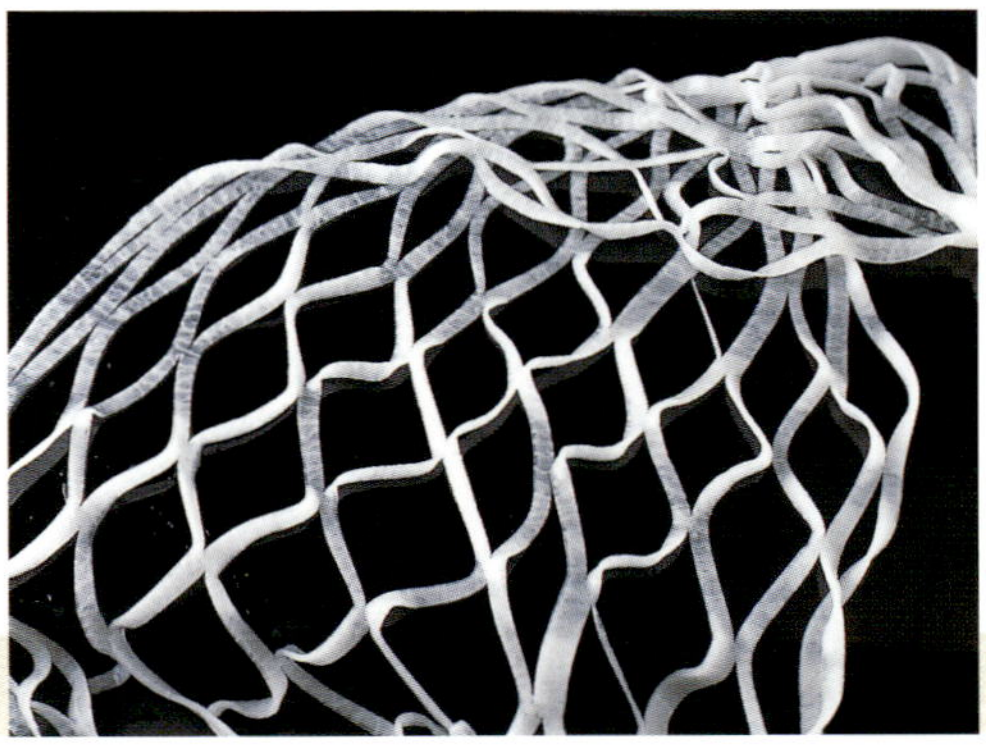

大根を網の目に切る網大根は舟盛りや姿盛りなどに使われるむきもので、大漁を表現。七福神の恵比寿様は高野豆腐をむいたもの。

●タイ姿盛り

羽釜

*本文はP132

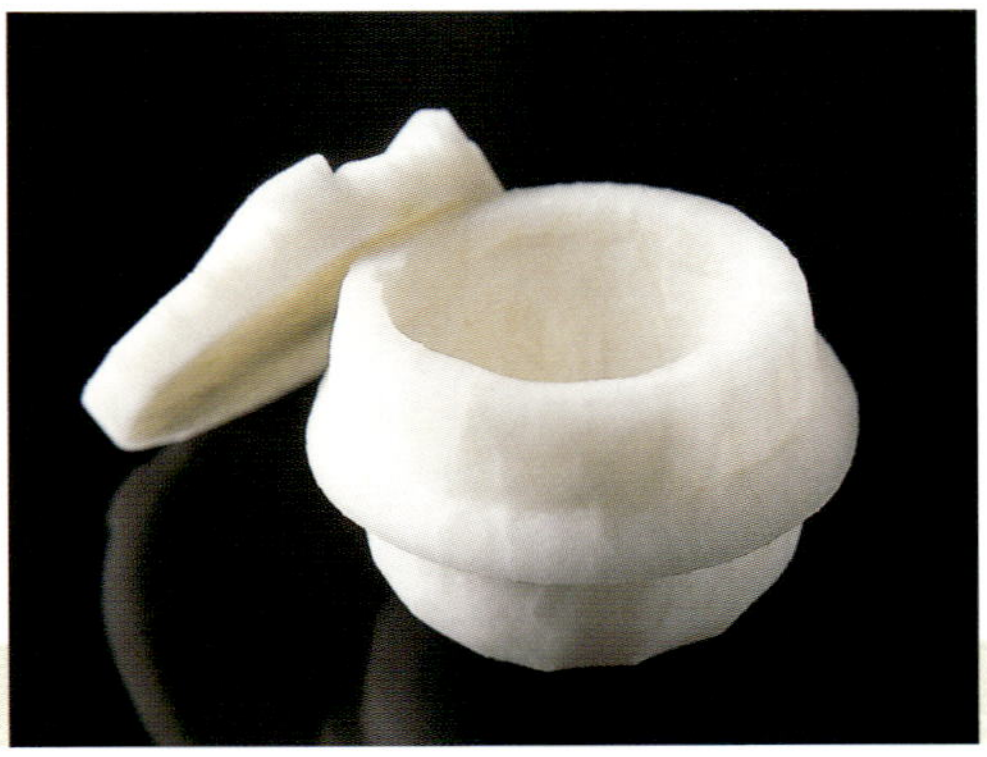

かまどにのせて飯を炊く羽釜を小蕪の形を活かしてむき、イクラの霙和えを盛る。羽釜は生のまま使う。

●いくら霙和え鮭絹田巻き

蛤

*本文はP134

蛤は婚礼料理に欠かせない。これは、大根を蛤の形にむき、米のとぎ汁で茹で二つに割り、蛤のしんじょを詰めてひと手間かけた椀だねに仕上げる。

●蛤しんじょ潮仕立て

十一月のむきもの

もみじ

*本文はP135

風に吹き寄せられた落ち葉のように、何種類もの料理を一つの器に盛りつける料理が吹き寄せ。もみじを京人参で表現し、鮮やかさをプラスする。

●吹き寄せ

丸ダイ

*本文はP136

タイが海中から跳ね上がった姿を大根でむく。丸ダイは米のとぎ汁で茹で、蒸し煮にする。

●タイ煮つけ

松笠

*本文はP138

松笠にむいたくわい、もみじにむいた人参、松葉に切った牛蒡などむきものを楽しませるお椀。くわいは油で揚げてから吸い地に含ませる。

●公孫樹豆腐と松笠くわいの清まし汁仕立て

扇《せん》面《めん》

*本文はP139

「タイかぶら」は冬の京都に欠かせない料理。天王寺蕪を扇の形にむいて、末広がりの縁起のよさを表現し、タイのあらと蕪の出会いの味を上品に楽しませる。

●タイかぶら

三つ巴

*本文はP140

三つ巴は家紋に用いられ、由緒ある家柄を表現するむきもの。煮くずれしにくい京芋でむき、一度油で揚げてから煮含め、煮物としてお出しする。

●牡蠣黄身煮

十二月のむきもの

❖寒牡丹

＊本文はP141

牡丹は、京人参をむいてさっと湯がき、味を含ませたもの。これに蕪と生身を混ぜたしんじょ地をのせて蒸し、雪に埋もれた様子に見立てる。

●鴨葛打ち　吉野餡掛け

❖恵比寿ダイ

＊本文はP142

ユーモラスな表情が魅力的。P23の「タイ姿盛り」で紹介している恵比寿様が釣ったタイと同じもの、薩摩芋でむく。おからと川海苔を混ぜ合わせた台に飾る。

●タイ包み焼き

❖蓮大根

＊本文はP143

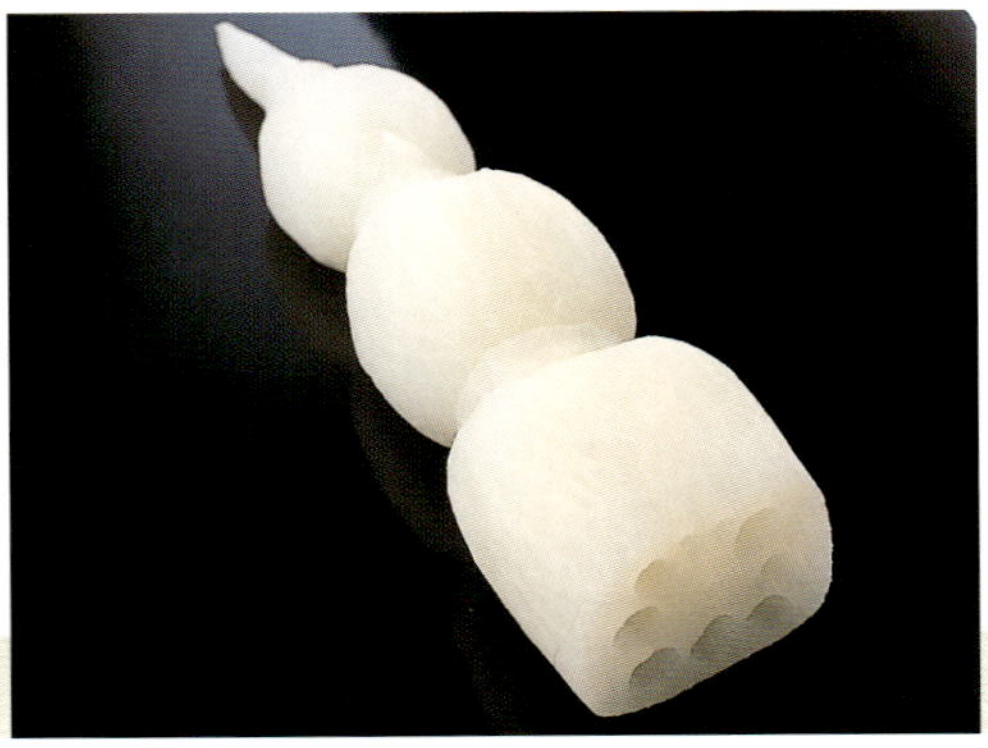

一見すると本物の蓮根のようだが、大根でむき、意外性を楽しませる。蓮大根は米のとぎ汁で茹で、形をくずさないように煮てからあしらう。

●イセエビの焚き合わせ
柚子味噌

❖鶴

＊本文はP144

亀と並んで祝いの席によく用いられる、鶴のむきもの。素材には京芋や薩摩芋が向き、ここでは薩摩芋を使用した。生のまま飾る。

●イセエビの姿盛り

❖木の葉

＊本文はP146

木の葉にむいたエビ芋を主役にした煮物。油で揚げてから煮含める。木の葉は南瓜や冬瓜でもむくが、質感が違い印象も変わる。

●木の葉エビ芋
蟹餡掛け

刺身の切りつけ

刺身の旨さは、魚の鮮度だけでなく、庖丁技術の良し悪しが大きく影響する。魚種ごとの持ち味を活かす切りつけ方を習得すること、そして手早く切りつけていくことも大切。

引き造り（マグロ）

＊本文はP172

そぎ造り（タイ）

＊本文はP172

薄造り（ヒラメ）

＊本文はP173

角造り（マグロ）

＊本文はP173

笹造り（サヨリ）

＊本文はP173

細造り（イカ）

＊本文はP174

さざ波造り（タコ）

＊本文はP174

鹿の子造り（赤貝）

＊本文はP174

筋目造り（アジ）

＊本文はP175

八重造り（カツオ）

＊本文はP175

木の葉造り（アジ）・藤造り（サヨリ）

＊本文はP176

射込み（イカ）

＊本文はP177

鳴門造り（イカ）

＊本文はP177

とさか造り（赤貝）

＊本文はP178

蝶造り（タイ）

＊本文はP178

博多造り（ホタテ）

＊本文はP179

花造り（ヒラメ）

＊本文はP179

二種盛り（マグロ・タイ）

三種盛り（マグロ・ホタテ・イカ）

魅力ある活造り・姿盛り

宴席で喜ばれる、活造り、姿盛りでは華やかさが求められる。ここでは、魚種別に八例を紹介しており、いずれも数種の造り身を組み合わせ、変化を持たせて魅力を高めた。

タイ活造り

- そぎ造り
- 松皮造り

*本文はP180

ヒラメ活造り

- 引き造り
- そぎ造り

*本文はP183

イセエビ活け造り

*本文はP186

アジ姿盛り

- 鹿の子造り
- そぎ造り

*本文はP188

タコ活造り

- 鹿の子造り
- 薄造り
- 波造り

＊本文はP190

イカ姿盛り

- 鹿の子造り
- 糸造り
- 鳴門造り

＊本文はP192

アワビ貝盛り

- 平造り
- 波造り

＊本文はP194

赤貝貝盛り

- とさか造り
- いちご造り

＊本文はP197

第二章

和庖丁の基礎知識

和庖丁の種類と特徴

和食と和庖丁

和食の調理道具のなかで、最も重要な役割を果たしているのが庖丁だ。切るという調理を重んじる和食においては、庖丁技術イコール調理技術といっても過言ではない。また、庖丁を見れば、それを使う調理師の技術レベルがわかるとまでいわれている。

このように、和食調理師の分身ともいえる庖丁は、プロとしての誇りを表すものであり、決しておざなりに扱うようなことがあってはならない。また、いくら上等な庖丁であっても、扱う側がそれに見合った知識や技術を持っていなければ、宝の持ち腐れになってしまう。

自分にあった庖丁を選び、それを使いこなして技術の向上につなげていくためにも、和庖丁の特製を知り、基礎的な知識を深めていく必要がある。

まず、和庖丁の大きな特徴としてあげられるのが、刃の形状である。洋庖丁や中華庖丁が両刃の刃物であるのに対し、和庖丁は、薄刃庖丁の一部やすし切り庖丁など特殊なものを除き、その多くが片刃である。刃が素材に対して鋭角に入る片刃という特性が、切れ味の鋭さを産み出し、素材の鮮度を引き立てる技術につながっている。

ひとくちに和庖丁といっても、その種類は和食の調理法に応じて実に幅広い。例えば、出刃庖丁ひとつをとっても、刃渡りの長さや刃の厚み、形によってさまざまな種類がある。ほかにも、刺身を引くための刺身庖丁、野菜の調理に適した薄刃庖丁なども、和食の調理の上で重要な庖丁だ。

さらに、和庖丁は材質によっても異なる特性をもつ。昔ながらの鉄と鋼を使ったものに加え、最近では新しい素材を取り入れた庖丁も登場している。

こうした和庖丁の特性をしっかり把握して、素材や調理法に適した使い分けをしていきたい。

和庖丁の種類

和庖丁には、素材や調理法にあわせて多くの種類があるが、一般的に出刃庖丁、刺身庖丁、薄刃庖丁、特殊庖丁に大きく分けられ、さらにそのなかでも刃の形状や用途によって細かく分類される。

●出刃庖丁／魚の水洗いに始まり、身をおろす、頭や骨を切るといった作業に使う。こうした作業は調理の基本であり、出刃庖丁の使い方ひとつで、料理の出来ばえも大きく変わってくる。出刃庖丁は、和食の調理において重要な役割を果たす庖丁であり、その技術を高めていく必要がある。

和庖丁のなかでも基本の庖丁である出刃庖丁は、その種類も豊富。刃渡りの長さや形、刃の厚みによって種類が分かれている。刃渡りの長さによる分類には、通常の出刃庖丁（本出刃ともいう）のサイズを基本に、それより長いものを大出刃庖丁、短いものを小出刃庖丁と呼んでいる。次のページの表にあげた小出刃庖丁は、一般的に刃渡りの長さが150㎜以下のものとされており、小魚の下ごしらえに便利な庖丁。小型で軽いので、新人調理師にも扱いやすい。

また、通常の出刃庖丁より刃の厚みがやや薄くできているものを、おろし出刃庖丁と呼んでおり、その名の通り、魚の身をおろすのに適しているといえる。

他にも、刃の厚みが出刃庖丁とおろし出刃庖丁の中間で、身をおろしたり、フグの皮引きといった作業に適した相出刃庖丁、舟底に似ている形からその名がついた舟行、特定の魚を専用におろすことを目的としたアジ切りやサケ切りなどがあり、庖丁の用途や特性に応じて使い分ければ、作業を円滑に進めることができる。

●刺身庖丁／刺身の切りつけに使う。大きく分けて柳刃庖丁とタコ引き庖丁がある。他にフグを始めとする身の締まった白身魚を引くときに使われるフグ引き庖丁があり、それぞれ、刃の形や幅、厚みなどに異なる特徴を持つ。

和庖丁の主な種類とその用途

出刃庖丁	小出刃庖丁	出刃庖丁のなかで、一般的に刃渡りの長さが150㎜以下のものを小出刃と呼び、軽いので扱いやすい。
	おろし出刃庖丁	一般的な出刃庖丁に比べて刃の幅が細くできており、刃先の反りも緩やか。魚の身をおろす作業に向く。
刺身庖丁	柳刃庖丁	刃の幅が狭く、薄い刺身庖丁の一種。刃の形が柳の葉に似ていることから柳刃庖丁との名がついた。
	タコ引き庖丁	関東で主に使われる刺身庖丁。切っ先が角ばっており、刃は直線的。身の柔らかい魚の引き造りに向く。
薄刃庖丁	むきもの庖丁	主として野菜のむきもの細工専用に使われる薄刃庖丁の仲間。小型で刃も薄く、切っ先が尖っている。
	面取り庖丁	野菜の面取りが主な用途の庖丁で、むきもの庖丁の一種。刃と比べて柄の部分が長く、シノギがない。
特殊庖丁	ハモ骨切り庖丁	小骨の多いハモなどに使い、小骨を切って食べやすくするための片刃庖丁。刃は厚く、重量もある。
	ウナギ庖丁	主にウナギをおろすことに使う片刃庖丁。ウナギを開きやすくするため、小型で軽いものが多い。
	すし切り庖丁	巻きずしや押しずしを切るときに使う庖丁。刃は両刃で薄く、全体に丸みを帯びた形をしている。

現在、和食店で最も一般的に使われている柳刃庖丁は、もともと関西地方でよく使われていた刺身庖丁。切っ先が鋭く、刃が柳の葉のようにゆるい曲線であることから柳刃との名がついた。白身魚を始めとするそぎ造りや細造りなど、刺身の幅広い調理に使われる。一方、タコ引き庖丁は、切っ先が角ばっており、刃の形も直線的になっている。柳刃庖丁に比べて刃はやや薄く、身の柔らかい魚などをきれいに引くことができる。

●薄刃庖丁／主に野菜用として使う庖丁だ。野菜の皮をむく、野菜を切る、刻むなどその用途は幅広い。刃は細かい作業がしやすいよう薄く、刃の形はほぼ一直線になっている。

薄刃庖丁は、関東と関西で形が異なっており、関東では東形《あずまがた》や角形《かくがた》と呼ばれる先が四角い薄刃庖丁を使うことが多い。一方、関西では先が丸みを帯びた鎌形《かまがた》と呼ばれる薄刃庖丁が主流になっている。また、表にあげたむきもの庖丁や面取り庖丁も、野菜のむきものや面取りといった細かな作業をやりやすくするため、それ専用に作られた薄刃庖丁の仲間だ。

●特殊庖丁／ハモ骨切り庖丁やウナギ庖丁、すし切り庖丁、そば切り庖丁など、ほぼ用途が決まっている庖丁。

和庖丁のつくりと材質

和庖丁の各部位には下の図のような名称がついている。これまで述べてきたように、用途によって種類が異なるように、庖丁の各部位にも適した使い方がある。

例えば、刃に厚みがあり、強度のあるアゴの部分は、骨など固いものを押し切るような調理に使い、一方、切っ先に近い部分は、細かな調理に使うとよい。

また、和庖丁をその材質から分類すると、一般的に本焼きと合わせに分かれる。本焼きとは、すべて鋼だけで作られた庖丁の名称で、高価なものが多い。それに対して合わせは、鉄と刃の部分に使う鋼を張り合わせて作る庖丁のことで、霞（かすみ）とも呼ばれる。

こうした鋼や鉄で作る伝統的な和庖丁のほかにも、最近では、新しい素材を使った和庖丁も登場している。その代表的なものがステンレス製の和庖丁。昔は家庭用としての印象が強かったステンレス製の庖丁だが、技術革新によって、プロの使用に耐えうる切れ味と耐久性を兼ね備えた庖丁が開発されている。また、特殊鋼と呼ばれる新素材を使用した庖丁も使われるようになってきた。こうした新しいタイプの庖丁はさびにくく衛生面に優れており、和食での使用も増えていくと思われる。

●和庖丁の各部位の名称

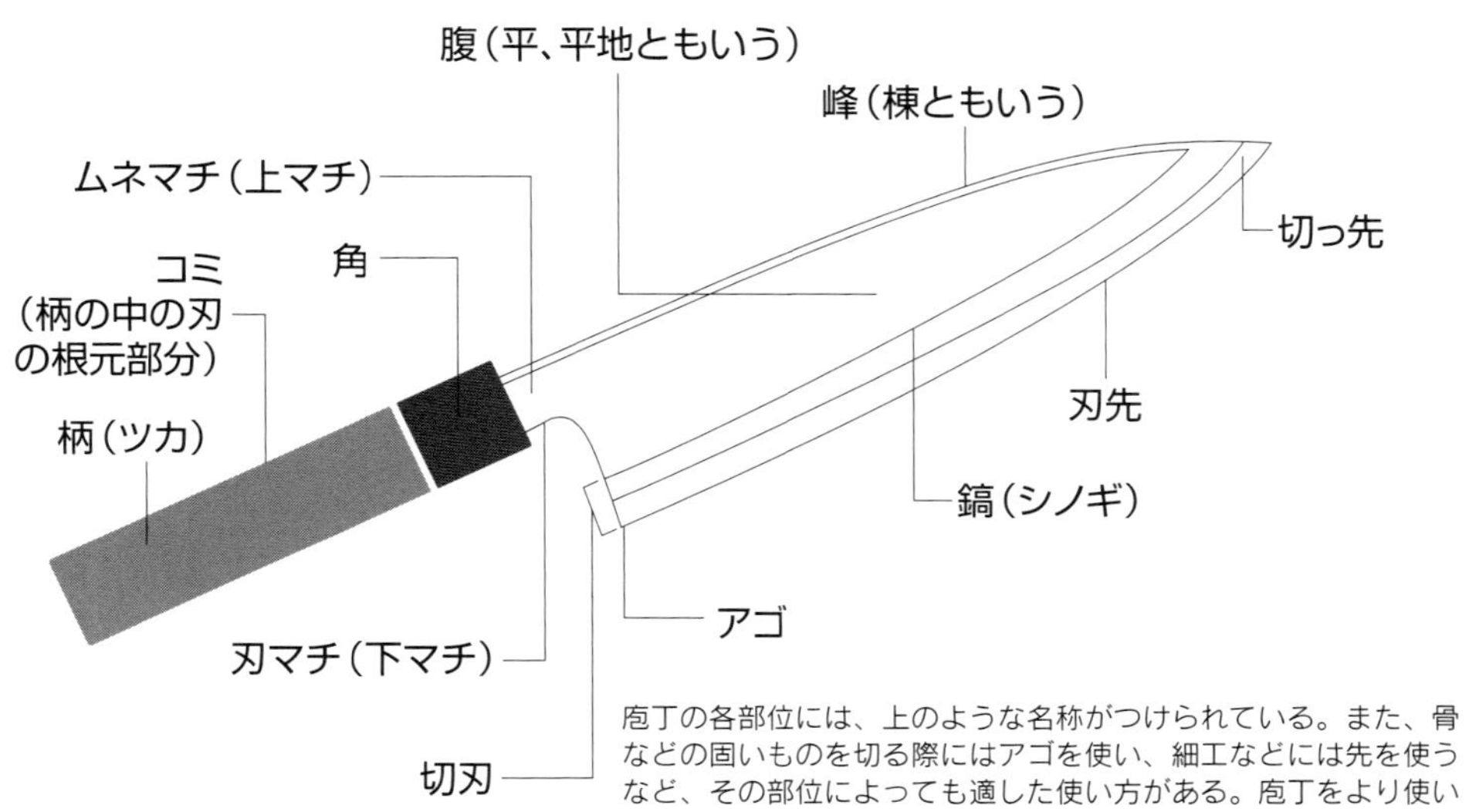

庖丁の各部位には、上のような名称がつけられている。また、骨などの固いものを切る際にはアゴを使い、細工などには先を使うなど、その部位によっても適した使い方がある。庖丁をより使いこなしていくために、庖丁の基本的なつくりを知っておきたい。

薄刃庖丁の基礎知識

若い調理人が庖丁を握ることを許されるようになって初めて手にするのが、薄刃庖丁である。野菜をむく、刻む、そぐ等の動作の中に、刃の動かし方や庖丁を扱う手の使い方、それを支える添え手の使い方といった重要な基本動作がすべて含まれている。

その基本動作を繰り返し練習してマスターすることで、初めて他の庖丁も扱えるようになるのである。

薄刃庖丁の特徴

薄刃庖丁は、野菜をむく、刻む、割る、そぐ、へぐというふうに幅広い用途に使われる。刃は、これらの細かい作業がしやすいように薄くなっている。

また、もう一つの特徴として、刃の形があげられる。薄刃庖丁の刃は、アゴから切っ先までがほぼ一直線になっている。

これは、刃がまな板に均等にあたりやすくし、刻む作業をしやすくするためである。

薄刃庖丁の種類

薄刃庖丁は関東と関西では形が異なっている。関東では先が四角い「東形《あずまがた》」と呼ばれるものが主に使われ、関西では先が鎌のようになっている「鎌形《かまがた》」が主

●薄刃庖丁の種類●

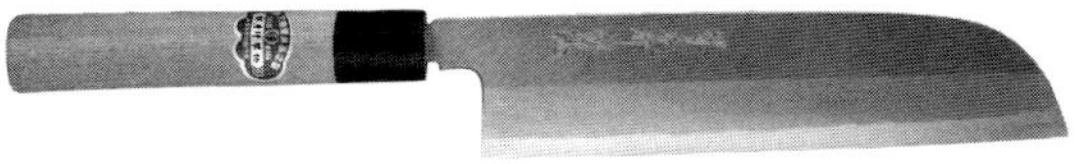

【鎌形】 関西で主に使われている薄刃庖丁。峰の先が丸くなっていて、その形が鎌に似ていることから"鎌形"と呼ばれている。

【東形】 またの名を"江戸形"とも呼ばれ、関東で主に使われている薄刃庖丁。峰の先は四角く、切っ先が少し丸くなっている。

【角形】 上の東形とよく似た形をしているが、切っ先が尖っていることから先角とも呼ばれている。東形同様、関東で使われている。

【菱形】 切り込みを入れるなどの細工がしやすいように、切っ先が鋭く尖っている薄刃庖丁。最近は需要が少なくなった。

●薄刃庖丁の仲間●

【むきもの庖丁】 むきもの細工専用に使われる庖丁。薄刃庖丁より小型で、刃も薄い。切り込みを入れたり中身をえぐり出したりしやすいように、切っ先が尖っている。

【クリムキ庖丁】 むきもの庖丁の一種で、栗などの硬い皮をむく時に使われる庖丁。刃と比較して柄の部分が長くシノギもないので、手首や指先の加減で自由に操れる。

【片刃面取り庖丁】 クリムキと同じくむきもの庖丁の一種。主に切った野菜の面取りに使われる庖丁で、両刃のものもある。クリムキ同様、刃と比較して柄が長いので、細かな庖丁仕事がしやすい。

【菜切り庖丁】 古くから家庭でも使われていた野菜用の庖丁。両刃で刃は薄く平らになっている。まっすぐ切るには適しているが、細かい仕事には向かない。写真は家庭用の黒打菜切。

薄刃庖丁は細かく刃を動かす仕事が多いので、刺身庖丁や出刃庖丁よりも手元での仕事が多くなる。そこで、多少前屈みになるくらいに体をまな板に近づけて、懐の部分を広く取るようにする。また、まっすぐ素材を見られるよう、体の正面に庖丁をもってくる。

に使われている。

薄刃庖丁はその用途の広さから、特にちょっとした細工切りがしやすいようにといろいろな形状のものが考えられた。「角形《かくがた》」、または、「先角《せんかく》」と呼ばれる東形の先端が尖っているものや、「菱形《ひしがた》」と呼ばれる切っ先が鋭く尖っているものがある。そのような意味から鎌形も考え出されたようだ。

刃渡りの長さは150㎜〜300㎜まで様々だが、一般には180㎜、210㎜のものがよく売れている。

そしてむきもの細工をしたりするのに使いやすいように、薄刃庖丁を少し小さくしたような形をしたむきもの庖丁や面取り庖丁があり、さらに古くから家庭でも使われていた両刃の菜切り庖丁がある。むきもの庖丁は、刃が薄く、切っ先が尖っている。何よりも大きさが小ぶりなので、指先や手首の加減で細かい庖丁仕事ができる。刃渡り180㎜のものが、一般によく使われている。

菜切り庖丁は、両刃で刃が少し反っている。刃は薄く、刃先が平たくなっているのが特徴である。

薄刃庖丁は、調理人が初めて手にする庖丁である。初めての庖丁は自分にあったものを選びたい。

同じ刃渡りのものでも刃の厚みが微妙に違うものがある。まず刃渡りの長さを見て決め、実際に手に持ってみて感覚を確かめ、一番扱いやすいと感じたものにするのがよい。

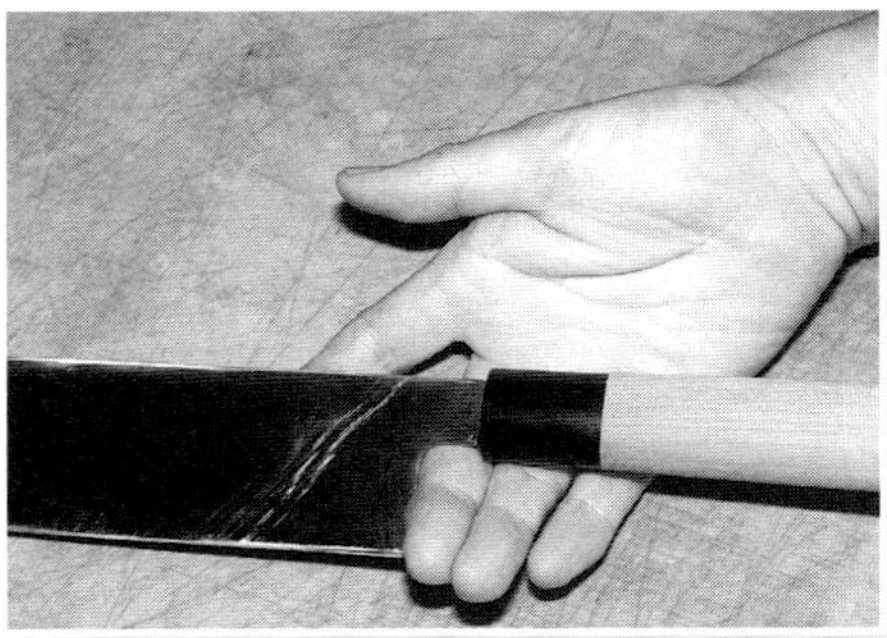

薄刃庖丁を握り込む前の段階に当たる、手を開いた状態。親指と人差し指で刃の腹をはさみこむように持つので、刺身庖丁よりもさらに、手のひらの指に近い部分で柄を握り込むような形になる。

立ち方と姿勢

薄刃庖丁は細かく刃を動かすという動作が多い。そのため、手元での仕事がしやすい姿勢をとることが、必要になってくる。

薄刃庖丁を使う時は、まず、まな板に対して斜めに立ち、体を少しまな板に近づける。やや前屈みになるぐらいでちょうどよい。前屈みになると、懐を広く使うことができ、細かい仕事がやりやすくなる。庖丁は、自分の体の正面にくるようにするとよい。素材をまっすぐに見ることができるので、正確な仕事につながる。

持ち方

薄刃庖丁は、刃を細かく動かせるように握る。人差し指を刃の腹の部分につけ、庖丁をはさんで向かい側に親指を置き、残りの三本の指で柄をしっかりと握りしめる。

親指と人差し指の二本の指ではさみこむようにして持ち、刃を安定させる。こうすると、刃がぶれにくいので、細かい仕事がしやすい。

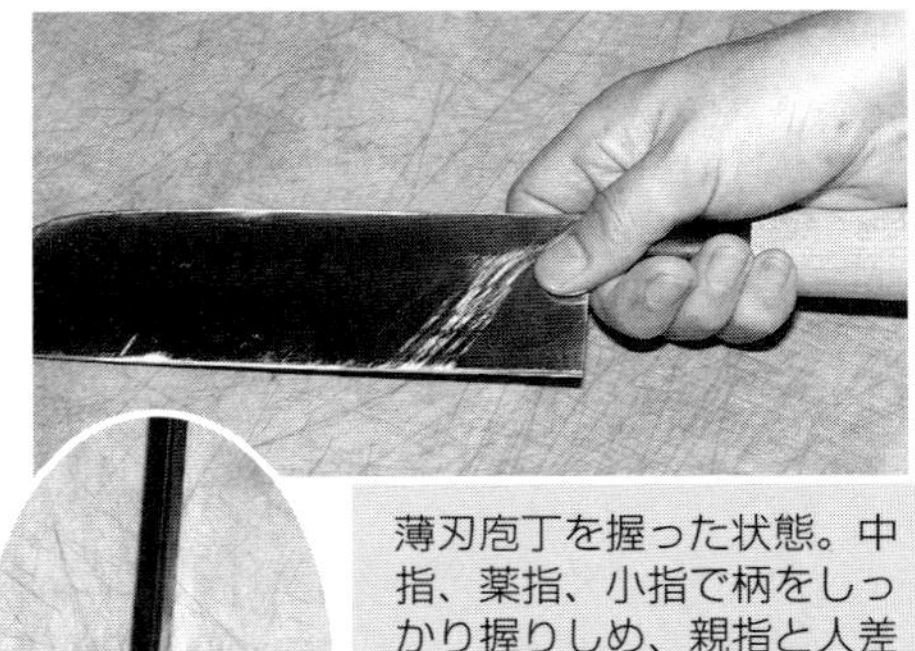

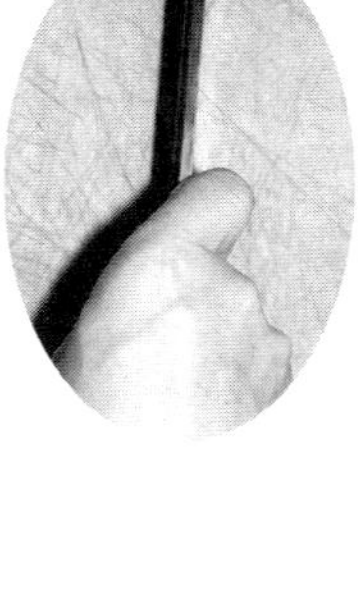

薄刃庖丁を握った状態。中指、薬指、小指で柄をしっかり握りしめ、親指と人差し指は刃の腹につけて、刃をしっかりと固定する。こうすると、刃が左右にぶれることなく、細かい刃の動きが出しやすくなる。

刺身庖丁の基礎知識

刺身庖丁は、主に刺身の切りつけに使用される。刺身の切りつけは、その庖丁さばきが客に感動をもたらすので、板前を目指す人にとってはあこがれの仕事である。

刺身を切りつけるという仕事は、鮮度の良さを切り方ひとつで見せていくので、切りつけた身を一目見るだけで仕事の善し悪しが分かってしまう。それだけに魚の扱いだけでなく、庖丁の使い方の基本がどれだけ身についているかが大切になってくる。

刺身庖丁の特徴

刺身庖丁は刃の幅が狭く刃の厚みも他の庖丁に比べて薄い。そして刃渡りが長く、細身である。では、なぜ刺身を切りつけるのにこのような形が適しているのだろうか。

刺身のおいしさは、切りつけの美しさにある。切り口を美しく見せるためには、すぱっとなめらかに角を立てて切らなければならない。切り口がぐしゃっとしていると、素材の持ち味を殺してしまい、見た目も悪く、味も落ちる。

柔らかい魚の身をすぱっと切るためには、身を傷めないようにすることが大切である。

そのために刃が薄く鋭くなっており、柔らかい魚の身に庖丁が入れやすい。また、一気に刺身を引き切ることができるように、刃渡りが長いのである。

刺身庖丁の種類

刺身庖丁には、大きく分けて柳刃、タコ引き、フグ引きの三種類がある。それぞれの刃の形、幅、厚みが少しずつ異なっている。

柳刃は切っ先が尖っていて、刃にちょうど柳の葉のようにゆるくアールがかかっている。もともと関西でよく使われている刺身庖丁で、身がしまって固い白身魚をそぎ造りや細造りにするのに適している。

これに対し、タコ引きは切っ先が角ばっていて、刃のアゴの部分から切っ先までまっすぐになっている。刃が柳刃に比べてやや薄く、マグロなど身の柔らかい赤身の魚をきれいに引き造りにできる。主に関東で使われている。戦前までは柳刃とタコ引きの需要は半々ぐらいだったが、現在では関東の調理人でも柳刃を買い求める人が多くなった。

柳刃がシェアの大部分を占めるようになったのには様々な理由が考えられるが、柳刃は切っ先が尖っているので切り込みを入れたりといった細工がやりやすく、

●刺身庖丁の仲間●

【柳刃】 関西でよく使われている刺身庖丁。刃の幅は狭く、薄い。柳の葉のようにゆるくアールがかかっていることから、〝柳刃〟と呼ばれている。切っ先が尖っているので、切り込みを入れやすい。

【タコ引き】 関東でよく使われている刺身庖丁。刃が柳刃と比べてやや薄い。切っ先は角ばっている。長さがとりやすいので、マグロのサク取りなど幅や長さのあるものを切るのに適している。

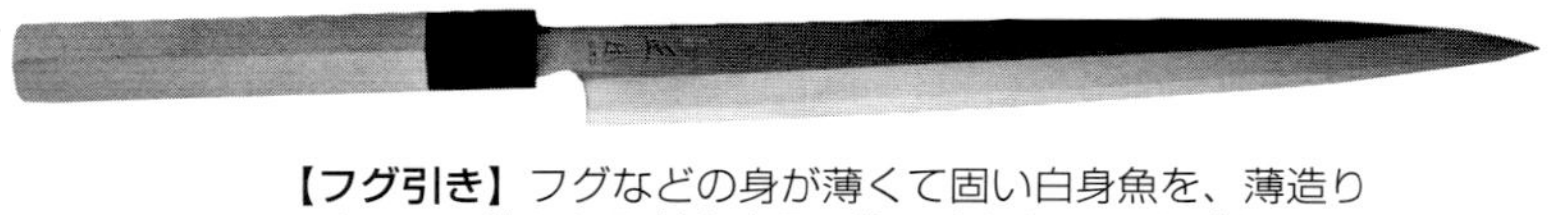

【フグ引き】 フグなどの身が薄くて固い白身魚を、薄造りにするのに使われる刺身庖丁。柳刃よりもアールがゆるい。刃の幅は柳刃よりも狭く、刃は他の二つより薄い。フグ料理店や割烹での需要が多い。

余裕をもって庖丁が引けるよう、体を少しだけ斜めに開くようにすることがポイント。

両足は肩幅ぐらいに開き、右足を半歩後ろに引く。

仕事が合理的であるという点がまずあげられる。

　また、関東の若い調理人の中には関西の店で修業する人も増えてきており、その店で先輩が柳刃を使っているのを見て、自然に柳刃を選ぶという人が多いということもあるようだ。刃渡りの長さは１８０㎜～３９０㎜まであり、同じ刃渡りのものでも刃の厚みが微妙に違う。刃渡り２７０㎜～３３０㎜のものがよく売れている。厨房やまな板の広さに合わせて、適切なサイズを選ぶようにしたい。

　フグ引きは、切っ先が尖っていて刃にアールがかかっている点は柳刃と同じだが、柳刃よりもアールがゆるい。また刃の幅は柳刃よりも狭く、刃も薄い。その分切れ味が鋭いので、フグやコチ、カレイなど身が薄くて固い魚を薄造りにするのに適している。２７０㎜～３００㎜の刃渡りのものがよく売れている。

立ち方と姿勢

刺身庖丁は、その長い刃渡りをいっぱいに使って、なめらかに魚を切る技術が要求される。

　そこで刃元から切っ先までゆっくりと後ろに引けるだけの余裕がある姿勢をとることが必要になる。庖丁を持ったら、まな板からこぶしひとつ分くらい体を離し、右足を半歩後ろに引く。まな板に対して、体が少し斜めに向くような姿勢である。

　素材を前に置いたら、体を少しひねって上半身をまな板と平行にする。こうすると、刺身を切りつける時に、刃渡りの長い庖丁の先まで使っても、足が斜めになっている分だけ、体を右に開いていけるので、窮屈にならず余裕をもって仕事ができる。

　また、右腕は軽く脇につける。脇を締めることで肘から先の腕が安定し、庖丁がぶれなくなる。

　実際に庖丁を使うときは、刃を体の正面にくるように置き、峰をまっすぐ見下ろす位置で仕事をする。そうしないと、まな板に対して庖丁が直角になっているかどうか判断するのが難しくなり、角のぴしっと立った刺身を切りつけることができないからだ。

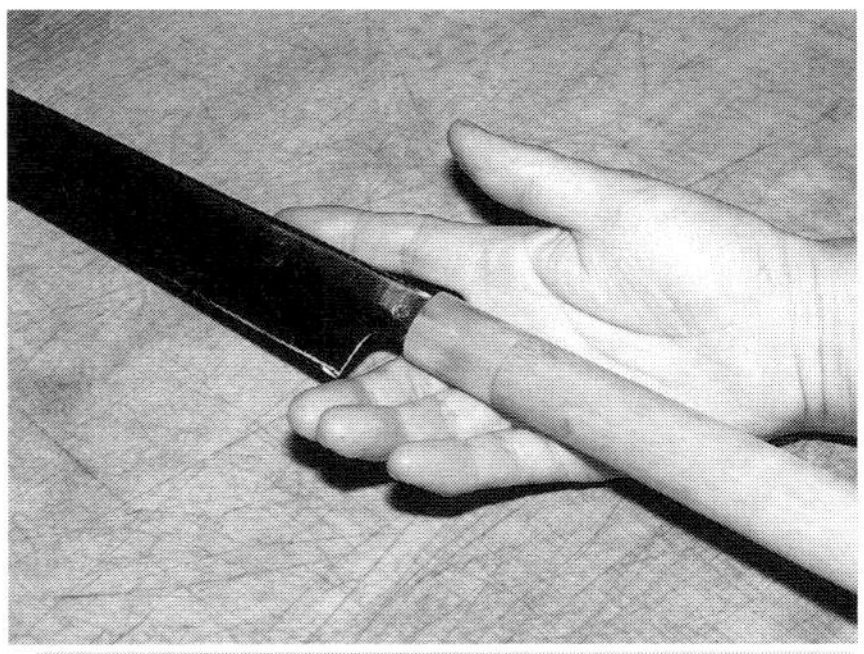
刺身庖丁を握りこむ前の段階に当たる、手を開いた状態。人差し指をまっすぐに伸ばして峰を軽く支え、柄は手のひらの少し指に近い部分に乗せる。この状態で、庖丁の柄を握り込むようにする。

持ち方

　持ち方は、人差し指をまっすぐに伸ばして庖丁の峰にのせる。親指は刃の腹の部分を支え、残りの三本の指で庖丁の柄をしっかりと握る。人差し指を庖丁の峰にのせることで、刃が安定し、刺身など正確さを要求される仕事がやりやすくなる。

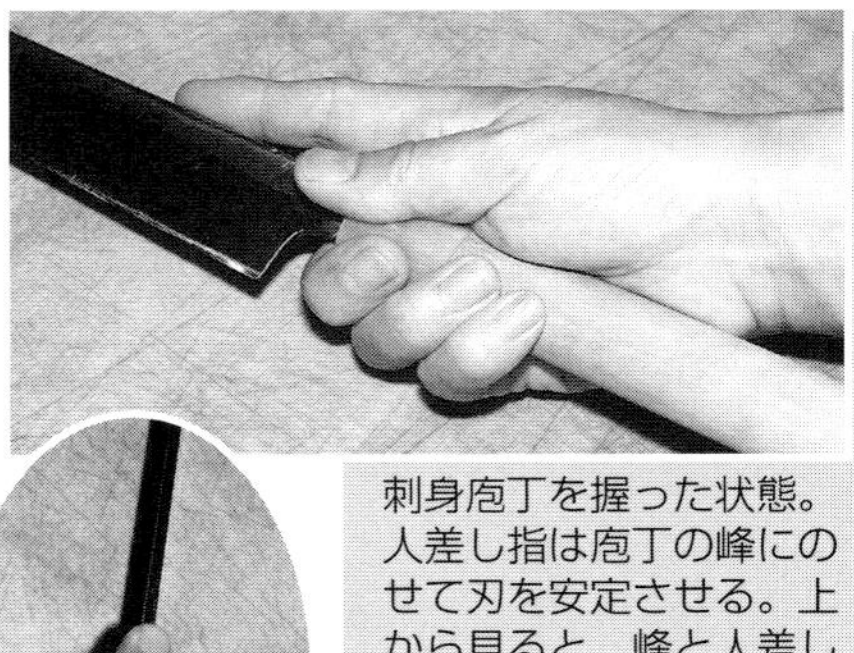
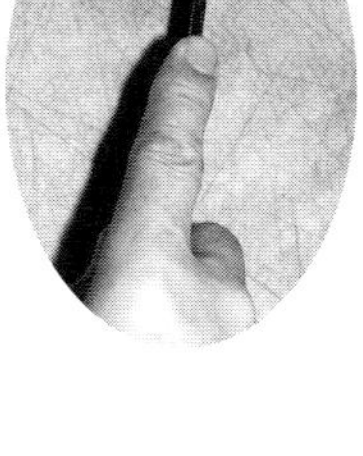
刺身庖丁を握った状態。人差し指は庖丁の峰にのせて刃を安定させる。上から見ると、峰と人差し指が一直線になっているのがわかる。親指は柄元につけて庖丁の腹の部分を支え、残り３本の指で柄をしっかりと握る。

出刃庖丁の基礎知識

出刃庖丁は、ひじょうに幅広い使い方をする。例えば、魚全般の水洗いに始まり、身をおろしたり、骨を切ったり、甲羅を割ったり、さらには鶏を解体したり…。身割れするような柔らかな魚から、タイの骨のような固いものまで、切るものは食材全般にわたり、刃の使い方も、様々である。その内容は、主に下処理を行うときに使用する場合が多い。

材料の下処理は調理の基本である。庖丁の使い方一つで、材料の無駄の度合いも違い、原価に大きく響いてくることにもなる。さらに、料理の出来栄えは下処理の具合によって決まるといってよい。つまり出刃庖丁の技術が店の料理の基本レベルを決めることになる。

出刃庖丁の基礎を学び、技術を高めることは、料理のレベルを高める上で不可欠なものであるといえる。

出刃庖丁の特徴

出刃庖丁の名前は、形の特色からきている。薄刃の刃は刃元から切っ先にかけて一直線である。柳刃も、切っ先に近い部分に、反りがかかっているが、他はほぼ一直線である。それに対して出刃庖丁は刃元から先にかけて反りがかかっている。つまり、刃が出っ張っている。だから、出刃庖丁といわれる。この反りを利用して切る作業が、出刃庖丁の使い方の特徴といえる。

出刃庖丁は、刃の反りに合わせて庖丁を動かしていく。出刃庖丁は様々な使い方をするが、これが刃の動かし方の基本になる。したがって、手入れのときも、刃の反りがなくならないように研ぐ必要がある。

また、もう一つの特徴として、出刃庖丁の刃には厚み、つまり、重みがあるということだ。これは、出刃庖丁が他の庖丁に比べてやや乱暴な使い方ができるようにするためだ。固いものを切ったときの刃こぼれを防ぐためと、叩き切る作業のとき庖丁の重さを利用して切るためである。

こうした特徴をよく理解し、庖丁選びや、仕事を進めることが大切である。

●出刃庖丁の種類●

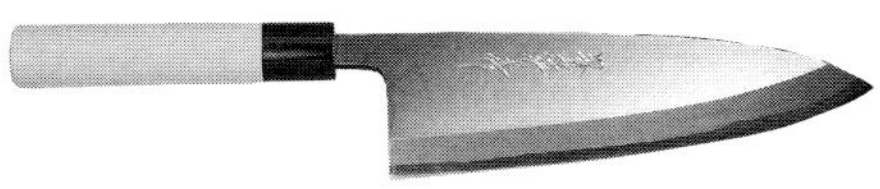

【本出刃】最も基本的な出刃庖丁。一般に、刃渡りが150㎜以下は小出刃、300㎜以上は大出刃と呼ばれる。180㎜～210㎜が売れ筋。

【相出刃】本出刃より庖丁の幅がやや狭い。水洗いから、魚の身をおろす作業に適する。フグの皮引きなどにも用いられることが多い。

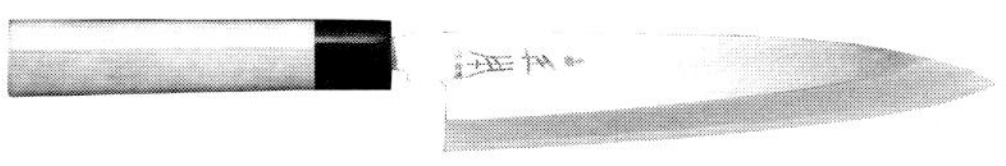

【(身)おろし出刃】相出刃よりさらに細身で、刃も薄い。刃先の反りがなく、魚の身をおろす作業に適している。

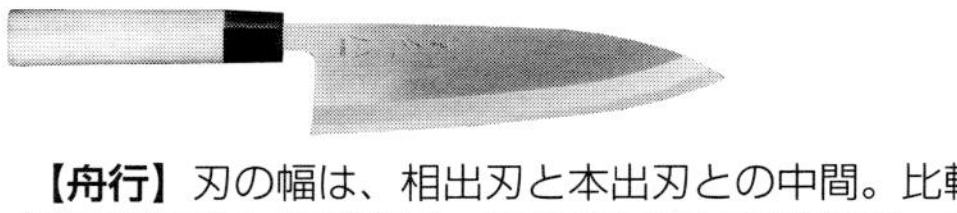

【舟行】刃の幅は、相出刃と本出刃との中間。比較的、小型で軽量のものが多い。刃先の反りは緩やかで、刃先での仕事が多い人に向く。

【バラン切り】すし店で、葉蘭に飾りを入れるときに使われる出刃庖丁の仲間。細かい仕事がしやすいよう、細身で刃も薄く軽い。調理には使われない。

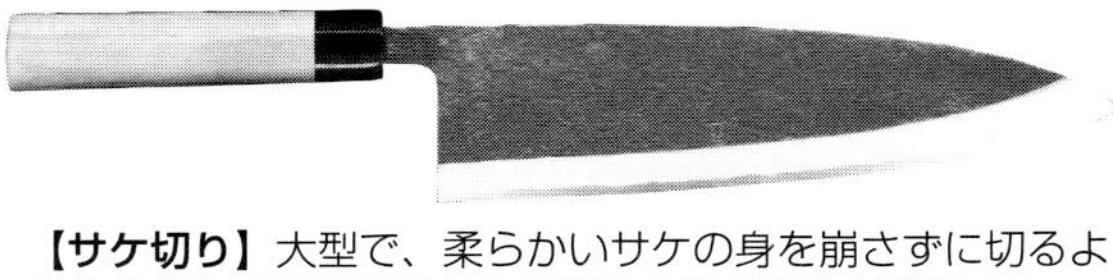

【サケ切り】大型で、柔らかいサケの身を崩さずに切るよう作られた庖丁。刃はかなり薄い。黒打ち物が多い。

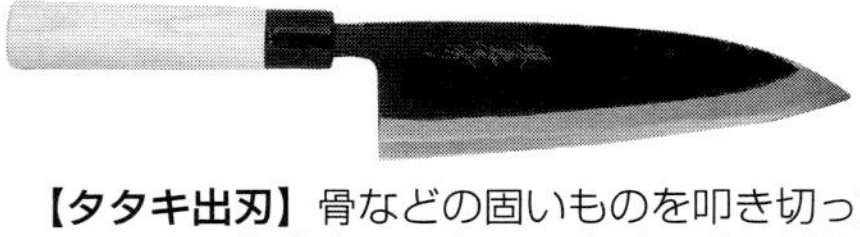

【タタキ出刃】骨などの固いものを叩き切ったり、押し切ったりする作業専用の出刃。大型で重みがあり、刃も厚めで欠けにくく作られている。

出刃庖丁の種類

出刃庖丁の分け方で最もよく知られているのが、刃渡りの長さによる分け方である。刃渡り150㎜～210㎜がよく用いられるサイズであり、通常、それ以下の120㎜～150㎜は小出刃、300㎜以上のものは大出刃と呼ばれている。これは一般に言われる出刃庖丁、つまり、本出刃を分ける基準である。初心者は、出刃庖丁イコール本出刃と考えがちだ。しかし、刃の幅、形によって色々な種類がある。初めて買うときになって、戸惑わないよう、以下を参考にして欲しい。

●「相出刃《あいでば》」……本出刃より、刃の幅がやや細くできている、「おろし出刃と本出刃との間」的な意味からこの名前が付いた。フグの皮引きなどにもよく使われる。

●「（身）おろし出刃」……相出刃より、刃の幅が細身で、刃全体の反りが緩やか。名前通り、魚などをおろすときに便利な庖丁。

●「舟行《しゅうこう》」……刃の形が舟底に似ていることから付けられた。刃の幅が細く、刃全体の反りは緩やかだが、おろし出刃ほどではない。刃先をよく使う仕事をする人に向く。

●「サケ切り」……サケのように、身が柔らかい大型の魚をおろす作業に向く。庖丁自体は大型だが、刃はかなり薄い。黒打ちのものが多い。

●「タタキ出刃」……黒打ちのものが多いが、サケ切りと違って刃が厚く重い。固いものを押し切ったりする仕事に向く。叩いたりしても刃こぼれしにくいのが特徴。

●「アジ切り」……刃渡りが120㎜以下になる。アジなどの小魚用。

これら以外に、フナを切るときに用いるフナ出刃という種類もあるが現在では販売しているところは少ない。料理用ではないが、バラン切りなども出刃庖丁の仲間である。

かつては、使い込んで短く細くなった出刃庖丁を、舟行やアジ切り用の庖丁として使っていたものであった。これを、始めから手になじむようにして売り出したのが、様々な種類の出刃庖丁である。

それぞれに差があるといっても、実際には刃の幅や厚みはかなり微妙なもの、とはいえ、庖丁の仕事ではその微妙な厚みや幅の広さ、重みが使いやすさを決定するほど神経を使う。庖丁の種類と特徴を知った上で、使う目的にあったものを選びたい。

新素材の出刃庖丁

和庖丁といえば本焼きか合わせ、鋼は安来《ヤスキ》産のものが最高級といわれる。だが、和庖丁の世界にも、新しい傾向が現れ始めている。技術革新が進み、従来の伝統的な材質・製法による庖丁に負けない、新しい庖丁が、生まれてきているのだ。

近年になって登場したステンレス製の庖丁がその一つ。さびにくく手軽な値段が魅力だったがその反面、切れ味が長続きしないという欠点もあった。こうした欠点を克服し、従来の和庖丁並の高い硬度を実現したものも登場している。また、新鋼材を使った和庖丁や、昔ながらの技術によってステンレス鋼で和庖丁を作り、新旧の良い面を活かすことに成功した庖丁も出てきている。また、ステンレス庖丁は従来からある砥石にのりにくい、という欠点もあった。しかし、専用の砥石が販売されるようになり、この問題も解決している。

切れ味で従来のものと引けをとらないものが登場している今日は、こうした庖丁にも関心を持ちたい。庖丁は客の前で使うことの多い道具であるため、用途を考えながら使っていくことも一つの方法である。

立ち方・姿勢

固いものを切ることの多い出刃庖丁は、力を入れて切るイメージがつきものだが、骨などを押し切るとき以外は、必要以上の力を入れることはない。

仕込みも含め、営業中も出刃庖丁の作業は多く、数をこなさなければならない。必要以上に力を入れると最後の方で腕に力が入らなくなり、仕事内容にばらつきが出てしまう。それを防ぐためにも、自然に力が入れられるよう、無理のない姿勢を保つことが大切である。まず、両足を開いて立ち、前屈みにならないように注意する。まな板の高さが肝心だ。まな板が高いと力が入れにくく、余計な力が必要になる。

逆に低いと、前屈みになって腰に負担がかかり、疲れやすくなる。見た目にも不格好だ。臍のやや下あたりに、まな板がくるよう調節する。まな板の位置は、下駄の高さで調節できる。

人差し指で庖丁の腹の部分を固定し、親指で挟む握り方。切るときの刃の安定を重視した握り方で、ウロコを引くときや固い部分を押し切るような作業に向く。

出刃庖丁の持ち方

出刃庖丁の持ち方は、人によって多少の癖はあるが、大きく3種類に分けることができる。

まず、人差し指を庖丁の峰の部分に添え、同時に刃の腹の部分を親指で押さえて柄を握る持ち方。人差し指の部分で刃の反りにあたる材料を感じながら切る。出刃庖丁ではこの持ち方で作業するときが最も多い。魚をおろすときなど、さほど力を必要としない作業や、刃の反りを活かした切り方に向く。

次に人差し指と親指の両方で、刃の腹の部分を挟んで支える持ち方。力を入れて切るとき、刃がぶれないように固定するのが目的。ウロコを落とすときなど、水洗いの際に多い持ち方である。

最後に柄を完全に握り込む持ち方。これは骨を叩き切るときの持ち方で、庖丁の重さを利用し、手首のスナップで振り下ろすスピードをつけるのに有効である。

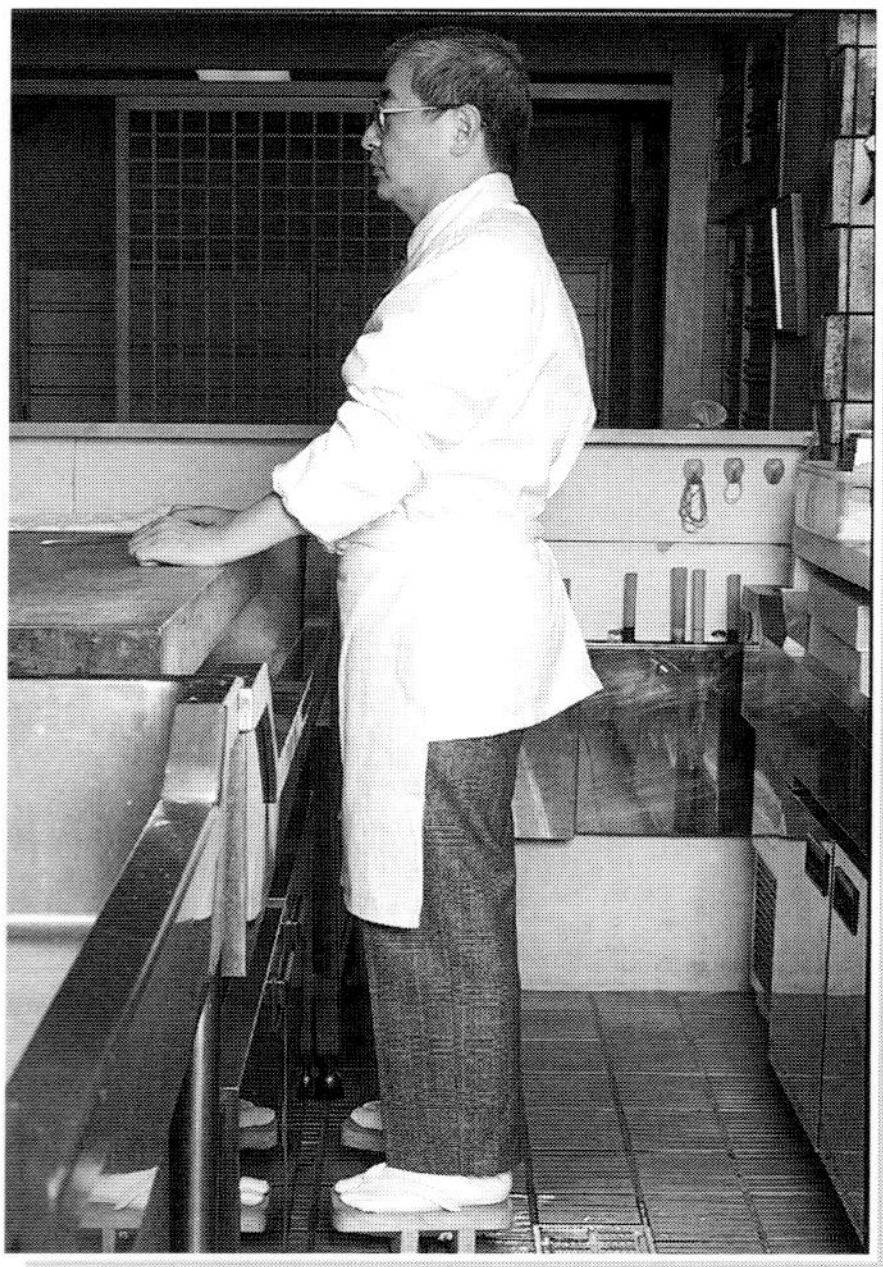

庖丁仕事の姿勢は、無理なく自然に力が入るようにすることが基本。そのためには、まな板の高さが重要。高さの目安は、臍のやや下あたり。

5本の指で、しっかりと柄を握り込む持ち方。手首の動きが自由になるので、スナップを効かせて庖丁の重さで叩き切る作業に向く持ち方だ。

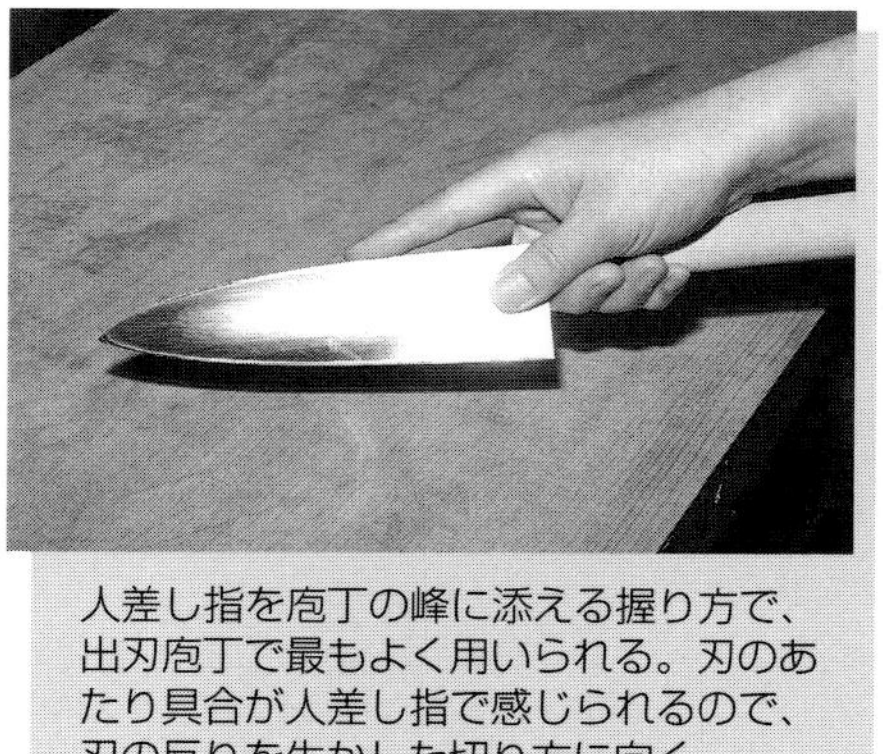

人差し指を庖丁の峰に添える握り方で、出刃庖丁で最もよく用いられる。刃のあたり具合が人差し指で感じられるので、刃の反りを生かした切り方に向く。

第二章

野菜の基本の切り方と飾り切りの技術

野菜を切るための薄刃庖丁の技術

薄刃庖丁は、出刃庖丁や刺身庖丁に比べると扱いやすいため、修業中の調理師が初めて持たせてもらえる庖丁でもある。

その名の通り刃は薄く幅広で、アゴから切っ先までまっすぐなのが特徴である。刃が薄いのは細かい作業がしやすいためである。また、刃渡りがまっすぐなのは、刻むときに刃がまな板に均等にあたりやすくなるという理由からだ。薄刃庖丁は野菜を切るために作られた庖丁だが、その用途は広く、庖丁技術の基本を身につけることができる。

野菜を切るときの薄刃庖丁の使い方

野菜を切るときの基本は押し切りである。庖丁の重みを利用して前に押し切り出すように切る。ただし、素材によっては押して引く、あるいは引いて切りつけるという切り方もある。

切るときに一番気をつけなくてはならない点は、庖丁の柄がまな板についてしまってはいけないということである。柄がまな板についてしまうと、それが邪魔をして最後まで切り切れない。その結果、素材がつながった状態の仕上がりになってしまう。

また、庖丁の金属部分は野菜の鮮度やうま味を損ないやすい。そのため、野菜の切り口が、庖丁に、長時間ふれることがないよう、手早く切る技術も要求される。

切り方によって、庖丁の刃のどの部分を使うかということも、とても大切である。例えば切るときは主に庖丁の真中から先を使う。それに対してむくという作業には庖丁の真中より手前を使う。また、むく作業の中でも桂むきの場合は、刃全体を使ってむいていく。

基本的な輪切りや薄切りなどの切り方も形や大きさをきれいに見せる技術をマスターしたい。また、同じ切り方でも素材によって庖丁の扱いが違うこともあるため、ひとつひとつ覚えることも大切である。

基本的な切り方

野菜の基本的な切り方とは、皮やへたなどの食べない部分を取り除き、食べやすい形や大きさに切り分けることである。料理内容によって、あるいは調理方法によって切り方はいろいろある。

基本的な切り方の場合は、素材が変わっても同じ方法で切ることが多い。例えば、輪切りやいちょう切り、半月切りなどがそうである。これらは、大根でも、人参でも切り方はほぼ同じである。

また、その素材にしか使われないという切り方もある。例えば、ごぼうのささがきなどがこの切り方である。

中には、同じ名称の切り方でも素材によって切り方の手順や注意点が異なるものもある。せん切りやみじん切り、くし形切りなどがこれにあたる。

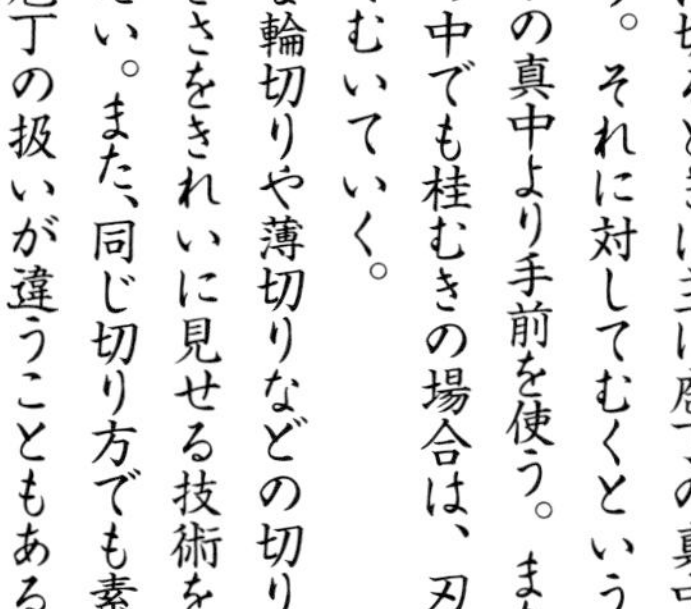

刻む作業には、庖丁の真中より先の刃を使う。庖丁の柄がまな板につかないように注意。

皮をむく作業は、庖丁の真中より手前の部分を使う。うま味を逃がさないよう、素早くむくことも大切。

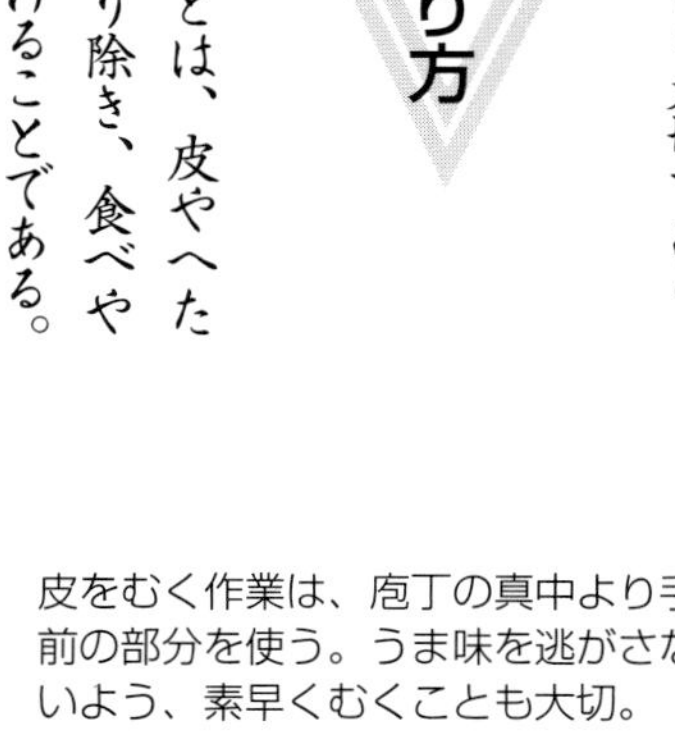

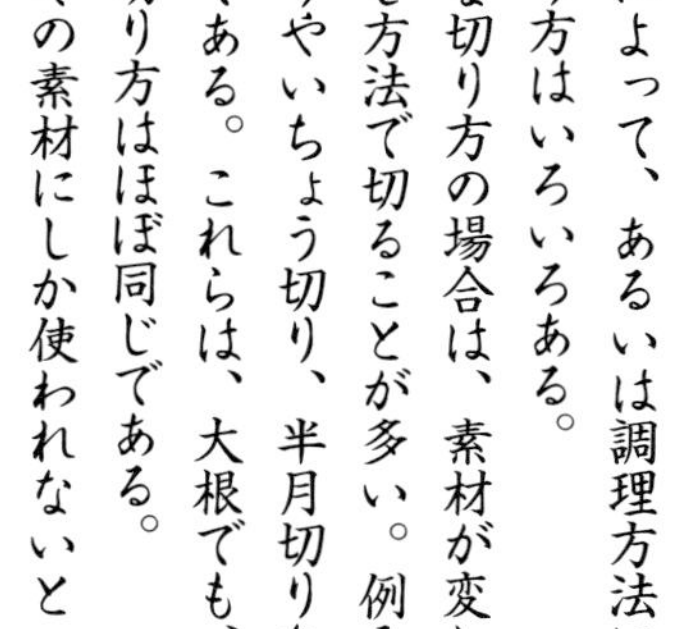

桂むきは刃全体を使う。庖丁を前後に動かし、左手で野菜を回してむきすすめる。

庖丁一本で作れる飾り切り

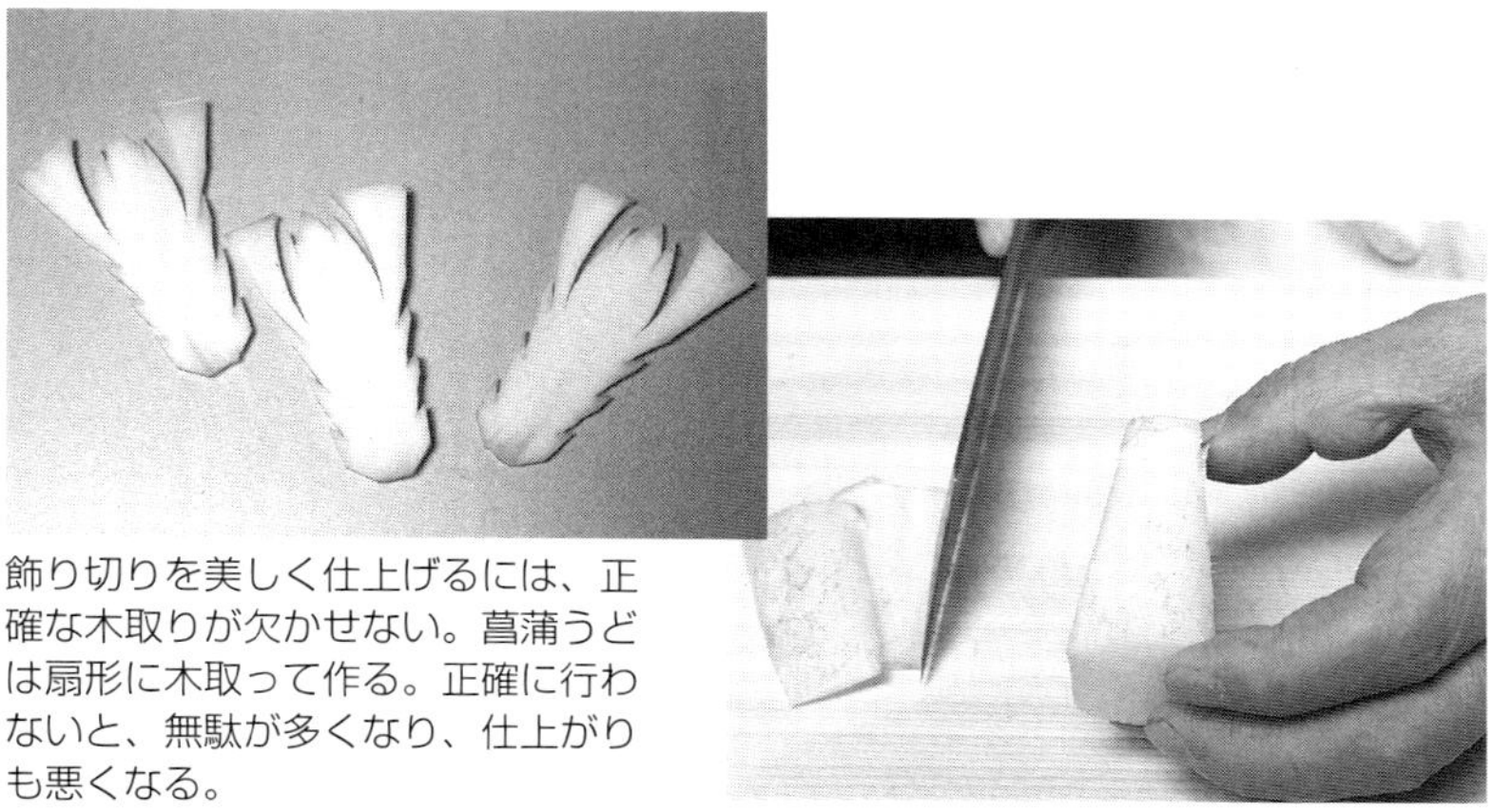

飾り切りを美しく仕上げるには、正確な木取りが欠かせない。菖蒲うどは扇形に木取って作る。正確に行わないと、無駄が多くなり、仕上がりも悪くなる。

飾り切りは料理に花を添えたり、季節感を出したり、飾りつけをするための切りつけである。ちょっとした工夫をすることで、料理へのこだわりが感じられ、お客様を楽しませることにもつながる。基本的な切り方をきちんと把握した上で、様々な飾り切りに挑戦するとよい。

野菜の元の形を生かす

飾り切りは野菜の形を生かしながら花や鳥、様々な風物を切り出すので、どうしても無駄が多くなる。それでもプロならばできるかぎり無駄を少なくし、材料を上手に使うことを考えなければならない。そのためには、野菜の元の形をできるだけ生かすことが大切である。その良い例が谷中生姜である。谷中生姜の飾り切りはいろいろあるが、どの切り方も生姜の形を生かしている。細長い生姜からは細長いものを、丸い生姜では丸いものを切る。これが飾り切りの原則である。

細長いもので丸いものを切っても無理があるし、無駄がたくさん出る。また、手間がかかるうえに、形も美しくない。野菜を見て、どんなものを切ることができるか考え、イメージしてから、庖丁を持つとよい。

正確な木取りから生まれる美しい形

切るものに合わせて、野菜を大まかに形作ることを〝木取り〟という。たとえば、桂むきなら大根の長さを決め、太さの違いがでないように太さをそろえて切るのが木取りである。花を切るときは五角形に、蝶を切るときは扇面に木取ることから飾り切りの仕事は始まる。ここで正確な五角形ができなければゆがんだ花になってしまうし、同じ太さの大根でなければ、きれいな桂むきを作ることは難しい。面倒だからと木取りを省いて切り始めると、形が整いにくいため、余計な手間がかかることになる。

ここでは、イラストを使って、木取りの形を説明していくので、参考にして欲しい。

季節を鮮やかに表現する

最近は、野菜でも魚でも冷凍や促成栽培の技術が発達し、なかなか季節感を表現することが難しくなってきた。その影響か、お客様の方も季節に対する知識が少なくなり、旬の材料を使っても季節感を楽しんでいただけない時代になっている。

その点、飾り切りはだれにでもわかりやすく、端的に季節を表現することができる。人参などの一年を通して出回っている素材を使っても、新春には梅、春には桜、秋には紅葉と季節の花々などを切り出すことで、お客様に季節の訪れを感じていただくことができる。

また、高価な材料を使わなくても、飾り切りが一つ入れれば、料理の高級感が増すし、調理師も技術をさりげなくアピールできる。同じ材料の料理でも、飾り切りを添えることでより魅力的に見せることができる。

庖丁一本と身近な材料で演出

高度な飾り切りになるとそれなりの道具をそろえる必要がでてくる。技術の習得も一朝一夕というわけにはいかない。

そこで、ここでは、初心者向けに、庖丁一本とペティナイフが一本あれば誰にでもできる簡単な飾り切りを多く取り上げた。以下のページでは、身近で飾り切りによく使用される野菜を、材料別に紹介していく。素材の色や形を活かした切り方に注目して欲しい。読むだけでなく、実際に庖丁を動かしてみると一層わかりやすい。少し難しく見えるものでも、何度か練習しているうちに自分なりのスタイルや形が出来上がってくるものだ。自分のレパートリーをだんだんと増やし、料理の演出に役立てて欲しい。

野菜の基本の切り方

いちょう切り

いちょうの葉の形に似ているためこの名がある。半月切りをさらに半分に切ったもので汁の実に使うため薄く切る。V字に切り込みを入れていちょうらしさを。

縦半分に切った大根をさらに縦半分に切る。このまま端から薄く切っても、いちょう切りになる。

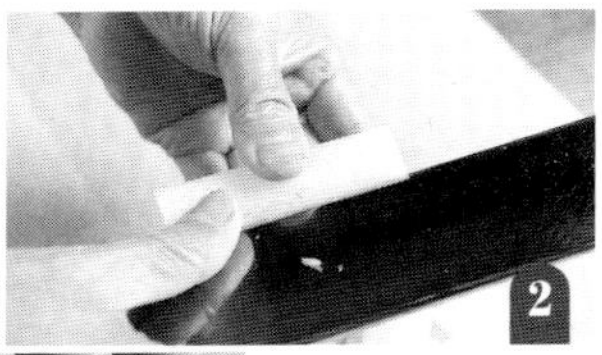

いちょうの葉の形により近づけるためには、V字に切り込みを入れてから、1〜2㎜の厚みで、端から切っていく。

六方むき(左)亀甲むき(右)

里芋の基本的な切り方。六方むきはむいた側面の形が同じになるように、亀甲むきは相対する面が同じ形になるようにしてむいていく。

切り口の大きい方を左手の親指で支え小さい方から厚めにむく。六方むきは正六角形に亀甲むきは向かい合う面ごとにむく。

輪切り

煮物に使うときの切り方。厚みは2〜3㎝。大根は皮が固いので周りにある繊維の厚い部分はきれいにむいてから輪切りにしていく。

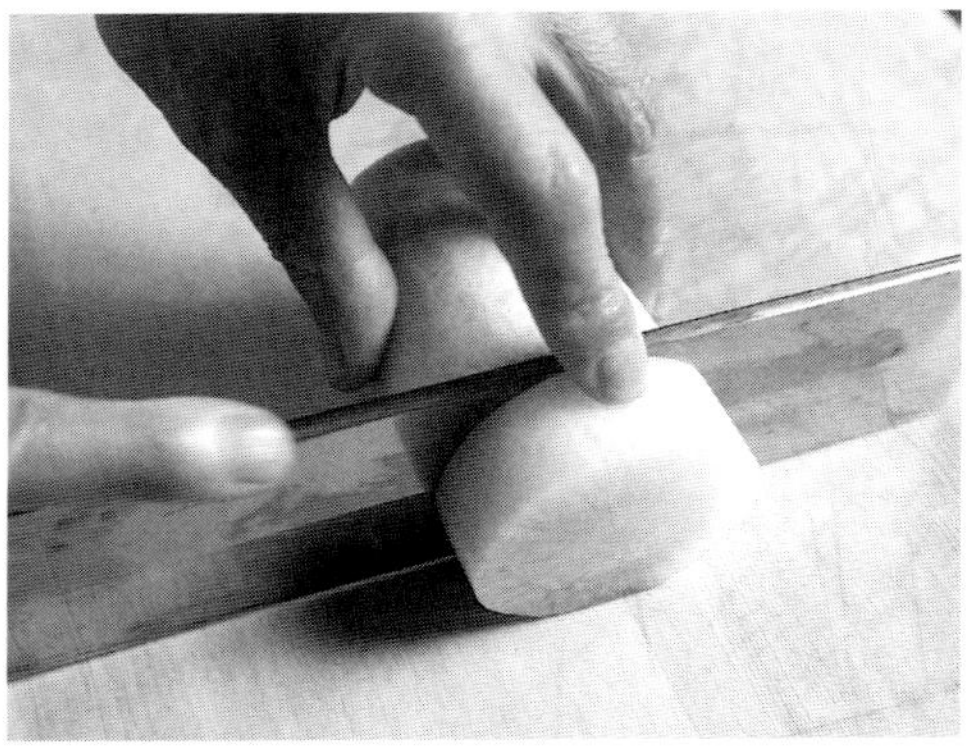

素材に対して垂直に庖丁をおろすことがポイント。均等に力が入るように庖丁の中ほどを使って、一定の厚みで切っていく。

半月切り

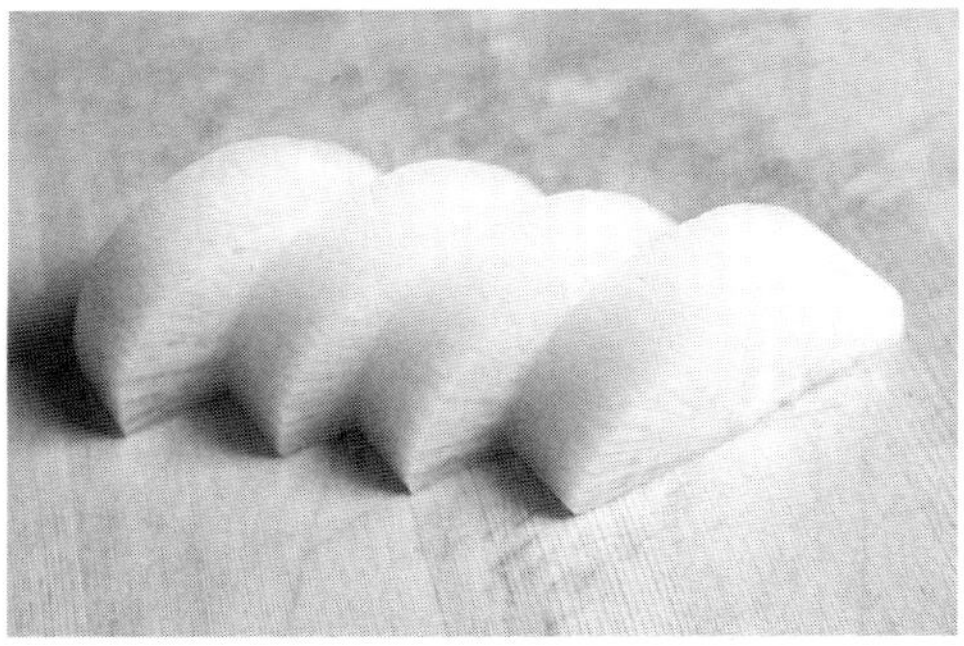

厚めの半月切りは、煮物やふろふきなどの料理に使う。薄く切れば、汁の実や酢の物にも使える。

皮をむいたら、まず縦半分に切る。切った面を下にして、輪切りと同じように、端から2〜3㎝の幅で切る。

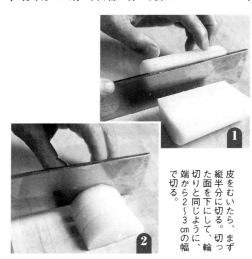

色紙切り

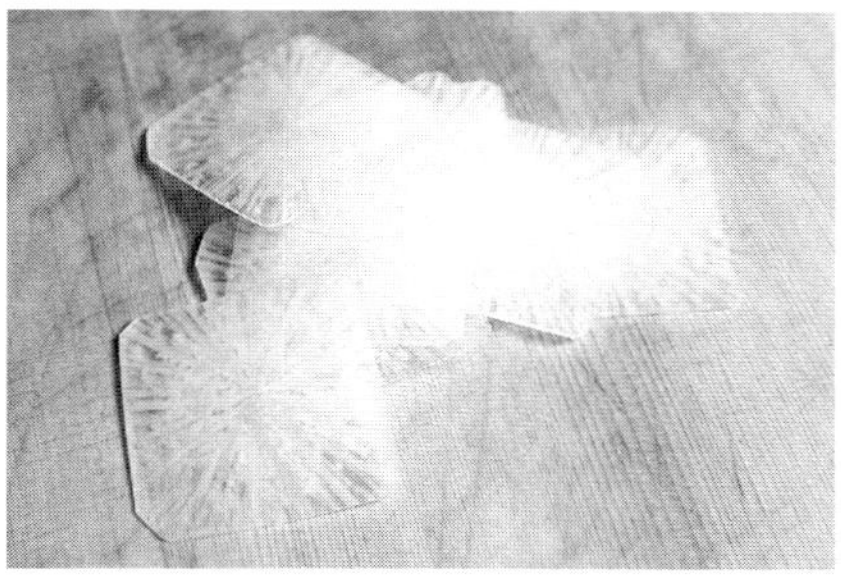

色紙のような正方形に切る手法をいう。吸物の実として使ったり、中に海老や山椒などを入れて2つ折りにして前菜に用いたりする。

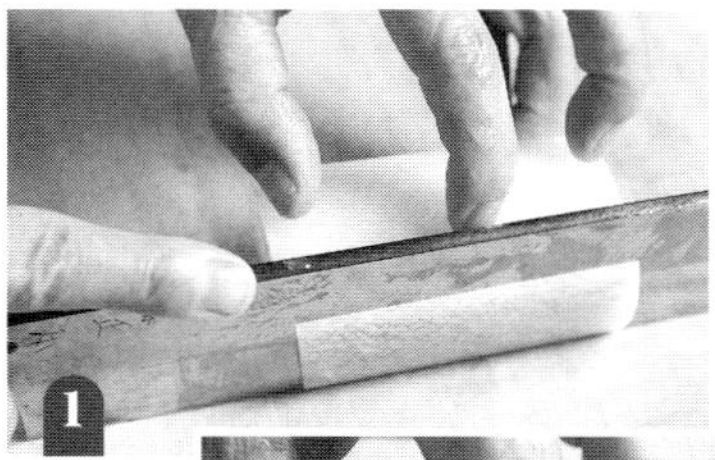

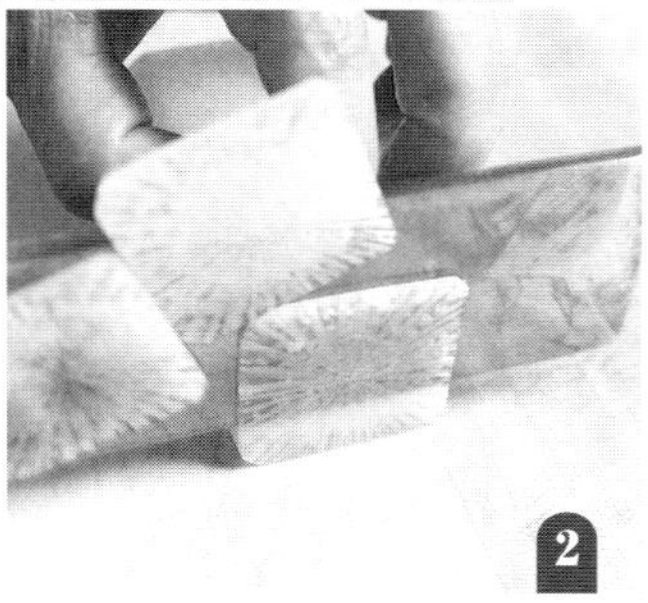

大根は皮をむいたら、四角にとるため角をとる。色紙のように薄い正方形になるように端から1㎜幅で切っていく。

短冊切り

歌を詠むときに用いる短冊のように、長方形に細長く薄く切る切り方。汁の実や酢の物、和え物などに使う。火の通りも早い。

四角にとったら1㎝ほどの厚みで端から切っていく。その切り口を下にして、端から幅を揃えて、薄く切っていく。

せん切り(胡瓜)

胡瓜のせん切りはまず薄切りに切ってから、それを重ねて端から切っていく。せん切りにする幅の目安は1～2㎜ほど。

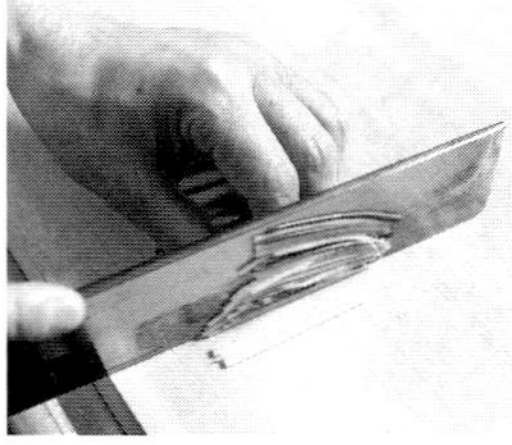

縦に半分に切った胡瓜の切り口を下にして薄切りにする。それらを斜めにずらして重ねて置き、端から細く切っていく。

白髪ねぎ

さらしねぎともいう。揚げ物などの上にのせるときに使う。切ったあとは必ず流水でもむようにして絞り、ねぎ独特の臭みを抜くこと。

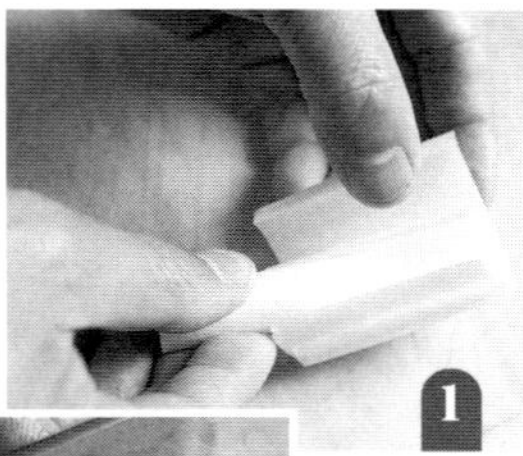

5㎝幅に切った長ねぎに庖丁を入れて芯を取り除く。外側の部分だけを広げて重ね、端から切っていく。

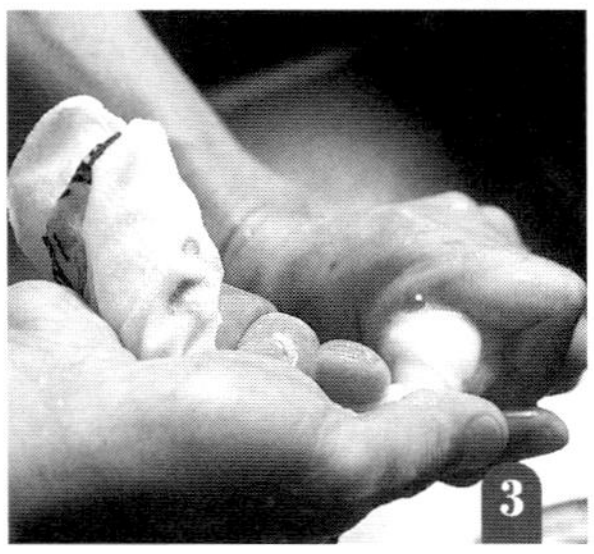

切った長ねぎは濡れ布巾に包んで流水でもみながらさらしてぎゅっと絞る。水にさらすだけでは臭みを抜くことはできない。

薄切り(大根)

薄切りは縦に庖丁を入れるよりも、横から入れた方が正確できれいに仕上がる。大根などの固い素材は上の方から切り進めるのが原則。

大根は皮をむいたら切りつけやすい太さにする。横から庖丁を入れて、同じ角度で、押して引くようにして切っていく。

薄切り(胡瓜)

胡瓜の薄切りも胡瓜に対して、横から庖丁を入れていく。胡瓜を半分に切ってから、平らになった切り口を下にして、上から薄く切りつけていく。

左手を胡瓜に添えたら、庖丁の中ほどを使い、押しながら庖丁を入れて切り終わるころに引く。薄さを一定に切るようにする。

ささがき

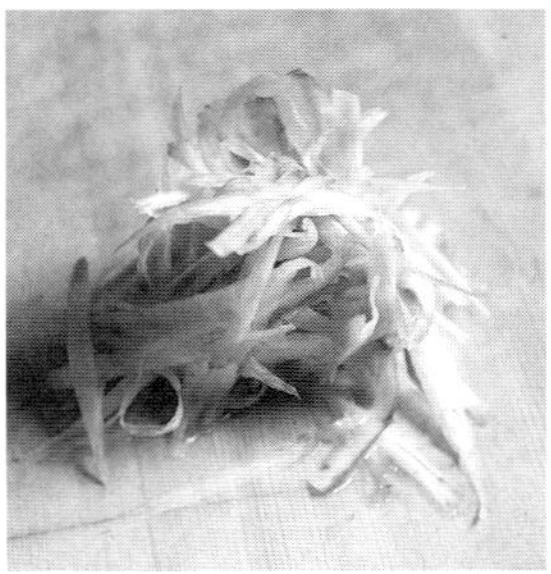

ごぼうの繊維に沿って笹の葉のように切る。適度な歯触りを残しつつ火の通りを早くする切り方だ。アクが強いので切ったら酢水につけるとよい。

ごぼうを縦にして庖丁の切っ先で切り込みを入れておく。ごぼうを回しながら右手首を使って鉛筆を削るようにして切る。

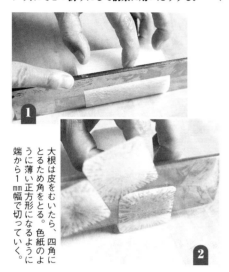

くし形切り（レモン）

レモンを揚げ物などに添えるときに使う切り方。最後に芯の部分までも丁寧に切り落としておくのが、きれいに仕上げるコツである。

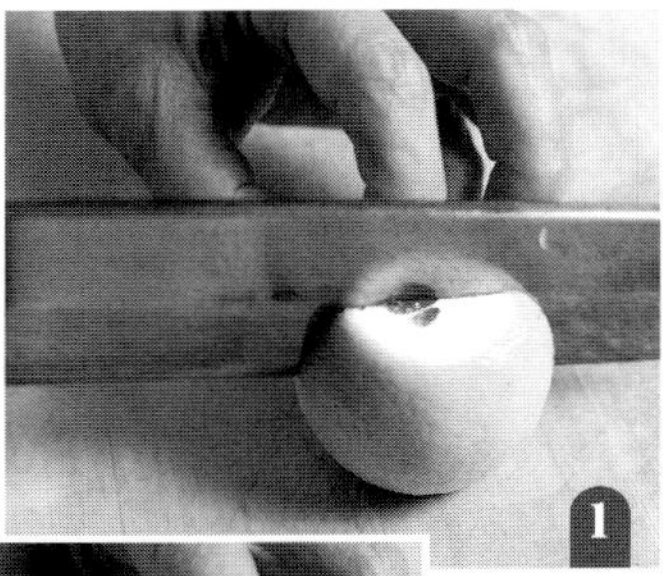

へたの部分を切り取ったレモンを縦に半分に切る。これを立てたまま放射状になるように4等分に切り分けていく。

切り終わったら、最後に、中心にある白い芯の部分も庖丁で切り落としておくと、丁寧な仕事につながる。

小口切り（あさつき）

料理の仕上げなどに上から散らすものとして欠かせないのがあさつきの小口切りだ。長ねぎとは切っていく段階で注意する点が違うので覚えておきたい。

根を切り2等分にして重ねる。切っていくうちに動かないよう、濡れた布巾をのせ、その上に左手を添えて端から切っていく。

くし形切り（玉ねぎ）

炒めものやフライにするときに使う切り方。玉ねぎの繊維に沿うようにして切っていく。１個の８等分を大きさの目安にする。

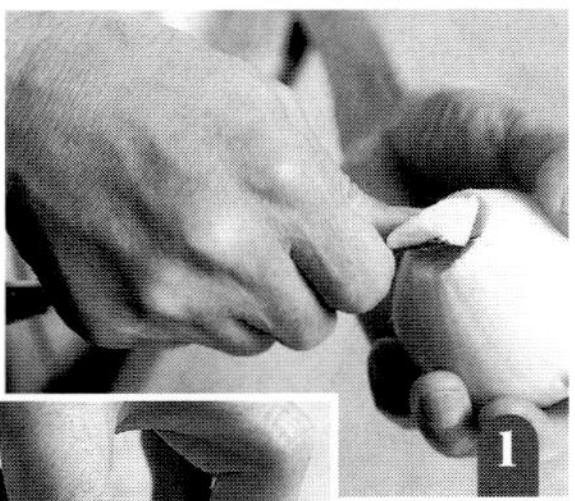

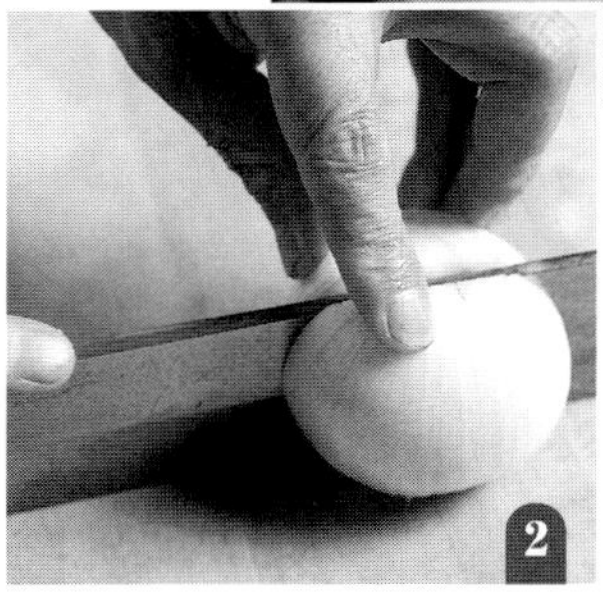

まず庖丁で丁寧に皮をむいたら庖丁の先で玉ねぎの芯をくり抜き、縦に半分に切る。

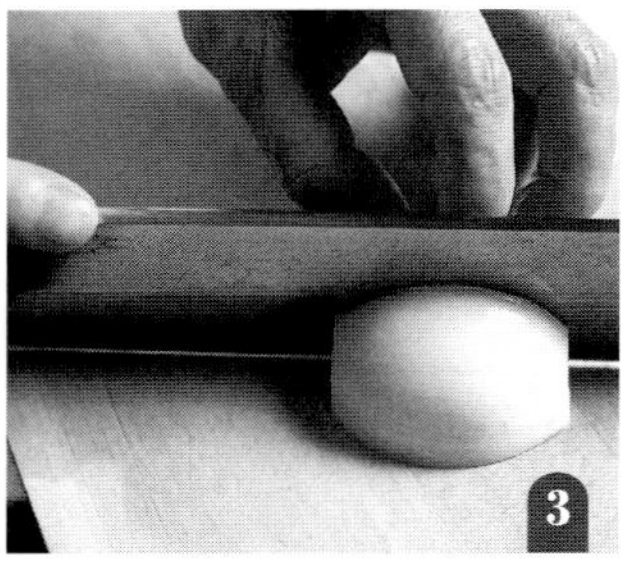

玉ねぎの切った面を下にして、庖丁を入れる。放射状になるように、4等分に切り分ける。

小口切り（長ねぎ）

あらゆる料理の中でよく使われる長ねぎの切り方。１本を半分に切ったものを合わせて小口切りにすると安定感が増すので切りやすい。

長さを揃えた2本の長ねぎを左手でしっかりとおさえて、庖丁の中ほどを使って端から細かく切っていく。

斜め切り

鍋料理の材料などに使うときに用いる長ねぎの切り方。切っ先でさっと引きながら斜めの角度を保ったまま一気に切っていくとよい。

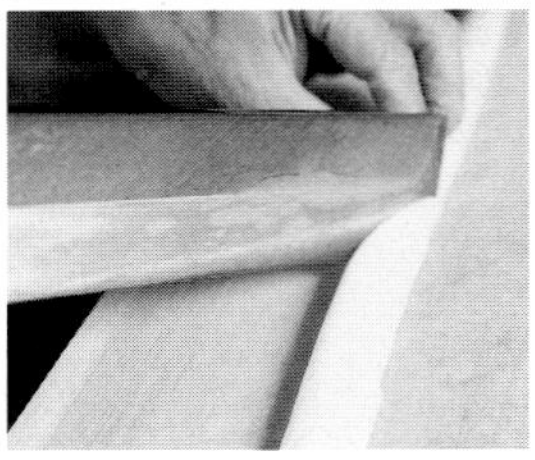

庖丁の切っ先を使って、切っていく。5㎝くらいの幅を目安に切り口が均一になるように、角度を一定に保ちながら切る。

木の葉切り

長ねぎの斜め切りを薄く切ると木の葉切りになる。斜め切りと同じ要領で切るが、幅は１～２㎜ほど。汁の実などに用いる。

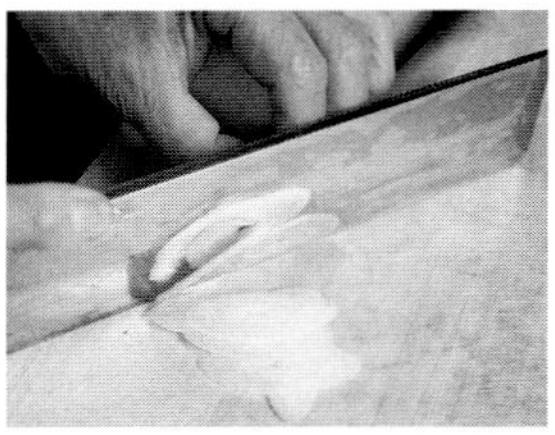

庖丁の中ほどを使って、斜め切りと同じようにして、一定の角度を保ちながら、切っていく。幅はなるべく薄く切ること。

茶筅切り

早く火が通るために用いるナスの切り方。単に十字に庖丁を入れてもよいが、茶筅のような形になるよう細かく切り込みを入れると、火の通りが早くなる。

ナスはがくをとったら、庖丁の切っ先を使って身の部分に5㎜くらいの間隔を目安にして切り込みを入れていく。

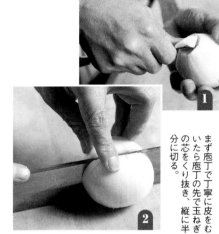

桂むき

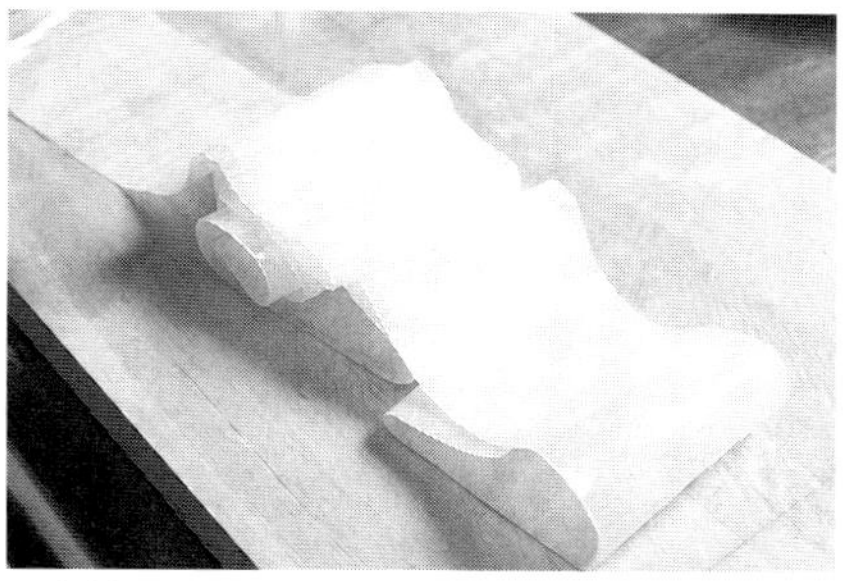

大根のけんを作るときや奉書巻きを作るときに向く。最低でも10㎝くらいの長さが必要だ。左手で大根を回しながら庖丁をすすめる。

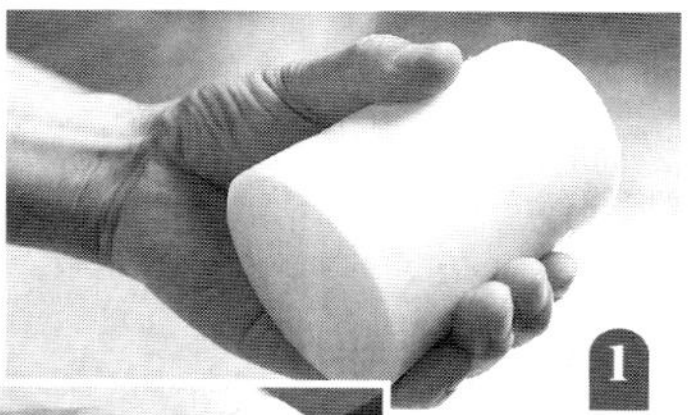

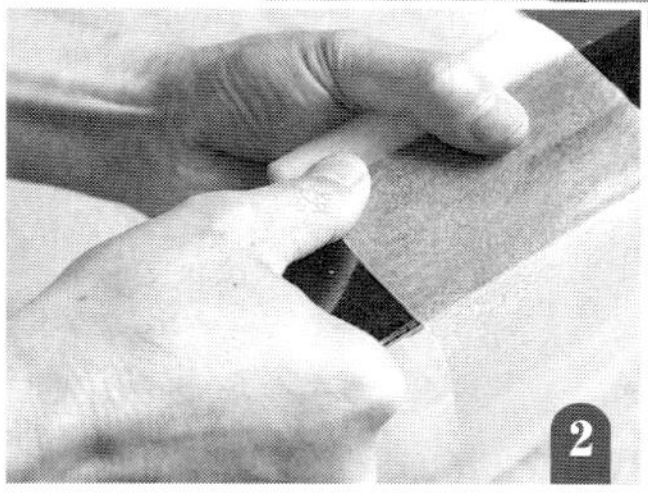

太い方を手前に向けてわしづかみにして持ち、右手の親指を刃に添えながら、前後に庖丁を動かしてむいていく。

大根のけん

桂むきにした大根を重ねて端から切る。繊維をこわして切る横けん、繊維を生かした縦けん、斜めに切って丸みをだすけんがある。

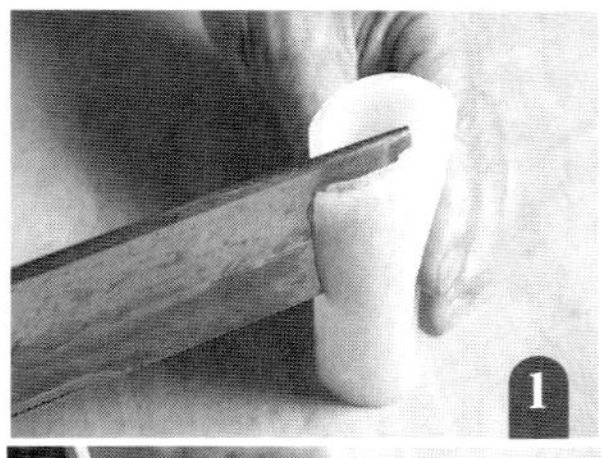

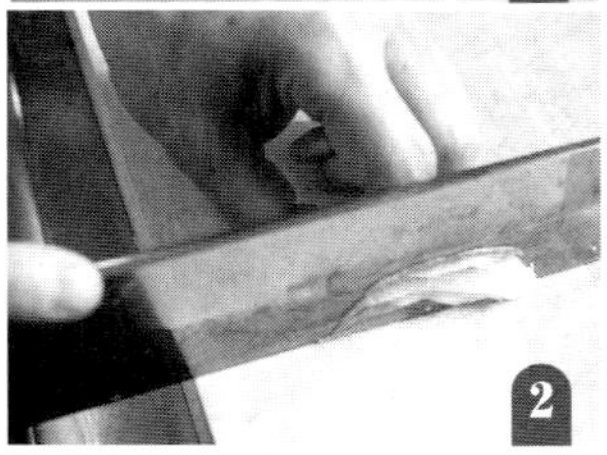

写真はポピュラーな横けん。桂むきにした大根を折り畳み、輪になった部分を切ってせん切りの感覚で端から切っていく。

切り終わったら、ぎゅっと絞って水にさらす。水を2～3回とりかえてアクを抜き、パリッとするまで、水に漬けておく。

千六本(左)せん切り(右)

千六本もせん切りも同じように細長く切る方法だが、千六本はマッチ棒と同じくらいの太さで、せん切りはそれよりも細く切る。

〈千六本の切り方〉

大根は皮をむいて四角にとってから色紙切りにし、それを斜めにずらして重ね、端から切っていく。せん切りも同じ手法で。

さいの目切り(左) あられ切り(右)

さいの目切りはさいころのような立方体に切ったもので1㎝角の大きさ。その半分くらいの5㎜角があられ切り。サラダや漬物に使う。

〈あられ切りの切り方〉

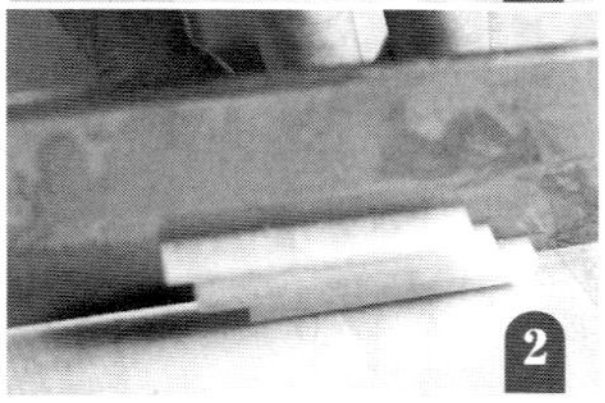

皮をむいて四角にとった大根を縦に5㎜ほどの幅で板状に切る。それを重ねて、端から5㎜くらいの幅で棒状に切っていく。

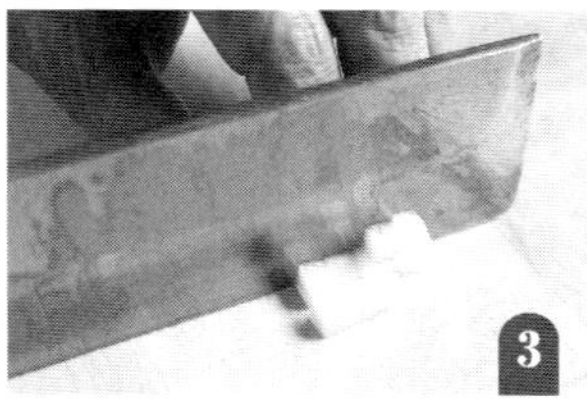

棒状に切ったものを重ねて端から5㎜幅で切ると5㎜角の立方体に。同じ要領で少し大きめに切るとさいの目切り。

みじん切り(生姜)

生姜のみじん切りは表面に細かく格子状の切り目を入れてからその面を横にして切っていく。主に薬味に使うときの切り方である。

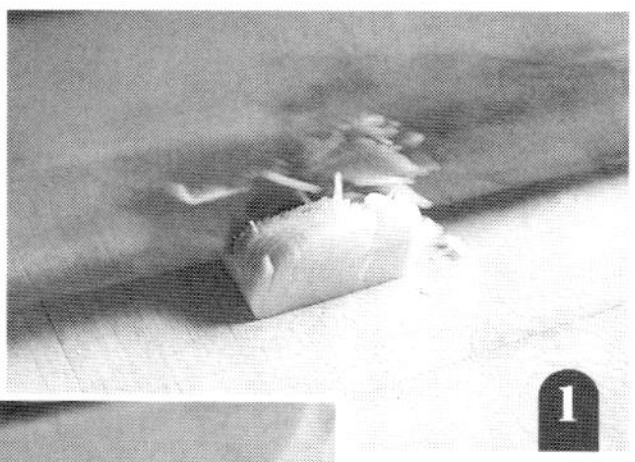

生姜は皮をむいて形を整える。表面に格子状に切り目を入れ、それを横にして端から細かく切っていく。

みじん切り(玉ねぎ)

玉ねぎは天地のへたの部分を落としてから皮をむく。丸のまま水につけておくと、みじん切りをしているときに目がしみるのを防げる。

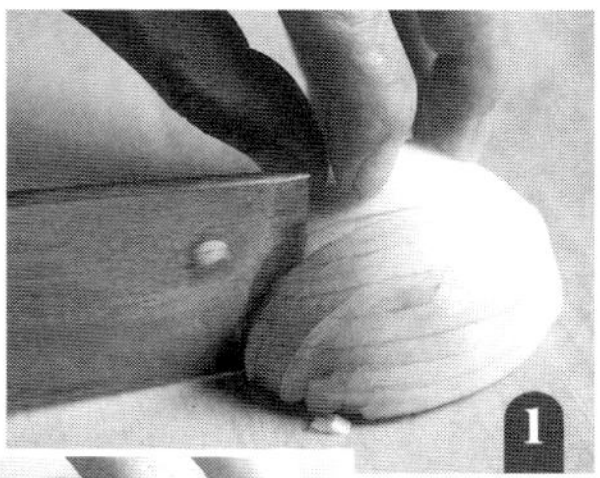

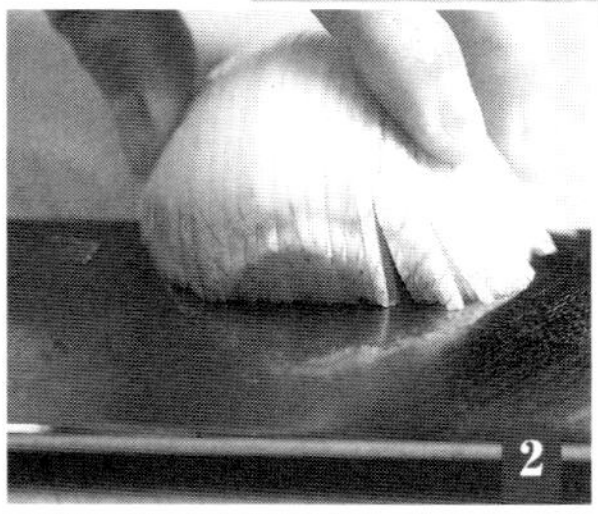

まず縦に半分に切る。庖丁の刃先を使って繊維に沿って1㎝幅で切り込みを入れ横にも3カ所ほど入れる。

繊維に対して縦と横に庖丁を入れたら、端から細かく切っていく。庖丁を大まかに入れると粗みじん切りになる。

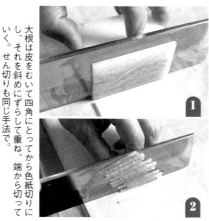

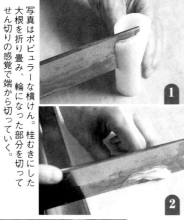

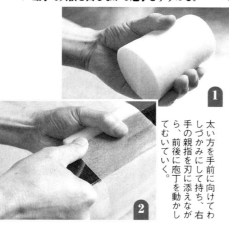

野菜の飾り切りの技術

大根の飾り切り

菊花作り

豪華な刺身の盛り込みを一段と華やかにする。菊の葉を添えれば、一層趣が深まる。桂むきができる人ならすぐにできる。

約15～20㎝長さの桂むきを横半分に折る。折り端をきちんと重ね、はみ出しを落とす。

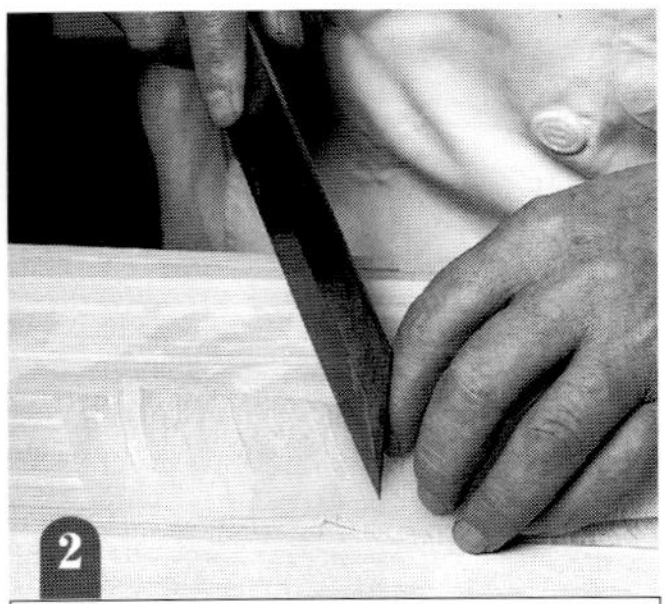

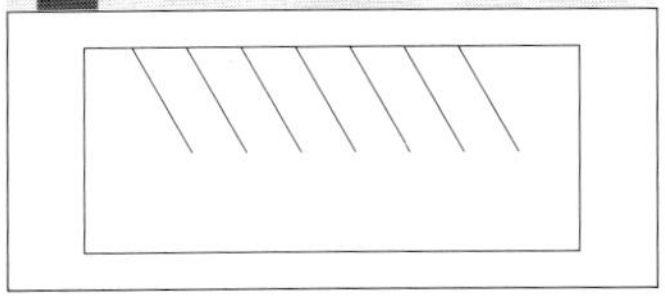

大根を折らないように気をつけながら、輪の側に斜めに３㎜幅の切り込みを入れる。端は５㎜程残す。

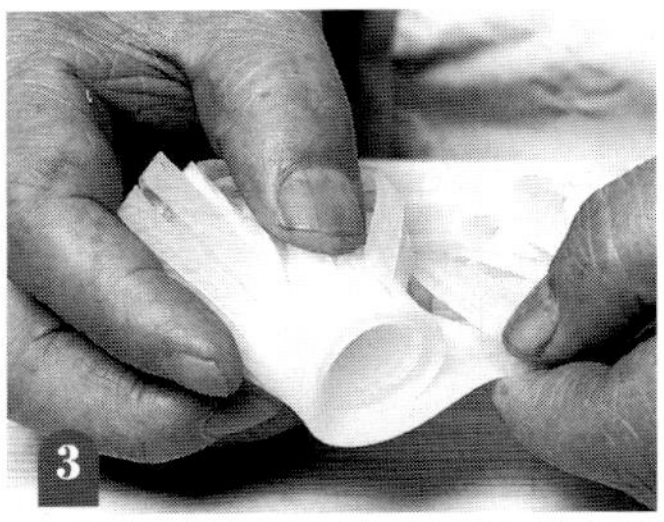

人参を軸にして、輪を上にして大根をくるくると巻きつけていく。底を平らにすること。

底を輪ゴムか串でとめ、水に浸す。花びらがパッと開いて、菊の花らしく見えてくる。

参考

切り込みの角度や幅を変えることで、花の形に変化がつけられる。

網むき

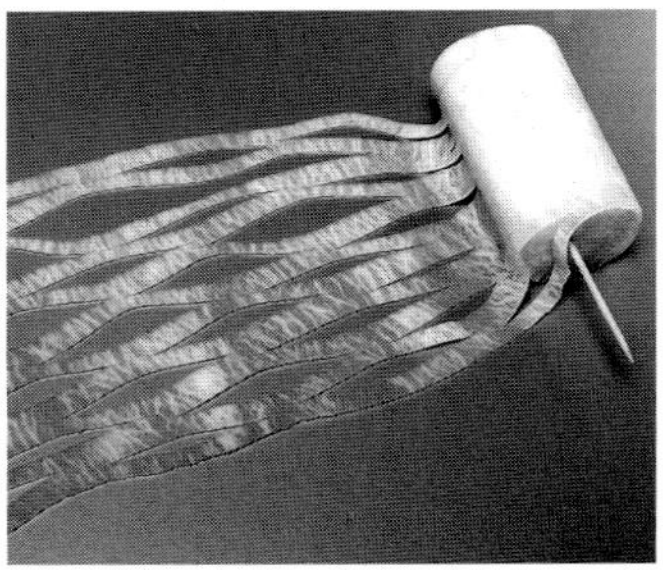

基本は桂むきと同じだが、横に切り込みを入れておくことで、網の模様を作り出す。

大根の中心部に串をさす。初心者は菜箸などやや太めの芯を利用すると仕事がしやすい。

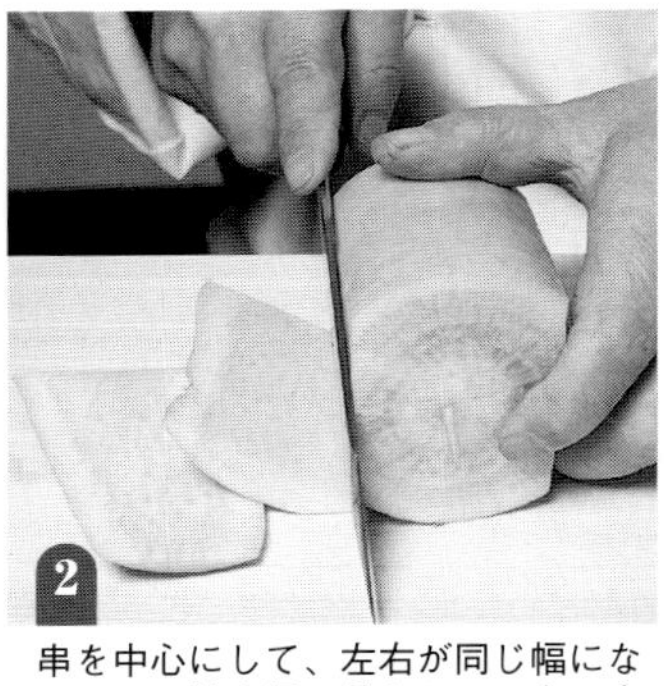

串を中心にして、左右が同じ幅になるように端を切り落として、角の丸い四角形にする。

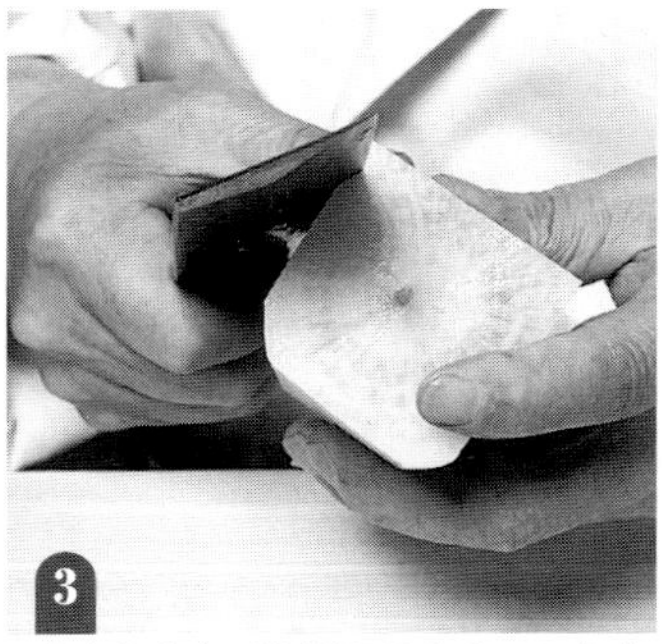

皮をむきながら面取りする。四角くするのは規則正しい切り込みを入れやすくするため。

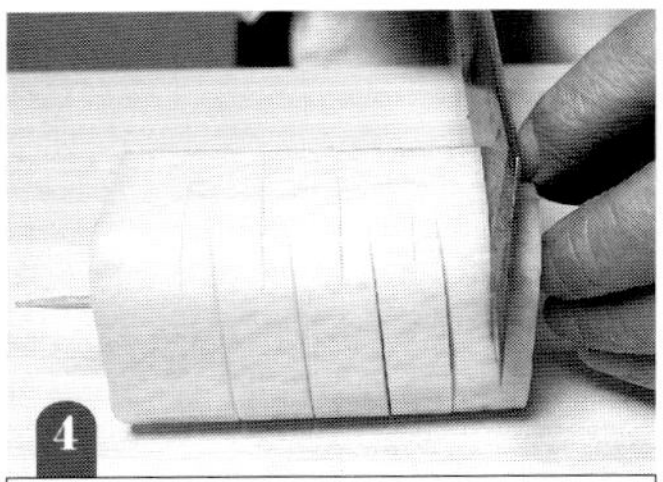

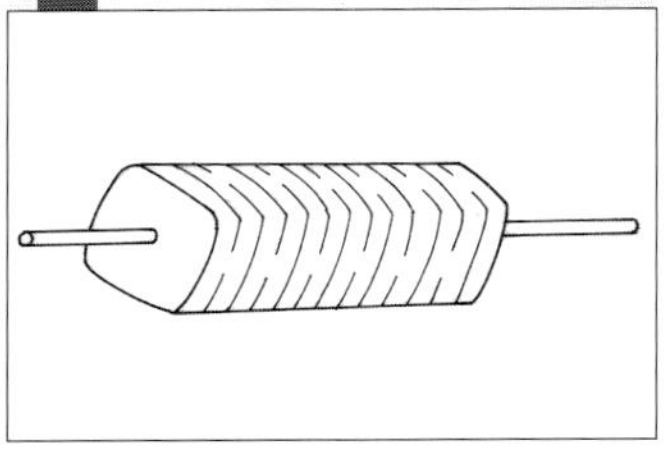

中心の串の少し手前まで、まっすぐに庖丁を入れる。90度回転させて同じように切ることをくり返す。

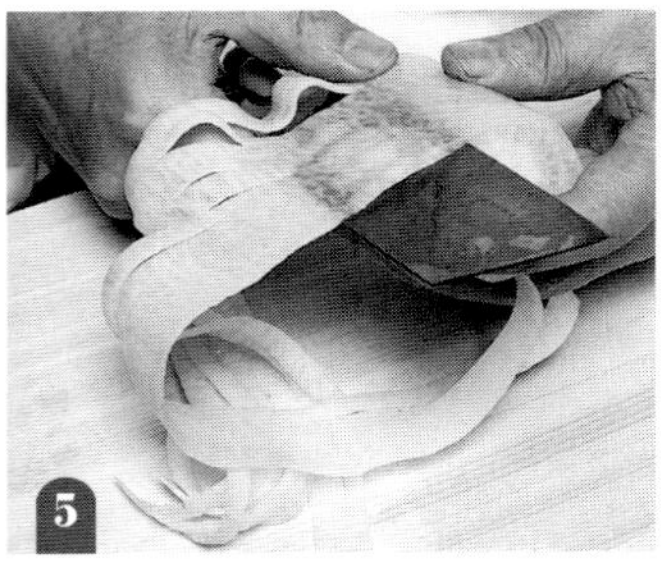

角をとって丸くし、むきやすくしてから桂むきする。塩水に入れてしんなりさせ、網目を手で開く。

唐草

非常に簡単にできて、形がおもしろい。刺身のあしらいの代表的な飾り切りだ。

太めの茎の丸いほうに斜めに庖丁を入れ、薄く切り、水に放すと唐草になる。

矢車草

唐草と同様、刺身のあしらいにする。刻み幅は細かいほど美しく、見栄えがよい。

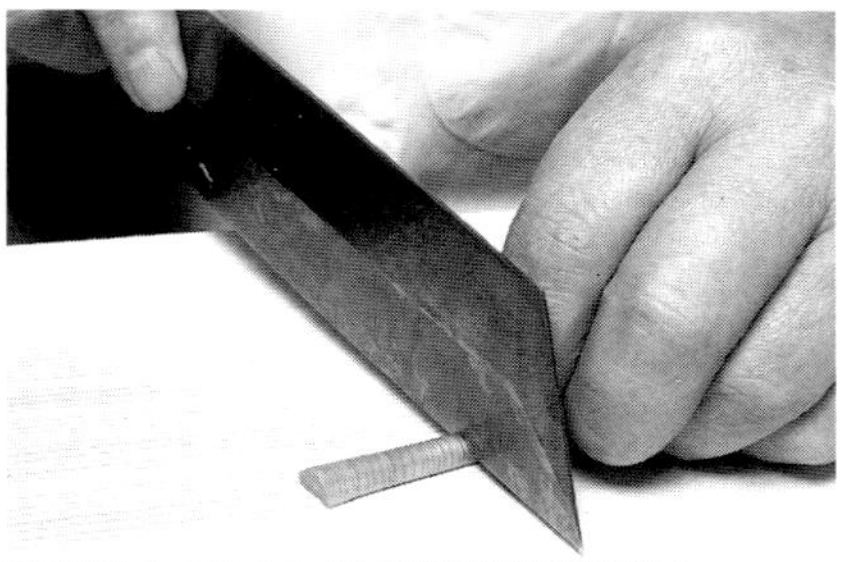

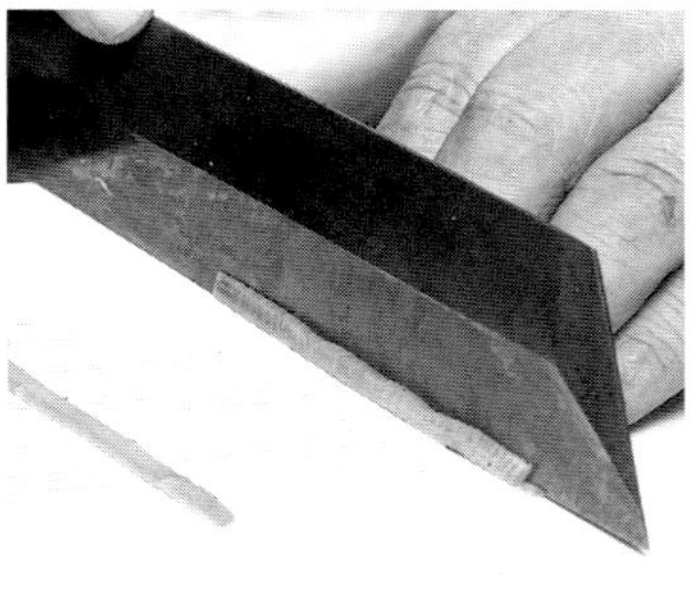

大根の茎の丸い側にまっすぐ細かい切れ目を入れ、端から薄く切り、水に放す。

わさび台(桜)

小さいが、花を切る場合の基本テクニックが学べる。紅で色をつけることも可能。

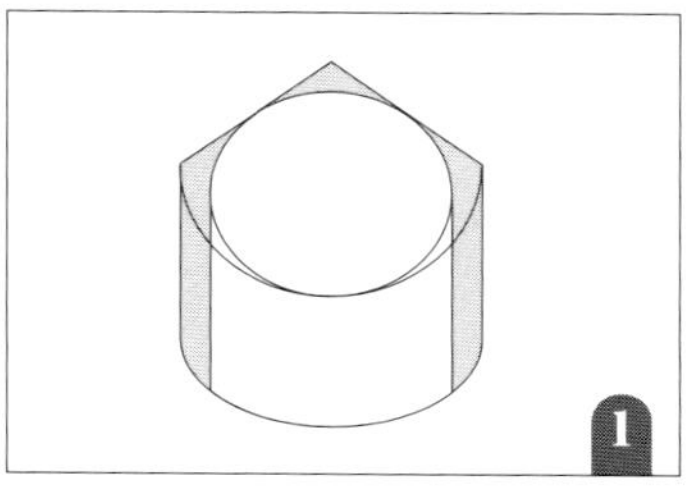

1 大根を縦に1/4にして使う。ふちをぐるりとむきとって丸く木取る。

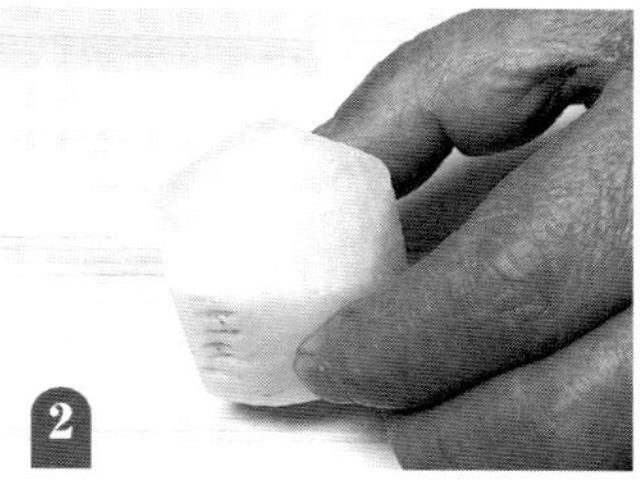

2 丸くしたものをさらに五角形にする。この形が花の基本。ここから梅などを切ることもできる。

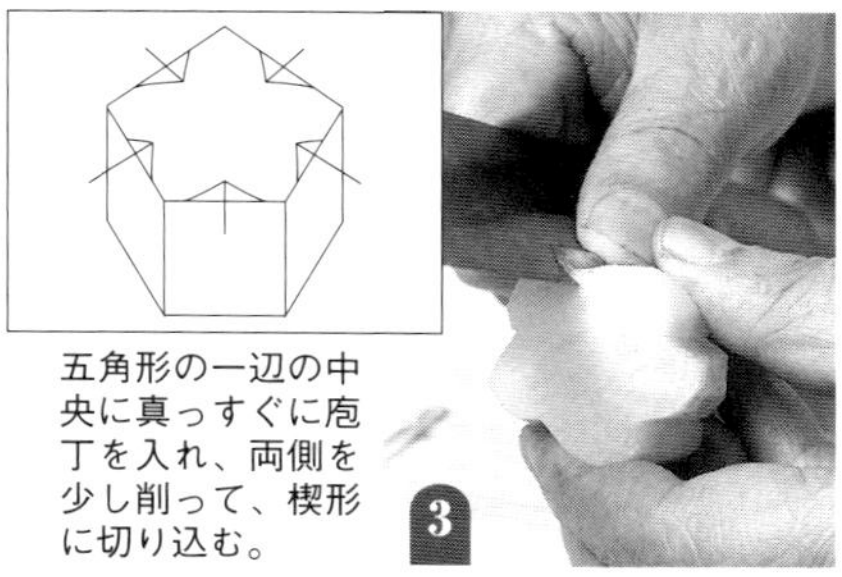

3 五角形の一辺の中央に真っすぐに庖丁を入れ、両側を少し削って、楔形に切り込む。

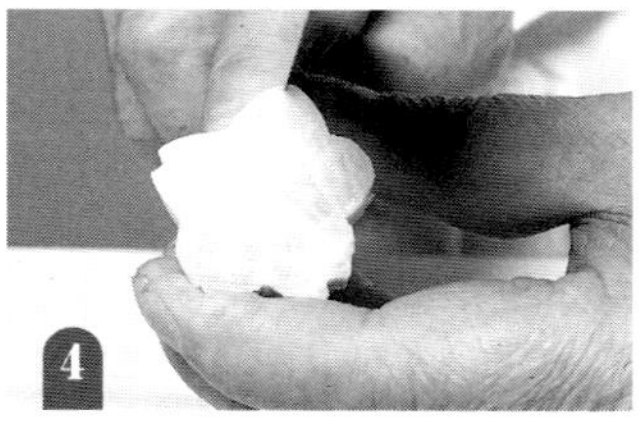

4 花びらを作ったら、花びらのてっぺんに小さな切り込みを入れ、桜の花びらにする。

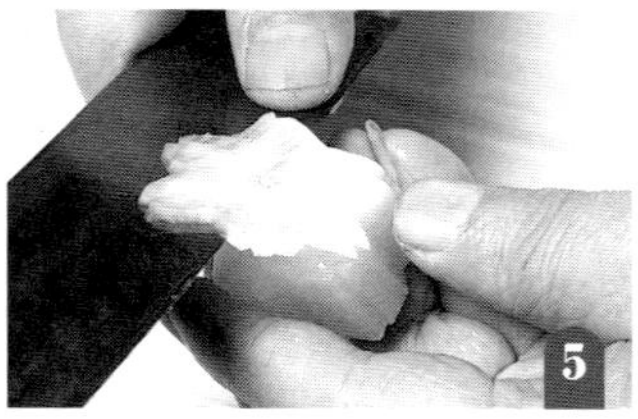

5 鉛筆の芯のように中央を尖らせ、まわりをぐるりとむく。2重にむけば八重桜になる。

参考

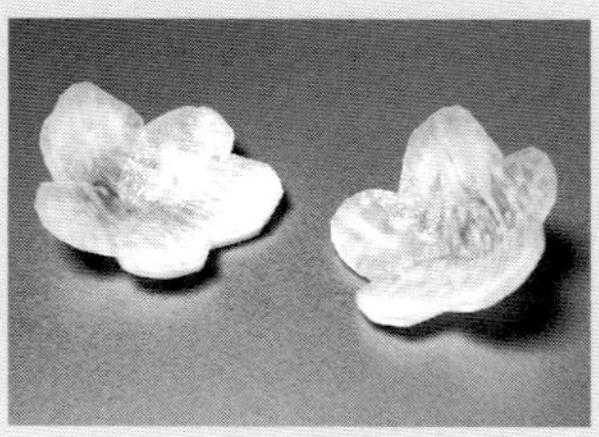

桜と同じように木取り、花びらに切り込みを入れないと梅の花に。

羽子板

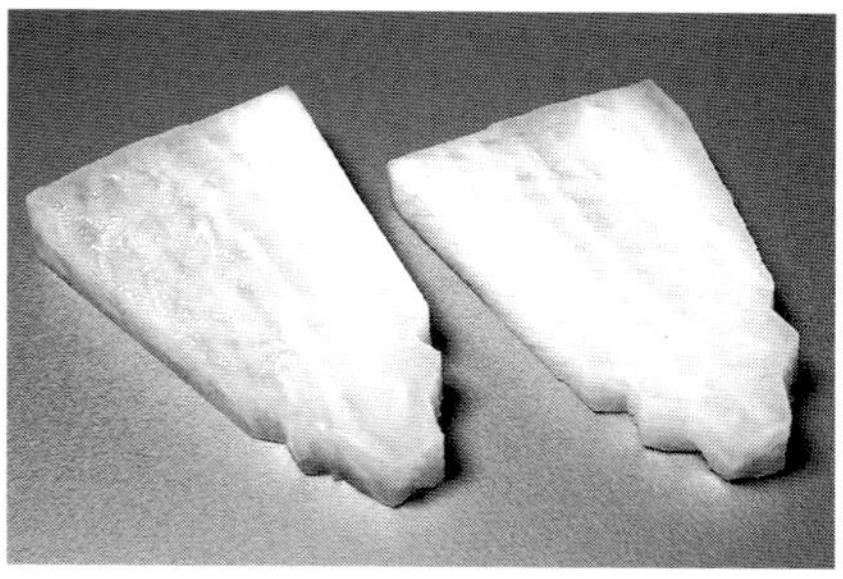

これは前菜用でやや小さめ。煮物用は倍ぐらいの大きさに切ると、煮崩れしにくい。

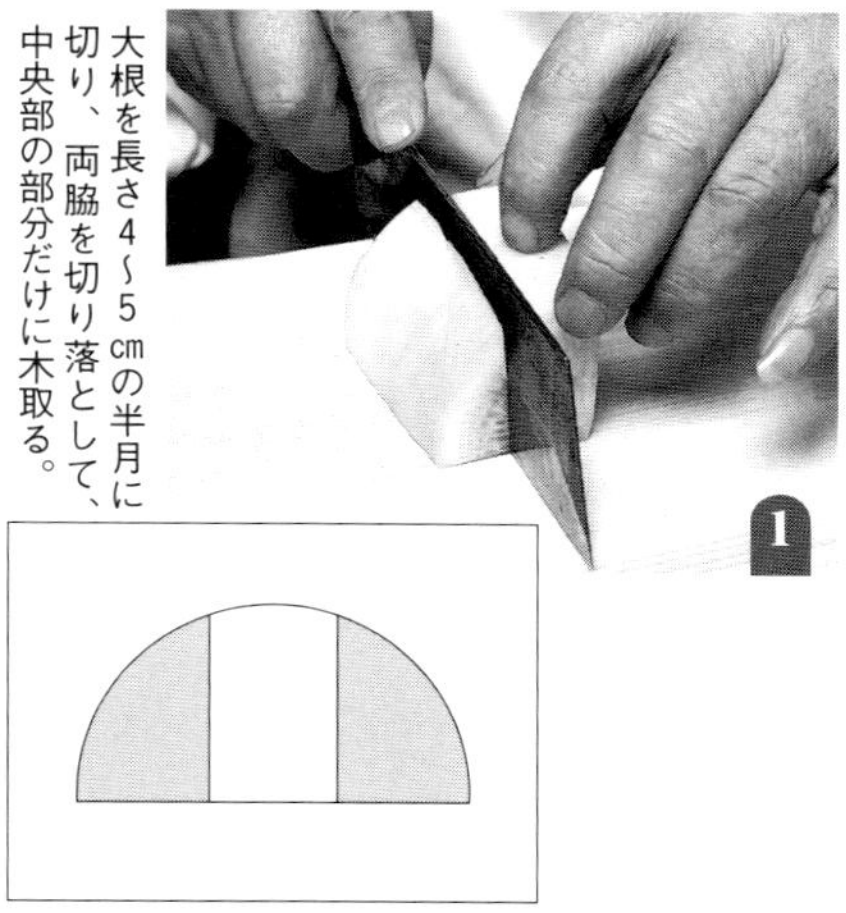

1 大根を長さ4～5㎝の半月に切り、両脇を切り落として、中央部の部分だけに木取る。

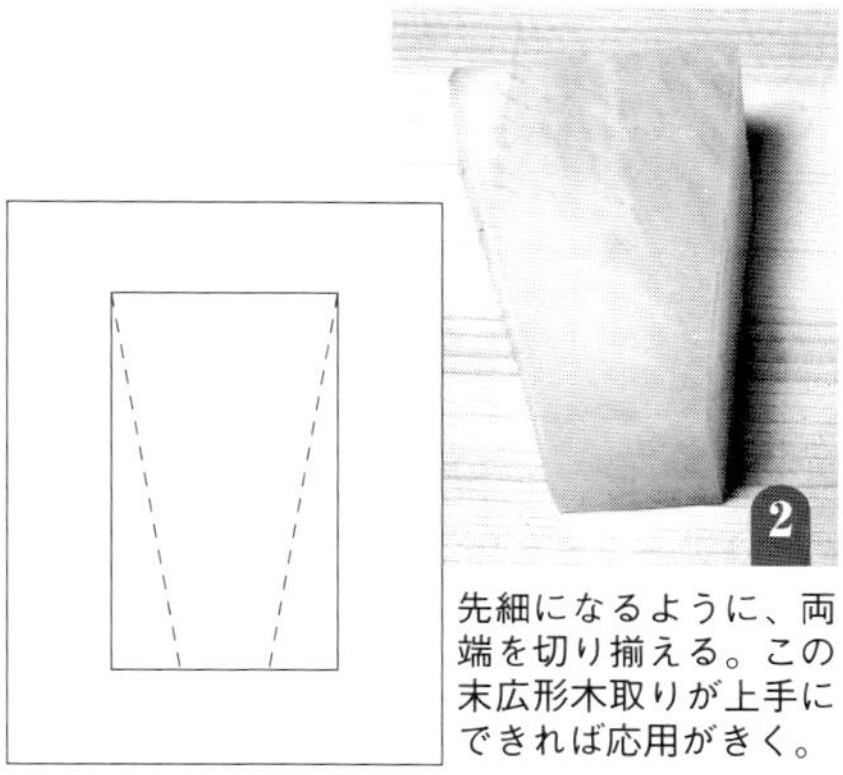

2 先細になるように、両端を切り揃える。この末広形木取りが上手にできれば応用がきく。

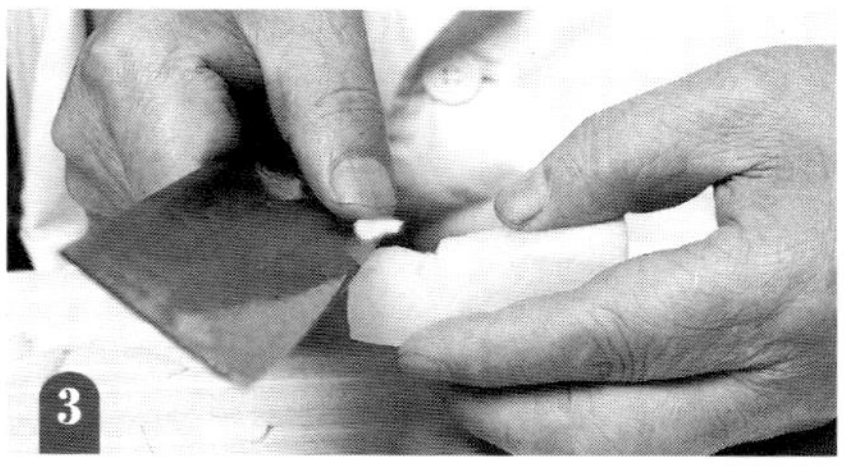

3 根元近くに楔（くさび）形の切り込みを二つ入れ、根元から削ぐようにして形を整える。

人参の飾り切り

末広人参

単純な形だが、木取りをきちんとしないと、無駄が出て、形が整わない。

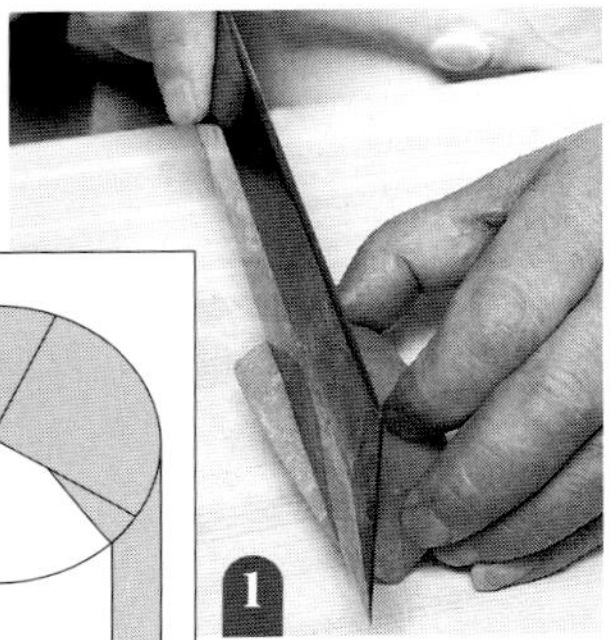

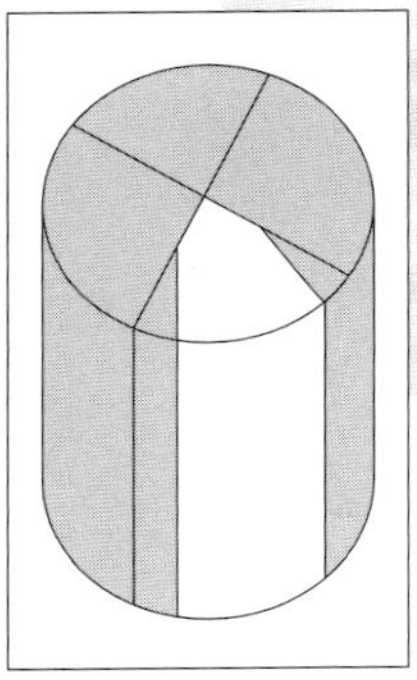

1 縦に４つ割りにして、直角に尖った部分を切り落とす。両脇も真っすぐ下に切り落とす。その時に手前を細くして、末広に木取る。

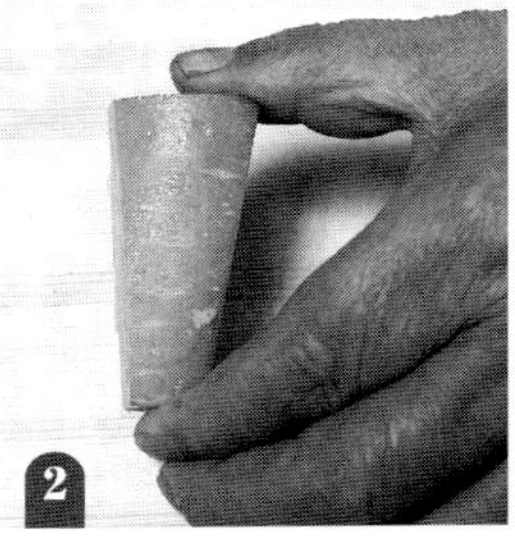

2 人参の丸みを生かして皮をむく。このまま煮物に利用すると見栄えがする。

応用　鉄扇・矢羽根

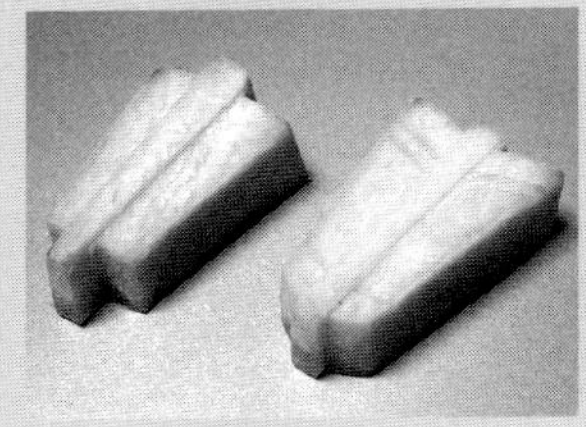

末広の形から上面に切り込みを入れると鉄扇(左)や矢羽根(右)に。

千鳥

半月切りに変化をつけた飾り切り。薄切りにすれば、汁物や炒め物など幅広く使える。

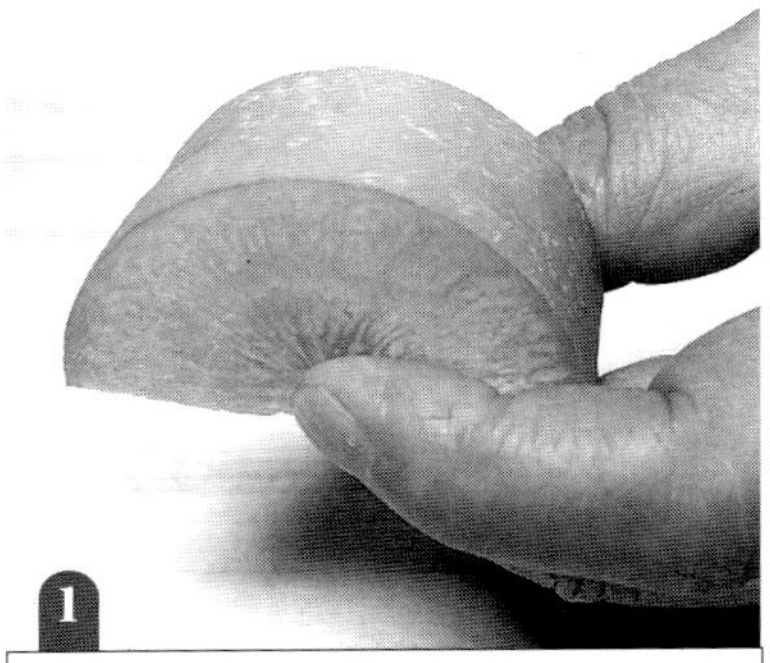

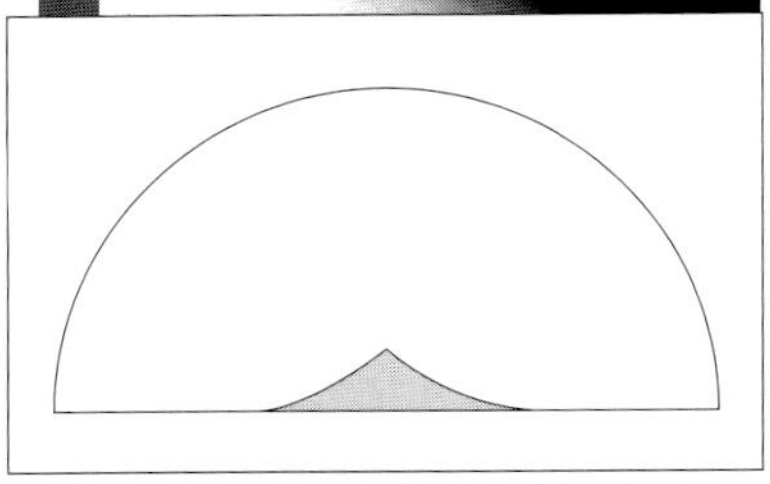

1 半月に切る。底の中央に小さく庖丁目を入れ、左右から斜めに切り込んで、楔形にする。

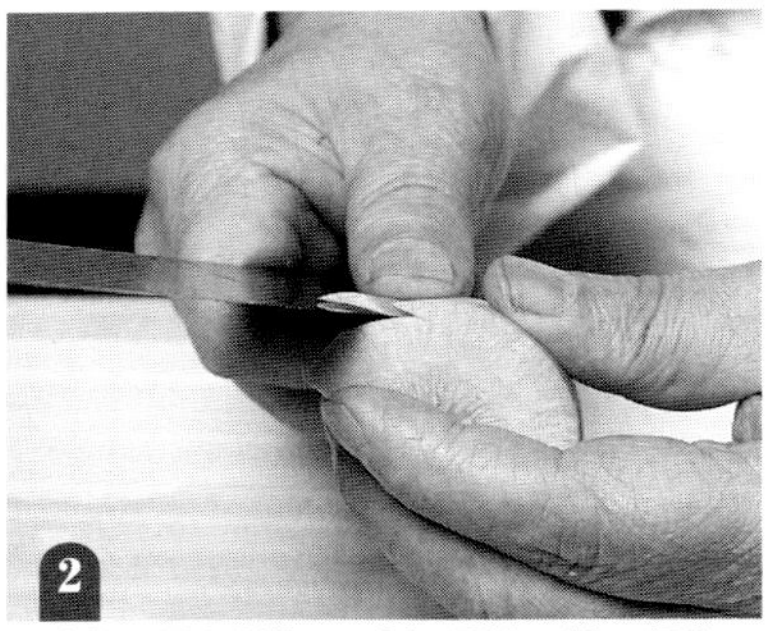

2 千鳥の尾を形作る。弧の頂点に近い部分に切り込みを入れ、下からすくうように切り取る。

わさび台(桜、梅)

切り方は大根と同様。桜は花びらの中心に切り込みを入れ、梅は丸い花びらに。

五角形から花の基本どおりに桜や梅を作る。中心部を尖らせてから、ぐるりとむき取る。

わさび台(菊)

花びらの数が16枚の菊。丸い形をそのまま生かし、周囲に小さな切り込みを入れる。

皮をむき、対角に16等分の筋をつける。筋に合わせて、楔(くさび)形の切れ込みを入れていく。

より人参

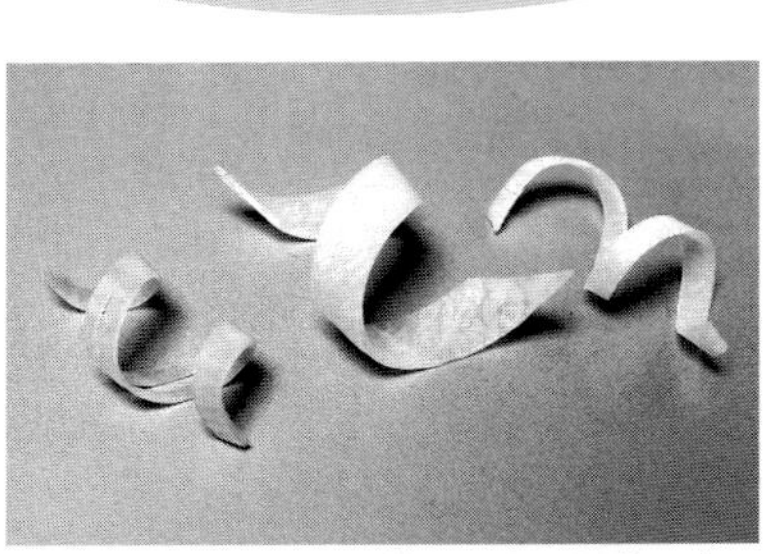

刺身のあしらいに、彩りのよさと形の面白さで重宝されている飾り切りである。

1 人参を桂むきにする。繊維に平行に３㎜幅に切る。真っすぐに切るので無駄がない。

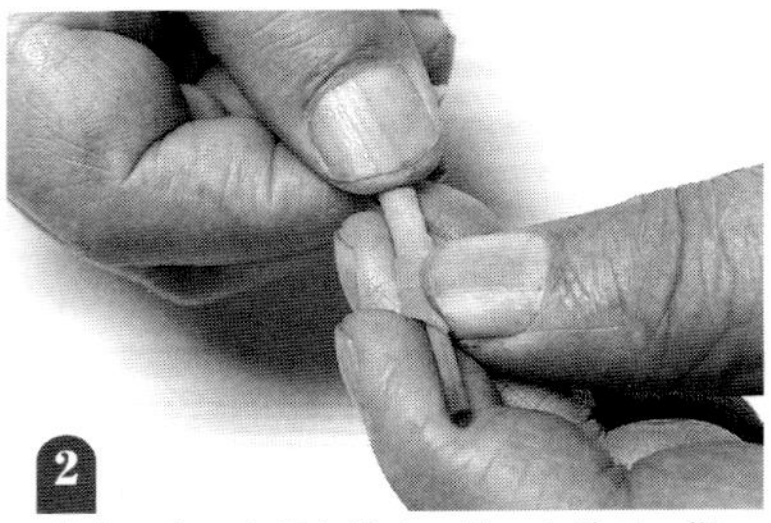

2 竹串にきっちりと巻く。巻いた後で、指でこすると、〝より〟がしっかりする。

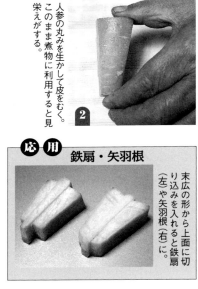

木の葉

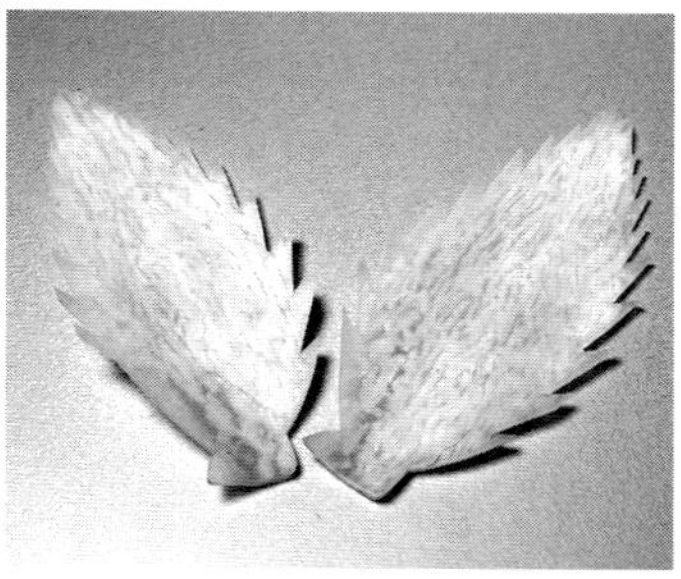

秋の揚げ物や吸い物に一枚の木の葉を使用すると、季節の雰囲気を演出できる。

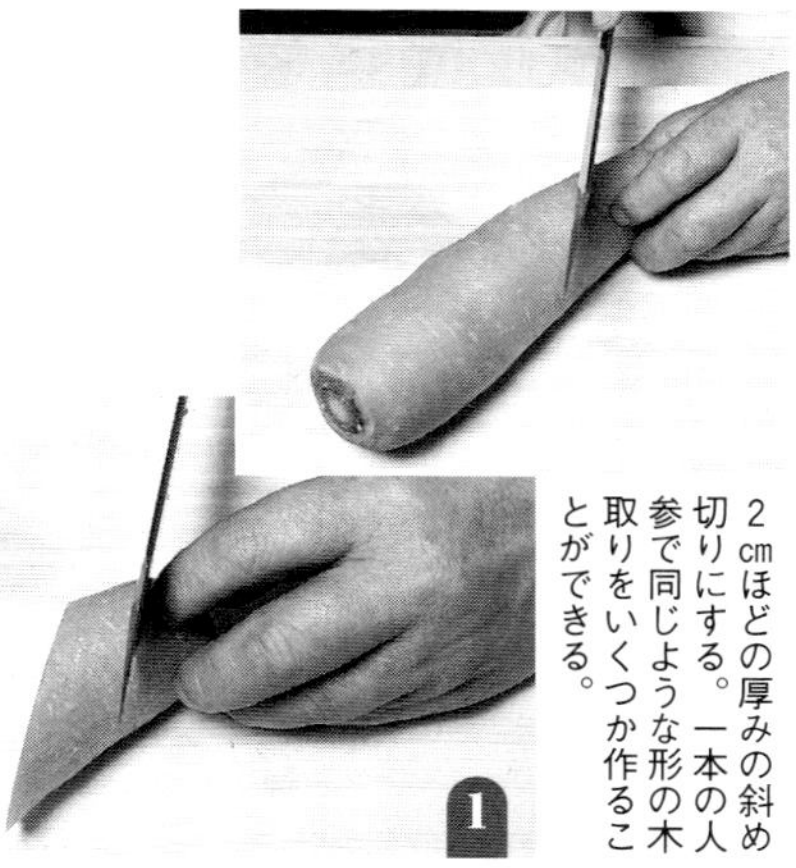

2㎝ほどの厚みの斜め切りにする。一本の人参で同じような形の木取りをいくつか作ることができる。

斜めに切った人参の切り口の角を丸めながら形を整える。細長い形にすると木の葉らしい。

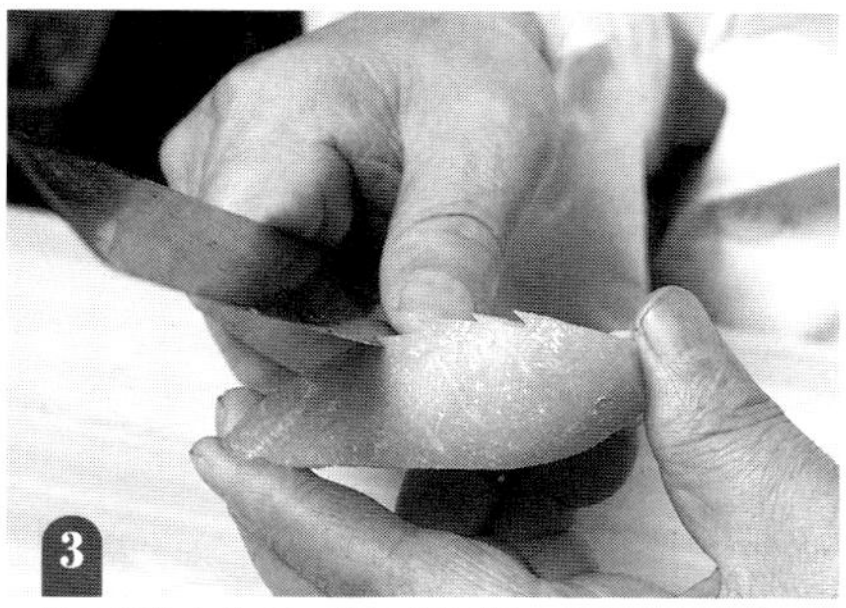

軸の部分を作り、葉の切り込みを入れる。葉先の方は細かい切り目で本物らしく。

結び文

煮物によく使用される。きちんと木取らないと大きな無駄がでるので丁寧に作る。

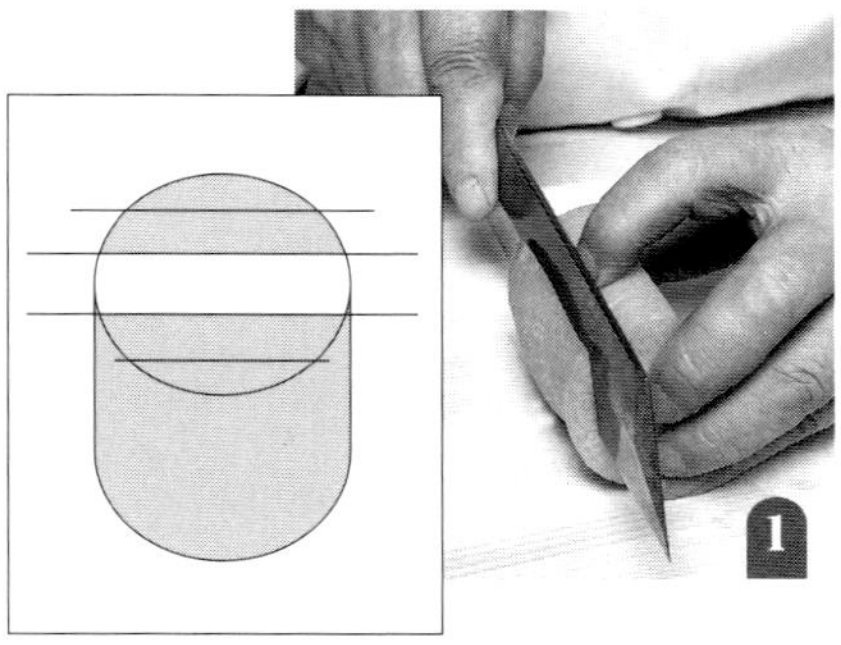

4㎝ぐらいの長さの半月に切り、皮の方を平らに切り落とす。イラストの白い部分を使い、長方形に木取る。

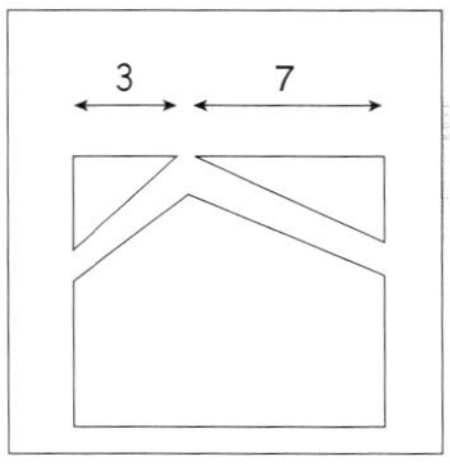

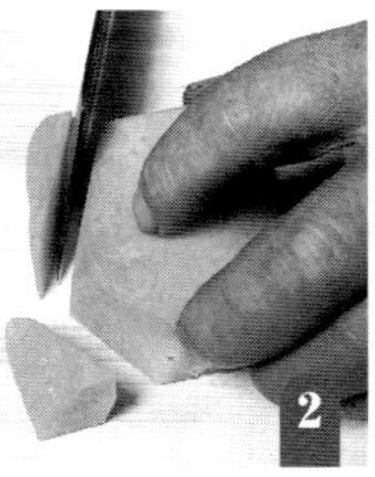

3対7のところに頂点がくるような山形に木取る。ここで結び文の形が決まる。

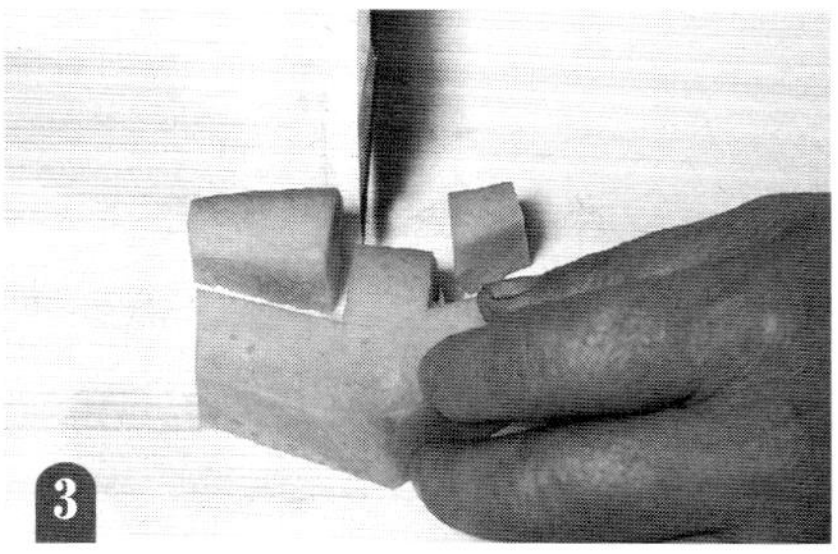

結び目の部分を木取る。全体が矢印のような形になるよう、②の山にあわせて切る。

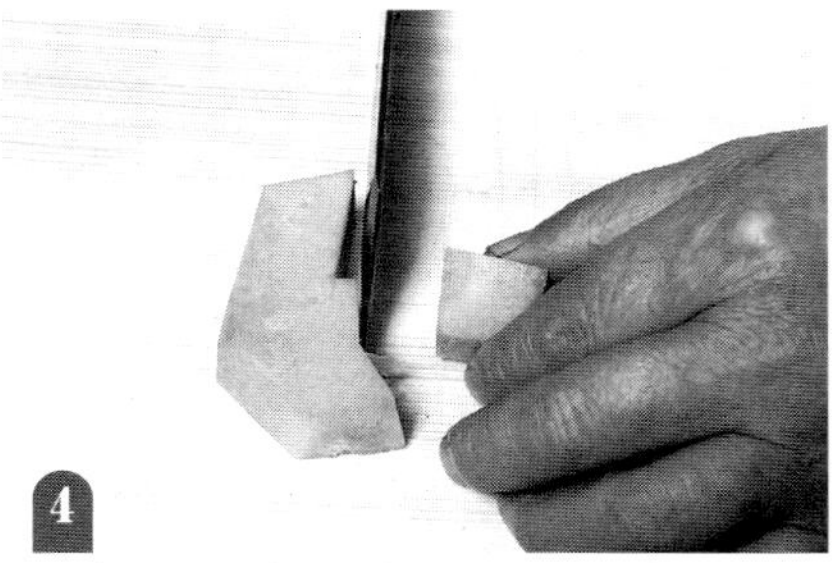

結び目の長い部分を切り取り、その幅にあわせて庖丁で上面に筋目を入れる。

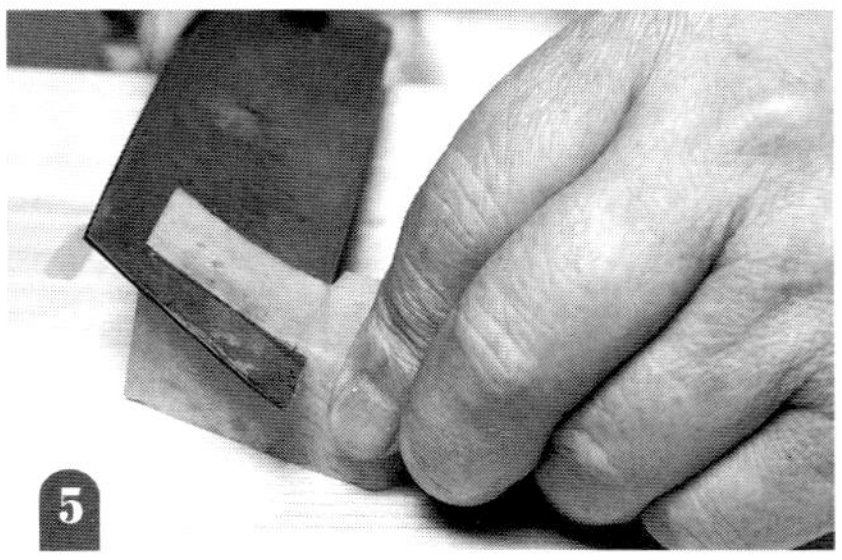

筋目のところまで、上面を薄く削ぎ、結び目をくっきり目立たせる。

ねじ梅

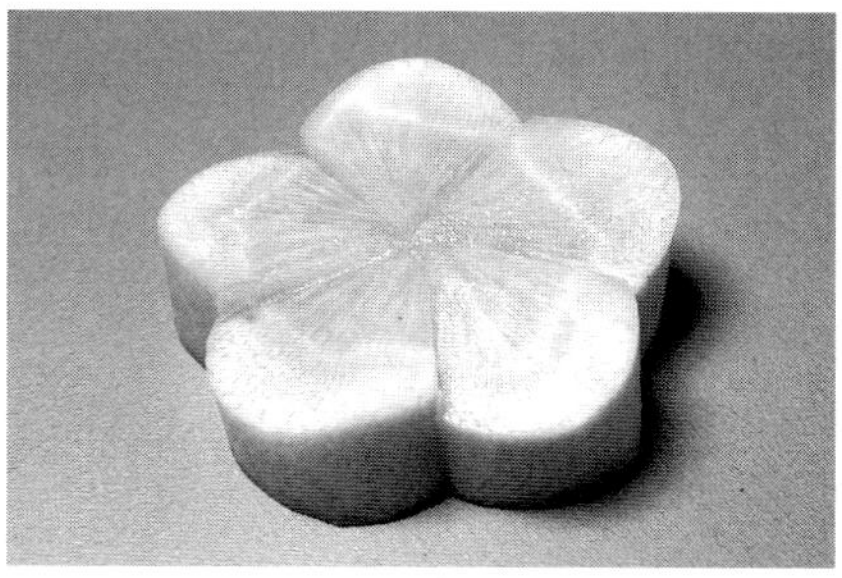

正月の折り詰めに欠かせない煮物用の飾り切り。長芋で作り、酢の物にすることも。

2～3㎝ぐらいの輪切りにし、皮が少し残る程度に間隔をあけ、五角形に木取る。

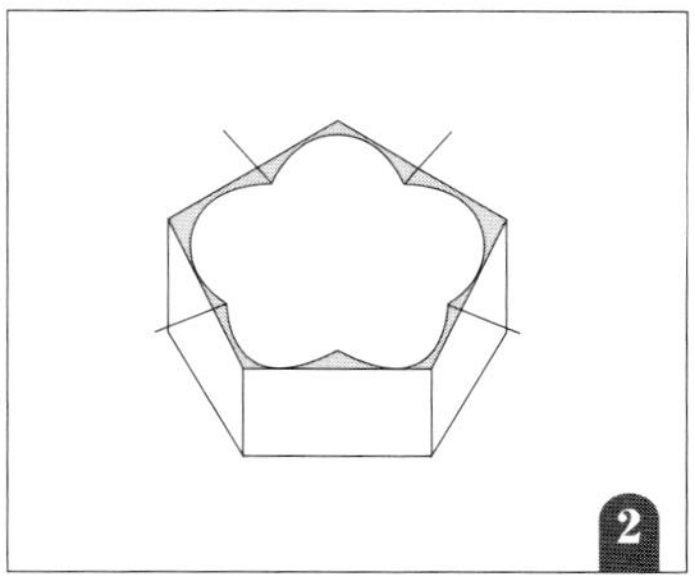

五角形の各辺の中央に切り込みを入れ、角を丸く整えながら、花びらを作る。

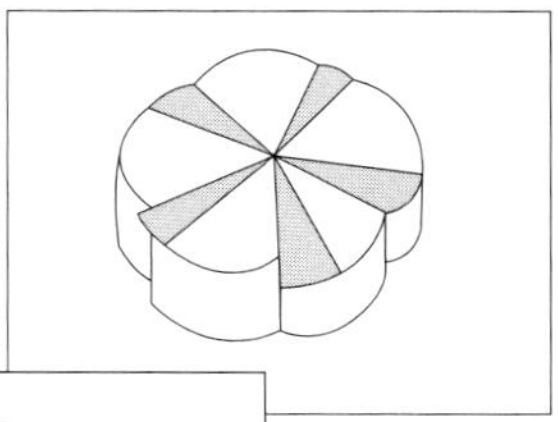

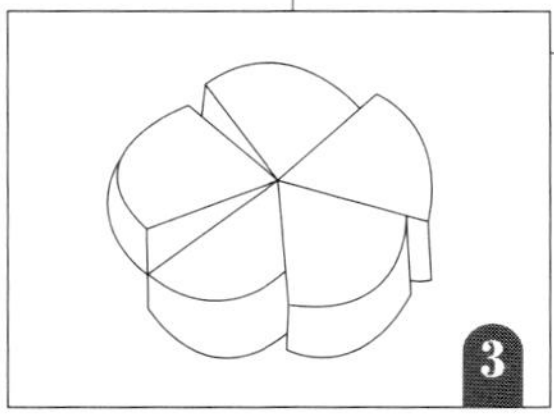

中心から花びらの間に放射状に筋をつけ、その筋目に向かって斜めに庖丁を入れ、影の部分を切る。

応用 ねじ梅

左は小刀で花びらの丸みに合わせて、丸く筋目を入れたときのねじ梅。

参考

②まで同じに作り、花びらを尖らせて先端に切り込みを入れると桜になる。

胡瓜の飾り切り

切り違い

胡瓜の飾り切りとしては、もっとも初歩的なもの。もろみ胡瓜に使われることが多い。

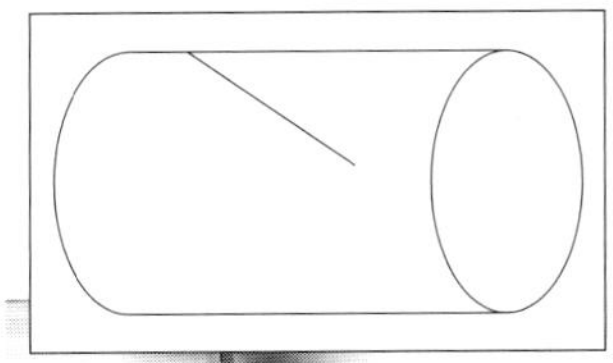

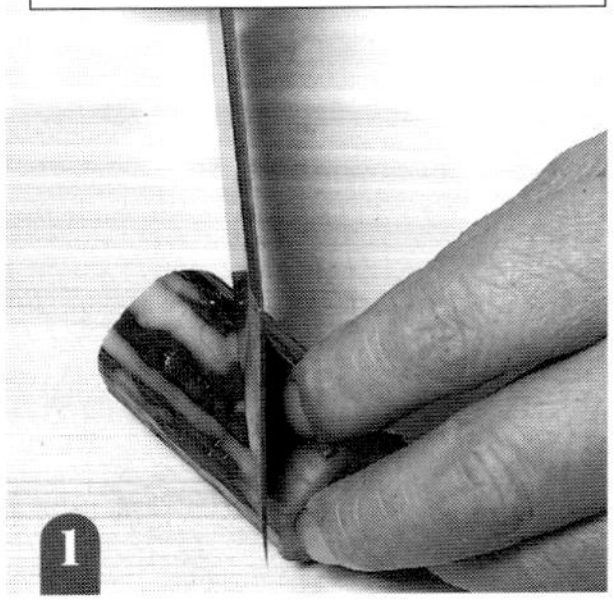

1 胡瓜を4cmの長さに切る。端を少し残し、厚みの半分まで届くように、斜めに庖丁を入れる。

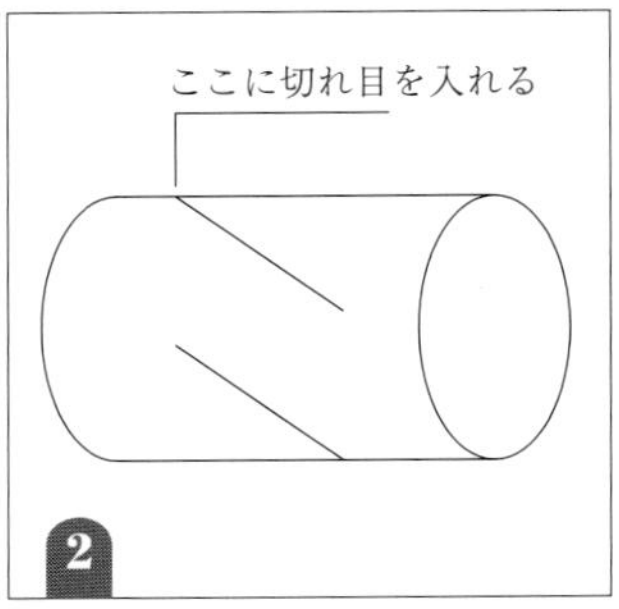

2 逆側からも同じ長さ、同じ角度に斜めに庖丁を入れる。2つの切り込みが平行になること。

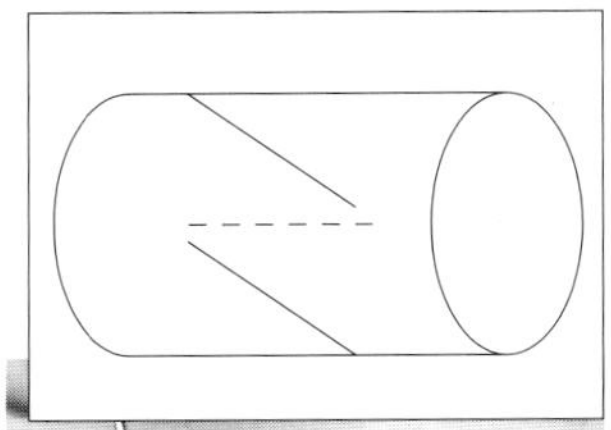

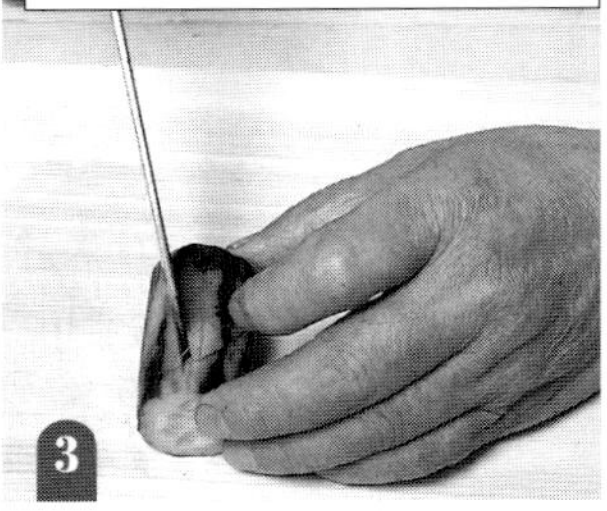

3 切り込みの先端に刃先をさし込み、真っすぐに引いて、もう一方の先端の端とつなぐように切る。

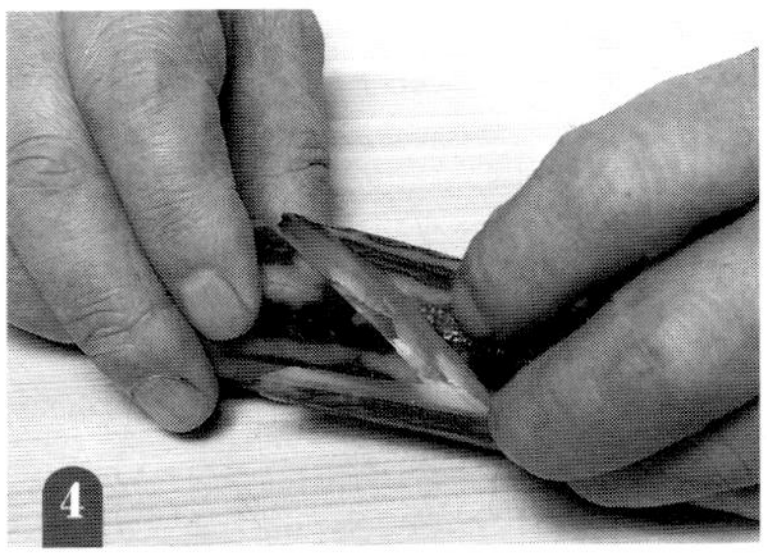

4 尖った部分を折らないように、ゆっくりと両側からひっぱると、切り違いの形になる。

応用 切り違い

正確に切れるようになると、3つの切り違い、4つの切り違いなどもできる。

水玉胡瓜

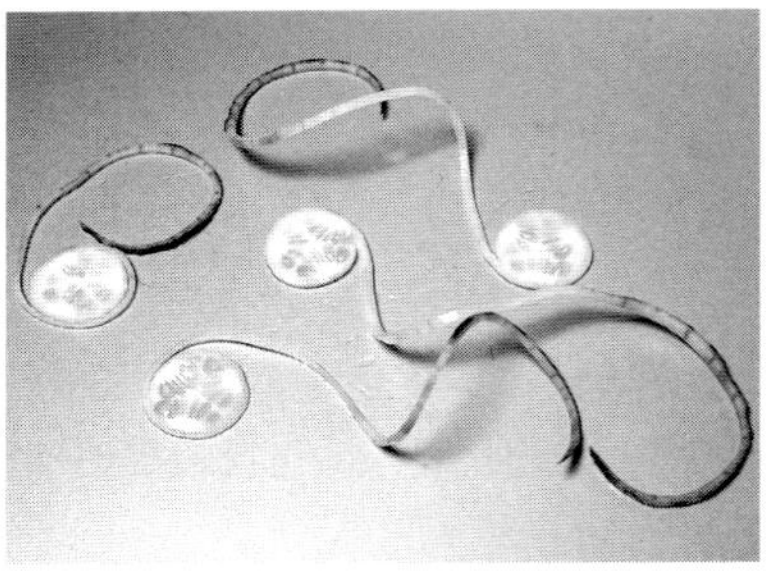

刺身のつまに混ぜたりすると、面白みが出る。切り方自体はけっして、難しくない。

中心に串を通し、タネのあたりまで桂むきし、もう一度巻き戻し、小口から薄く切って水に放す。

わさび受け

細かく切り込みを入れるので、慣れないうちはペティナイフを使うと楽である。

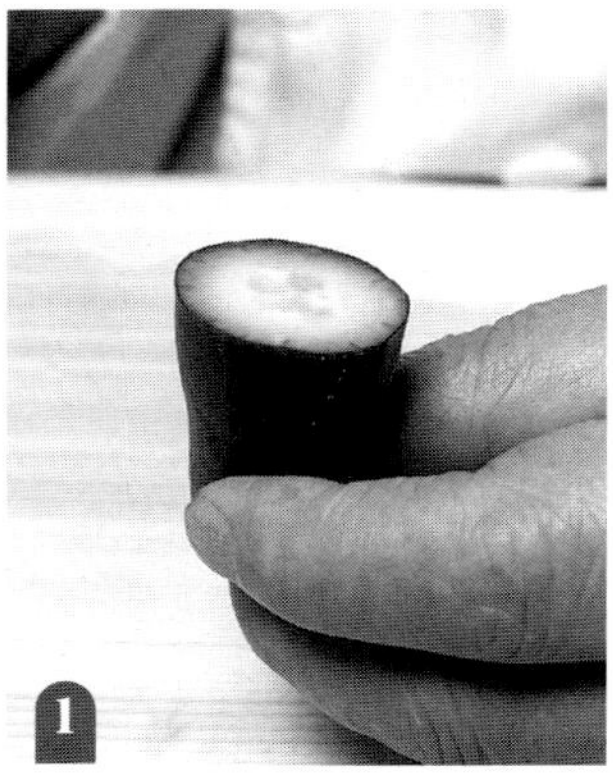

1 胡瓜の太い方の先端を使う。2～3cm長さにし、細い方を下にし、座りがよいよう底を平らにする。

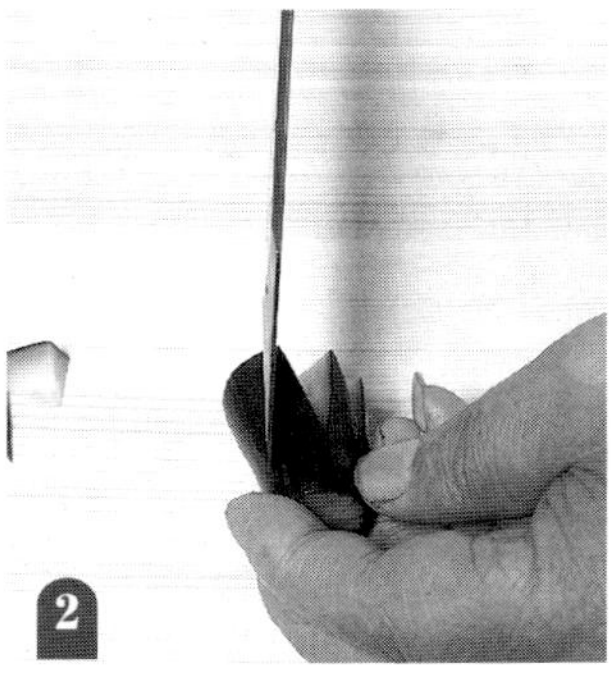

2 常に同じ位置に楔(くさび)の頂点がくるように、庖丁を入れる。中心まで刃が入らなくてもよい。

3 刃元を使って、中心部を削り取る。切り出しなどの小さめの刃物があると、削りやすい。

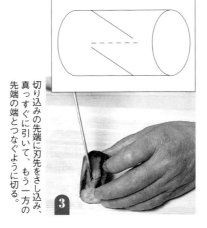

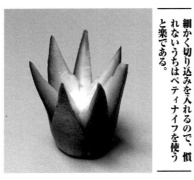

扇面《せんめん》胡瓜

非常に簡単に手早くでき、刺身の前盛りや酢の物に使用すると、見栄えがよい。

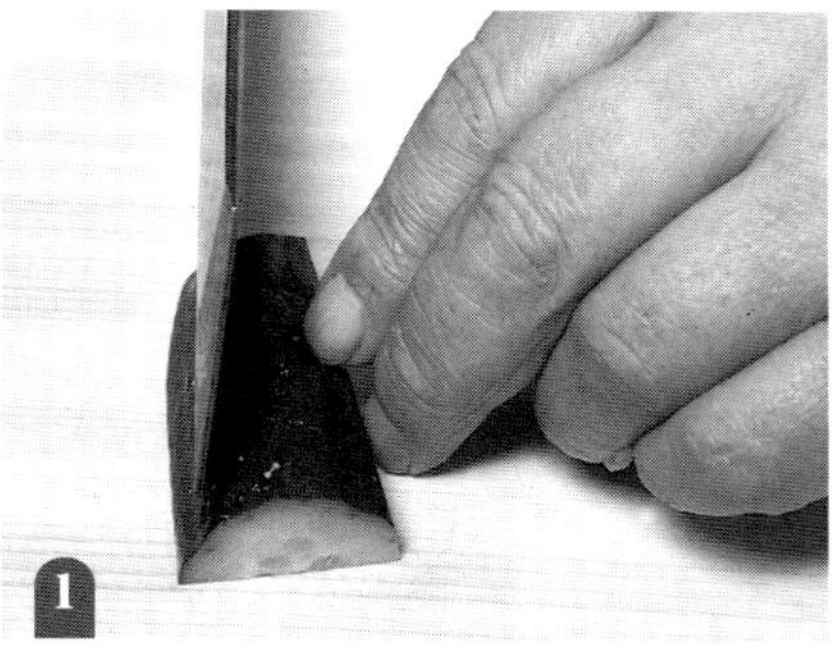

5㎝長さの半月に切る。下が細くなるように両端を斜めに切り落とし、扇の形にする。

上部の切り口を斜め下に切り落とし、化粧断ちする。簡単なことだが、きれいに仕上がる。

根元を5㎜残し、3㎜幅ぐらいに切り込みを入れて反らせるように、手で形を作る。

応用 冠胡瓜

幅を細めにして、一枚ごとに折り込む。庖丁の回数は必ず偶数に。

舞鶴《まいづる》胡瓜

蛇腹胡瓜よりも簡単で、姿が美しい。味がしみやすいので、酢の物、香の物にむく。

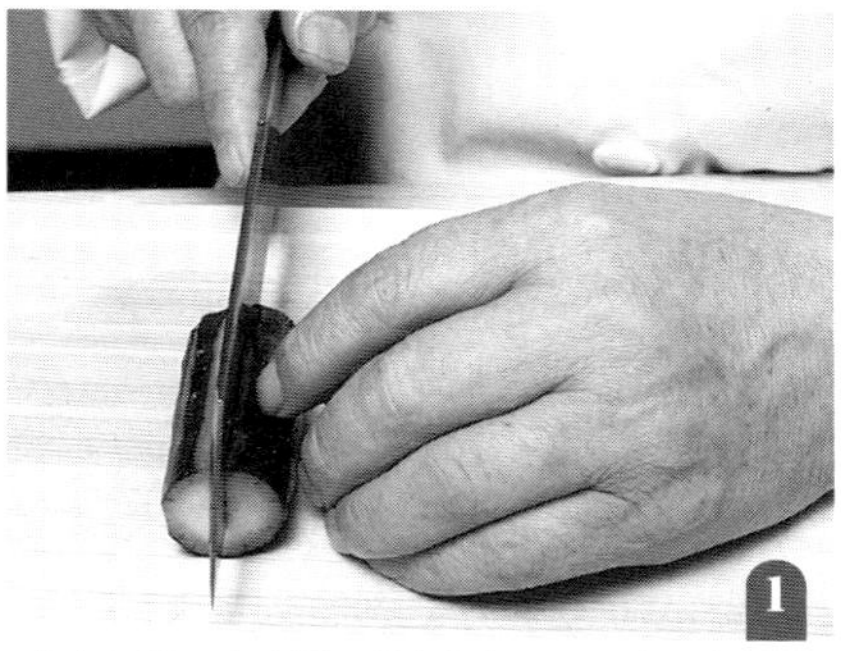

中央に真っすぐ切り目を入れる。タネの部分に刃を入れ、果肉の中央でとめ、2㎝に切る。

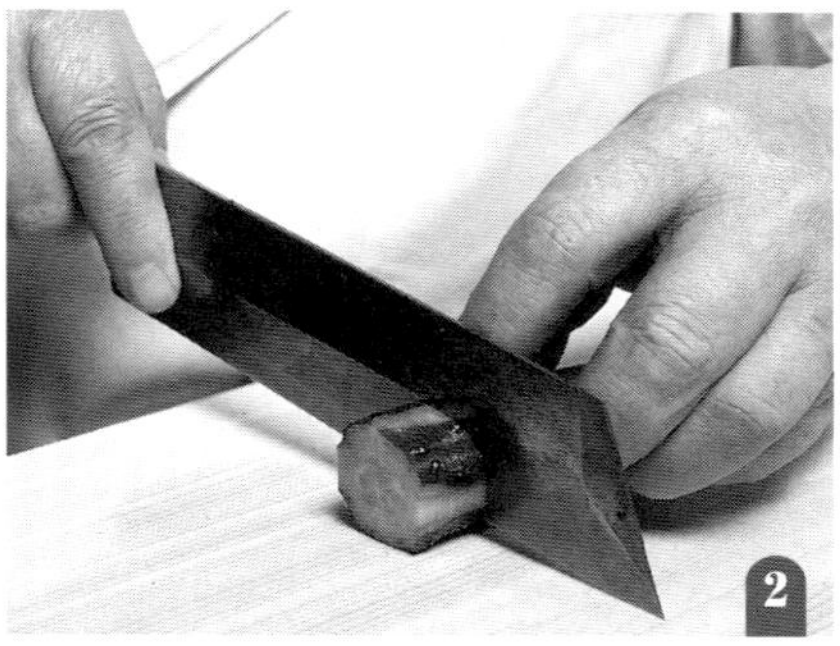

刃先をまな板につけたまま、真っすぐに庖丁を入れ、できるだけ細かく切れ目を入れる。

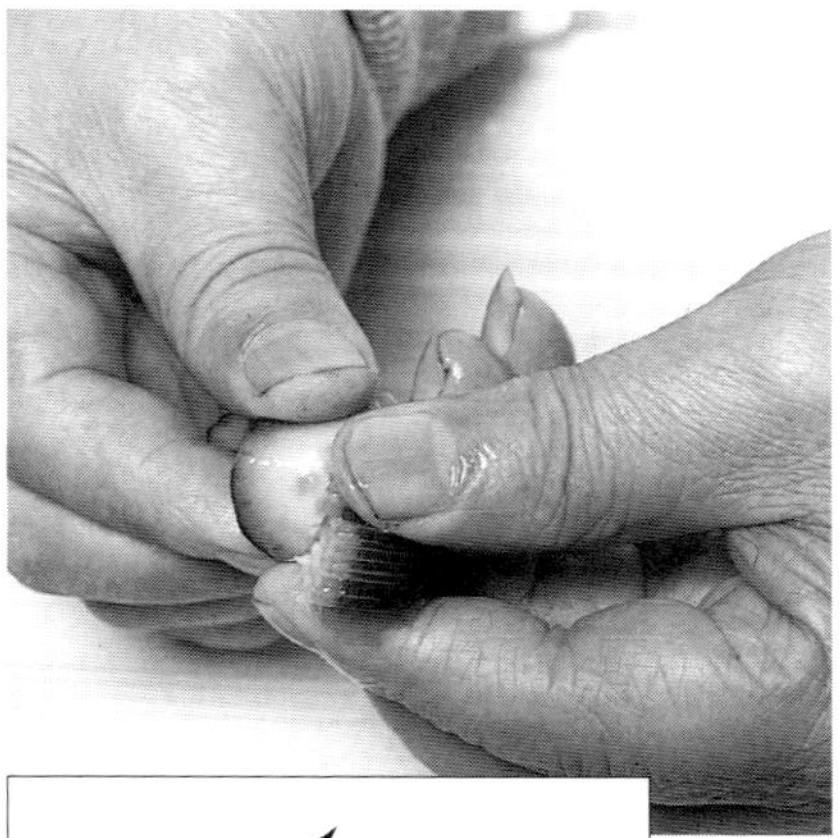

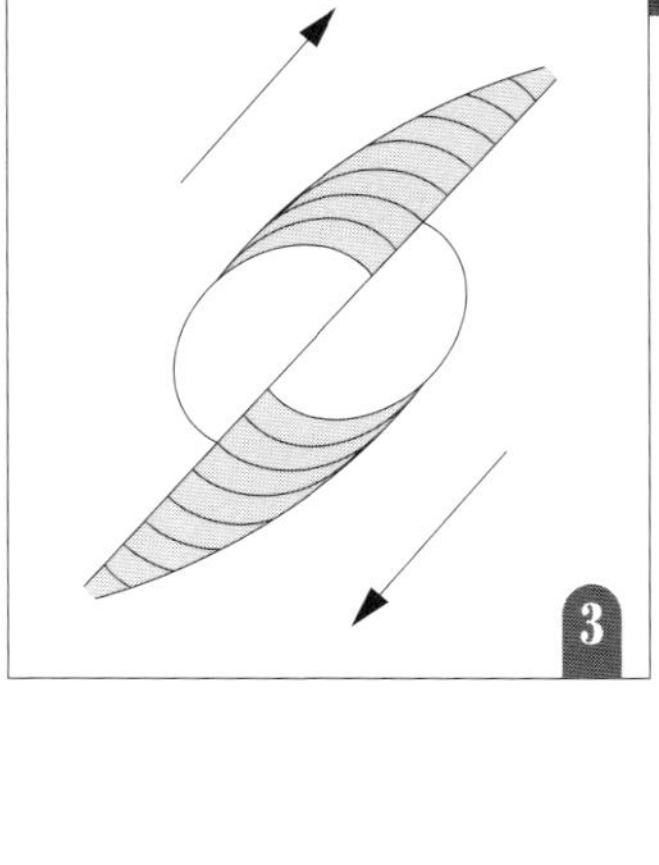

塩水につけて、しんなりさせてから、中央の切れ目を境にして、左右に押すと鶴が翼を広げた姿になる。

蛇腹《じゃばら》胡瓜

酢の物や香の物に用いることが多い。塩水に漬けるとしんなりし、曲げやすい。

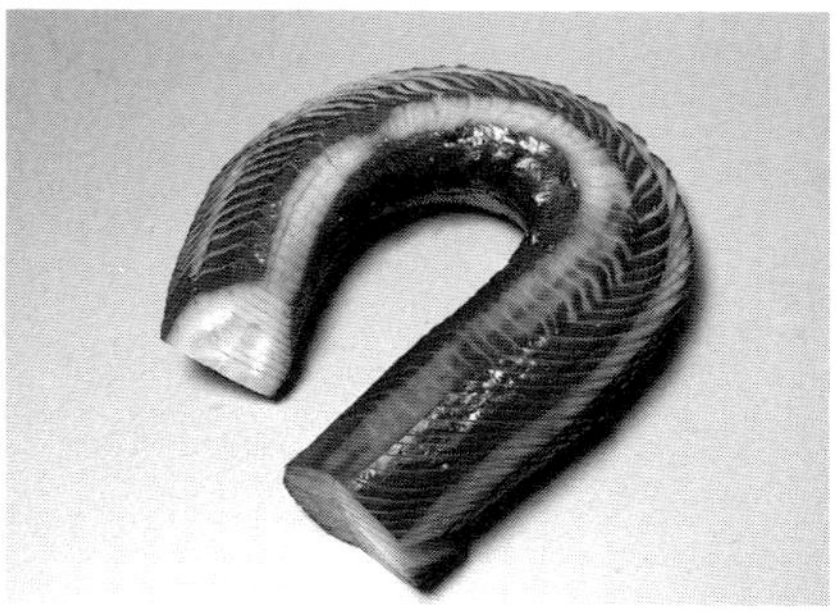

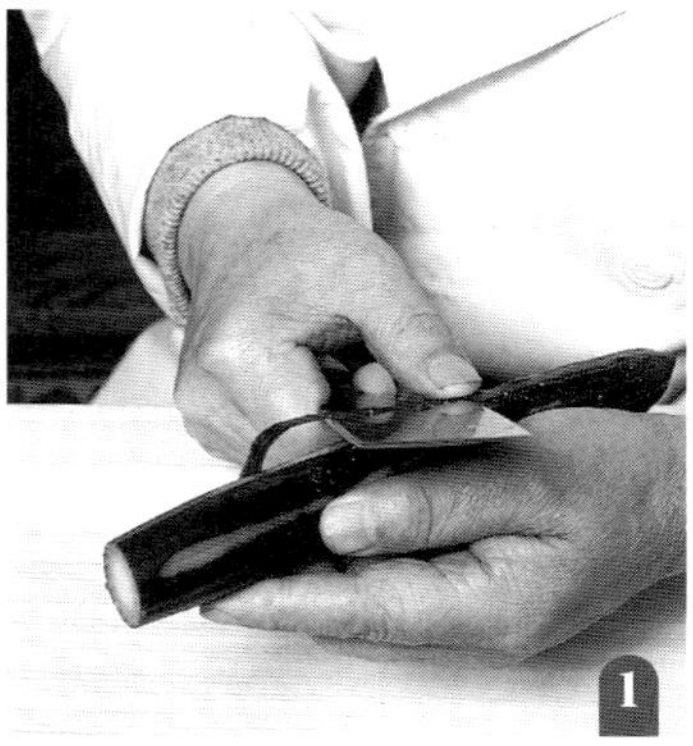

皮の2～3筋を薄くむき、座りをよくする。真っすぐな胡瓜を選ぶと、切りやすくなる。

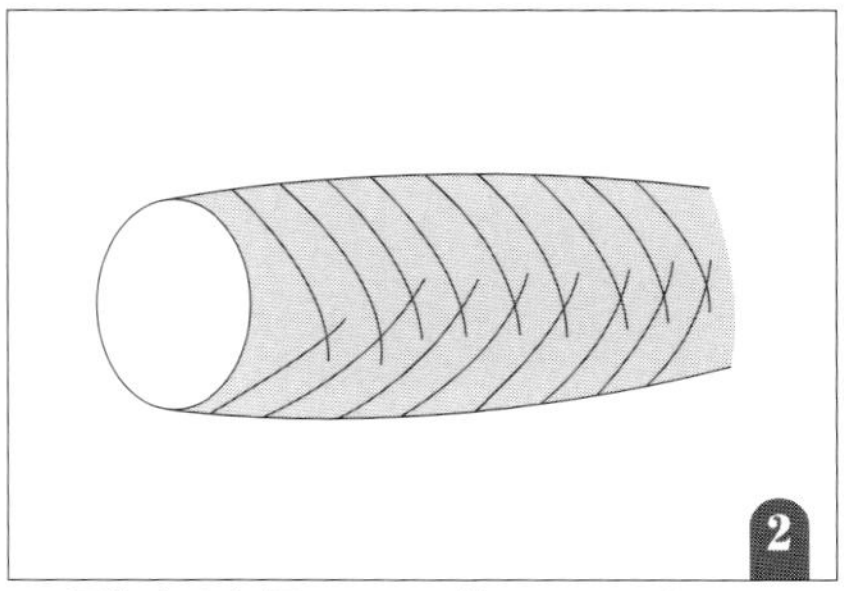

刃先をまな板につけ、斜めに1㎜ぐらいの幅で厚みの半分まで切り込む。上下を返し、同様に切る。

うどの飾り切り

よりうど

剌身のあしらいとして一般的。桂むきができれば、簡単に作ることができる。

繊維が強い芯に近い部分を使って薄く桂にむく。芯に近い部分は巻きが強いのでよりうどにむく。

桂むきを約45度の斜め切りにする。水に放すと、繊維の強さで自然によじれる。

松葉・向い松葉

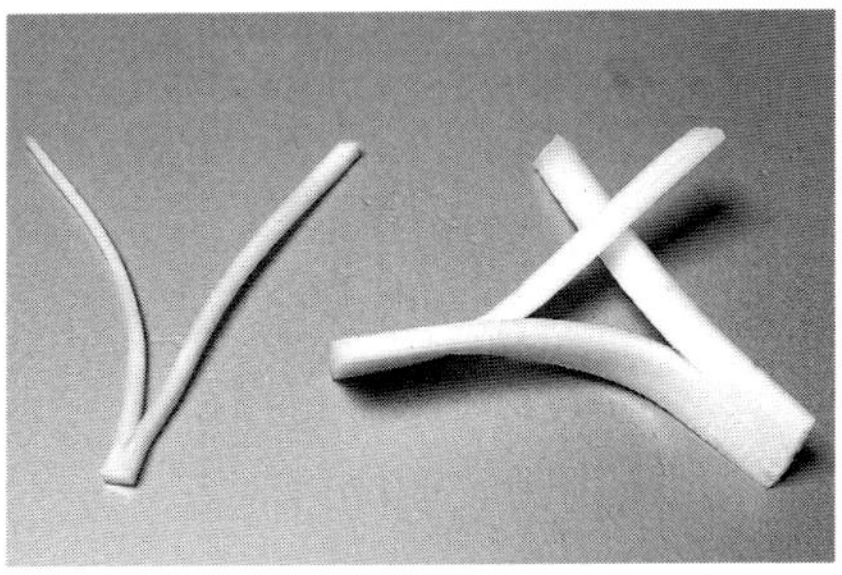

吸い物に添えたりする。非常に簡単で手早くできるので日常的に使ってほしい。

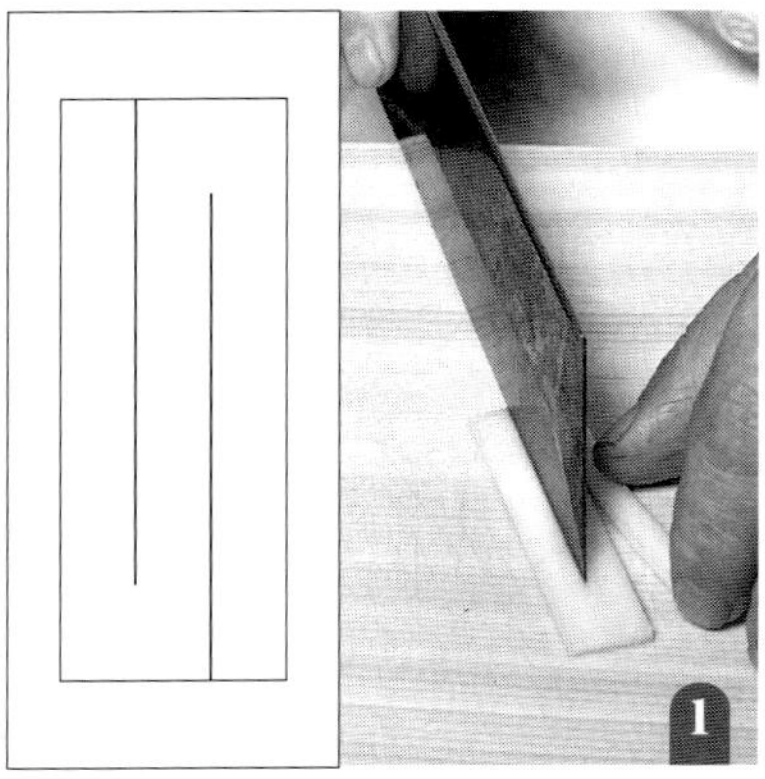

薄めの短冊に切る。イラストのように、縦に互い違いに切れ目を入れる。

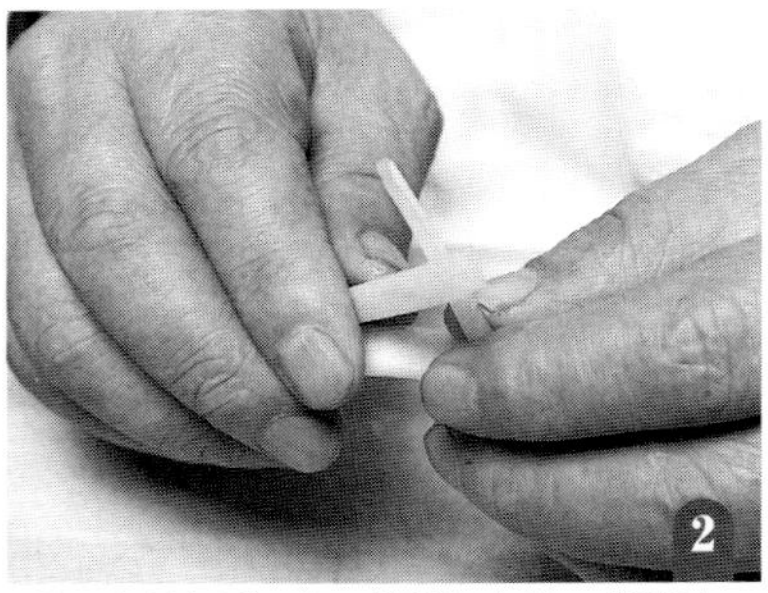

手でよじれば、向い松葉になる。松葉は切れ目を1本入れて広げる。

五葉松

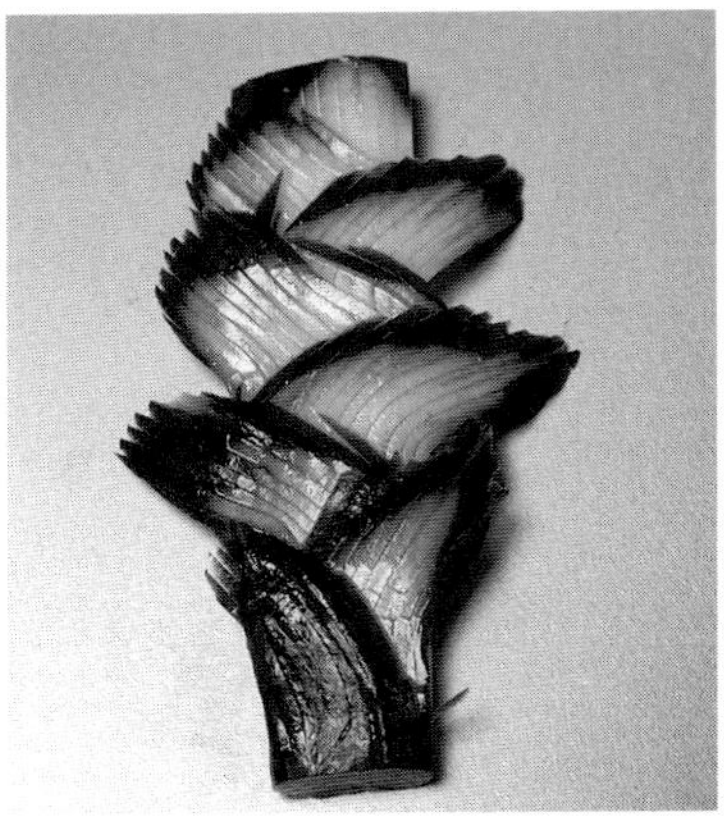

和風サラダや剌身のあしらい、焼き物にと、利用範囲が広く、見た目も凝っている。

約5㎝の長さの半月にし、両脇を斜めに切り落とす。串を脇に置いて、細かく切り込む。

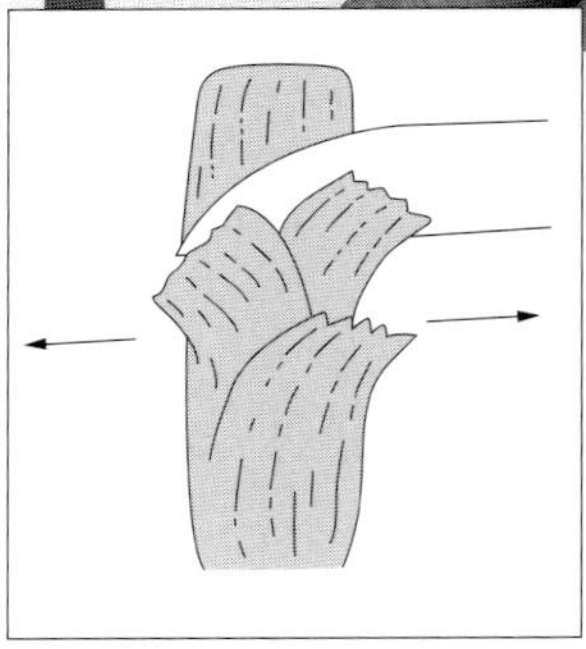

庖丁をねかせて薄く切りながら下から上へと左右交互にずらしていく。

応用 千本扇

切り込みの回数を多くすると、扇が重なっているように見えるので千本扇と呼ぶ。

菖蒲《あやめ》

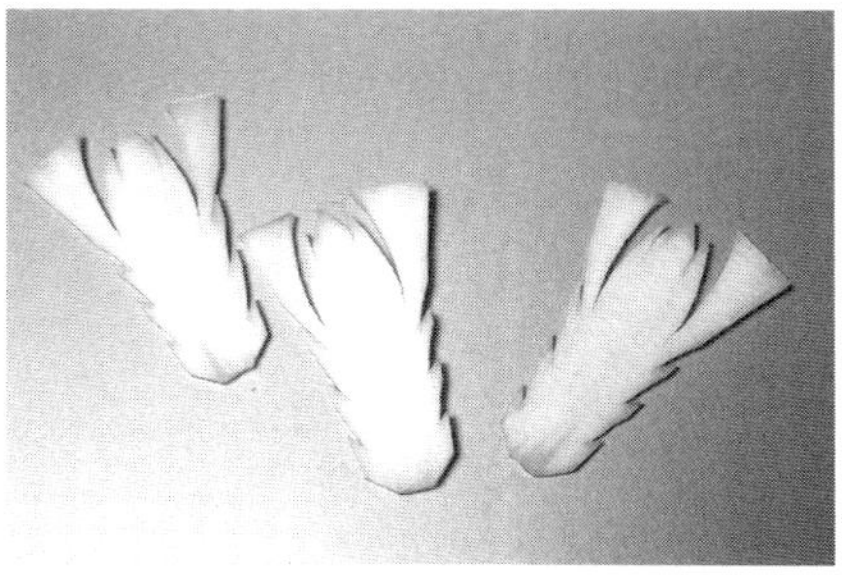

昔からある有名な飾り切りのパターンである。前菜に用い、季節感を端的に表せる。

皮をつけたまま、両脇を斜めに切り落とし、末広に木取る。根元部分の角を丸くする。

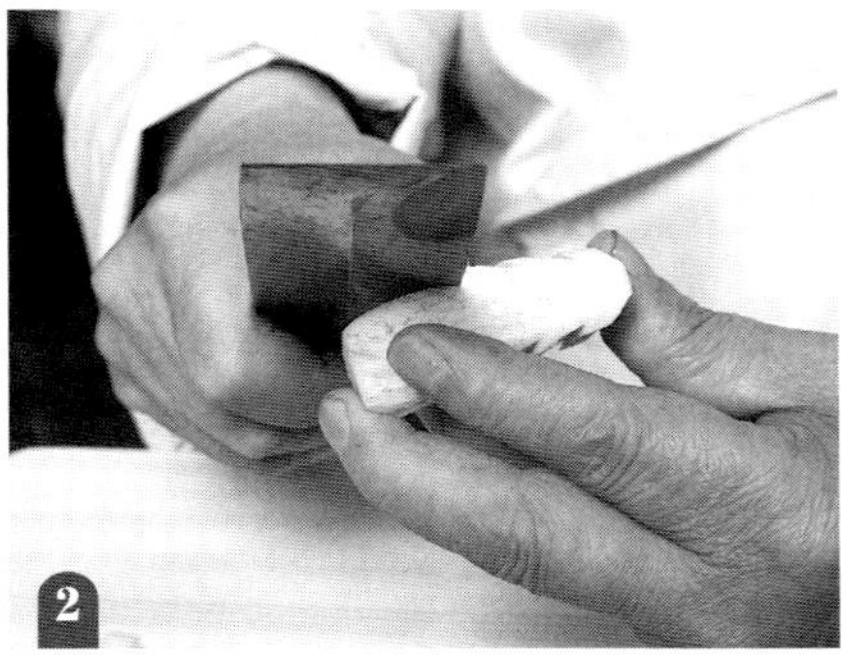

下半分に3つの楔形の切り込みを入れる。左右が対称になるように切り込み位置や大きさに注意。

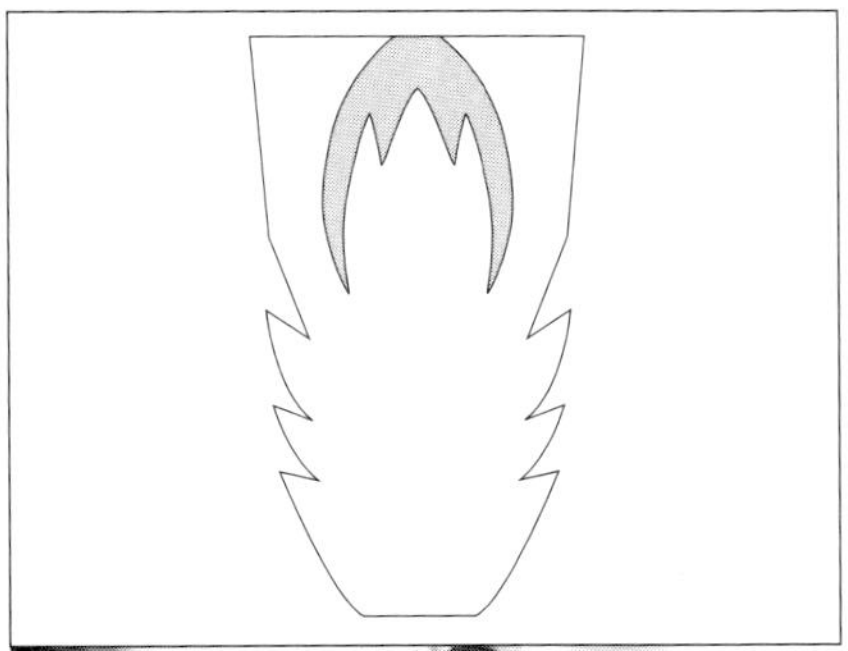

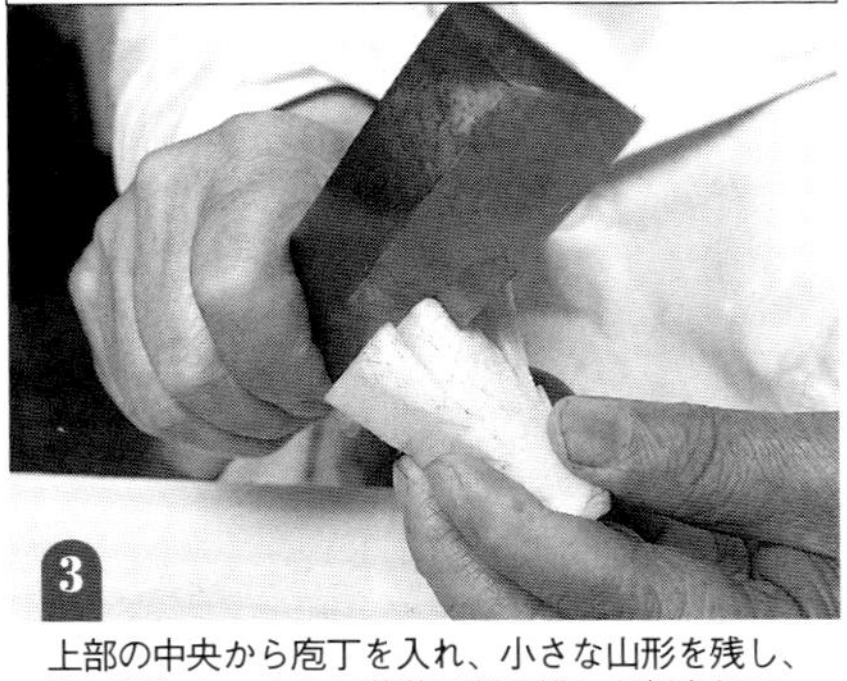

上部の中央から庖丁を入れ、小さな山形を残し、切り落とす。全体に菖蒲の葉を模して鋭角的に。

花切り

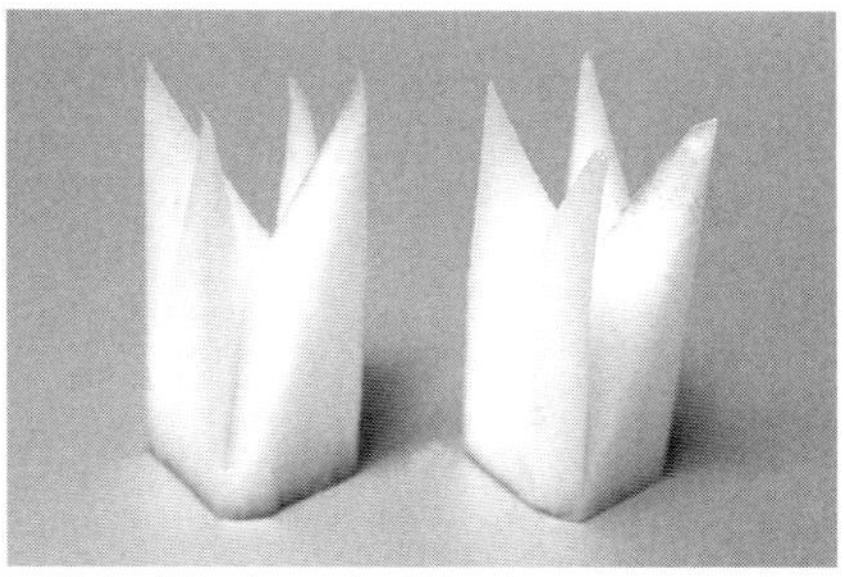

胡瓜の切り違いの応用編である。サラダや酢の物に一つ入ると、華やかな感じになる。

4～5㎝長さに切り、四角の柱に切り整える。天地を少し残し、平らな4面に斜めに庖丁で切れ目を入れる。

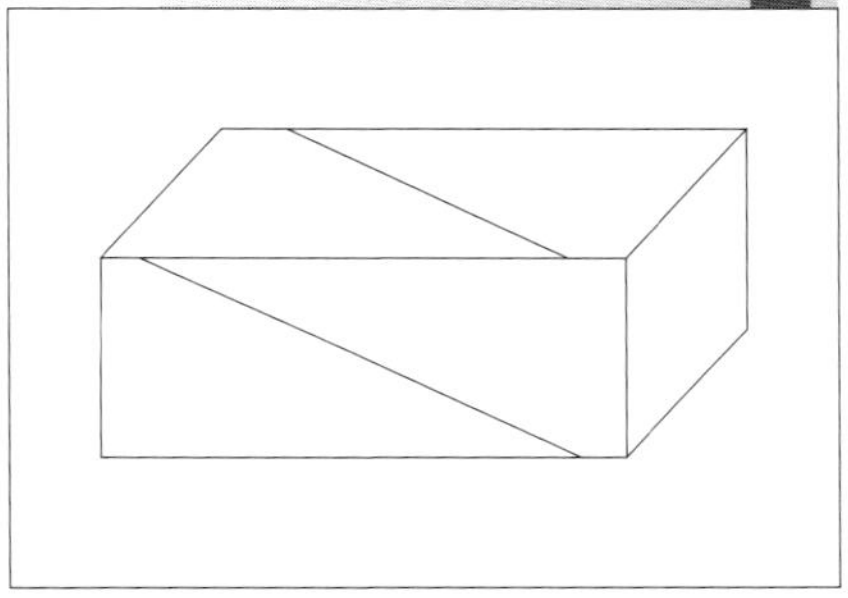

切れ目の端と端をつなぐように角の部分に庖丁を入れる。中央部には少し深く刃を入れる。

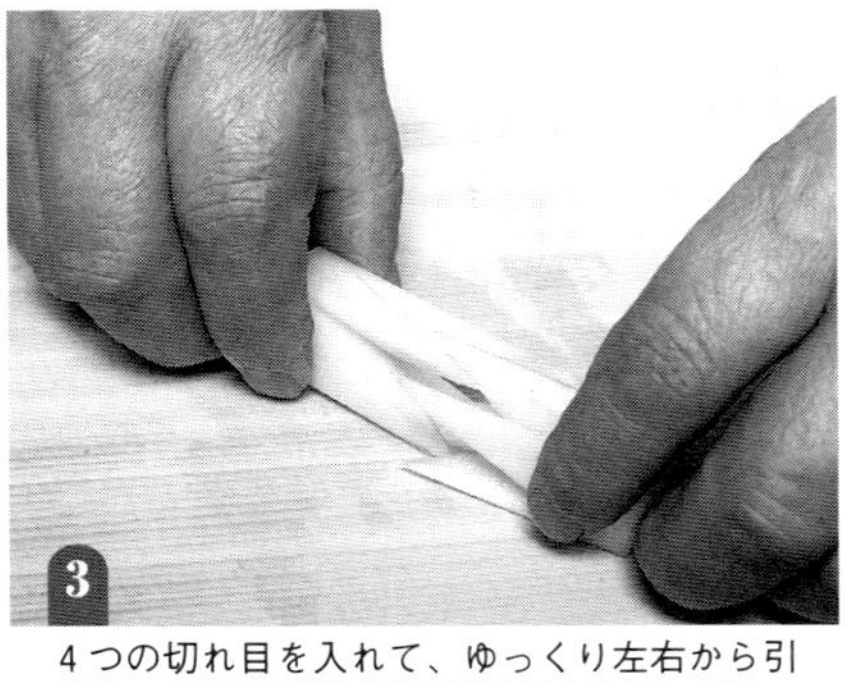

4つの切れ目を入れて、ゆっくり左右から引くと、4弁の花形の飾り切りができあがる。

吉原(葦原)切り

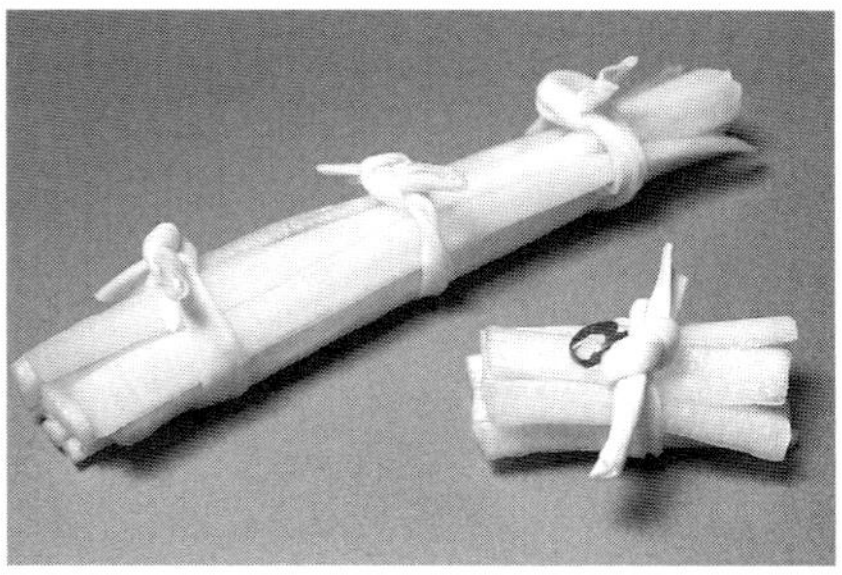

立てて盛りつけると葦の原に見えるところから命名。庖丁を使わず、絹糸で細く割く。

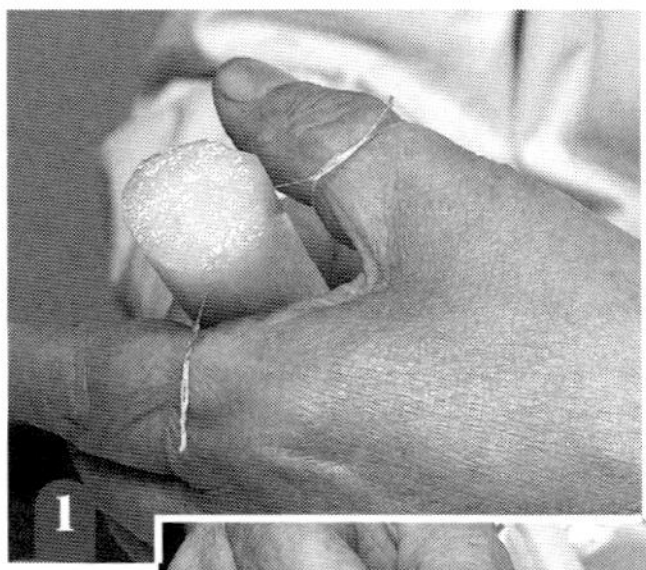

うどを丸くむく。親指と人差し指に絹糸を巻きつけ、指の間を通して、割く。大量に切るときに便利な切り方。

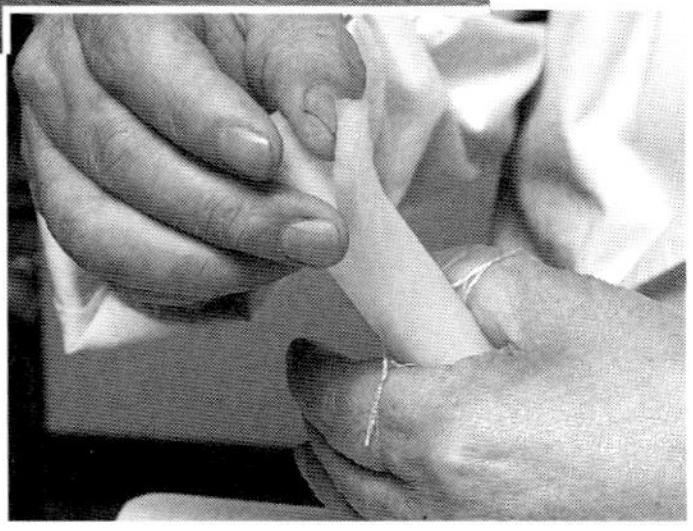

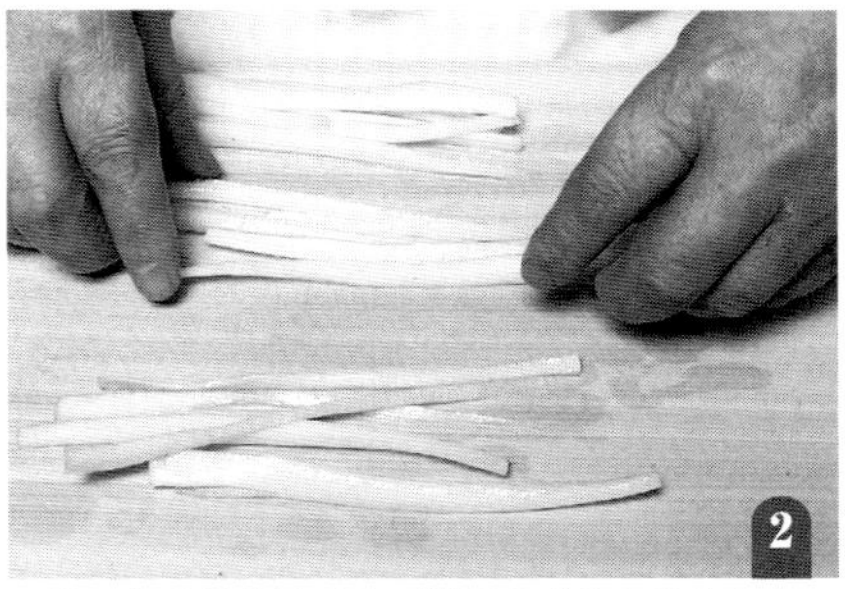

割いたうどを並べる。葦原の感じを出すために、端は多少でこぼこしていてよい。

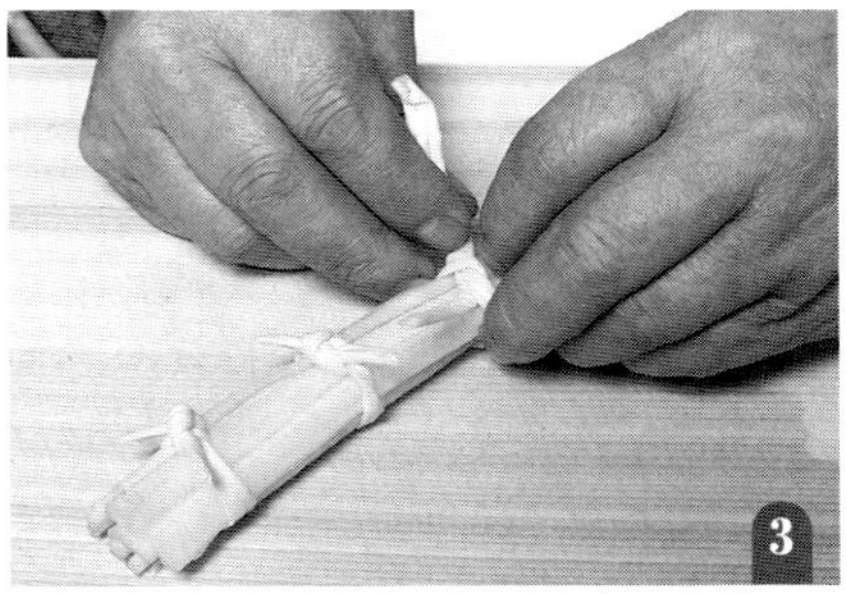

かんぴょうで縛り、このまま酢でさっと煮て、甘酢に漬ける。適当に切って前菜に。

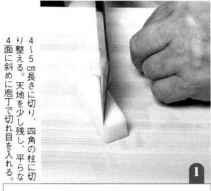

葉つき蕪

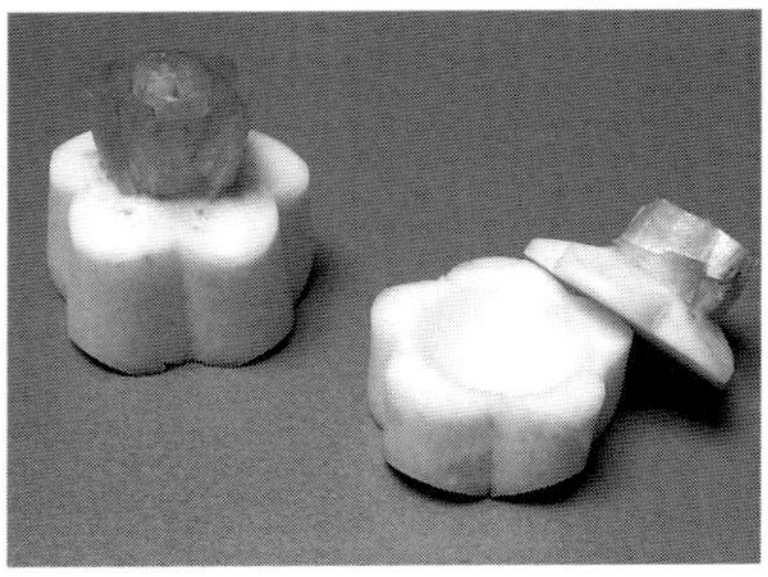

甘酢に漬けて、前菜に用いる。くぼみを作らない方はそのまま煮物に使用する。

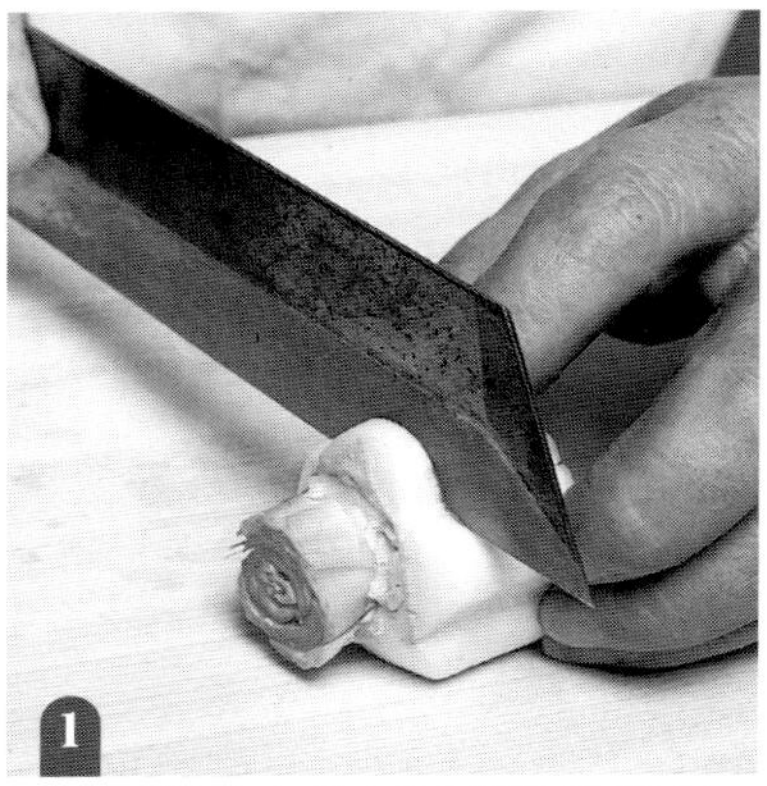

1
茎をつけたまま、梅人参の要領で五角形から梅型に切る。前菜用は上部を切り落とす。

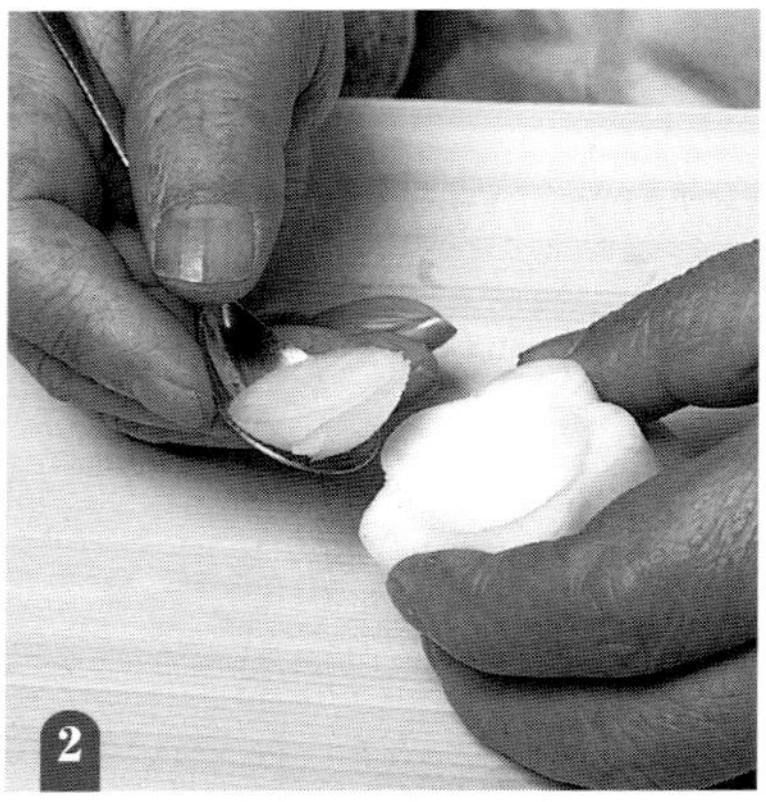

2
下の部分の中央をスプーンで削る。イクラなどを盛り、葉つきの方を蓋にして供する。

菊花蕪

蕪の飾り切りでは最もなじみの深いもの。祝い事の焼き物のつけ合わせには欠かせない。

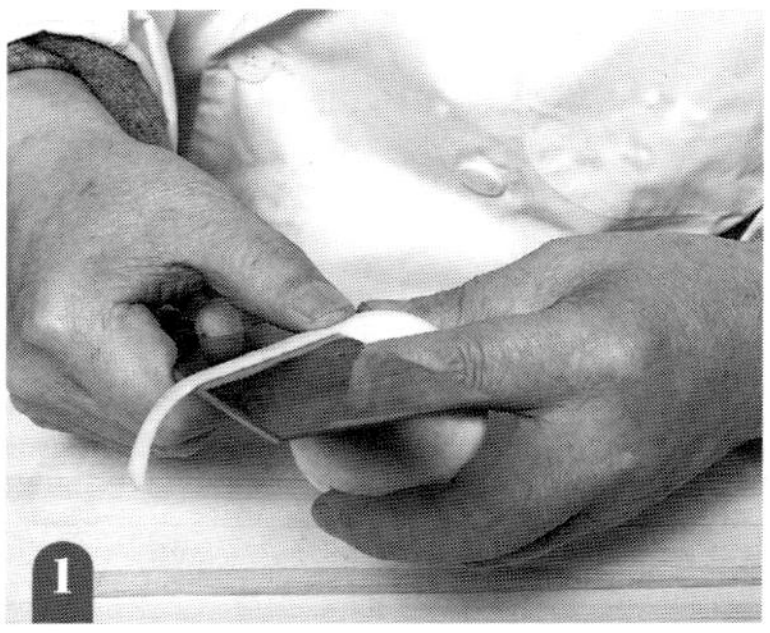

1
天地を落として周囲の皮をむき、厚みと太さを整える。皮は薄めにむき、上下に残った皮は面取りすると、無駄が少なくてすむ。

2
前後に菜箸を置き、箸を押さえながら底まで切らないように格子状に切る。切り幅は2㎜以下にする。

ひょうたん

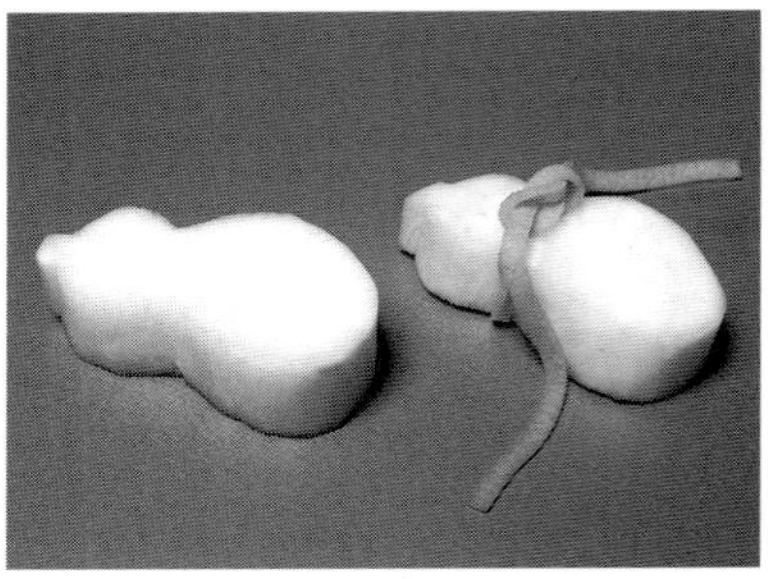

春の縁起物。人参の紐をしたまま甘酢に漬け、イクラなどをのせて、前菜に添える。

1
天地を落として半月に切り、弧の部分を斜めに切って木取り、ひょうたんの原形を作る。

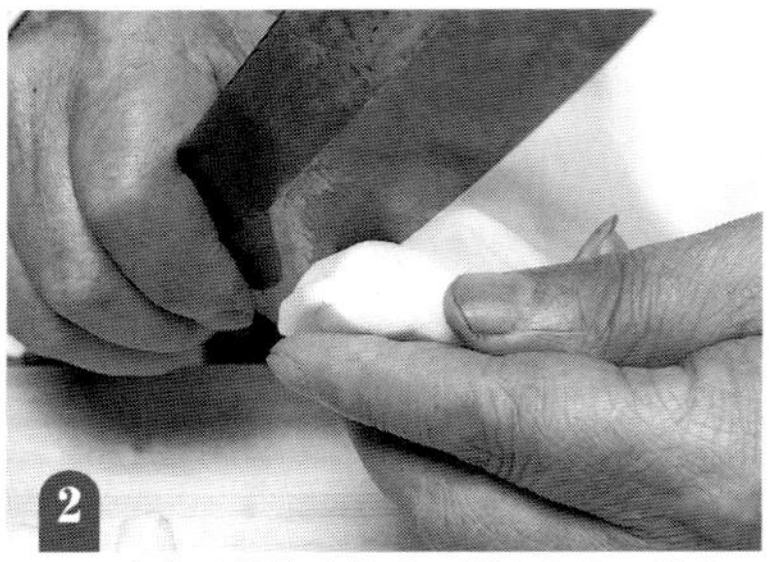

2
口にあたる部分を作る。端から1㎝位の所に両側から楔形の切り込みを入れる。

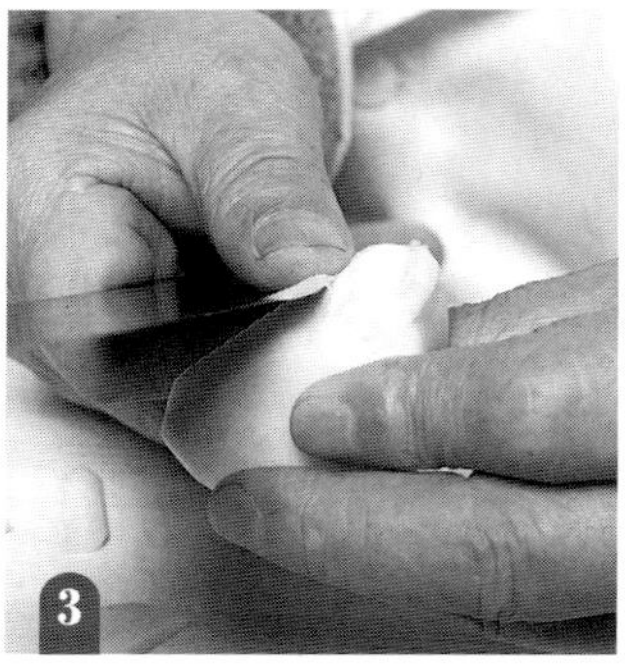

3
角ばった部分を丸く整え、ひょうたんらしい形に。人参の桂むきを細く切り結ぶ。

地　紙

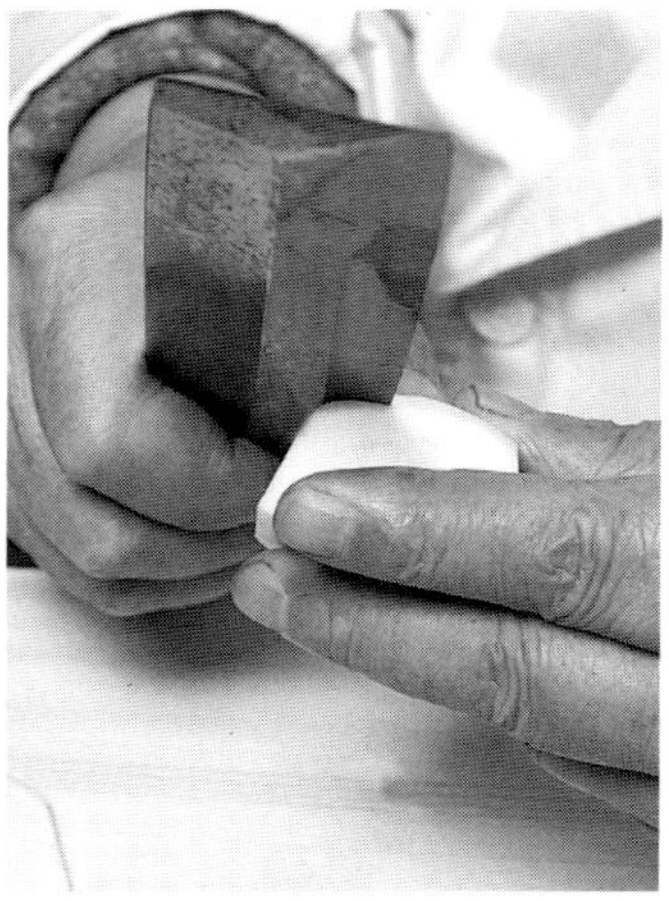

半円に切り、両脇を斜めに切って木取る。弧の部分を下にすると無駄が少ない。

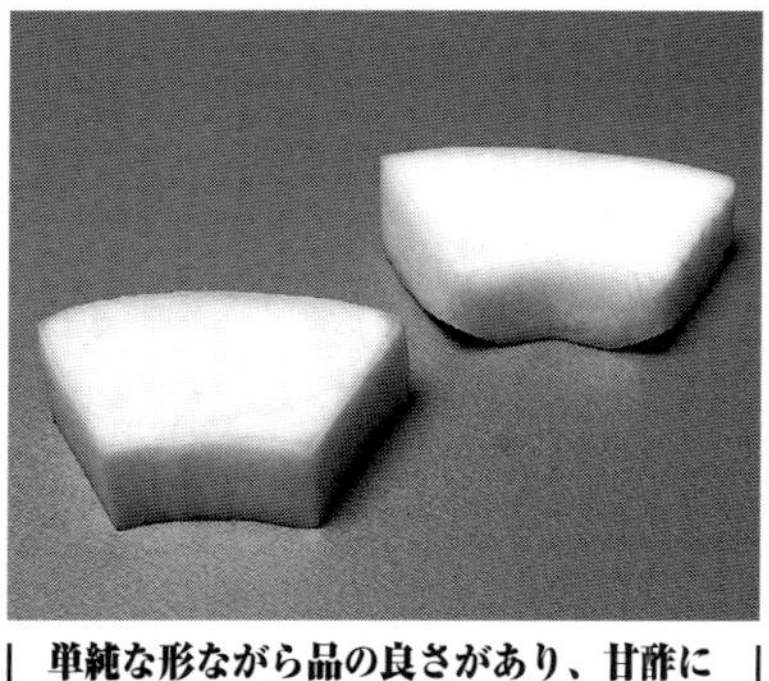

単純な形ながら品の良さがあり、甘酢につけて前菜などに使うと喜ばれる。

蓮根の飾り切り

蓮根桂《はすがつら》

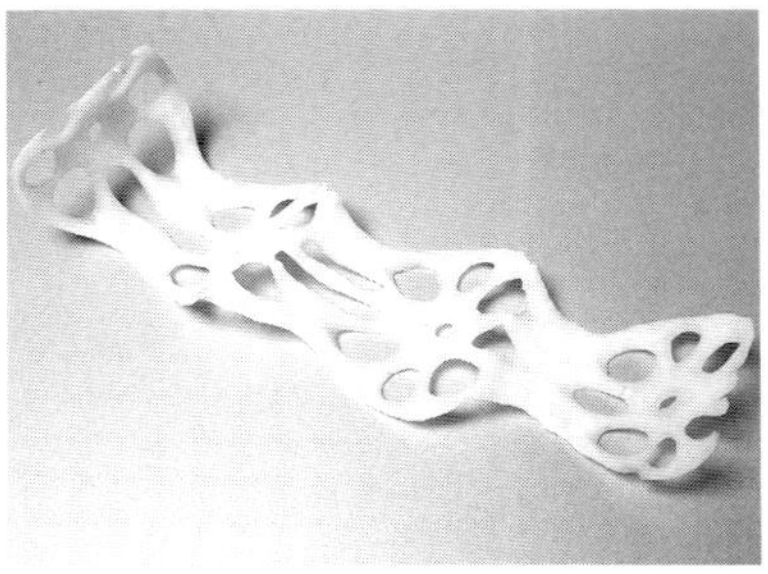

桂むきにした形。すり身を塗って揚げるなど加工ものに利用されることが多い。

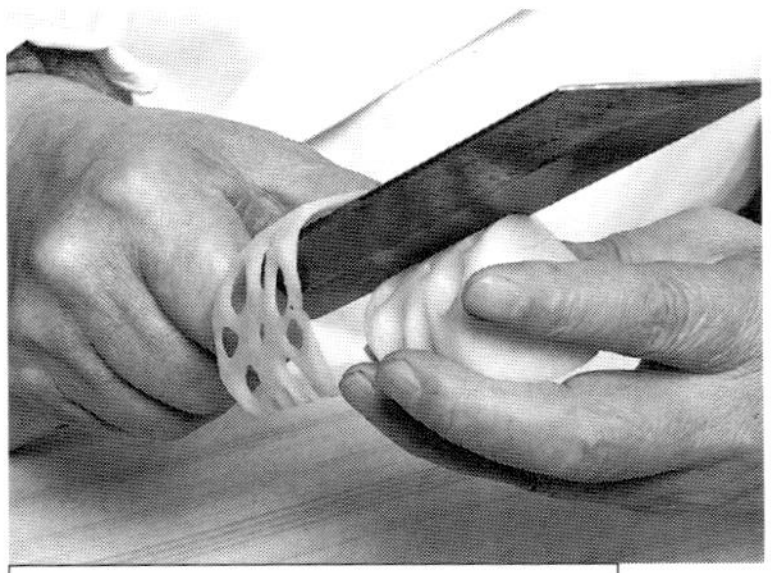

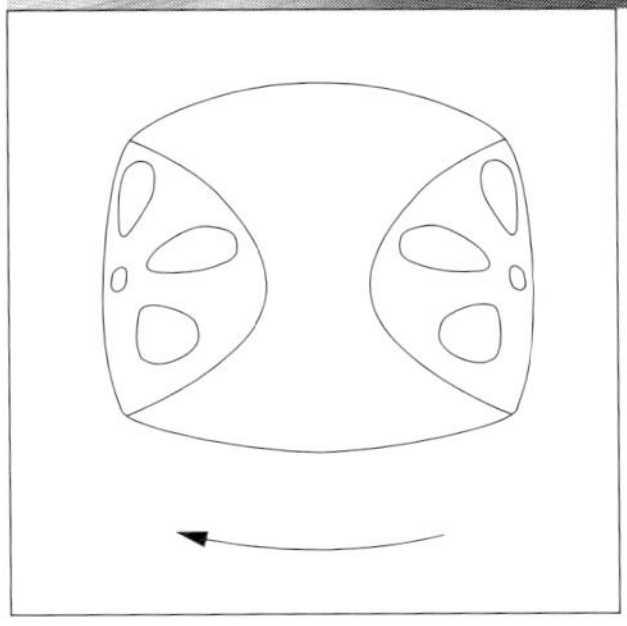

4㎝ほどの長さに切り、皮をむき、切り口から桂むきにしていく。折れやすいので、ゆでてから切ると楽。

手毬《てまり》

小さいものなので、桂むきの芯などを利用して作る。穴の形が多少いびつでもよい。

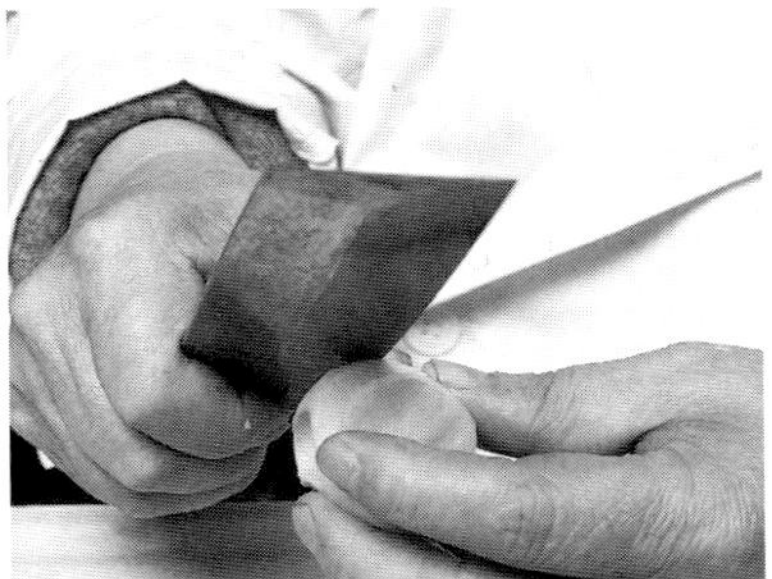

3㎝長さに切り、丸くなるように少しずつ周囲をむく。煮物などに用いる。

矢羽根

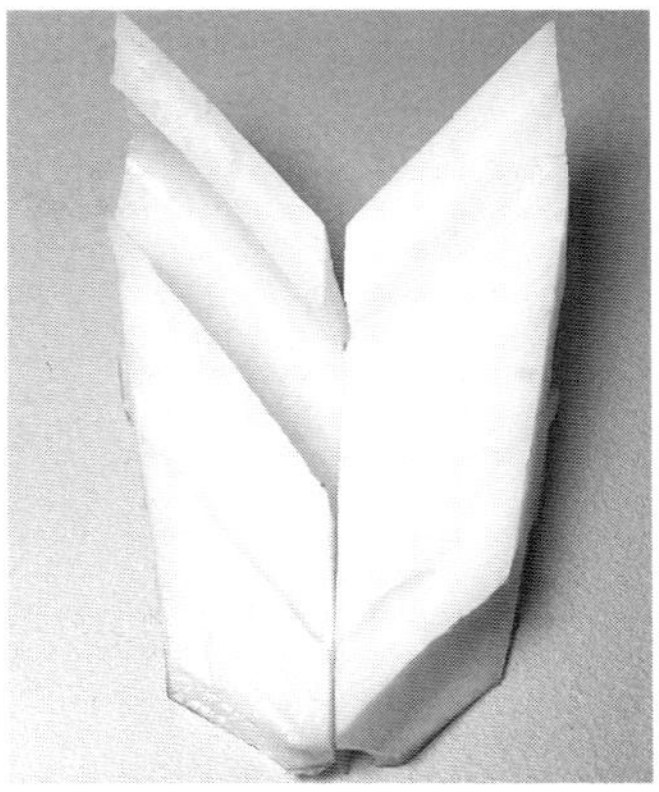

縦に切ったときの穴の形の面白さを生かしている。

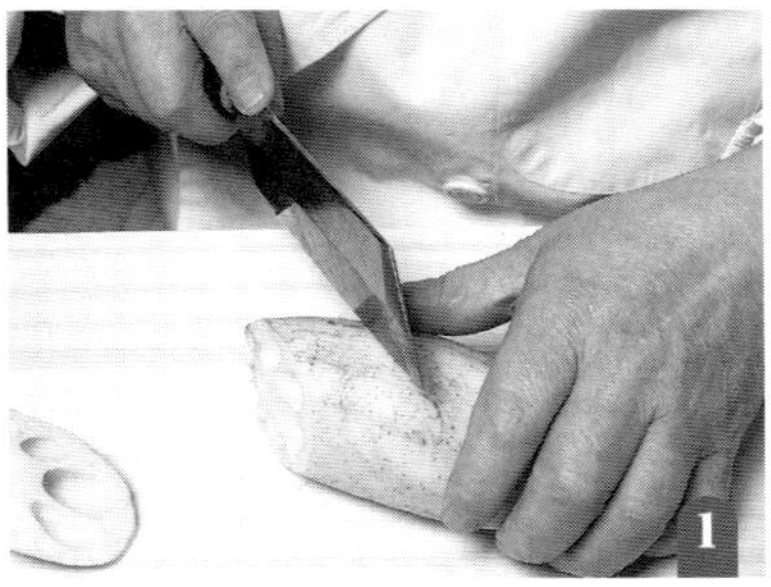

3～4㎝の厚みの斜め輪切りにする。斜めに切らないと矢羽根にならない。

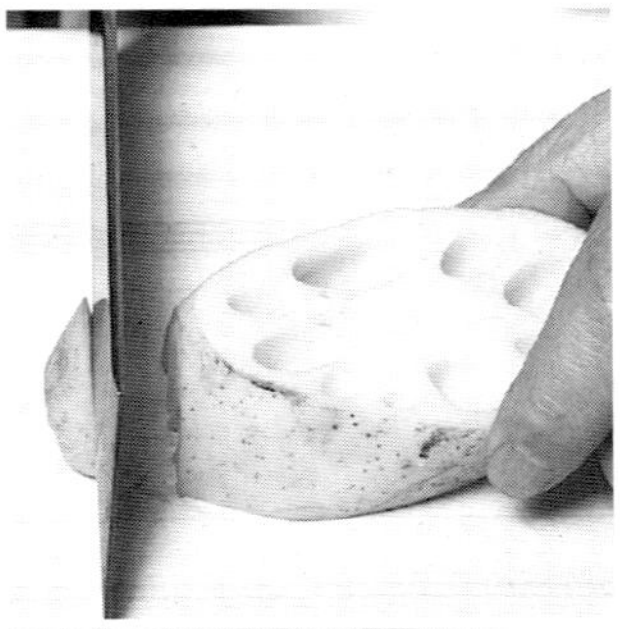

斜め輪切りの両端を切り落とす。さらに両脇を斜めに切り落とす。ここが底となるので座りをよくしておく。

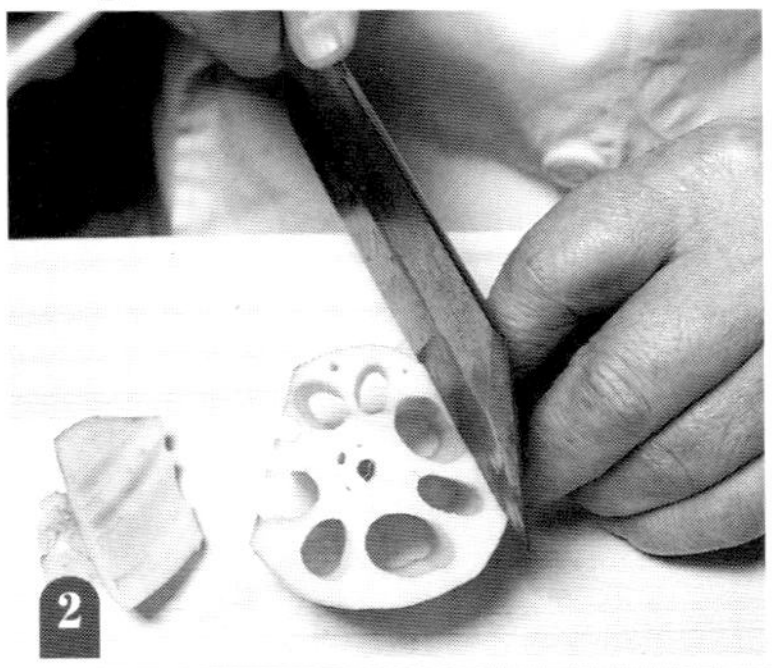

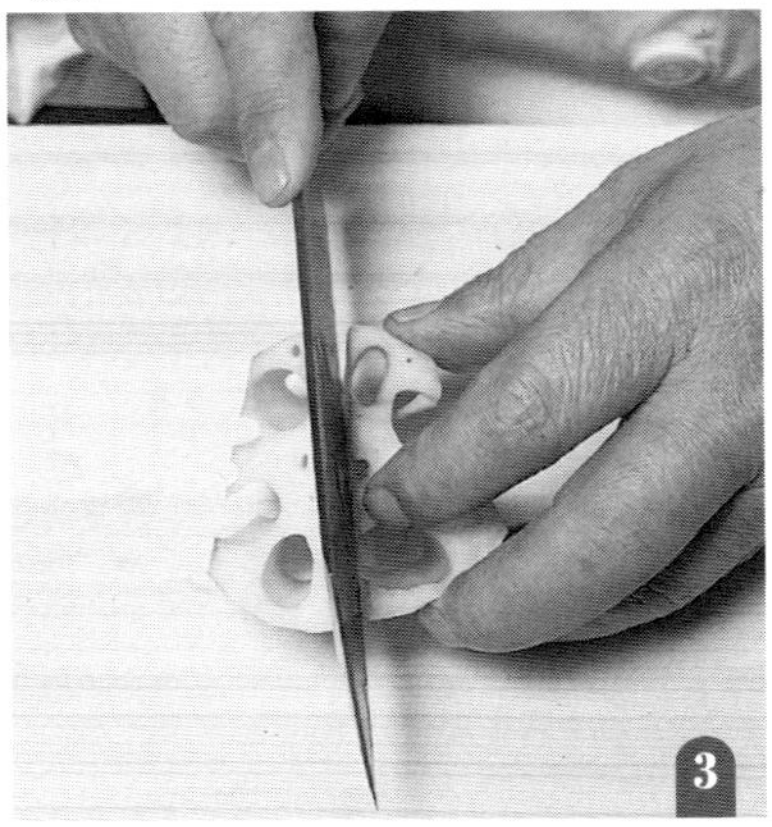

縦半分に切り、左右に開く。本来は中心でわずかにつながっているように切ることになっている。

花蓮根

穴の形に添って、丸くむくと、花形になる。蓮根の形を活かした簡単な飾り切り。

雪輪

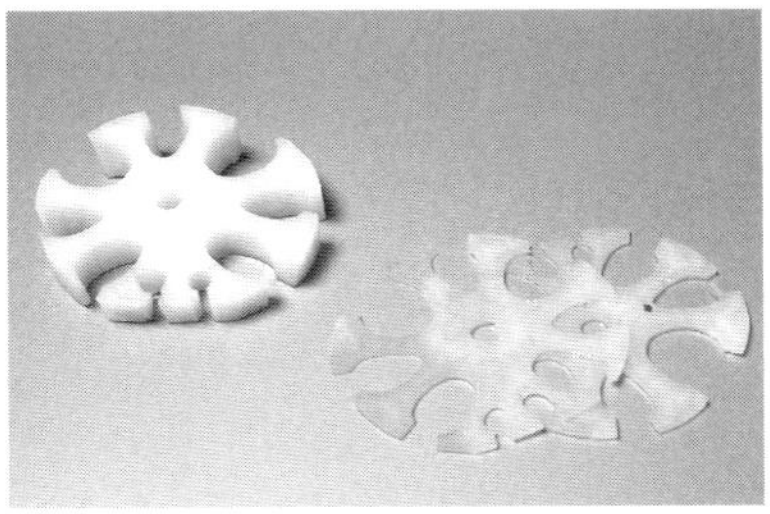

焼き物のつけ合わせなどに甘酢に漬けて用いる。切り方で冬の季節を表現している。

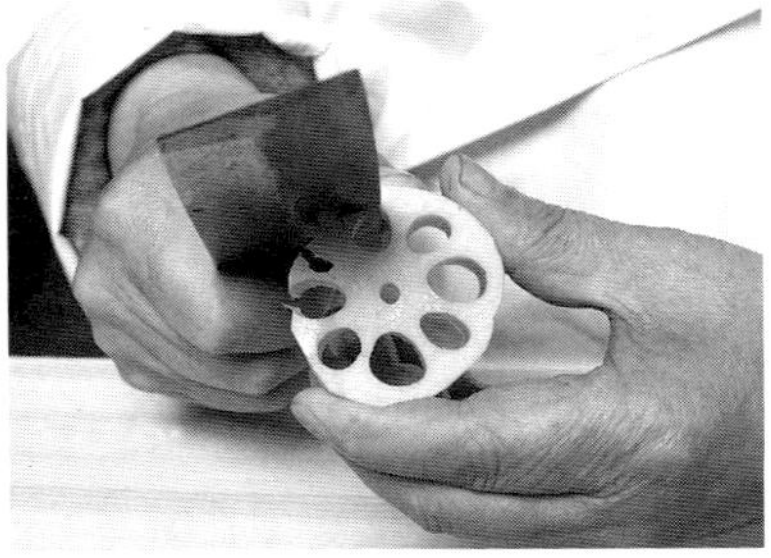

ぐるりと皮をむき、形を整える。全部の穴の先端を少しだけ切り取り、雪の結晶の形に似せる。

蛇籠《じゃかご》

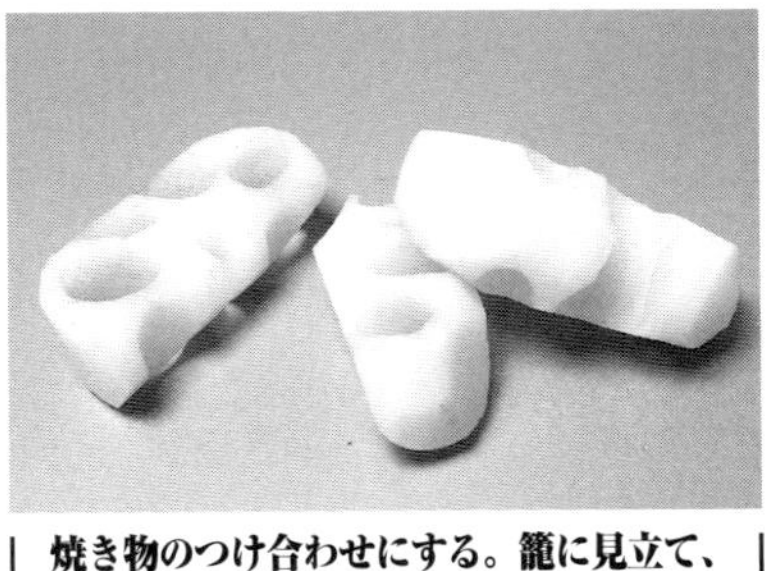

焼き物のつけ合わせにする。籠に見立て、グリーンピースなどを詰めることもある。

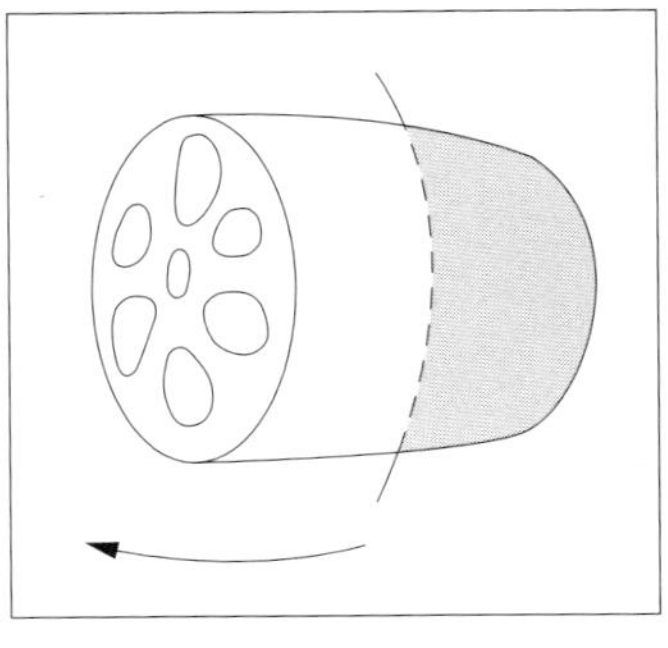

2㎝ほどの輪切りにし、縦半分に切って、弧の部分を切り落とし、丸い棒状にまとめる。

網代《あじろ》

大きめの里芋で作ること。手がかかるが、煮物に一つ加えるだけで上品な趣がでる。

天地を切り落とし、周囲の皮を厚めにまっすぐ切って、真四角に木取る。

上面に庖丁の背で十文字の筋目を入れる。模様が細かいのでペティナイフを使うと楽にできる。

1つのマス目に5回、浅めに切り込みを入れる。4マスを同様にし、網代模様を作る。

太鼓・六方むき

〈太　鼓〉

〈六方むき〉

両方とも里芋の形を生かしているので、無駄が少なく、シンプル。煮物にして美しい。

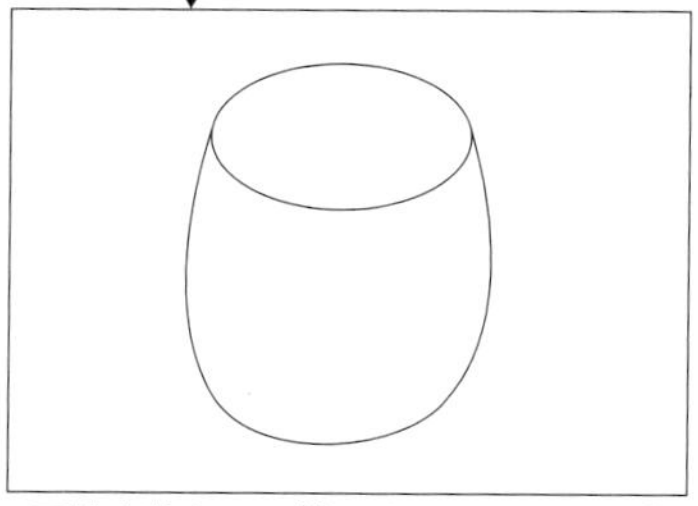

天地を落とし、横にぐるりと厚めに皮をむく。両端を細く真中を太くすると形が良い。

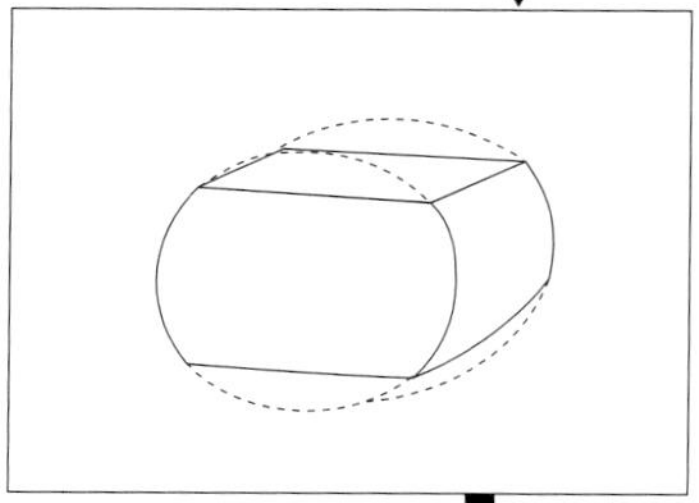

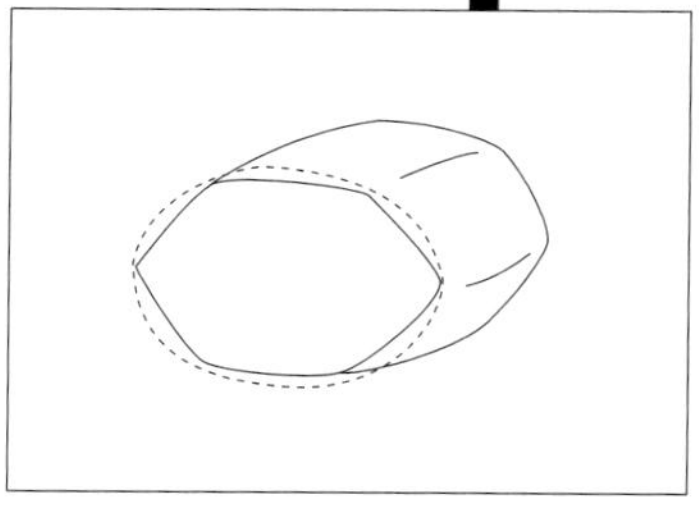

天地を落とし、皮を厚めにむく。対面する面をむき、同様に向い合う面をむいて、六角形に整える。

松茸

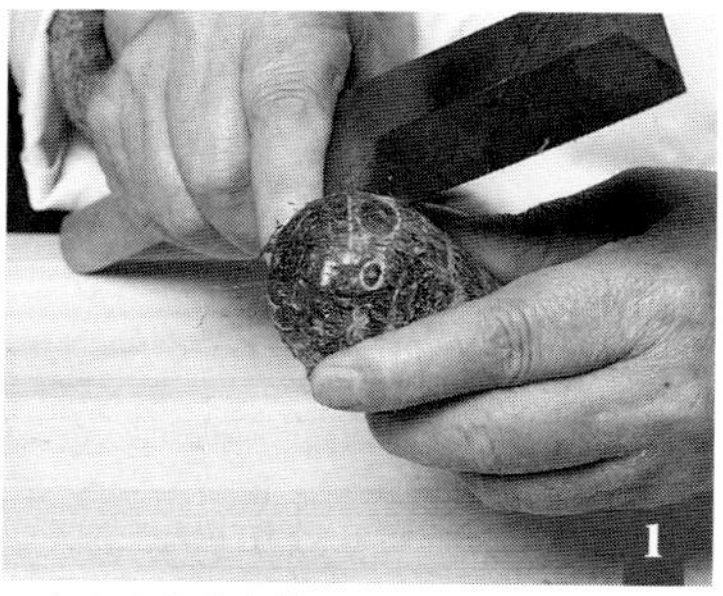

傘の大きさを決め、ぐるりと庖丁を入れる。傘が全体の1/3くらいが、形の良い松茸になる。

芋の形を生かしながら、傘に近い部分から少しずつ削り、最後の仕上げで丸く形を整える。

皮の模様を生かした切り方。細長く、少し曲がった里芋で作ると、無駄が少ない。

百合根

牡丹

大輪の牡丹を表現する。真っ白くふっくらと煮上げると、贅沢な雰囲気を演出できる。

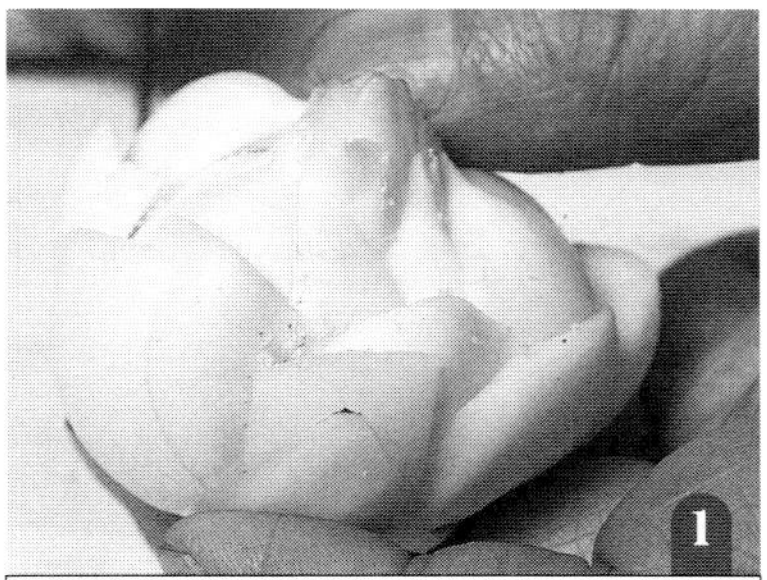

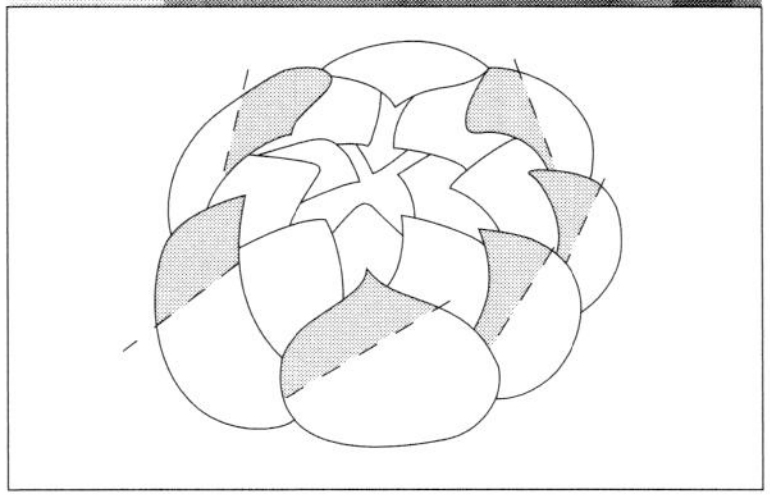

百合根の一片一片の尖った部分を斜めに切り落とす。ナイフを内側に深く入れると、花びらが立体的になる。

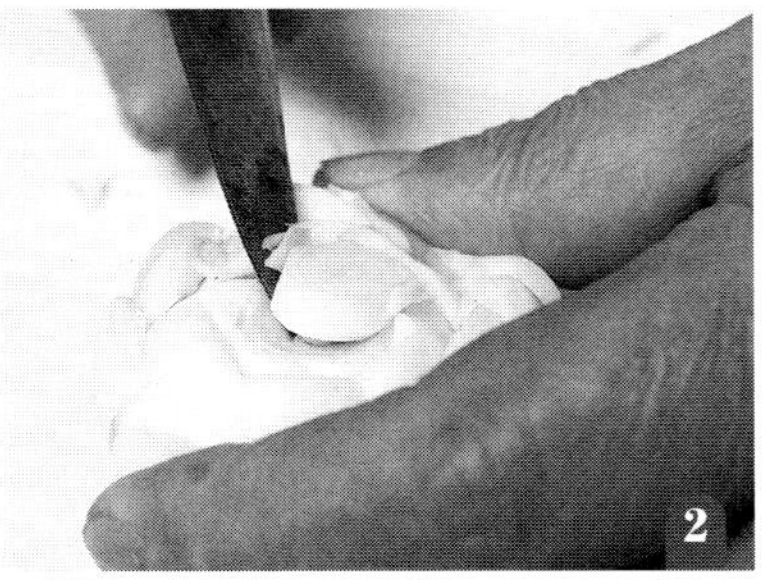

芯にいくほど小さく切り、中心までできたら刃を立て、芯をわずかに残し、丸く抜く。

花びら

外側の大きな片は周囲をきれいにむき、花びらにする。薄く食紅をつけてもよい。

木の葉

りんごでも切ることが多い。くわいは澱粉が多いので、このまま煮てもはがれない。

縦に1/4に切り、外から内に向って直角に切ることをくり返す。切れたら、形よくずらして重ねる。

くわい

亀甲

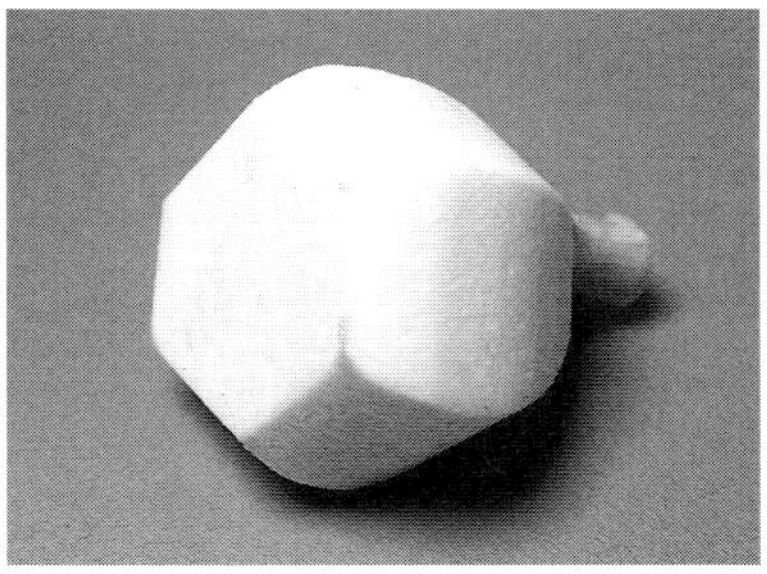

この形で煮物にしたり、また小口に薄く切って有名なくわい煎餅にしたりする。

へたをつけたまま、下を切り落とす。くわいは軸をつけたまま煮物にする。

まず天地を落とし二の字にする。残りを山形に切ると簡単に亀甲に切れる（P66参照）。

参考

鈴

テクニカルナイフを使うと、凝った形の飾り切りが作れる。

木の葉

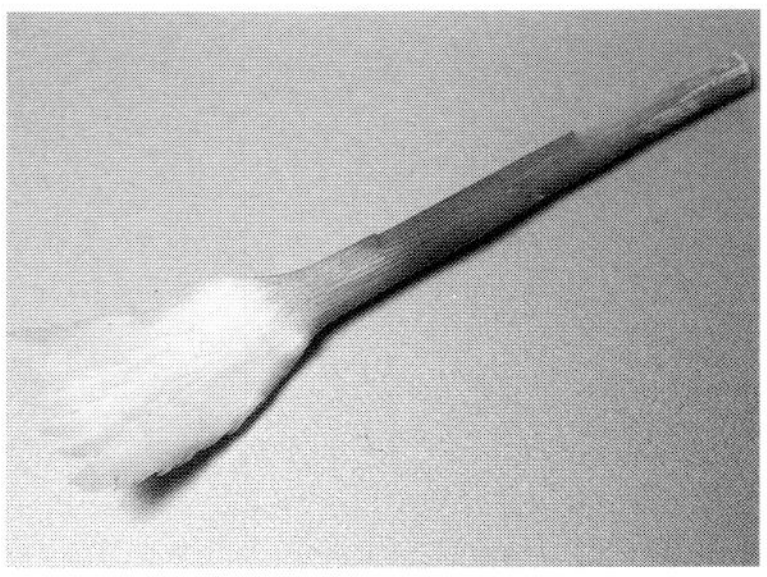

葉のギザギザを左右対称にきちんと切り込むことが、美しい形を作るポイント。

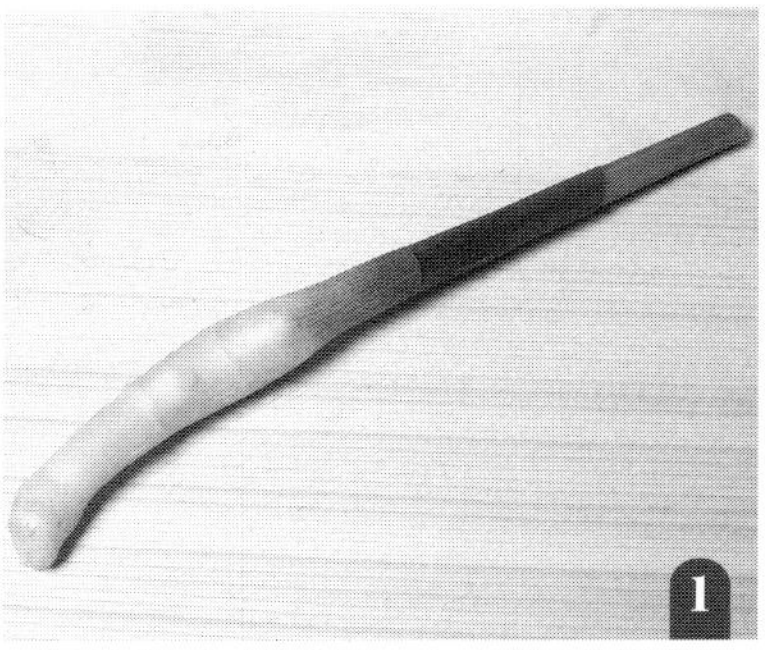

やや細目で、少し曲がっている谷中生姜を選ぶ。ずんぐりした木の葉では美しく見えない。

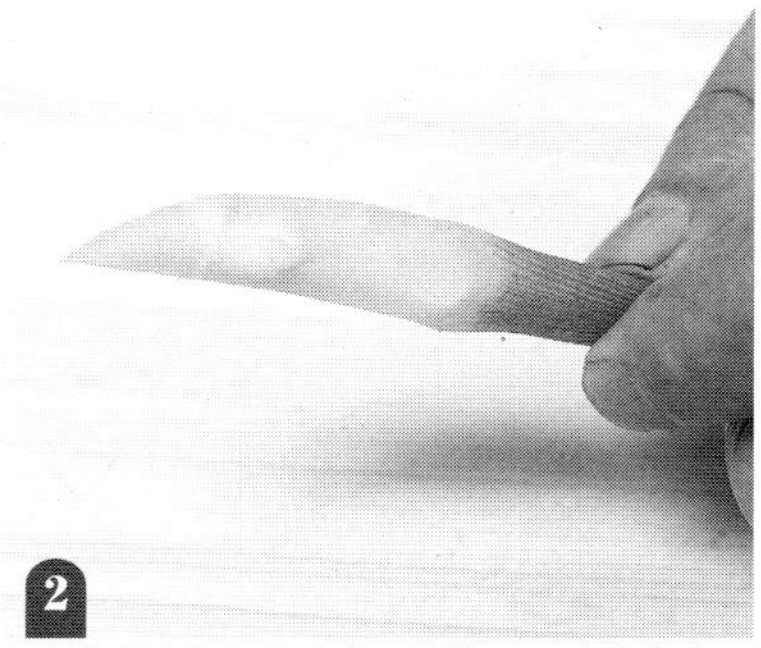

先端を尖らせるように木取る。皮をむき取り、形を整える。

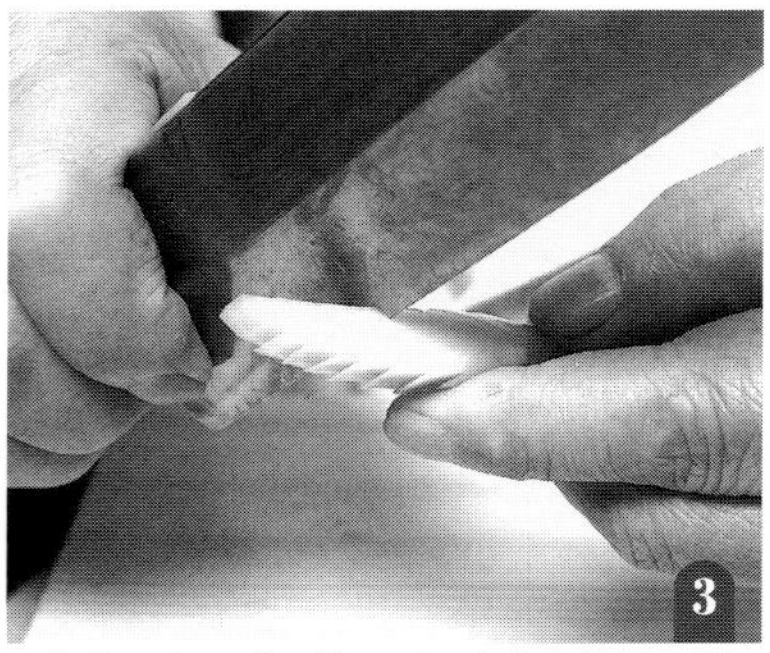

生姜のカーブに添って、小さな楔形を刻んでいく。庖丁をねかせてそぐように切る。

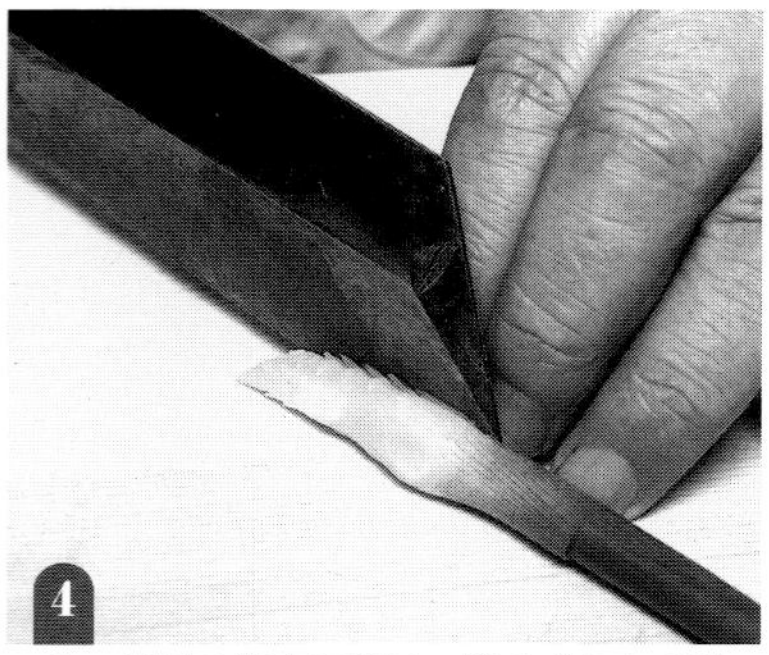

１㎜以下の薄さに切り、手でずらして形を整える。

杵

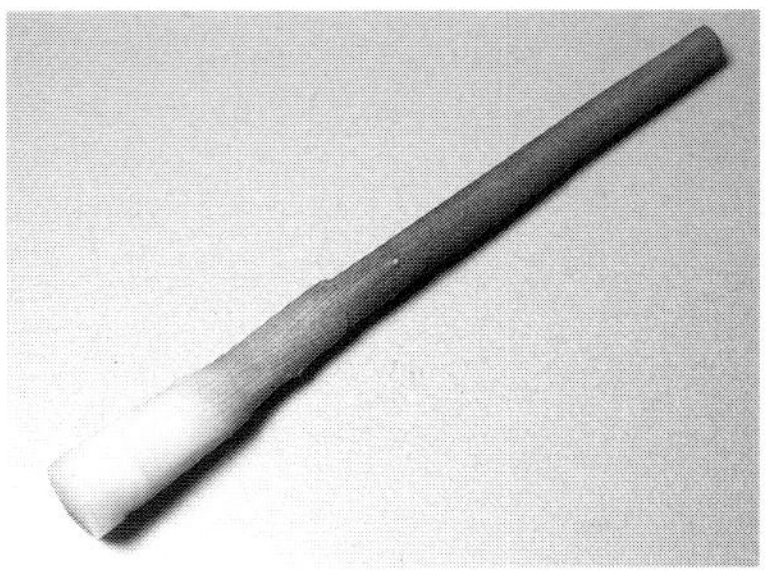

筆と並んで、谷中生姜の代表的な切り方。筆と対照的に短いものでも作ることができる。

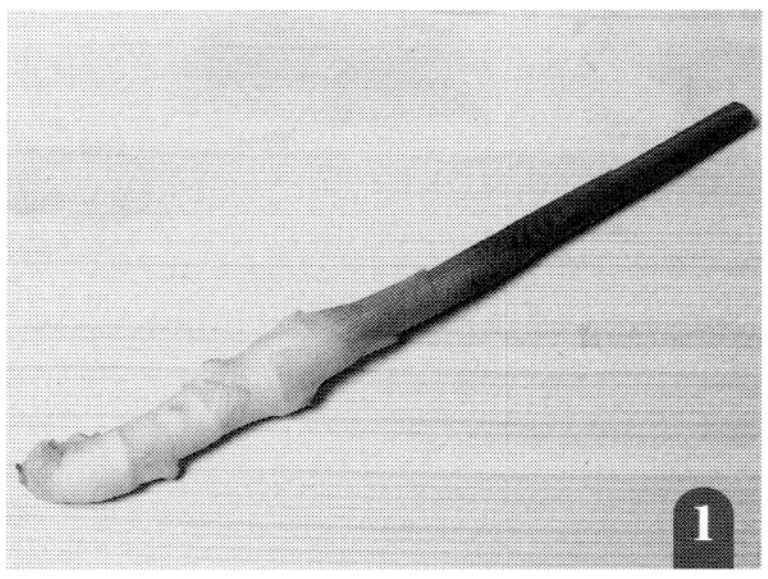

短くてもできるだけ太いもの、上下の太さが変わらないものを選ぶとよい。

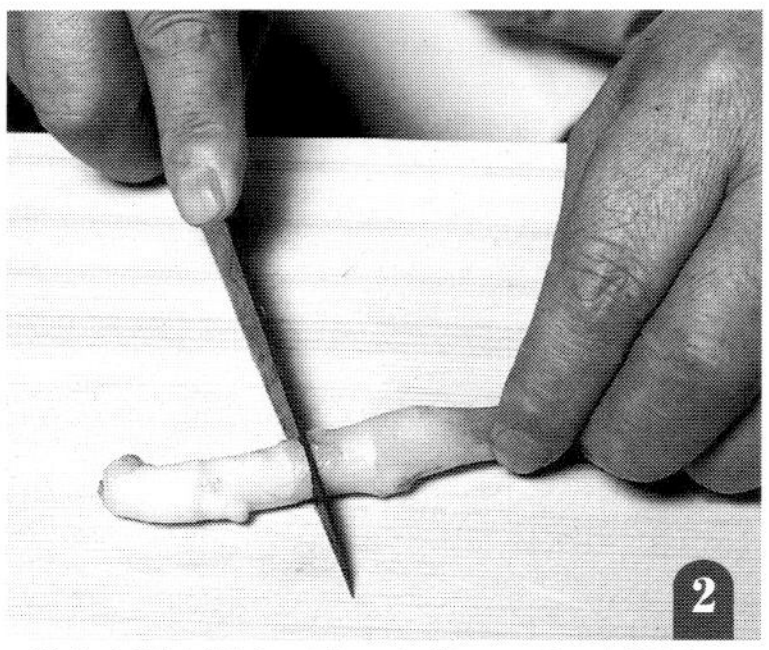

谷中を短く切る。真っすぐにスパッと切り、１番上の皮をきれいにむいておく。

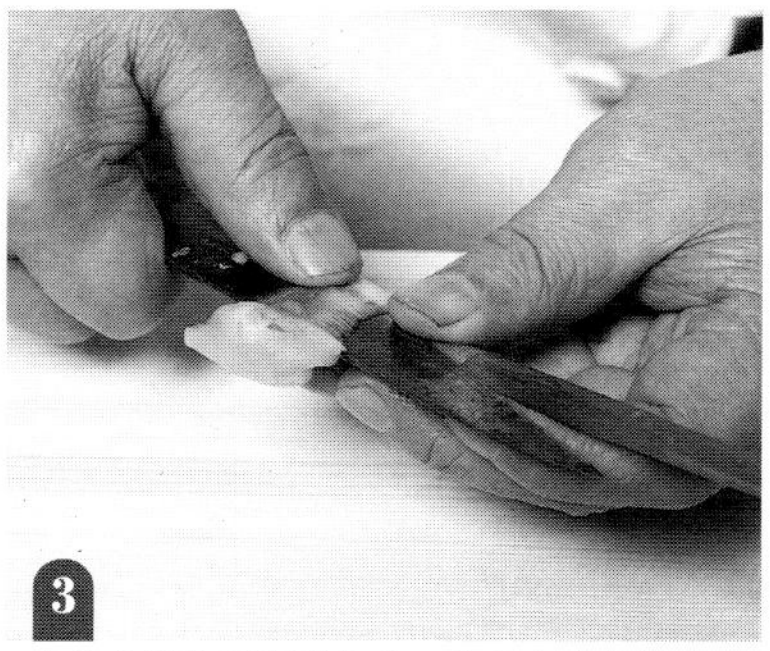

太さを揃えて皮をむく。杵の太さを目立たせるため、軸の方を少し細く切ると形がよい。

筆

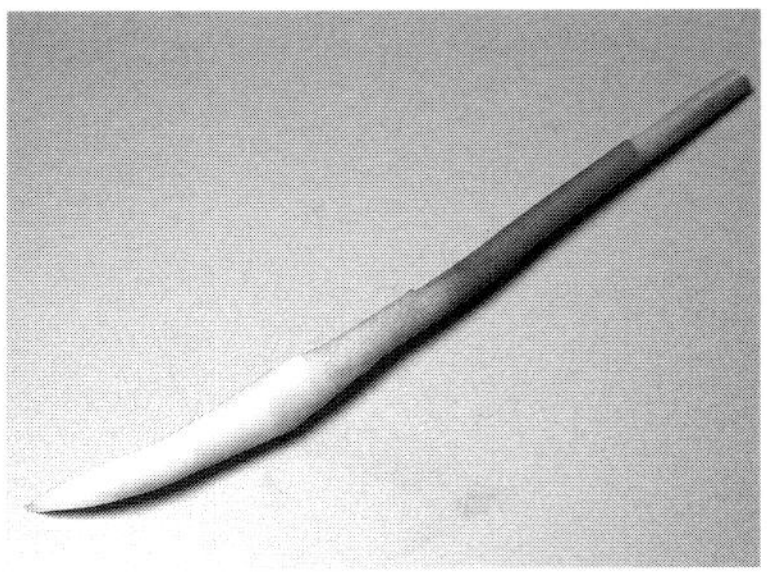

谷中生姜は同じように見えてそれぞれ形が微妙に違う。この形を生かして切りわける。

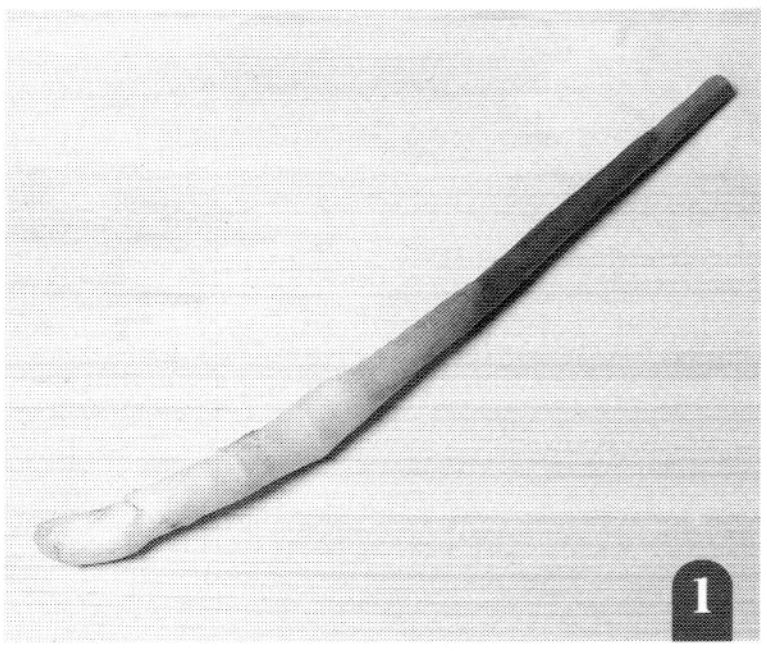

細長く、少し曲がった写真のような生姜を使う。皮をむくだけできれいな筆の形になる。

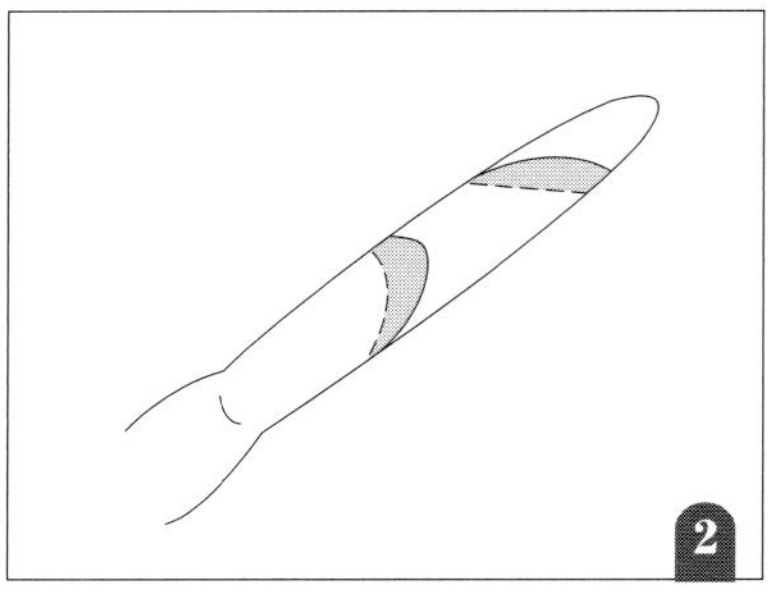

軸の葉先をひとつひとつ斜めに切り落とし、同じ形になるようきれいに整える。

薄く皮をむきながら形を整え、布巾で皮を掃除する。焼き物のあしらいとする。

根生姜の飾り切り

木の葉

谷中生姜が高価になり、根生姜を使う機会が増えているので覚えておくとよい。

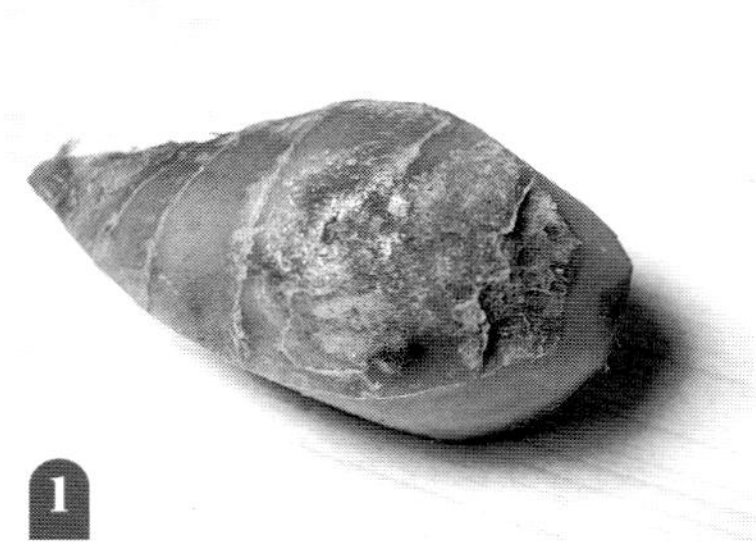

1 しずく形の、木の葉になりやすそうな生姜を選ぶ。先が細く尖っているのがよい。

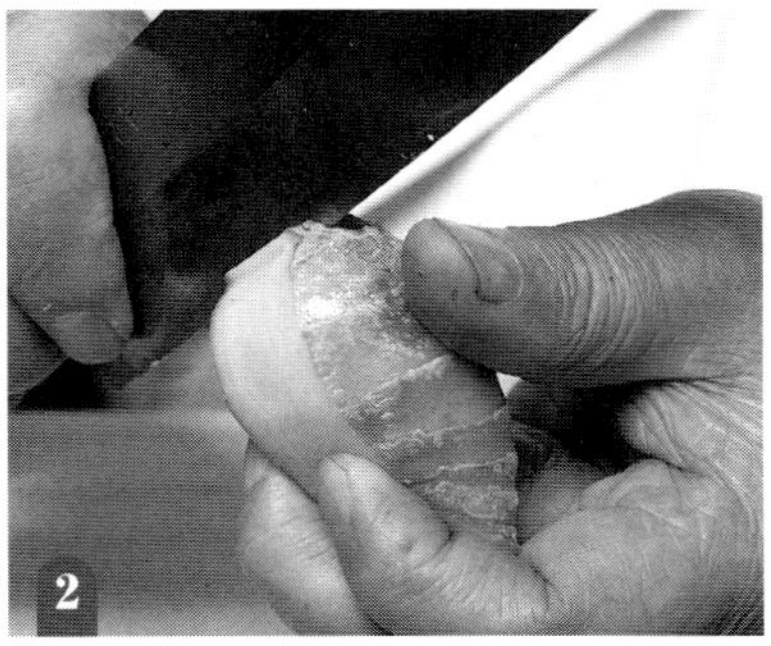

2 生姜のカーブに合わせて、皮をひとむきし、そこから木の葉の軸を入れるようにする。

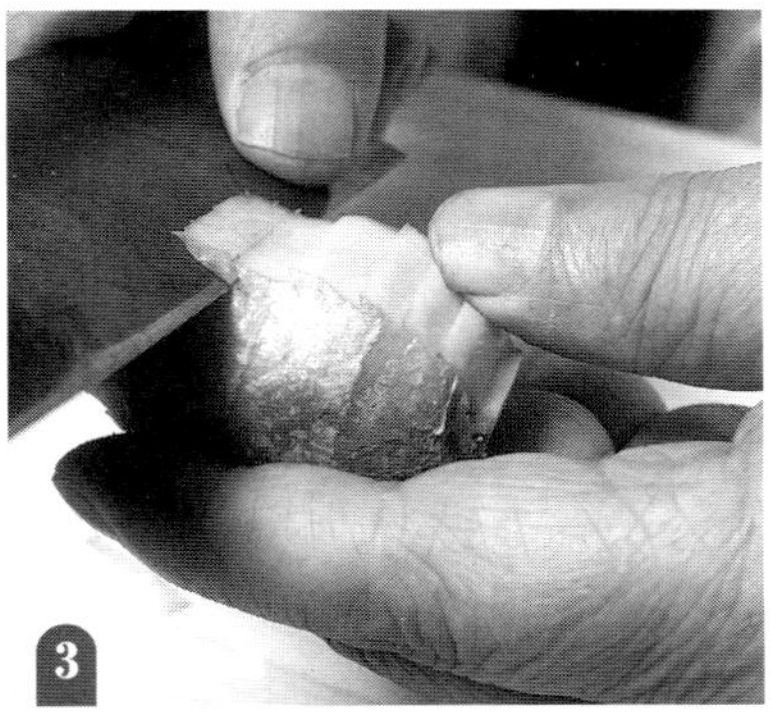

3 丸く太いほうに木の葉の軸を切り出し、全体に刻みを入れる。葉先と根元は刻む間隔を小さく。

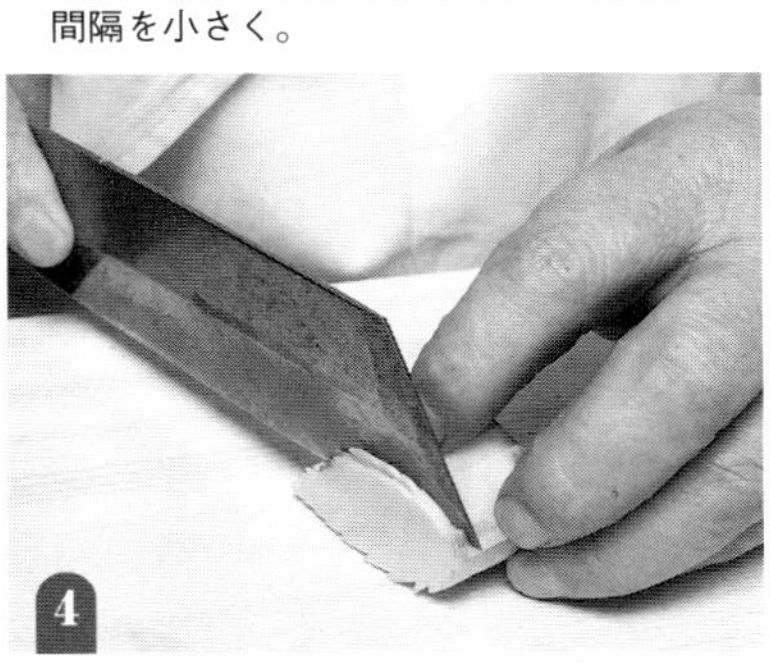

4 皮を真っすぐに切り、軸をつなげたまま2～3枚にごく薄く切る。ずらして葉らしい形に。

つばくろ

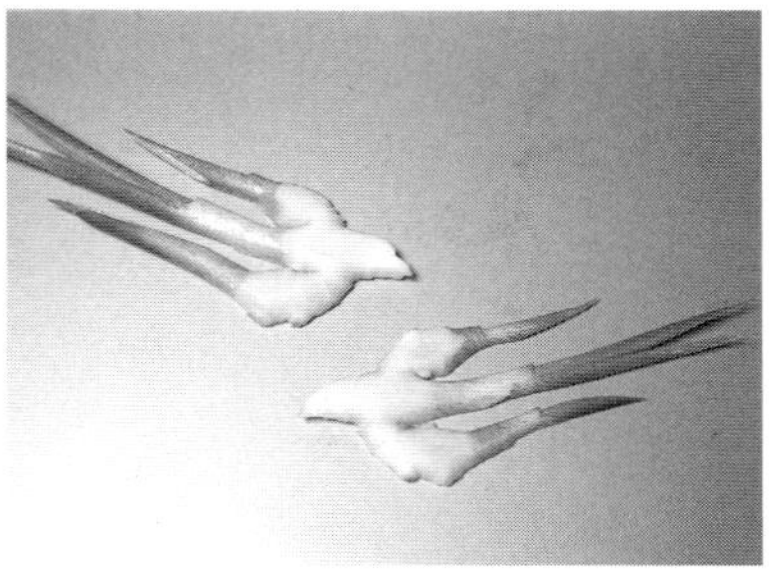

手がこんでいるように見えて、実際には簡単で、初心者でも簡単に切ることができる。

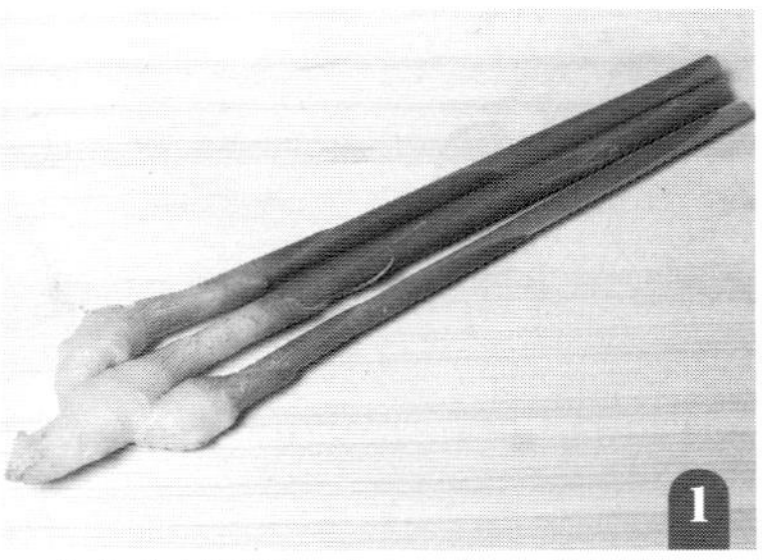

1 必ず、3本に枝分かれした形の生姜を選ぶ。4本に分かれていたら1本切り落とす。

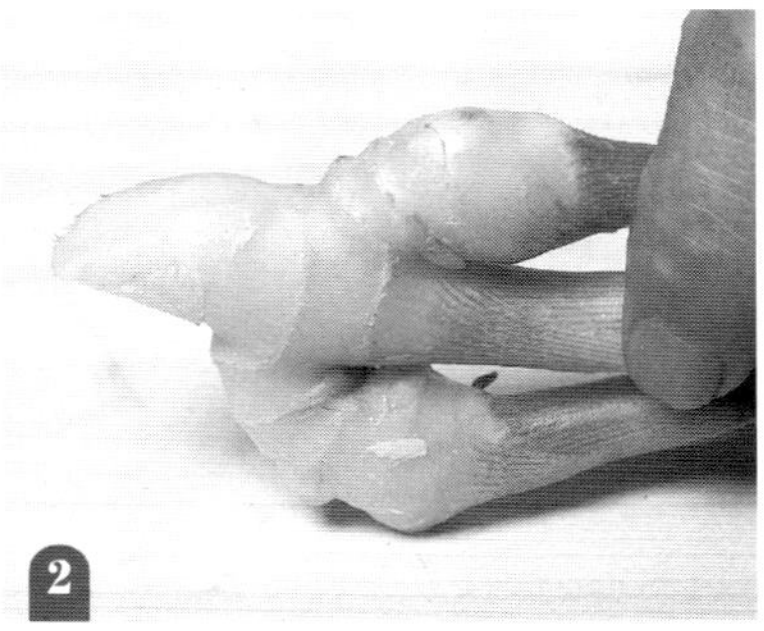

2 真ん中の生姜が燕の頭になる。左右の生姜よりも飛び出させ、小さなくちばしを作る。

3 両面を薄くそいで、平らにして燕の形を整える。

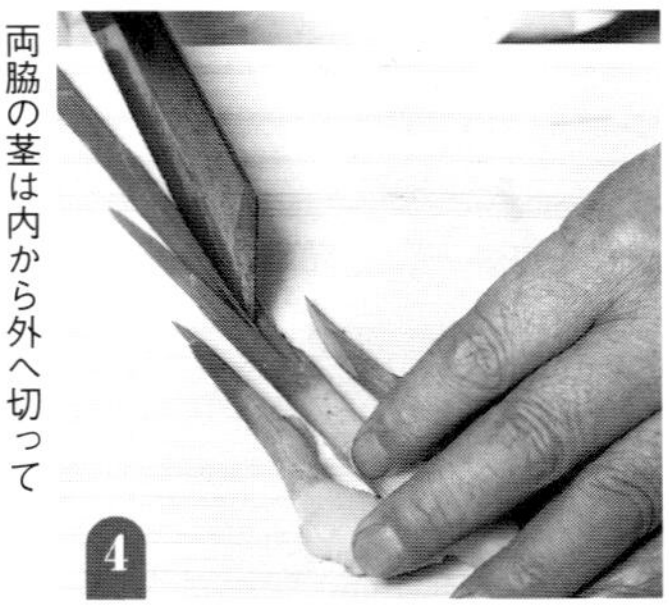

4 両脇の茎は内から外へ切って翼に、中央はふたまたに細長く切り、燕の尾に見立てる。

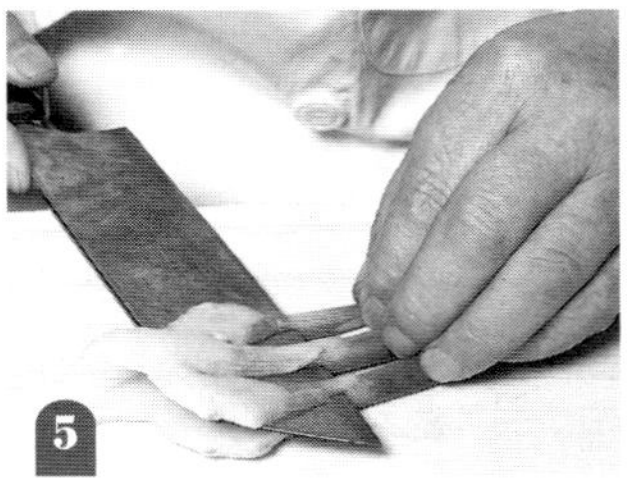

5 真横から庖丁を入れ、2枚に切りわけ、刺身や焼き物のあしらいにする。

双葉葵

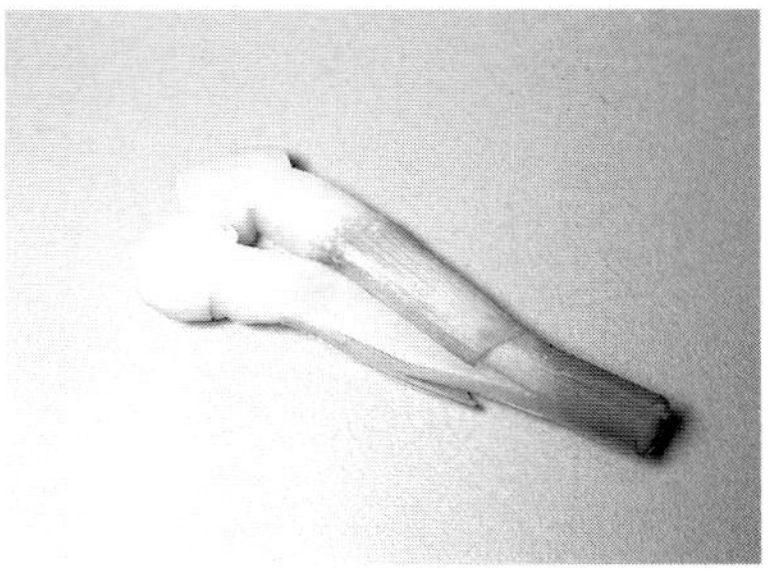

古来、賀茂神社の祭事に用いたことで有名。双葉葵は小さいので飾り切りも小さめに。

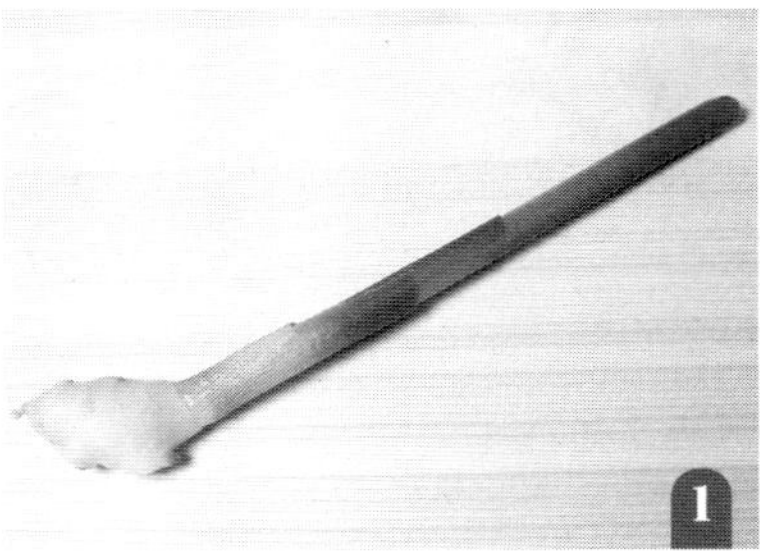

1 丸く、ずんぐりした谷中を選ぶ。少し曲がっていても、かまわない。

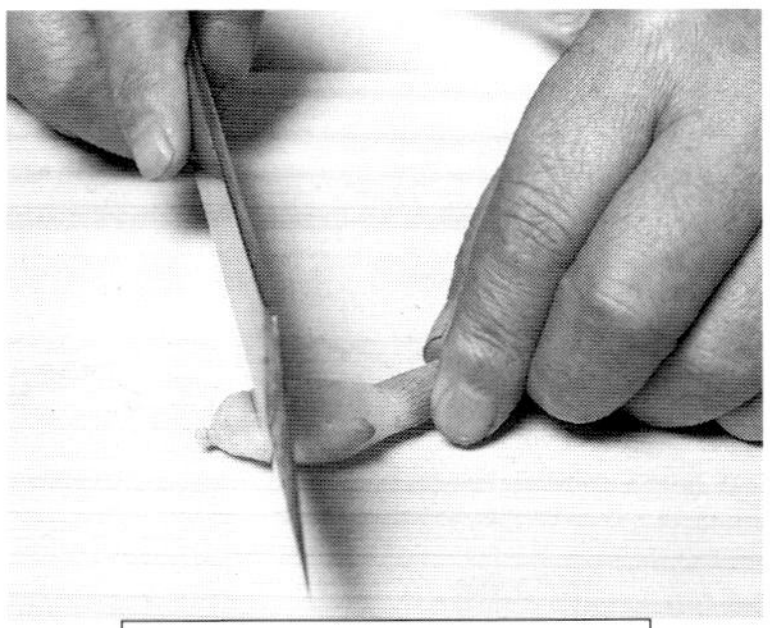

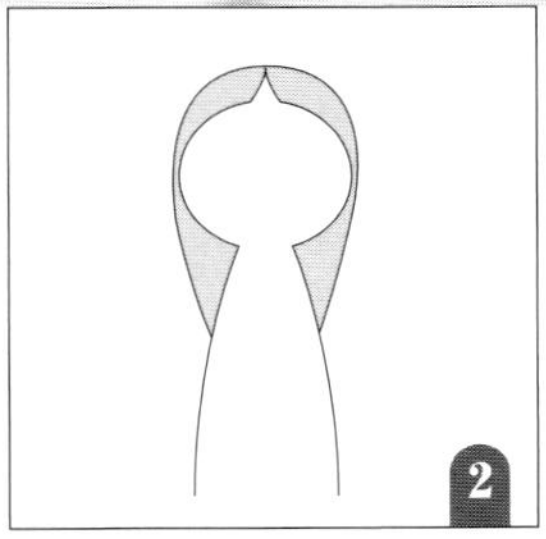

2 端を切って短く木取る。イラストの影の部分を切り、葵の形にし、茎の半ばあたりまで横半分に庖丁を入れる。

3 半分に切った葵を手でずらして、互いに少し重ねかけ二枚の葉に見えるように形を作る。

葱の飾り切り

かもじ

かもじは年祝いの縁起物として椀種に使う。

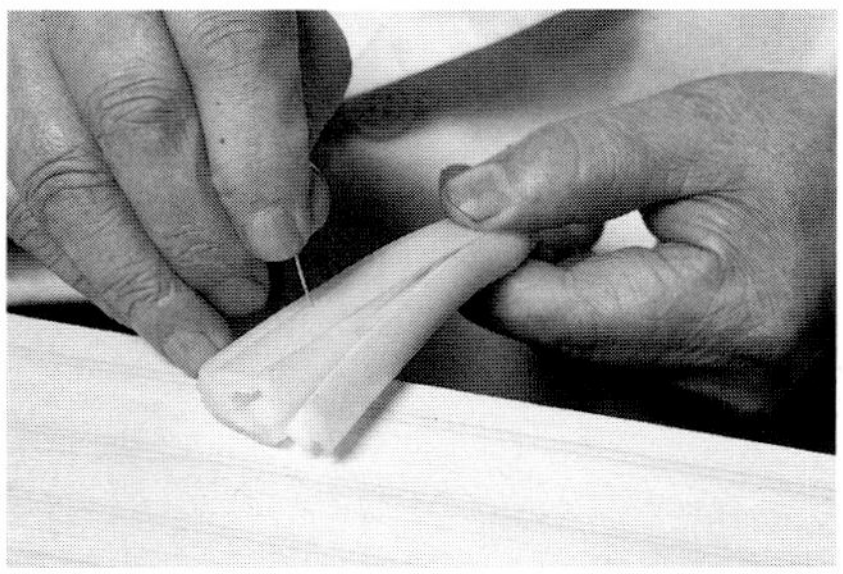

葱は根元から10cm程に切る。木綿針を刺し、葱をゆっくり引くとまっすぐに切れる。何度も繰り返して細くする。

ささら

ささらは鍋物やあしらいに。中央に飾りを入れると花にもなる。

葱は５cmほどの長さに切る。元を残し、刃先を使って、細かく切れ目を入れる。

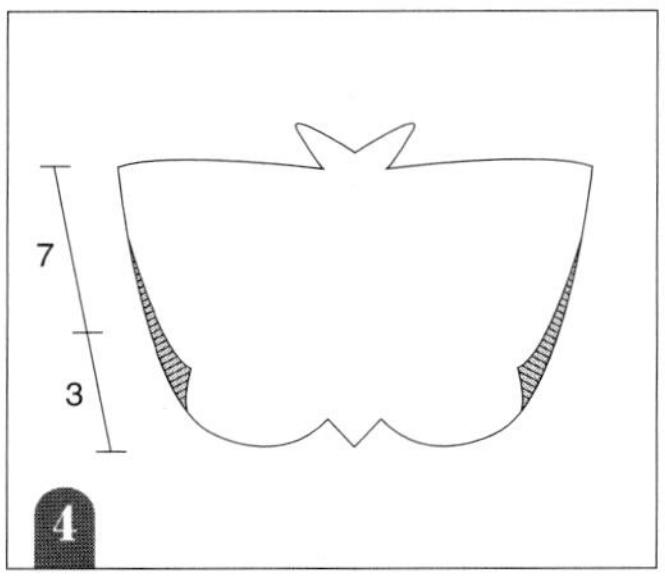

両脇から切り込みを入れ、２枚の羽根を作る。上から７、下から３の割合で切ると羽根らしい。

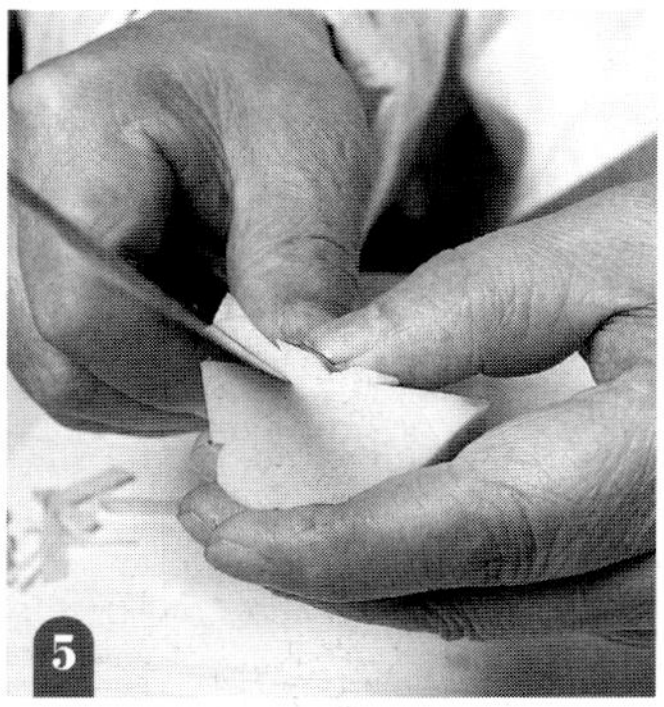

上の羽根の部分に庖丁を小さく入れ、下からむき取って切れ込みを作る。薄く切って使う。

蝶々

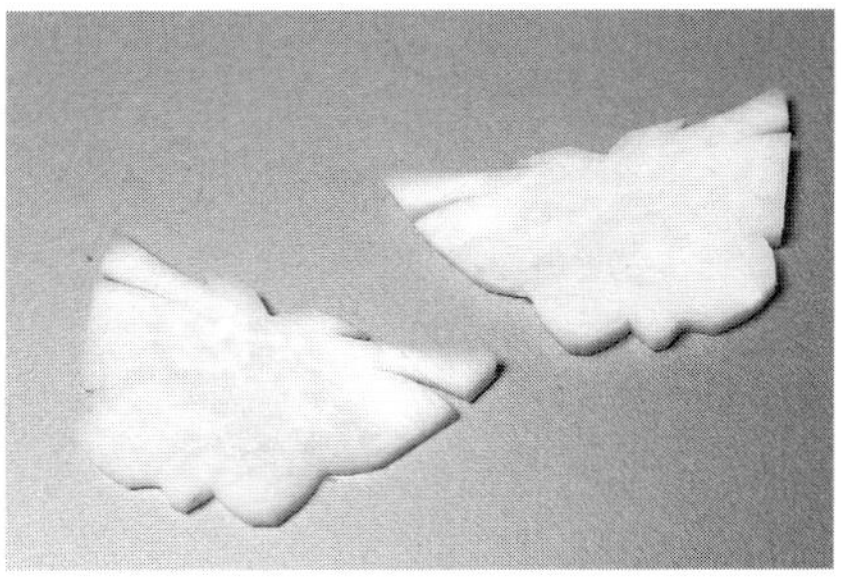

焼き物の上にのせるとぐっと引き立つ。その場合は酢に漬けず、生のまま使う。

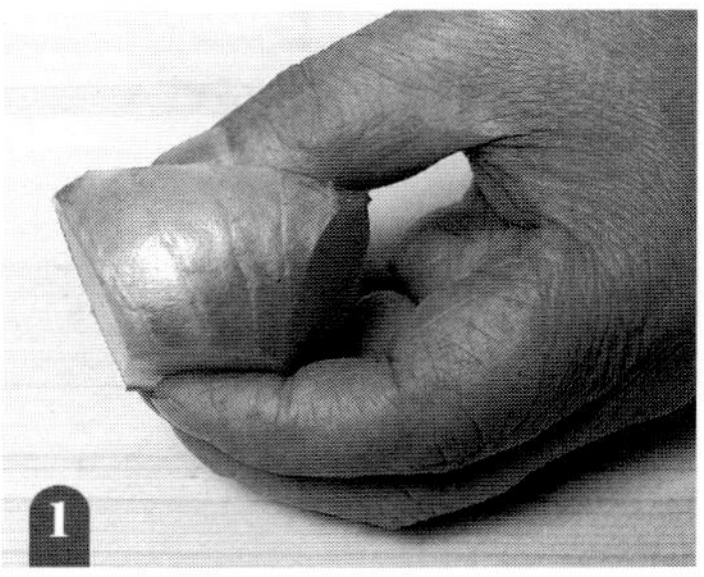

生姜を末広に木取る。皮をつけたまま、両脇を斜めに切り落とし、天地も平らに。

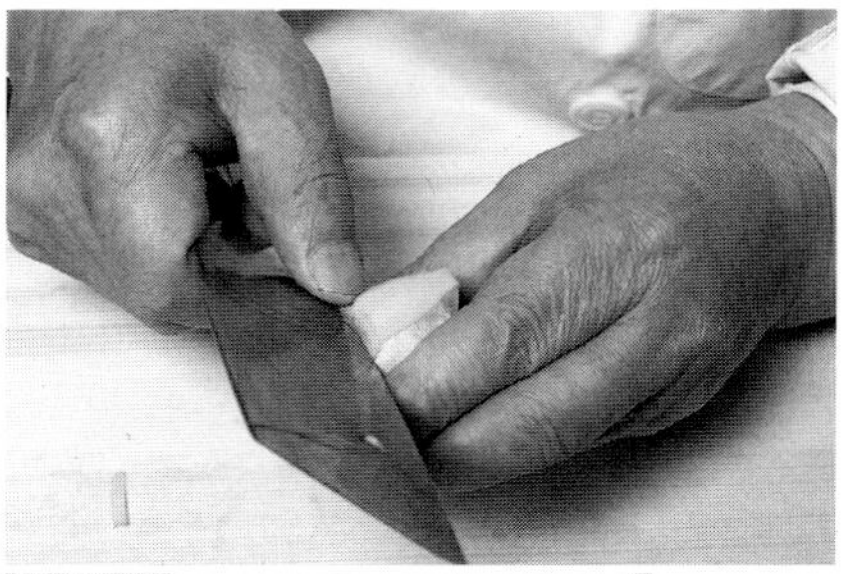

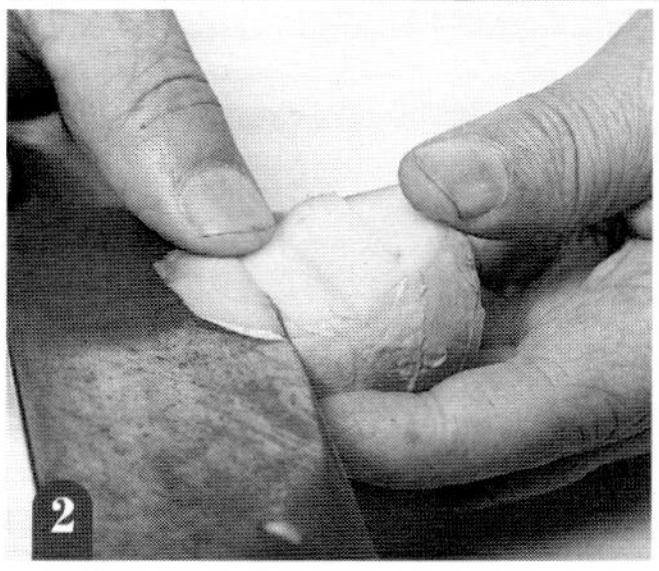

幅の広い側の中央に庖丁を入れ、楔形に切り込む。左右の両脇から薄くそぎ、蝶の触覚を切り出す。

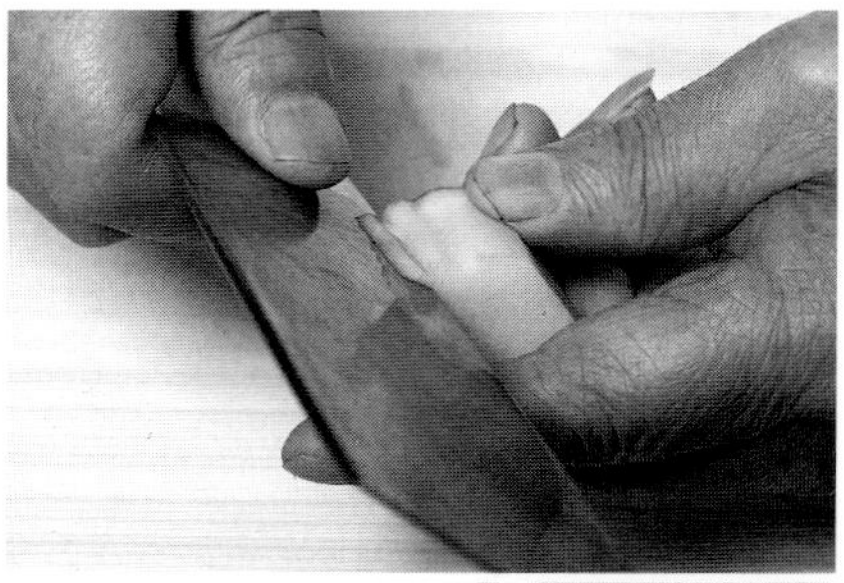

末広の根元の中央に２つの楔を切り込み、左右が自然な丸みになるように、薄くむく。

●柚子●

柚子釜

前菜の器代わりにする。切り口の色が変わってしまったときなどに、飾りにするとよい。

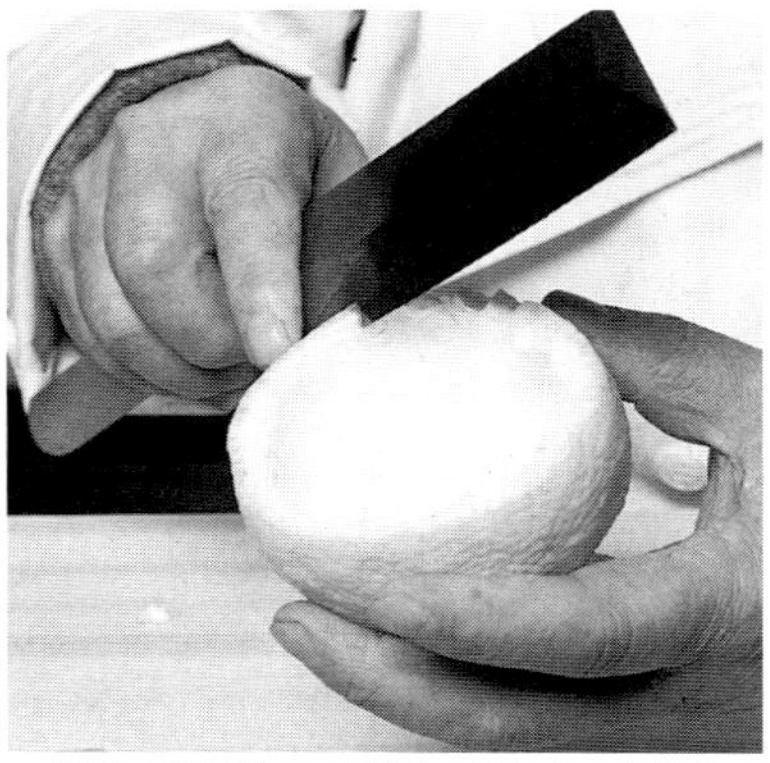

楔形の切り込みを周囲に入れる。大きさや深さを揃えるよう切るときれいな縁飾りになる。

松葉・結び柚子

うどの松葉と同様に切る。裏側の白い部分は庖丁で薄くすき取ると、形作りやすい。

型抜き柚子

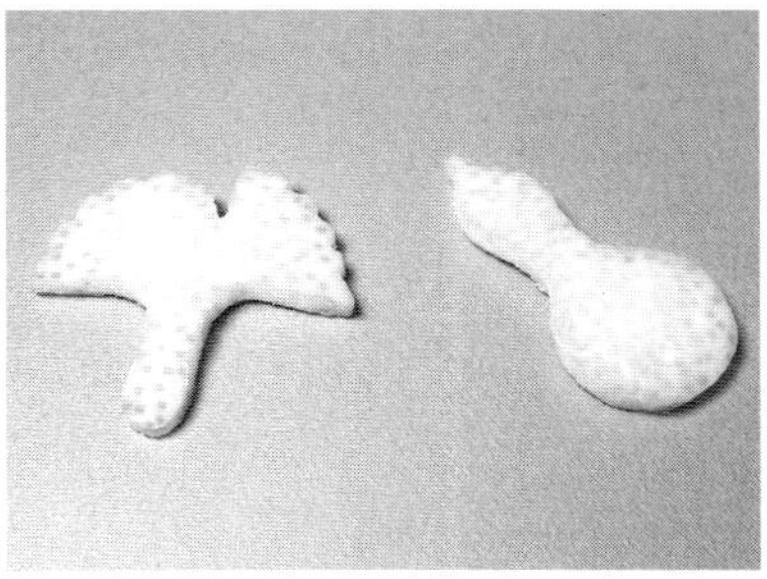

柚子は色合いがきれいなので、型抜きを使った飾り切りにしても見栄えがよい。

●防風●

結び防風

飾り切りとはいえないが、あしらいの形として、覚えておくとよいだろう。

碇《いかり》防風

碇の形を模した、刺身のあしらいに使う代表的な形。

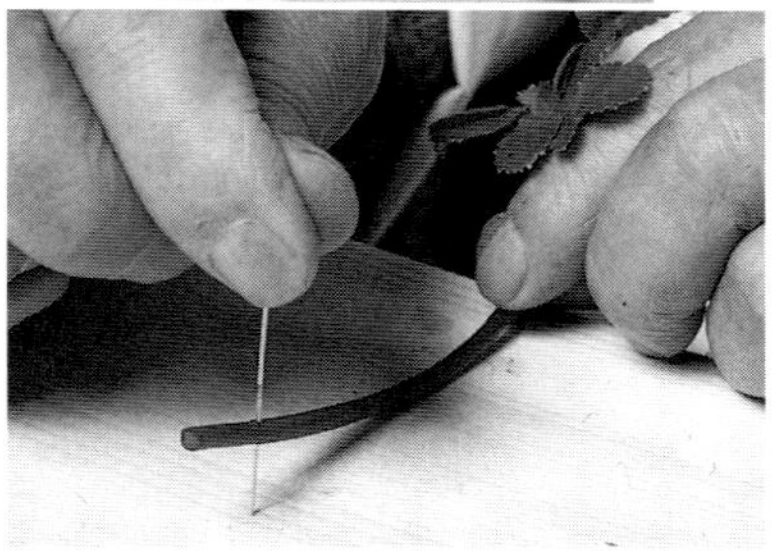

軸の中心に針を刺して、防風をゆっくり引いて割く。軸が割れるので針は動かさない。

剣防風

単に軸を切っただけだが、切る長さ、切り方に少し気をつけると仕上がりが違う。

軸を葉の部分より長く角度をつけて斜めに切る。軸を剣に見立てて、一緒に並べる。

●ラディッシュ●

花ラディッシュ

ラディッシュの花切りは洋風の技術だが、最近は和食でもしばしば使われている。

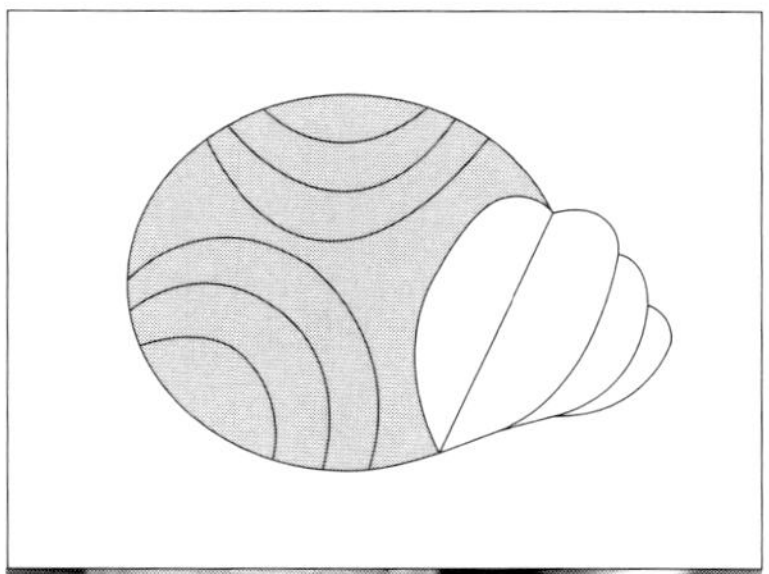

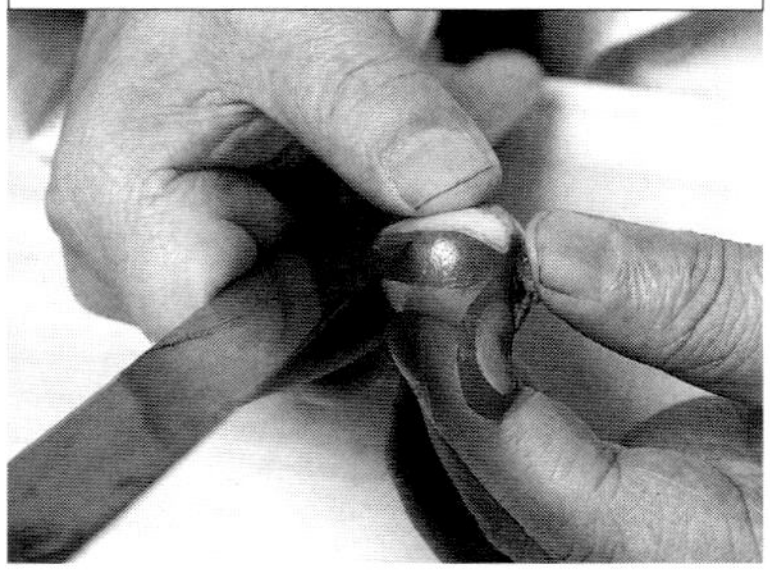

切り方はいろいろだが、いちばん簡単な例。三方から丸みに添わせ、3枚にむいて開く。

飾りラディッシュ

他の野菜の切り方を応用。水玉、舞鶴などができる。サラダや刺身に添える。

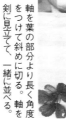

茄子の飾り切り

鹿の子

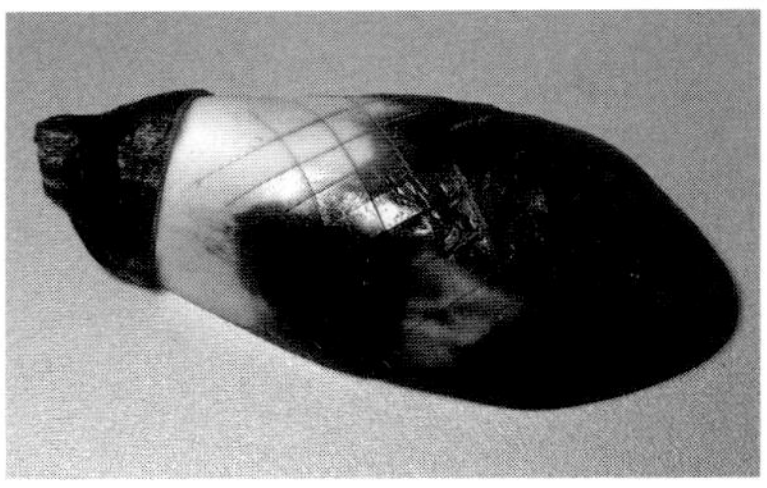

揚げ出し、おろし煮などによい。色がきれいで、味がよくしみた茄子の煮物になる。

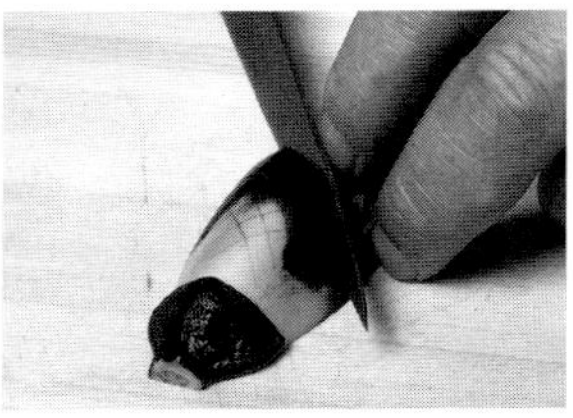

縦半分に切り、皮目に斜め格子の包丁を入れる。全体が均一で、5㎜角に揃うと美しい。

末広

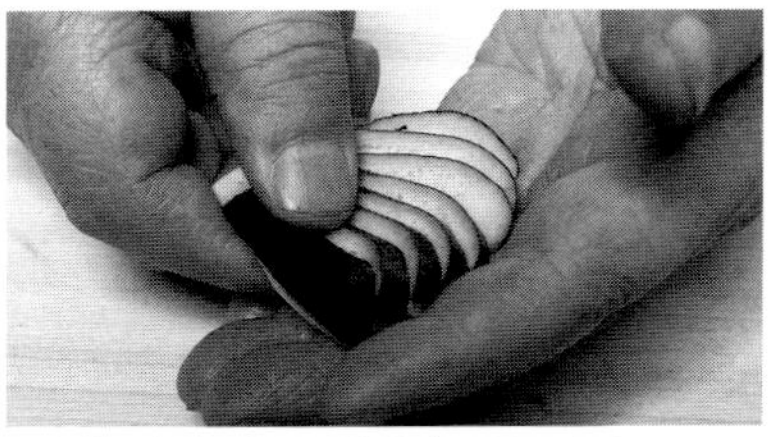

茶筅の切り方で、縦半分に切ったもの。天ぷらや煮物にむく。

ねじり茶筅

切り終えてから素揚げにすると、ねじることができるようになる。形の面白さが魅力。

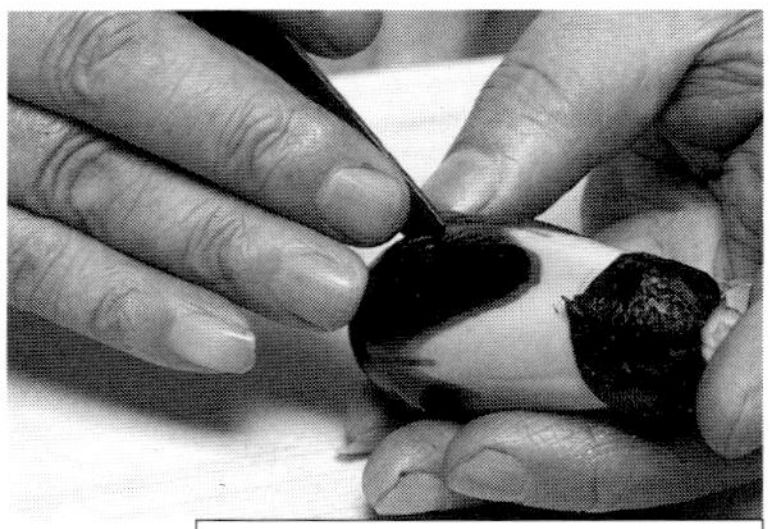

へたをむき、天地を残して中心部に切っ先を差し込み、真っすぐに切れ目を入れる。

茶《ちゃ》筅《せん》

てんぷらに使われる。へたを短く切り整えると、色のコントラストも鮮やかだ。

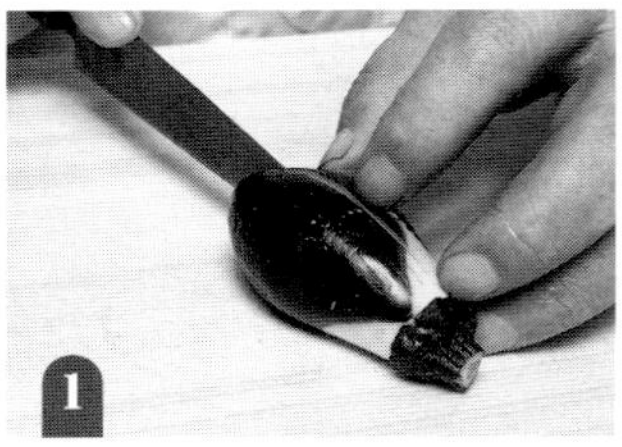

端から薄く切る。切り幅を揃えることを心がける。

切り終わったら、手で広げて形を整え、衣をつけて広げたままの形で揚げる。

椎茸の飾り切り

桂椎茸

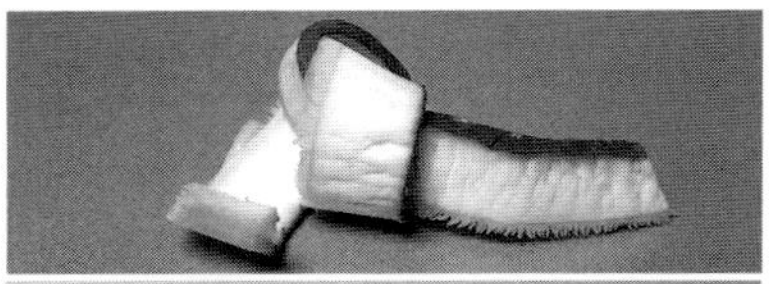

椎茸を桂にむくと、むだなく全体を使える。大根に挟めば柔らかい椎茸の桂むきも可能。

椎茸の上下を大根で挟み、中心部に串を通す。大根の厚みは1㎝ぐらいあれば十分。

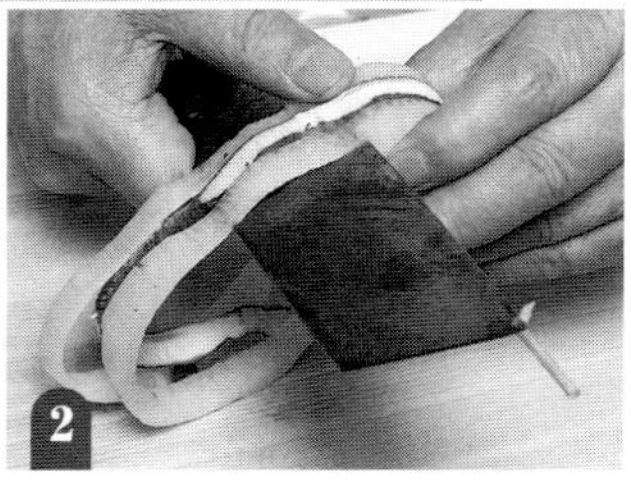

桂むきの要領で薄くむく。大根に挟めば、戻した干椎茸のような柔らかいものもむける。

傘椎茸・くさび・亀甲

煮物にするときに椎茸の傘に簡単な切り込みを入れると、単調な表面が一変する。

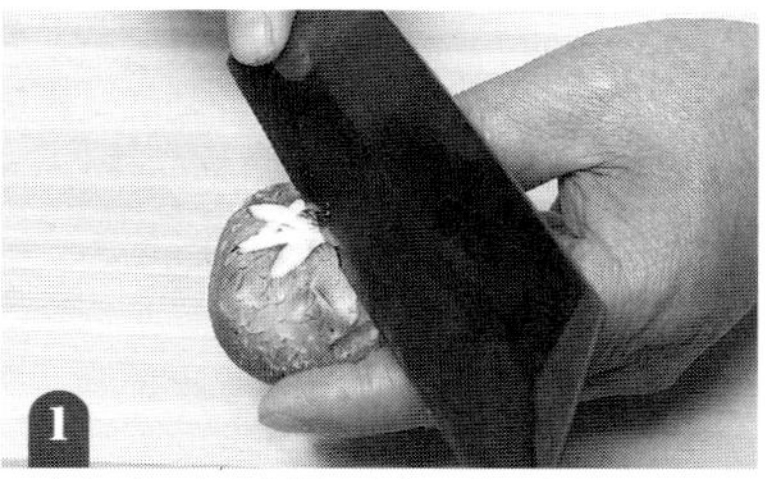

くさびは表面を削るように包丁を入れる。切り方は他に十文字など様々。

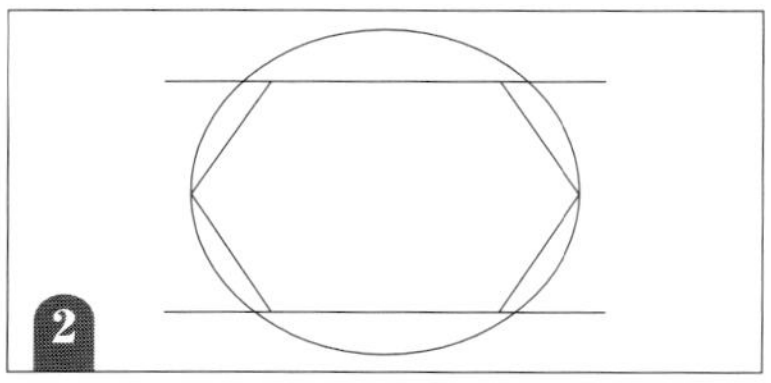

亀甲は初めに天地を切って二の字にし、残りを山形に切ると形のよい六角形に。

型抜き椎茸

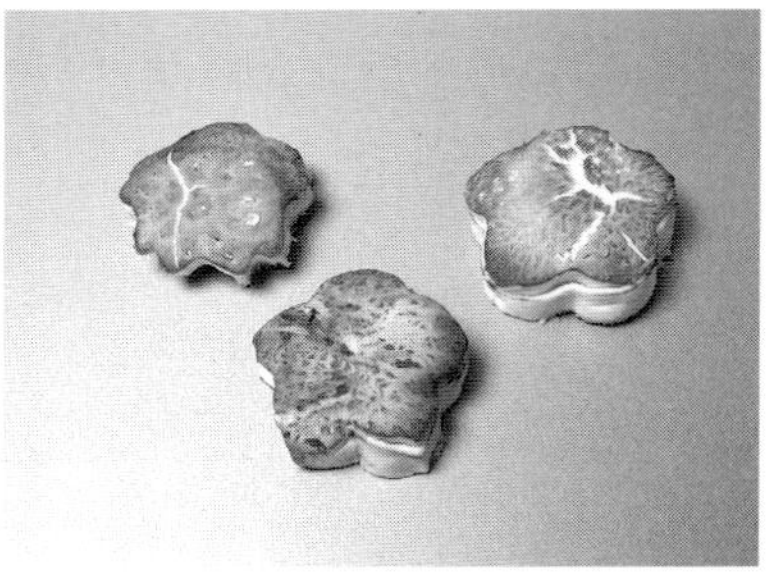

型抜きを使うのも、飾り切りの技法のひとつ。切りにくい椎茸も簡単に花形になる。

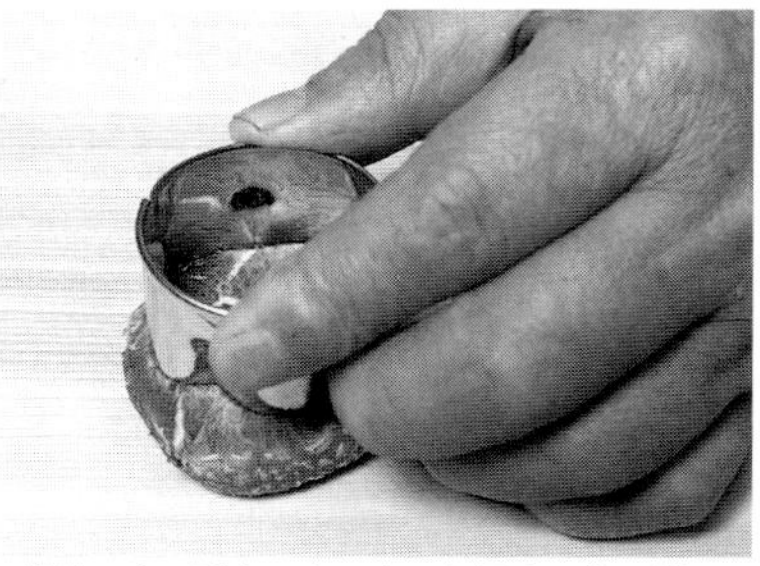

椎茸の上に型をおき、ぐっと押す。梅、桜、紅葉など季節に応じて、型を使い分ける。

第四章

野菜のむきものの技術

料理を引き立てるむきものとその道具

大根や人参、南瓜《かぼちゃ》、薩摩芋など、普段の料理で使っている身近な野菜で出来る庖丁仕事が「むきもの」である。むきものは、日本料理の伝統技術の一つでありながら、ともすれば料理人の自己満足的な仕事、展示料理用の演出仕事といった目で見られがちである。

しかし、正月の祝い膳の椀物に可愛らしい「鶴の子」をかたどった里芋が使われたり、春の会席に桜の花びらにむいた煮物が出されればどうだろう。料理に華やぎが生まれ、その季節らしさや目出たさをお客様に感じさせることができる。

●面取り庖丁●

峰の先が丸くなった鎌形の薄刃庖丁を小さくしたような形で、主に野菜の面取り専用に使うが、むきものの仕事に不可欠。刃と比較して柄が長いので、細かな庖丁仕事がしやすい。写真の庖丁は刃渡りは140㎜、柄が120㎜。両刃と片刃があり、プロ向けは片刃が主流となっている。

また煮物を作るときに里芋やエビ芋を六方（六角形）にむくのは、当然のこととして料理人は行うが、いつも同じむき方ではどの料理もお客様には同じように見えてしまう。それを一歩進めてひと手間をかけ、その季節に見合った花や風物などのむきものにすることで仕事の幅が広がり、新しい変化が生まれる。

魚にしても野菜にしても、いまや大半の食材は一年中手に入るようになり、日本料理の季節感が乏しくなったといわれる。こうした時代だからこそ、季節の素材を最大限に活かし、その季節を表現するむきものを取り入れることが、ますます大切になっている。

技術を高めるには

むきものの技術となる下地は、料理人として誰もがやる野菜をむく技術にある。かつらむきや芋を六方にむくといった基礎がきちんとできていないと、むきものは上手にできない。中でも大事なむき方が五方にむくことだ。

五方にむくというのは、小芋など根菜を五角形にむくことである。六角にむくよりも技術とセンスが必要で、しかも、使用頻度が高い桜の花や松笠、鶴の子（P72を参照）など、材料を五角形にむくことから始めるむきものは多い。

ときどき、料理人はむきものに夢中になり過ぎてはいけないという意見が聞かれる。確かにむきものに夢中になって他の仕事がおろそかになってしまうことは心配だが、集中して基本を学ぶ時期がないと一定のレベルに達することができないのも事実だろう。

また、むきものの上達は個人差がとても大きい。大切なことは、日々の仕事の中で少しずつでも時間を作り、練習を続けることに尽きる。それには、練習の時間を作れるような職場環境も必要である。そして、四季折々の行事や風物、自然について勉強も必要である。

むきものとして直接的に参考になるものが寺社仏閣の彫刻である。直接に寺社を訪れ、いろいろな場所に施されている彫刻を観察してみてほしい。神殿や本殿といった場所よりも、手水場などのさりげない場所に施されている彫刻は、近くでよく見ることができ、参考になる。

むきものの道具

むきものには、専用の道具が必要である。細かな作業や、野菜の表面に美しく模様を彫り、線を刻むには、むきものに向く道具が必要である。

むきものをむく手順は、まず、材料をむく目的の形に大まかに木取ることから始める。〝木取り〟ともいい、材料を大まかに形づくることである。それには、野菜をむくときに使う面取り庖丁を使う。刃渡りは１４０㎜ほどの片刃のものが使いやすい。

木取りの次は、むき出して、ひとつの形に作り上げていく。鑿《のみ》などを使う手法もあるが、切り出しと呼ぶむきもの用の小刀を何本か使い分ける。刃先がカーブ

●くり抜き●

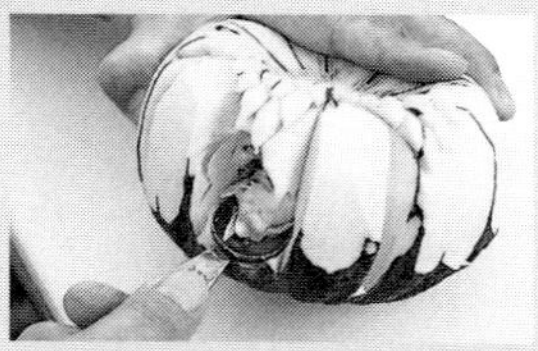

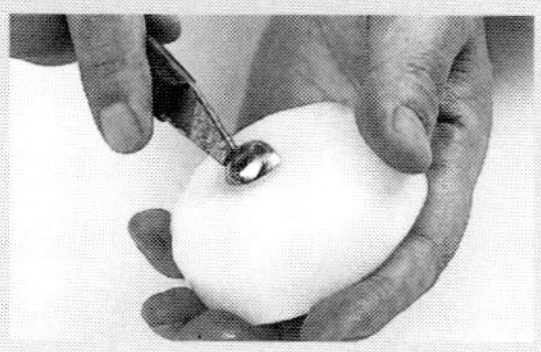

先端が丸いスプーン状になった、材料をボール状にくりぬくための道具。食材の芯を抜いたり、南瓜の中のわたをかき出すのに大変便利。写真のものは上から直径24㎜、15㎜、12㎜のくり抜きで、3㎜刻みで各種のサイズがある。

●むきもの小刀●

切り出し(大)

切り出し(小)

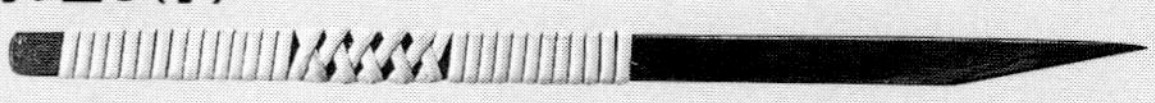

曲がり

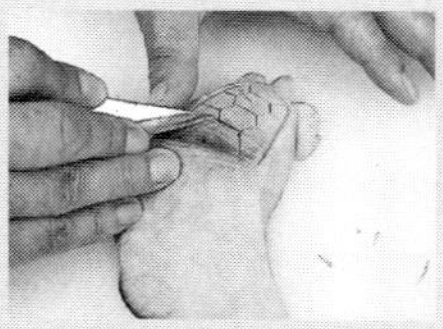

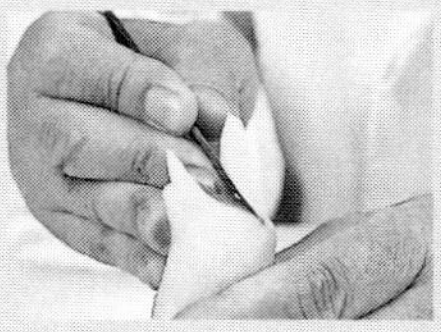

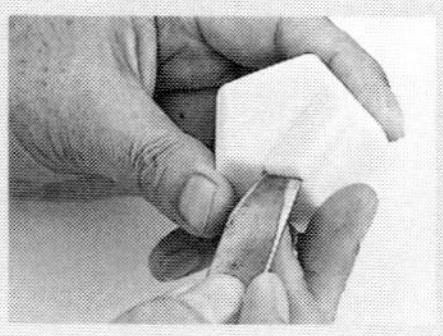

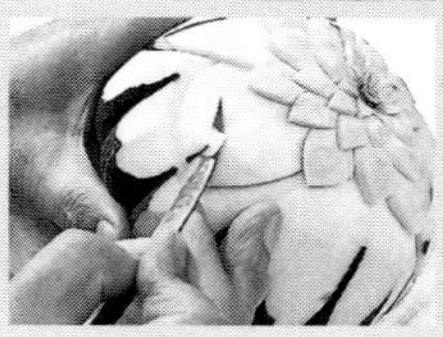

むきもの仕事に多い、細かい切り込みを入れたり、材料をえぐるときなどに使われる。角度は特に決まっておらず、料理人の好みで選ぶ。刃先をやや曲げた曲がりは、反りや丸みをつけていくときによく使われる。

●筒抜き●

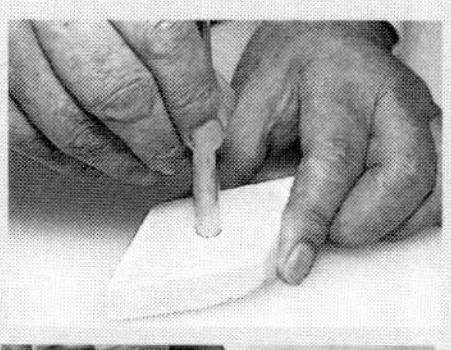

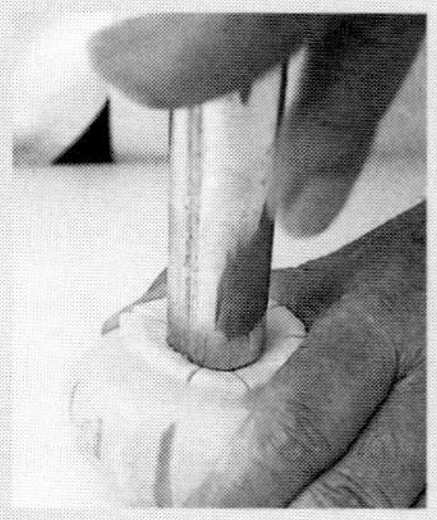

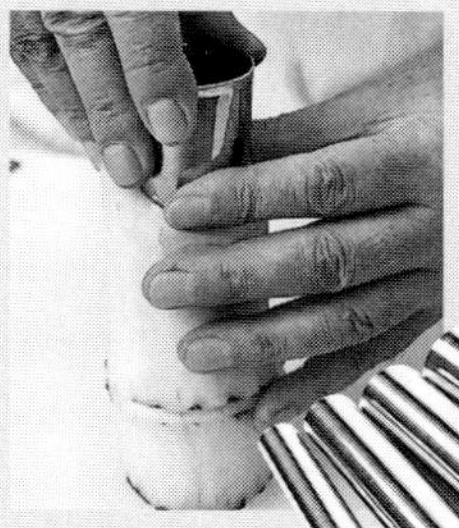

長い管状になった抜き型で、長さのある材料の中を丸く抜くときなどに使われる。長さは、写真のもので15㎝。先端の円が小さいものから大きいものまで6種類がセットになっており、入れ子式に収納する。

●抜き型(丸)●

本来は材料を詰めて、丸い型に抜く道具。むきものでは、丸くむいていくための目印として使ったり、まん中に形を取るときなどに使われる。直径が2〜3㎝のものから最大15㎝くらいまで1㎝刻みに各種のサイズがある。

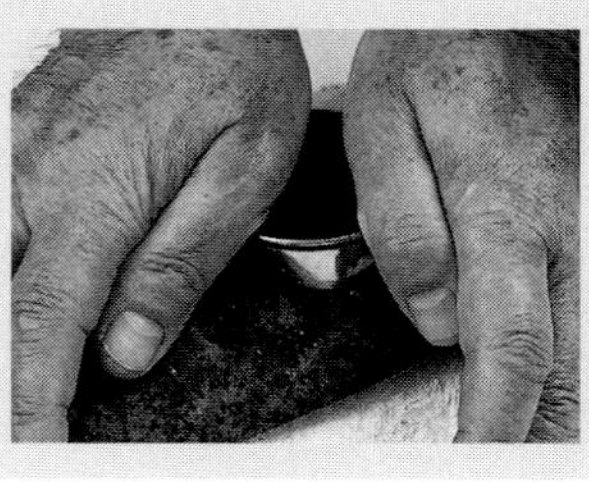

した〝曲がり〟という小刀も、反りや丸みと出すときによく使う。

また、正円に木取るのは人間には不可能だ。そのため、丸く抜く抜き型や、くり抜き、筒抜きも必要な道具である。

むいた後の扱い

むきものの使用期限はとても短く、基本は1日である。むいたものを水に入れておくと水腐りするので、むいたらそのままにしておくか、さっと水洗いする程度にとどめる。

材料のアクなどで変色が気になるところだが、質と鮮度がよいとあまり変色しない。質が悪いものはどんどん黒ずむので、よい材料を選ぶことが大切だ。

むいたものは、基本は含め煮にする。煮過ぎるとむいたところの線が消えたり欠けたりしてしまうので、火加減が煮方の腕の見せ所である。

また、むいたものをいったん揚げて表面を固めておくと細かい部分が壊れない。その場合は揚げた後は油抜きをしてから次の調理に移る。油は使用済みの油を使えばよい。

ほかに、蒸してから含め煮にする、炙って含め煮にする、湯がいて吸い地に含める、茹でて蒸し煮にする、生のままあしらうなど、用途により下調理を使い分け、料理として提供する。

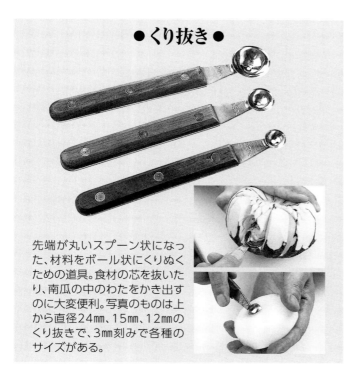

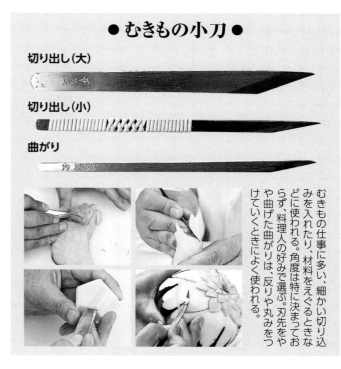

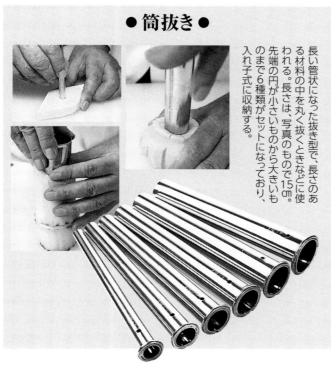

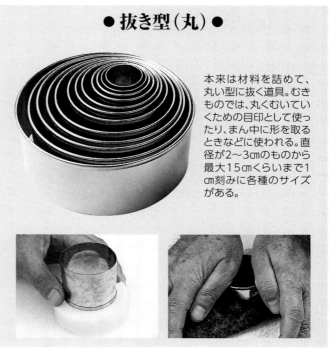

一月のむきもの

紅白お鏡餅(大根、人参)

正月の椀物にふさわしい鏡餅のむきもの。大根と京人参を使って平たい丸餅に形作る初歩的なむきものだが、大小二個の餅のバランスが取れている大きさであること、野菜の基本的なむき方である面取りの仕事がきちんと行われているかどうかが餅の形に反映してくる。

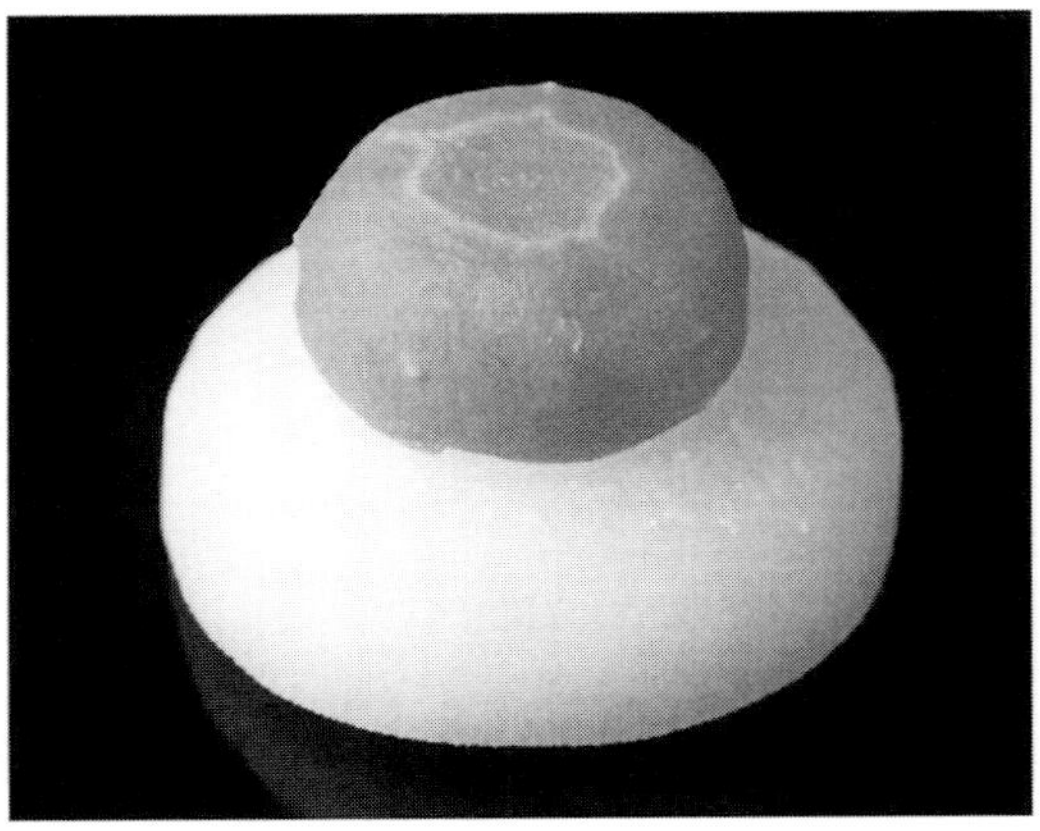

●人参●

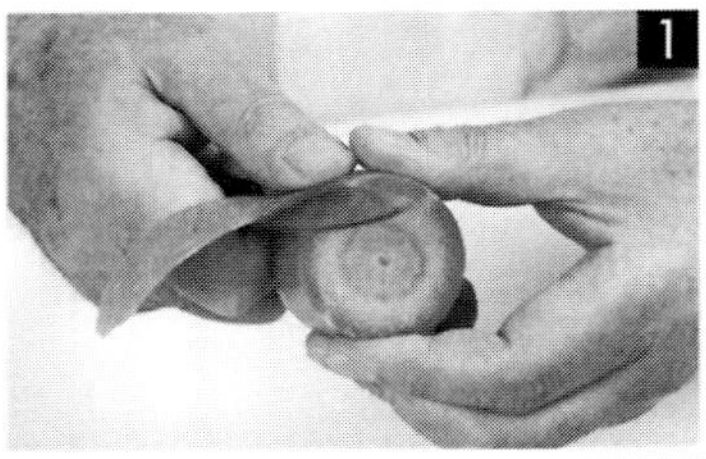

大根と人参を輪切りにして皮をかつらにむく。輪切りにするときに、餅の大小のバランスを考えて厚みを取ること。

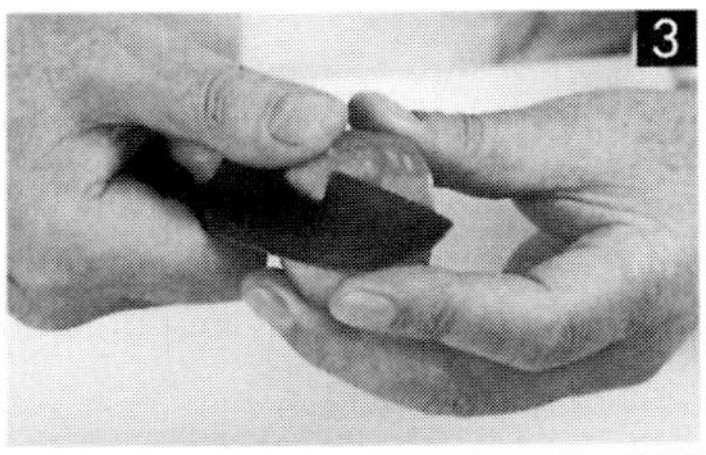

上下の断面の角を面取りし、下になる方の断面を平たくし、面取り庖丁を下から上に向けて側面に丸みをつけて丸餅の形に。

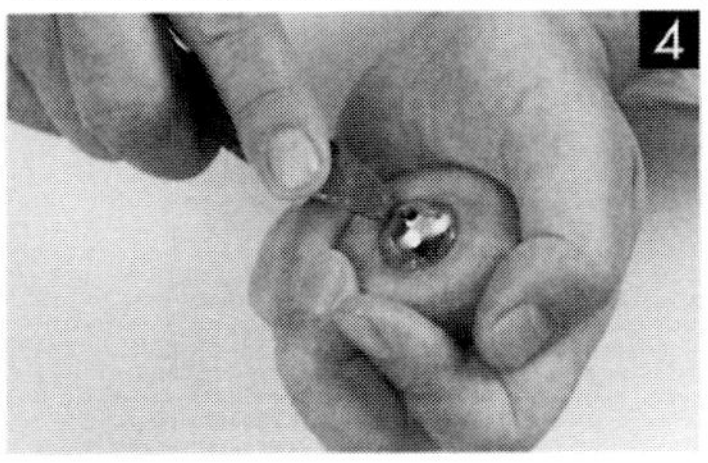

大根は上の断面中央に筒抜きで印をつけて中をくり抜き、人参は下の断面の真ん中をくり抜いて、大根と重ね合わせる。

●大根●

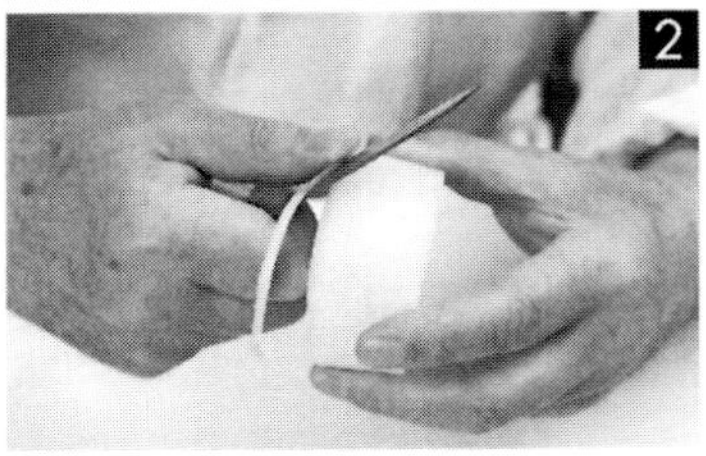

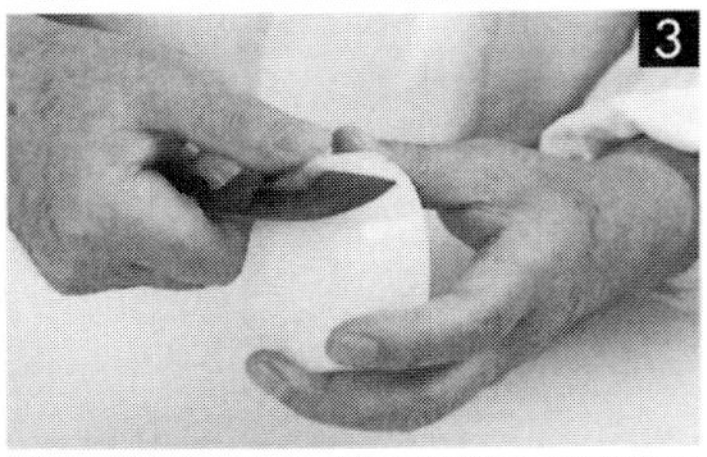

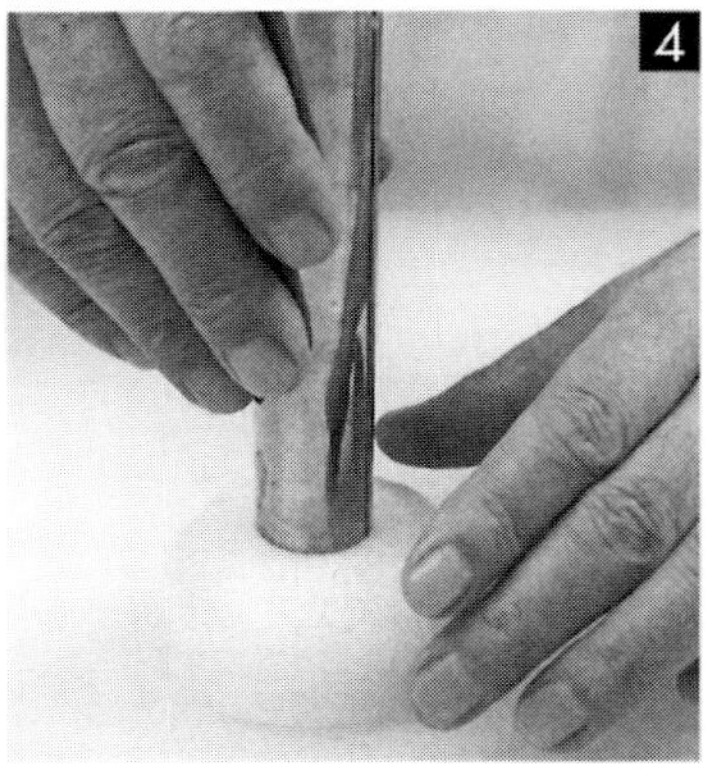

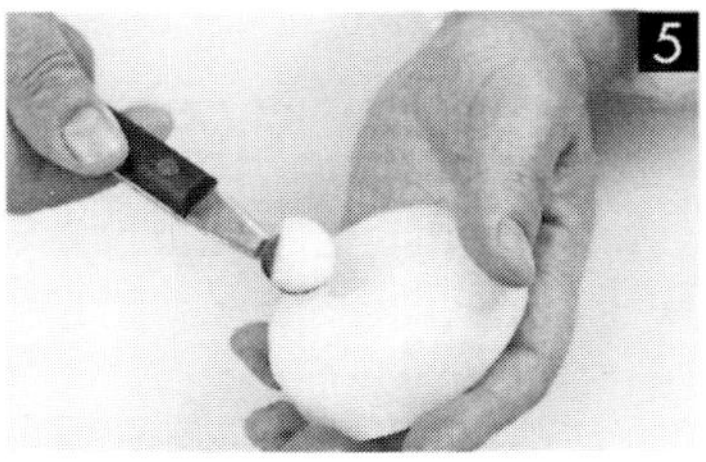

独楽《こま》（くわい）

「芽が出る」ことから縁起がいいとされる食材がくわい。特に、正月料理の縁起物としてよく使われる。ここではそのくわいの形を活かして独楽に。丸い形をしており、芽の部分がそのまま独楽の中心になる軸の部分に利用できるので、むき方はそれ程むずかしくはない。

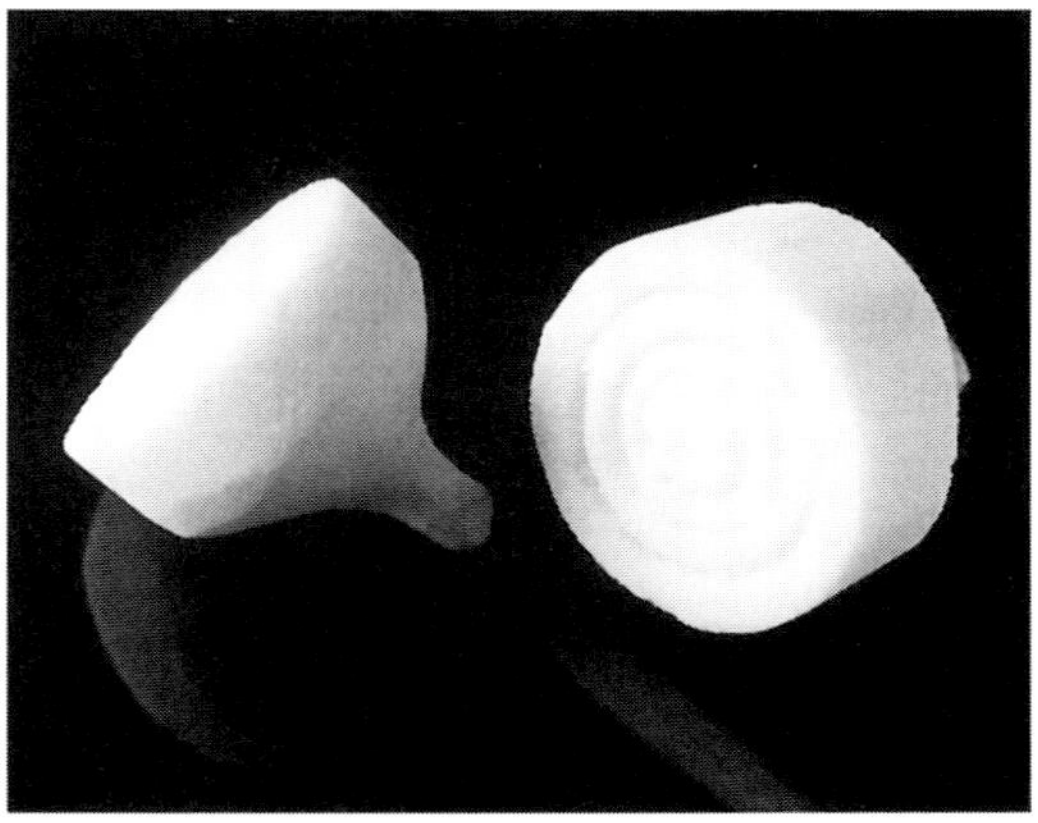

1

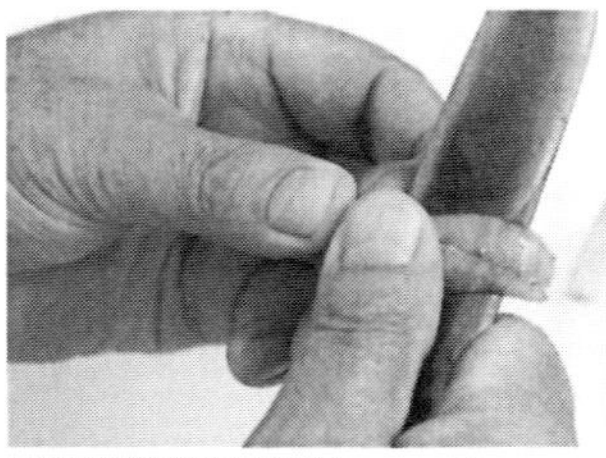

2

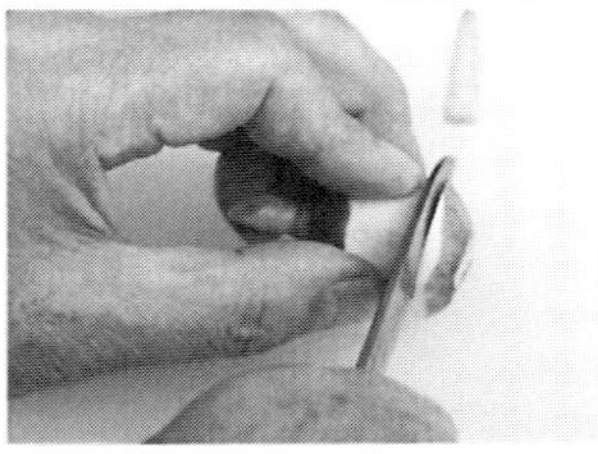

くわいは芽の先端を少し落とし、胴周りの皮を薄くむく。次に、独楽の大きさを考えて、底の部分を平らに落とす。

3

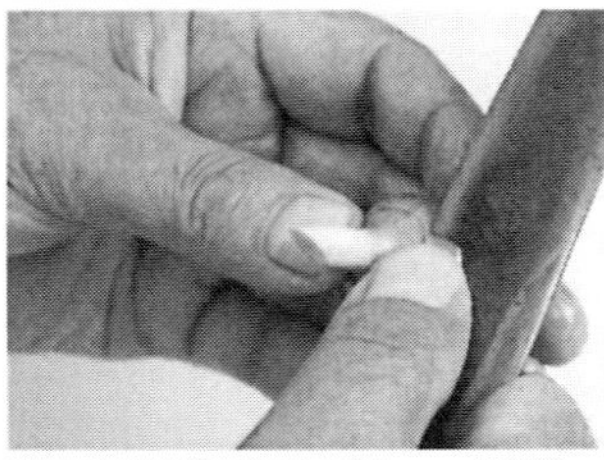

4

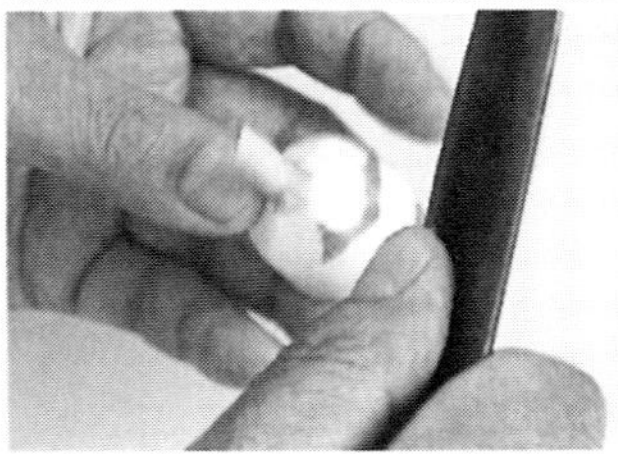

芽のつけ根の部分を面取り庖丁で下側から芽の方に向けて六方に面取りする。この時点で、ある程度独楽の全体を形作るようにする。

5

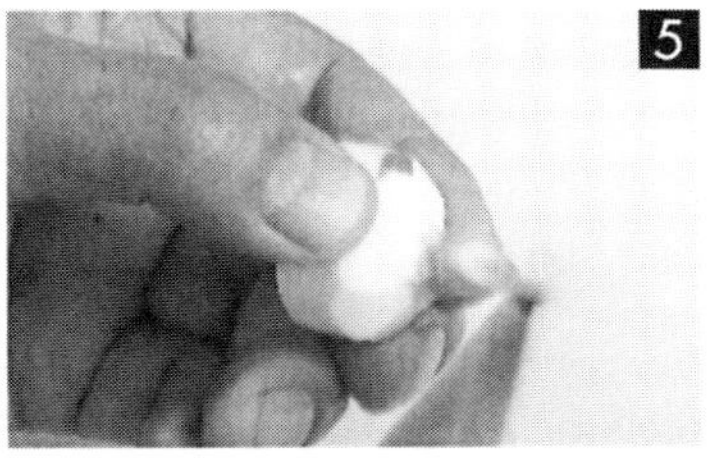

6

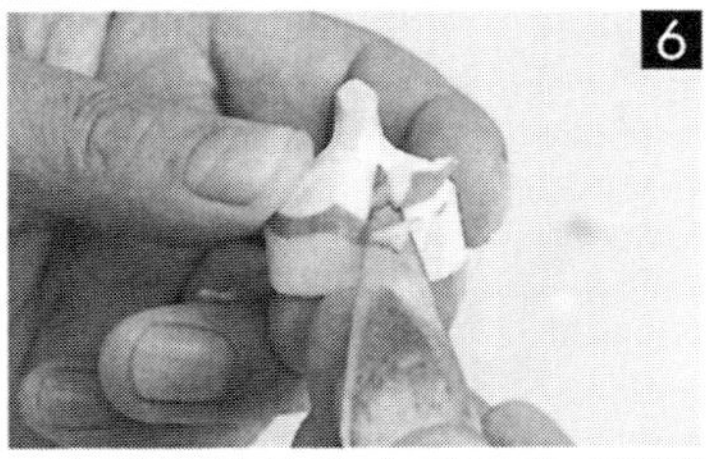

7

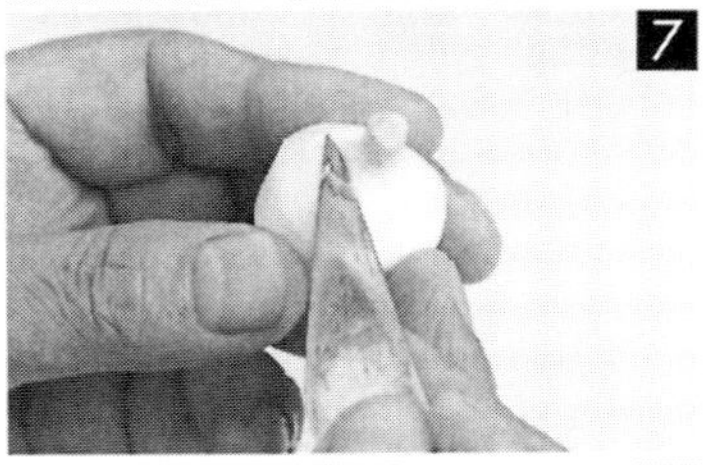

庖丁を切り出しに変えて芽の先端に丸みをつけ、胴周りの残っている皮をきれいに落とし、芽のつけ根の角をむいて丸みをつける。

8

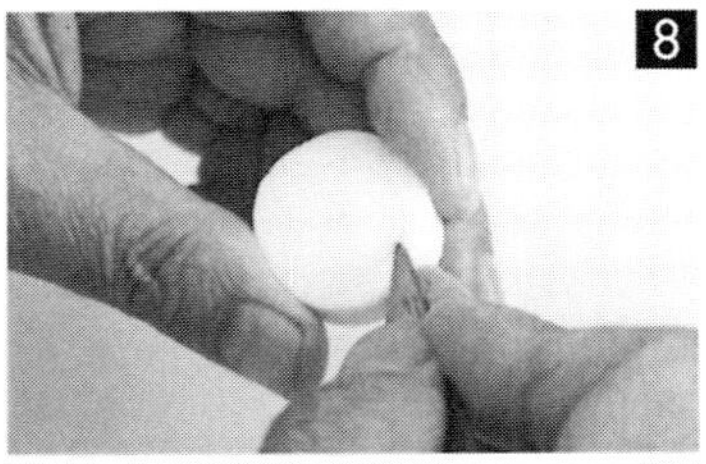

9

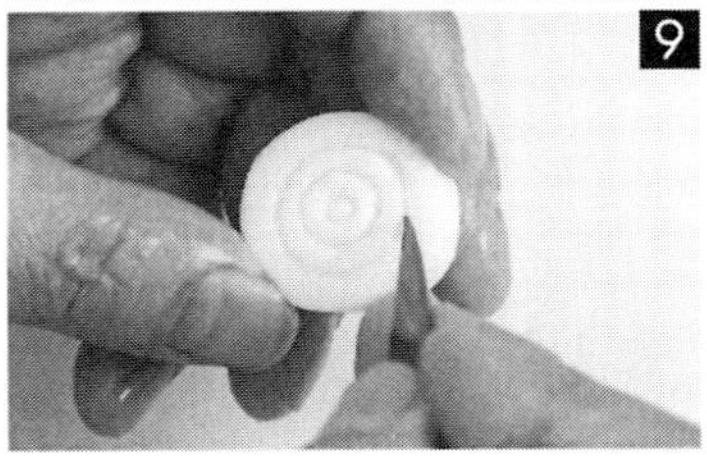

平らにした底を上に向けてくわいを持ち、くわいを回しながら切り出しは一定の位置のままで円をむく。三重の円を等間隔でむく。

鶴の子（里芋）

鶴のむき方はいろいろあるが、これは図案を簡略化した初歩的なむきもの。里芋1個を使い、断面が五角形になるように全体を木取り、その頂点を中心にして鶴の首、頭、くちばしをむき、最後に羽と尾をむく。里芋は天地を落とした断面と上側の側面だけを使う。

五角形に木取る

1

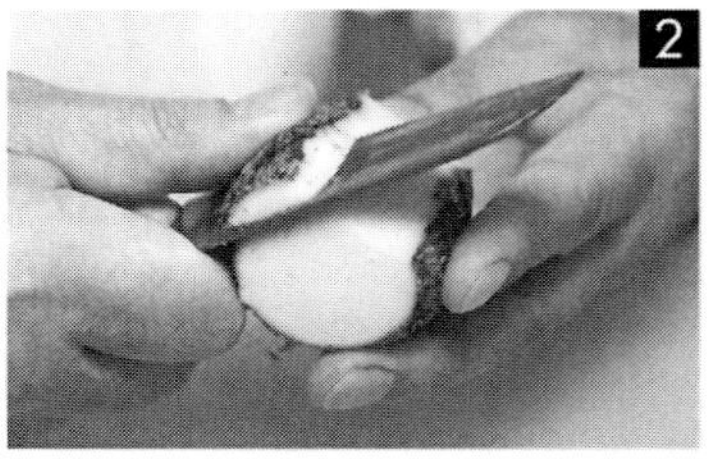

2

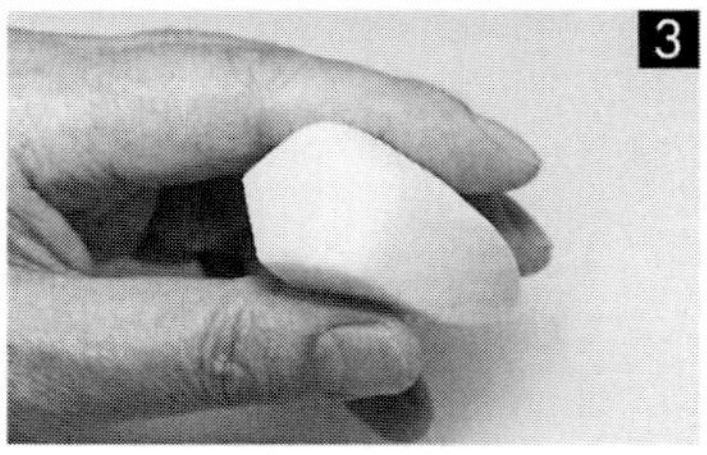

3

里芋の天地を落とし、面取り庖丁で皮をむきながら断面がほぼ正五角形になるように木取る。鶴の尾になる下の方はすぼませるように。

首をむく

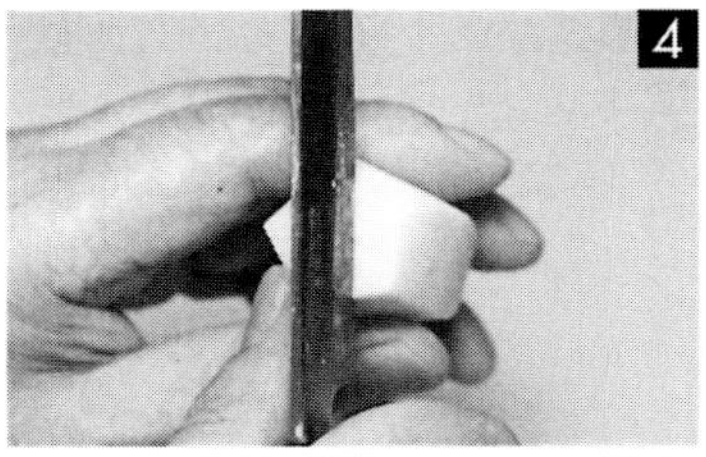

4

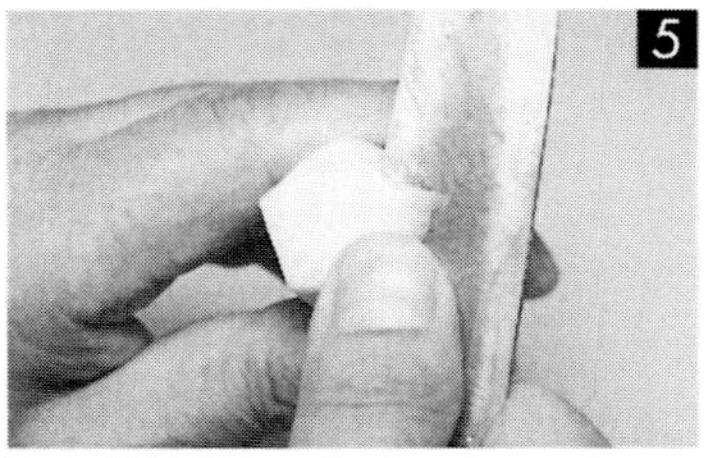

5

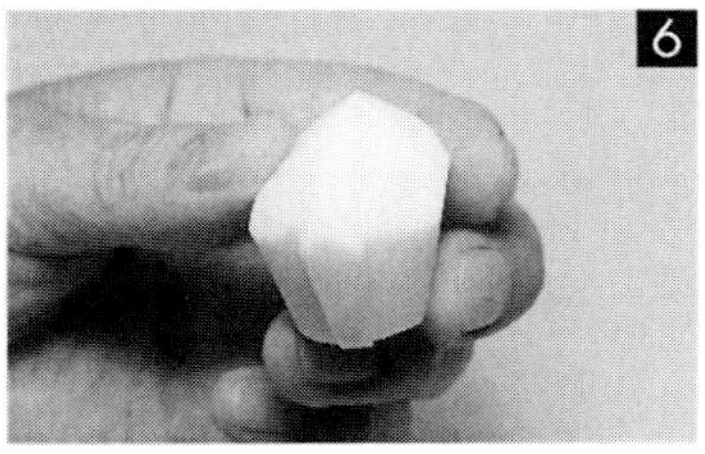

6

写真3の断面の真ん中に首をむく。首の幅を決めて庖丁の切り込みを縦に二筋入れ、その左右の端から庖丁を入れて丸みをつけてむく。

くちばしをむく

7
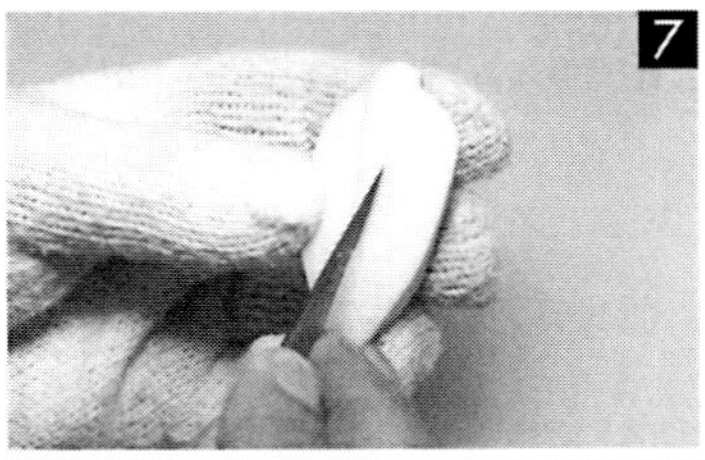

8
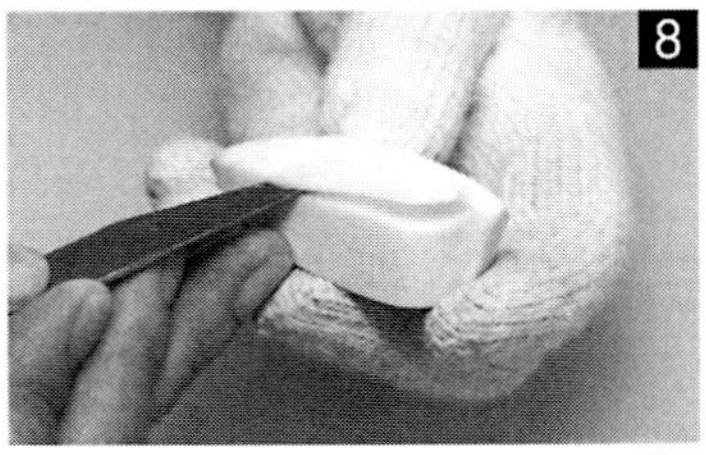

すべりやすいので軍手をはめ、首をむいた断面を上にして里芋を持ち、切り出しで首の幅に合わせてくちばしの筋を長く入れてむく。

9

写真のように里芋の長さの2/3くらいの位置で、くちばしの先端を尖らせる。

頭をむく

10
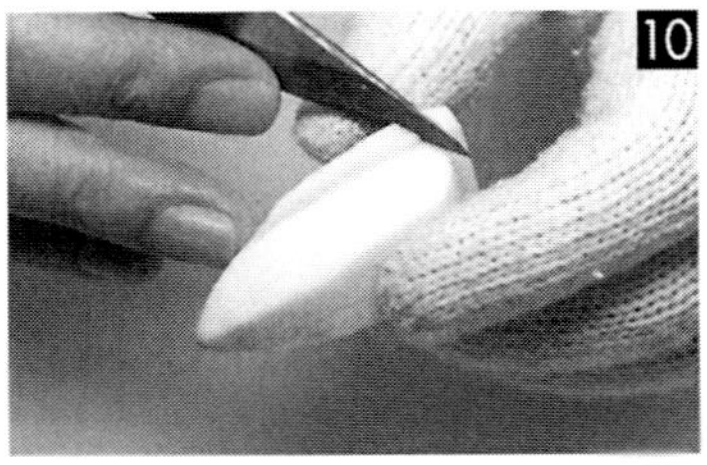

11
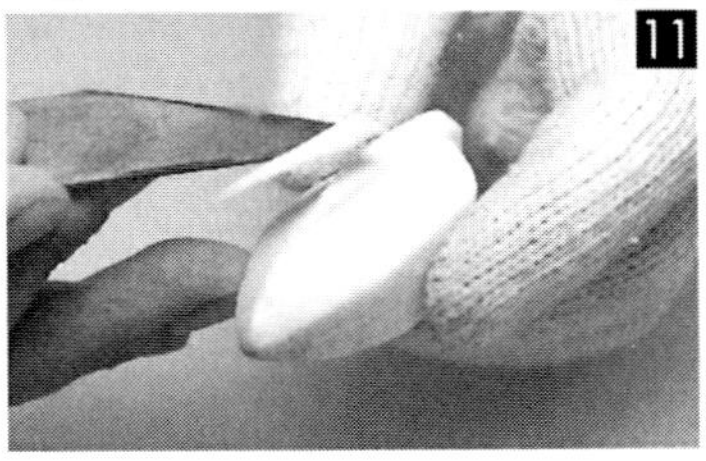

頭の部分をむく。首を左にして持ち、くちばしの部分にV字の切り込みを入れ、尖らせた方から首に向けてむき、頭を浮き出させる。

羽をむく

12
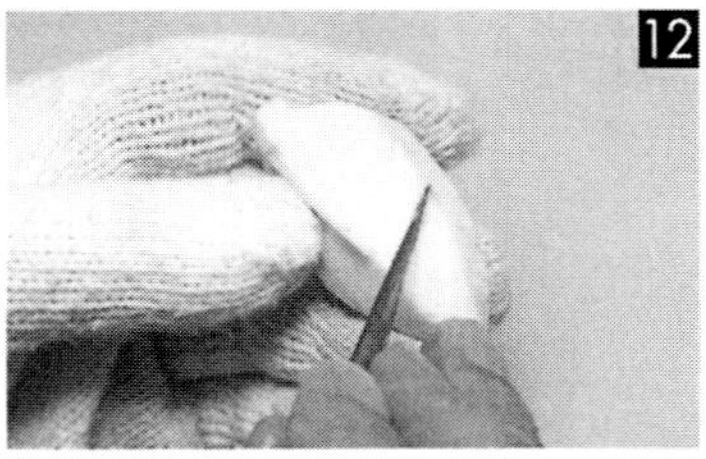

13
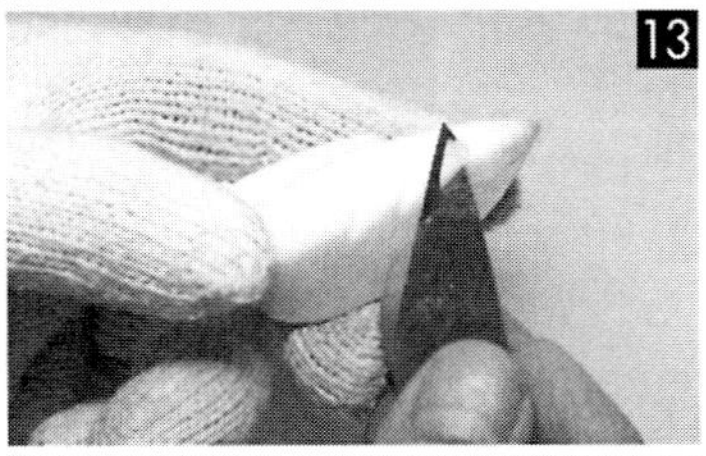

羽の模様をむく。頭を左にして右側の端に斜めに浅く3本の切り込みを入れ、段差をつけてむく。左側の端も同様にして羽をむき出す。

14
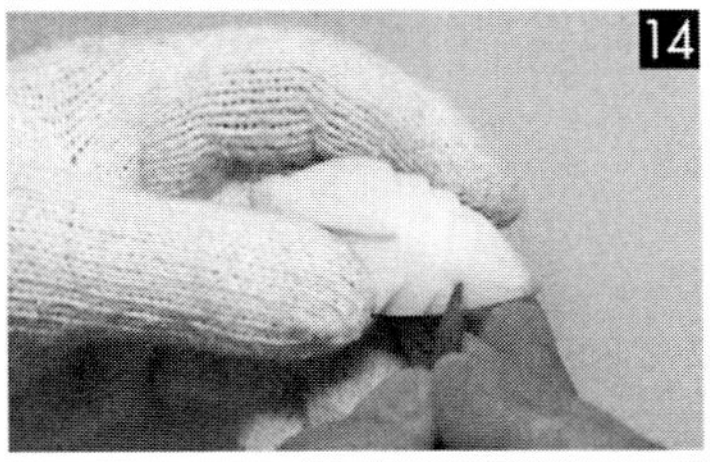

15
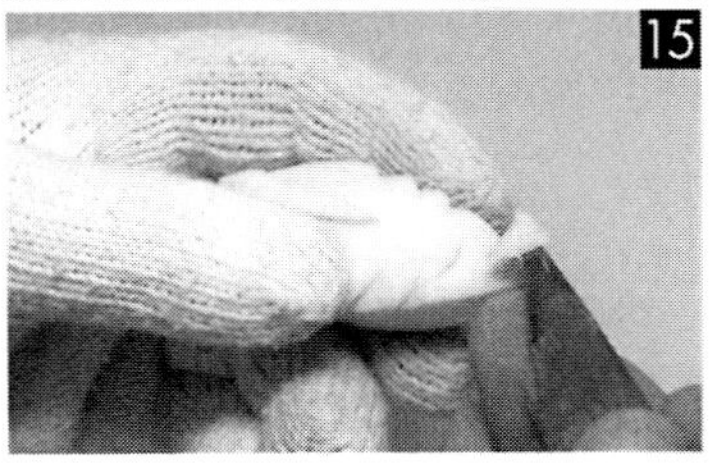

最後に尾の部分をむく。鶴をむいた面を上にして、先のすぼまった右端の方に丸く小さな切り込みを入れ、その部分をむいて尾に。

松笠（エビ芋）

松笠、松ぼっくりは松の木の果実。松が古くから長寿や慶賀を表すことから、松笠もむきものの格好の題材だ。ここではエビ芋を使っているが、里芋などもいい。一見、笠のむき方がむずかしそうだが、弧（弓なりの形）を描いてはむくという作業を丁寧に繰り返すこと。

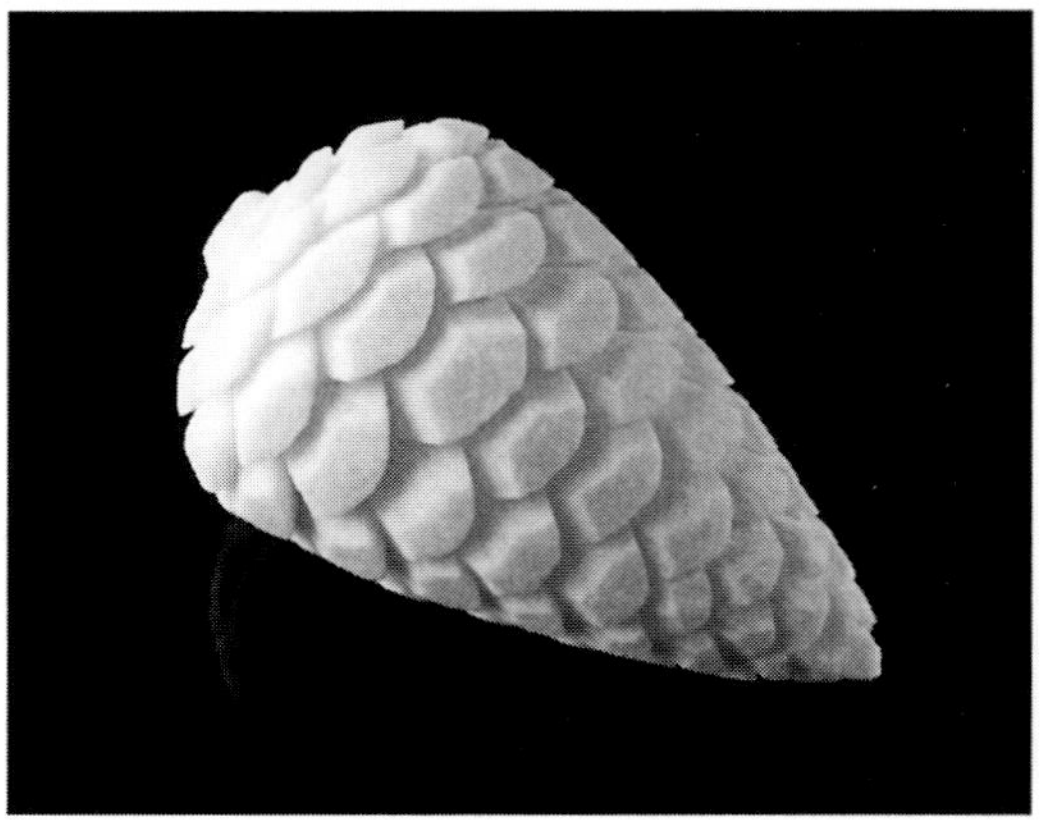

海老芋を松ぼっくりの形に木取る

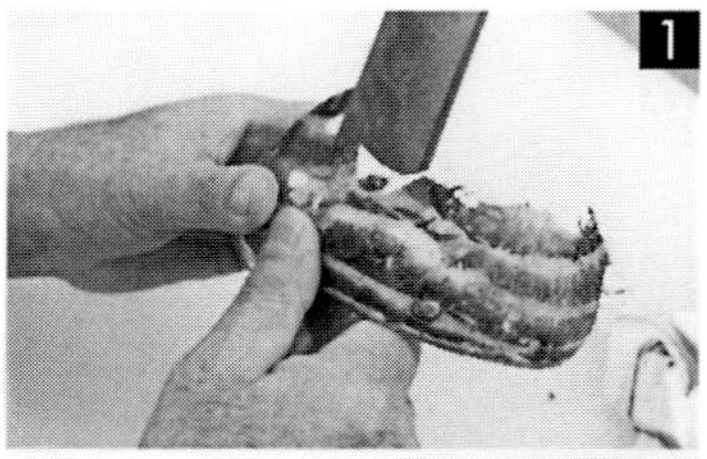

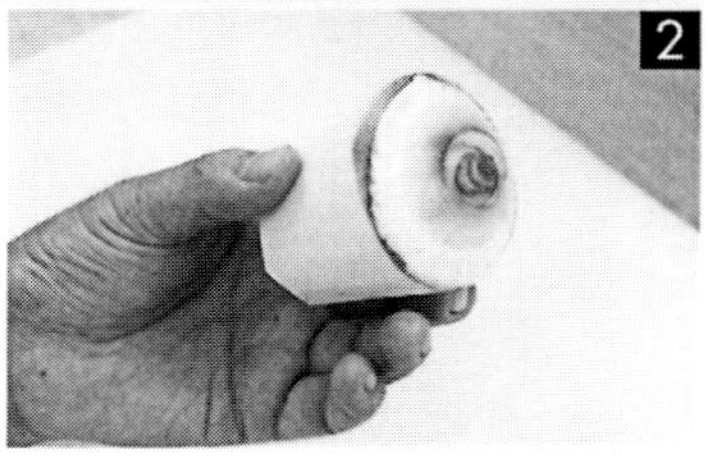

エビ芋の頭を上にして、面取り庖丁を使って胴回りの皮を厚めにむく。次に、上側と下側の残っている皮をむいて松ぼっくりの形に。

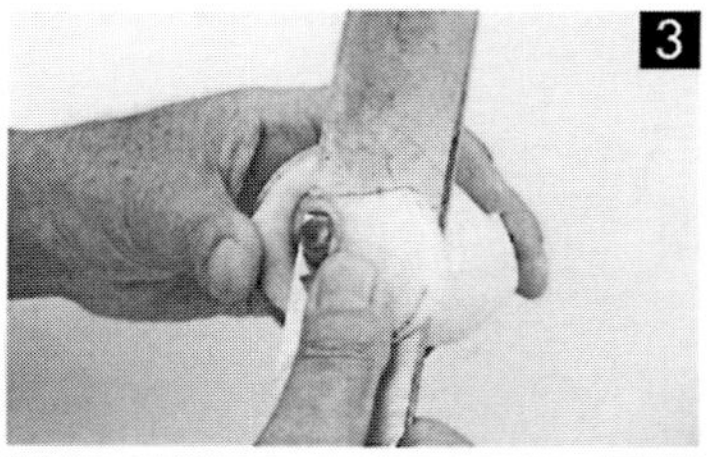

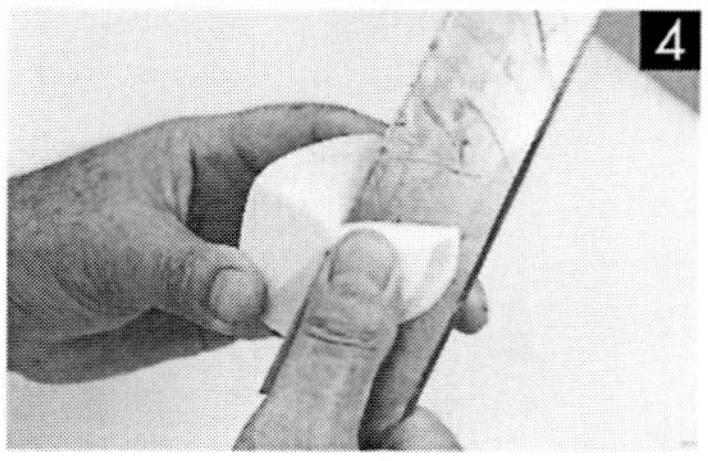

P71のくわいの独楽の要領で、頭の部分の表面が五角形になるようにむく。エビ芋の大きさによっては六方にむいてもいい。

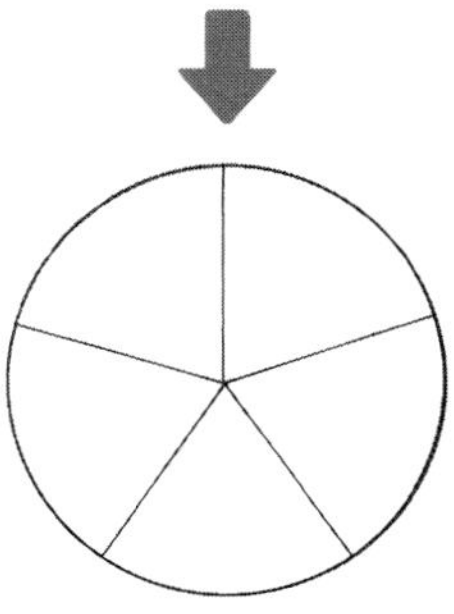

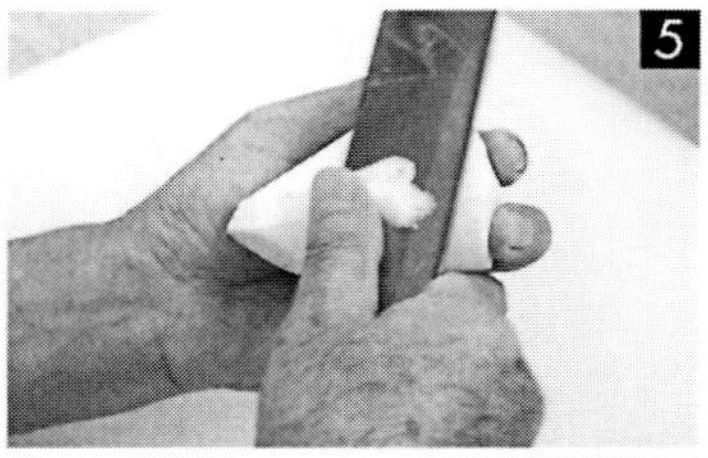

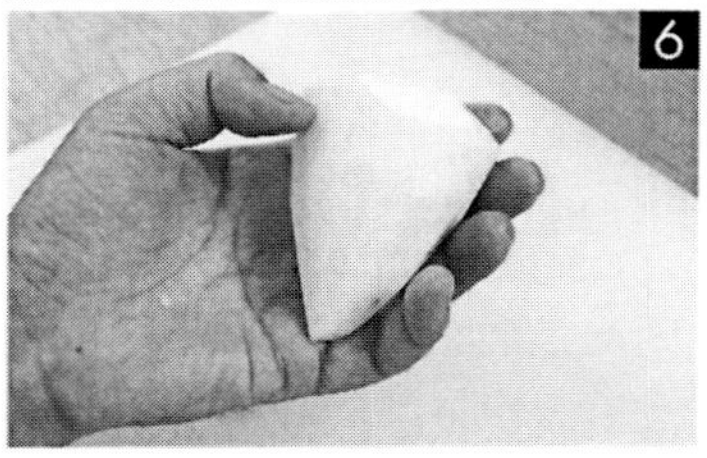

頭の五角形の形に合わせて胴回りも五角形にむいていく。下の方の先を尖らせるようにむいていくとより松ぼっくりらしさが出てくる。

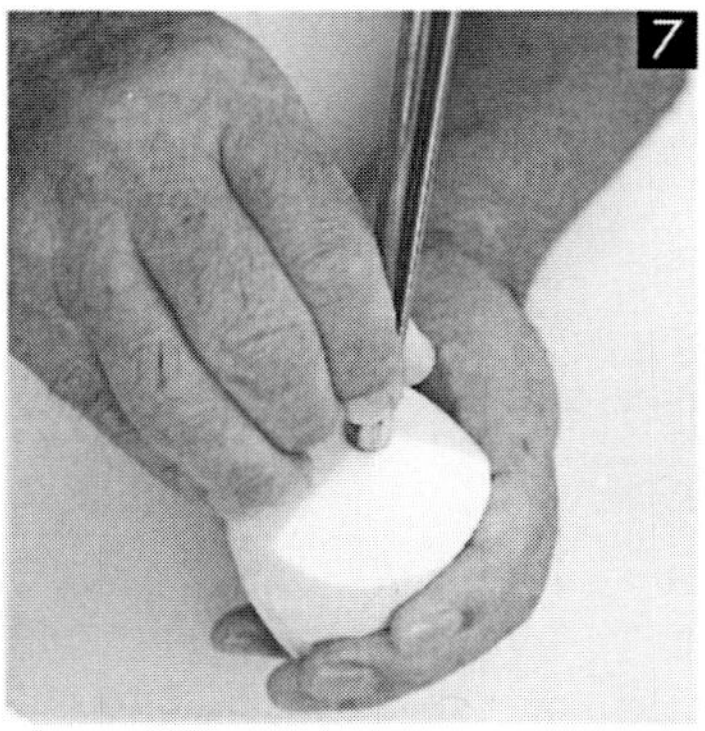

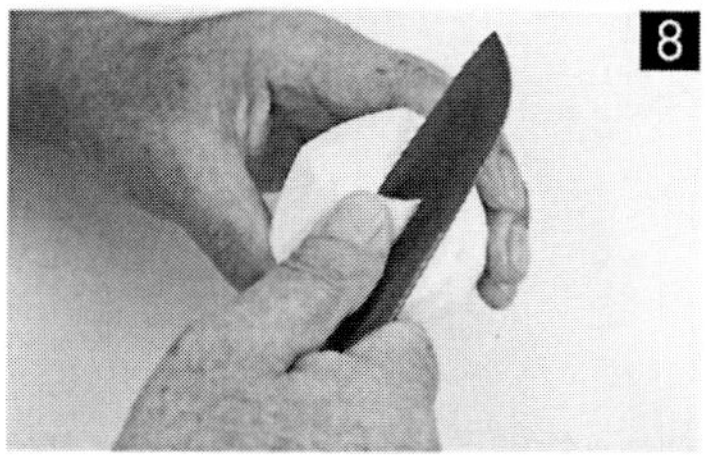

松笠の中心となる軸をむく。頭の中心に筒抜きで丸く印をつけ、面取り庖丁でもう一度表面をむいて軸の部分を浮き出させる。

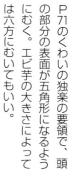

松笠をむく

10

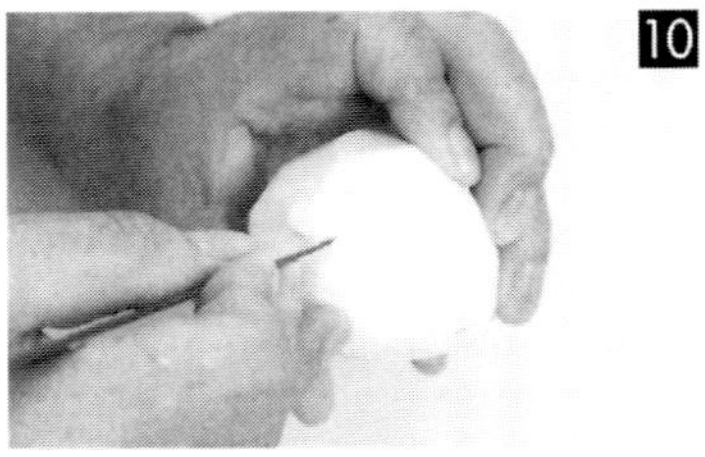

11

頭の表面に松笠をむく。五角形のそれぞれの角と軸を結んだスペースに合わせて切り出しで弧を描き、これをむき出していく。

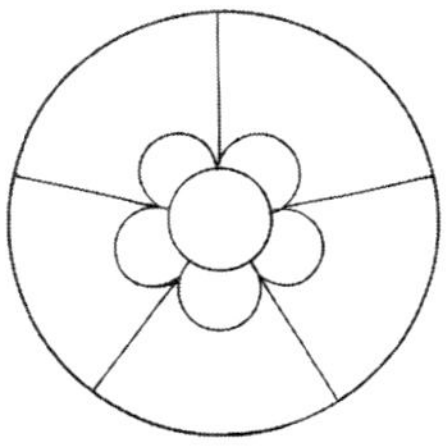

12

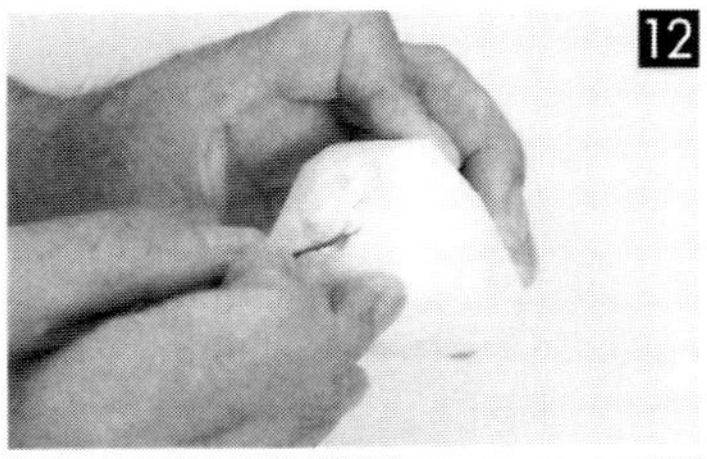

13

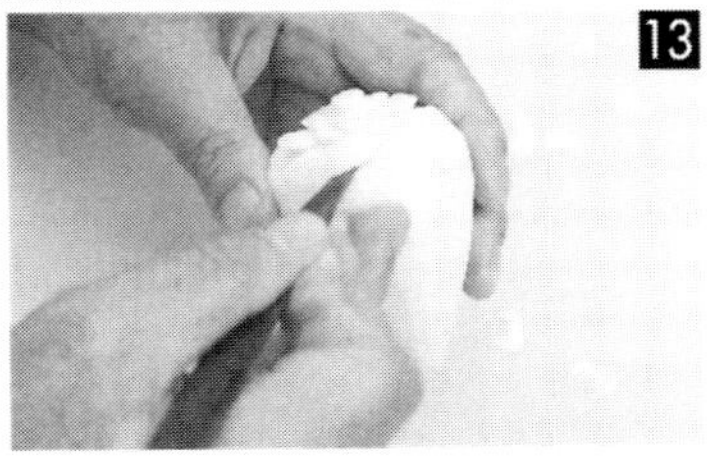

一列目の笠をむいたら、切り出しを入れる位置をずらしながら二列目、三列目と笠をむく。だんだんと笠の形が大きくなっていく。

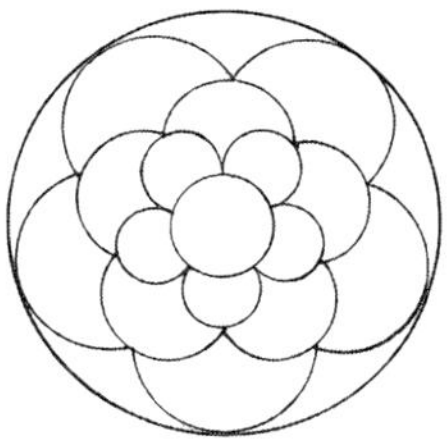

14

15

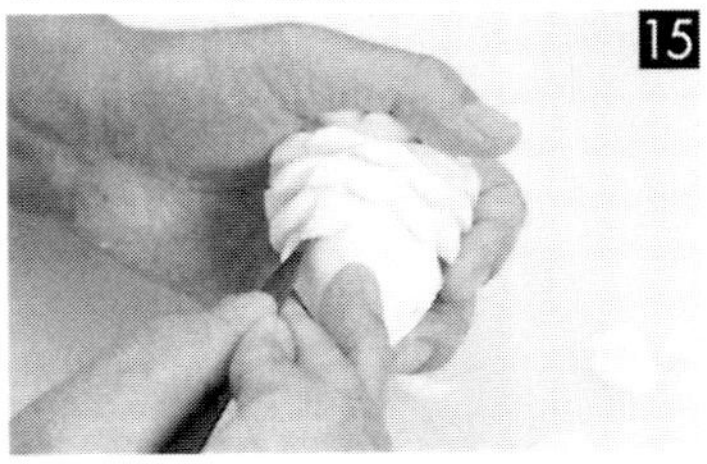

頭の表面をむいたら胴から下側へと続けて笠をむく。胴の部分の笠は大きめに、下に行くほど小さくなるようにむいていくこと。

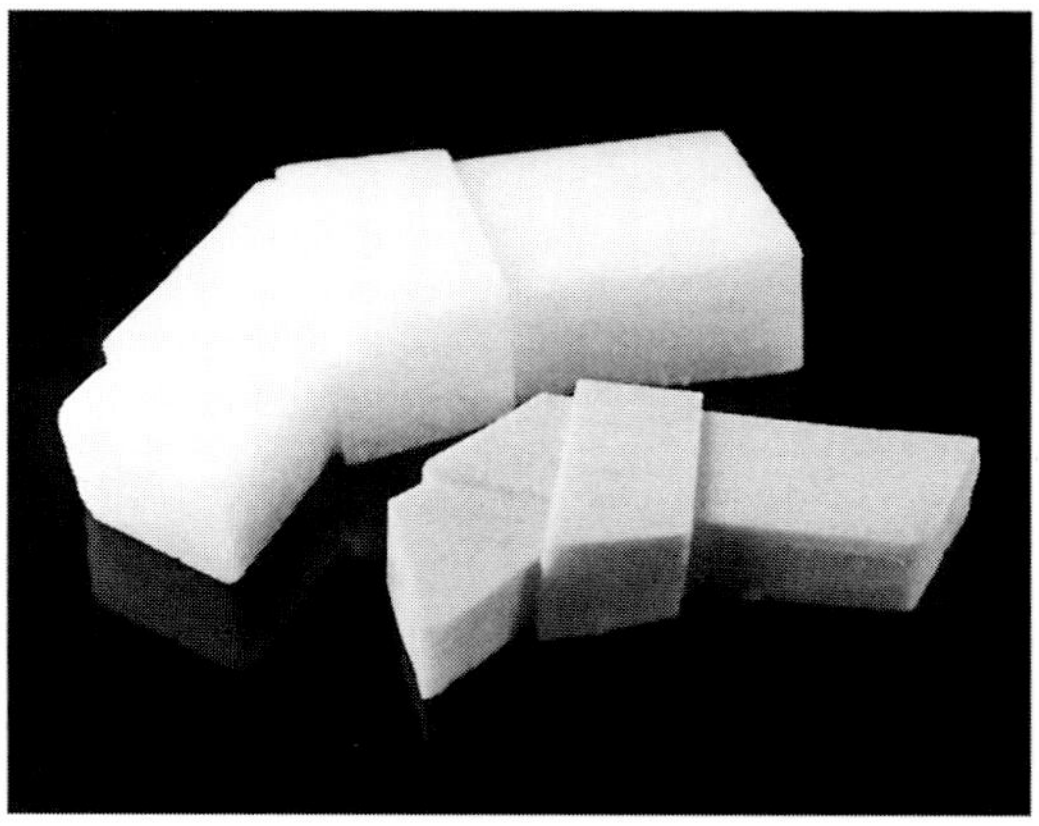

千代結び（人参、大根）

重ね結びの一つで、千代に八千代にという永久の契りを表すむきもの。正月料理にもよく見られ、カマボコや三つ葉、昆布などで作り椀種や煮物に用いられる。むき方はそれ程むずかしくはないが、どんな順序でむけば効率的か、イラストと併せて見ていただきたい。

紐の全体を木取る

1

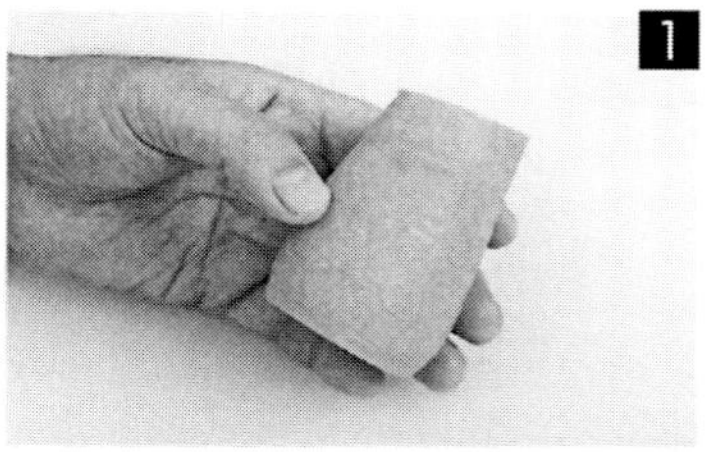

2

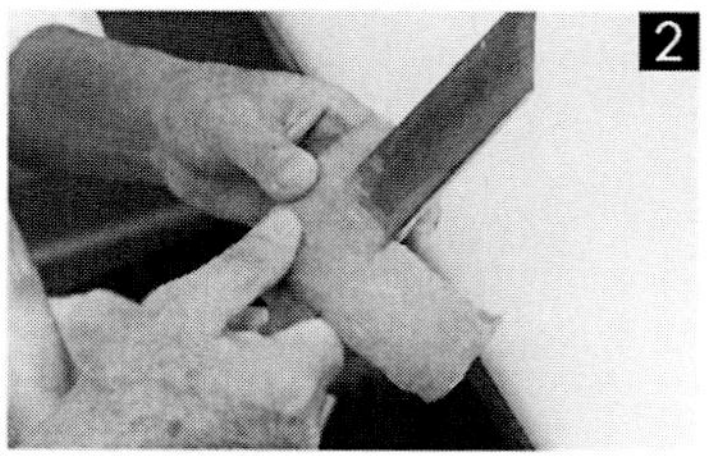

人参はへたを落とし、適当な長さの輪切りにして皮をむく。大根は長めに、人参はやや短めにした方が大きさのバランスが取れる。

3

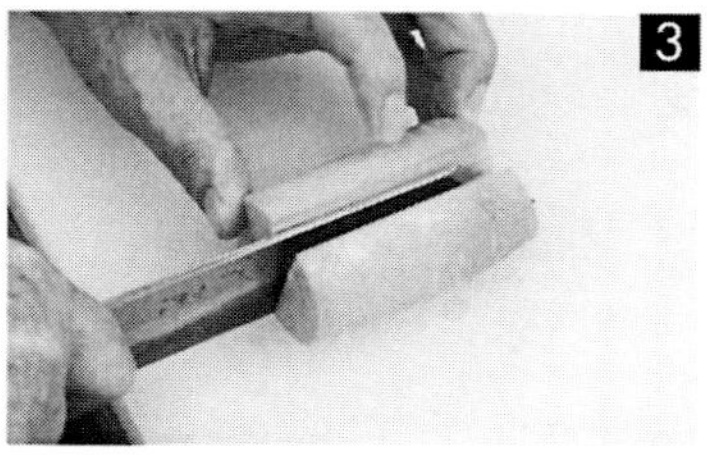

4

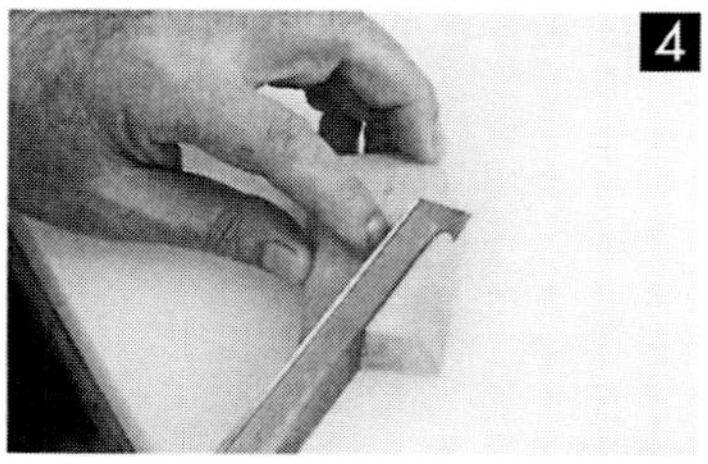

輪切りにした人参を縦半分に切り、真ん中の部分を使って四角に取り、さらに千代結びの形を想定して写真のように変形の四角形に木取る。

5

紐の結び目をむく

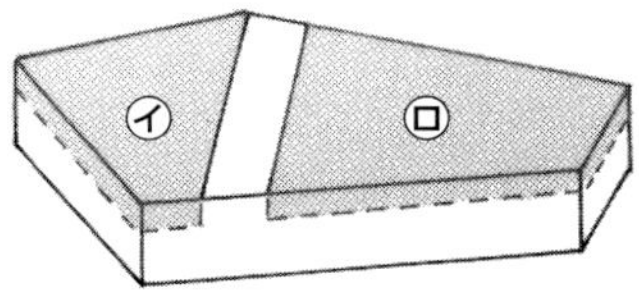

イラストの㋑の部分をむく

6

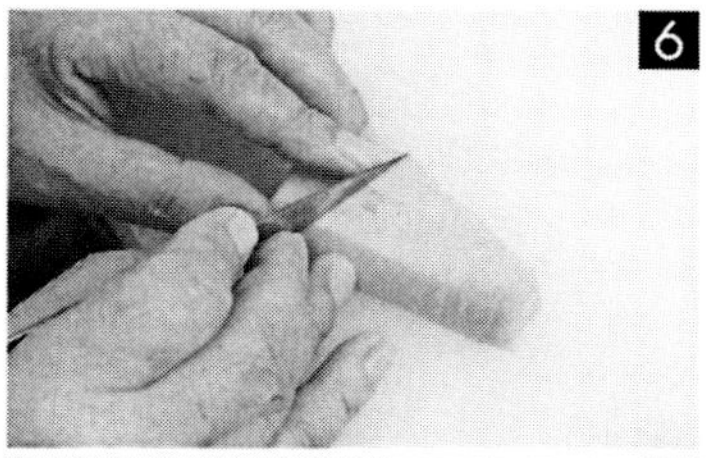

7

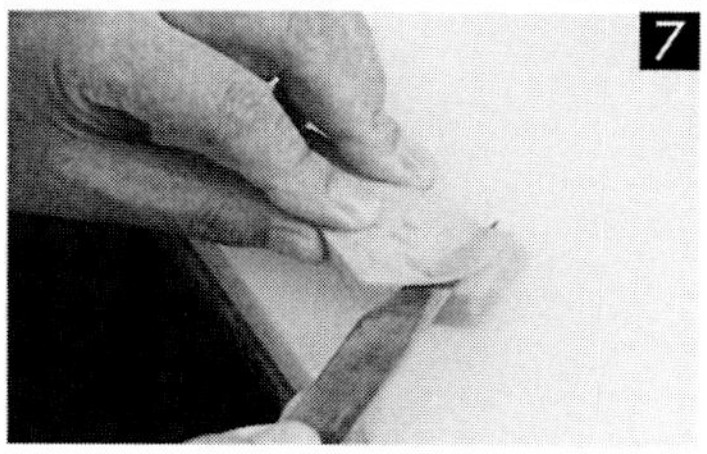

イラストの㋺の部分をむく

8

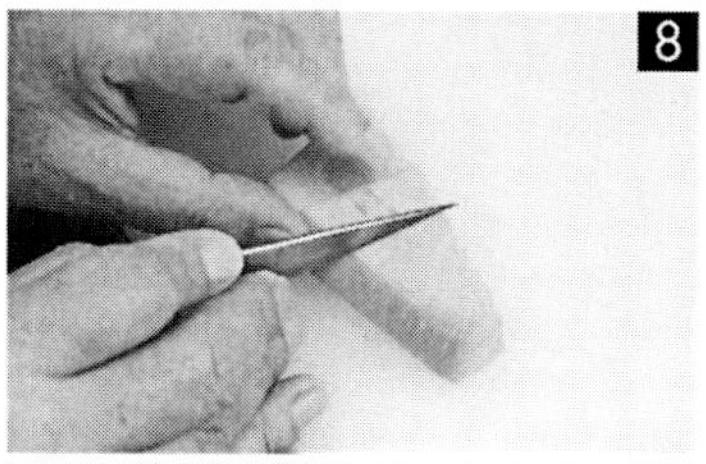

9

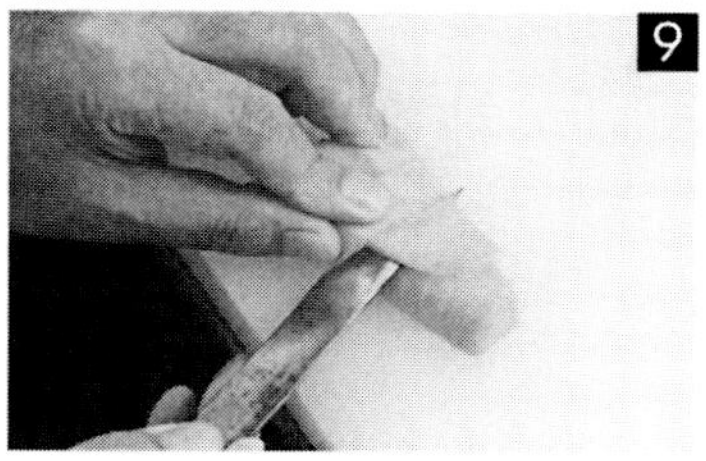

上の結び目の紐の幅を決めて二本の筋を真っ直ぐに入れ、イラストのイとロの部分をむく。むいた後のイとロの高さは揃えてむくようにする。

10

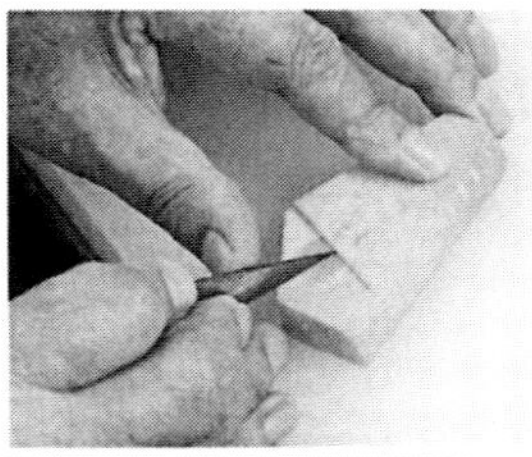

11

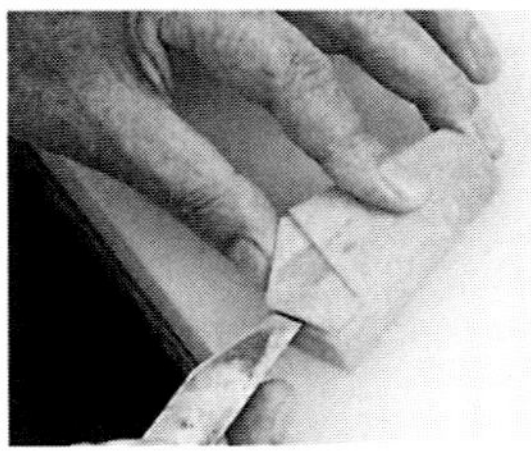

イラストのイの部分の手前側をさらにむき出す。イの角から一直線に筋を入れ、右側から切り出しを入れてむき、高さに段差ができるように。

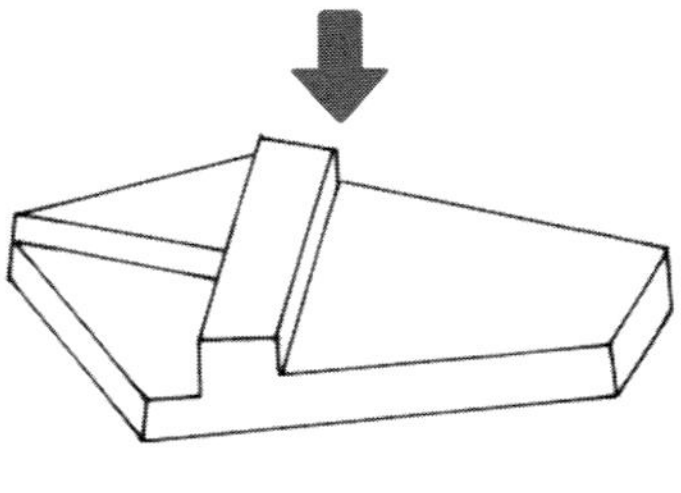

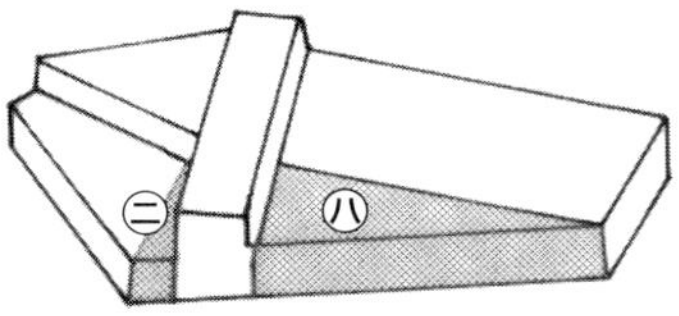

イラストの㋩の部分をむく

12

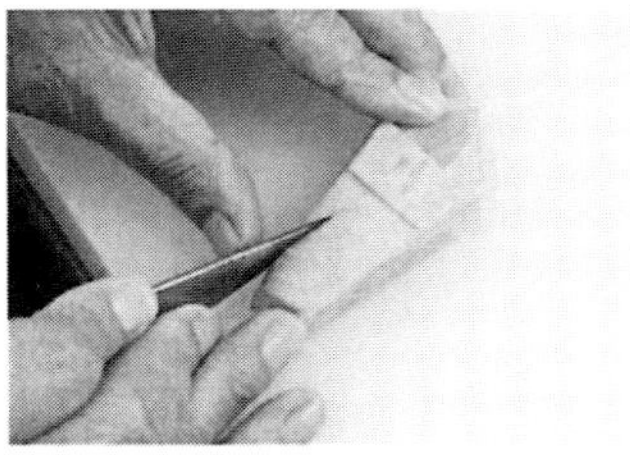

13

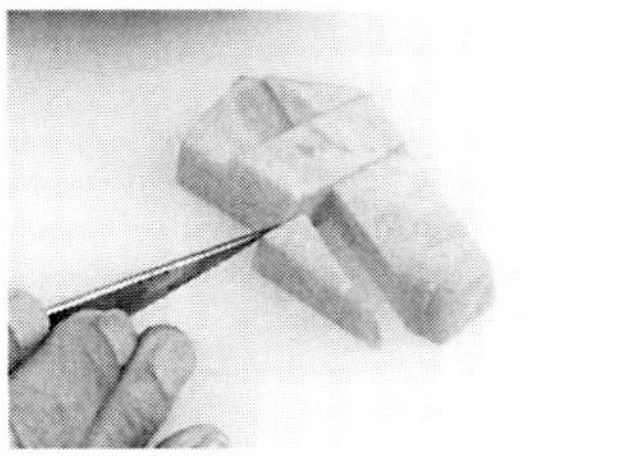

段差の線に合わせてロの部分にも一直線に筋を入れ、ハの部分を切り離し、さらにニの部分を切り離す。これで千代結びの結び目が完成。

イラストの㊁の部分をむく

14

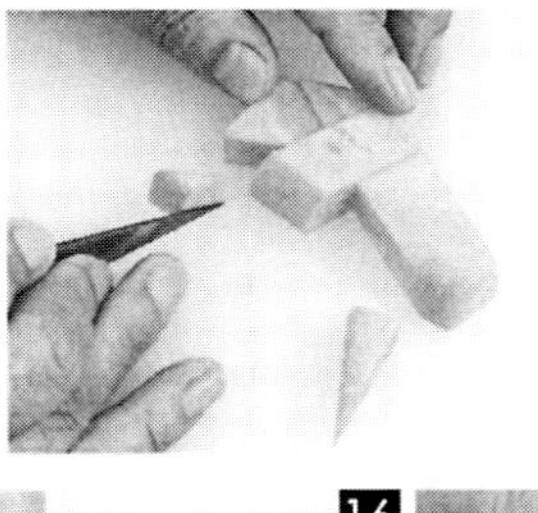

15

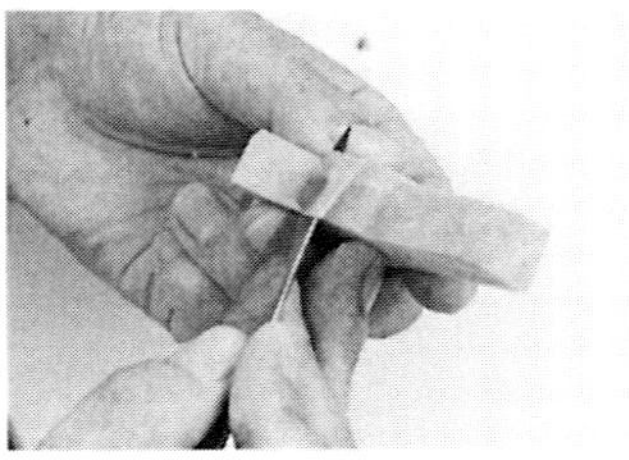

16

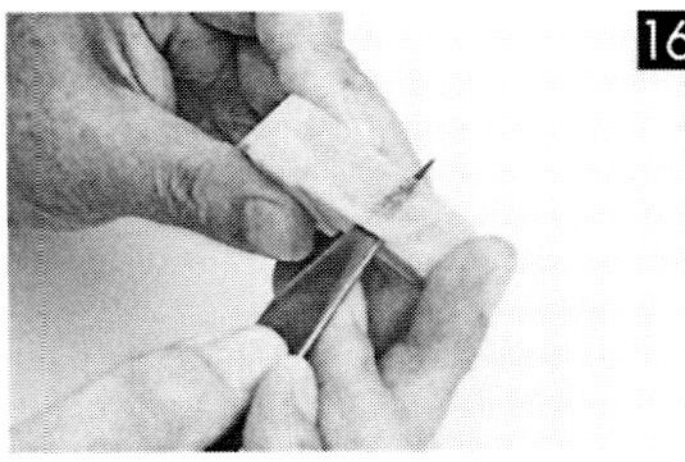

紐の角がきれいに出ているか、紐の幅が一定の大きさになっているかなど細部の形をチェックしながら側面の形をととのえて仕上げる。

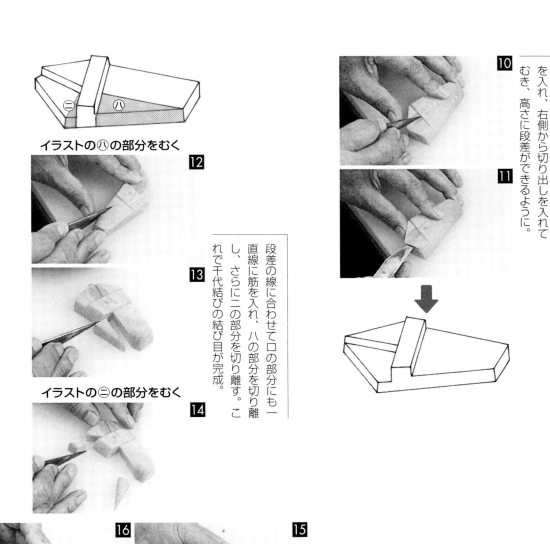

二月のむきもの

鶯《うぐいす》(ブロッコリー)

ブロッコリーの茎の部分を利用したむきもの。一羽に茎一本を使い切るので、なるべく太くて長さのあるものを選ぶ。くちばしから頭、胴、尾へと続くきれいなラインをむくにはかなりの練習が必要だろう。羽も立体感を出すように、羽の模様は三つの部分に分けてむく。

全体の形を木取る

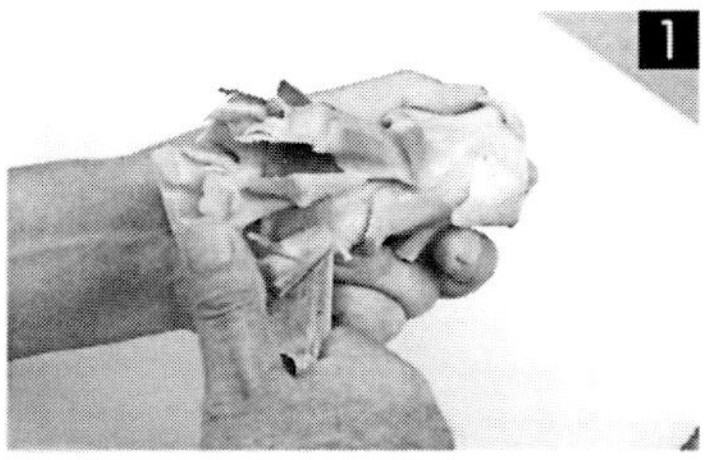

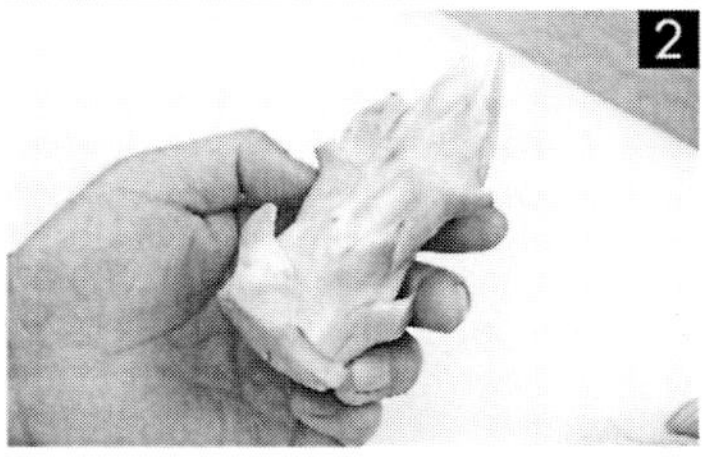

鶯の全体の姿を想定しながらブロッコリーの茎の表面をむいて凹凸をなくし、蕾の方の茎の先端を三角にむいて尖らせる。

頭とくちばしをむく

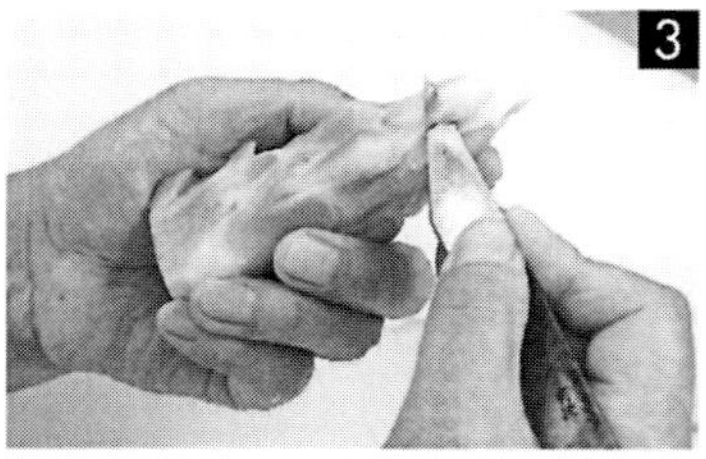

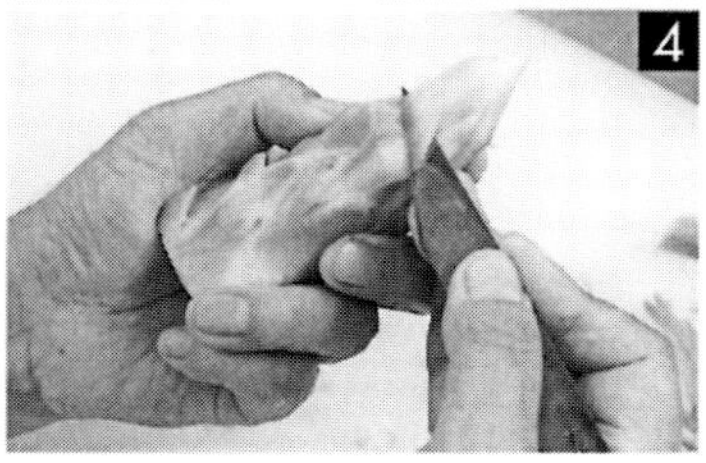

三角にむいた部分をくちばし、頭の順にむく。三角の先端をさらに細く尖らせてむき、そのラインにそって頭は丸みをつけてむく。

尾の形をむき出す

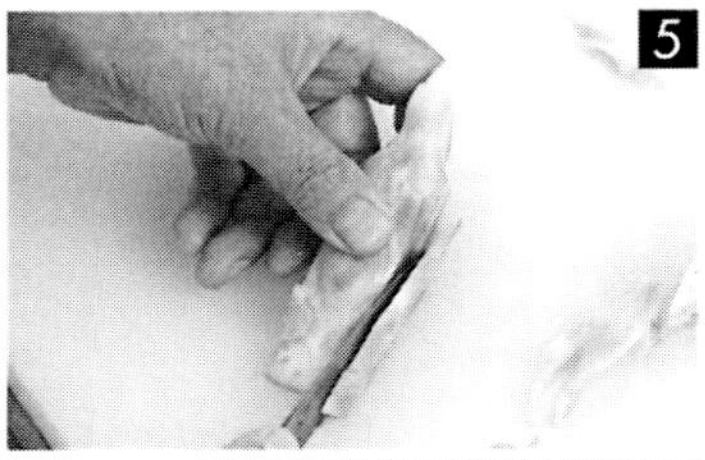

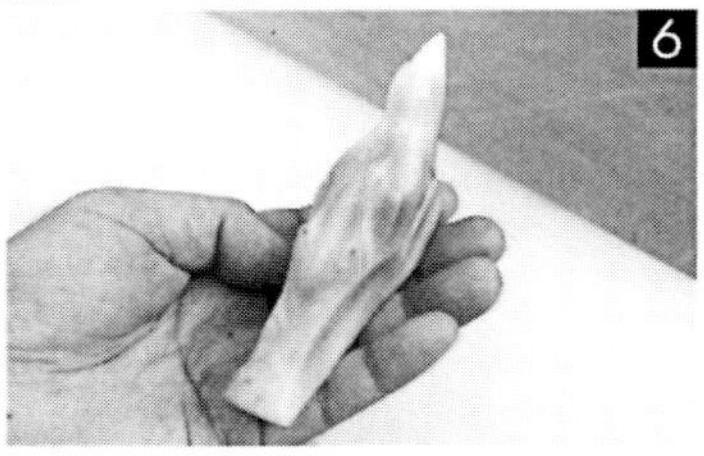

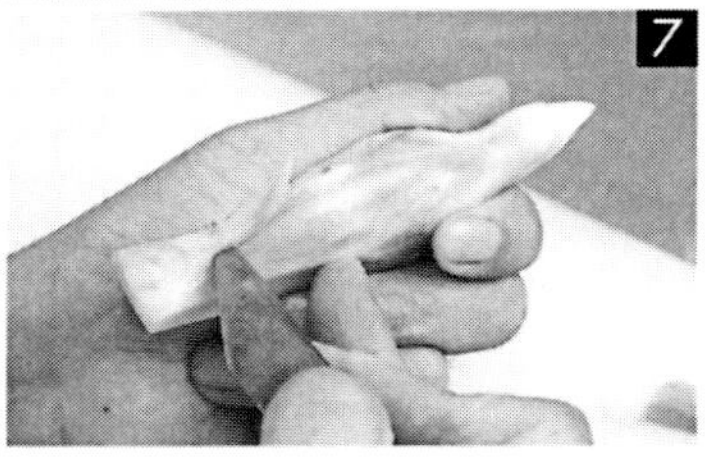

頭の後に首の部分をむき、ブロッコリーをまな板に置いて茎の両端をゆるやかな曲線をつけて切り落とし、胴から尾のラインをむく。

目をむく

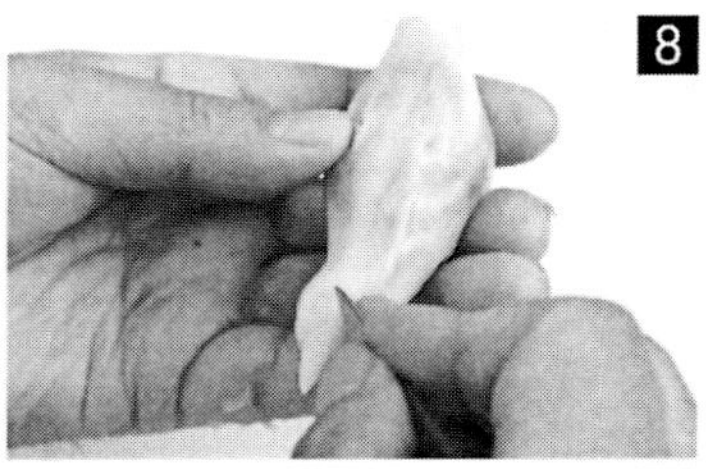

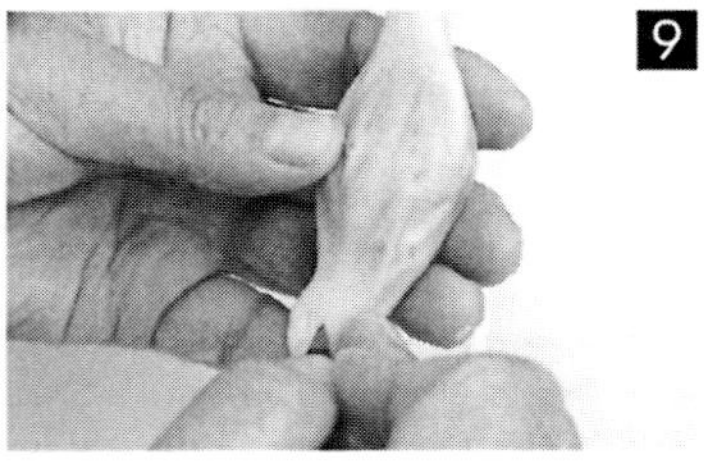

頭、胴、尾の全体の形をととのえてから頭の左右に目を入れる。上下に半円の細い筋を入れて目の縁をかたどり、中を浮き出させる。

くちばしをむく

10
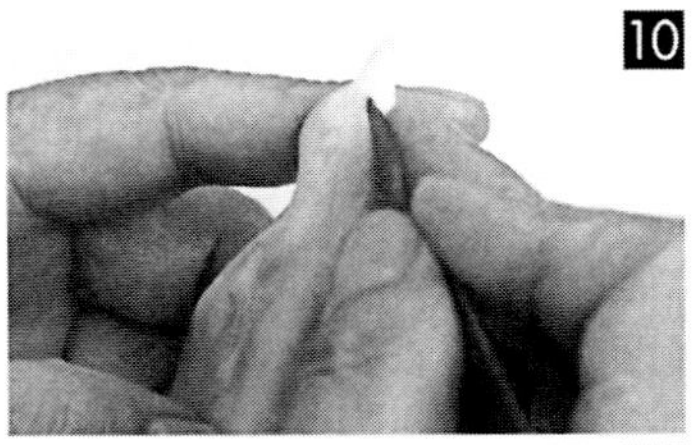

11
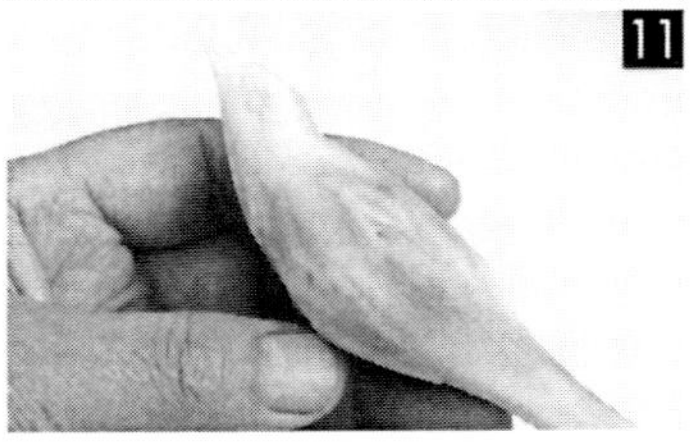

頭の左右対称の位置に目を入れたらくちばしをむく。くちばしの左右中央に浅い筋を入れる。

羽のふくらみをむく

12
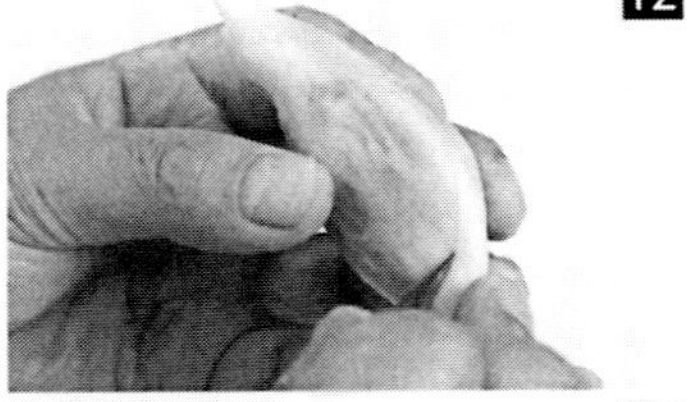

13
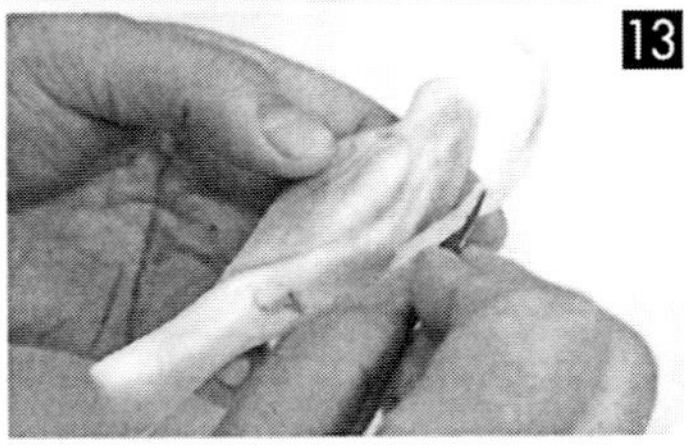

鶯の背を上にして、首から尾のつけ根、また首へとゆるやかな円を一周させ、その筋をむく。

羽をむく

14
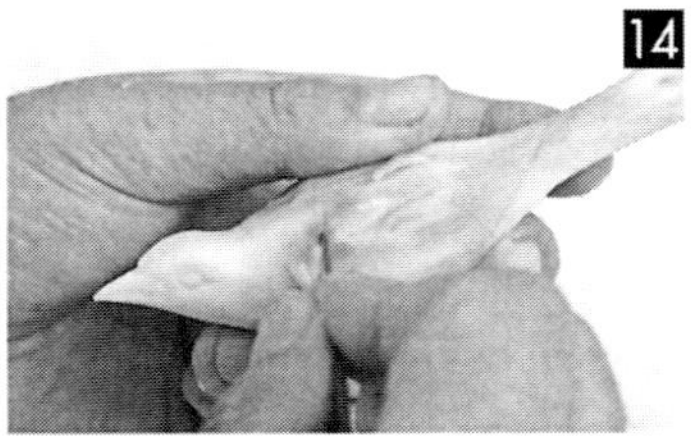

15
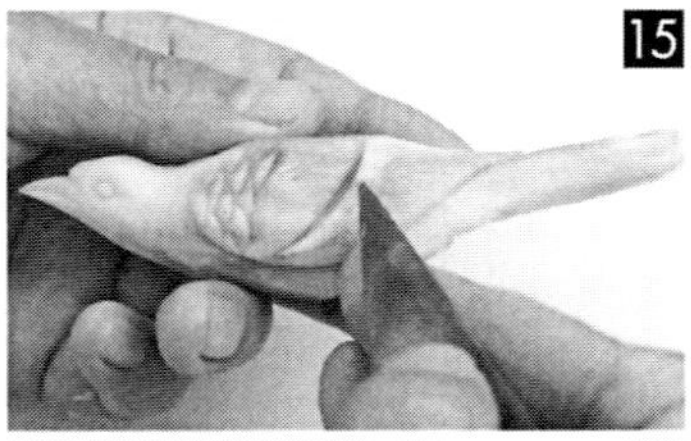

ふくらみの部分に羽をむく。首に近い部分は半円の筋をつけ、その形をむき出し、模様が交互に並ぶように3～4列程むく。

16
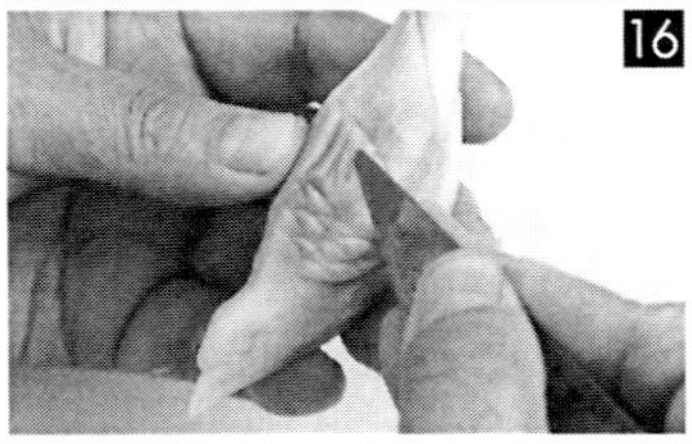

17
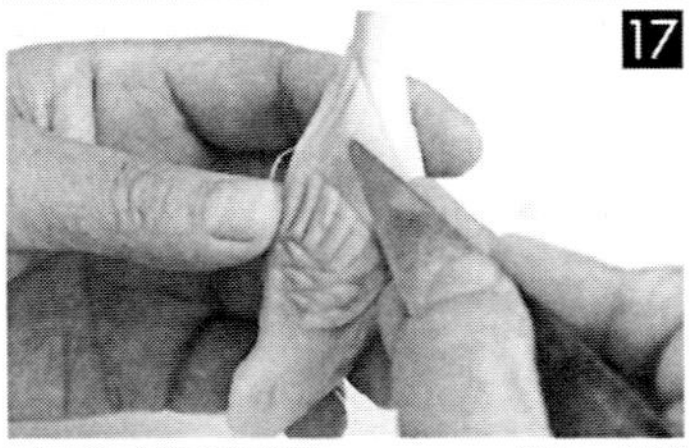

18
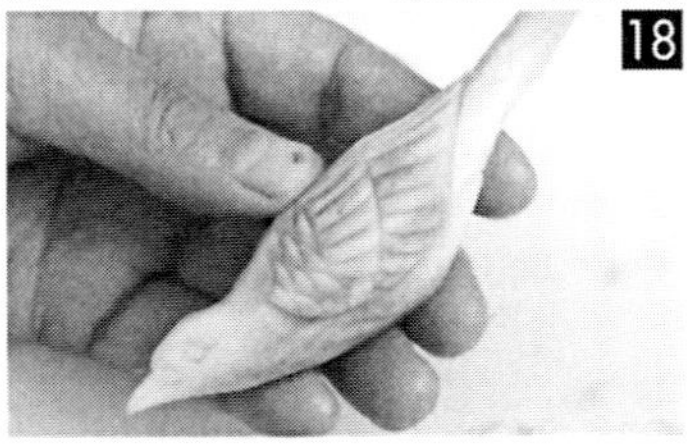

ふくらみの真ん中に曲線の筋を入れてむき（写真15）、その境までと尾までの部分は横に筋を入れながら羽の形をむく。

尾をむく

19
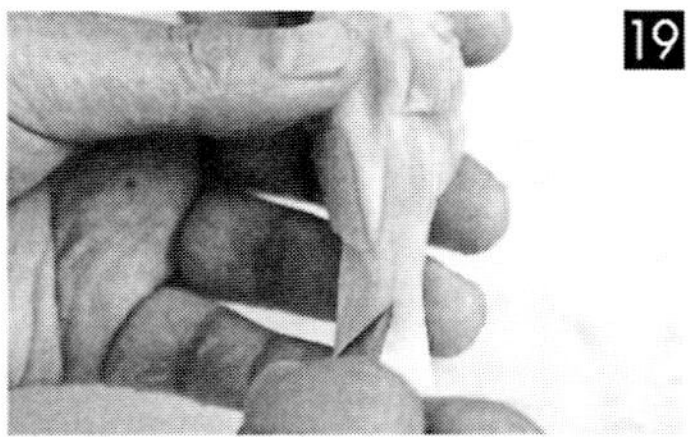

20
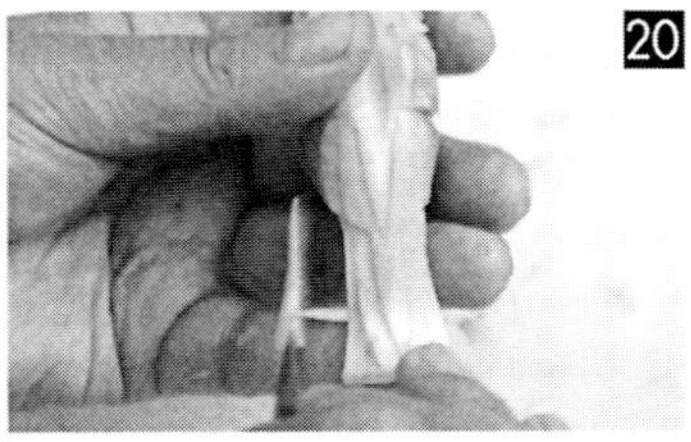

腹側や背側にも羽の模様を入れ、最後に尾をむく。鶯の背を上に向け、尾の部分に細長く切り込みを入れ、これをむき出す。

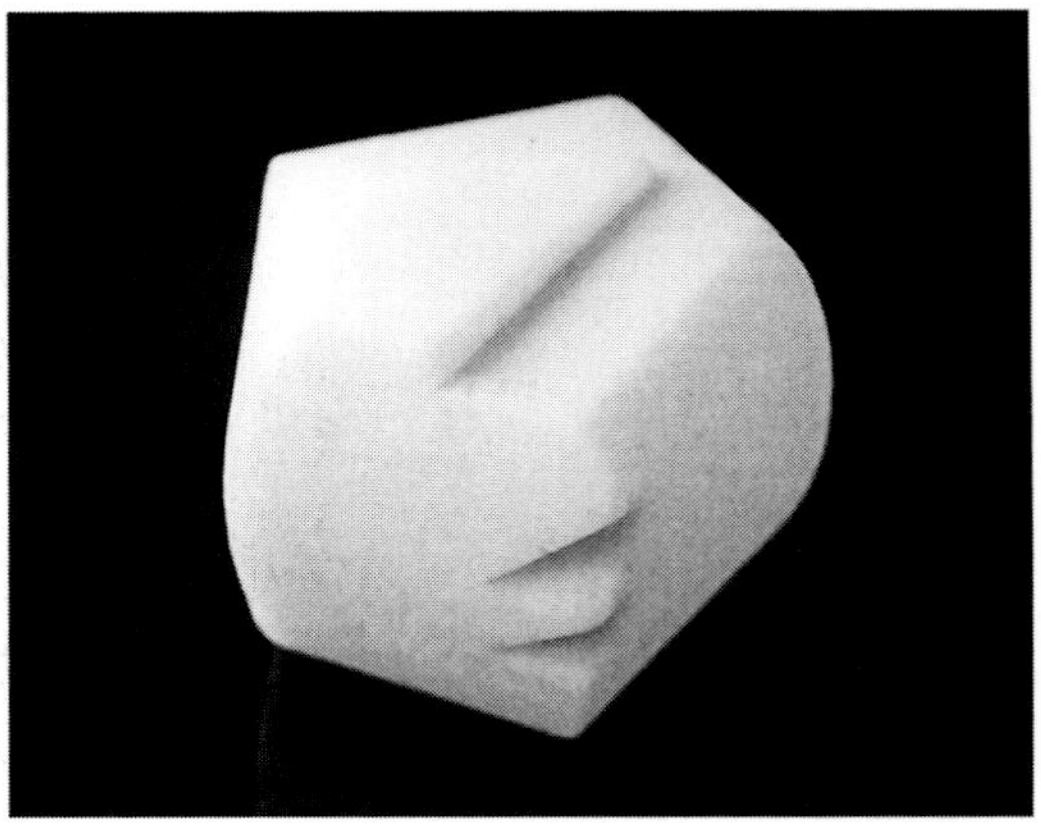

鶴小芋（里芋）

首と羽だけを図案化したシンプルな鶴のむきもの。コレといった複雑なむき方はないが、最初に里芋を木取りするときに、きちんとした五角形にむくこと。この形が決まれば後は簡単。写真ではわかりにくいが、下の羽の模様は向こう側の角にも同じように入れている。

五角形に木取る

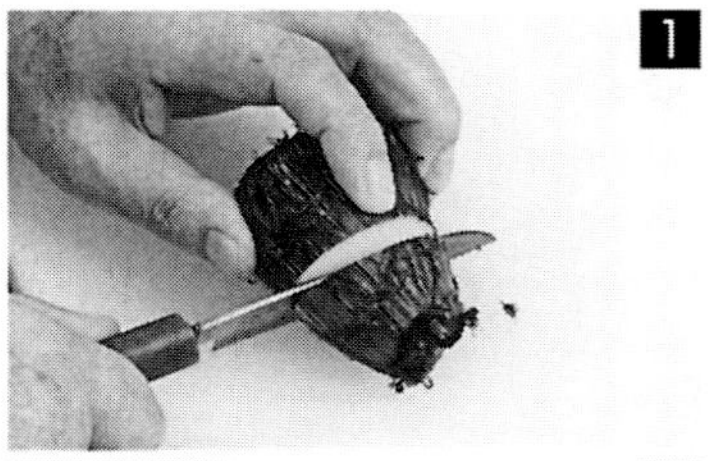

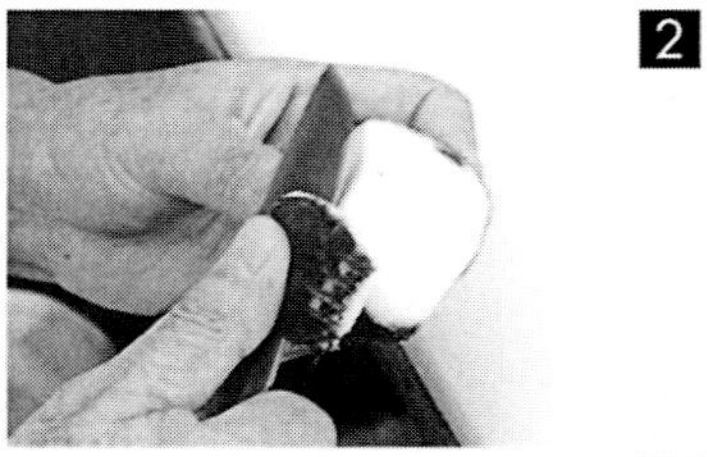

里芋の天地を落とし、真ん中の厚みのある部分を使う。適当な長さを取って輪切りにし、皮をむきながらほぼ正五角形に木取る。

首をむく

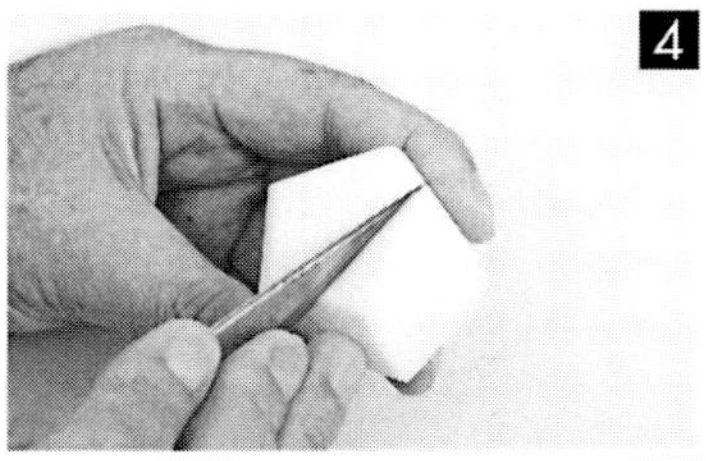

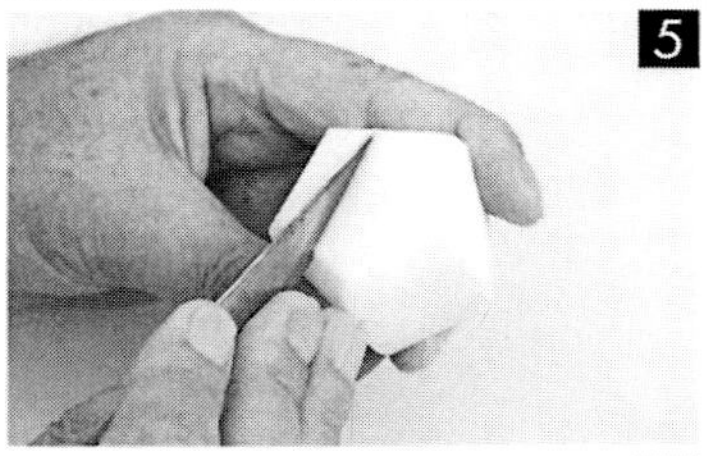

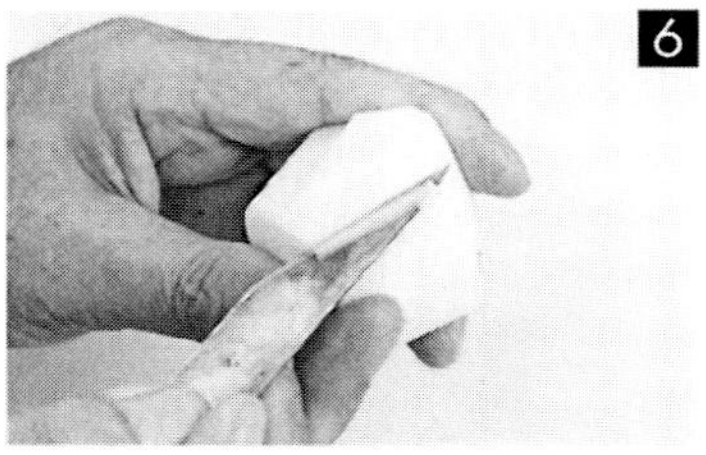

一方の断面に首をむく。手前の辺の中央から向き合う二辺の中央に真っ直ぐに筋を入れ、その両端をむいて三角の形を浮き出させる。

羽をむく

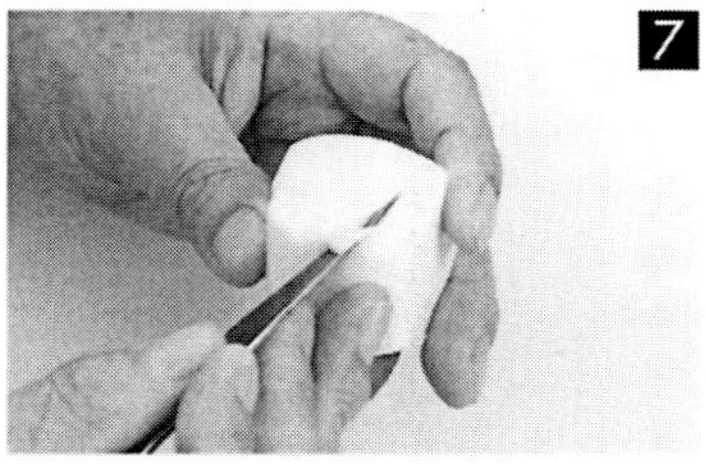

断面の向きを逆にして里芋を反転させ、角を面取りして三角の切り込みを入れる。

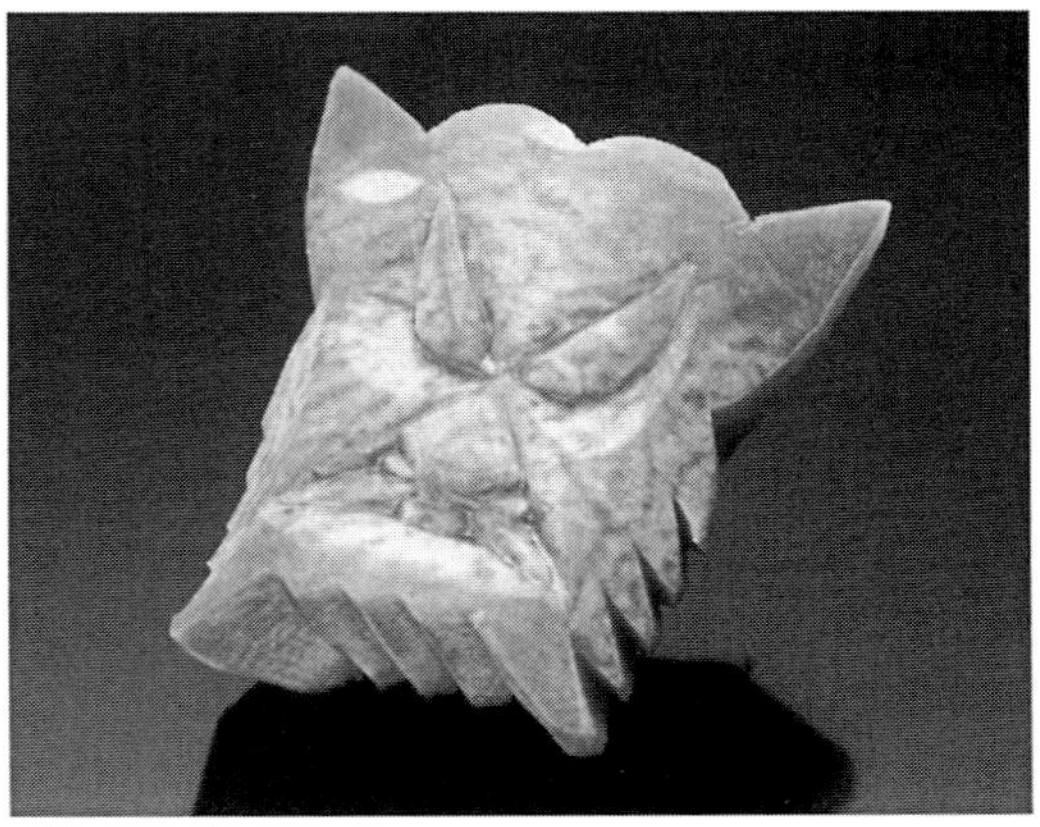

鬼面（人参）

節分の鬼をむきものの題材に。まずは金時人参を台形（上の辺が短く、下の辺が長い四角）に木取り、角、頭、ひげと顔の外側の部分からむいていく。角もひげも左右対称に見えることがポイント。顔の部分は三叉路のような溝を入れ、それを中心にむいていくと早い。

四角形に木取り、角をむく

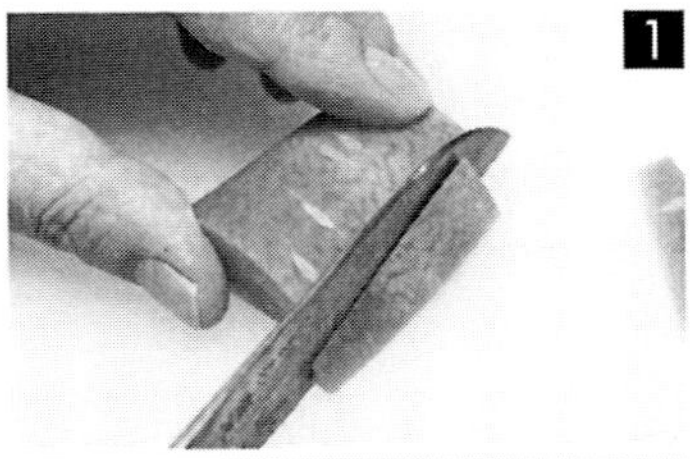

人参を皮をむいて蒲鉾形に切り、両端を斜めに落とす。幅の広い方を頭にして両端をV字に切り落とし、角と頭の上部をむく。

頬ひげから顎ひげをむく

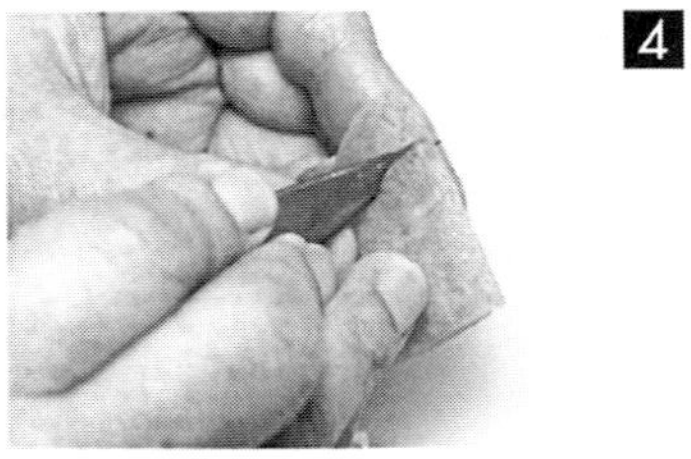

頭の方を左にして持ち、角と顔の境目の部分に斜めに切り込みを入れ、三角にむく。左側の角の下も同様にむいていく。

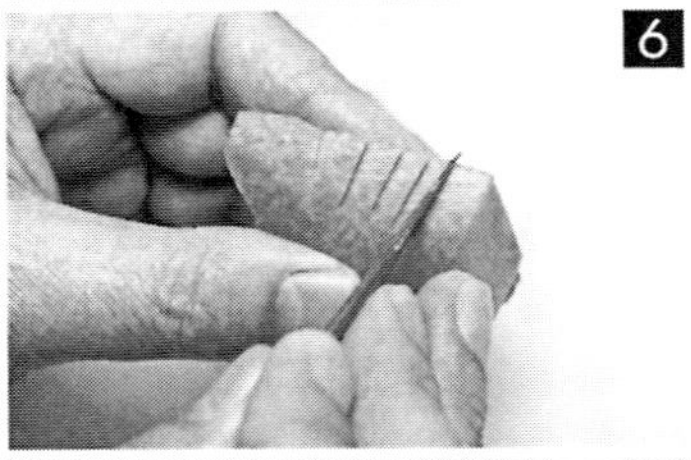

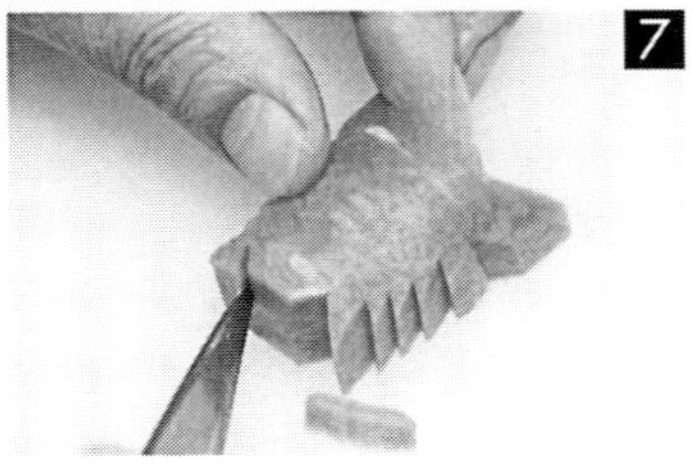

三角にむいた下に四筋の切り込みを入れて鋭角にむき出し、次に顔の下側の端を三角にむき、頬と顎のひげを形作る。

顔の表情をむく

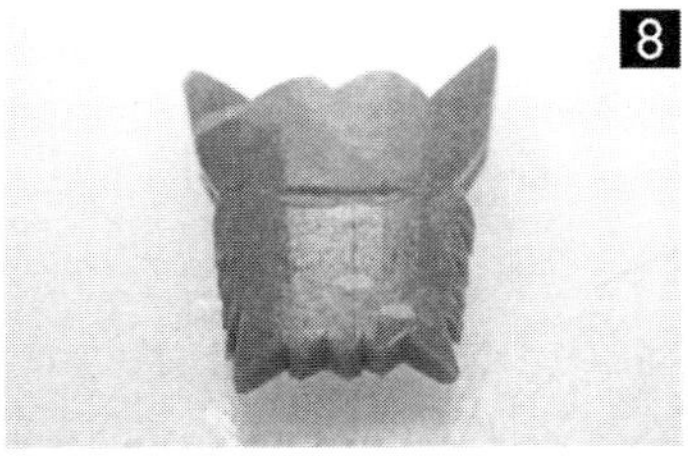

左側の頬ひげをむいたら人参の表面に顔をむく。目と鼻の境目に横一文字の溝を彫り、それに交差するように十文字の溝を。

溝を利用して目は縦につり上がるように、鼻は三角にむく。鼻の下側の筋に丸みをつけ、その下に口とそこから出る牙をむく。

ねじり梅（人参、大根）

「ねじ梅」ともいわれ、一般的な梅の飾り切りにねじりを入れるというひと仕事を加え、一枚一枚の花びらに立体感を出したむきもの。人参と大根を使っているが、プロセスでは人参のみを紹介。ねじりの入れ方はイラストもあわせて見ていただき、コツを掴んでほしい。

五角形に気取る

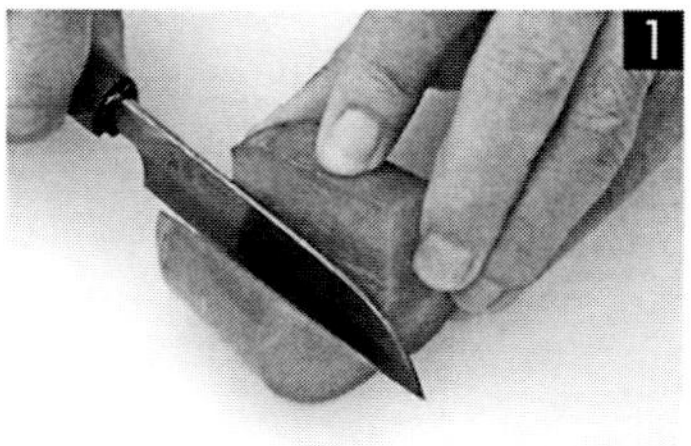

人参を輪切りにして皮をむき、縦半分に切り落とす。その一つを斜めに庖丁を入れながら五角形に木取り、表面を平らにする。

五枚の花びらをむく

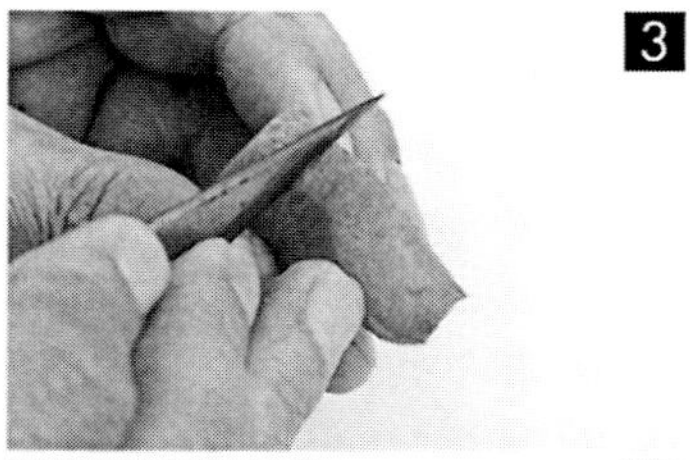

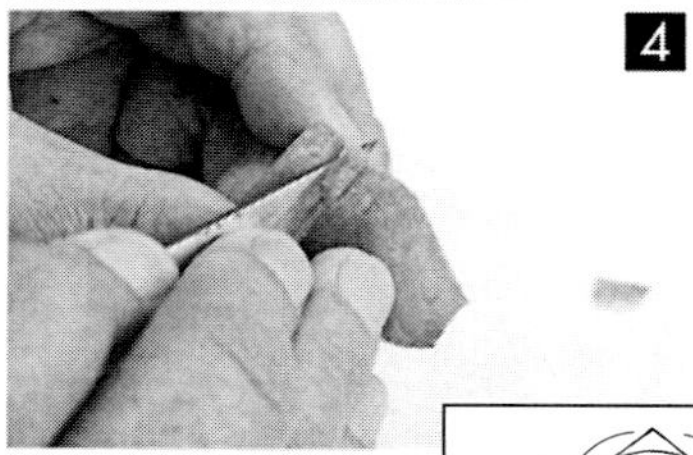

ここから五枚の花びらをむく。五角形のそれぞれの辺の中央に、浅く切り込みを入れる。

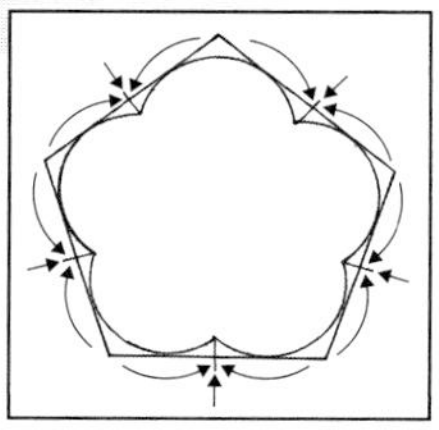

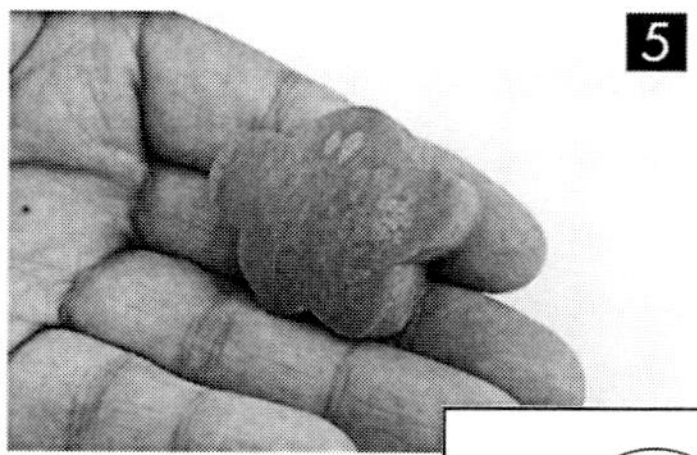

上のイラストのように、五角形の角から切り込みに向けて丸みをつけてむき、花びらに。

花びらにねじりを入れる

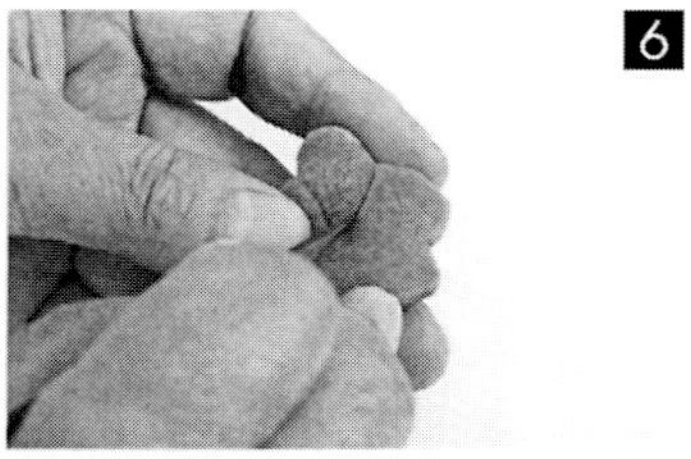

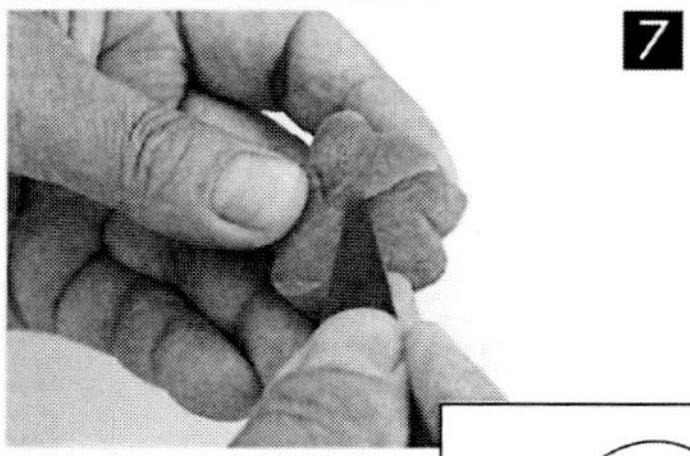

イラストのように花びらの境目から中心に向けて切り込みを入れ、表面を斜めに切り取る。

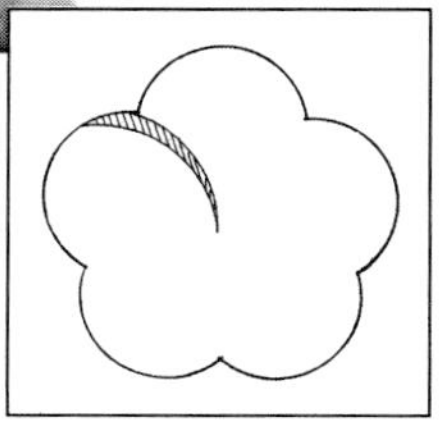

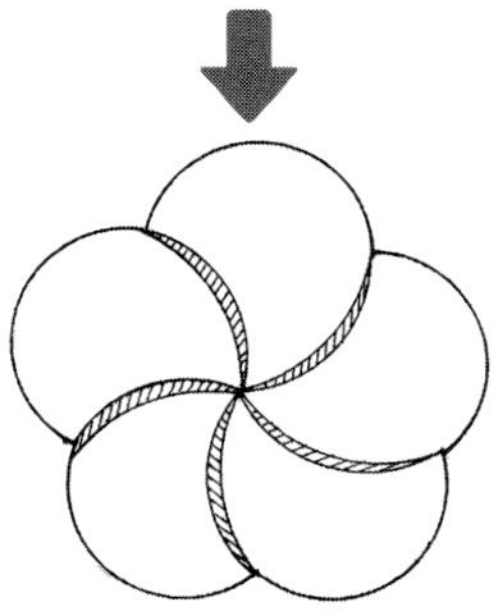

枡大根

酒の一合枡を大根でむく。形自体は真四角の単純なものだが、側面の木枠の溝のむき方に注意。辺の長さを六等分して五本の筋を入れるが、四本は後で四角に溝をつけることを想定した長さに。また、三つに溝を取るところと二つに取るところが交互になるように。

大根を立方体に取る

1
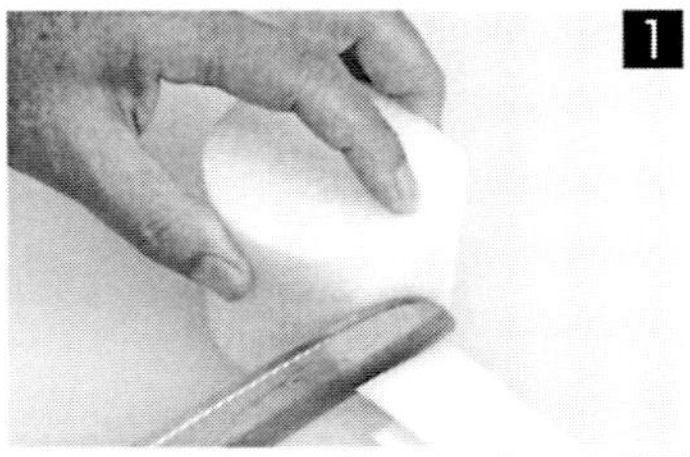

2
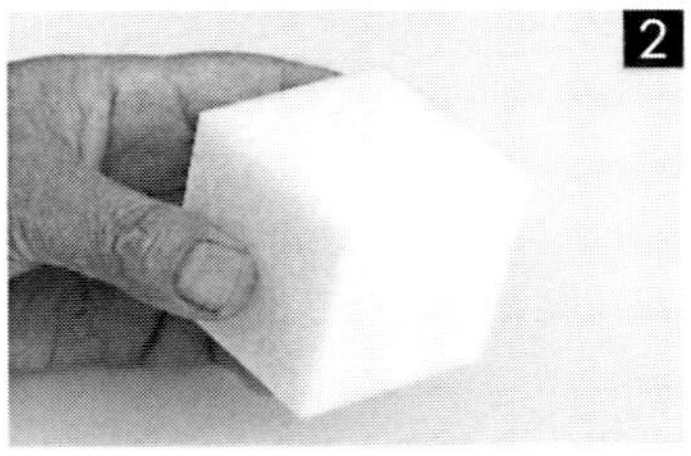

大根は一番太い部分を輪切りにして皮をむき、回しながら周囲を切り落とし、ほぼ四角に取っていく。四隅の角をきちんと。

各面の四隅に木枠を入れる

3
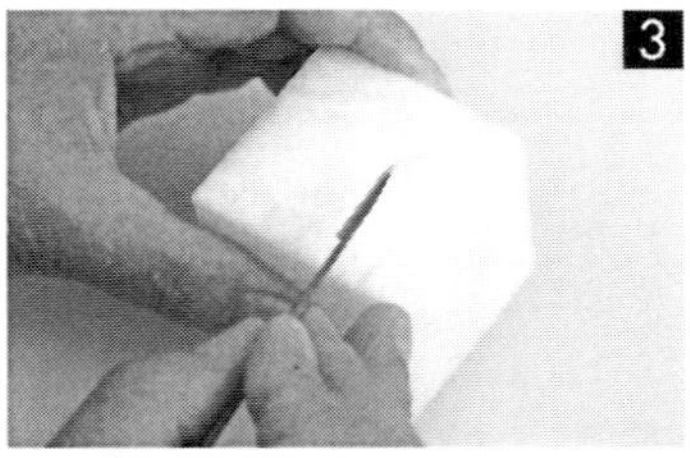

4
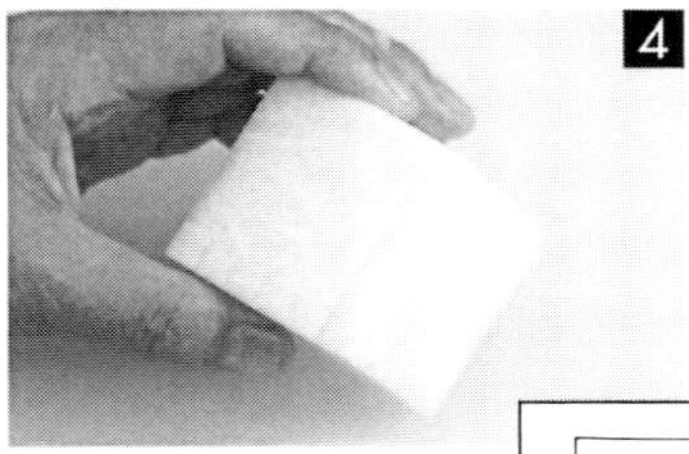

枡の外側の木枠をむく。上下を決め、イラストのように四つの側面に四本の短い筋を入れ、下側には一直線の筋を入れる。

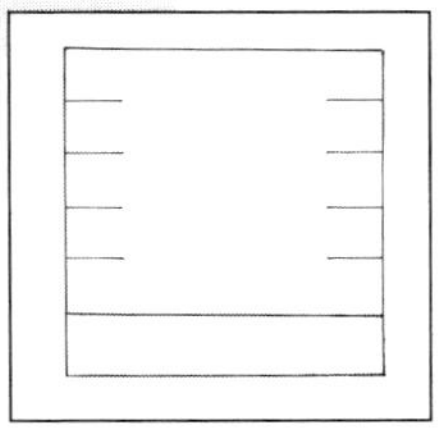

5
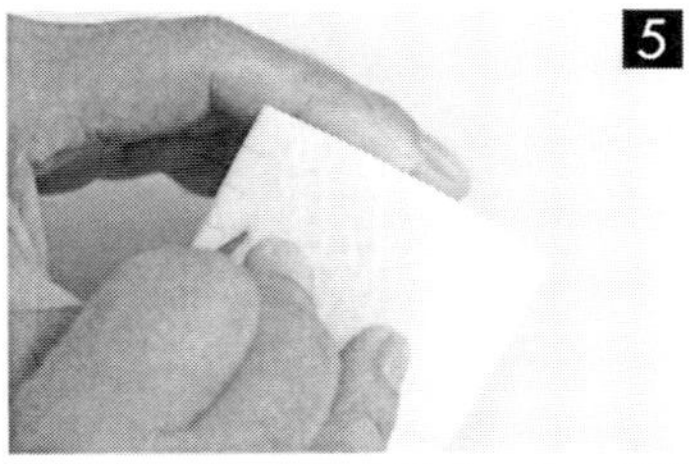

6
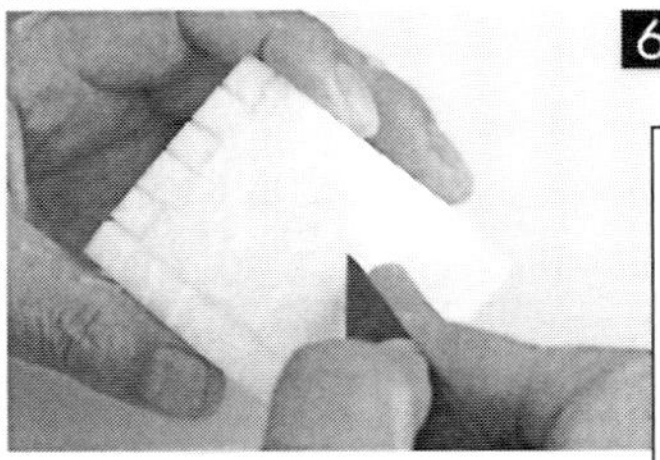

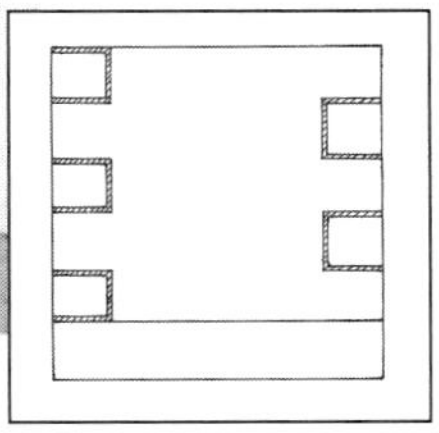

四本の筋を利用して角に四角の溝をむく。溝は厚めにむき、イラストのように四角の位置が交互にくること。

中をくり抜く

7
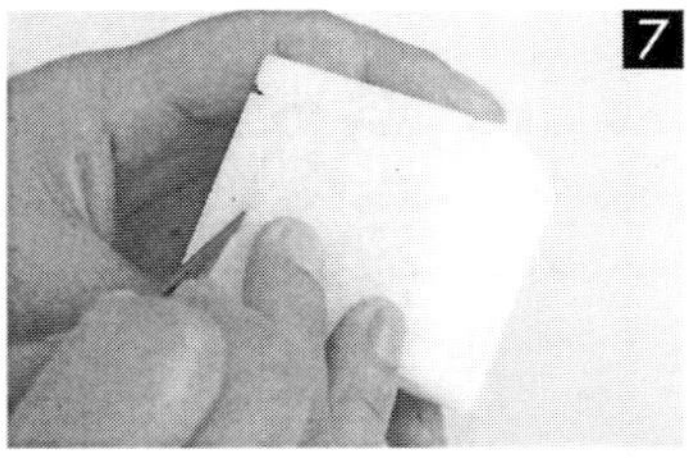

8
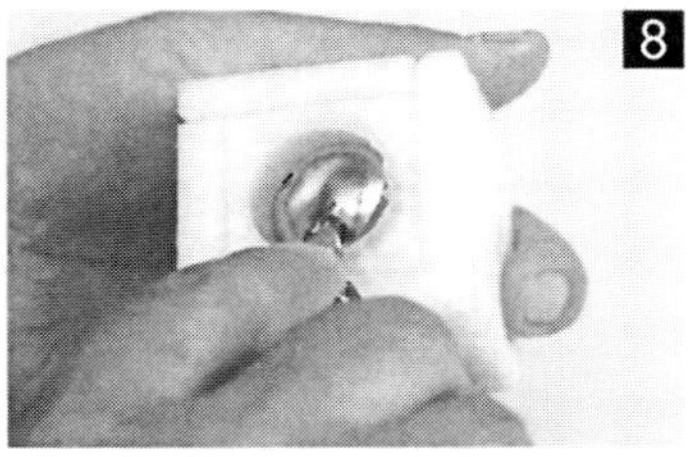

9
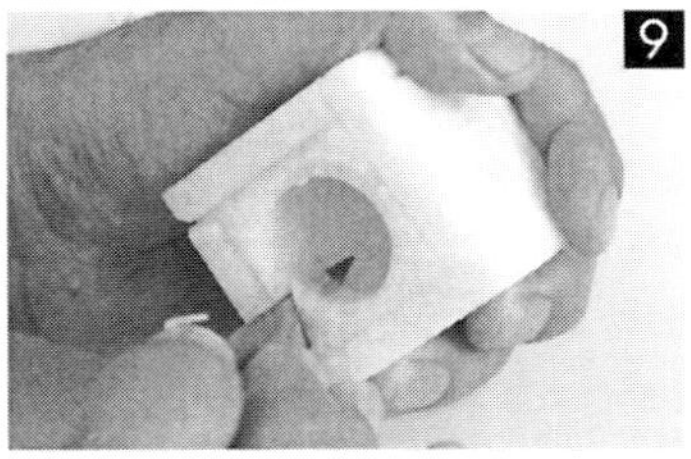

枡の上になる方の表面に内側に四角の筋を入れ、その四角に沿って中をくり抜き、切り出してきれいに中身をかき出す。

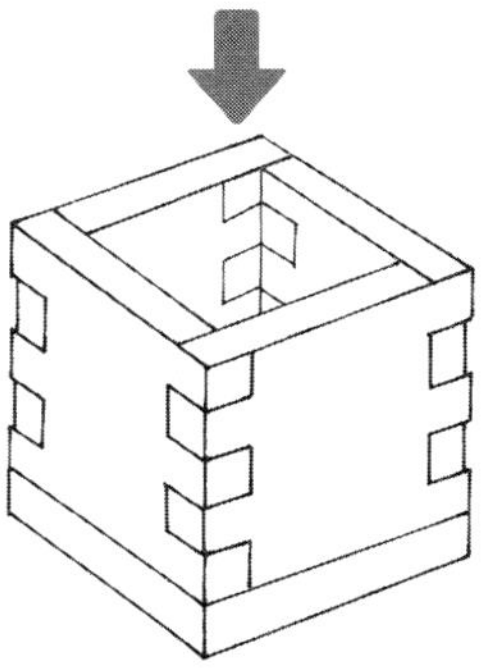

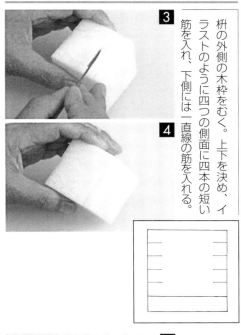

三月のむきもの

鈴(京人参)

初心者向きのむきものだが、鈴は幅広く使えるので重宝する。むき方のコツは、鈴らしい丸みのある形。丁寧な面取りを繰り返すことに尽きる。上部の紐通し、底にも溝をつけてくぼみをつけると、一層鈴らしくなる。人参の代わりに、正月ならばくわいを使ってもいい。

円筒形に木取り、紐通しをむく

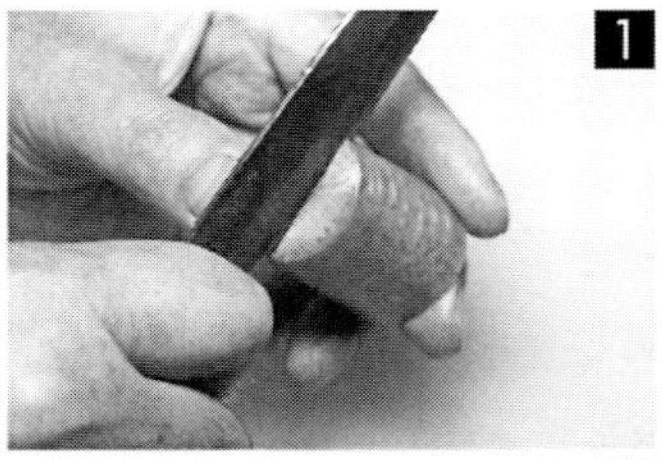

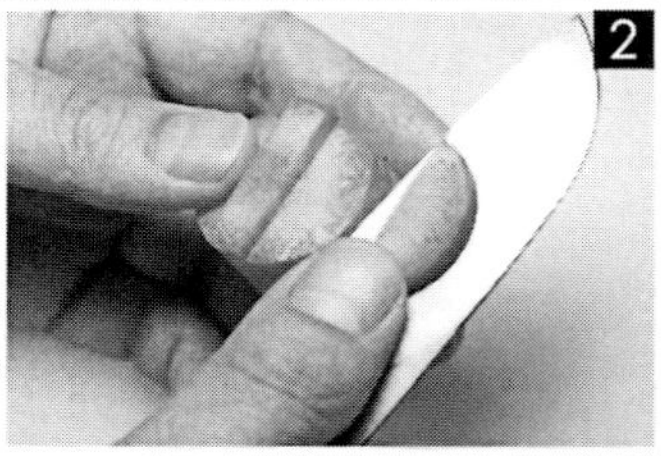

京人参を直径５㎝、高さ４㎝の円筒形に木取り、上になる断面に紐を通す部分をむき出し、角を面取りして丸みを。

胴まわりをむく

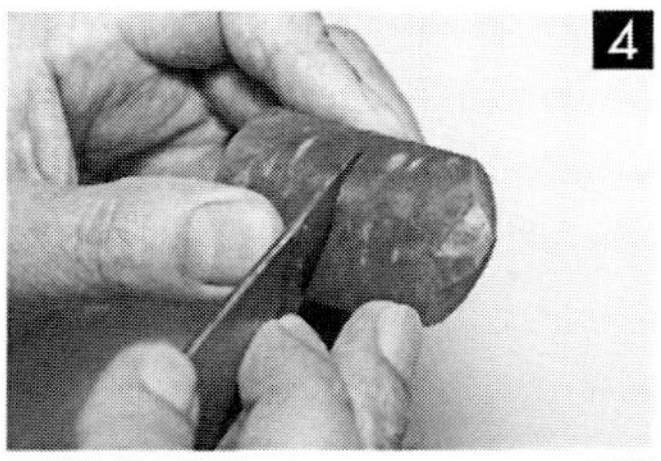

人参を手前に回しながら胴まわりをむく。真ん中よりも少し上の位置に二つの溝をむき出し、角を落として丸みを。

鈴の底にくぼみをつける

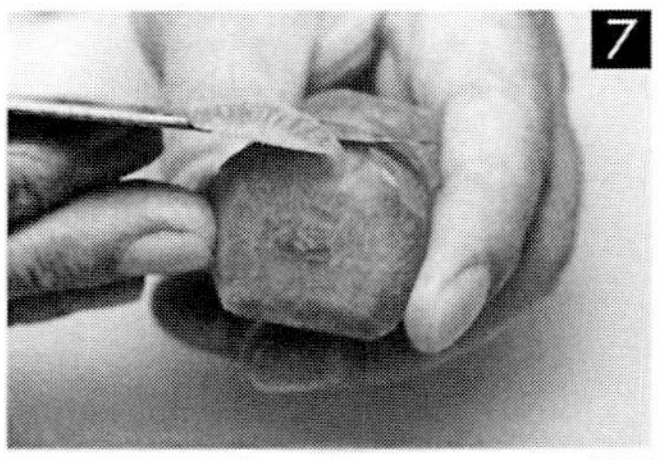

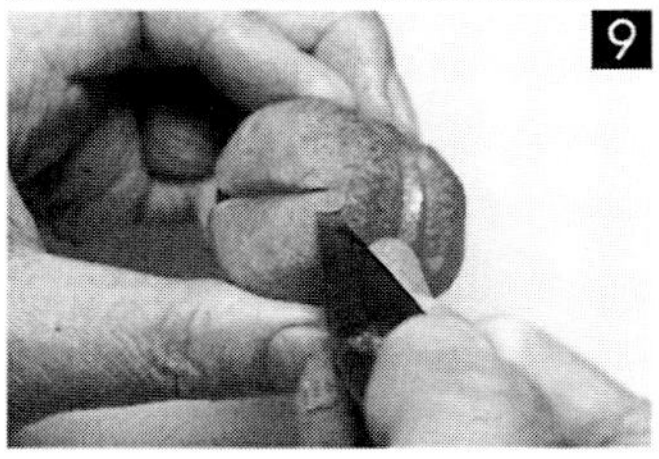

底になる断面を面取りして丸みをつけ、中央にV字の切り込みを入れて溝を作り、その両端に小さなくぼみをつける。

紐通しに穴を開ける

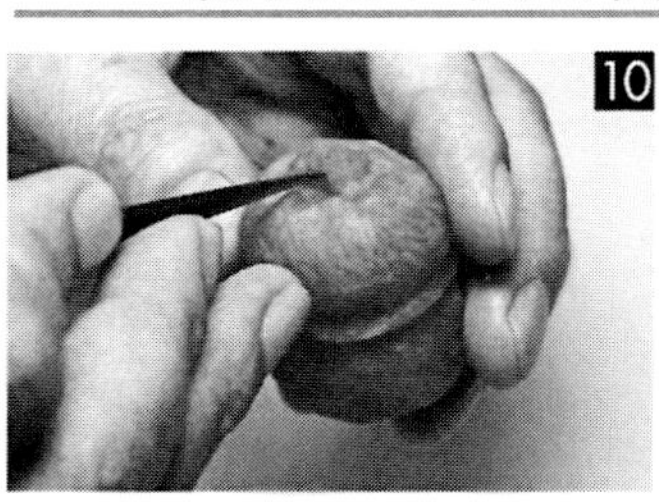

上部の紐通しに両側から切り出しを差し込んで穴を貫通させ三つ葉の紐を通す。

丸鶴（エビ芋）

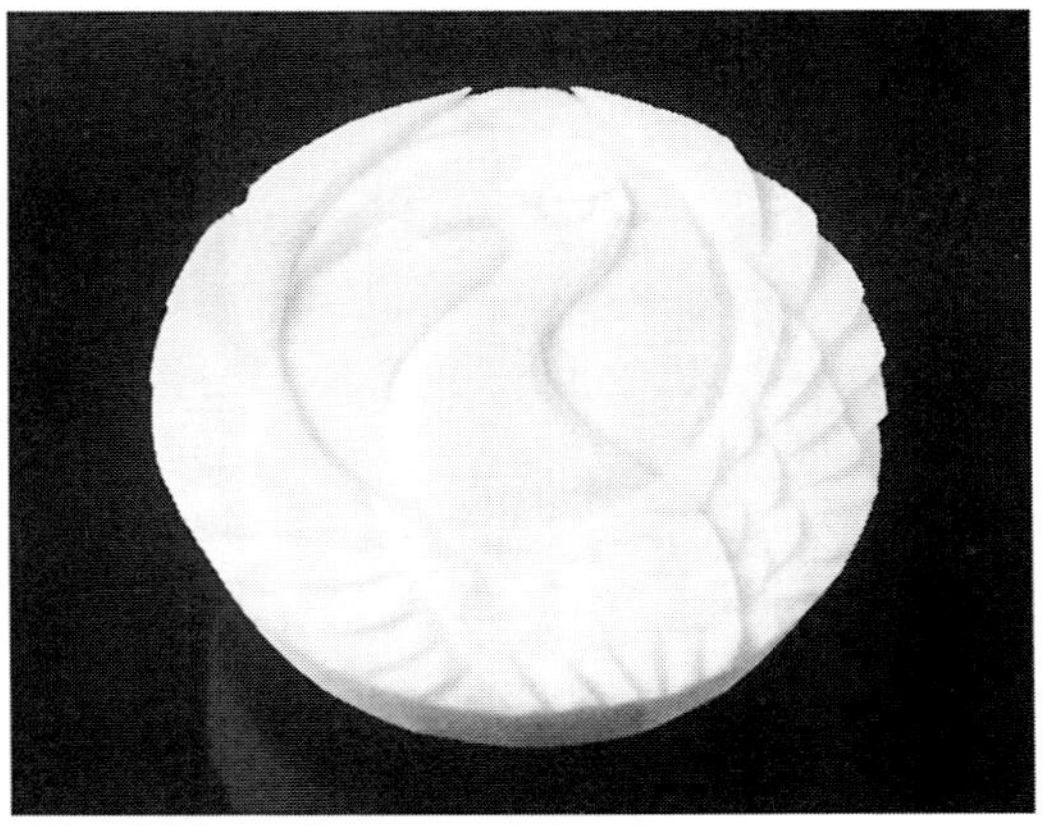

エビ芋を輪切りにして、表面に紋所の丸鶴をむく。丸の中に鶴のくちばしと頭、首をむき、左右に羽を広げている姿に。顔の部分はやわらかな曲線を描くように、羽は鱗のような形にむいていくが、右と左、さらに下とむき方の形を微妙に変えて、立体感を出した。

顔の輪郭をむく

1

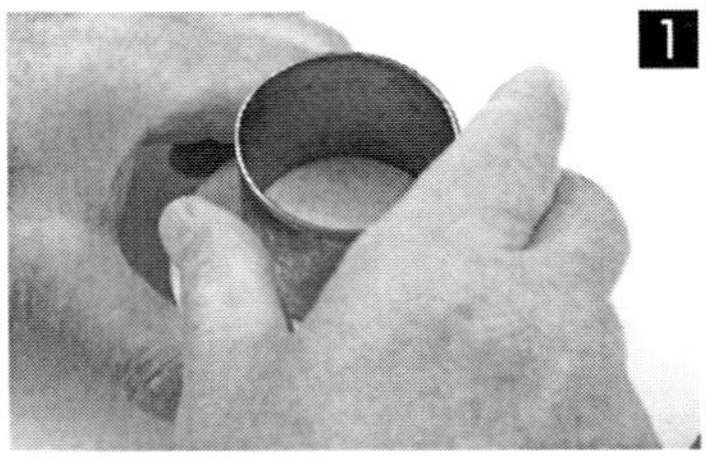

2

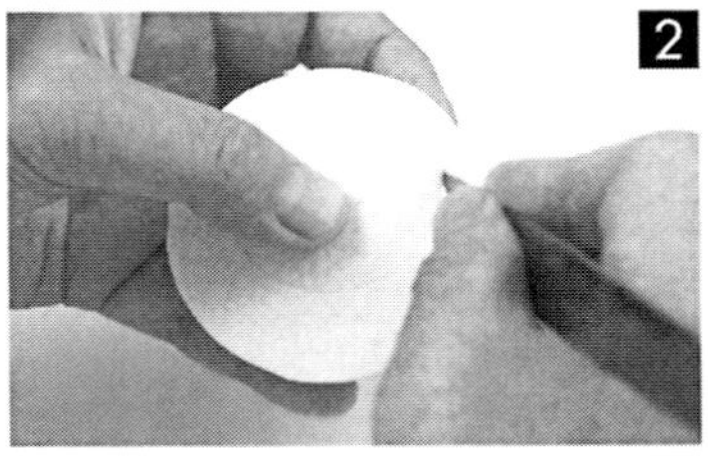

3

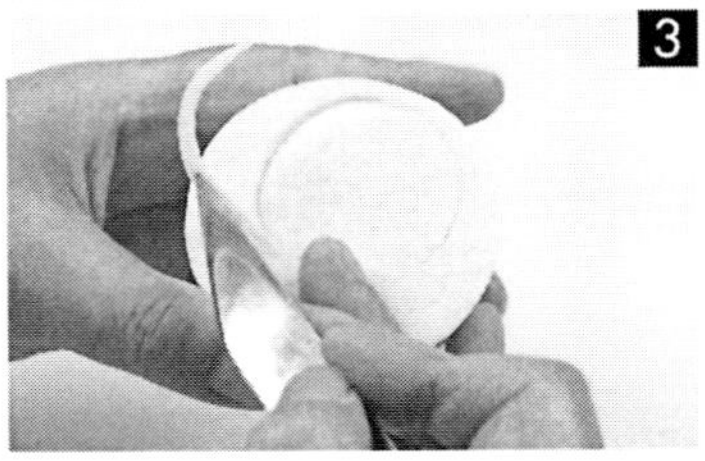

エビ芋は上端から1/3位の一番丸みのある部分を輪切りにして皮をむき、断面に丸の抜き型で輪郭をつけ、その跡に沿って溝を彫る。

顔と目をむく

4

5

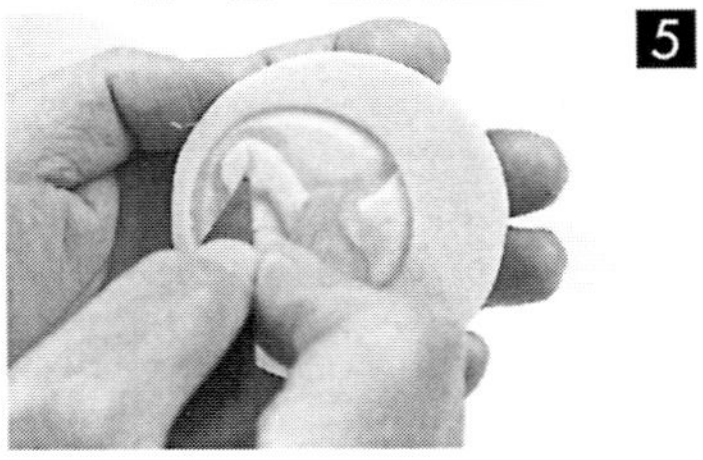

溝をつけた円形の中に鶴の顔をむく。くちばし、頭、首の曲線をつけて溝を彫り、全体を浮き彫りにする。その後、半眼を入れる。

右の羽をむく

6

7

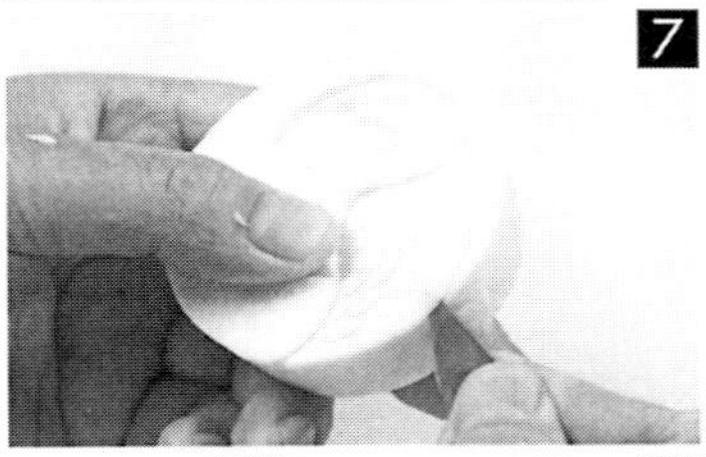

8

鶴の右側の首のラインに沿って下に切り込みを入れ、その右側に弓なりの筋を入れながら羽をむく。上に向かうほど弓なりを大きく。

下と左の羽をむく

9

10

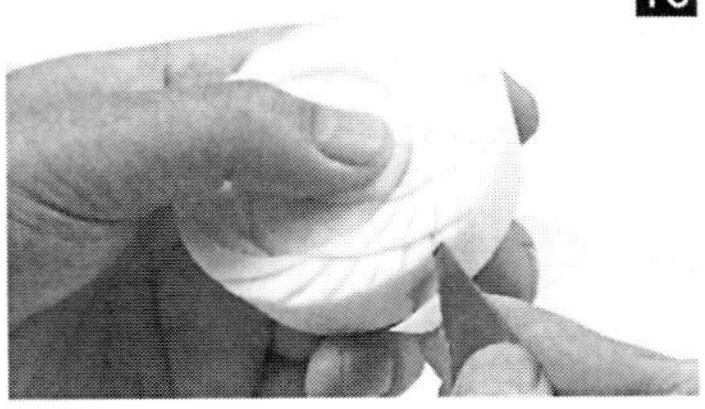

右の羽と同じ要領で下側の部分を小さい弓なりにむく。鶴の顔を下にして持ち直し、左側の羽をむく。彫り込みに段差をつけるように。

松（長芋）

長芋を使った簡単にできる松のむきもの。長芋を輪切りにしてむいていくが、割れやすいので注意する。また、ぬめりも強いので一度酢水につけてぬめりを洗い落としてからむくようにすると、むきやすい。表面を軽く焦がしてむくと、より形がはっきりと出る。

長芋のぬめりを取り、焼き目をつける

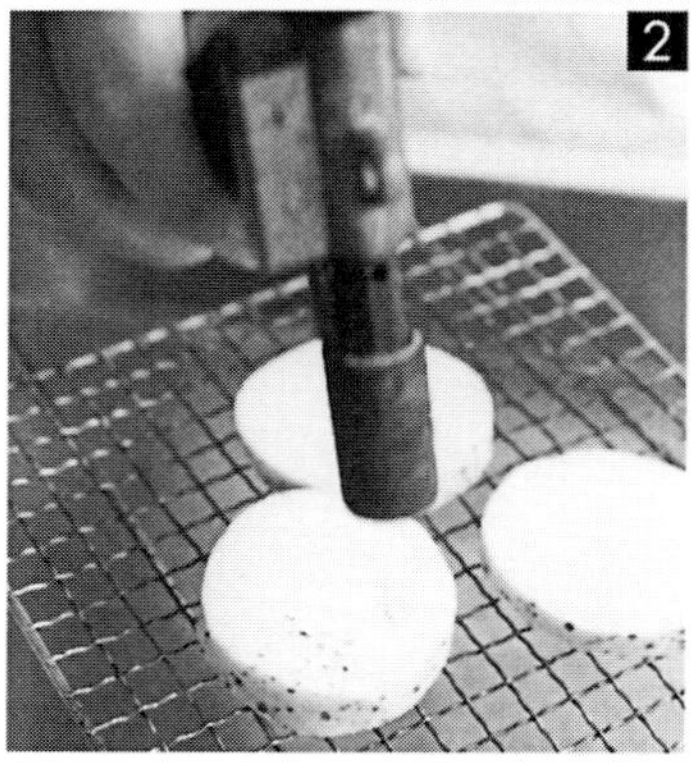

輪切りにした長芋を酢水に落としてぬめりを取りのぞき、金網にのせて表面をバーナーで炙り薄く焼き目をつける。

山型に木取る

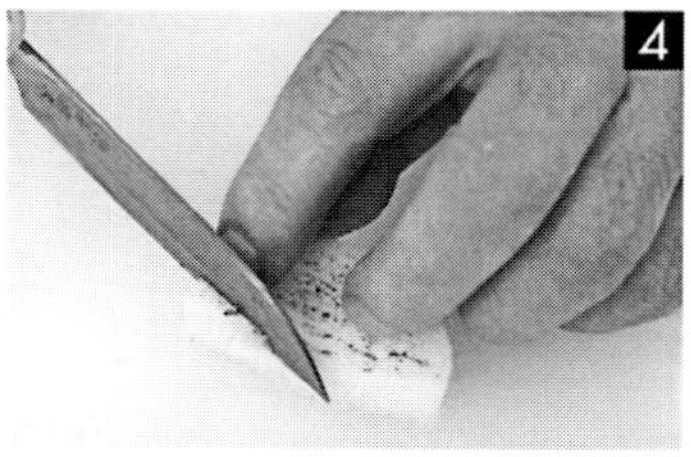

長芋の皮をむいて半月に切り落とし、その一つの両端の角をやや斜めに落とし、扇のような形に木取る。

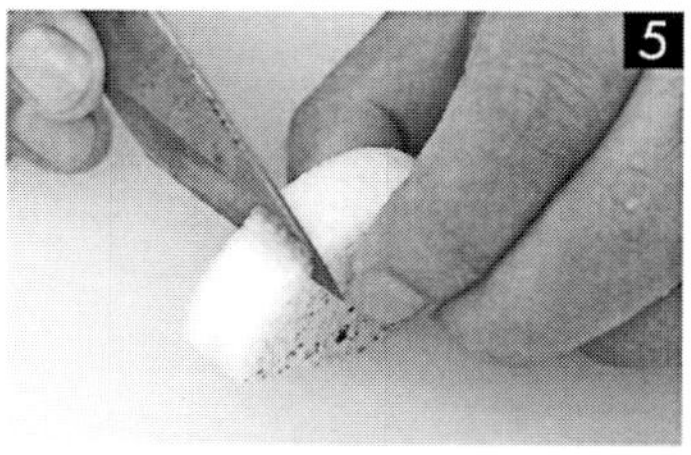

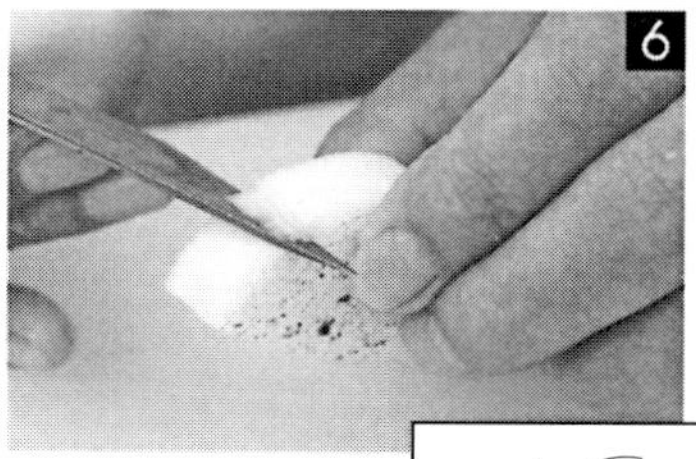

長芋の外側に三つの山型をむく。イラストのように三等分した位置に浅く切り込みを入れ、両側から丸みをつけてむく。

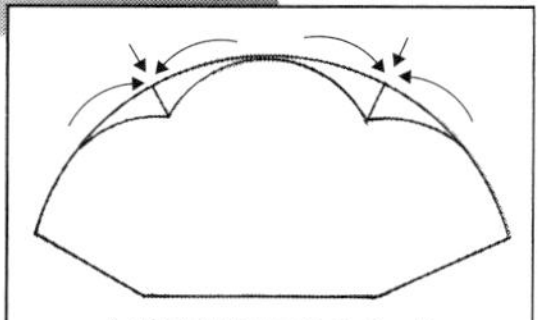

矢印は庖丁の入れ方

枝ぶりをむく

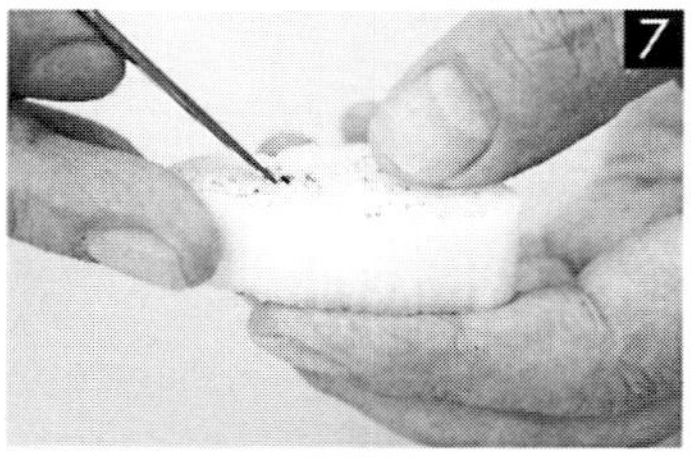

最後に中の枝ぶりをむく。長芋の下側にイラストのような左右対称の溝をむくが、溝をやや深めにすると形がはっきりとする。

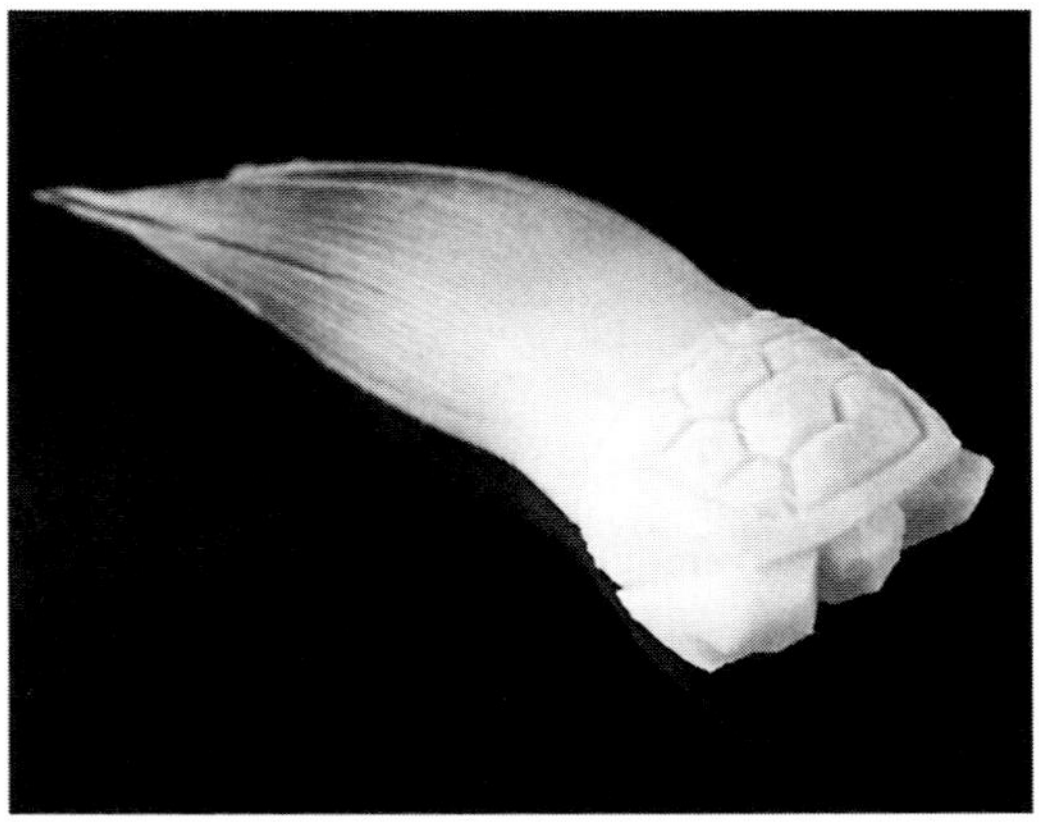

蓑亀《みのがめ》（筍）

鶴と並んでお目出たい席に欠かせないのが亀のむきもの。亀のむき方もいろいろあるが、藻類が付いて蓑を羽織ったように見える蓑亀は、長寿を表すとされる。ここでは筍を素材に根元を頭に、穂先を蓑にむく。筍は小さくて細めのものを選ぶと形が決まりやすい。

筍の形をととのえる

1

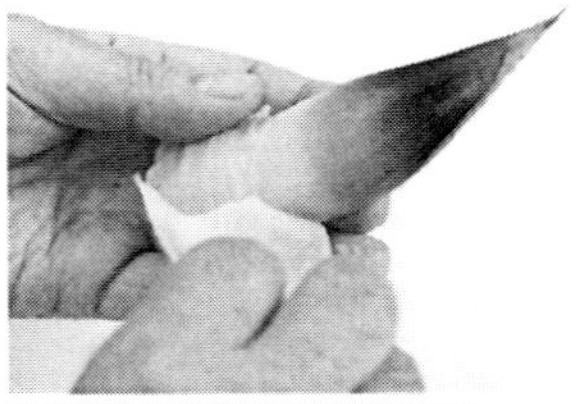

2

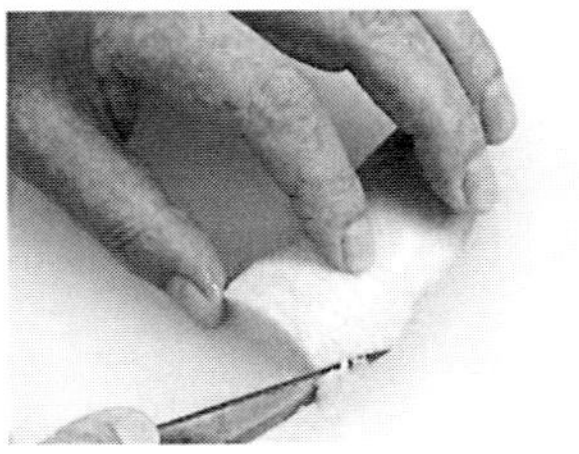

筍は米糠を加えて柔らかく茹で、皮を少しむいて根元の固い部分を切り落とし、縦半分に切ったものを亀の形にととのえる。

頭と前足をむく

3

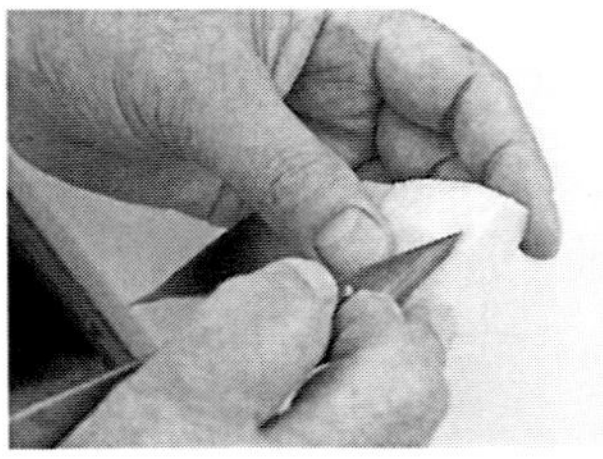

4

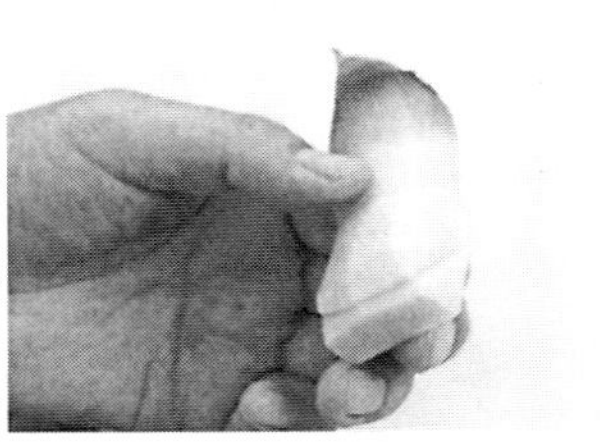

穂先を蓑に、根元の方を頭にして、写真のように根元に弓なりの筋を入れ、甲羅の部分が少し高くなるようにむき出す。

5

6

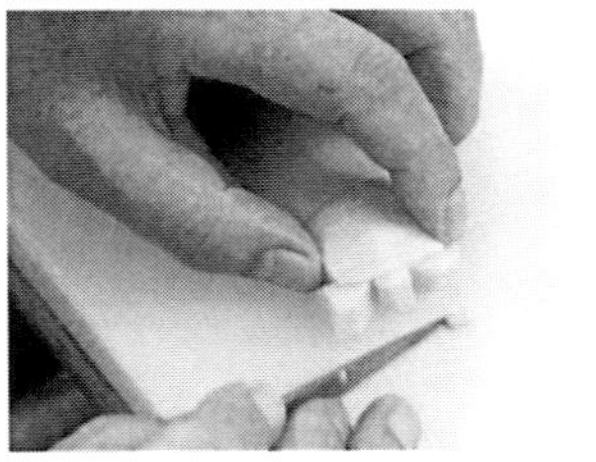

根元の端にV字の切り込みを二箇所入れてむき、頭と前足を作る。角を落とし、突き出した頭と足は丸みをつけていく。

甲羅をむく

7

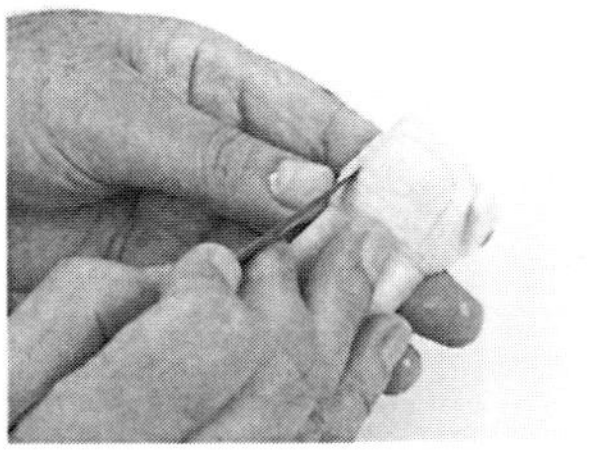

8

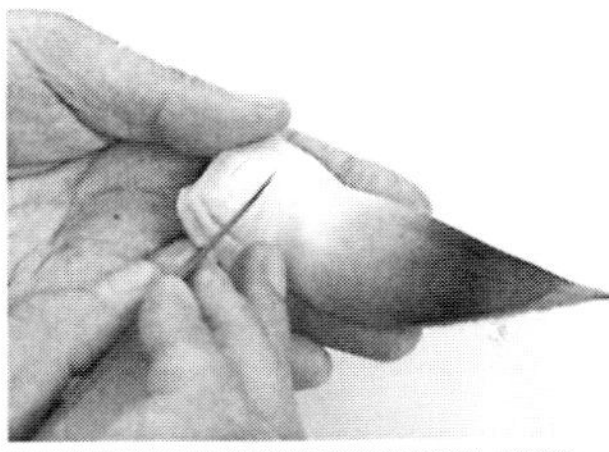

9

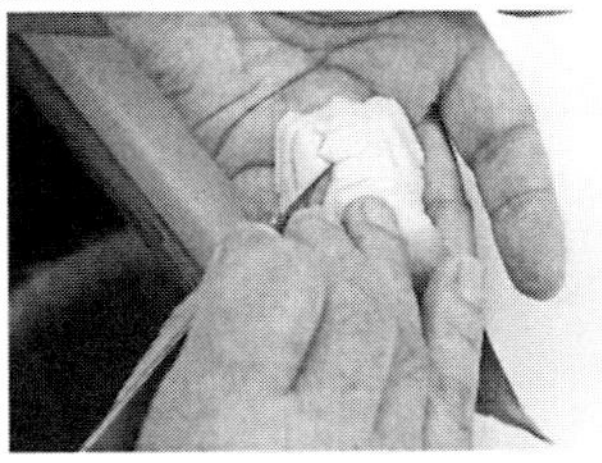

甲羅の外周に沿って内側にU字形の溝をむき、その中に六角形の模様をむく。模様は縦に三列、一列に三つから四つの同じ数に。

蓑をむく

10

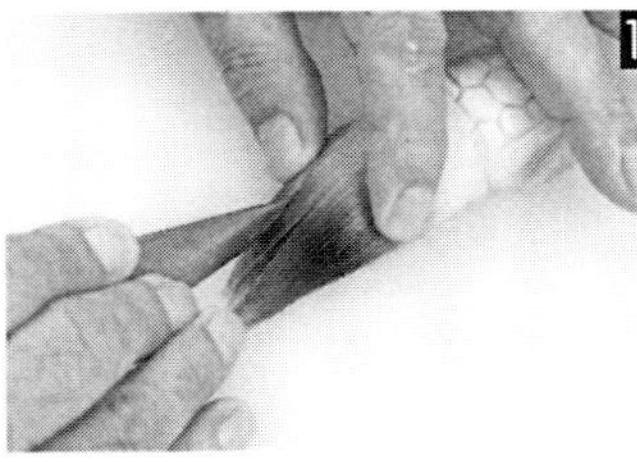

穂先の部分に三本から四本の切り込みを入れて蓑にして、穂先をやや曲げる。

手籠（鹿ヶ谷南瓜）

料理の盛り器として映える南瓜のむきもの。胴部がくびれひょうたんのような形をしている鹿ヶ谷南瓜を利用して、一個丸ごと使ってむいていく。くびれから上を持ち手に、その下を籠にできるので形は木取りやすい。籠だけでなく、持ち手や箍《たが》の形もしっかりとむく。

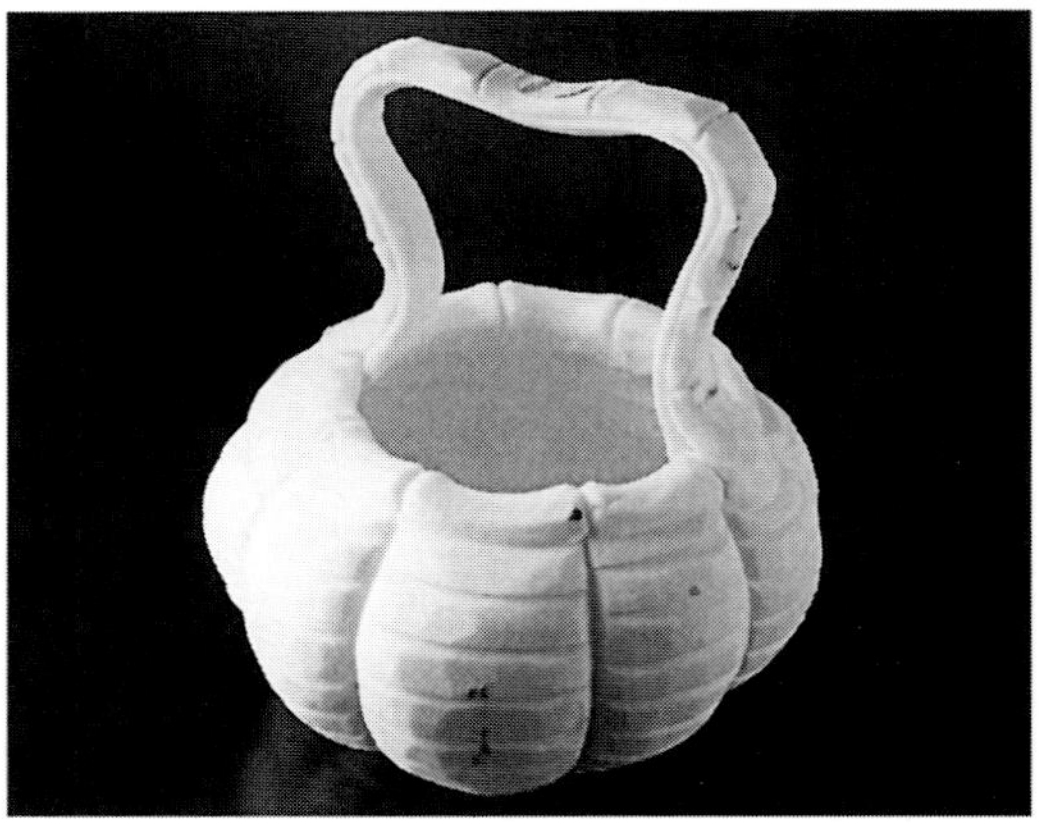

全体の形を木取る

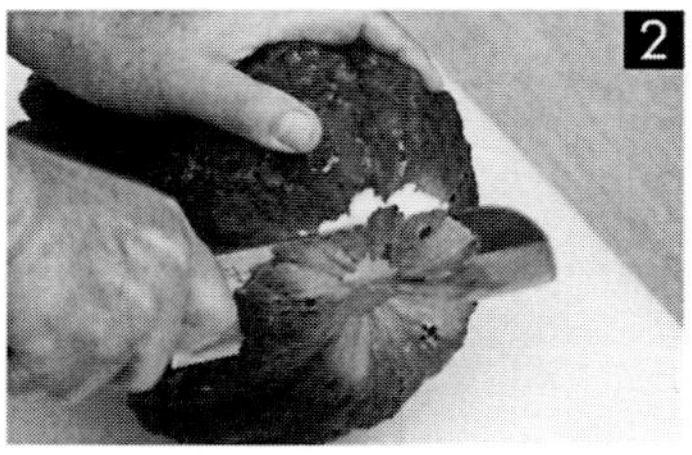

ひょうたんのような形をした鹿ヶ谷南瓜を使い、飾りつけたときに座りが安定するように、面取り庖丁で底を平らに落とす。

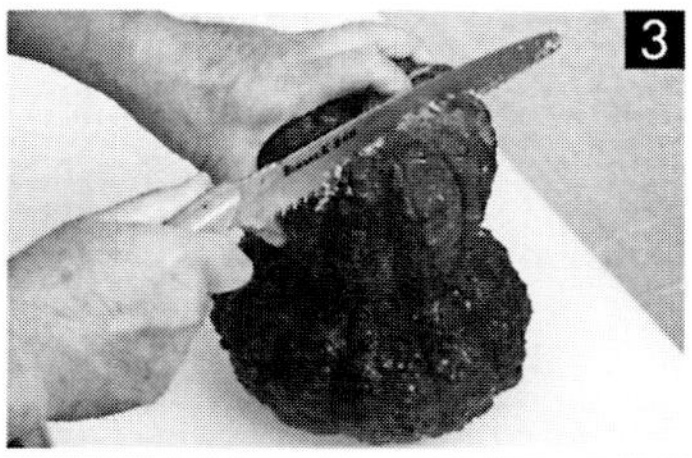

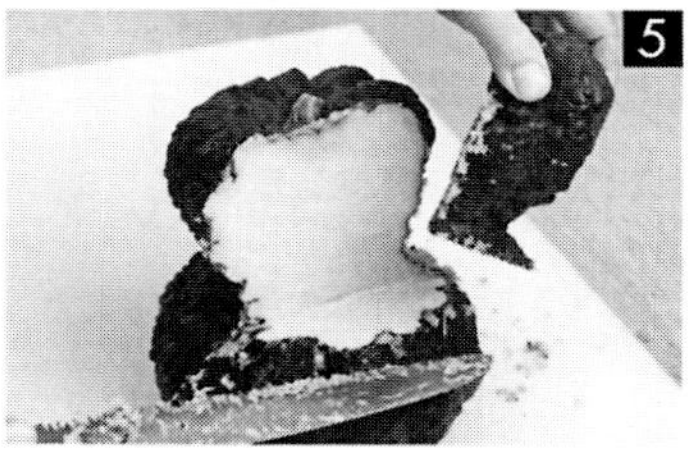

南瓜のくびれから上を持ち手の部分に、下を籠にする。写真のように上部の両側を縦に鋸を入れて、持ち手の形を作る。

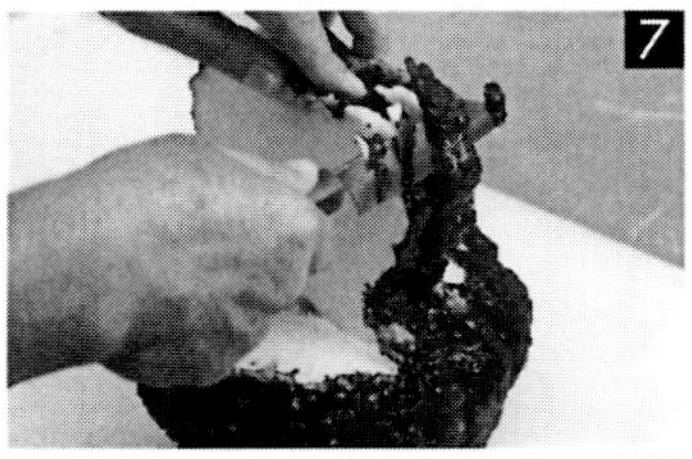

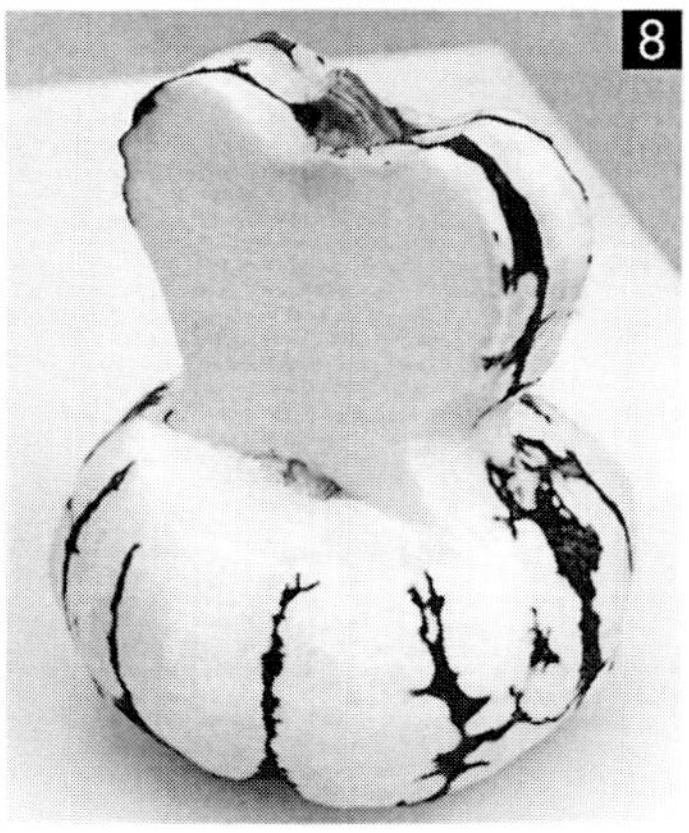

切り出しと曲がりを使って、上の方から皮をむく。むきながら丸みをつけていき、この時点で多少の皮が残っても構わない。

籠の中をくり抜く

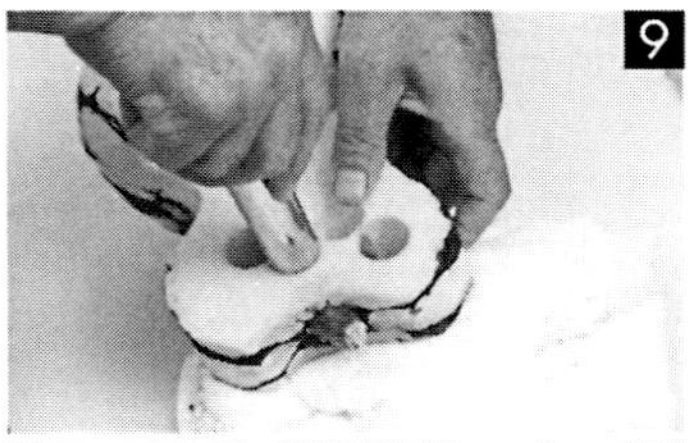

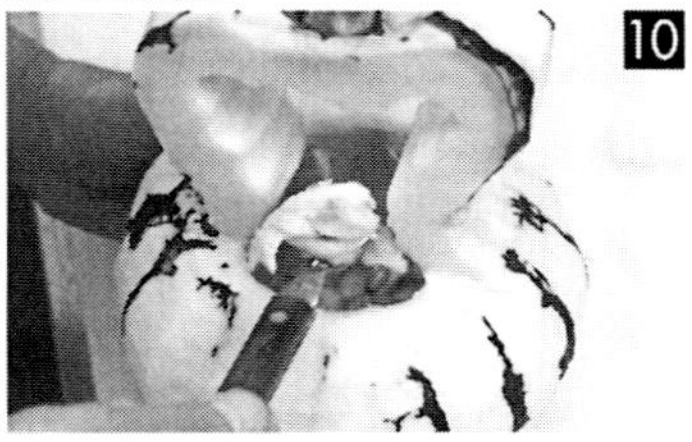

持ち手の部分に筒抜きで穴を開けながら身を取りのぞき、籠の中も種をきれいにくり抜く。

持ち手の形をむく

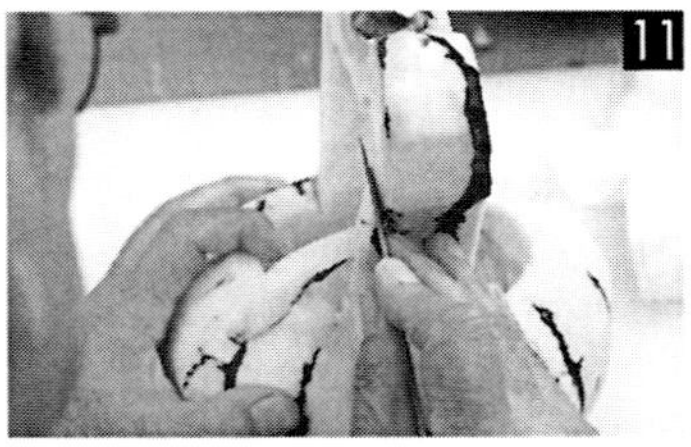

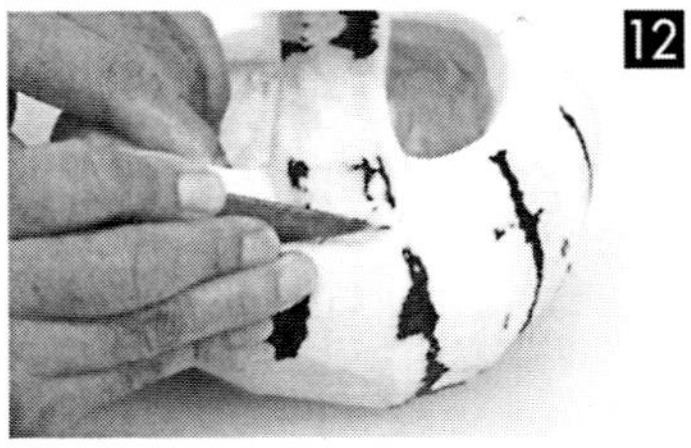

切り出しで持ち手の柄の幅を調整し、籠とつながっているつけ根の部分に丸く溝をつける。

籠の編み目をむく

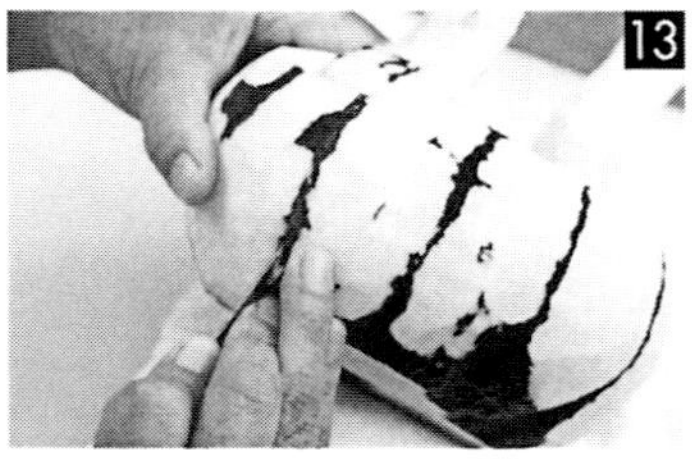

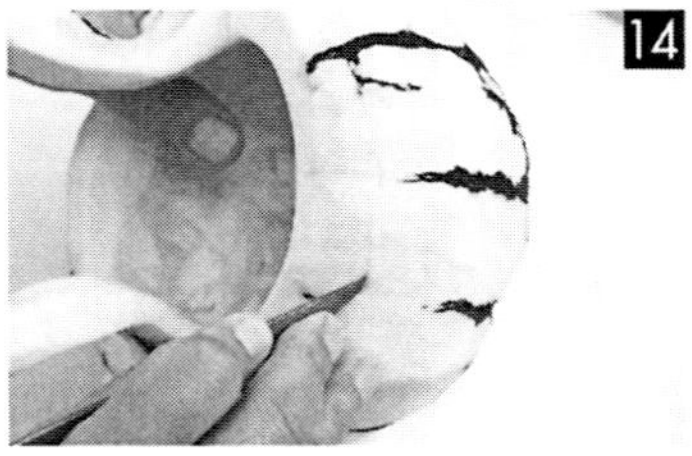

籠の箍《たが》と編み目をむく。まず、縦に等間隔で筋をつけていき、南瓜を回しながら籠の縁よりに切り出しで筋を一周させる。

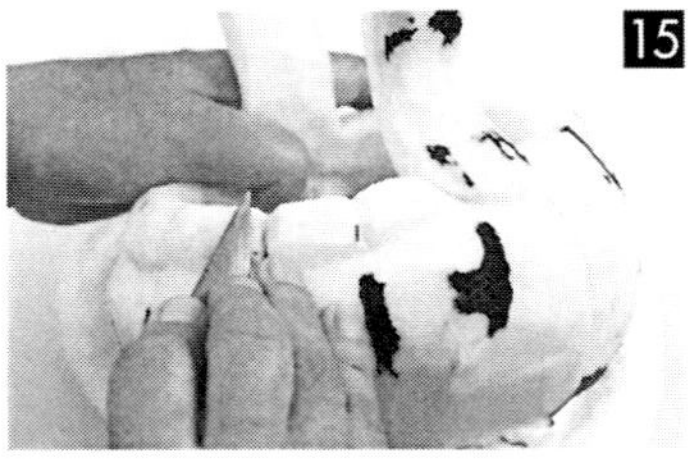

先に箍をむく。写真13と14でつけた縦横の筋に溝を彫り込む。

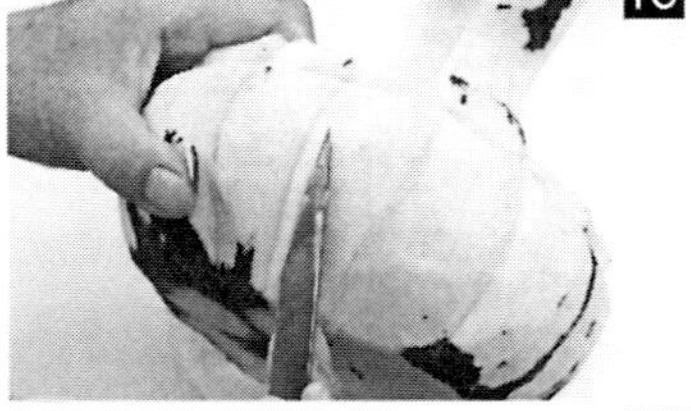

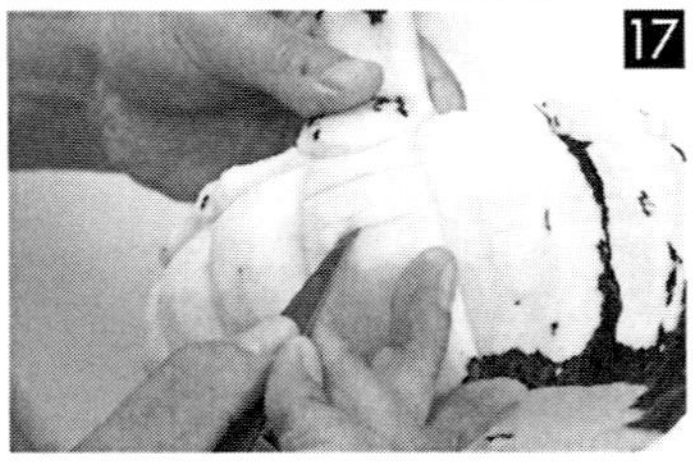

次に編み目。籠の縦の筋に沿って溝を彫り、その溝と溝の間に横の溝を等間隔に彫り、溝の位置を揃えながら全体に彫る。

持ち手を仕上げる

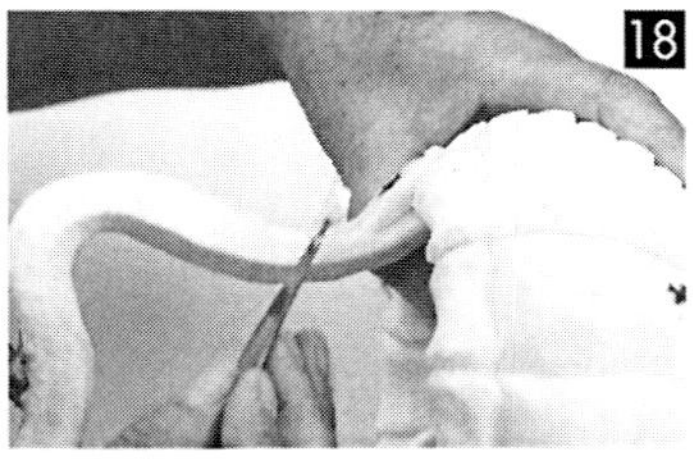

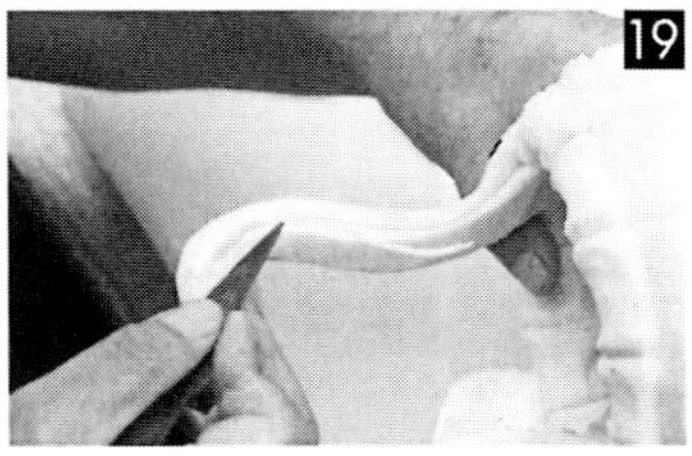

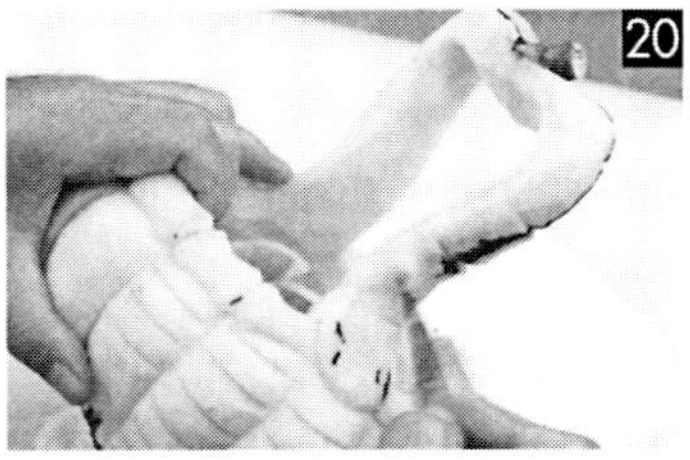

最後に持ち手の模様を。側面の中央に持ち手の形に合わせて溝をつけていき、左右、上の表面に節の溝を等間隔に彫り込む。

四月のむきもの

桜(長芋)

大根や人参でむくことが多い桜だが、ここでは長芋を使って変化を出した。料理に入れる場合は、梅紫蘇などで色づけするといい。五枚の花びらのむき方は梅などど同じ。最後に花びらの表面を境目から薄くむいて盛り上がるようにすると、花びらに立体感が出てくる。

五角形に木取る

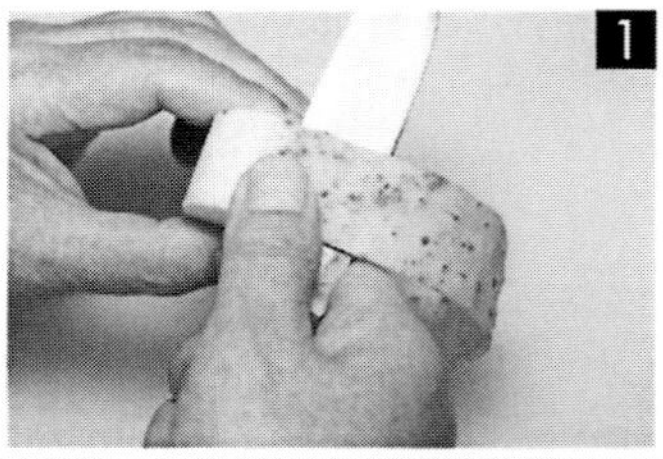

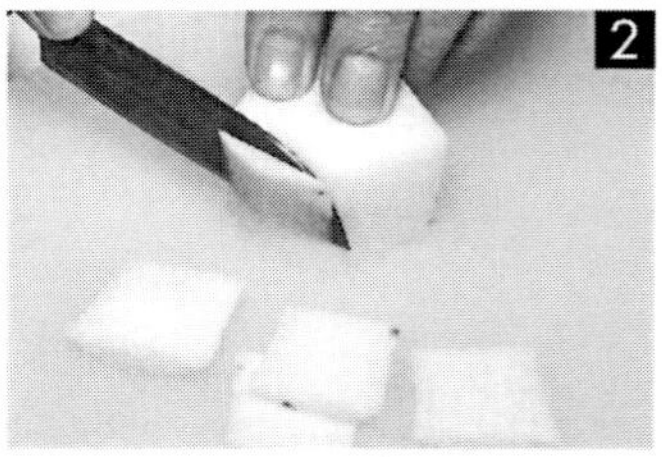

長芋を長さ５～６㎝の輪切りにして皮をむく。五角形に木取り、ミョウバン水にしばらく浸してぬめりを取りのぞく。

五枚の花びらをむく

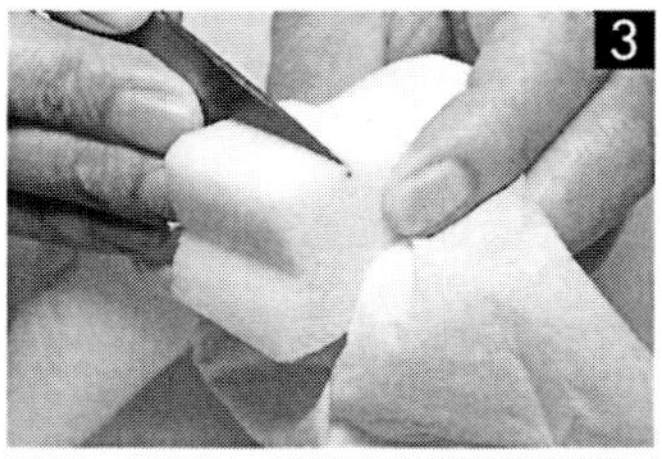

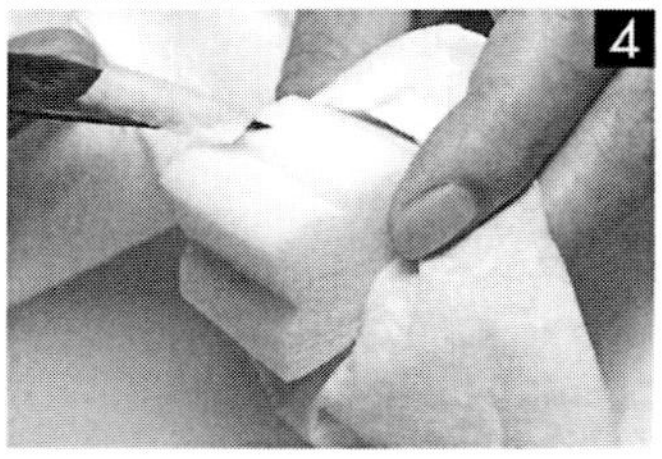

滑らないようにペーパータオルを当て、五角形の辺の真ん中に切り込みを入れ、両側を角から庖丁を入れて丸くむく。

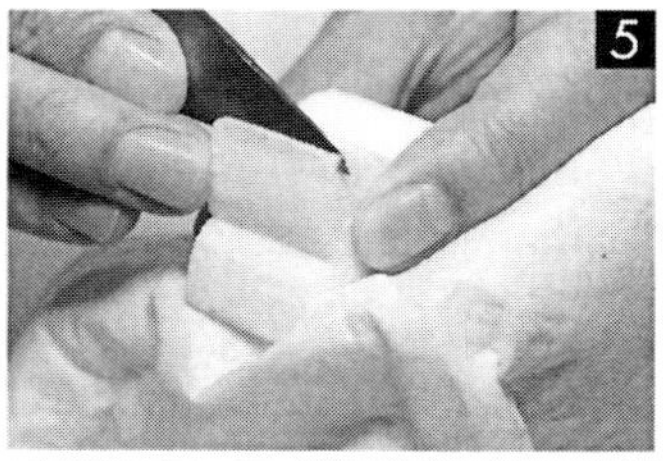

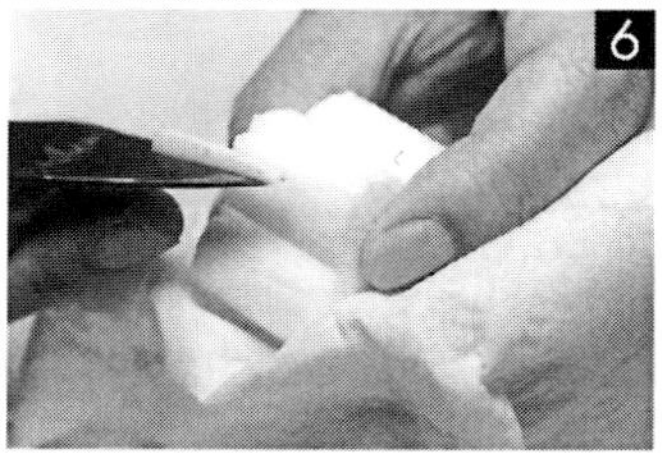

五枚の花びらにむいたら、今度は花びらの先端にＶ字形の切り込みを入れる。イラストのアミ部分をむくことになる。

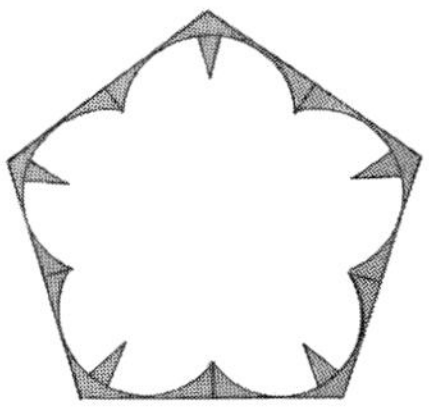

アミの部分をむく

花芯をかたどり、花びらに起伏をつける

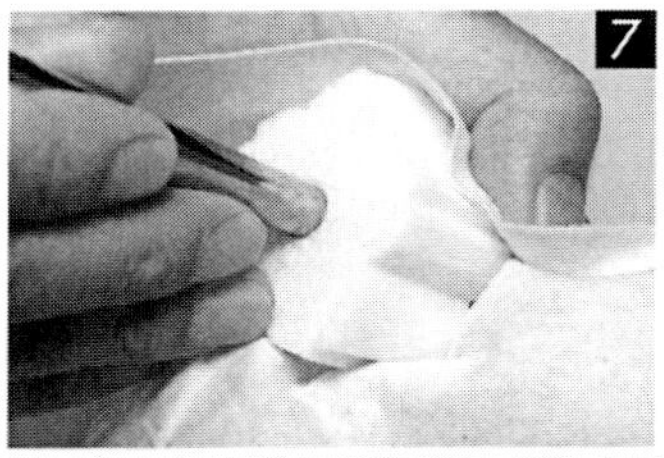

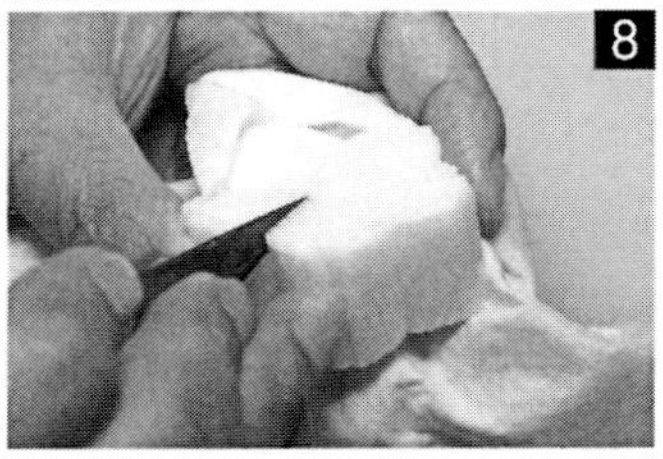

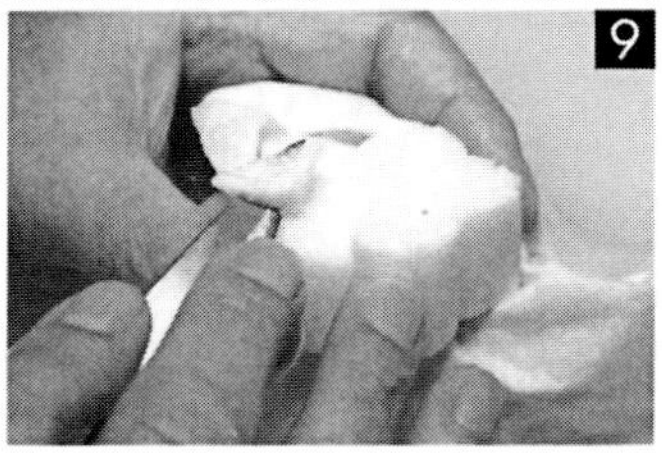

花びらの中心に筒抜きを当てて輪をかたどり、花びらの境目に浅く切り込みを入れ、薄く表面をむいて起伏をつける。

ひょうたん桜（冬瓜）

花見につきものの酒。そこで、酒を入れるひょうたんと桜の花を一つのむきものに。冬瓜を丸く抜き、左にひょうたんを、右に桜の花をむく。ひょうたんは皮の緑、桜は果肉の白を活かした。ひょうたんの形は右の線だけをむくが、くびれは左右をむく。

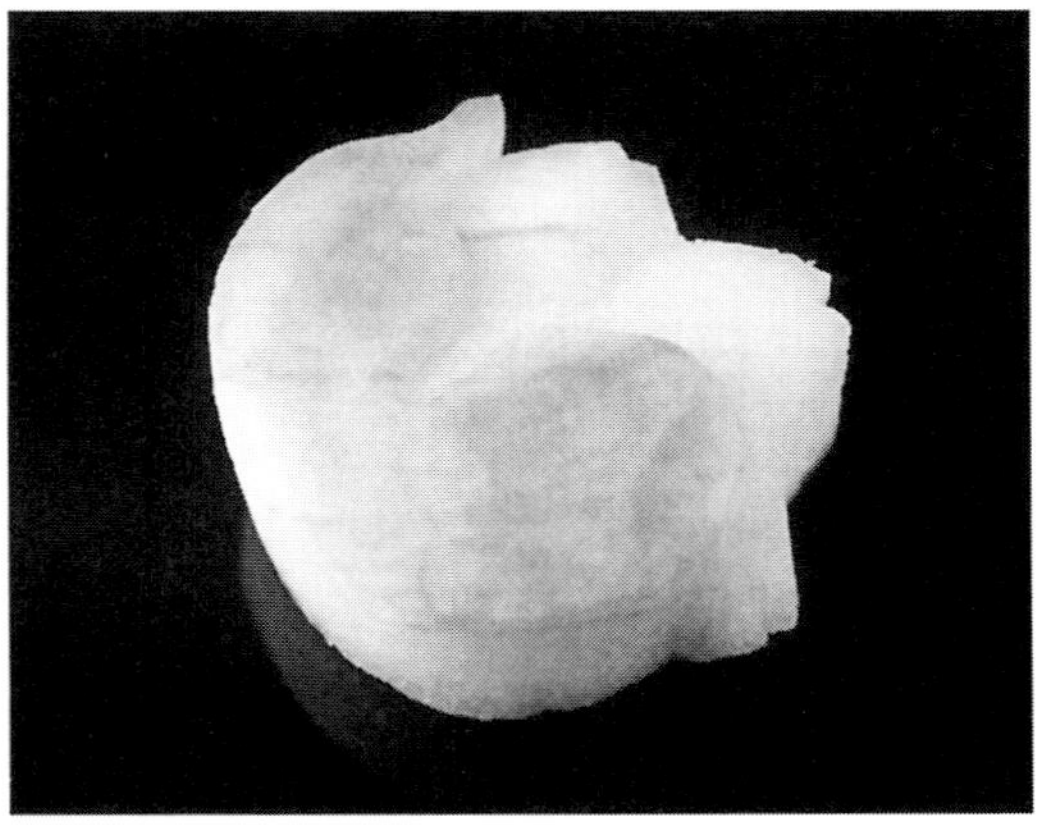

冬瓜を丸に抜き、ひょうたんの形をむく

1

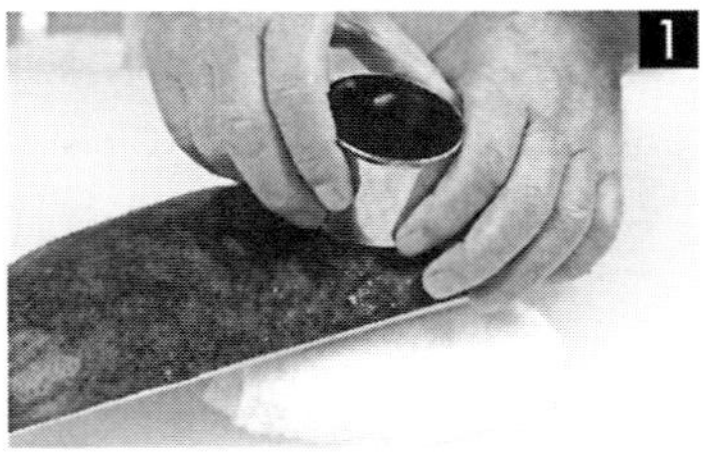

冬瓜はわたを取りのぞいて切りつけ、皮目を上にして抜き型で丸く抜く。

2

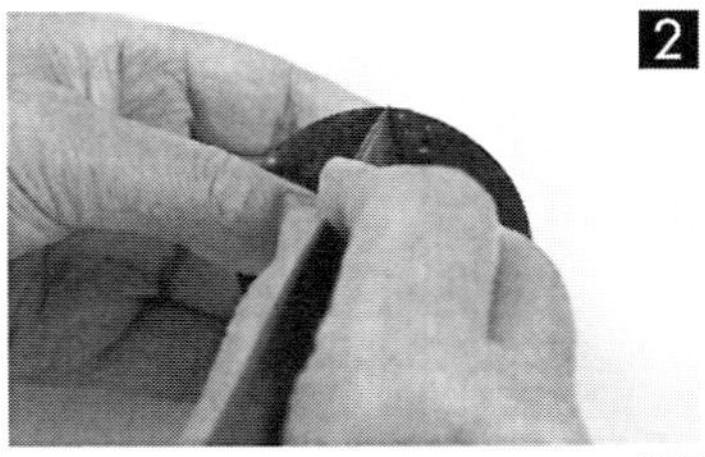

丸く抜いた冬瓜の皮目にひょうたんの形をむく。左寄りの上から口、胴、くびれ、胴と流れる曲線をつけてむき、右側の皮は取る。

3

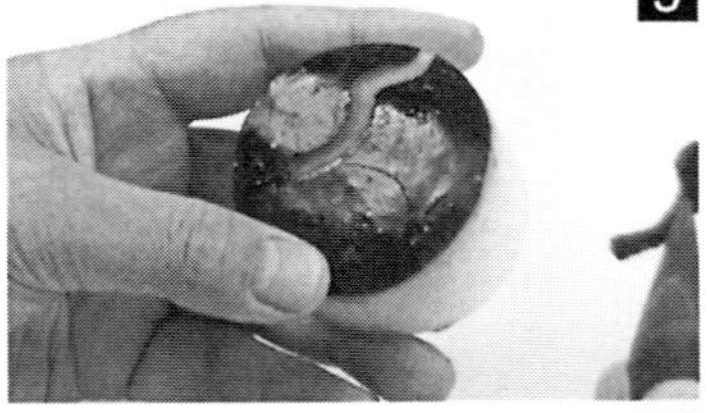

4

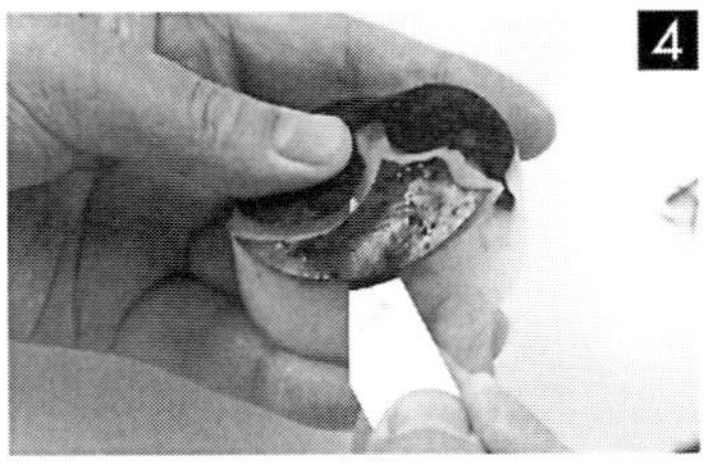

桜の花びらをむく

5

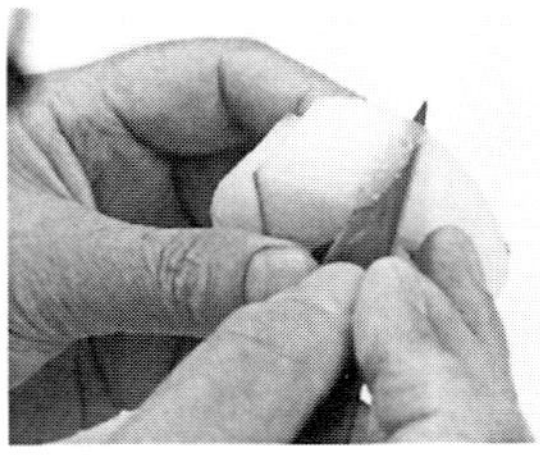

皮を落とした面には桜の花びらをむく。縁にゆるやかなV字形の切り込みを等間隔に三箇所入れていき、花びら三枚の形をむき出す。

6

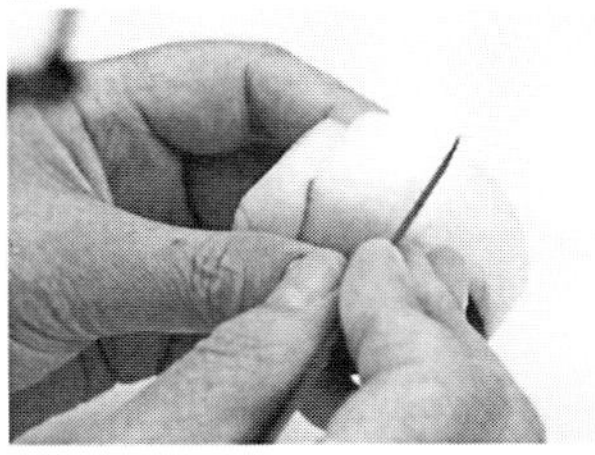

7

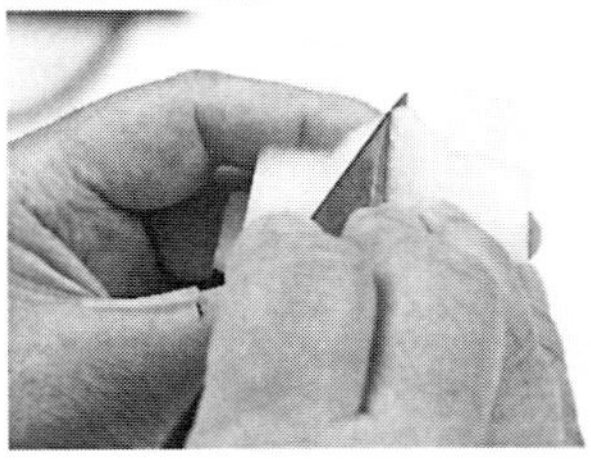

三枚の花びらの表面を中央がやや盛り上がるようになだらかな山型にむいて起伏をつけ、縁の花びらの先端の角に切り込みを入れる。

8

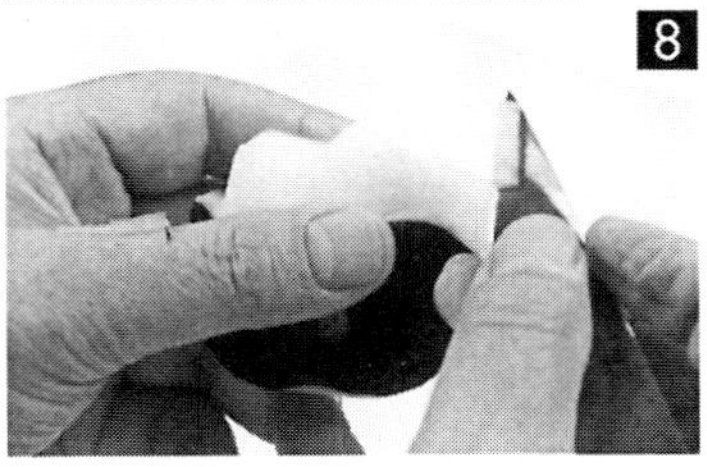

表面の皮をむく

9

最後に、ひょうたんの部分の皮を緑を淡く残すようにきれいにむいて仕上げる。

花蓮根

これも初歩的なむきもので、煮物や酢の物の料理によく使われる。蓮根の外側の大きな穴にそって丸くむいていくが、さらに花びらに切り込みを入れる。料理の形に変化がつくのはもちろんだが、煮物や酢の物にするときに蓮根の周囲から味がしみ込みやすい利点も。

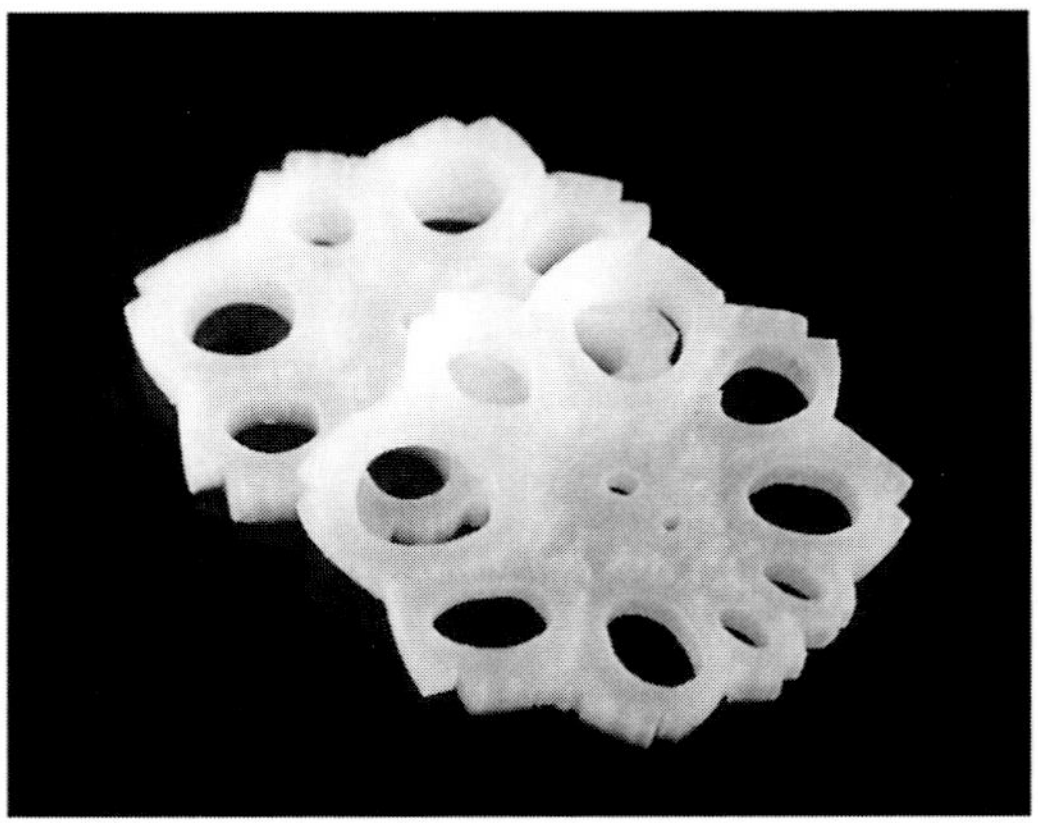

蓮根の穴と穴の間の側面をV字にむく

1

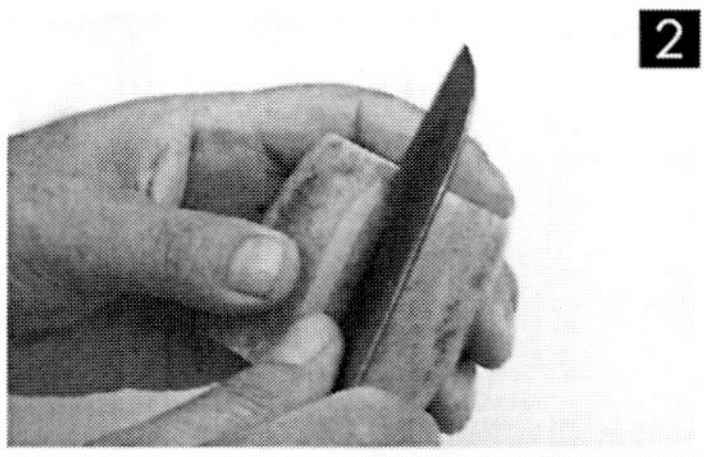

2

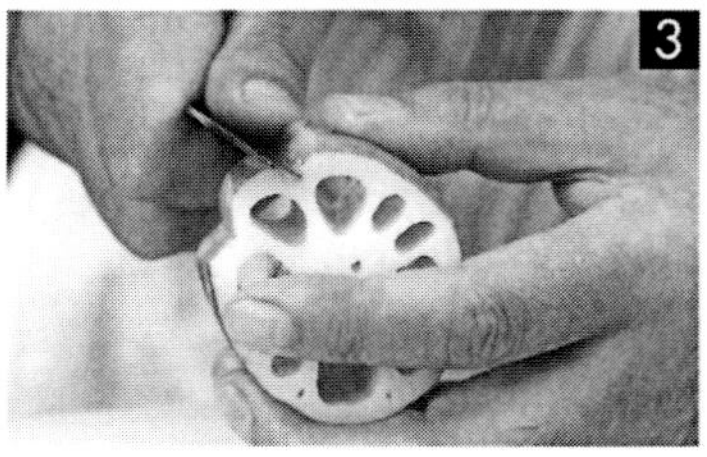

3

適当な厚さの輪切りにした蓮根を用意する。穴と穴の間を浅くV字に抜きながら皮をむく。穴の位置を確認しながら蓮根を回してむく。

切り込みを入れる

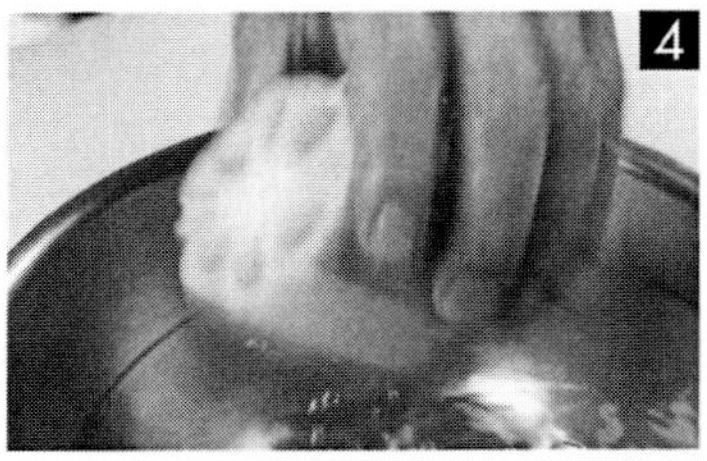

4

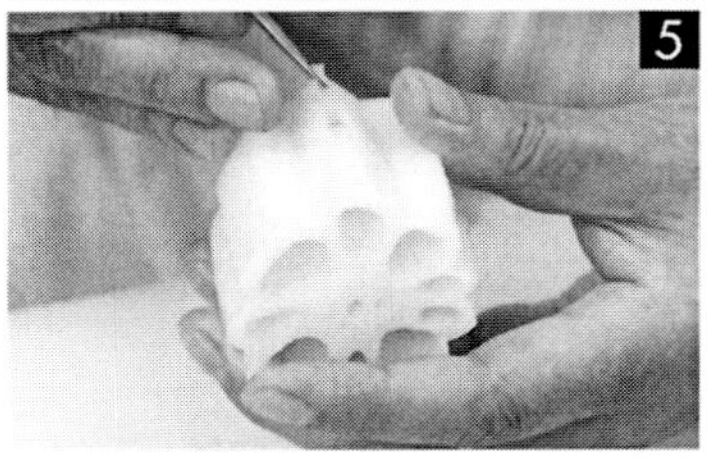

5

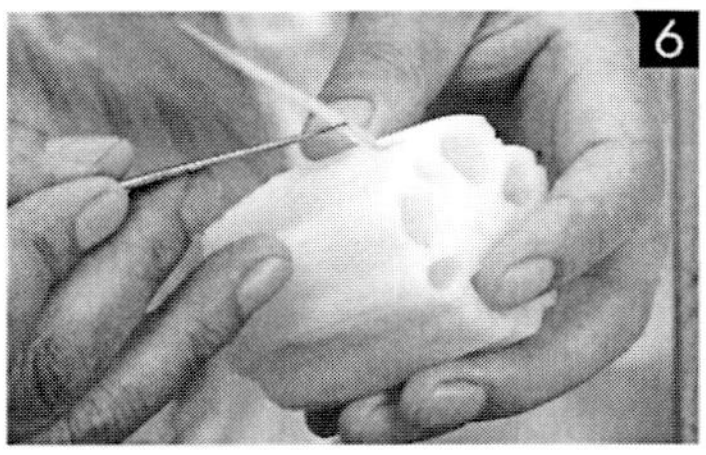

6

蓮根はあくが出て、すぐに黒ずみやすいので酢水につけながら行う。蓮根の周りを花型にむいたら、桜と同じように先端に切り込みを。

薄切りにする

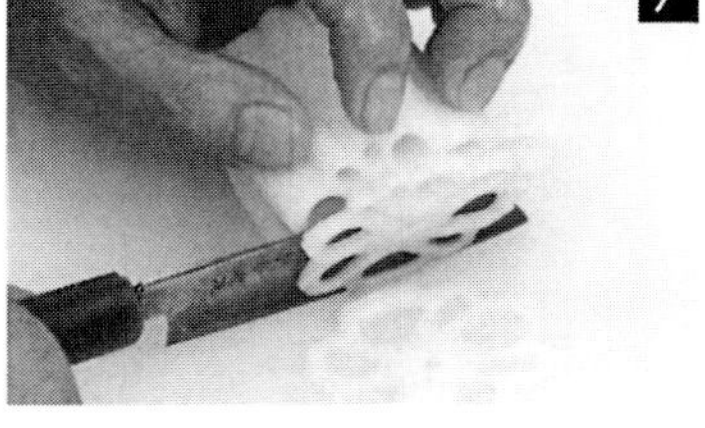

7

むき終わったら横にしてまな板に置き、面取り庖丁で薄切りにして料理に使う。

ひょうたん（人参、南瓜）

人参と南瓜を使ったひょうたんのむきもの。一対にして料理に入れると、人参の赤と南瓜の緑が互いに引き立てあって印象が強まる。人参はできるだけ細長いものを選び、南瓜はくし形に取ってから行うとむきやすい。上と下の大きさのバランスを考えてむくようにすること。

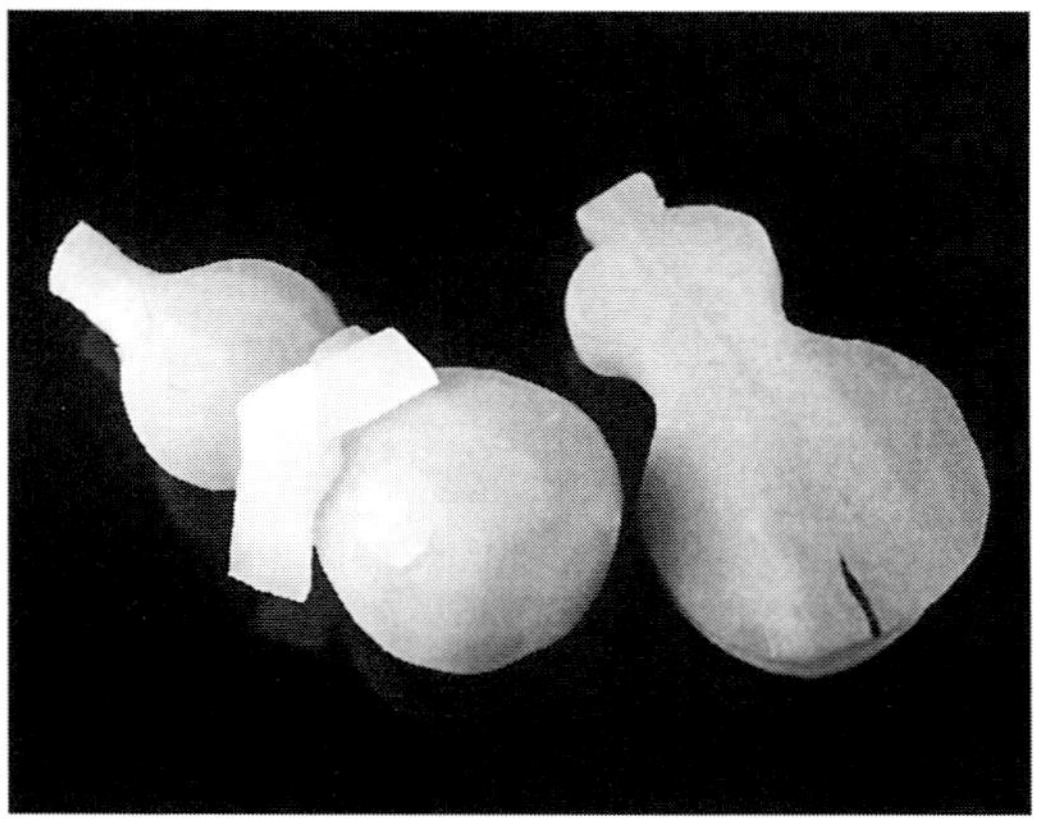

●人参●

ひょうたんの口をむく

1

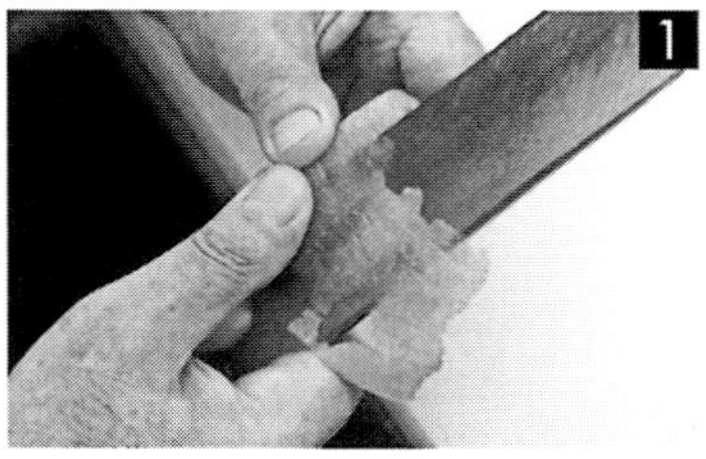

人参は細い方の部分を輪切りにして、ひと回ししながら皮をかつらにむく。

2

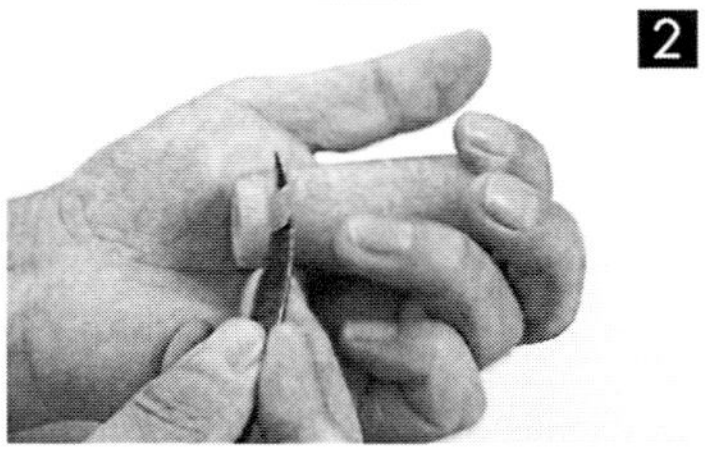

3

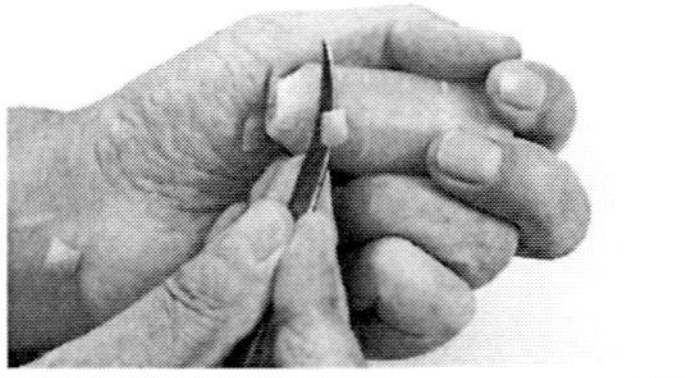

4

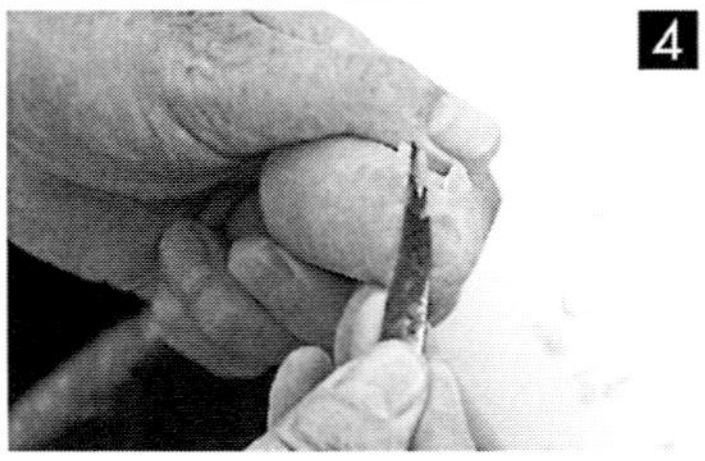

細い方を手前にして持ち、その断面の周囲をむきものの小刀の曲がりでむいてひょうたんの口を作る。断面に細長い突起をむき出す感じ。

胴のくびれをむく

5

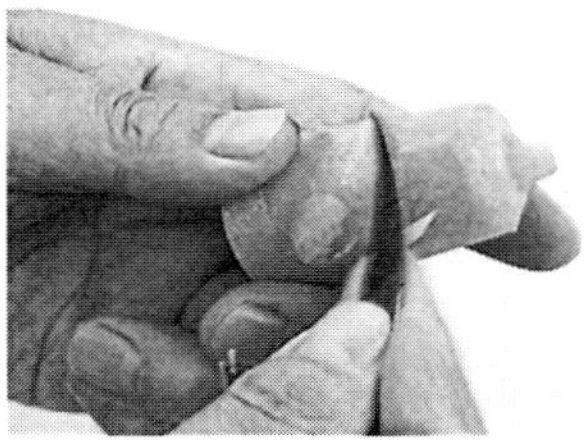

6

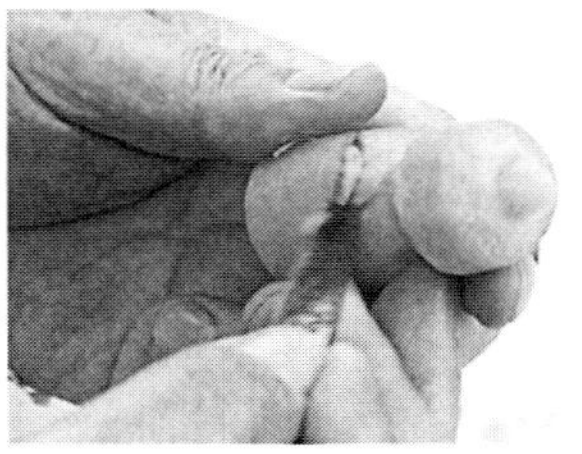

真ん中よりもやや上にひょうたんのくびれをむく。上と下の大きさのバランスを考え、くびれをむきながら全体の形にも丸みをつける。

ひょうたんの底をむく

7

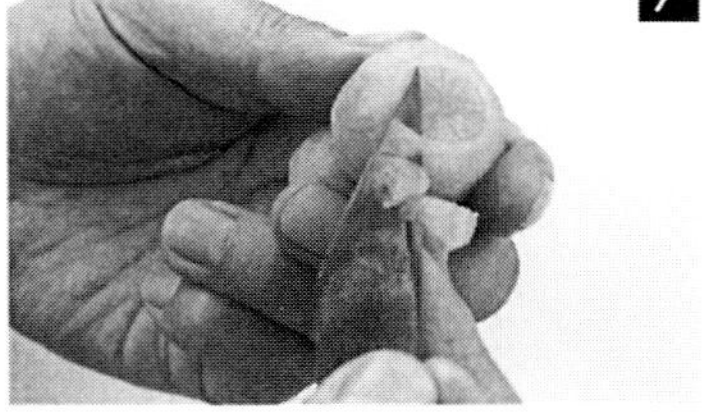

底の断面を上に向けて、周囲の角を切り出しで面取りして丸みをつけて仕上げる。

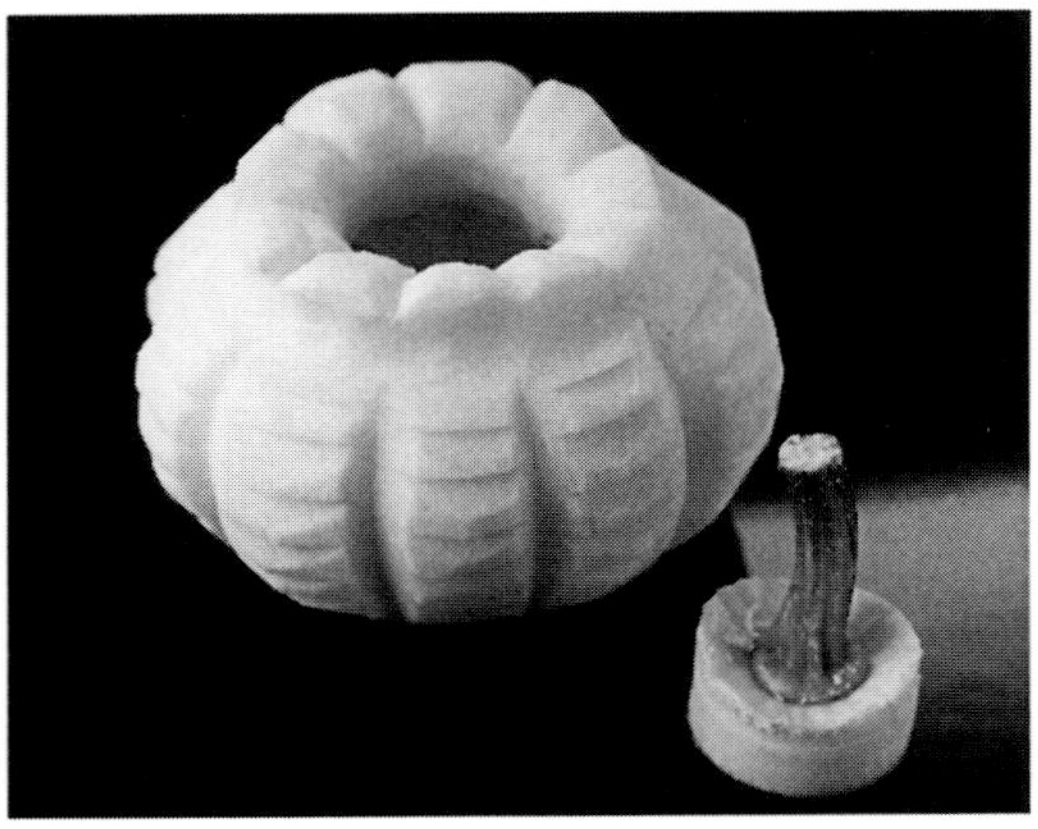

全体の形を木取る

1

2
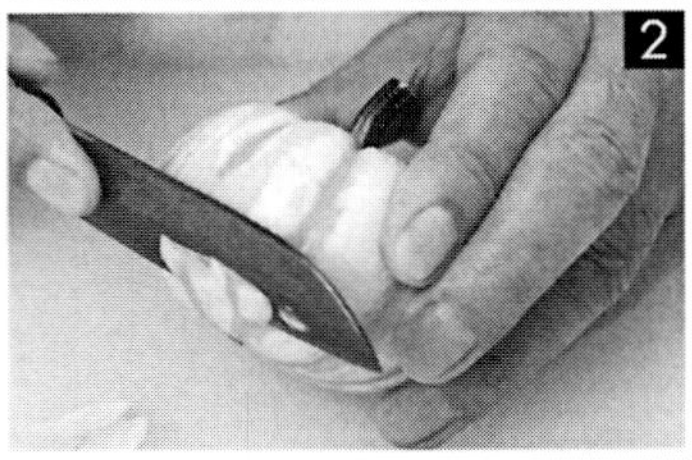

プッチーニと呼ばれるペポカボチャの一種を使用。まず、面取り庖丁で底の固い皮を平らに落とし、座りを良くする。

3
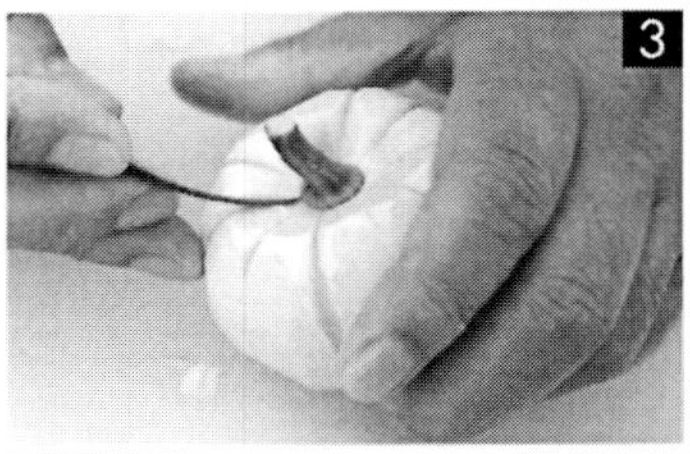

4
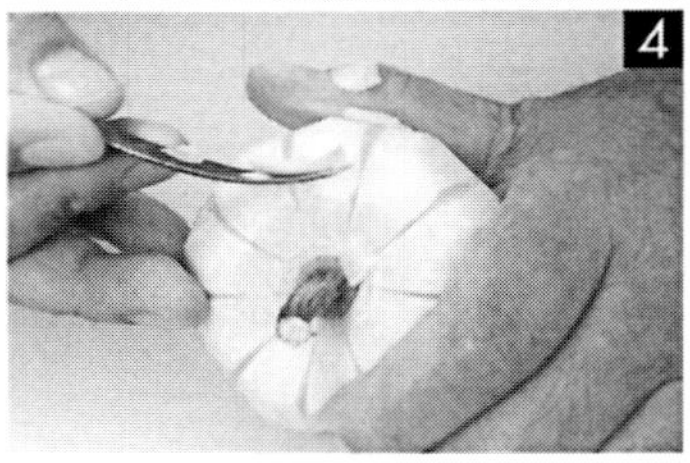

次に、へたの周りの固い皮をむく。曲がりを使い、縦縞の模様に沿ってへたの内側から外側に向けてむいていく。

●南瓜●

くし形に取る

1
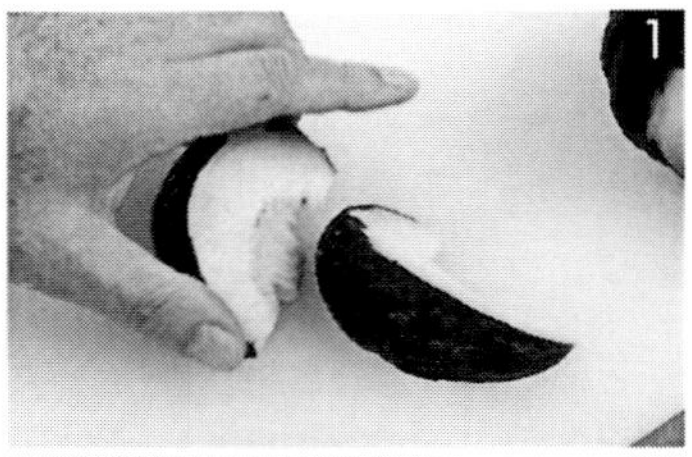

2

南瓜は四つ割りにしてタネとワタを取りのぞき、くし形に切りつけて底を平らにし、両端を少し切り落とす。

口、くびれをむく

3
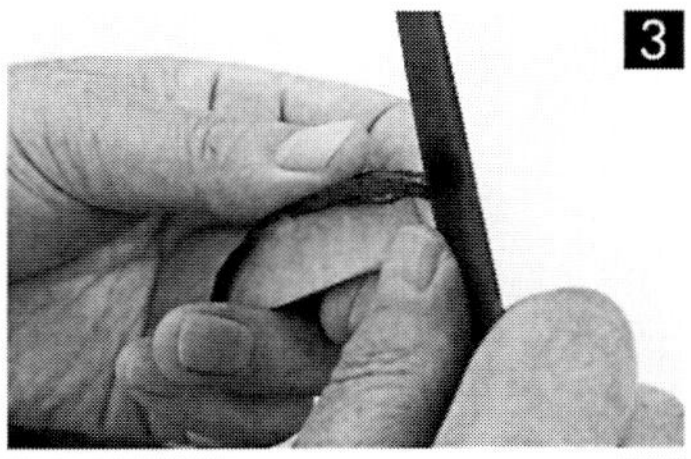

4
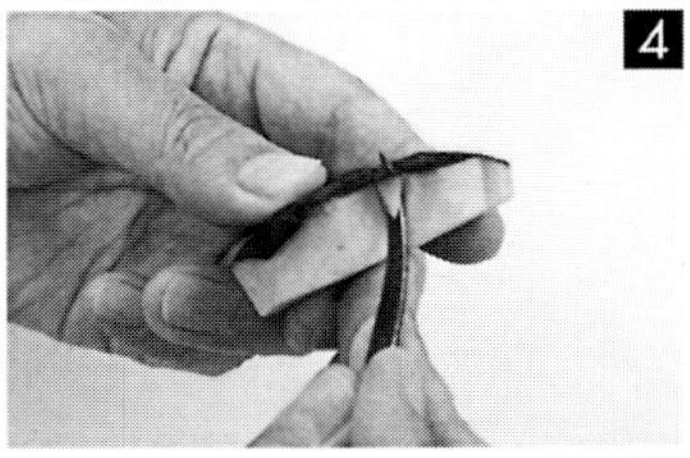

5
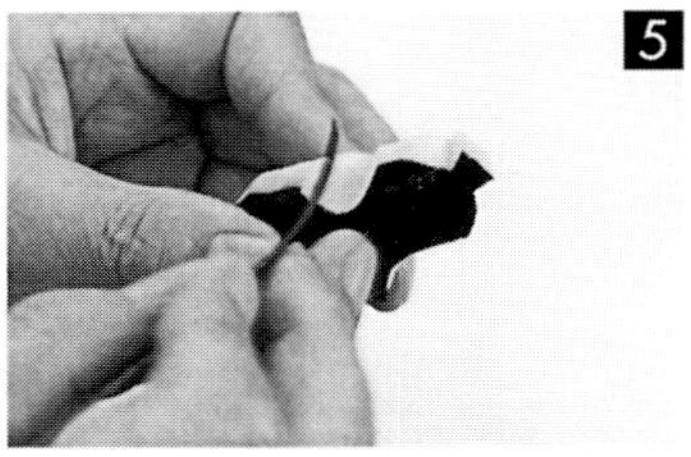

人参と同じように幅の細い方の縁に面取り庖丁でひょうたんの口を作り、曲がりで胴のくびれをつけていき、全体の形に丸みを。

表面の皮をむく

6

最後に口の方から面取り庖丁を入れ、一気に底まですすめて皮をきれいにむく。

魚《び》籠《く》（南瓜）

取った魚を入れる専用の竹籠が魚籠。P88で紹介した手籠とほぼ同じむき方だ。色のきれいなプッチーニという南瓜を丸ごと使って蓋と籠をむいていく。蓋は南瓜のへたの部分を活用し、籠の編み目も果肉の縦縞の模様を活かしてむいていけば、仕事が早くはかどる。

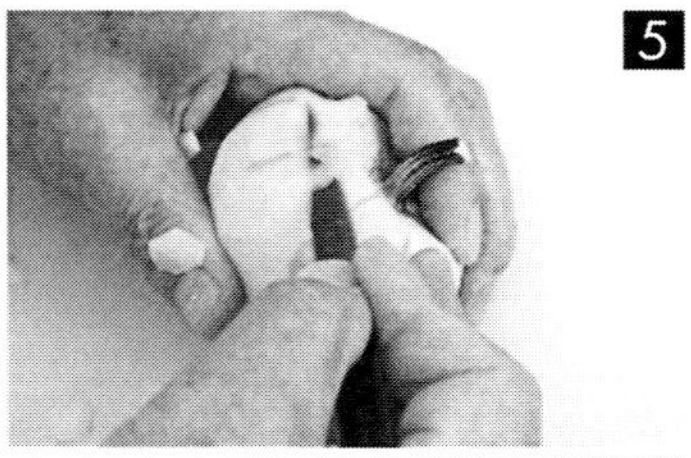

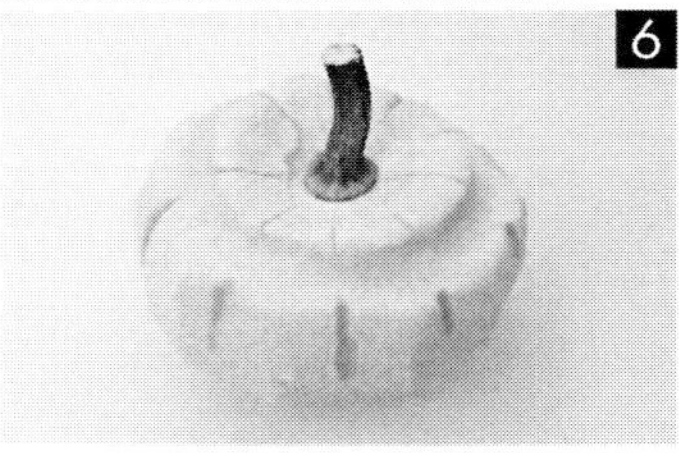

切り出しで表面を滑らかにして、魚籠の縁の部分をむく。写真のようにへたの下側の周囲を曲がりでむきながらくびれを作る。

へたで蓋を作り、中をくり抜く

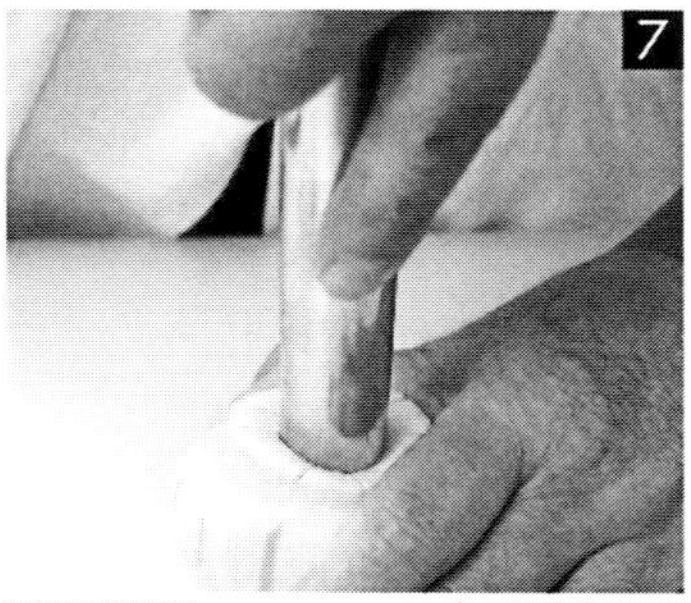

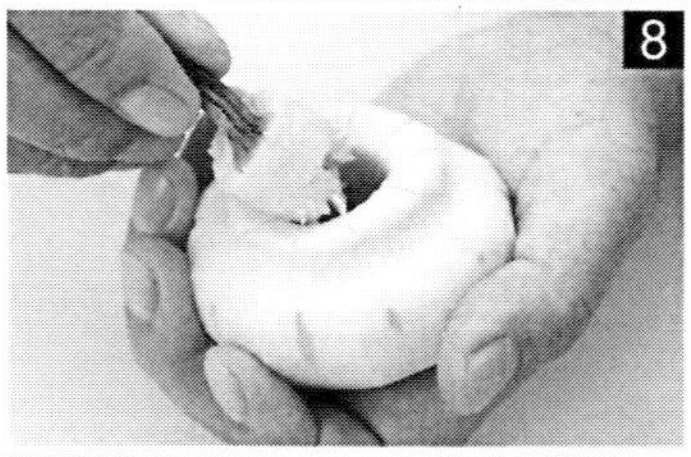

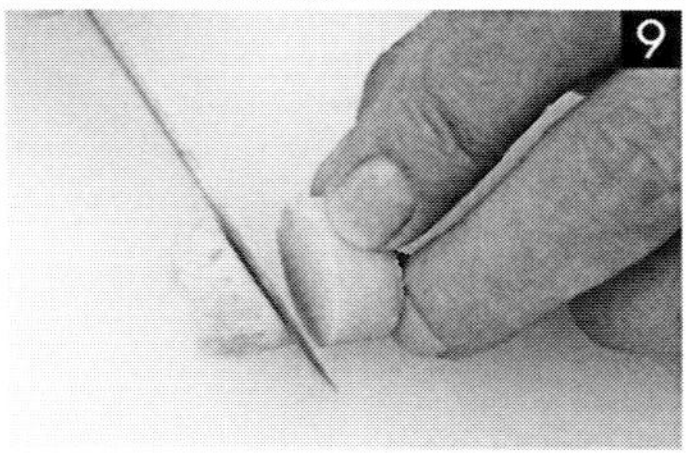

へたの部分に大きさの合った筒抜きを垂直に差し込んで抜き取る。身についているワタをきれいに落として蓋にする。

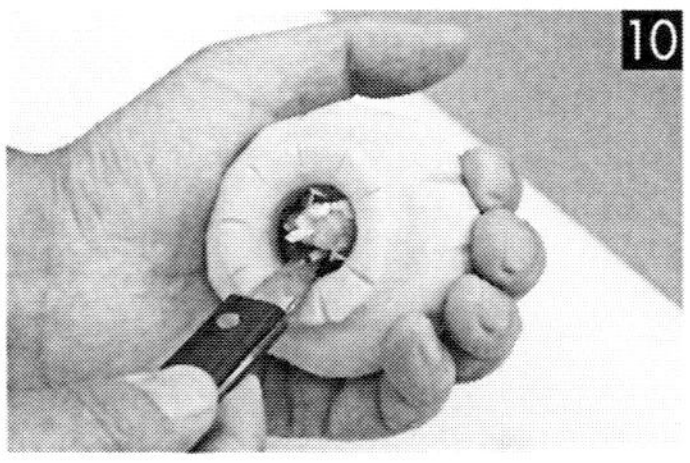

魚籠の中のワタやタネもくり抜きを使ってきれいにかき出す。

籠の形をむく

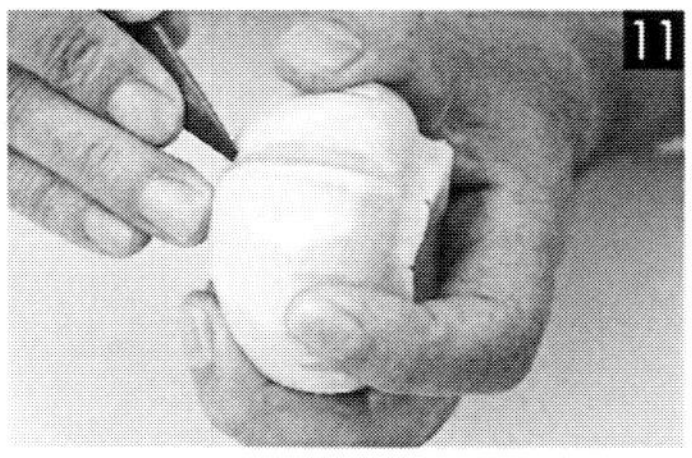

魚籠の編み目をむく。南瓜の縦縞の模様をなぞるように切り出しで筋を入れて彫り込み、一周させて編み目をつけていく。

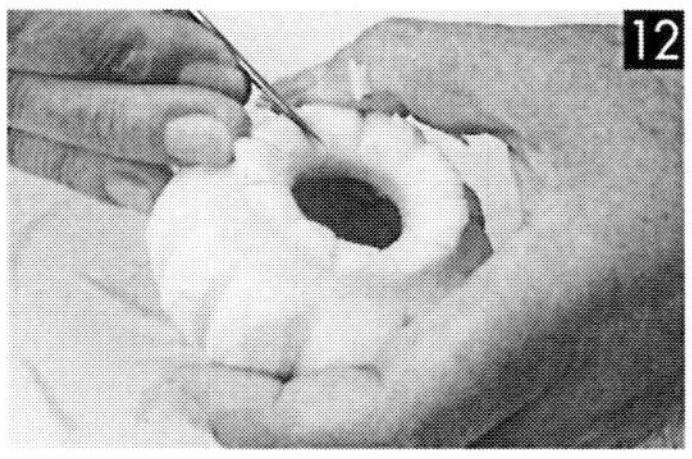

縁の部分も写真11の編み目に揃えて切り込みを入れ、それをむき出して編み目をつけ、全体にそりが出るようにととのえる。

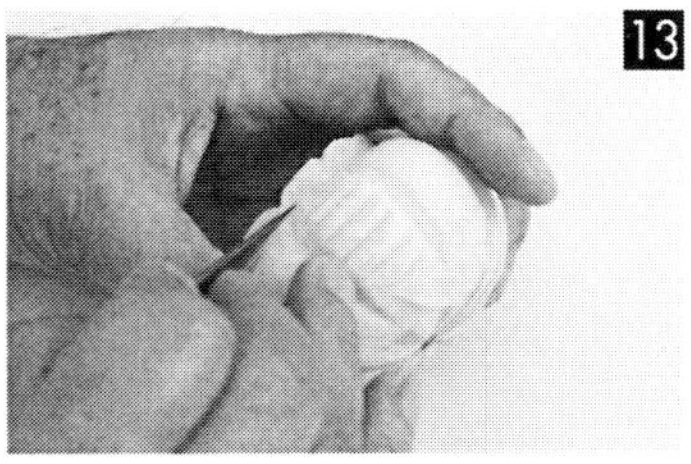

最後に魚籠の横の編み目をむく。縦の編み目の間に横に何本か筋をつけ、これらをむき出して竹を編んだ形に仕上げる。

五月のむきもの

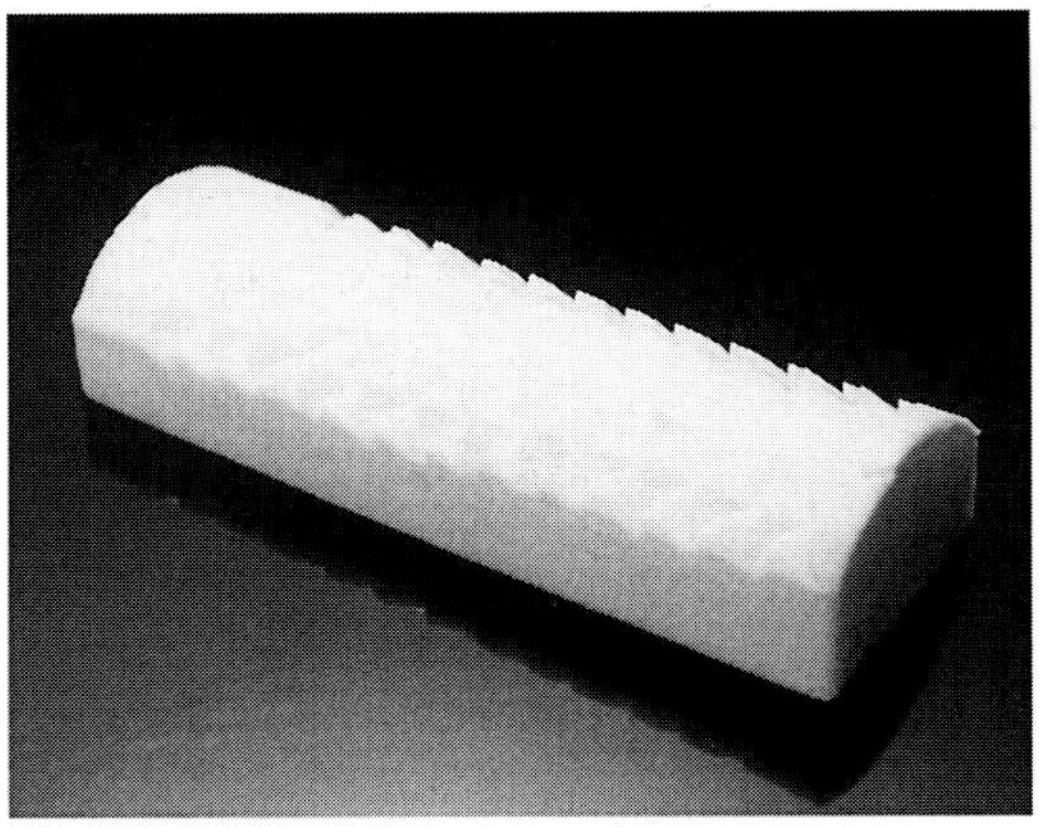

鱗（薩摩芋）

鯉のもっとも際立った特徴といえる一枚一枚のはっきりした鱗を薩摩芋を使ってむく。この頃出回る新薩摩芋は肉質が柔らかいので、むきやすい。鱗の模様は一見複雑そうに見えるが、単純なむき方の繰り返し。といっても丁寧に一枚一枚の形を揃えてむくことが大切。

カマボコ形に木取る

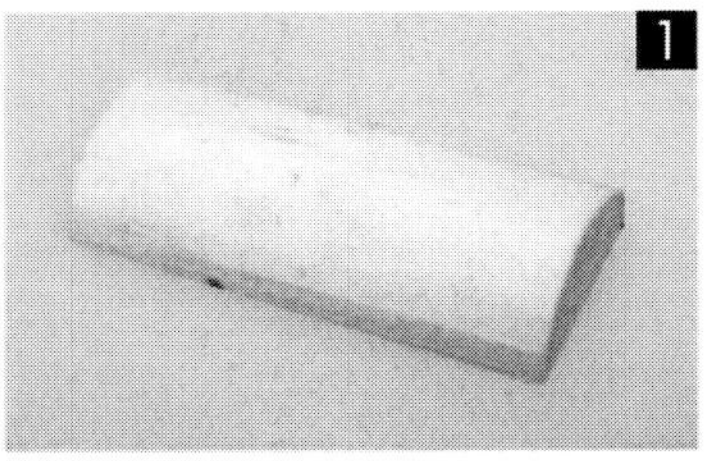

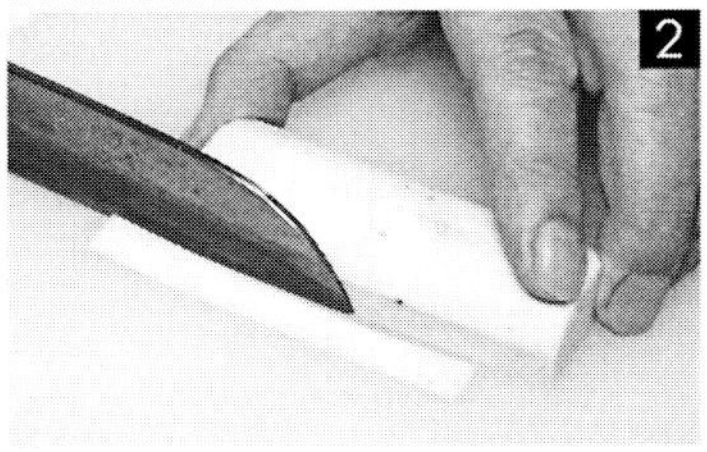

薩摩芋は両端を切り落として縦半分に切り、その一つを皮をむいて半円の形にととのえ、両端を均等に落としてカマボコ形に木取る。

表面に鱗をむく

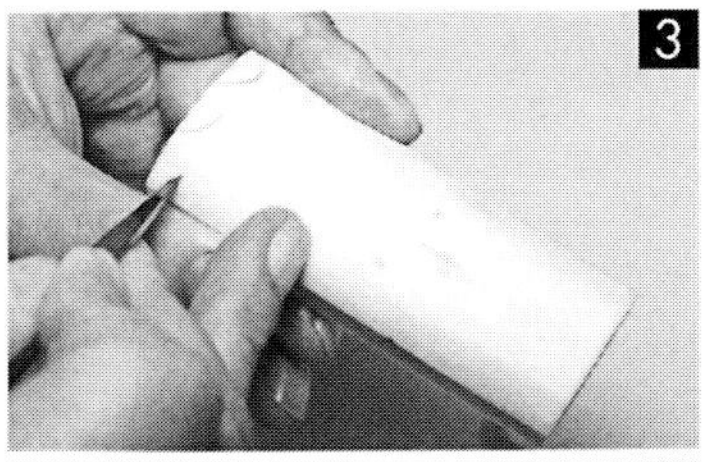

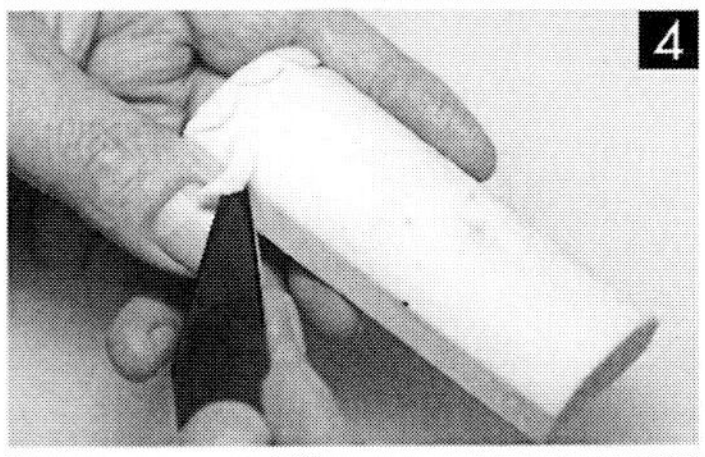

薩摩芋のどちらか一方を鯉の頭に決め、その端から鱗をむいていく。まず、切り出しで縦に半円の筋をつけ、その形をむき出す。

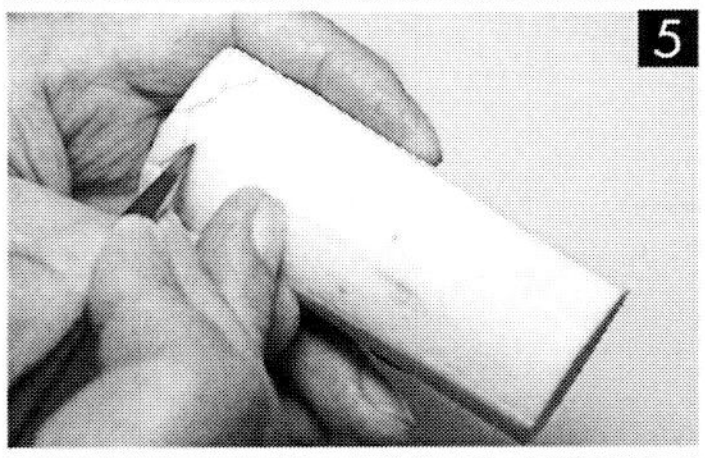

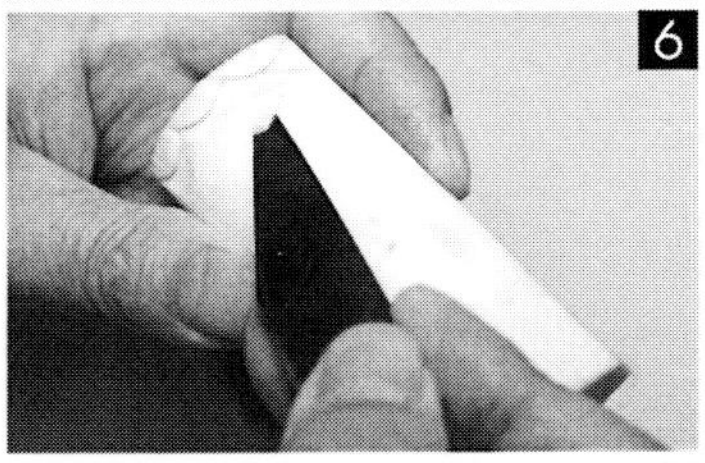

鱗のつけ方はイラストを参照。一列目は三枚、二列目は一列目の鱗と鱗の間にむいていくようにして、これを交互に繰り返していく。

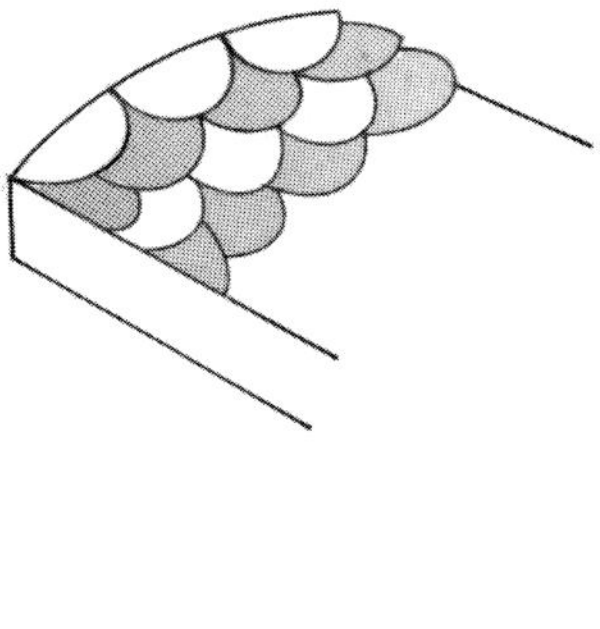

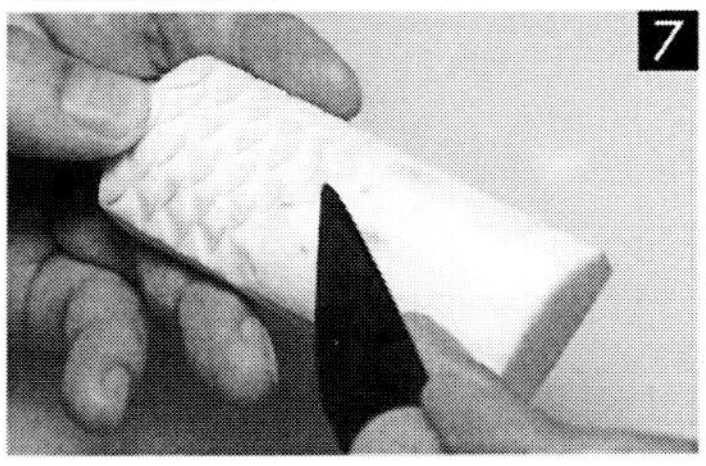

鱗が薩摩芋の表面から浮き上がって見えるように、やや深くむいていくといい。

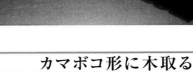

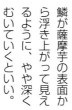

木の葉（南瓜）

青葉、若葉の爽やかな五月の季節感を感じさせる木の葉のむきもの。黒皮南瓜の鮮やかな緑の皮がいかにも合う。このむきものの決め手は、葉脈のむき方に尽きる。皮目に楔のような溝を彫り込んで、そこから葉の筋が左右にきれいに流れるように意識してむきたい。

木の葉の形にむく

1

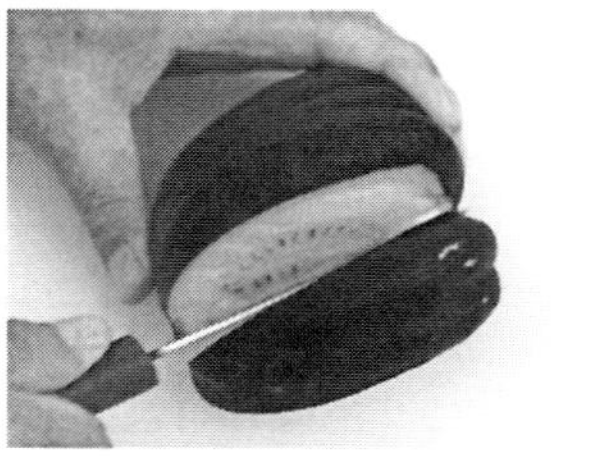

2

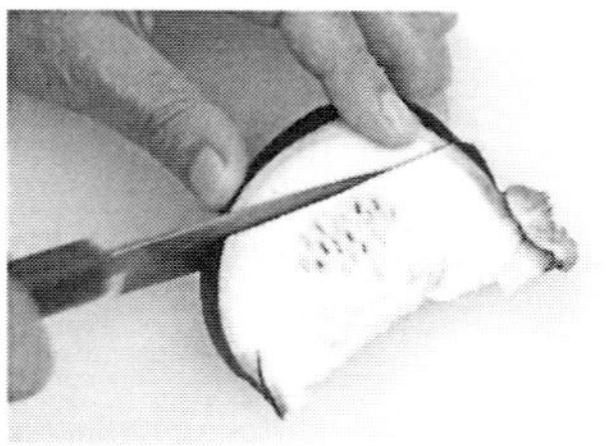

南瓜は四つ割りにしてタネをかき出し、その一つをくし形に取って切り離し、柔らかいワタの部分を厚く切り落として底を平らにする。

3

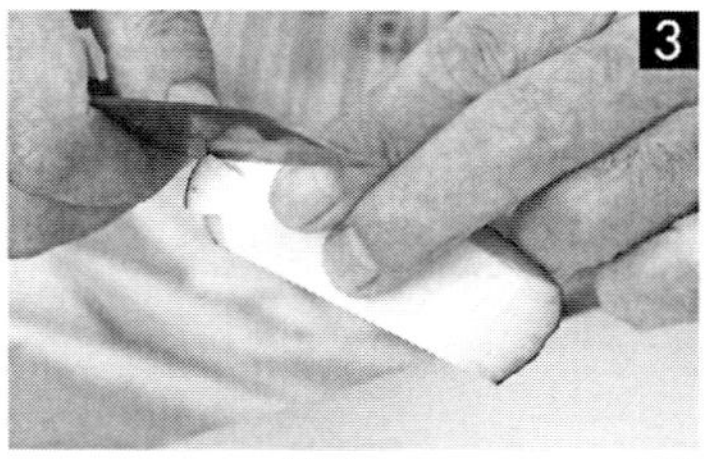

4

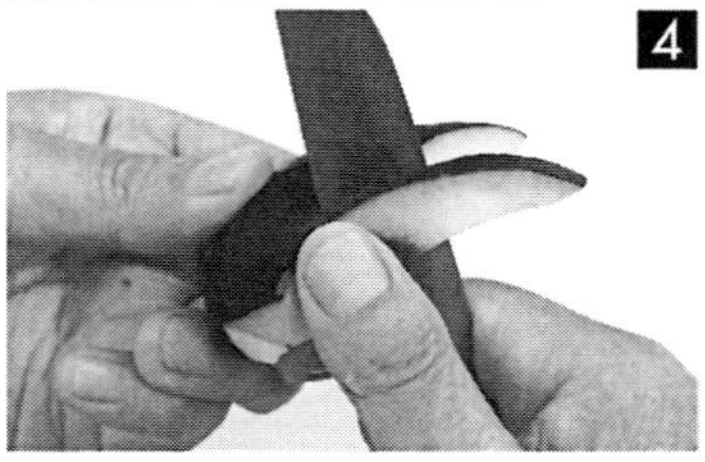

南瓜の一方の端に面取り庖丁で葉の軸を四角にむき、反対の端から庖丁を入れて薄く南瓜をそぎ、全体を木の葉の形にする。

表面に葉脈を入れる

5

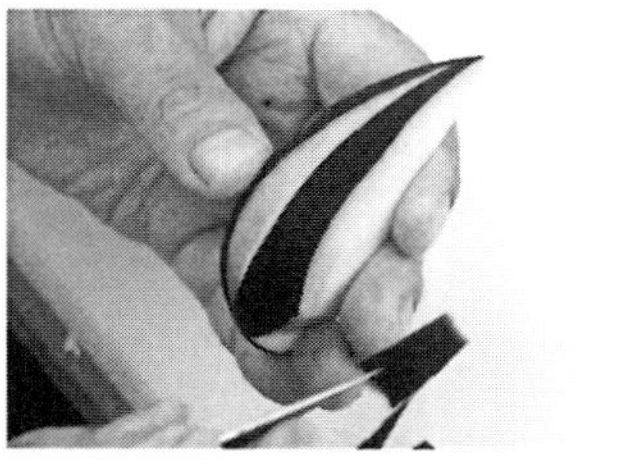

木の葉らしい形にととのえたら、皮目の真ん中を楔型にむいて溝を作る。

6

7

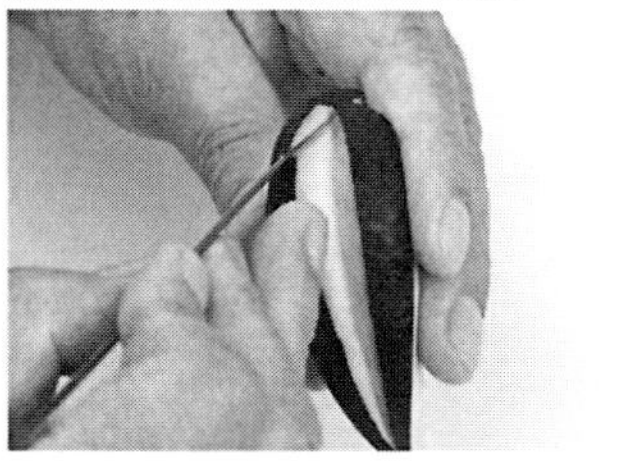

南瓜の向きを持ち変えて、葉元の方から葉脈をむく。溝から左側の皮目に斜めに切り出しを入れ、これを三角にむき出していく。

8

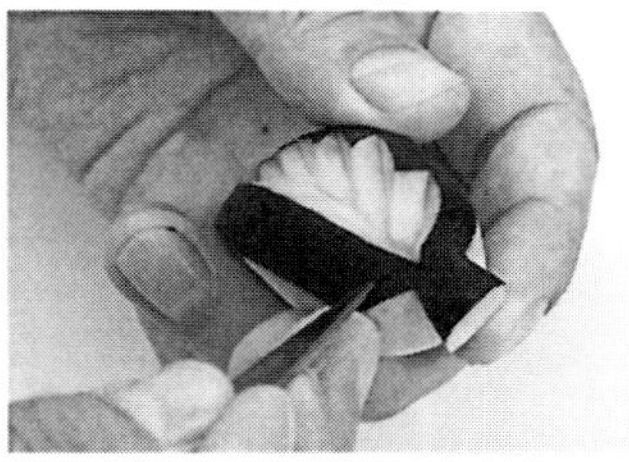

9

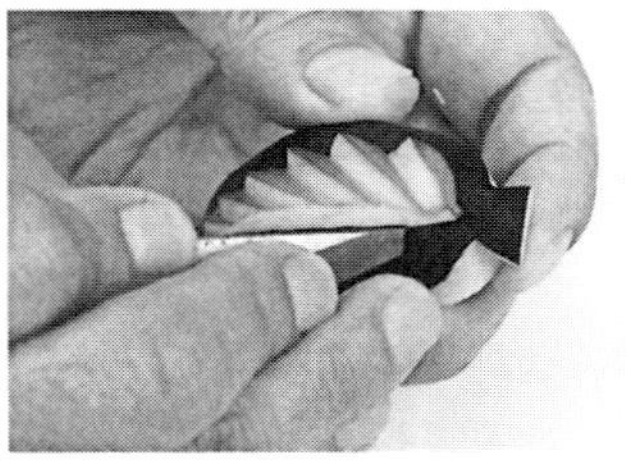

左側の葉脈をむいたら南瓜を再び持ち変えて、反対側の葉脈を同じようにむく。左右の葉脈の切れ込みを揃えるようにむくこと。

五月鯉（人参）

鯉の颯爽と泳ぐ姿を表現した、料理の飾りとしてのむきもの。太くて大きい人参を選び、一本を使ってむく。流線型のスマートな姿を想定して木取り、ヒレ、口、エラ、目、鱗、尾とパーツごとにむいていくが、それぞれの鯉の特徴をよくつかんでおくことが必要だ。

鯉の姿に木取る

1

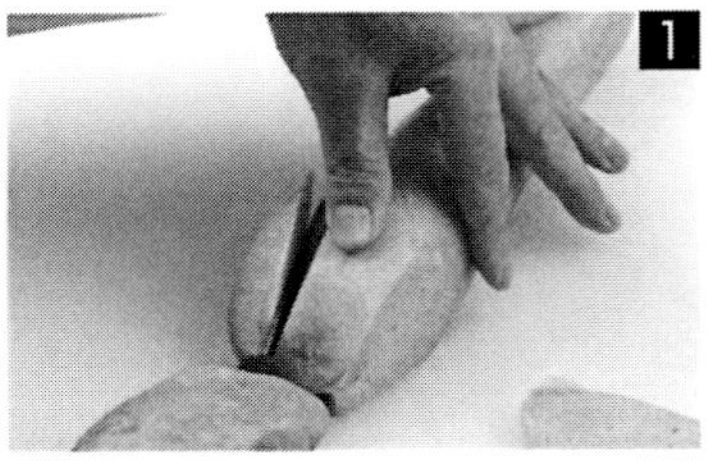

2

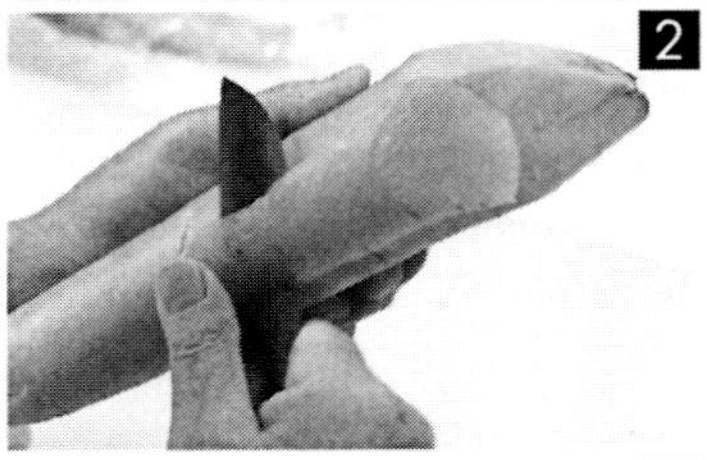

3

人参一本を切り出しで一匹の鯉の形に木取る。鯉の頭になる先端はやや三角に、腹側の下の部分は薄くへいで平らにし、安定させる。

腹ビレ、しりビレをむく

4

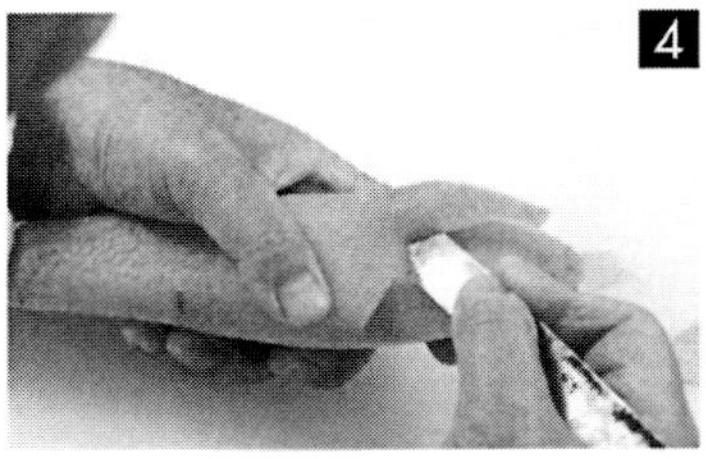

5

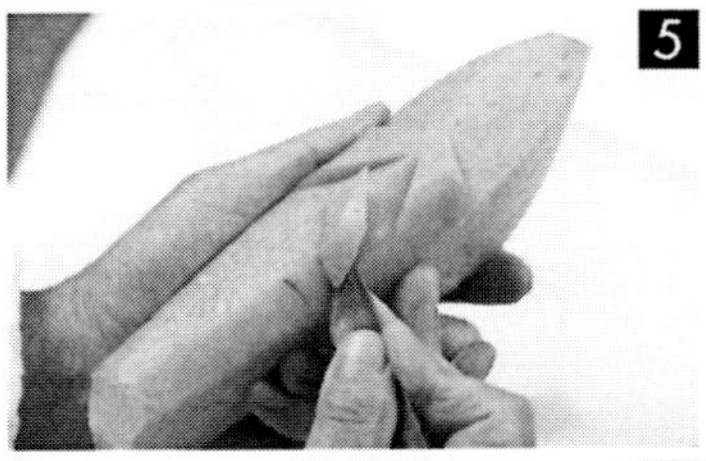

頭を右に、下の平らな面を上にして腹ビレをむく。ヒレを両側に出せるように斜めに切り込みを入れてむき、ヒレの形を浮き彫りに。

6

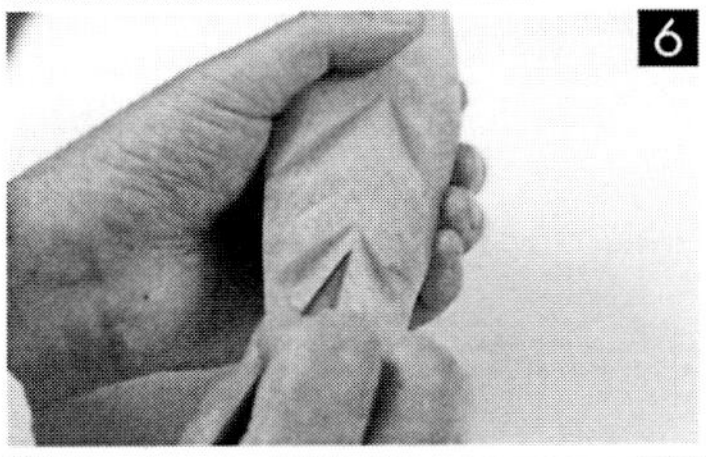

7

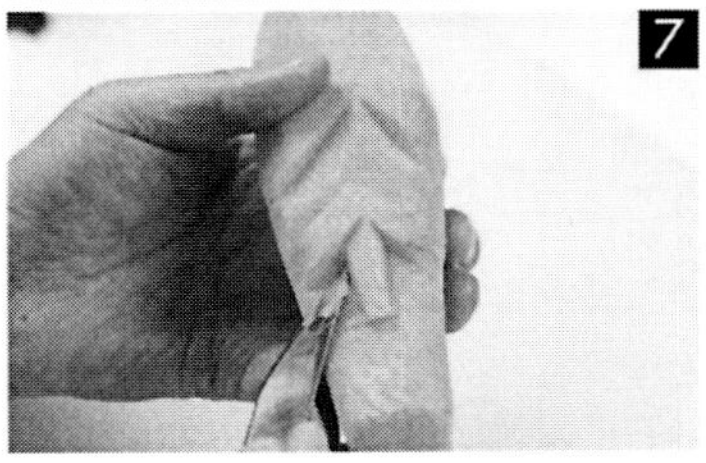

腹ビレの後ろにしりビレをむく。斜めに切り込みを入れてむくのは同じだが、さらにしりビレの場合は尾の方にもヒレの形をつける。

背ビレをむく

8

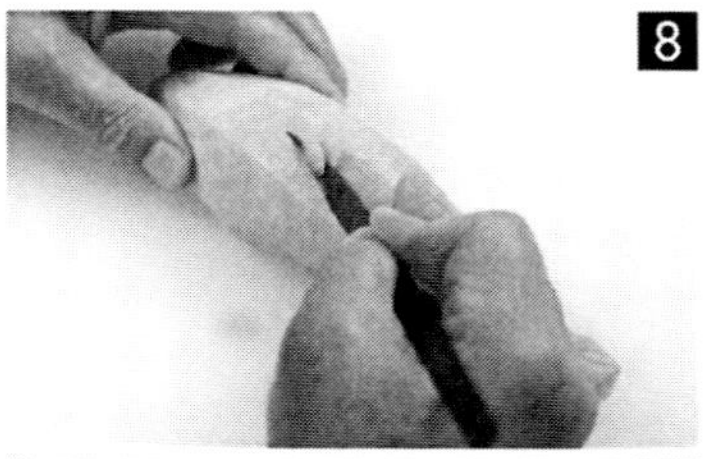

9

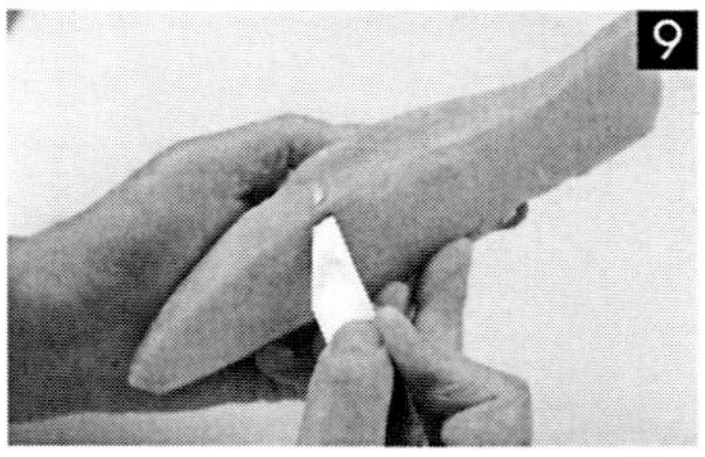

頭を左、腹を下にして置き、曲がりで背の部分をむいて傾斜をつけていき、さらに切り出しで背ビレを立たせるように形をととのえる。

10

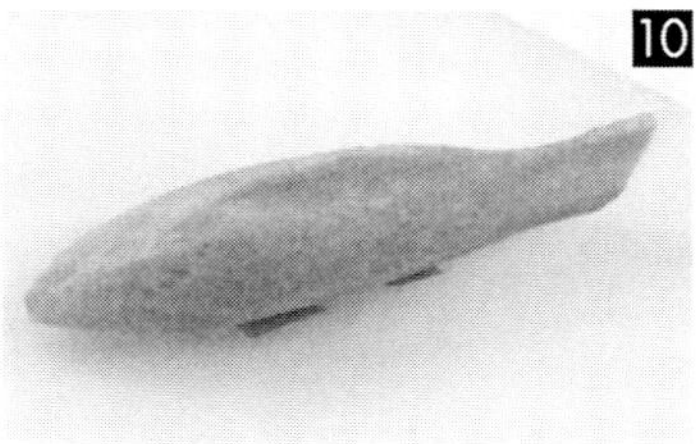

腹ビレ、しりビレが下からのぞかれ、背ビレも盛り上がって一層鯉らしい形に。

口をむく

11

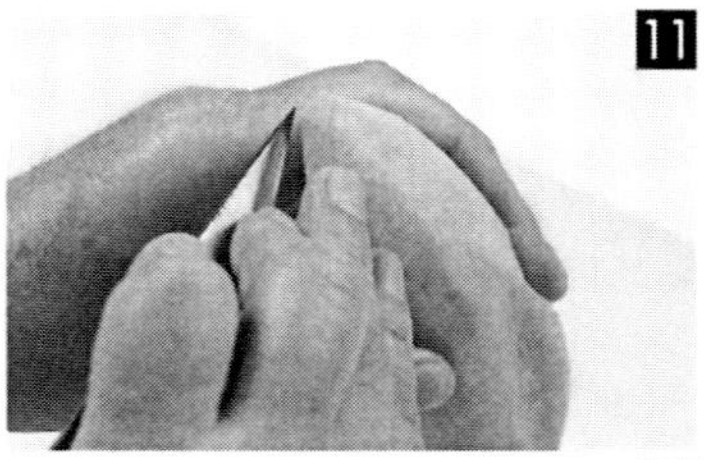

12

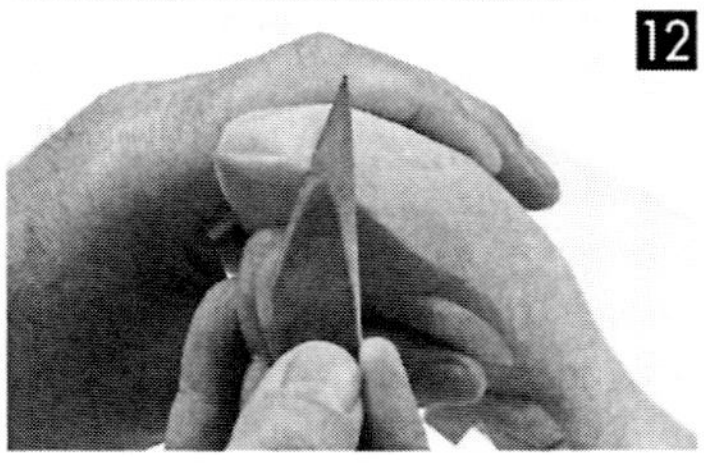

頭を上に向けて鯉の口もとをむく。先端に小さな切り込みを入れてV字形に抜き、その上下に唇の形をむき、上唇の両脇にヒゲをむく。

エラをむく

13

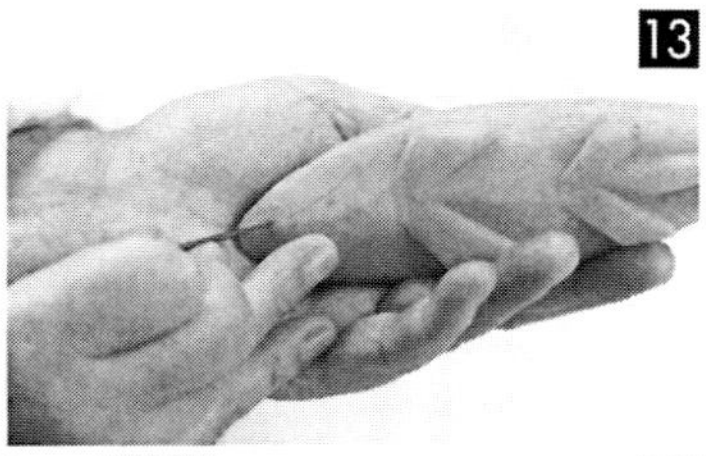

14

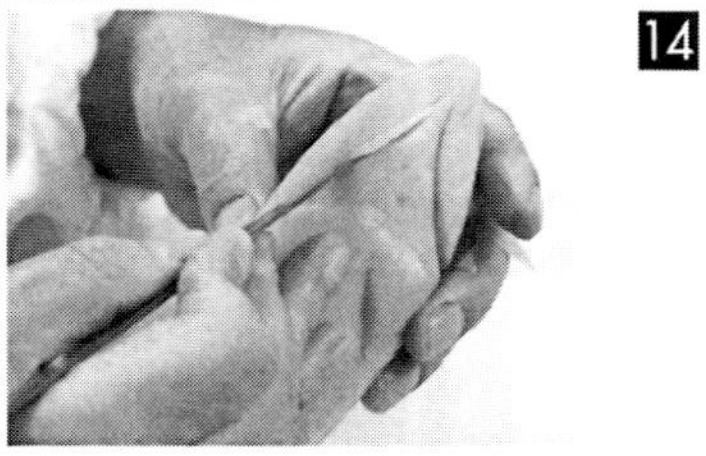

頭を左、腹を手前にしてヒゲのあたりから口に向けてゆるやかな曲線を入れてエラをむき、頭を起こして口先から反対側のエラをむく。

目を入れる

15

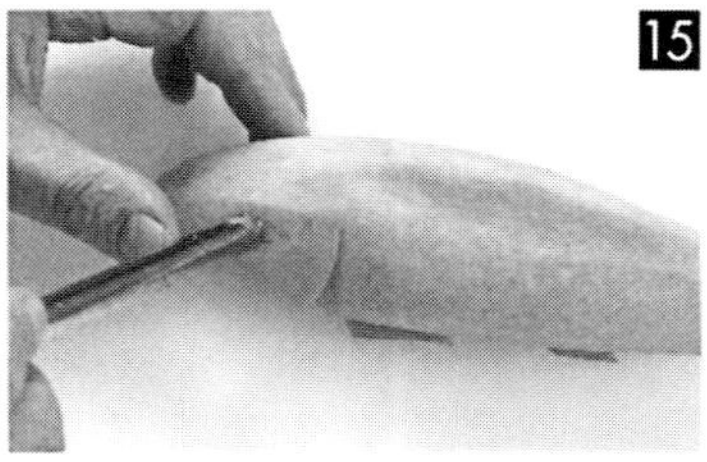

16

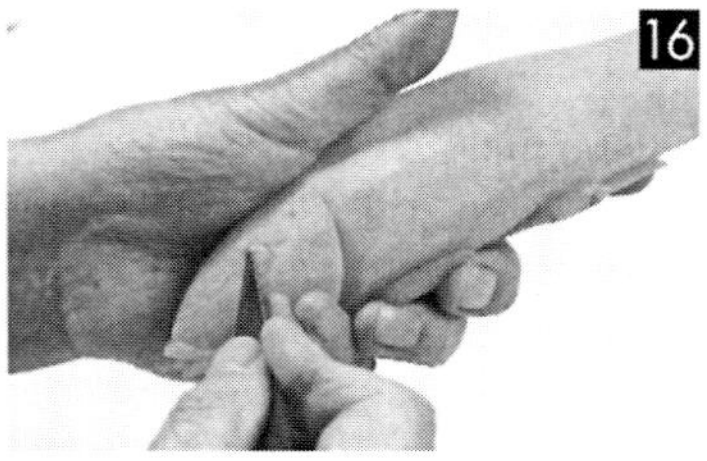

鯉をまな板に置いて頭の両横に小さな筒抜きで丸く輪郭をつけ、その跡を切り出しで細くむいて縁取り、その中に三日月形の瞳をむく。

ヒレの形を仕上げる

17
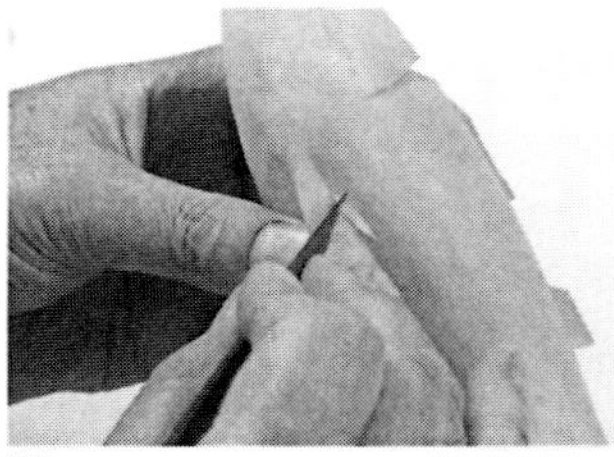

18
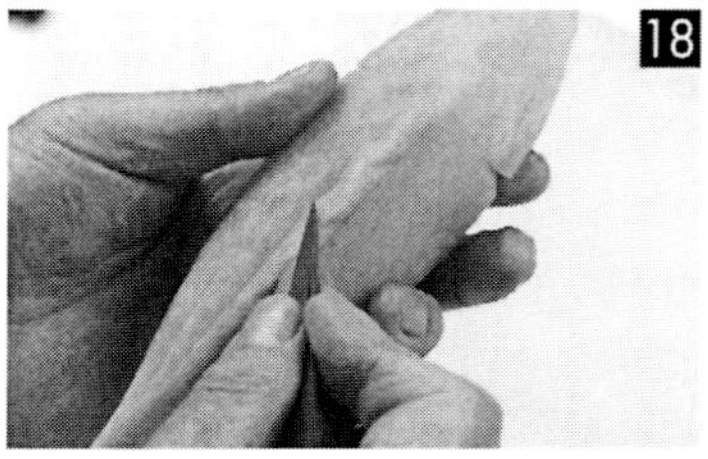

背を上にして、背ビレが波打つように両側に起伏をつけてむく。こうすると、鯉が泳いでいるような表情が出てくる。

19

20
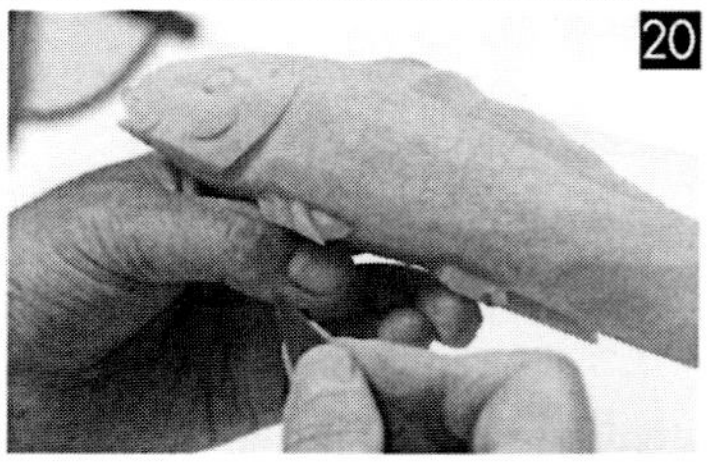

腹ビレ、しりビレにも両側に細かい切り込みを刻んでいく。ヒレのギザギザ感がリアルに出るので、こうした点にも手を抜かないこと。

鱗をむく

21
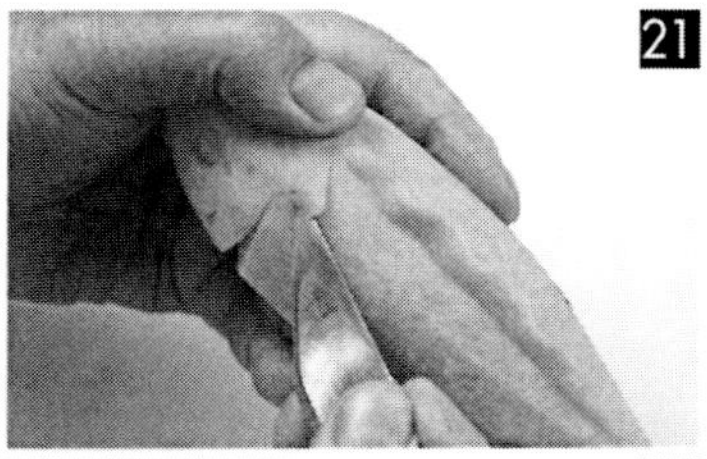

22
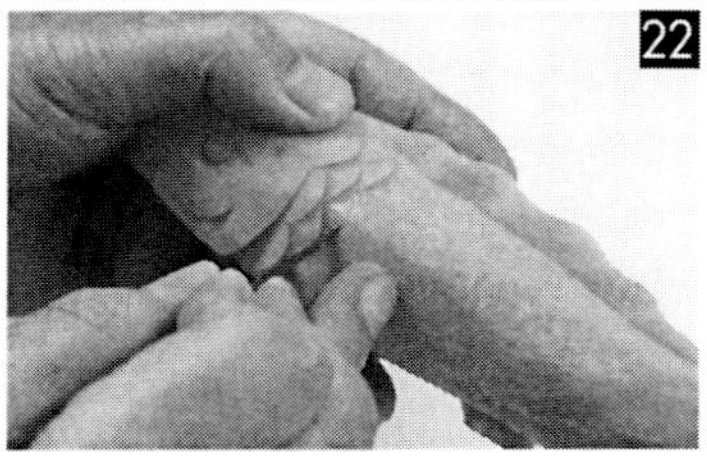

背ビレのきわから平円の筋をつけ、その形をむき出す。鱗は縦列にむき、次の列をむくときには前列のものと交差させるようにむく。

尾ビレをむく

23
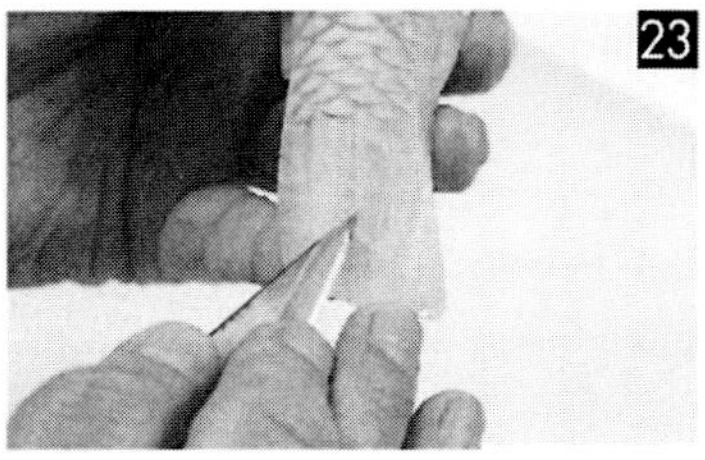

最後の尾ビレは先端の厚みをそいで形をととのえ、表面に切り込みを入れる。

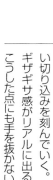

ねじり甘薯（薩摩芋）

形としてはシンプルなむきものだが、煮物や大学芋のような甘味に使うとお客の目に止まり、料理人らしい庖丁さばきを印象づけられる。ところが、意外にむき方がわかりにくいという。薩摩芋を回しながらむいていくだけだが、庖丁をどこから入れるかがポイントに。

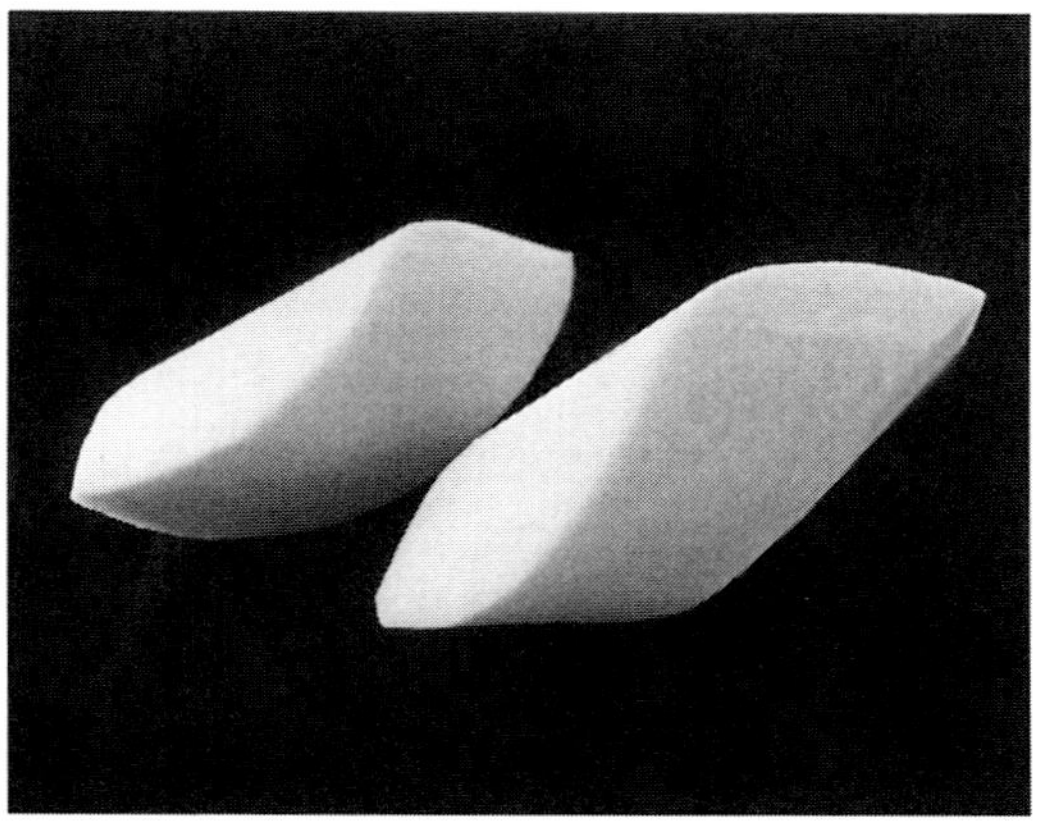

1

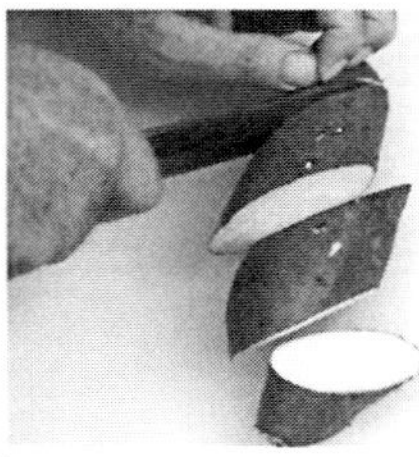

薩摩芋は両端を落とし、面取り庖丁で適当な厚さの斜め切りにして、水に漬けてあくを抜き、布巾で水気を拭き取る。

2

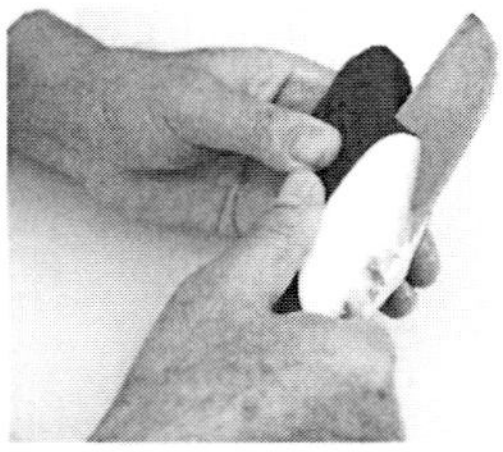

3

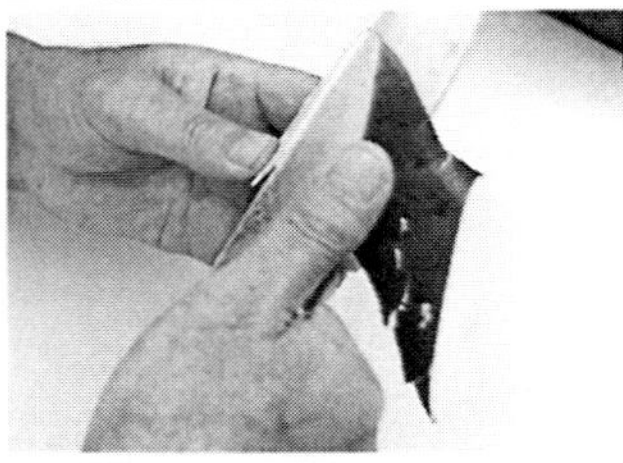

4

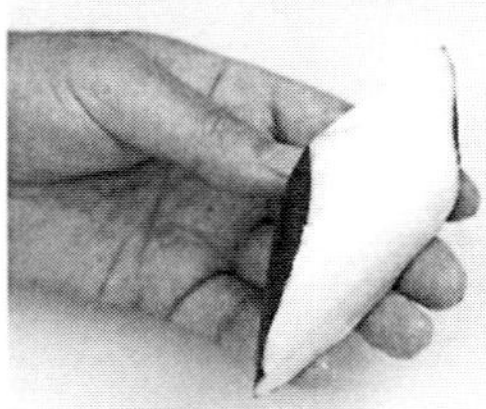

斜め切りにした一つを手に持って、右の断面の下から斜めに庖丁を入れ、上の皮まですすめて丸みをつけてむく。

5

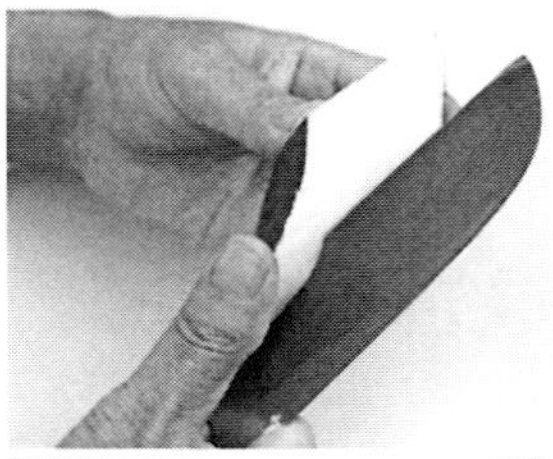

6

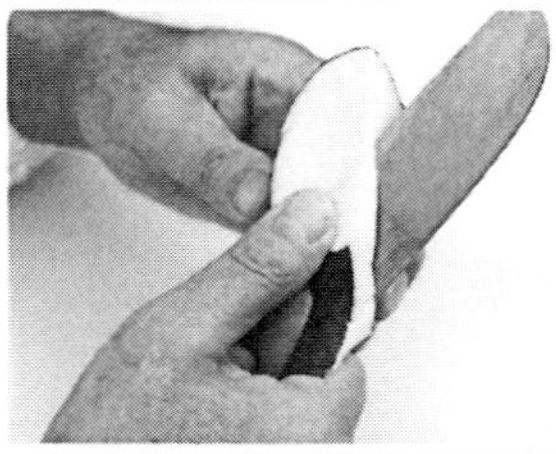

7

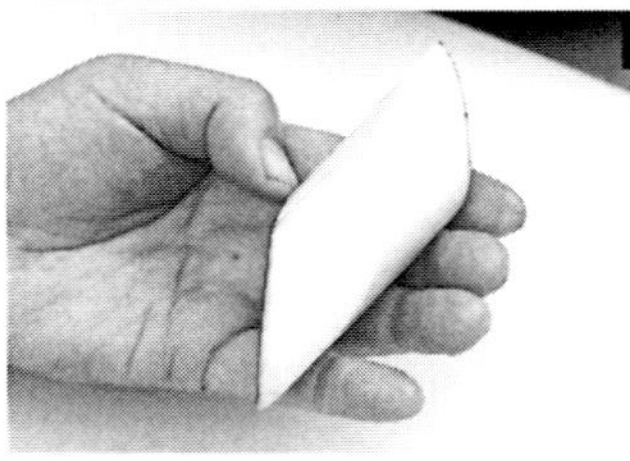

写真４の状態のままで、今度は左の皮の下から斜めに庖丁を入れ、薩摩芋を手前に回しながらもう一方の断面まで丸くむく。

8

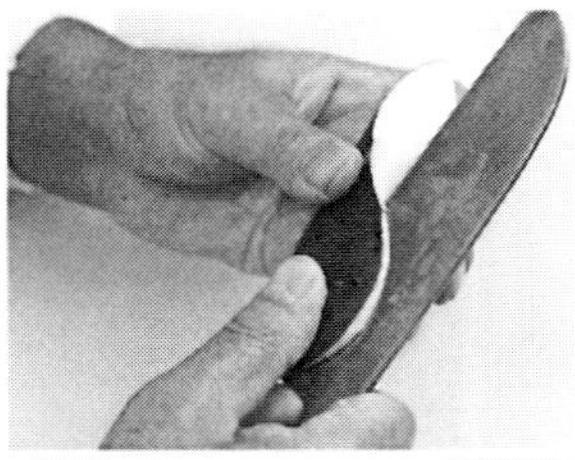

9

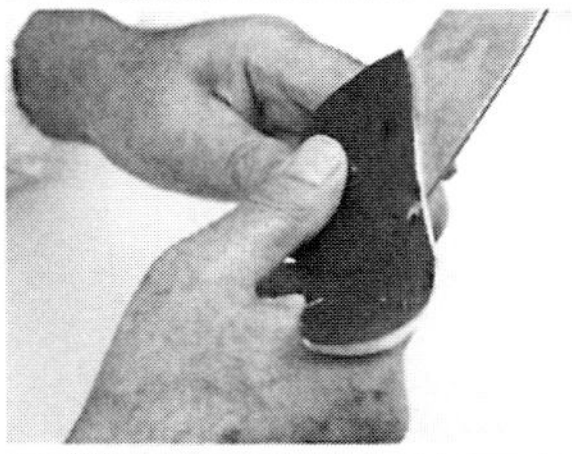

さらに、薩摩芋を回して残っている皮の下から斜めに庖丁を入れ、皮に沿ってすすめながら丸くむく。

10

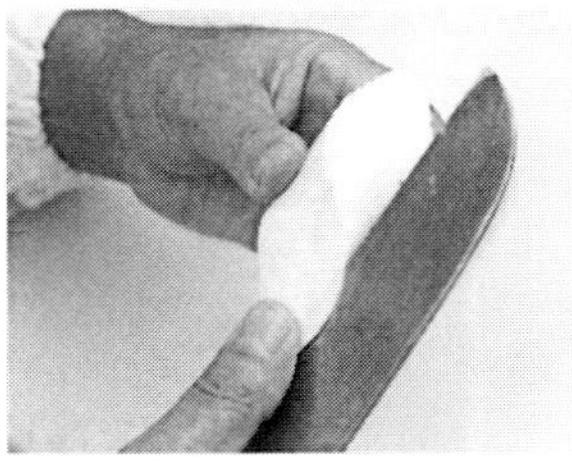

11

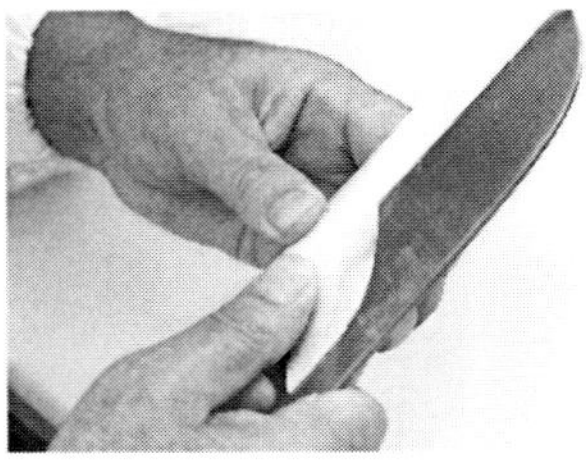

始めからの手順をもう一度繰り返しながら、薩摩芋の表面をなめらかにととのえていく。二、三回繰り返してもいい。

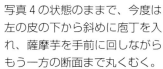

竹やぶ(黒皮南瓜)

料理の盛り器としても使えるむきもの。カラーでは造りを盛り込んだ例を紹介したが、他にもいろいろ応用できる。南瓜の丸い形を活かし、上には笹の葉をむき、その下に竹の幹が出ている景色を表現している。笹の葉は放射状に広がるようにむき、その間に幹をむく。

南瓜の皮をむく

1

まな板に南瓜を起こし、くり抜きでへたの部分を丸くむく。中までくり抜かないように注意。竹やぶの中心となる位置になる。

2
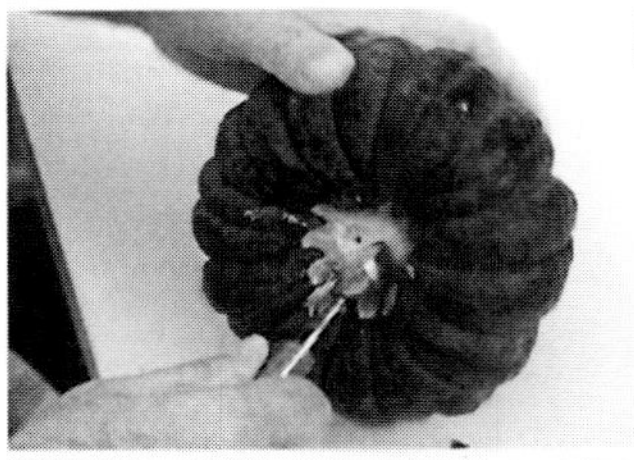

3

4

南瓜の皮をむく。へたの周囲は曲がりを使うとむきやすい。溝の皮は残しながら、南瓜の丸みのある形を活かしながら外側の皮をむく。

5

笹の葉をむく

6
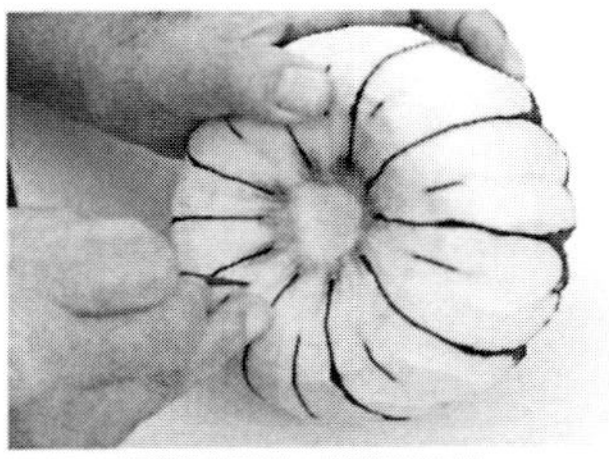

皮をきれいに取ったら上の表面に笹の葉をむく。イラストのように円を六等分し、そのスペースで区切って同じ三角の形にむいていく。

7
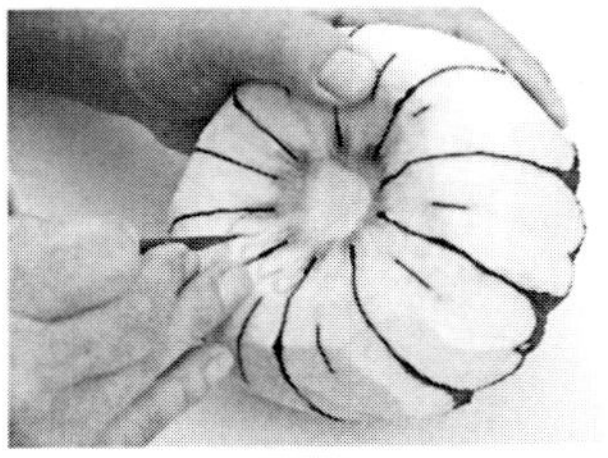

8

中をくり抜く

9

10

11

笹の葉をむいたら、竹の幹の位置を決める。笹の葉の繁みと繁みの間に幹がくるように写真のような太い溝を十二本むく。

12
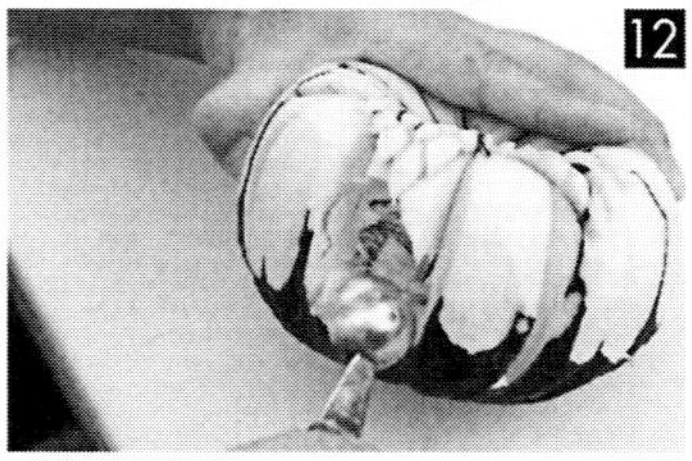

13
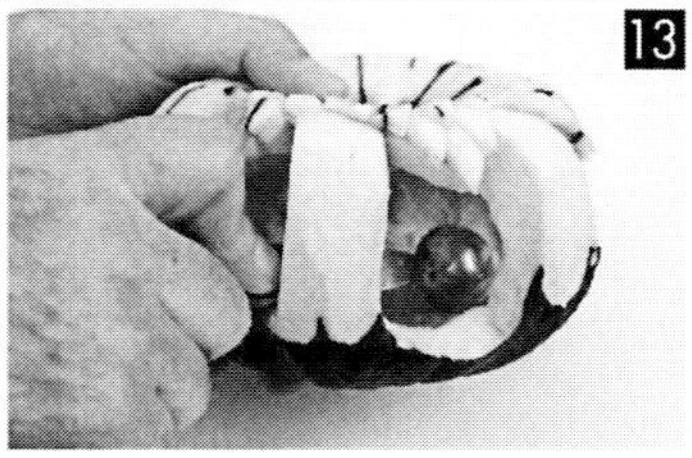

写真11でむいた溝と溝の間にくり抜きを差し込んで、中のタネとワタをきれいにかき出す。くり抜きを入れる箇所に注意。

竹の幹をむく

14
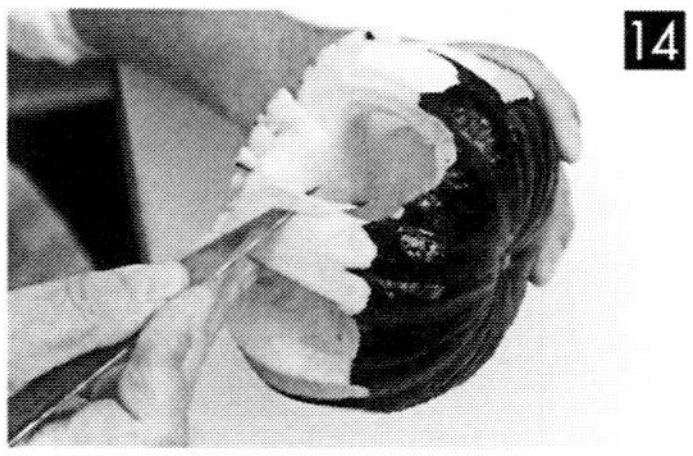

切り出しで幹の両側をむきながら、形をととのえる。むくときに幹を折らないように注意する。

15

16
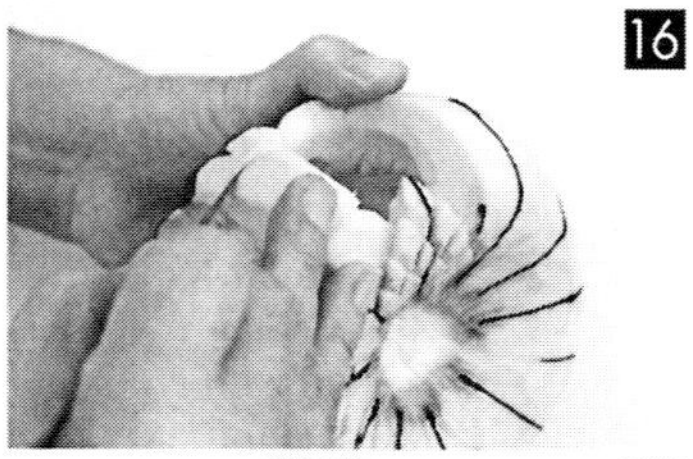

17
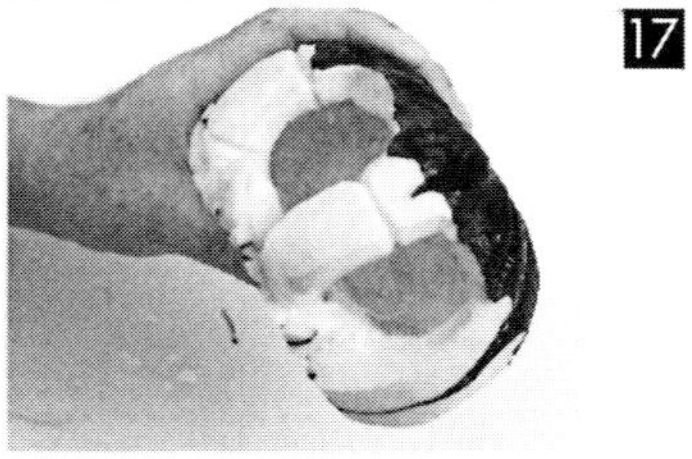

幹の上下に節を入れる。切り出しで横に筋を入れ、それを彫り出していく。節が入ることで竹の幹らしい形になる。

18
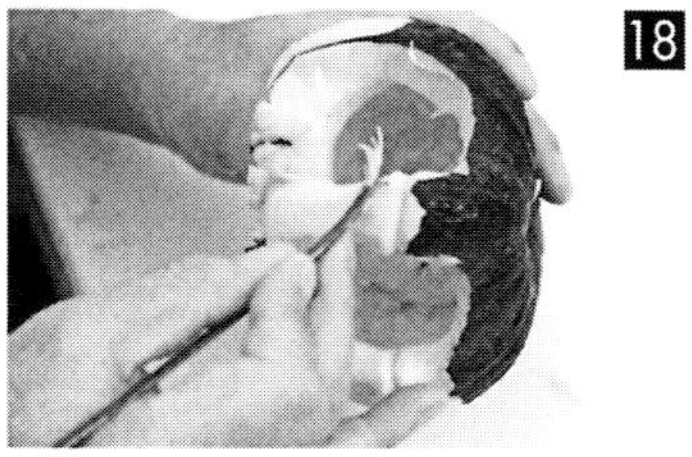

19
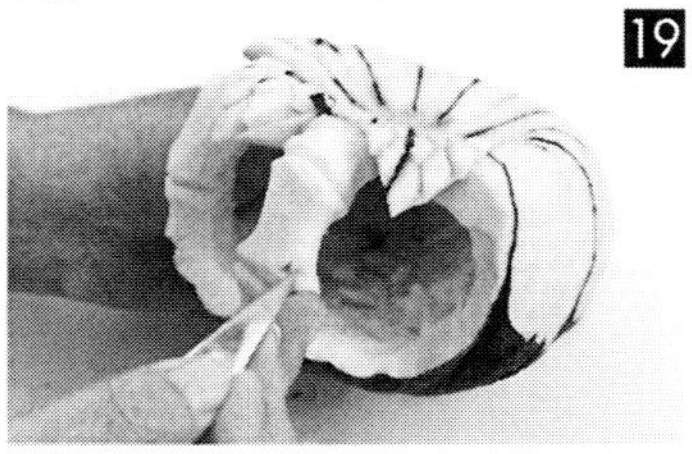

曲がりで幹に反りをつけ、節のそばに三角の溝をむく。笹の葉まで含めて細部の形をととのえて、最後に底の皮をむく。

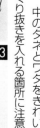

六月のむきもの

亀（南瓜）

鶴と並ぶ縁起のいいむきもの。亀のむきもののポイントは甲羅。南瓜の皮の緑を少し残してむくと亀甲の模様が浮き立って見えてくる。また、皮をむくときは中央がこんもりと高くなるようにむくこと。それだけでなく、頭と前足の微妙な形のむき方も学んでもらいたい。

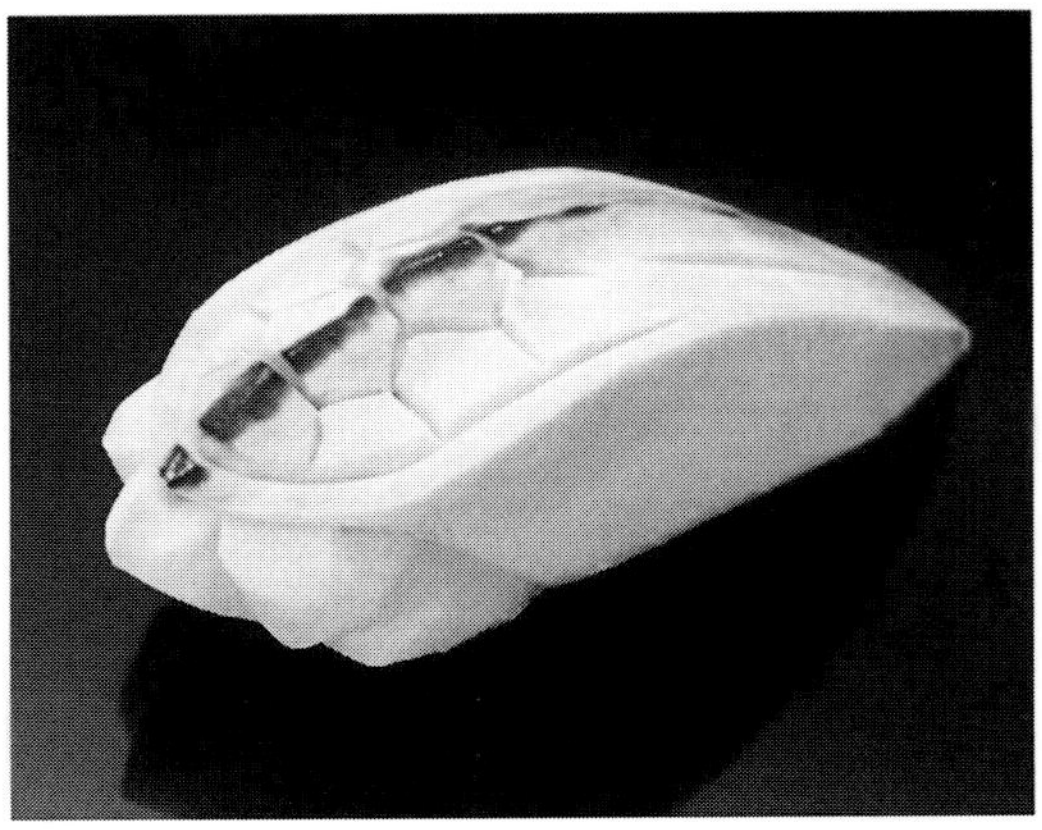

頭の部分をむく

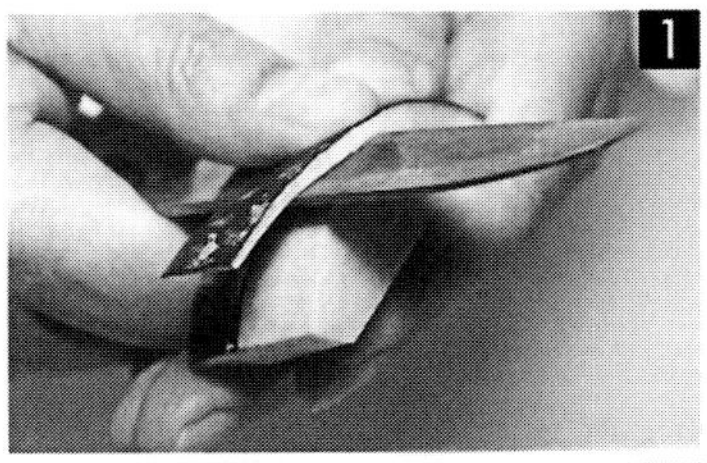

南瓜の丸みを活かして亀の形に切り出し、少し皮の緑を残すようにして皮をむく。

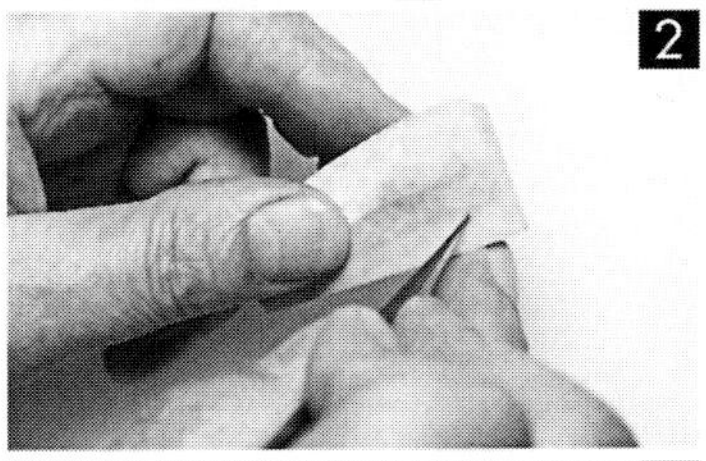

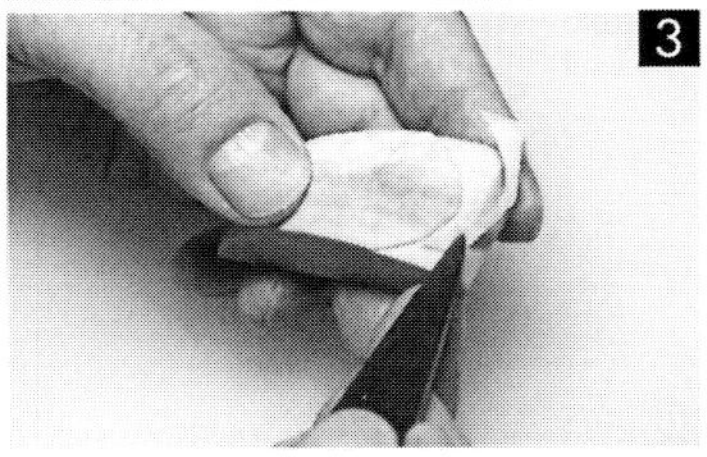

幅の広い方を亀の頭に、先端のとがった方を尾にする。幅の広い方に弓なりの筋を入れてむき、頭と甲羅の部分に段差をつける。

前足をむく

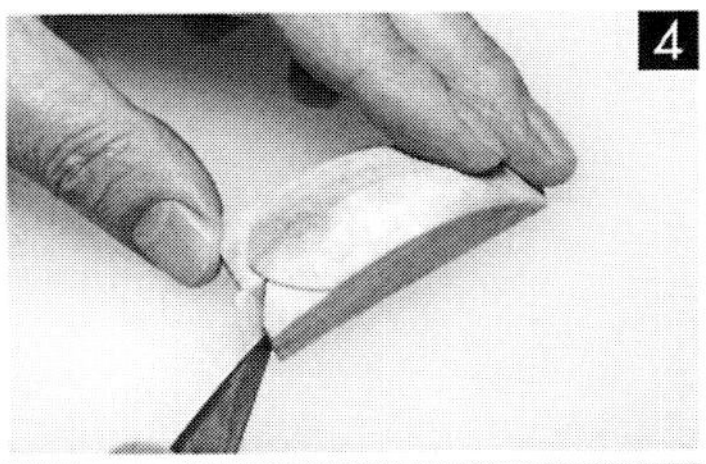

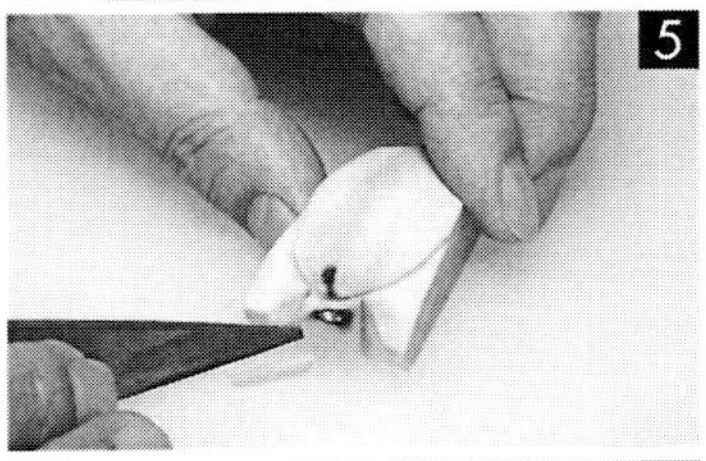

南瓜をまな板に置き、頭の縁に切り込みを入れて三角にむき出す。むき出す箇所は二箇所作り、それに挟まれた部分が頭、両端が前足。

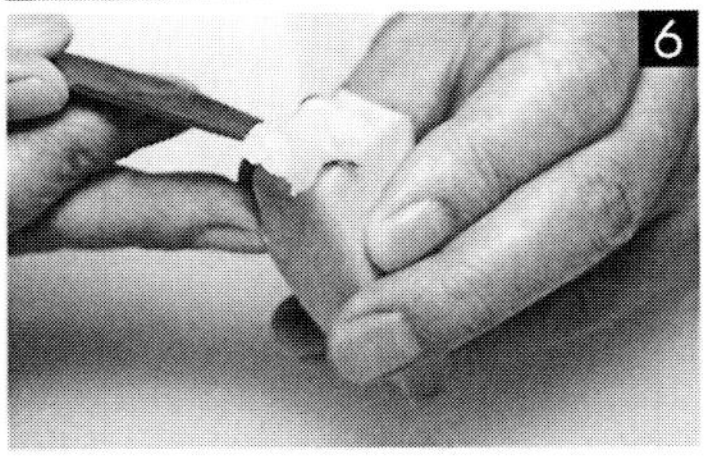

南瓜を起こし、切り出しで頭と前足の先端をむいて、丸みをつけていく。

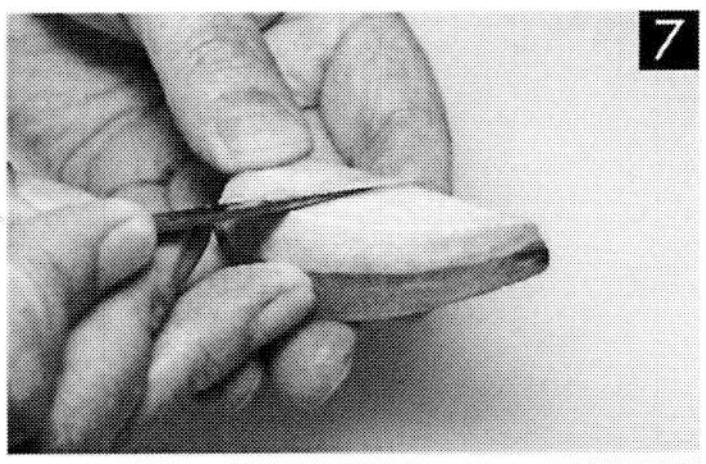

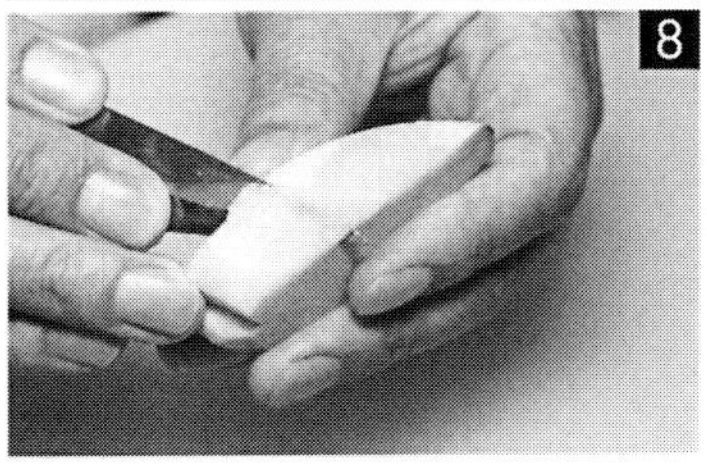

甲羅を横にして南瓜を持ち、左の前足の側面を少しむいてくぼみをつけ、右側の前足にも同様にしてくぼみをつける。

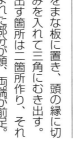

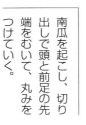

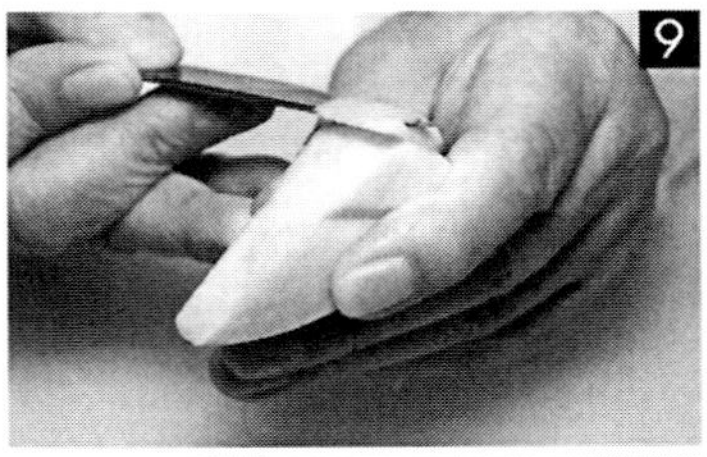

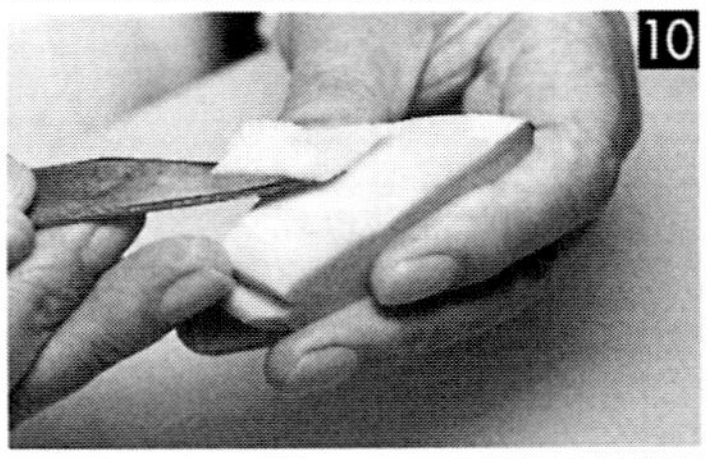

南瓜の底の面を上に向けて、頭の下側から切り出しを入れてむき、丸みをつける。次に、前足のくぼみの部分の形をととのえる。

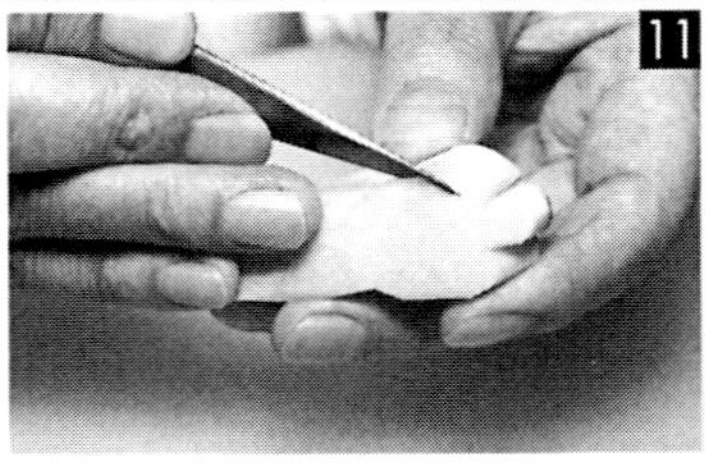

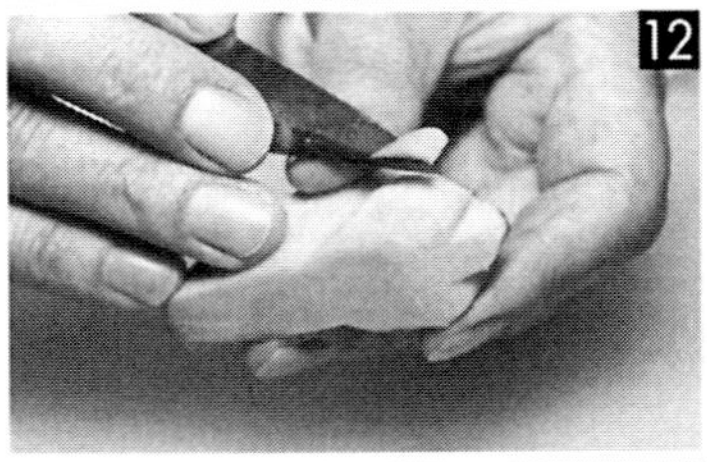

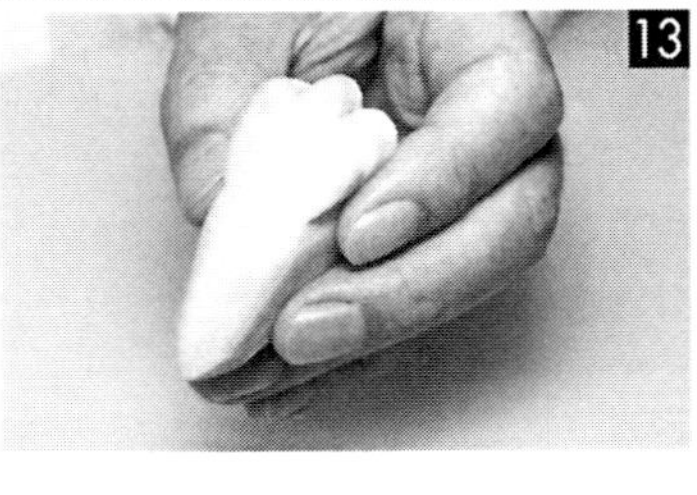

前足の底の角を丸みをつけながら薄くむく。写真13は底から見たところだが、頭と前足がくっきり出ているのがわかる。

甲羅をむく

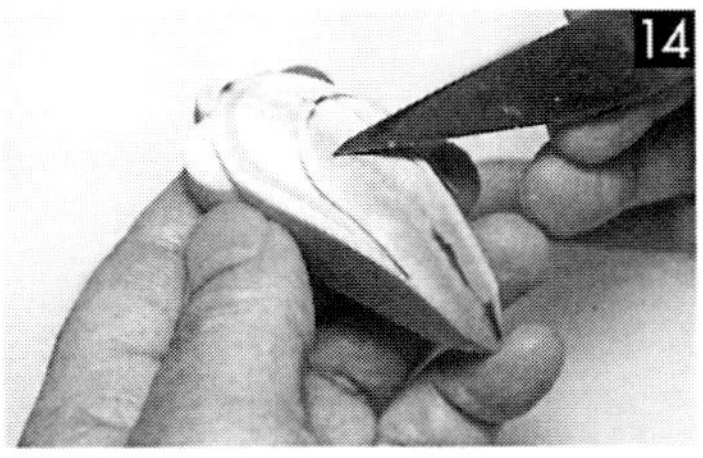

甲羅の外周に沿って、その内側にU字形の細い溝をむく。溝の内側に模様をむく。

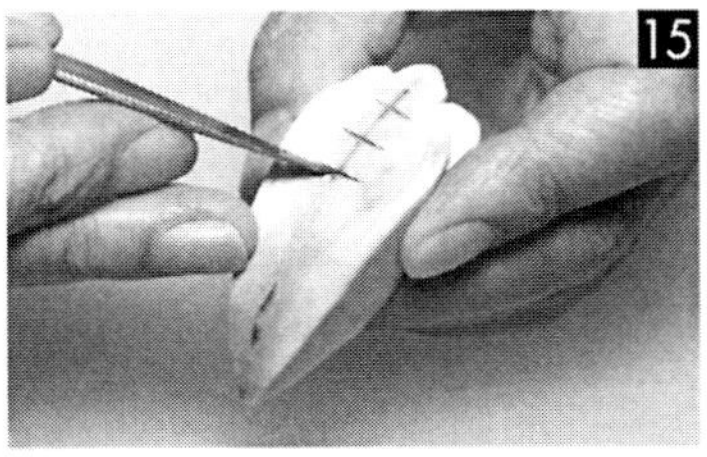

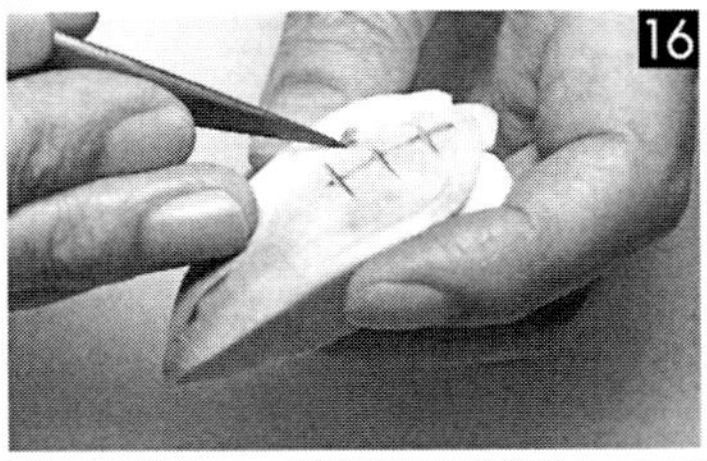

甲羅の中心線上に横三本の筋を等間隔に入れ、これを起点にして両側に六角形の亀甲模様をむく。形がわかる程度に溝をつけていく。

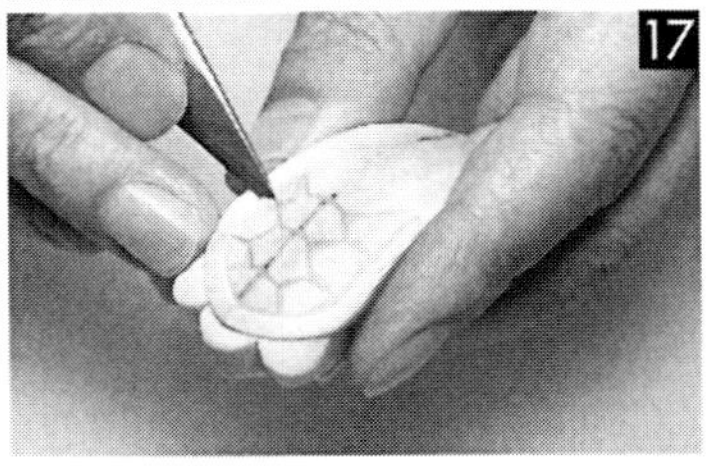

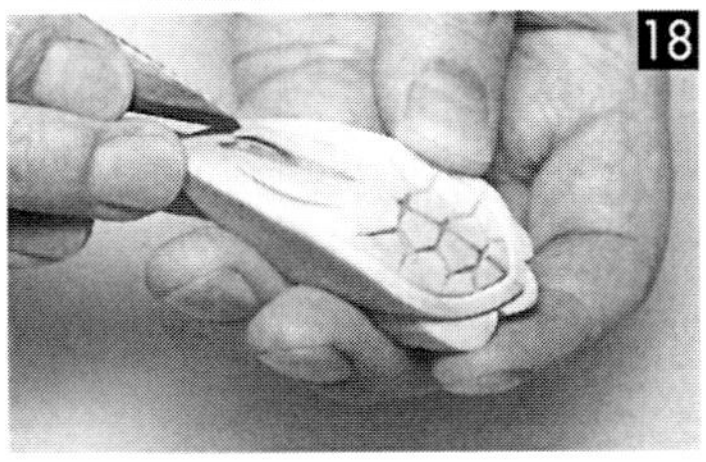

亀甲模様は甲羅の半分くらいまで入れ、全部に入れる必要はない。尾の方のとがった部分には三本くらいの曲線の切り込みを入れる。

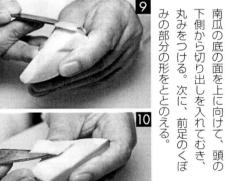

蛇の目傘（うど）

その場で手早く、即興的に作れるむきものの一つ。うどを丸くむいて傘の形に仕上げていくが、傘の形をあらかじめ想定して皮をむいていくと仕事がひと手間早くなる。傘の骨の切り込みを入れるときは、下の方の角度を広げるようにすると、ヒダヒダ感が出てくる。

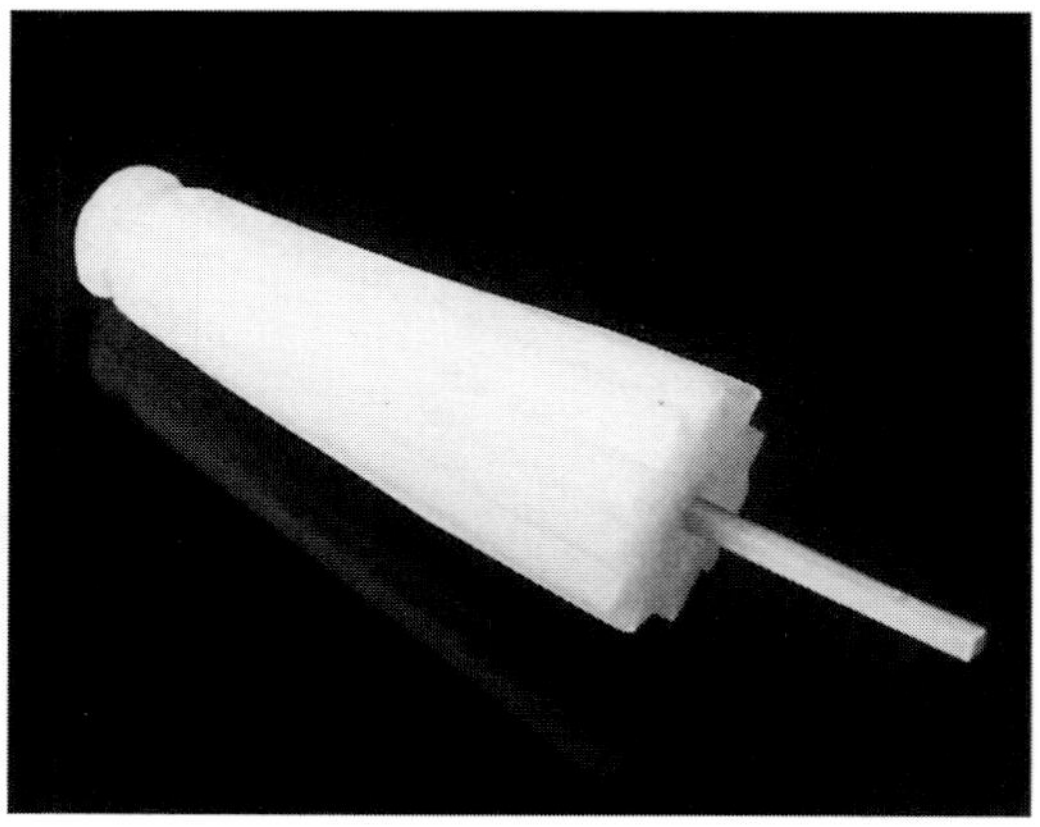

傘の形を木取る

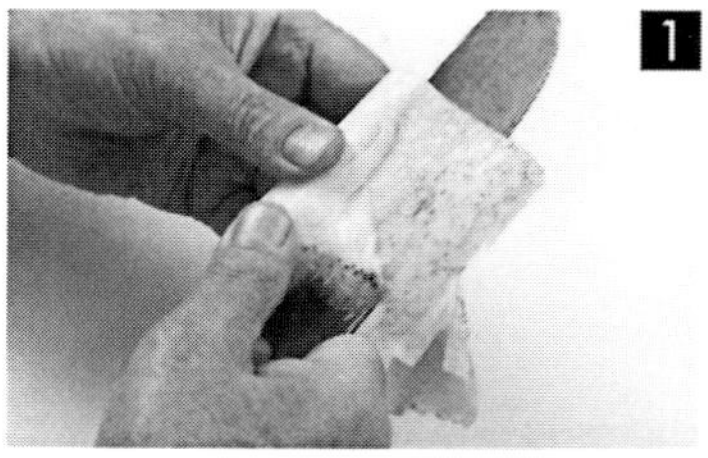

1

2

うどを適当な長さに切り、皮をかつらにむく。むきながら、先端は細く、手前は太くなるように傘の形に木取っていく。

傘の先端をむく

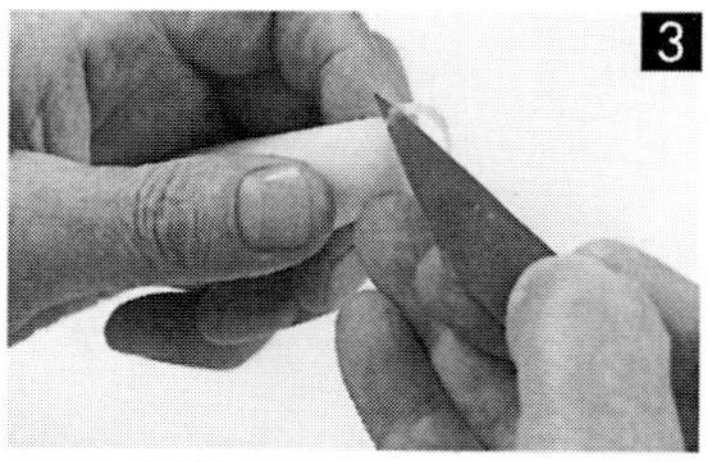

3

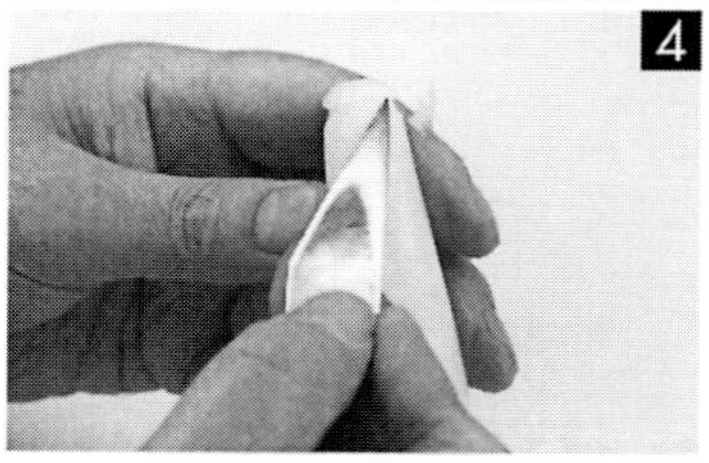

4

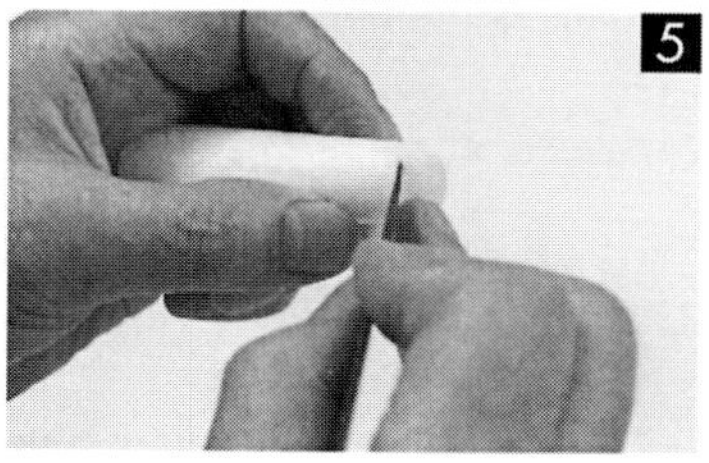

5

うどを回しながら、細い方の角を切り出しで面取りする。次に、先端に近いところに筋を一周させ、そこに浅く溝をつける。

傘の骨をむく

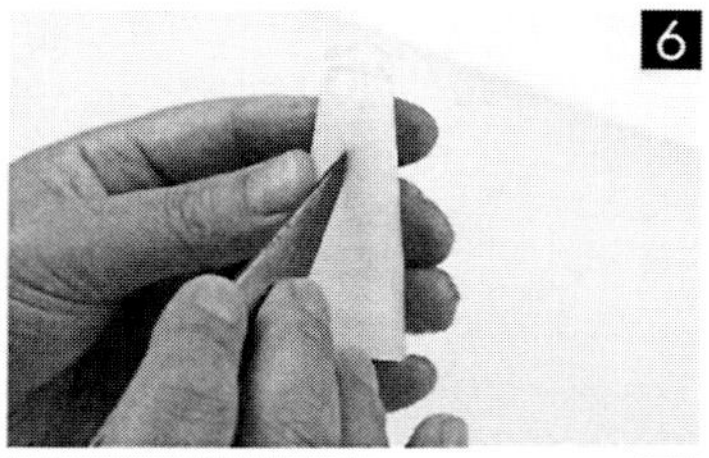

6

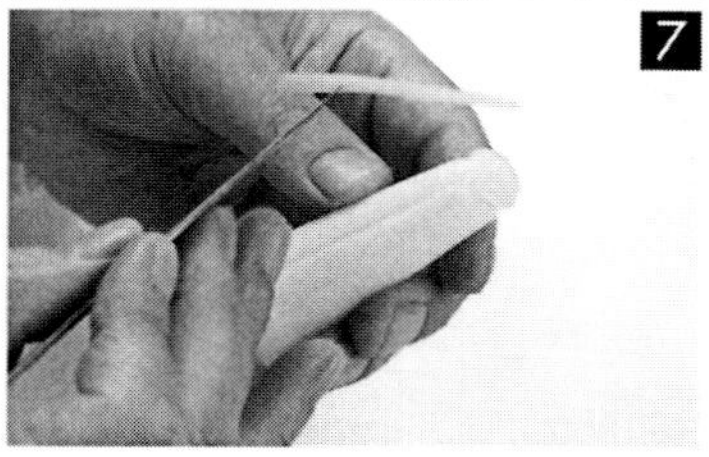

7

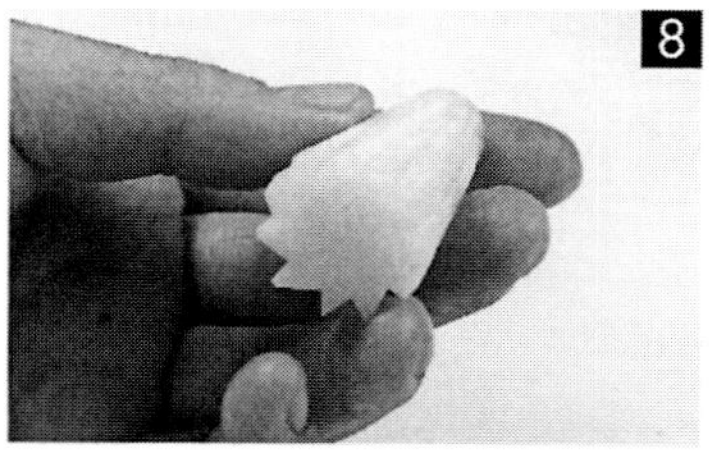

8

溝の下から縦に骨の切り込みをうどの表面に入れていく。下に行くほど切り込みの角度を広げるようにして、やや傘の開き加減を出す。

栗甘藷(薩摩芋)

薩摩芋を使って栗の形にむくむきもの。実際の料理では、くちなしで黄色く色づけすると見た目には本物の栗に思えるくらい。日本料理では、こうした違う素材でそれらしく見せるという技術もある。五月の「ねじり甘薯」と同様、ほぼ面取りの技術を応用したもの。

斜め切りにする

1
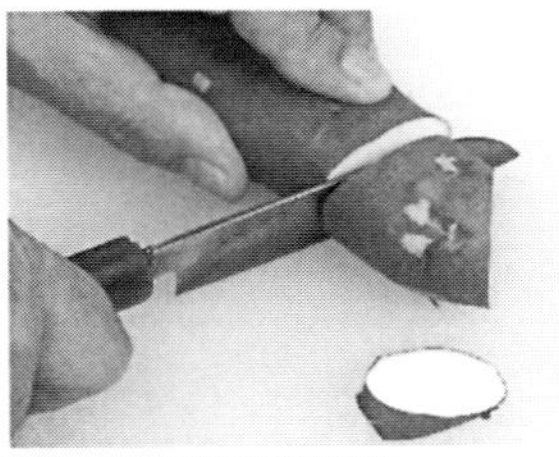

2
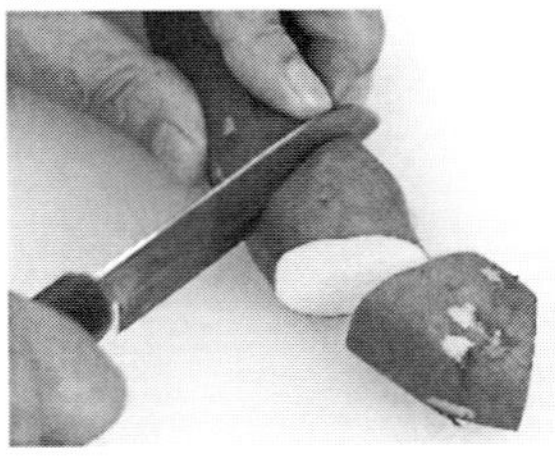

薩摩芋の両端を落とし、皮付きのまま庖丁の向きを交互に変えながら斜め切りにする。上から見ると台形のような形になる。

山型にむく

3
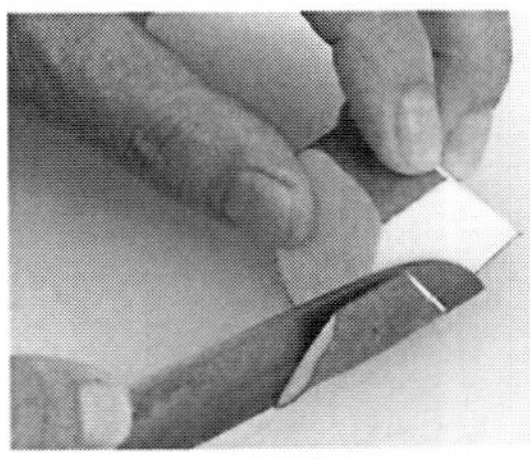

4

斜め切りにした一つをむきものに。皮を平らに落として一度山型に形作り、残っている皮を丸みをつけながらむく。

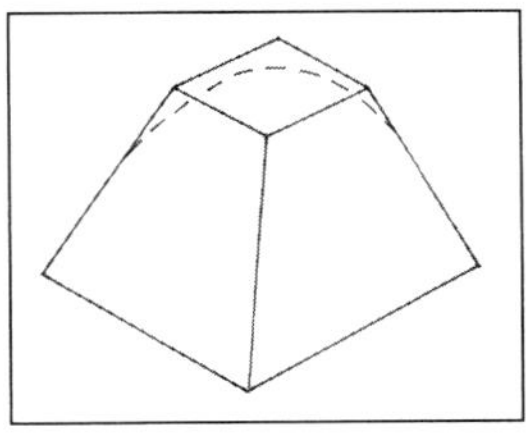

全体に丸みをつける

5
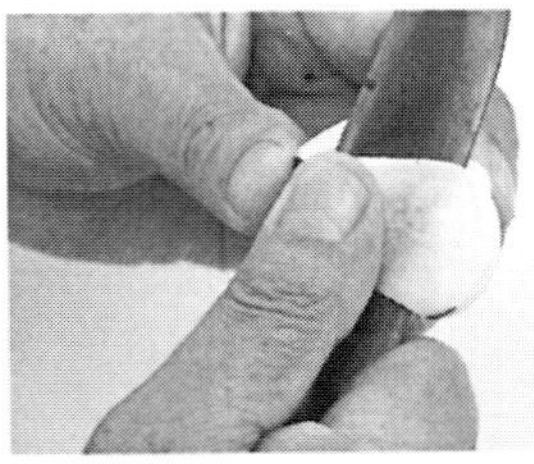

6
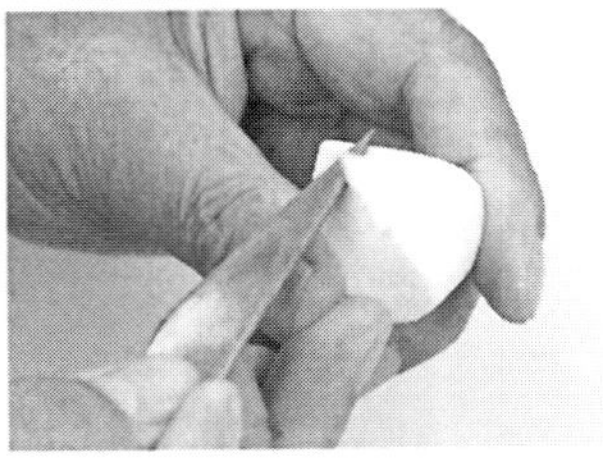

面取り庖丁で角を取りながら全体に丸みをつけ、栗の形にむき出していく。さらに、切り出しを使って山型の形をととのえていく。

蓑亀《みのがめ》（栗南瓜）

甲羅に藻がついて、まるで蓑をまとったように見えることから蓑亀。長寿の祝いにふさわしいむきものである。果肉の色がきれいな栗南瓜を使う。亀の頭や前足、甲羅はＰ104で紹介した「亀」と同じだが、尾の方にかかる蓑の切り込みを流れるようにむくのがコツ。

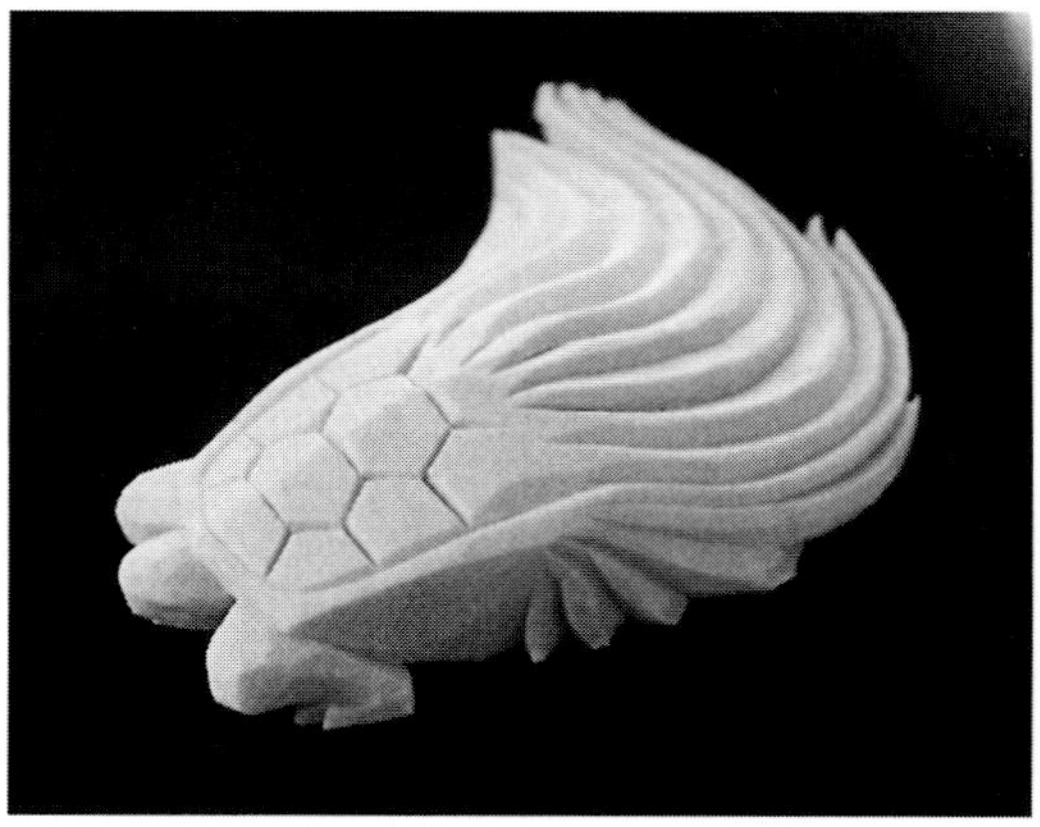

全体の形を木取る

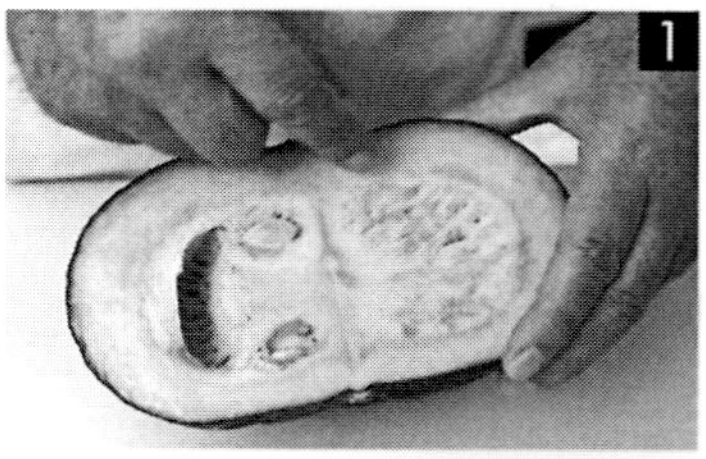
1

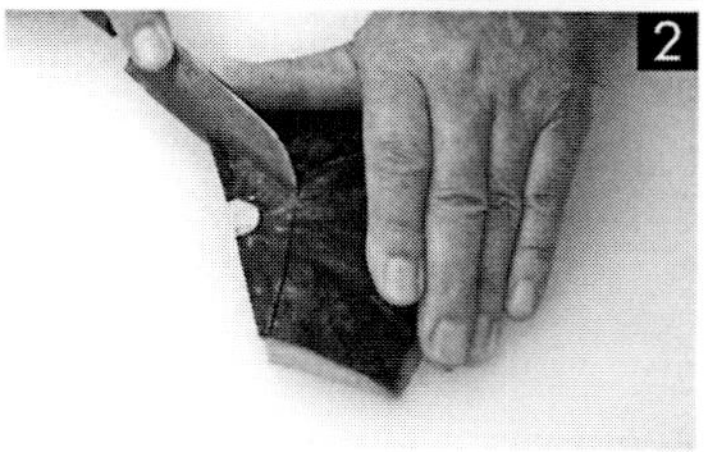
2

南瓜は上の厚みのある果肉の部分を使う。その部分を変形の台形に切り出し、下を平らにして、一方の端を曲線をつけて切り落とす。

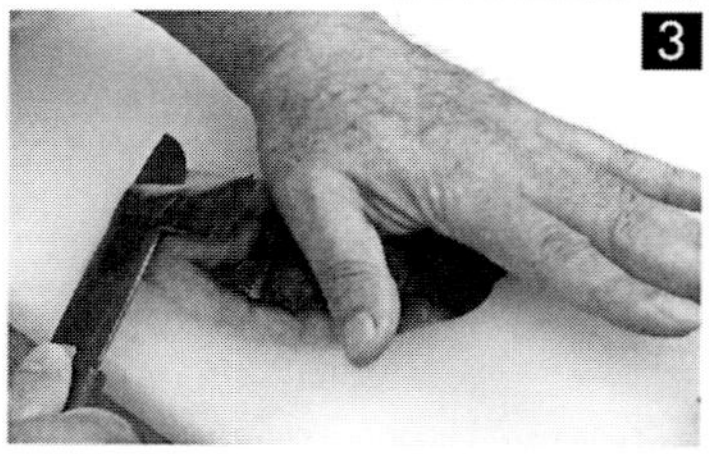
3

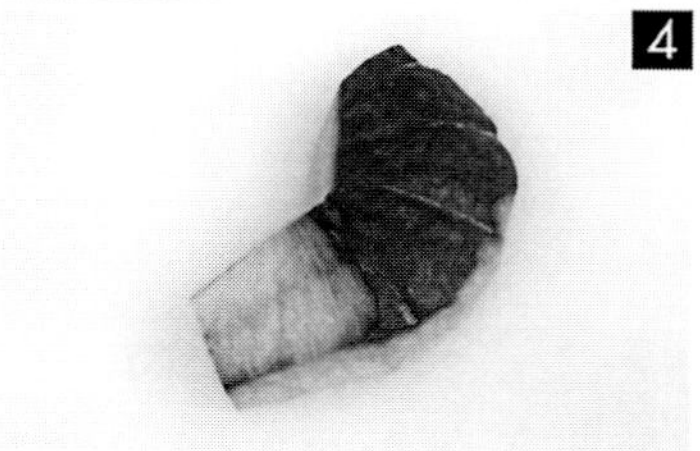
4

南瓜をわん曲させたような形に木取り、幅の狭い方を亀の頭、広い方を蓑にし、頭の方の皮をやや傾斜をつけてむく。

頭と前足をむく

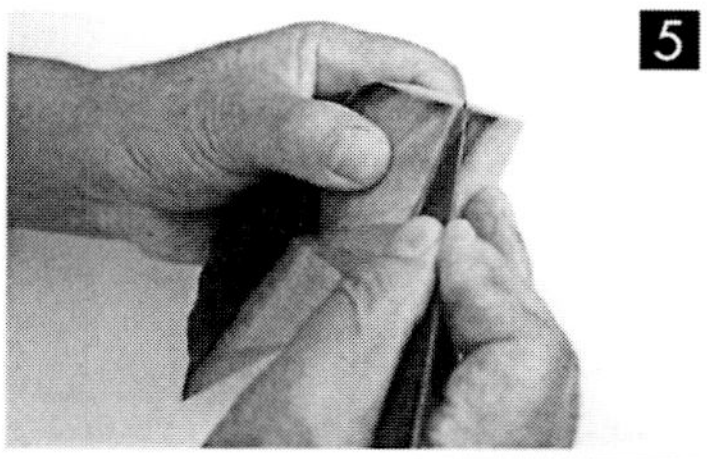
5

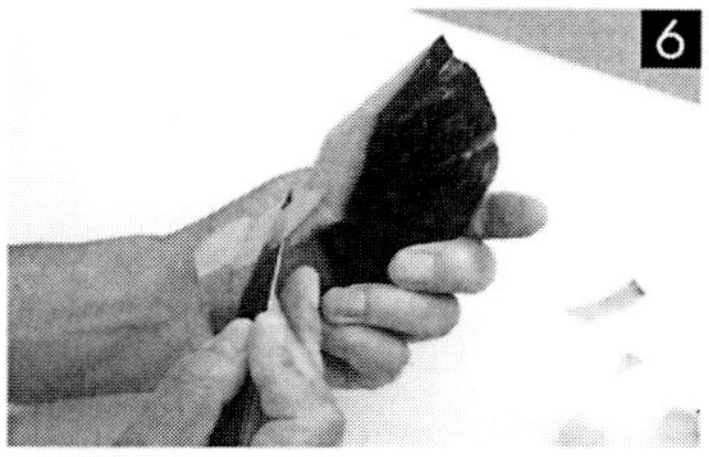
6

Ｐ104の「亀」と同じように頭と甲羅の境の筋を入れて頭をむき出し、頭を下にして、頭の線に合わせて側面にも斜めに筋を入れてむく。

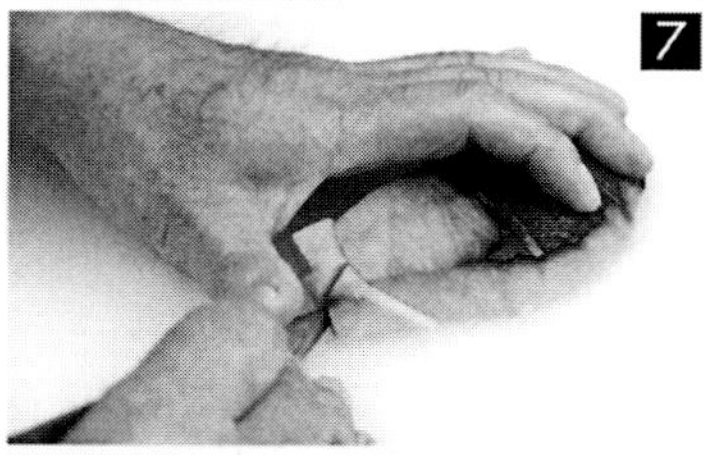
7

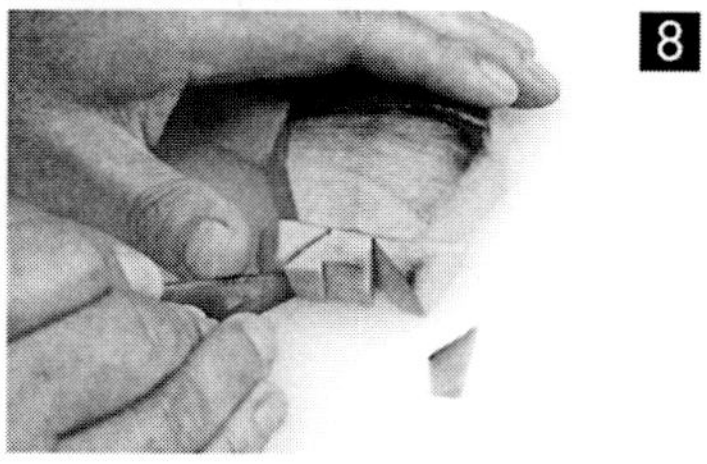
8

写真6までは頭と前足がつながった状態なので、頭の縁の二箇所に斜めに切り込みを入れて三角にむき、前足と頭をきちんと分ける。

甲羅の起伏をつける

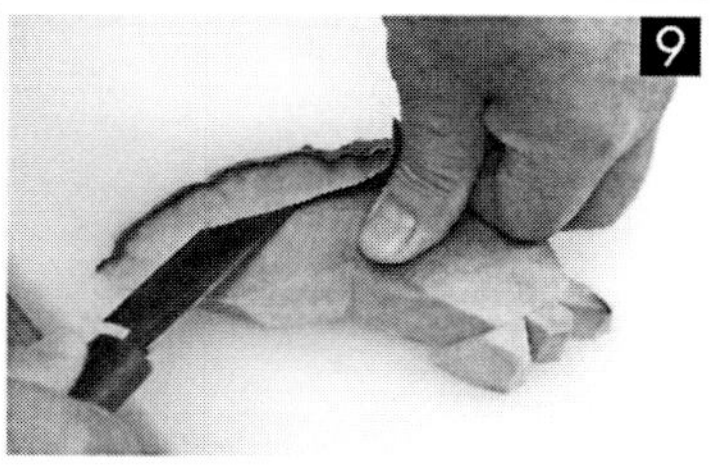
9

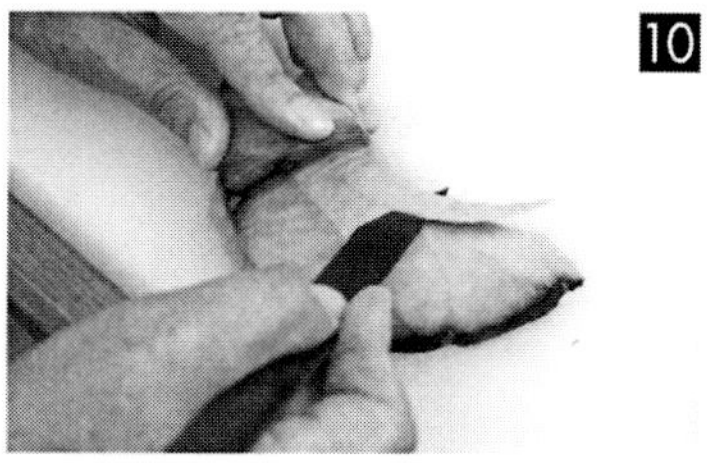
10

頭の先端を三角にむき、甲羅の皮をむいてから、表面をなだらかな山型にする。

前足の爪をむく

11
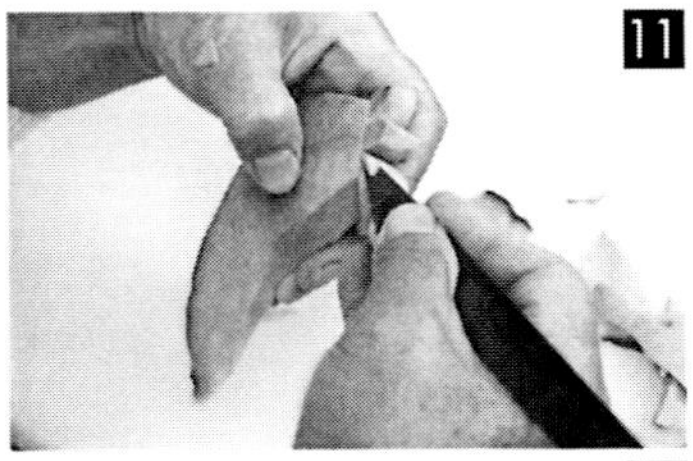

12
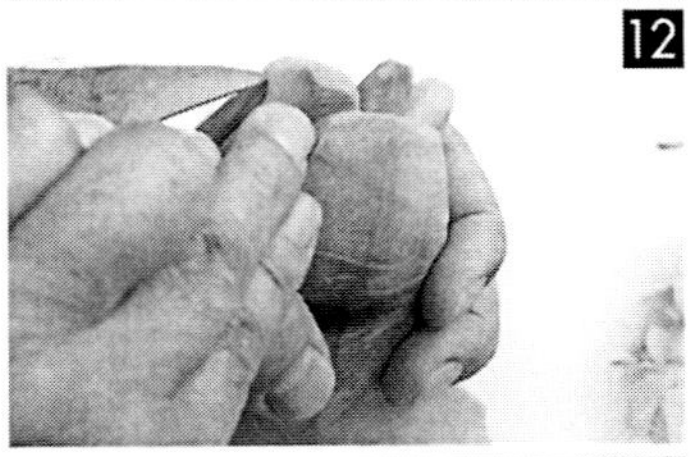

13
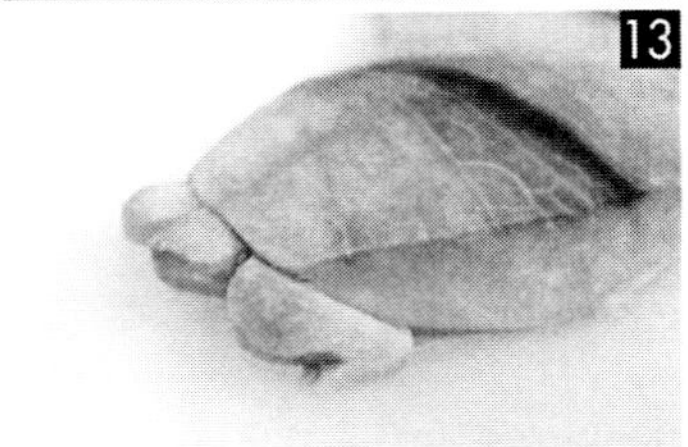

頭と前足を切り出しで丸みをつけながらより形をくっきりとさせ、写真13のように両方の前足の先に爪の形をむき出す。

甲羅をむく

14
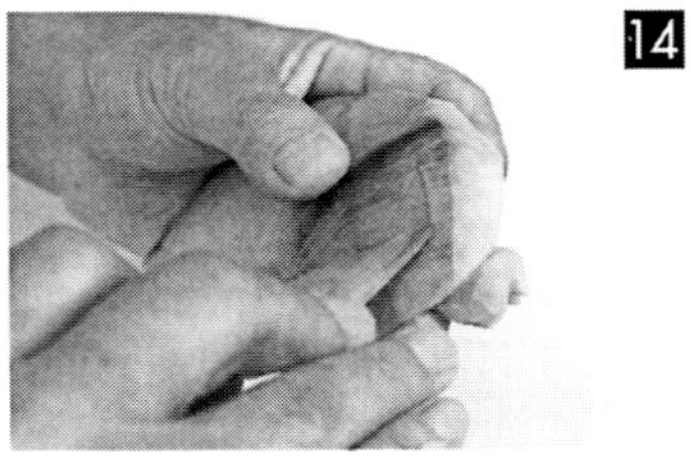

15
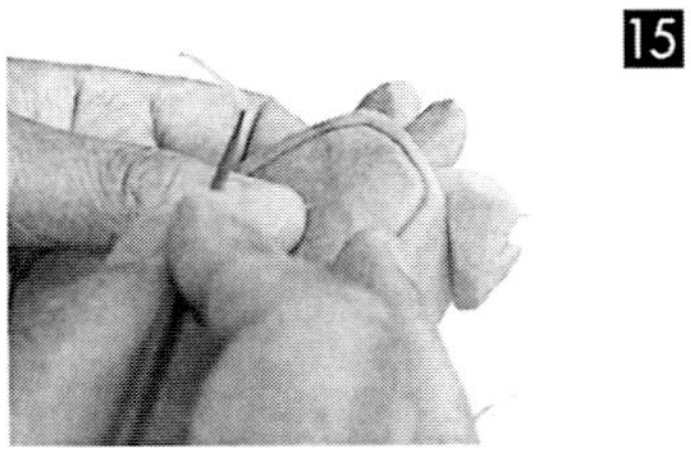

甲羅の形をむき出す。甲羅の外周に沿って内側にU字形の筋を入れ、溝を彫る。U字形は左右から半々ずつ入れて結ぶといい。

16
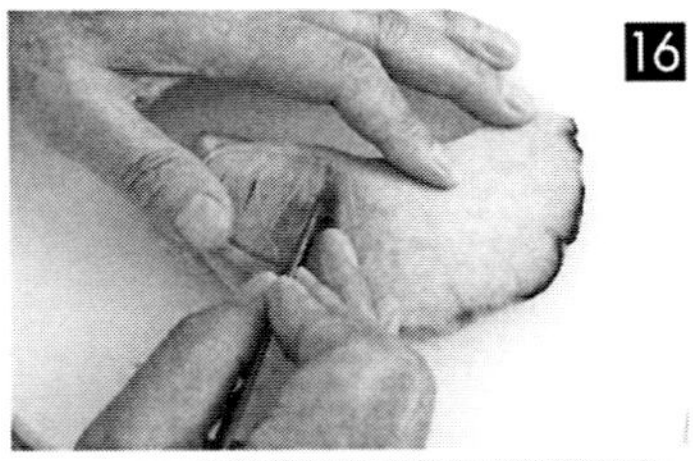

17
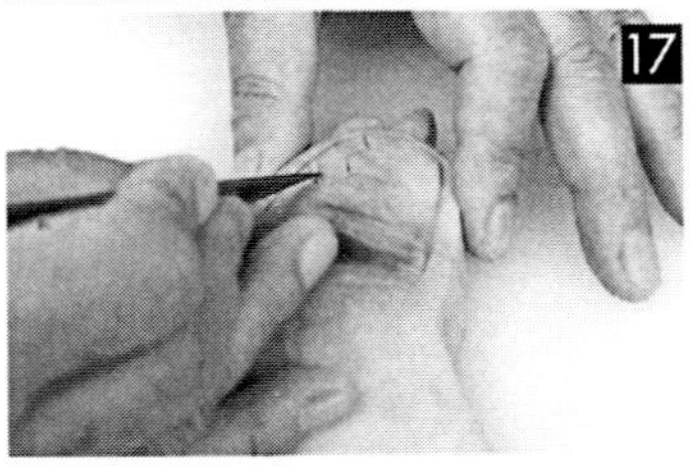

南瓜をまな板に置き、甲羅の真ん中に横に三本の筋を入れ、それをとっかかりにして六角形の亀甲模様をむいていく。

蓑をむく

18
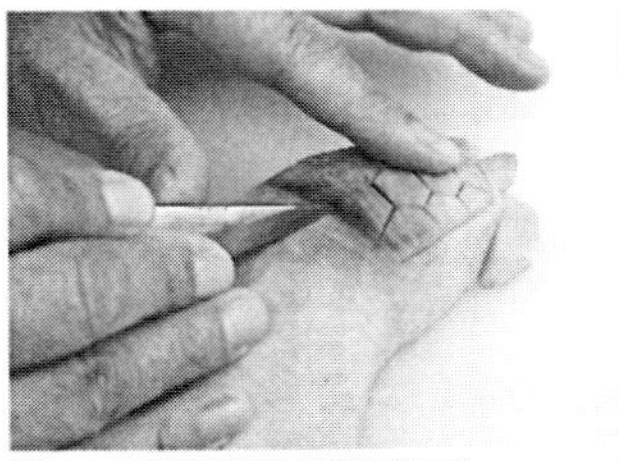

19
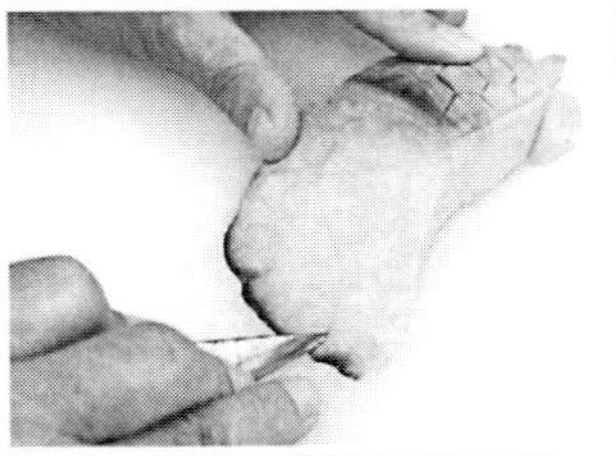

亀甲の模様を中ほどまで入れたら、尾の方の蓑をむく。最初に、中央にゆるやかなS字状の筋を入れ、その形をむき出す。

20
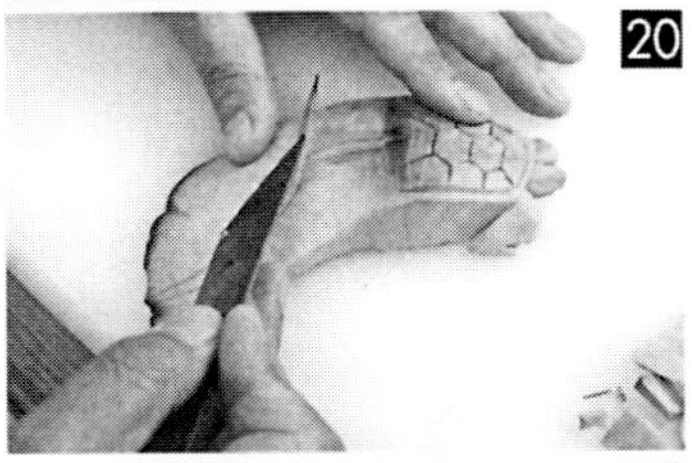

21
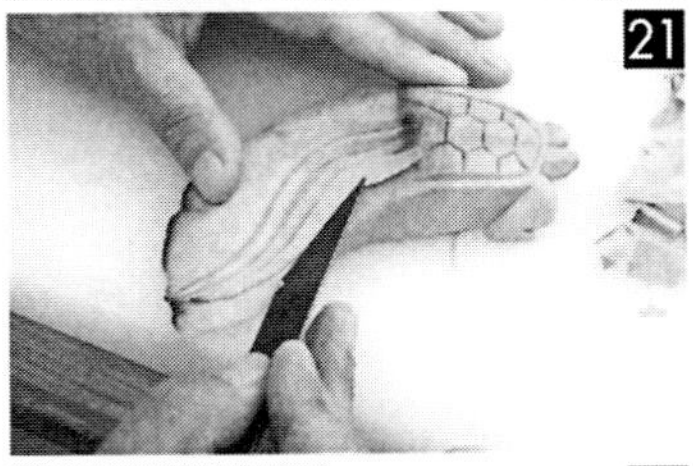

中央のS字の溝に沿わせながら、その左右に蓑の切り込みを入れていく。甲羅から尾に流れるような曲線を心がけること。

22
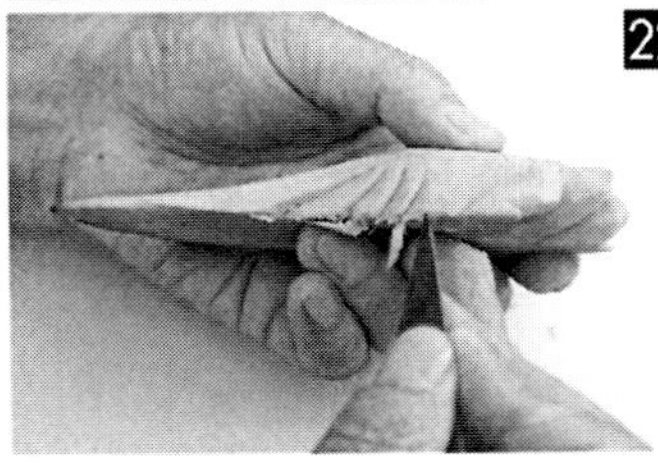

亀の後ろの側面にも両側に蓑の切り込みを入れて仕上げる。

沢蟹（人参）

ちょっと手の込んだむきものだが、最初の木取りに注意。むいているうちに脚やハサミの部分が足りないということが起こらないように、余裕を持って木取ること。写真ではわかりにくいかもしれないが、左右のハサミは微妙に向きが違うことにも目を向けてほしい。

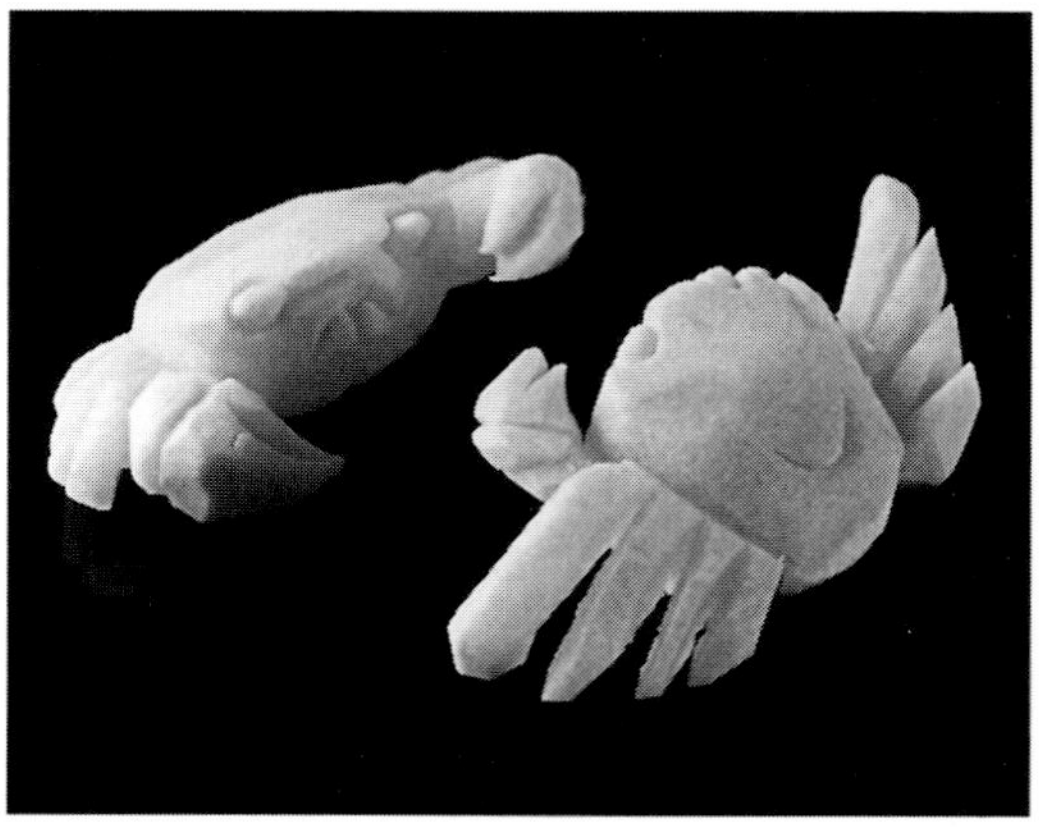

台形に木取る

1

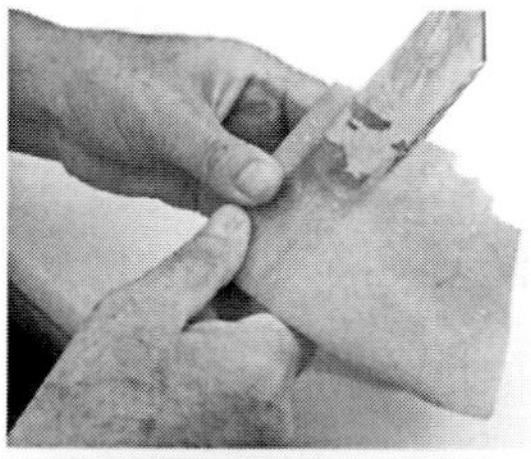

2

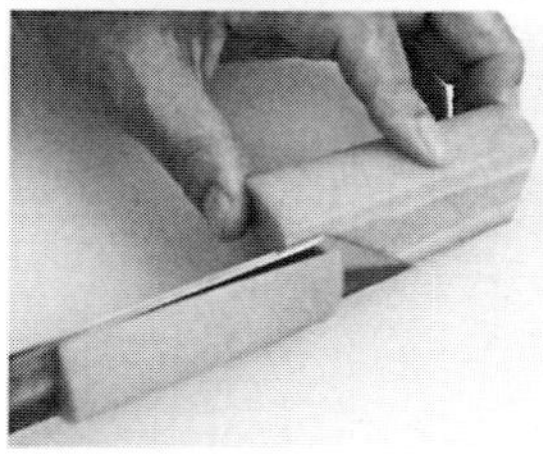

人参を適当な長さの輪切りにして皮をむき、周囲を平らに切り落としながら中心の厚みのある部分を四角に木取る。

3

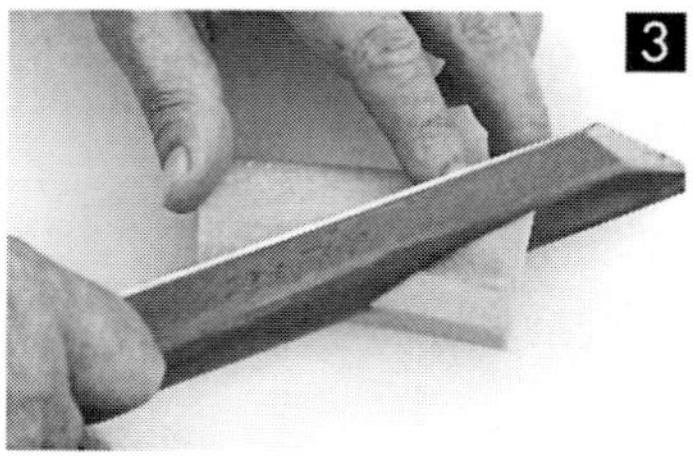

4

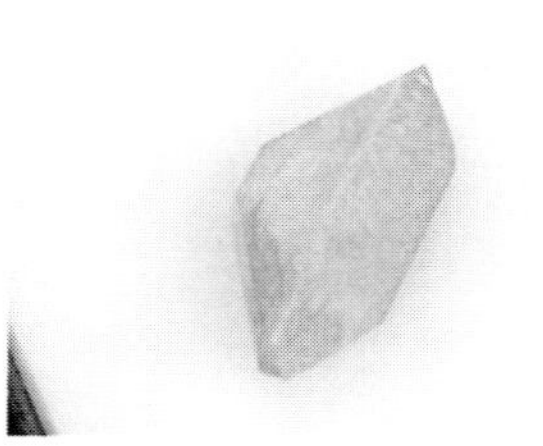

四角に木取った人参の両端を斜めに落とし、写真のような形に。右側の長い縁がハサミ、真ん中が甲羅と脚の部分になる。

甲羅の形をむく

5

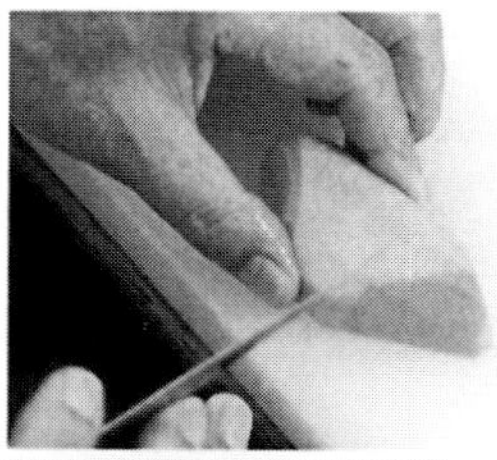

6

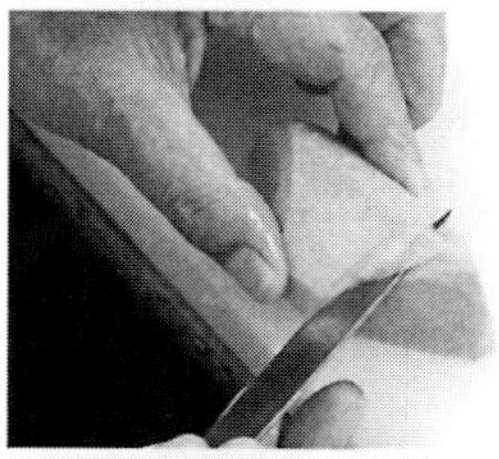

7

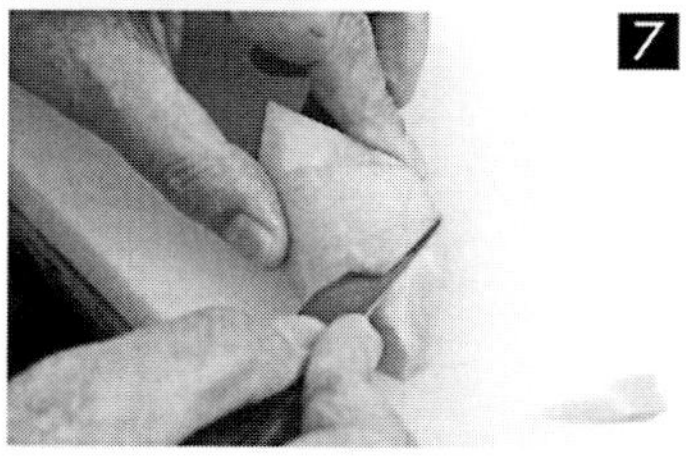

人参の幅の短い方を手前にして右側の端に斜めに切れ目を入れて外側をむき、左右を逆にして反対の端も同様にむく。

8

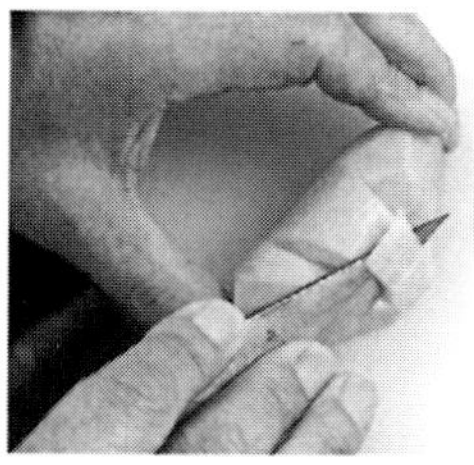

左右の端の彫り込んだ部分が脚、真ん中の盛り上がった部分が甲羅となる。その甲羅の下側を、人参を起こして平らにむく。

左のハサミをむく

9

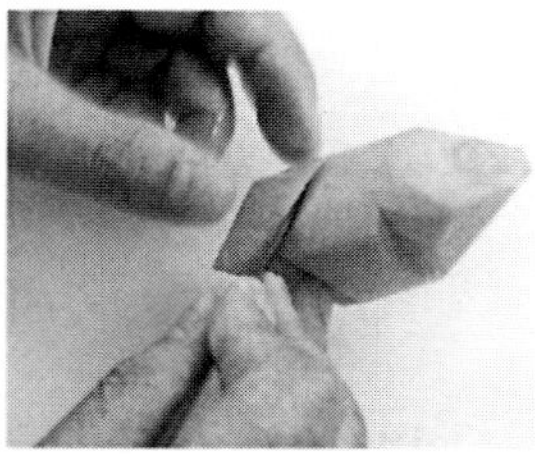

10

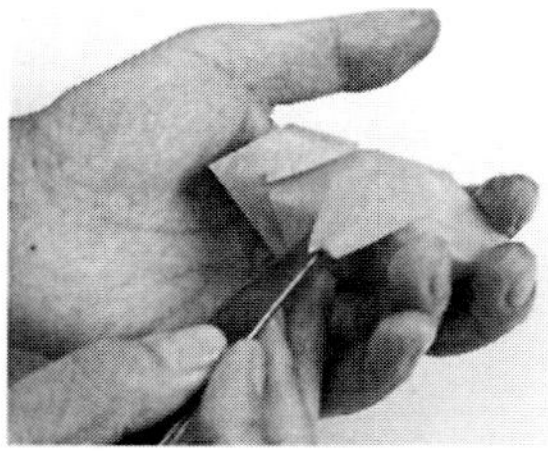

人参の長い端の方を上にして、その左側に斜めに切り込みを入れ、三角に切り取る。切り込みは甲羅の境目に合わせる。

右のハサミをむく

11

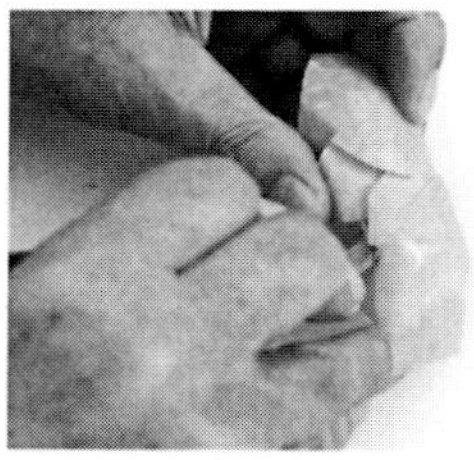

12

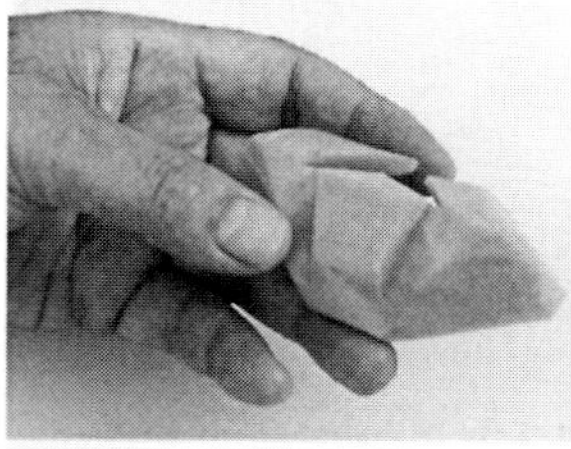

次に右のハサミをむく。左のハサミと同様に斜めに切り込みを入れるが、左よりも浅く入れ、三角に切り取る。

13

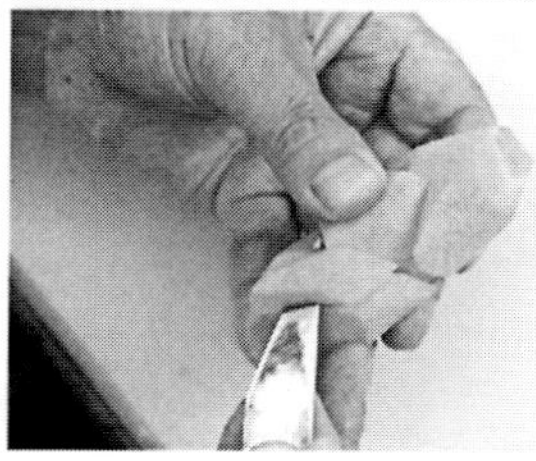

左右のハサミの厚みを見て、バランスが取れるようにむく。

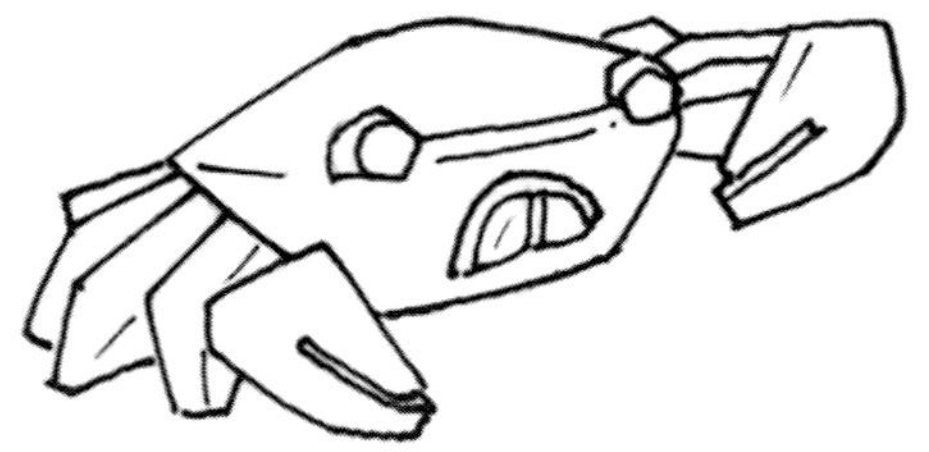

ハサミと脚の境をむく

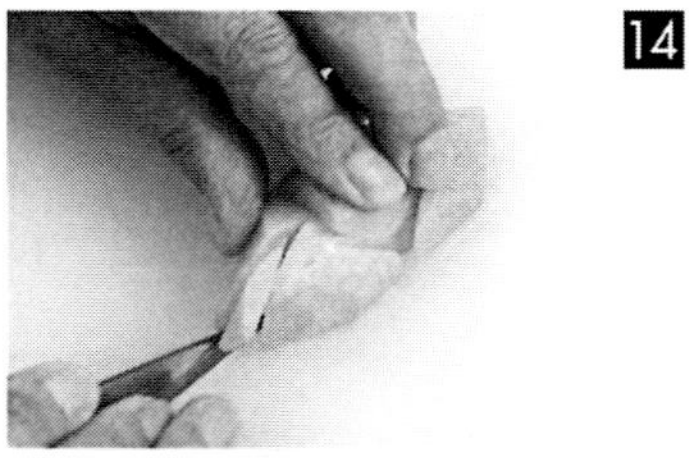

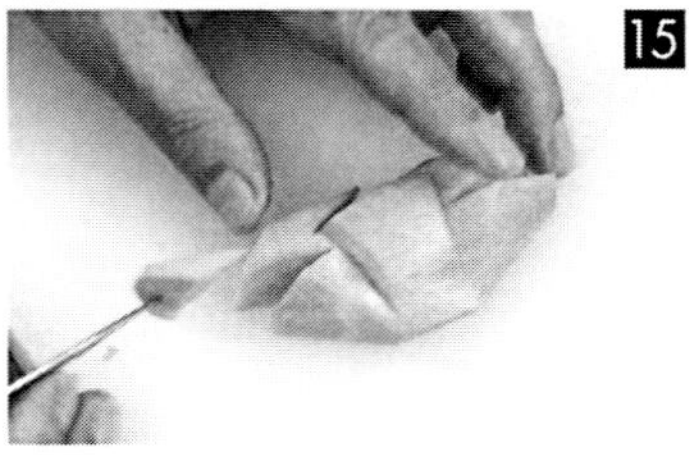

蟹をまな板に寝かせ、ハサミと脚の境目をむく。ハサミの下に切り込みを入れてＶ字に抜く。左右の位置が対称になるように。

ハサミの爪をむく

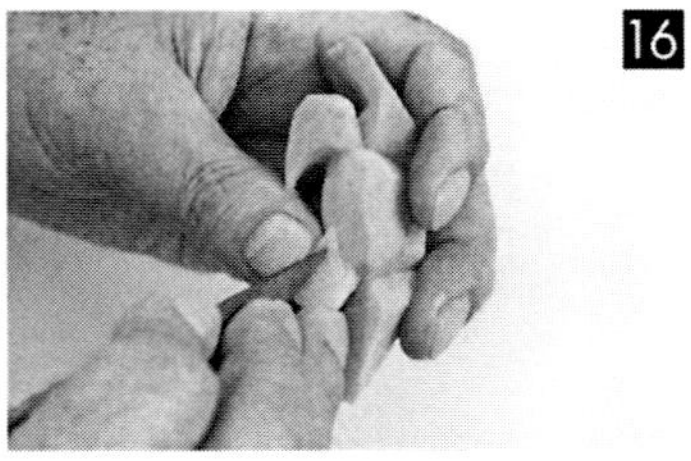

左右のハサミの先をとがらせながら形をととのえ、真ん中に細く筋を入れてむき、蟹特有の二つに分かれた爪を作る。

目をむく

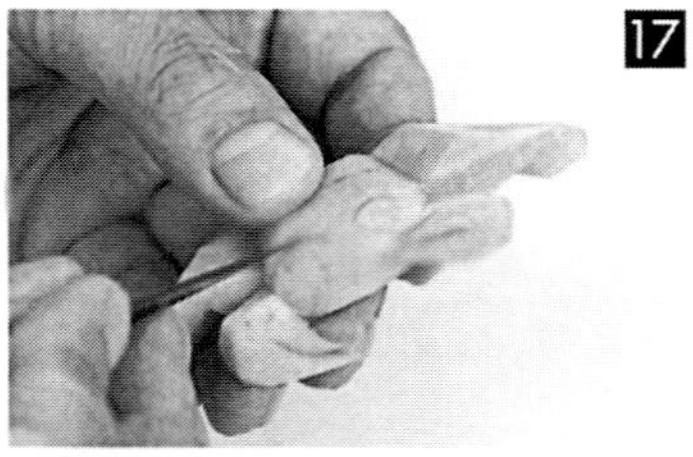

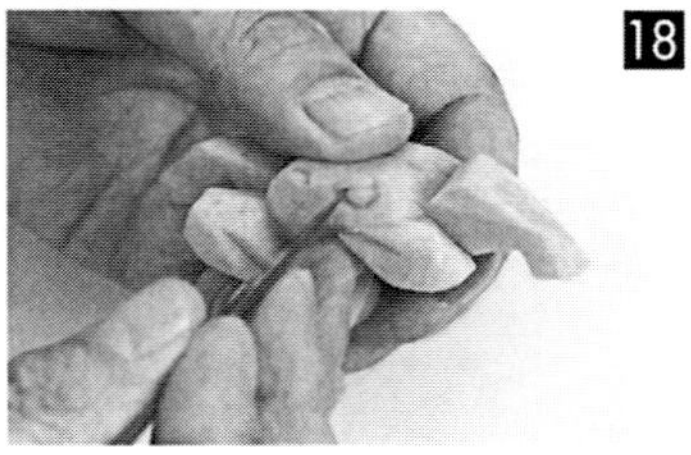

甲羅の上の部分に目を入れる。切り出しで上下に半円の筋を入れて縁取りし、そこをむき出して目を浮き出させる。

口をむく

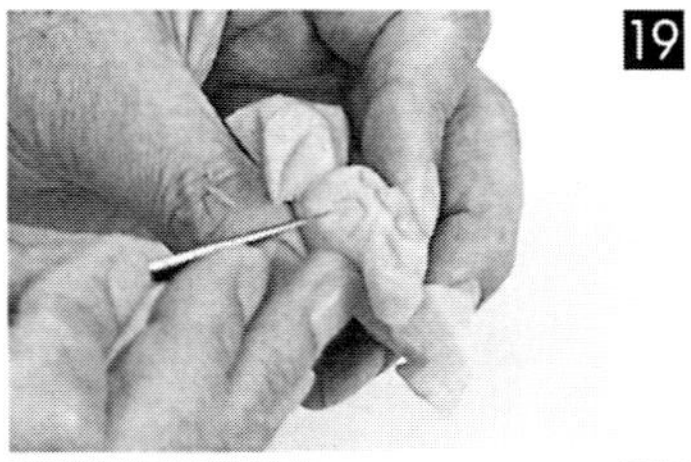

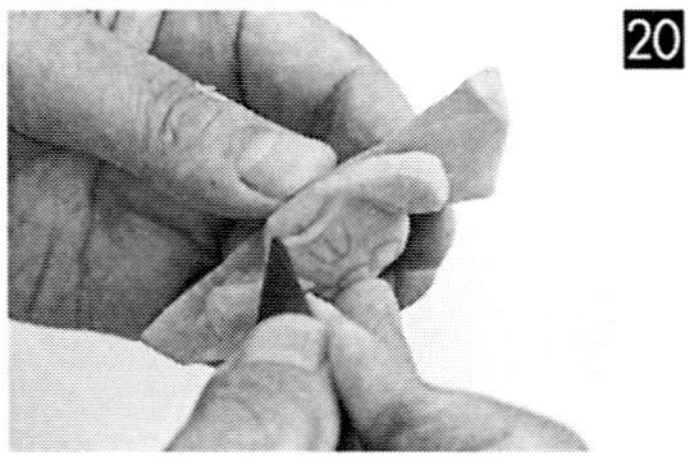

目の下に口をむく。目よりも少し大きい半円の筋を入れ、その半円を半分に区切って溝をつける（上のイラスト参照）。

脚をむく

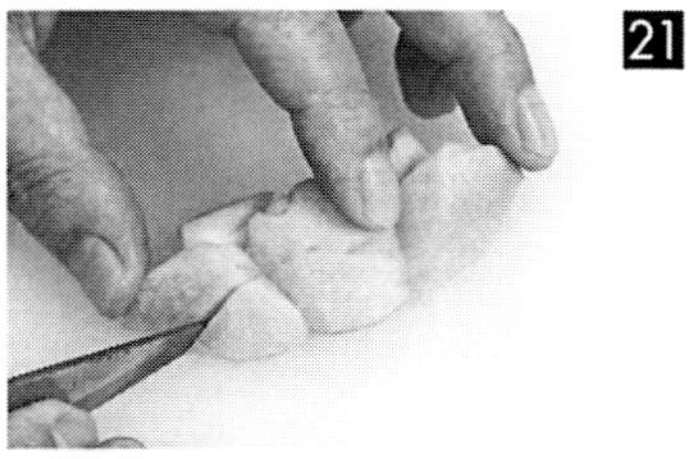

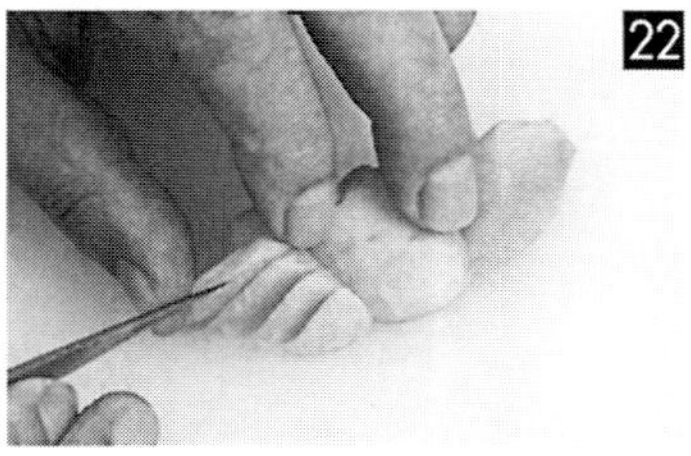

脚の部分に等間隔に三本の切り込みを入れて脚をむく。刃を真っ直ぐに入れた後、斜めに入れて切り取ればきれいにむける。

甲羅の模様を入れる

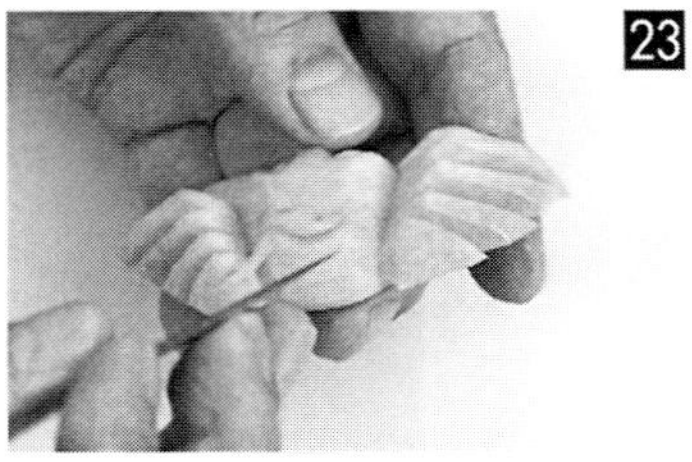

脚の形、甲羅の起伏を再度チェックして形をととのえ、甲羅の表面に半円の切り込みを浅く入れて仕上げる。

七月のむきもの

笹の葉（冬瓜）

七月の七夕にちなんだお馴染みのむきもの。派手なむきものではないが、吸い物の椀種などにそれとなく使われていると、ちょっと気のきいた店という印象がある。葉先の角と中にむく葉脈の角が、一直線上にきれいに揃うようにむくと、見た目にも大変映える。

くし形に取り、笹の葉にむく

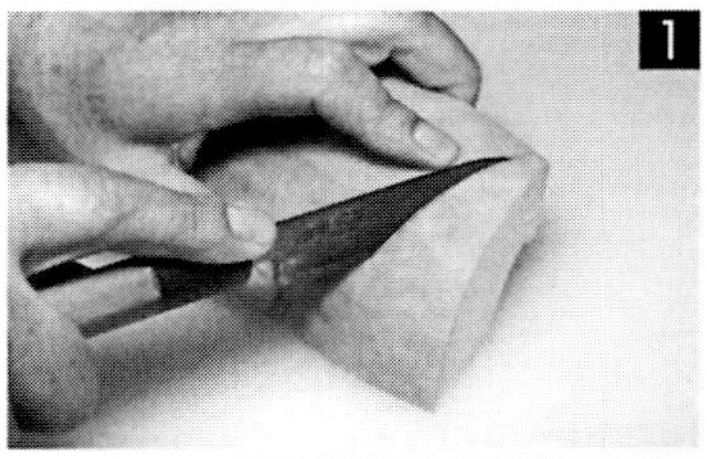

1

冬瓜は緑を残して固い皮をむき、四つ割りにしてタネを取りのぞき、くし形に取って果肉の底を平らにして座りを良くする。

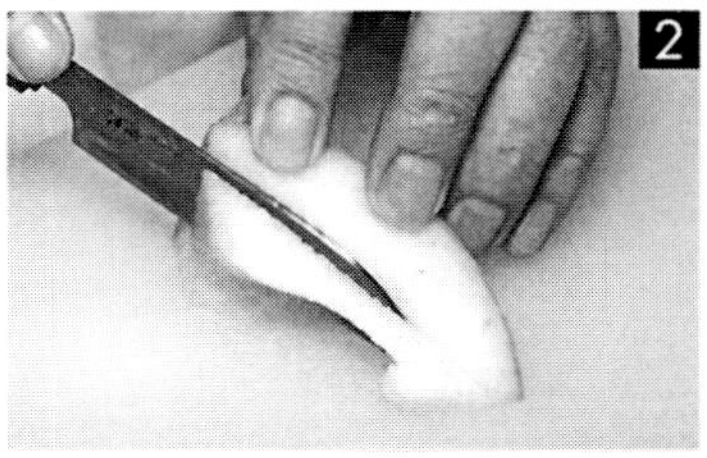

2

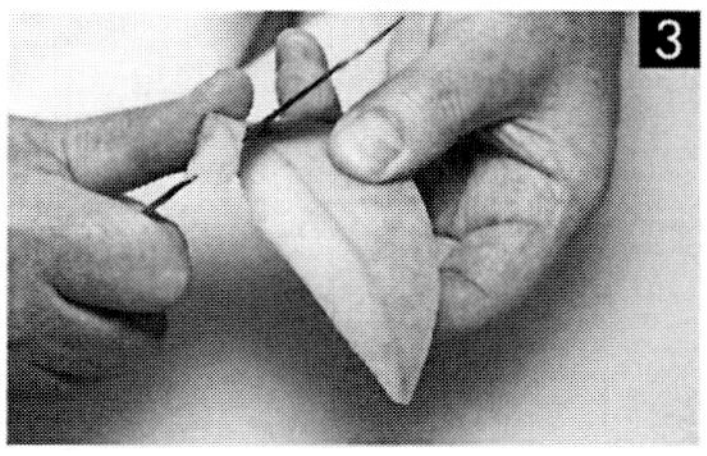

3

さらに、冬瓜の両端をむき、先をとがらせるようにして笹の葉の形にととのえる。

表面に葉脈をむく

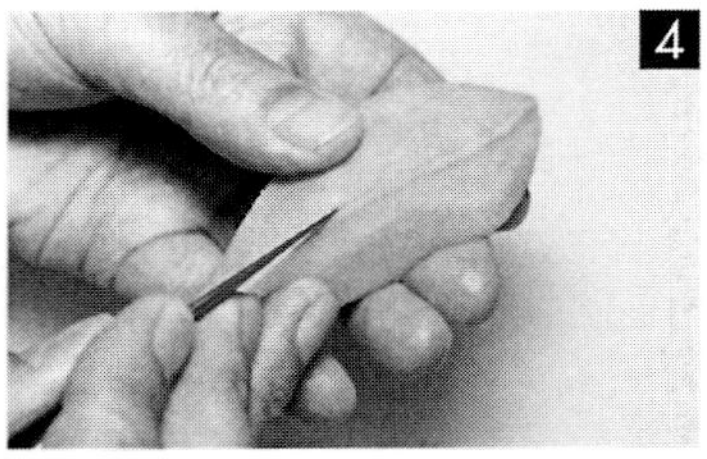

4

皮目に葉脈をむく。葉の形に沿わせながら外側から細く曲線状の筋を入れ、溝を彫り込む。冬瓜の向きを変えながらむいていく。

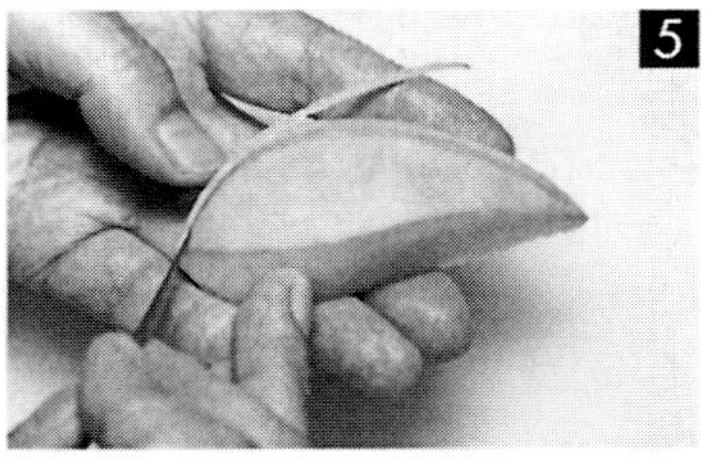

5

6

葉脈は葉の内側に向かって左右順番にむいていき、左右の溝の本数を同じにする。

睡蓮(黒皮南瓜)

夜は眠るように閉じ、また蓮の形に似ているところから名付けられたといわれる睡蓮は、水面に花を開かせる。その情景をむきものにした。南瓜を逆さにして、その形を活かして一個丸ごと使う。上から下へと大小の花びらがびっしりと咲き出ている感じを表現する。

へたを落とし、皮をむく

南瓜を逆さにしてまな板に置き、中心に筒抜きを当てて丸く印をつけ、その部分をむき出して花びらの中心部を決める。

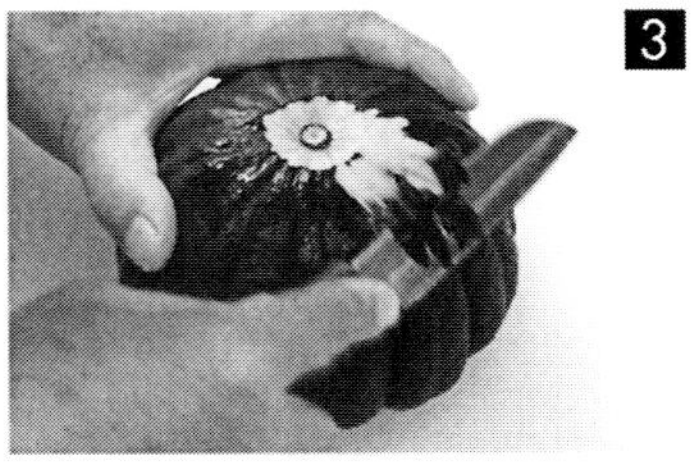

面取り庖丁で周りの皮をむく。溝の皮は残したままで、南瓜の丸みを活かしながらある程度までむけばいい。

花びらをむく

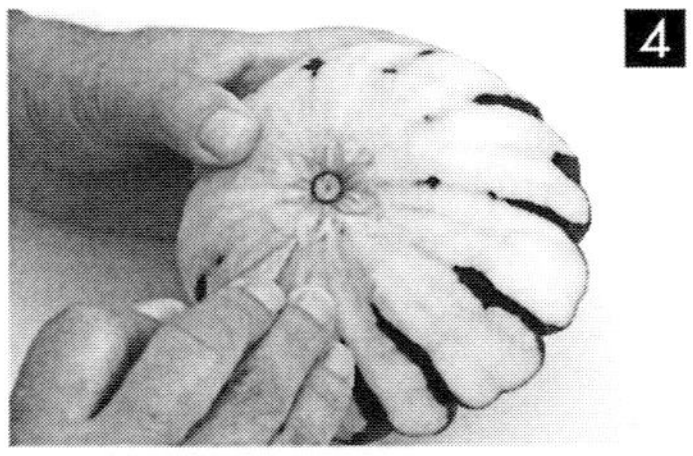

筒抜きで印をつけた中に花びらをむく。ここでは6枚を放射状にむき、その下に二列目、三列目と同じようにむいていく。

次の列の花びらをむくときは、前の列の花びらと花びらの間にくるようにむき、下にいくほど花びらの形が大きくなるように。

花びらに反りを入れる

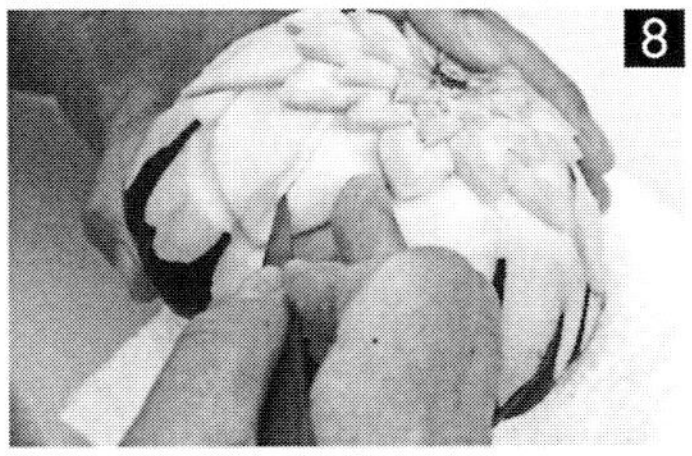

花びらを立体的に見せるために、花びらの真ん中に浅く溝を入れ、その両側がやや高くなるように起伏をつけていく。

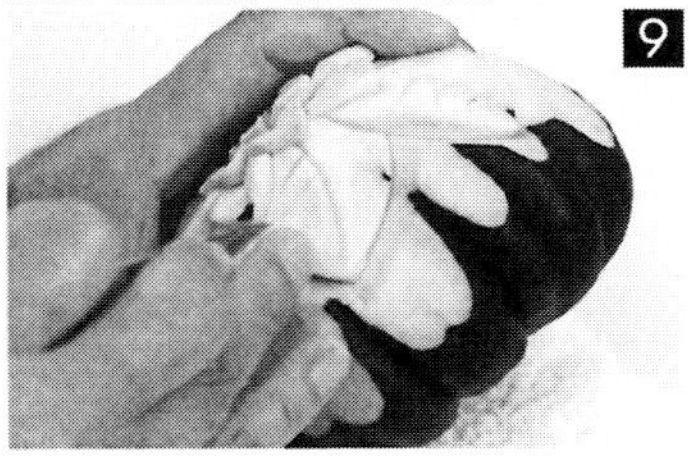

下に大きく垂れ下がった花びらには、斜めに葉脈を入れる。

中をくり抜く

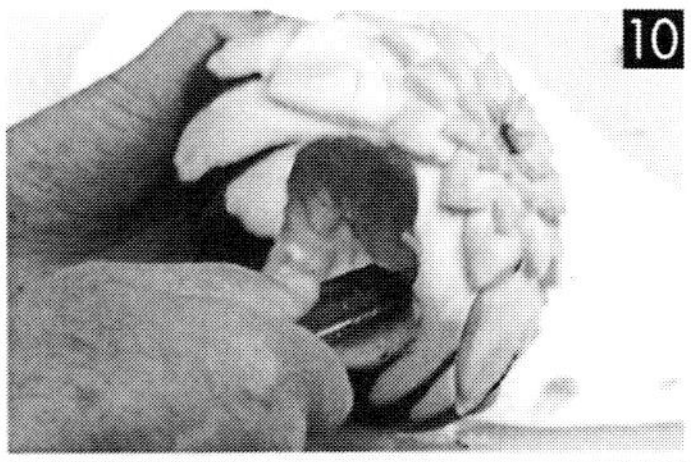

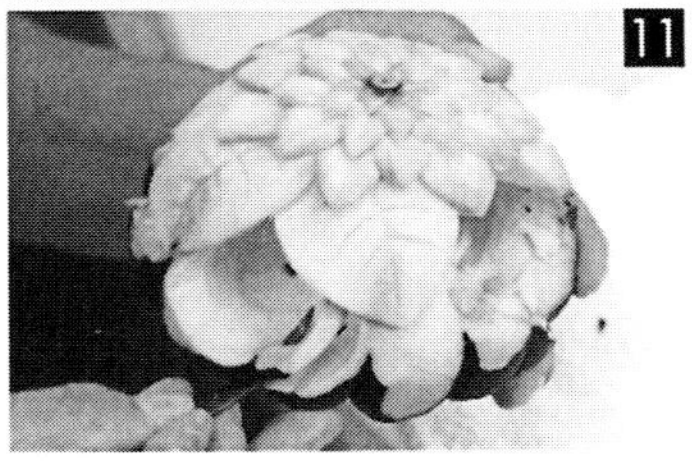

下の大きな花びらと花びらの間をくり抜いて中のタネやワタをきれいにかき出し、曲がりで南瓜の中や外の形をととのえる。

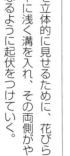

丸に竹笹（冬瓜）

冬瓜を使ったＰ112の「笹の葉」と同様、七夕をテーマにしたむきもので、同じ冬瓜を素材に違った風情を試みている。冬瓜を丸く抜いてその表面に笹の葉と竹をむき出していき、最後に固い皮をむき、淡い緑の色合いで形を朧気《おぼろげ》ながら見せるという趣向を打ち出した。

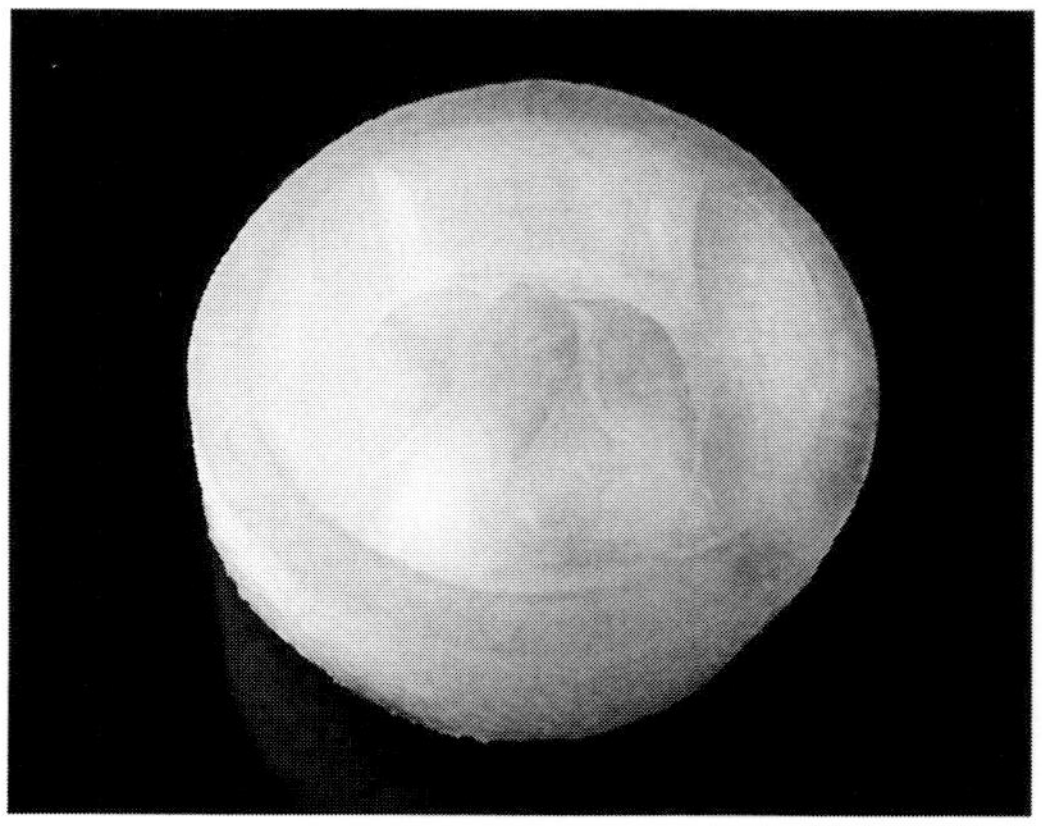

丸く溝をむく

1

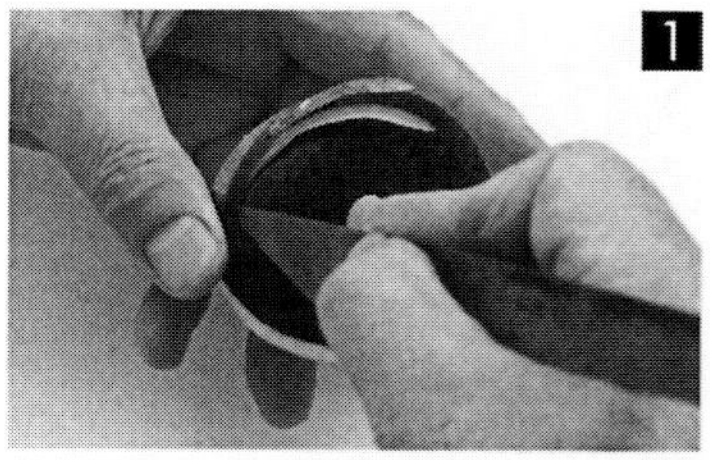

2

冬瓜を抜き型で丸く抜き、皮の周囲に切り出しで丸く溝を彫り込んで蛇の目の形にする。冬瓜の方を回しながら刃を一周させてむく。

笹の葉をむく

3

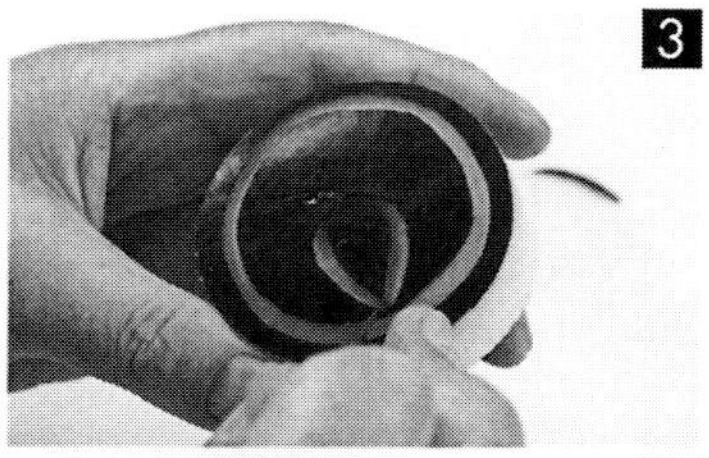

4

溝の内側の下に三枚の笹の葉をむく。冬瓜の皮に葉の形を縁取った筋を入れ、その縁の部分をむいて笹の葉を浮き彫りにする。

竹をむく

5

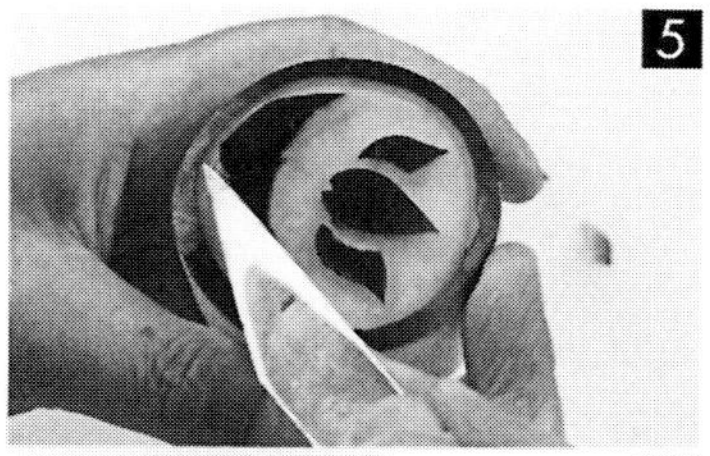

6

笹の葉の上に竹の幹と節をむく。残っている皮を薄くむき、笹の葉の両端に幹の筋を縦に入れ、葉の上に節をむいて、葉の皮もむく。

切り竹（加賀太胡瓜）

一応は七月のむきものとしているが、この切り竹は、季節に関わりなく一年中使える縁起のいいむきものだ。初心者の人でも、比較的失敗することは少ないだろう。節の数は、素材の長さに応じて適宜にむけばいい。料理の飾りだけでなく、盛り器としても活かしたい。

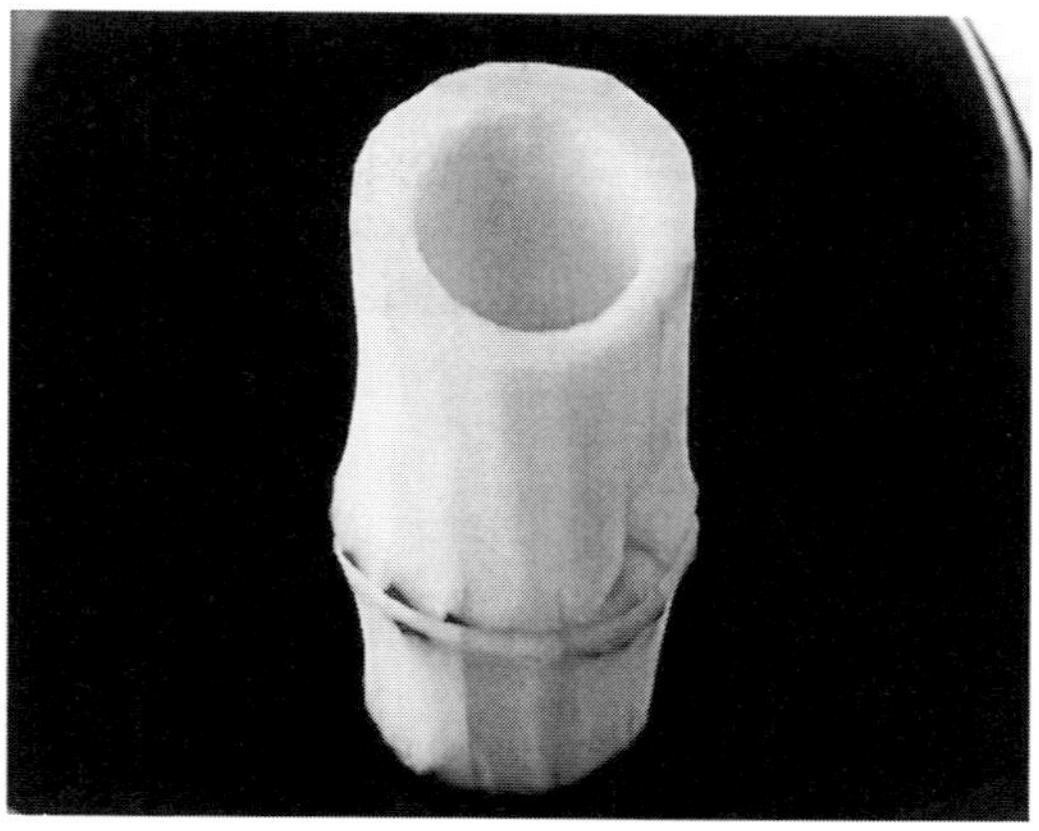

節の位置を決める

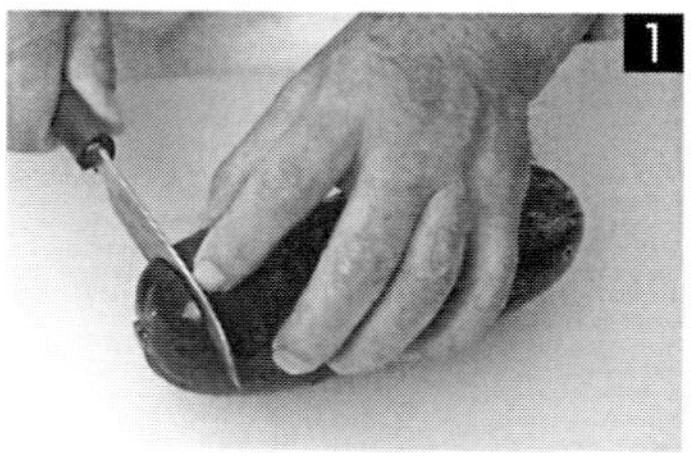

1

浅漬けにすると歯切れの良さがあり、煮物料理にも向く加賀太胡瓜を一本使い、一方の端を切り落として平らにする。

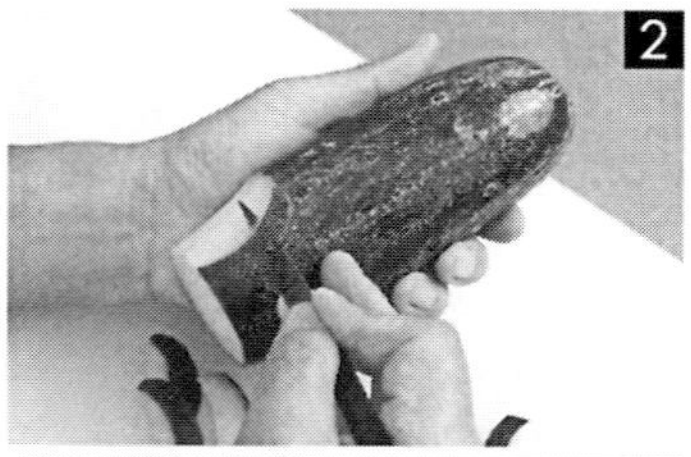

2

3

竹の節の位置を決め、その箇所に胡瓜を回しながら筋をつけていき、下の方からその位置まで曲がりで皮をむく。

節をむく

4

胡瓜を持ち変えて、反対側の皮もむき落としていく。

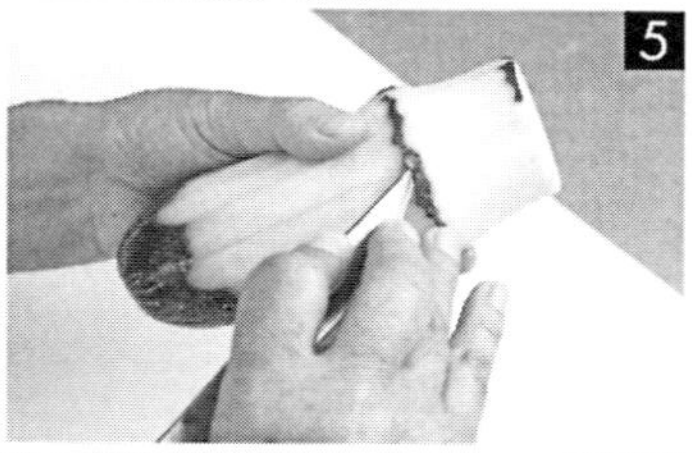

5

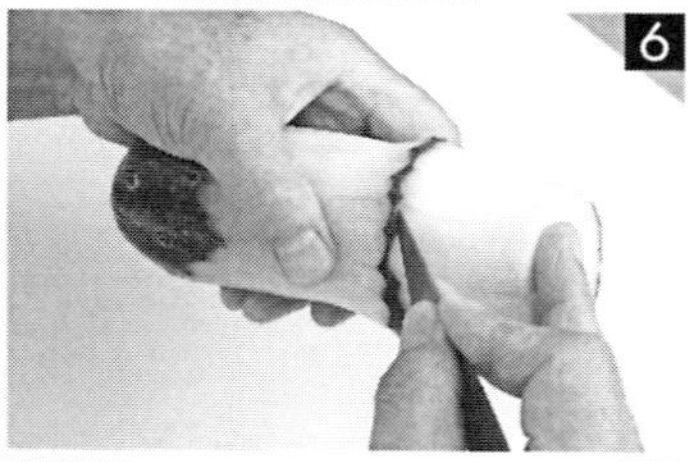

6

節の部分がやや盛り上がるように皮をむいたら、節の筋にそって彫り込んでいき溝を作る。これで竹らしさが出てくる。

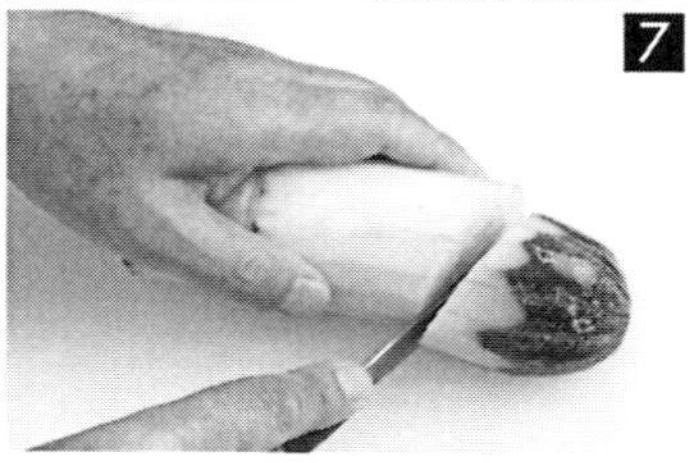

7

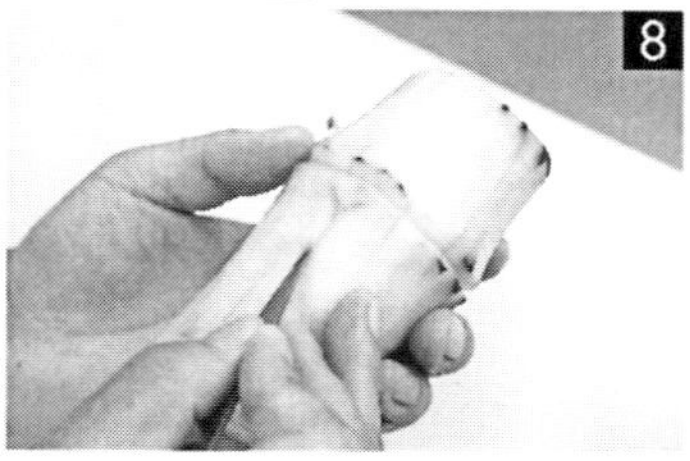

8

節をむいたら、胡瓜のもう一方の端を斜めに切り落とし、節の近くに小笹の枝をさす小さな三角形の溝をむく。

中をくり抜く

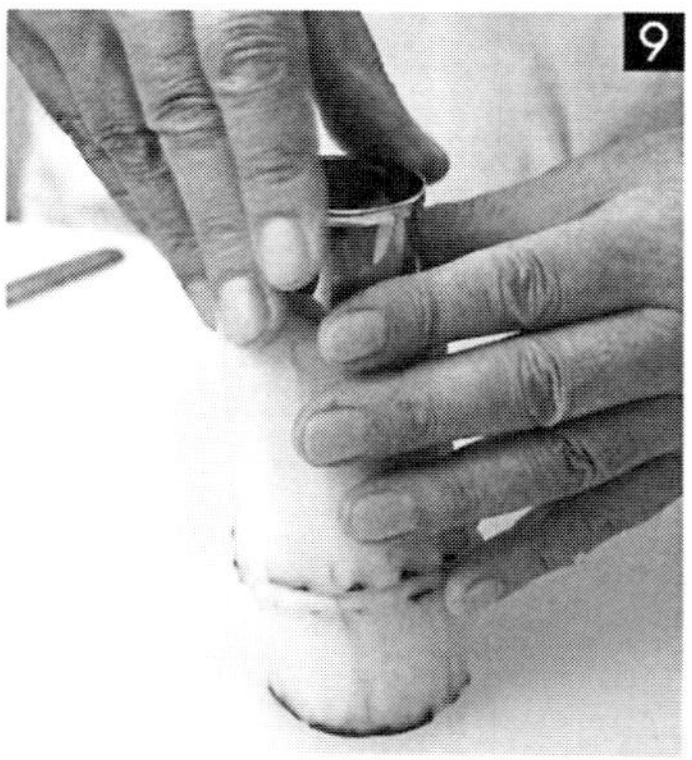

9

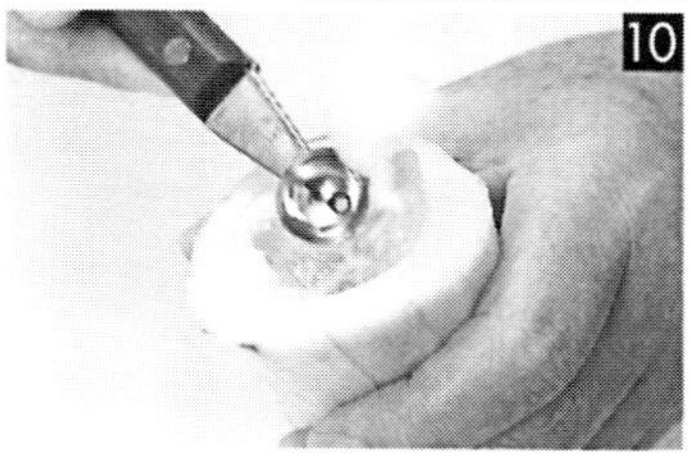

10

斜めに切り落とした切り口に筒抜きを差し込んで丸く形をつけ、くり抜きで中をくり抜く。くり抜いた方が切り竹の上になる。

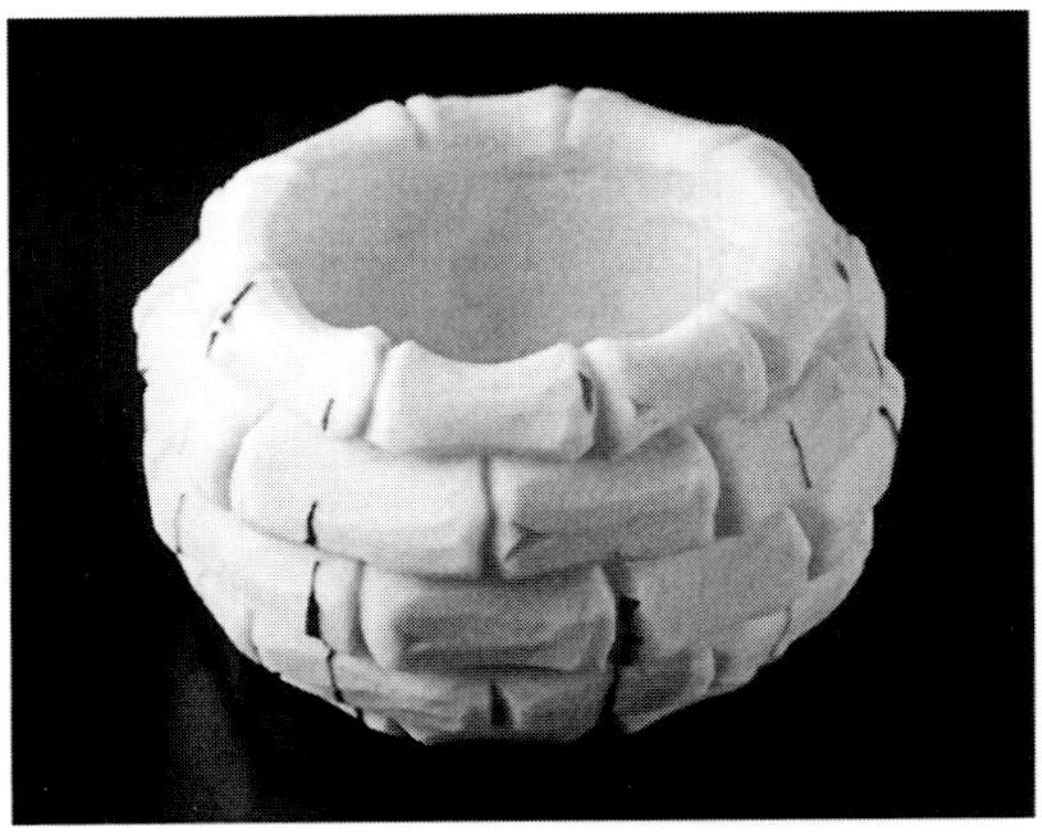

竹籠(黒皮南瓜)

これまで紹介してきたP88の「手籠」やP94の「魚籠」と同じカテゴリーに入るむきもの。これも黒皮南瓜一個を使う大きさなので、料理の盛り器として使うと面白みが出る。四本のしならせた竹を編んだ形にむいているが、節の入れ方をずらすことでそれらしさが出る。

皮をむき、中をくり抜く

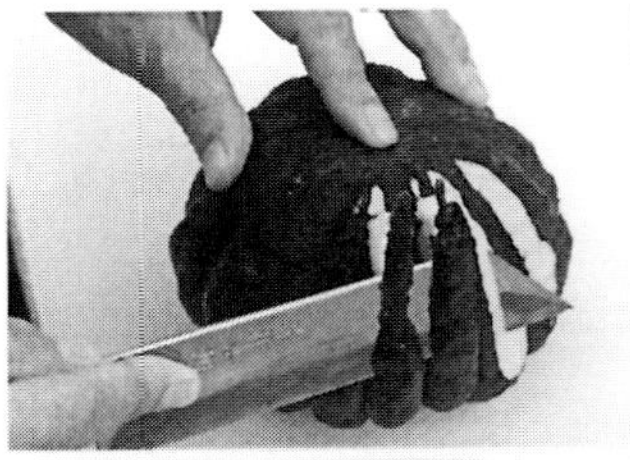

1

南瓜を逆さにして皮をきれいに落とし、天地を平らに切り落とす。逆さにして皮をむくのは、上の方が身が厚くてむきにくいから。

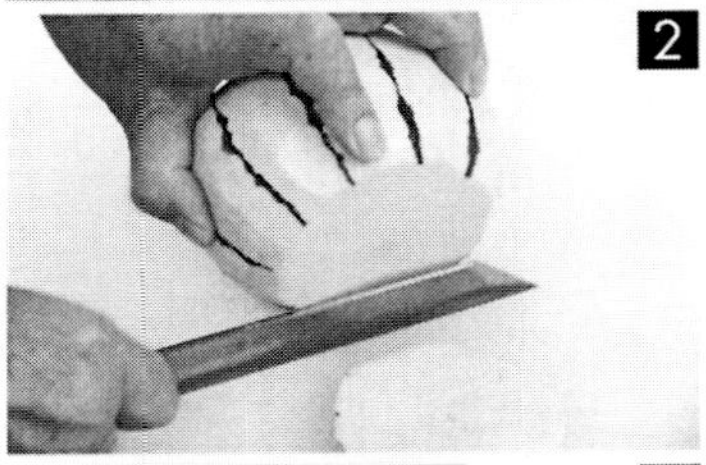

2

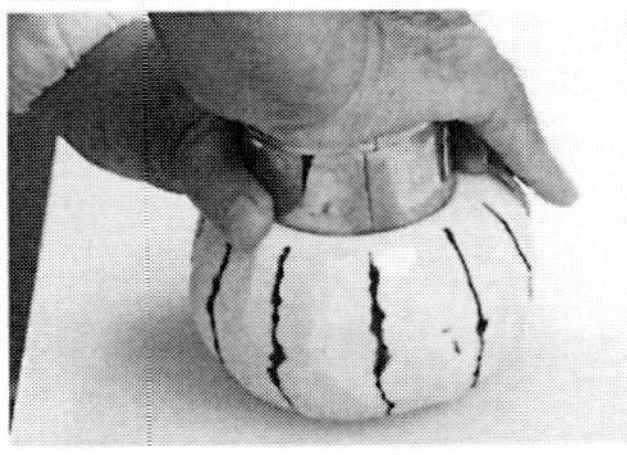

3

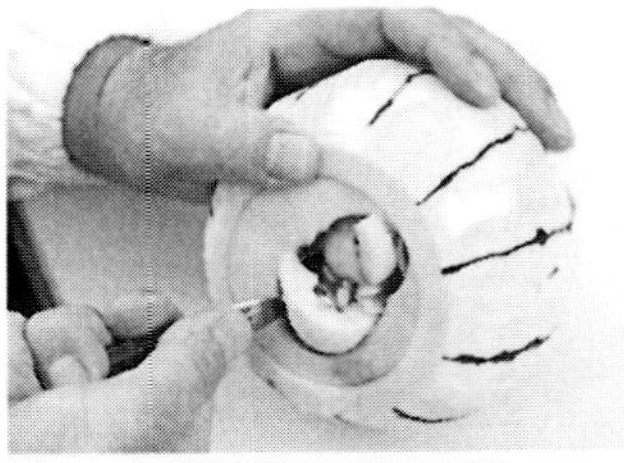

4

平らにした上の断面に直径7・5㎝の抜き型を当てて丸く印をつけ、そこをくり抜いて、中のタネやワタをきれいにかき出す。

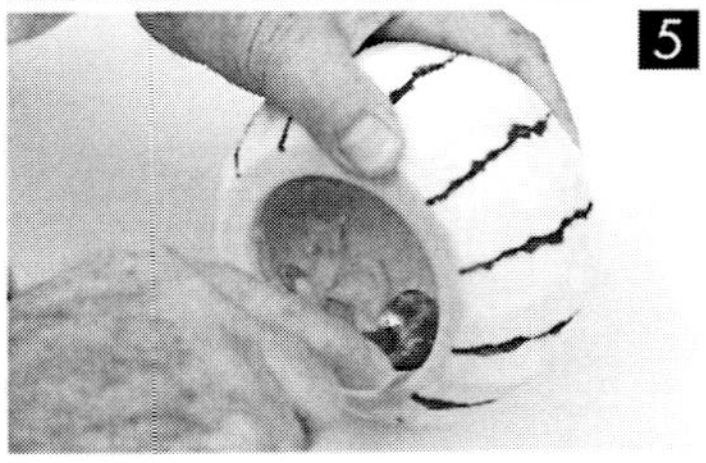

5

籠の編み目をむく

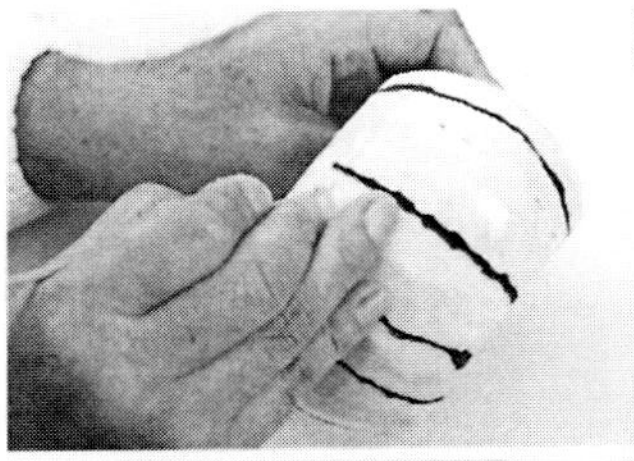

6

ここから籠の編み目をむいていくが、南瓜の周囲に等間隔に四本の筋を竹串でつけていき、むくときの目印にする。

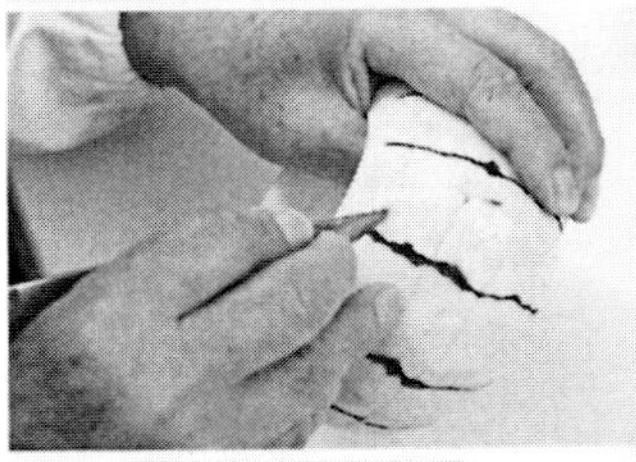

7

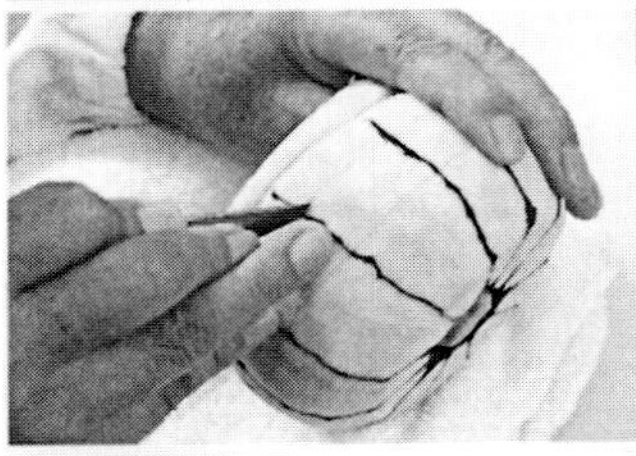

8

竹串でつけた筋に沿って、切り出しで四本の溝を彫り込んでいく。溝はやや深めに入れた方が、竹籠らしい編み目が作れる。

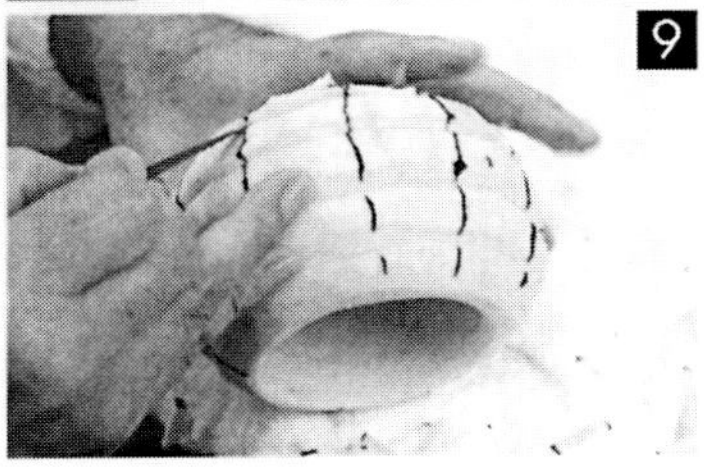

9

竹の節をむく

10
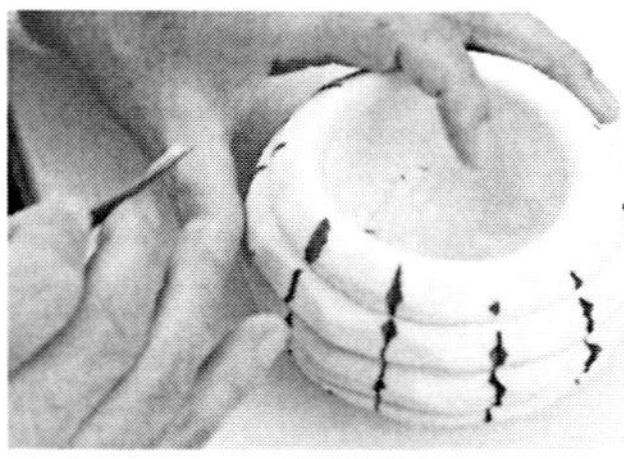

11
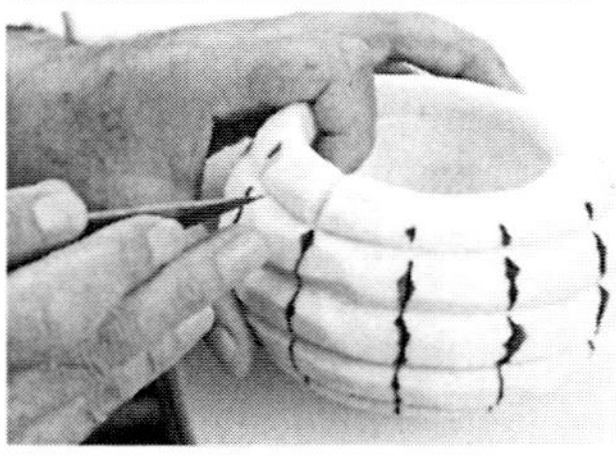

12
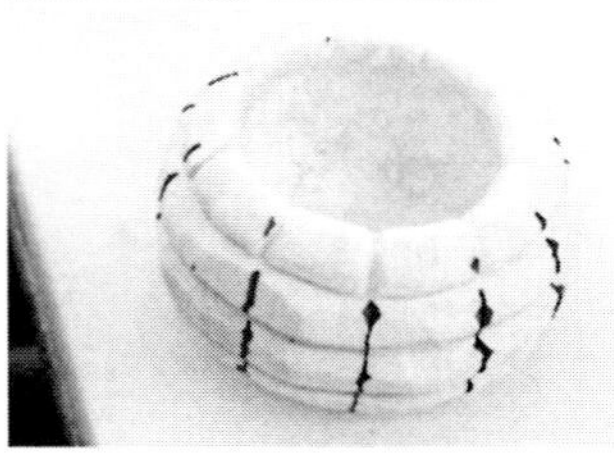

溝を彫り込んだら、一本一本の竹に節をむいていく。南瓜を回しながら、一本の竹に一定の間隔を持たせて節をむき出す。

13
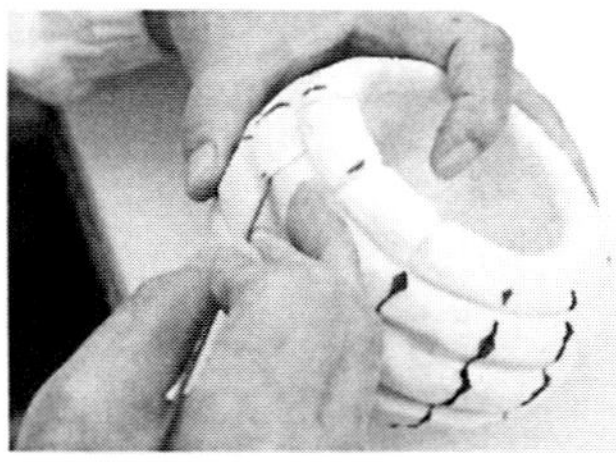

14
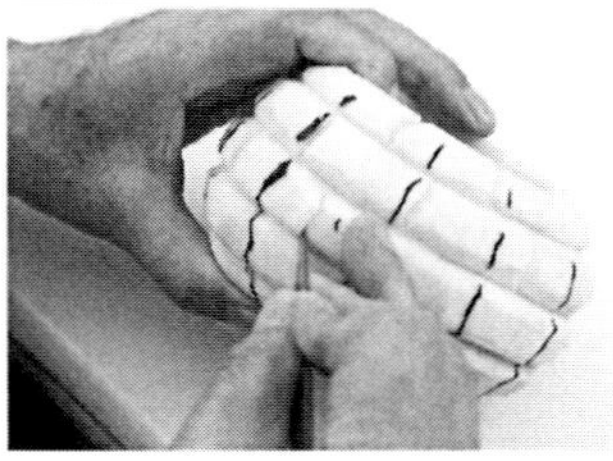

上の方から順に節をむいていくが、その下になる竹の節をむくときは上の節と節の間の位置にむき、これを一番下まで交互に繰り返す。

全体の形をととのえる

15
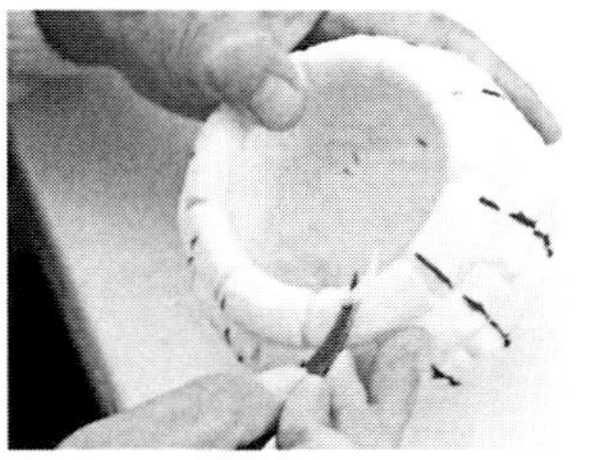

16
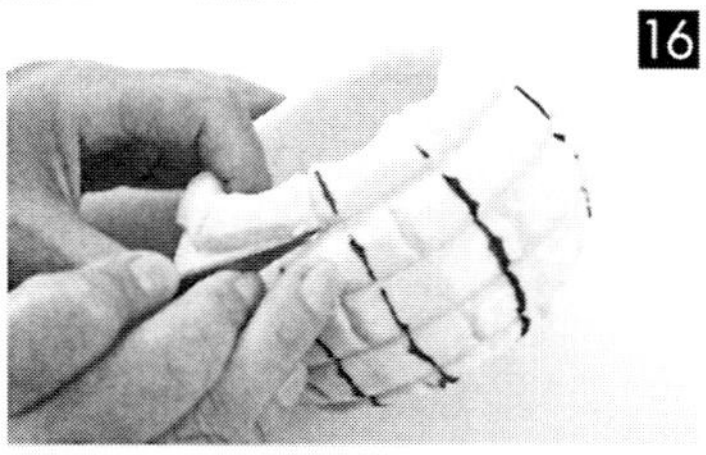

上の縁の内側や溝の部分を曲がりでさらにむいて、表面に反りや丸みをつけていき、竹籠らしい形にととのえる。

17
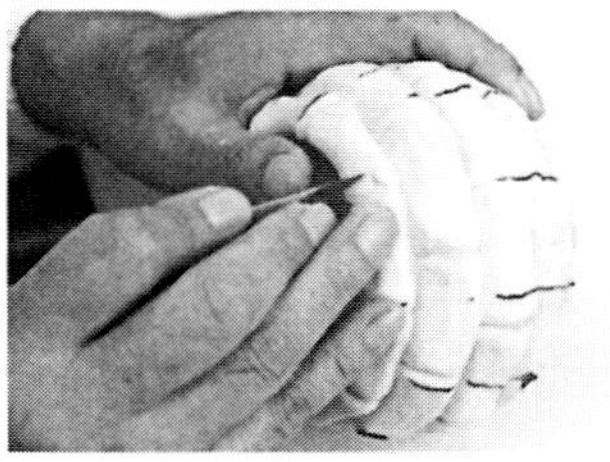

最後に、節の所々に小笹の枝をさし込む小さな三角の溝をむいて仕上げる。

八月のむきもの

木の葉(冬瓜)

六月では南瓜を使った木の葉を、夏が旬の冬瓜でむいてみた。素材が違えば、同じ形のむきものでも雰囲気や質感は異なってくる。むき方はほぼ同じで、初心者の人でもむきやすいが、木の葉にむいた冬瓜の大きさとのバランスを考えて左右の葉脈をむいてほしい。

木の葉の形に切り、葉元をむく

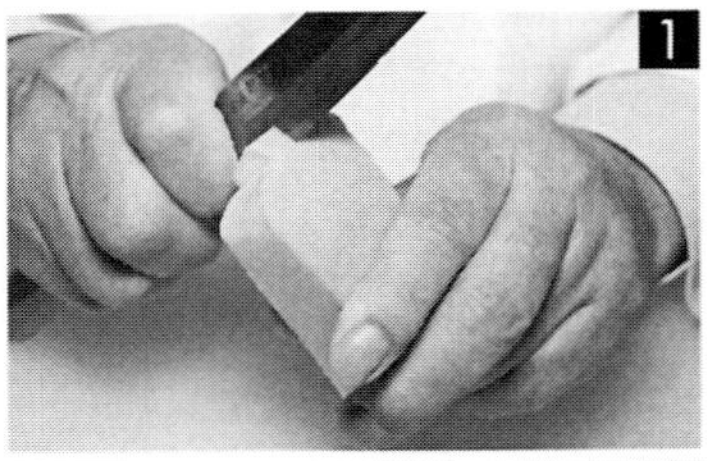

1 冬瓜は緑を残しながら固い皮をむき、くし形に取って木の葉の形に切り出し、幅の広い方に葉元の軸をむき出す。

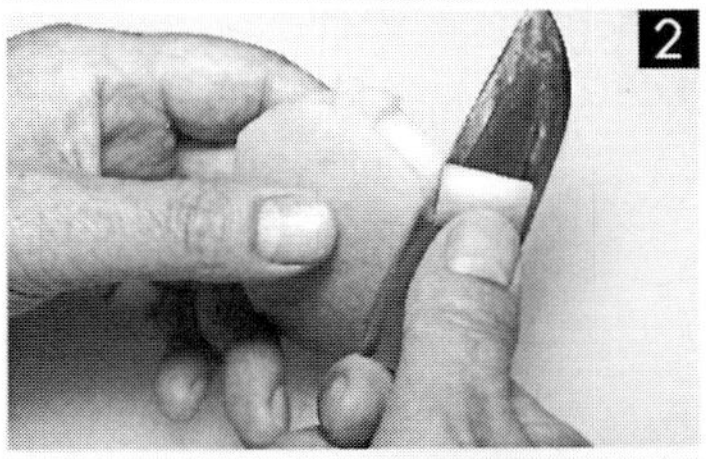

2

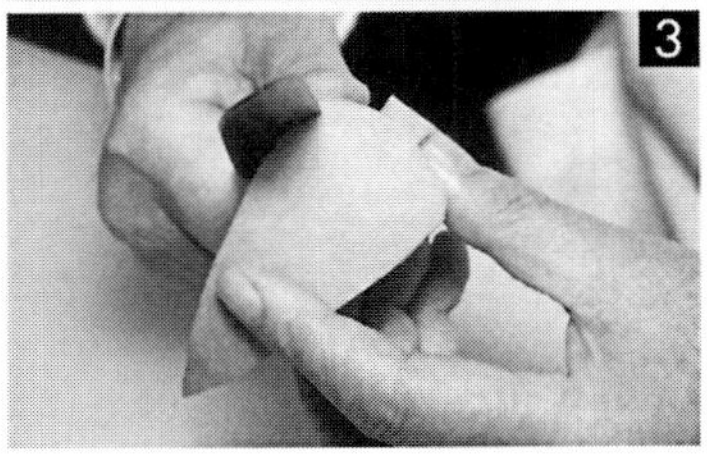

3 軸をむき出したら葉元は丸みをつけ、葉先になる先端はとがらせるようにする。

表面に葉脈をむく

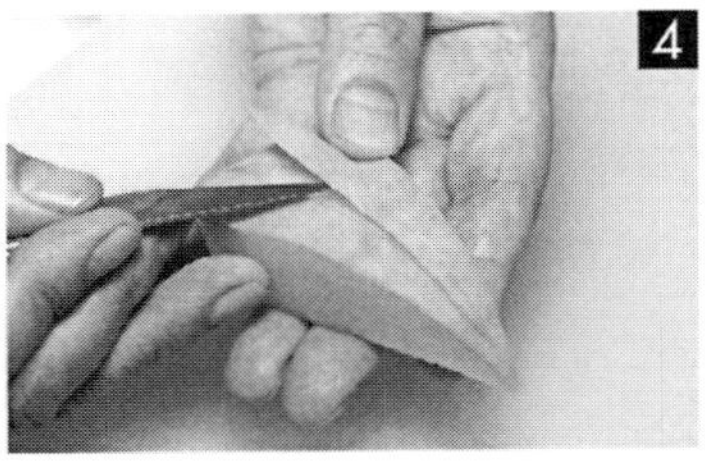

4 軸と先端の角を結ぶ中央に切り込みを入れ、溝を彫る。溝はやや深めにする。

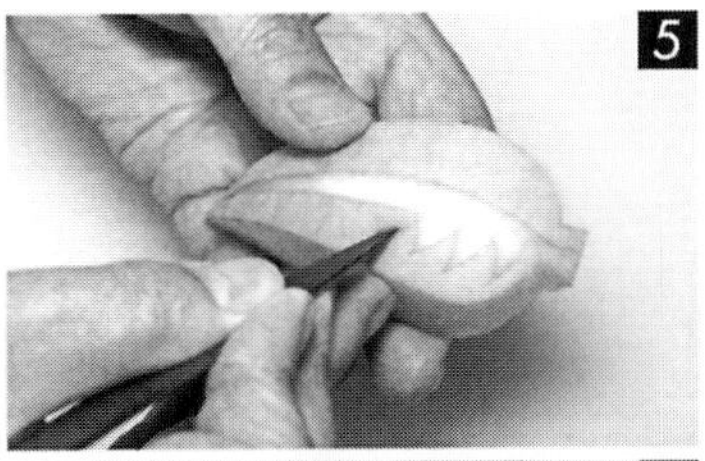

5 中央の溝を利用して葉脈をむいていく。最初は左側を、葉元の方からV字の切り込みを入れながらむき、切り込みの線をつなげていく。

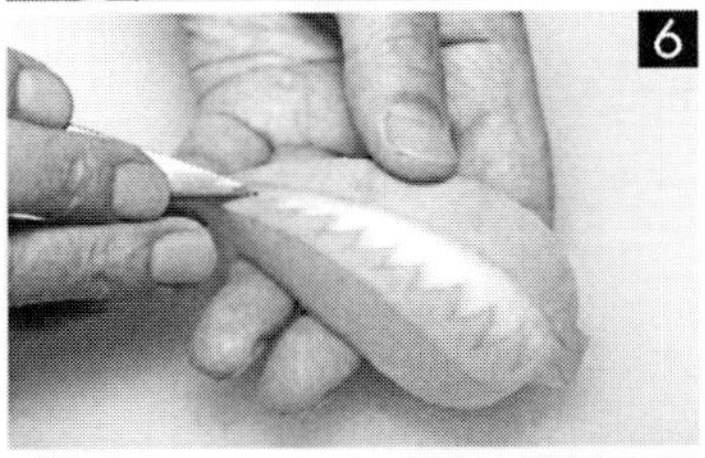

6

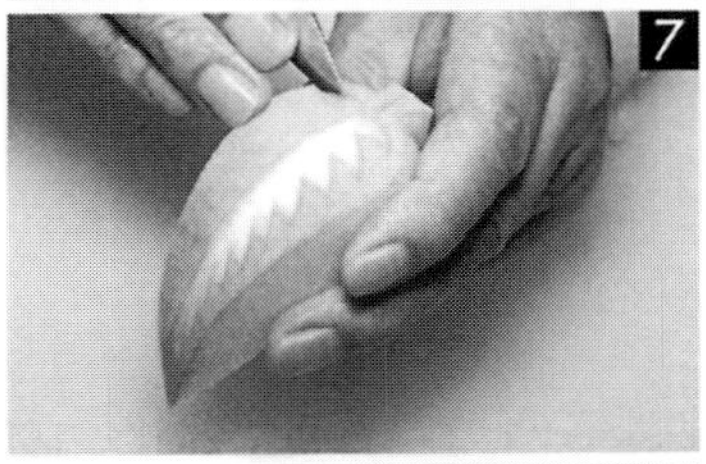

7 葉元の方を手前にして右側の葉脈をむく。やはり、葉元の方から葉先に向けて、順に切り込みを入れて左右対称になるようにむく。

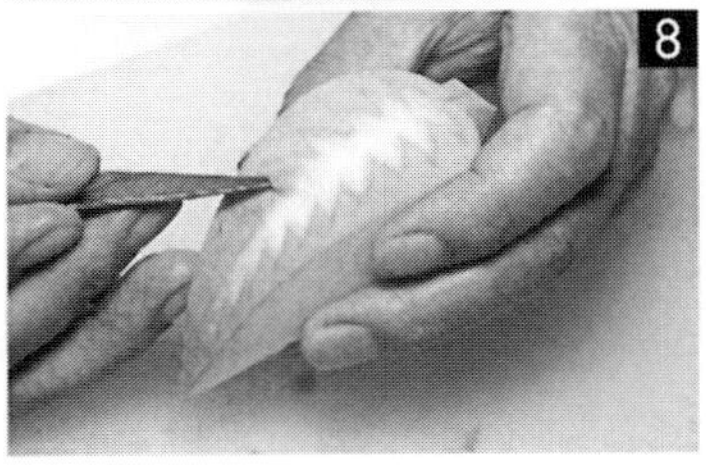

8

葉付き朝顔(冬瓜)

冬瓜の緑の濃淡を利用したむきもの。そのまま料理に使えば、いかにも清楚な情緒が出せるだろう。大小三枚の葉を先にむき、それに合わせて朝顔の花びらをむく。本来の朝顔の花弁は五枚だが、ここではその一枚が葉の下に隠れている情景を表現した。

長四角に木取り、葉をむく

1

2

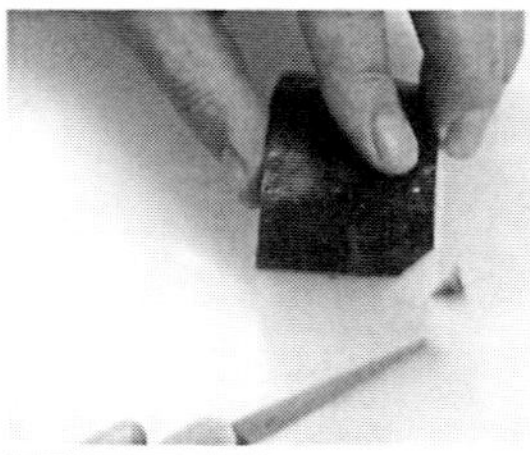

冬瓜を縦4㎝、横8㎝くらいの長方形に木取り、底を平らにして座りを良くし、どれか一つの角を斜めに落として面取りする。

3

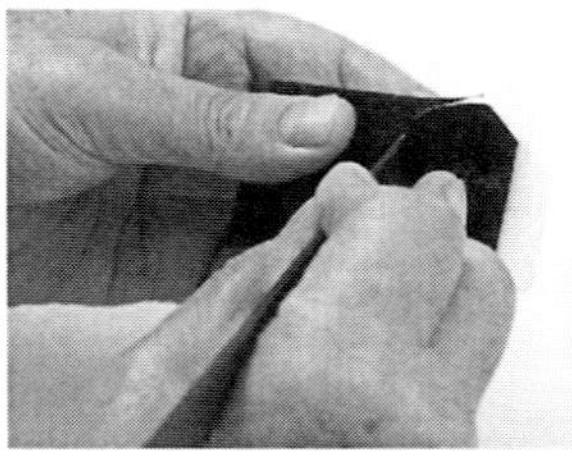

4

5

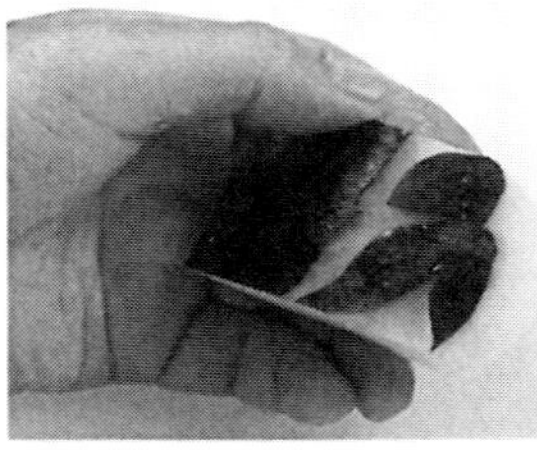

落とした角の左端を起点にして、冬瓜の右半分に大小三枚の朝顔の葉の線をつけていき、その外側を彫り込んで形を浮き出させる。

四枚の花びらをむき、葉脈を入れる

6

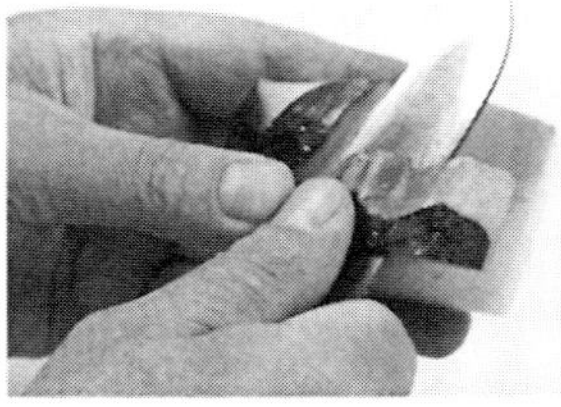

むいた葉の方を左にして冬瓜を持ち直し、右側の皮を淡く緑を残しながら落とす。

7

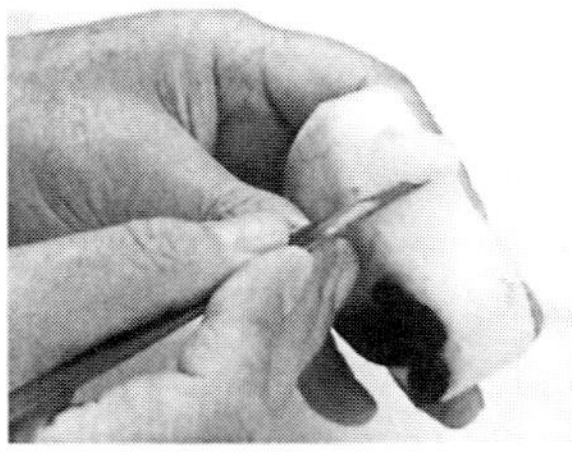

8

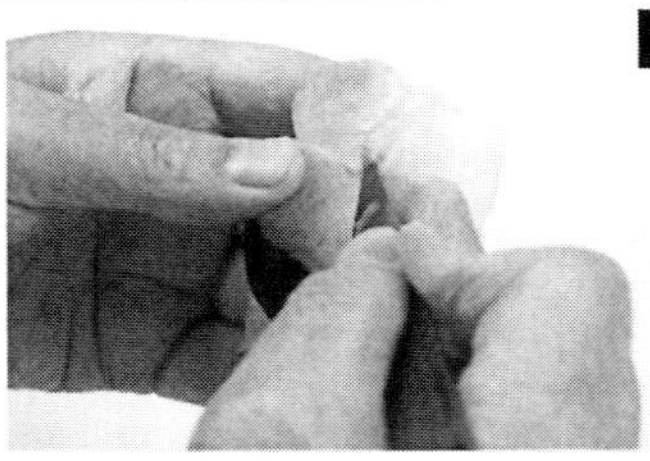

皮を落とした冬瓜の外側を、四枚の花びらの形にむき出していき、花びらと花びらの境目の表面には浅く溝を入れて形をくっきりと。

9

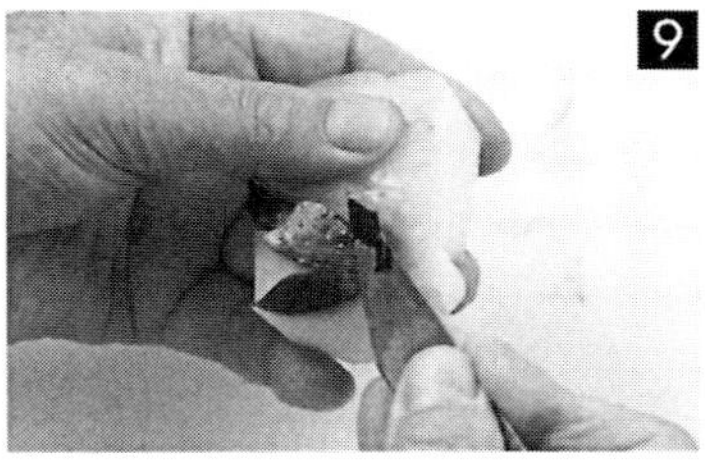

葉の部分の皮を薄くむき落とし、三枚の葉にそれぞれ葉脈を入れて仕上げる。

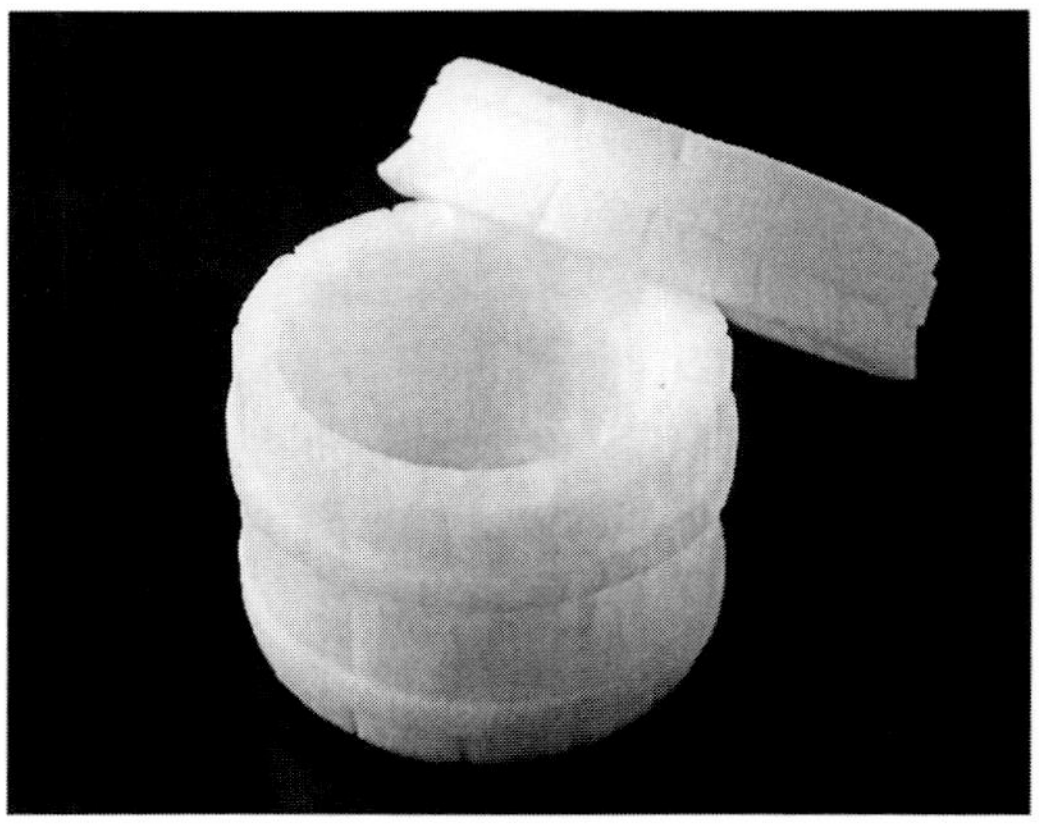

お櫃《ひつ》（大根）

電気釜全盛の時代だが、炊き上げたご飯を適度な水分を保ちながら保管してくれるお櫃はなかなか捨てがたい。そんな郷愁を込めて、前菜の珍味などの盛り器に使ってみてはどうだろうか。大根の丸い形を活かしながら、たが、木の継ぎ目を彫り込んでいく。

大根を蓋とお櫃に分ける

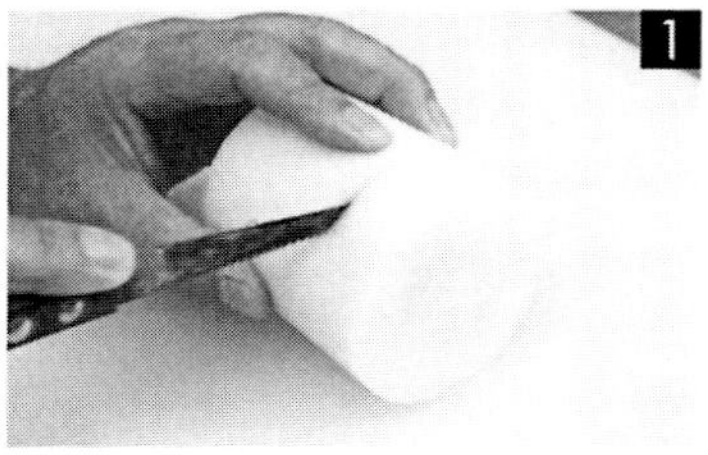

蓋とお櫃の大体の長さを決めて大根を輪切りにし、蓋の部分（右側）を切り落とす。

●蓋●

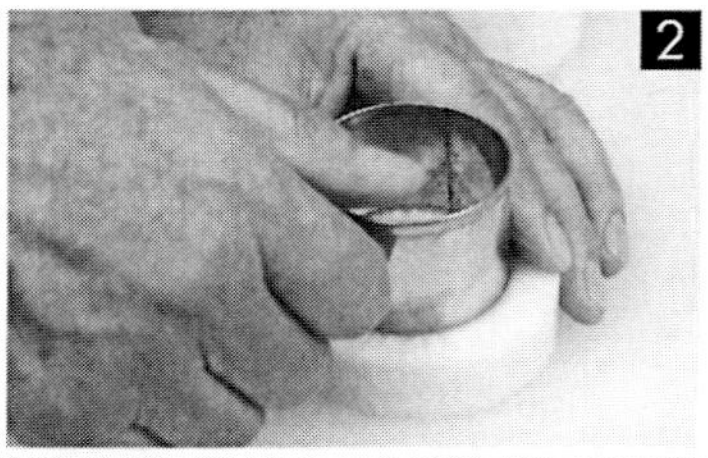

切り落とした蓋になる大根の皮をむきながら、より丸く形をととのえていき、断面の内側に抜き型で丸く印をつける。

●お櫃●

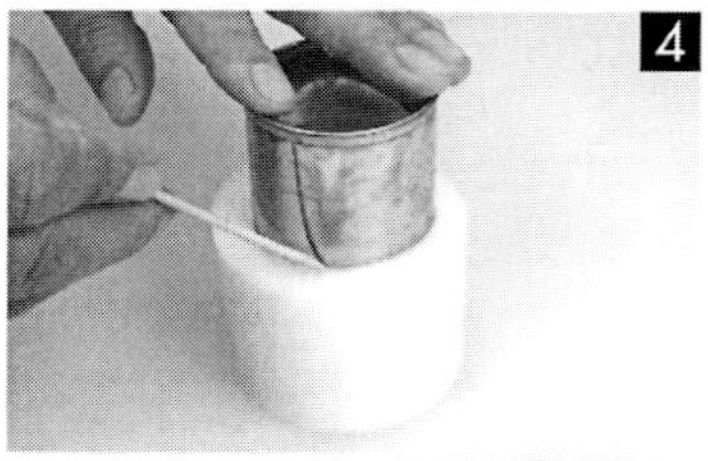

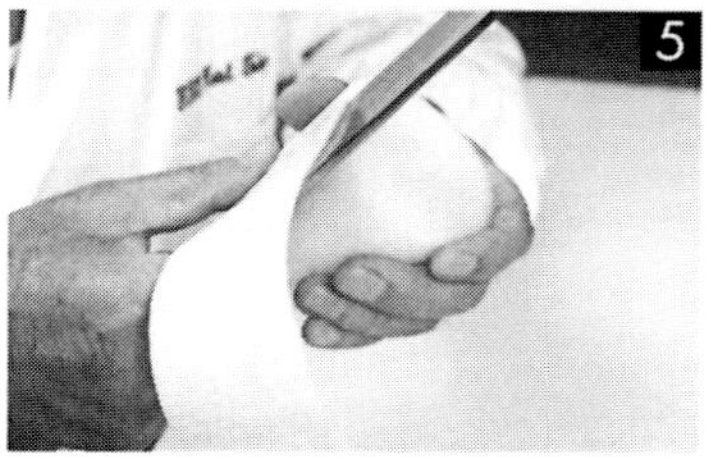

お櫃になる大根の方も、断面に蓋と同じ抜き型を当てて竹串で丸く筋をつけていき、皮をかつらにむいて丸く形をととのえる。

蓋の形をむく

蓋の内側

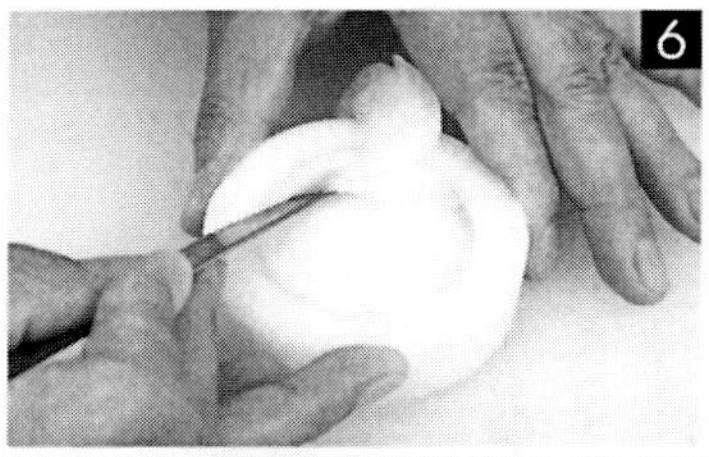

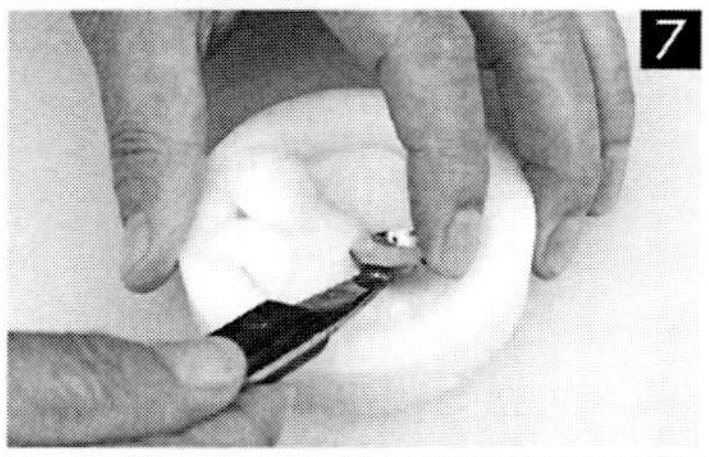

蓋になる大根の丸く筋をつけた断面を蓋の裏側にする。その円内をくり抜いて表面を平らにする。底までくり抜かないように注意する。

蓋の外側

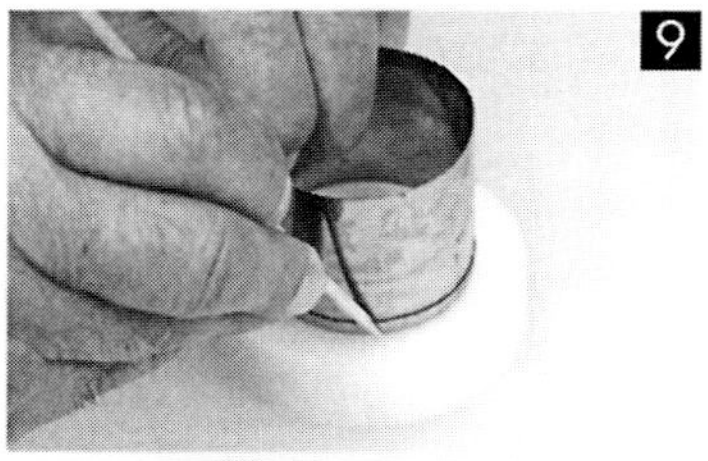

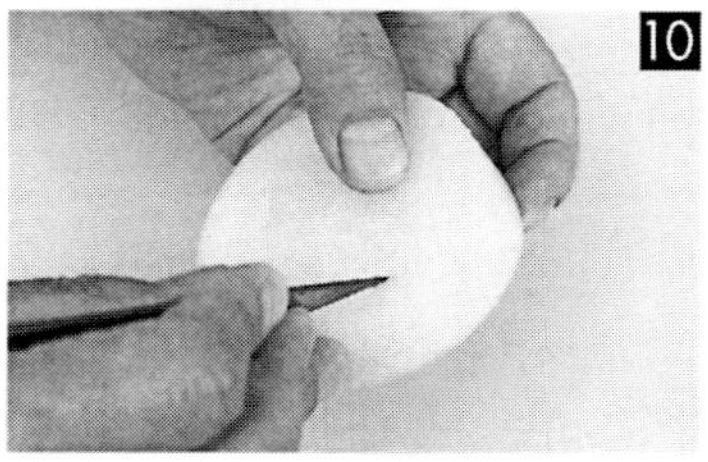

大根を裏返し、蓋の表側になる断面にも写真2と同じ直径の抜き型を当て、竹串で丸く筋をつけていき、蓋の縁周りの溝にする。

お櫃の形をむく

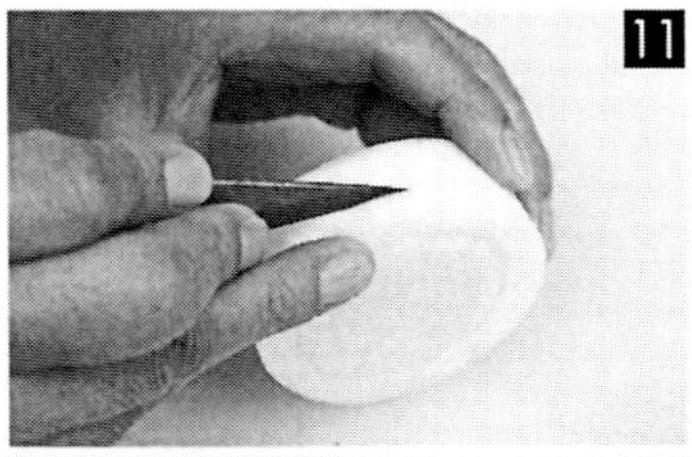

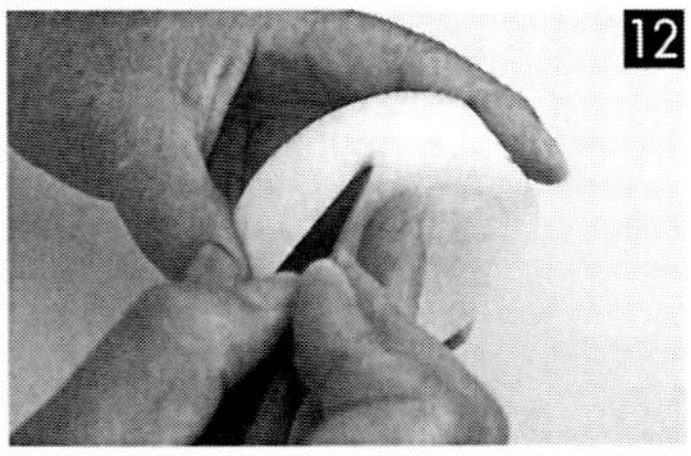

大根を立てて、蓋の側面に切り出しで二本の溝を彫り、たがを作る。大根を回しながら切り出しの筋を一周させる。

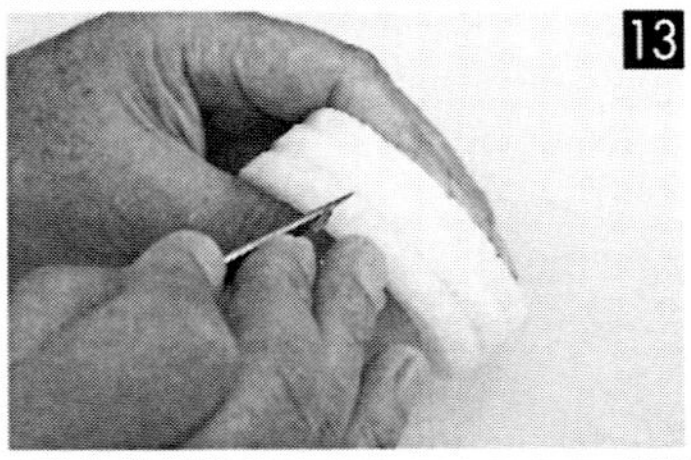

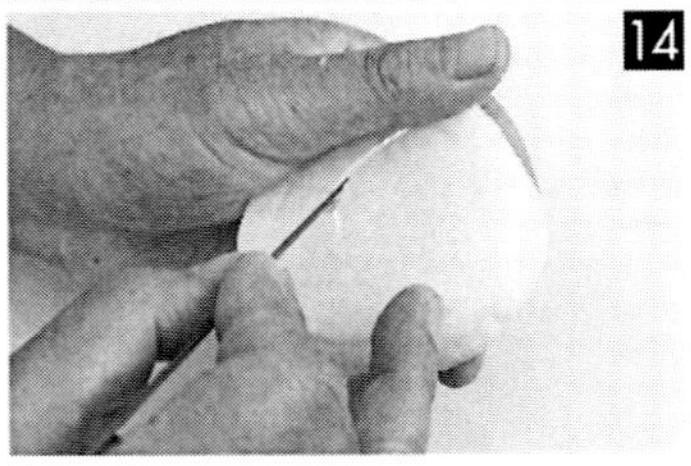

たがの上下に、一定の間隔を取って筋を入れ、木の継ぎ目にする。さらに、蓋の表にもその筋に合わせて継ぎ目を。

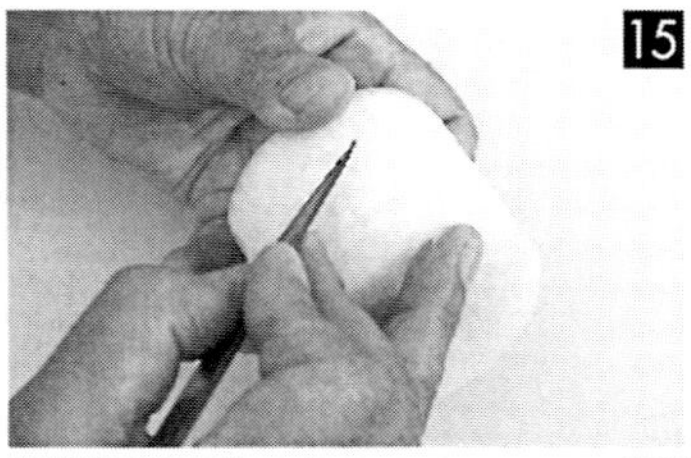

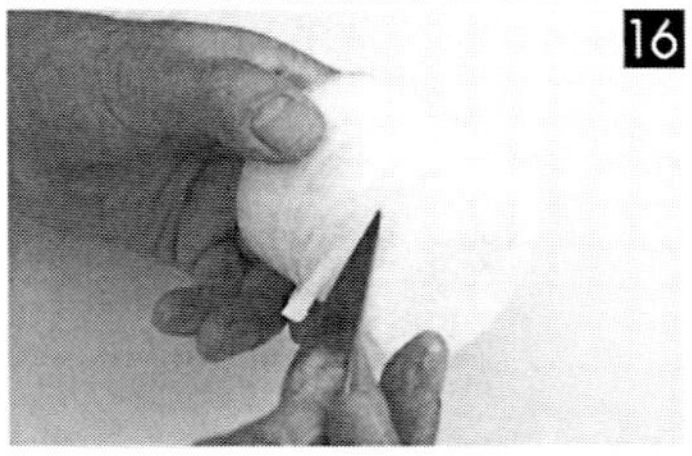

お櫃の大根にも二本のたがを作る。蓋と同じように、大根を回しながら筋をつけ、そこを彫り込んでたがを浮き出させる。

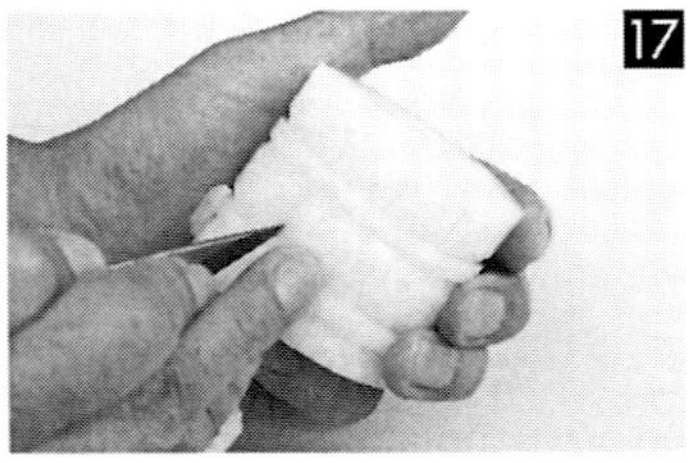

同様に、木の継ぎ目になる筋を入れる。蓋を被せたときに、継ぎ目の位置が揃うように、蓋の継ぎ目と同じ幅を持たせること。

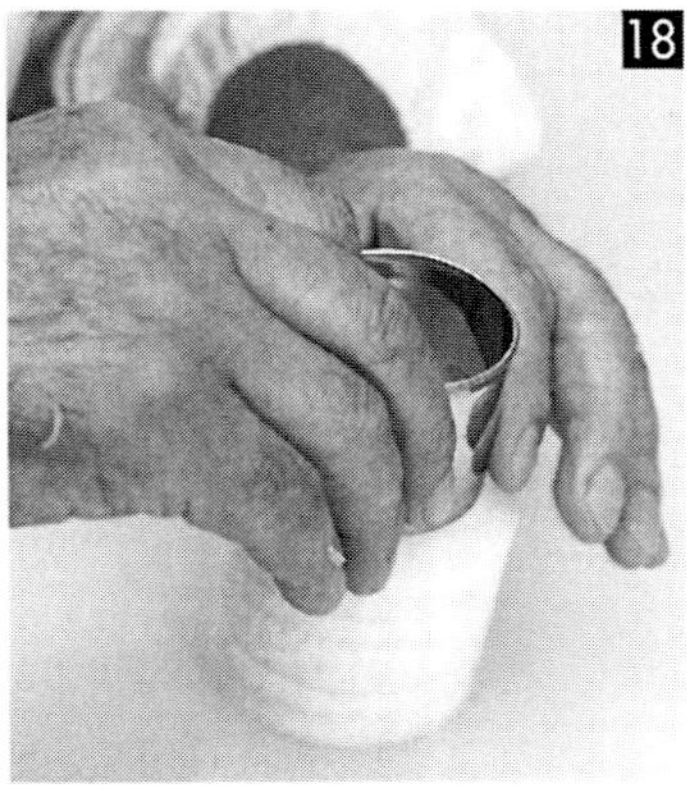

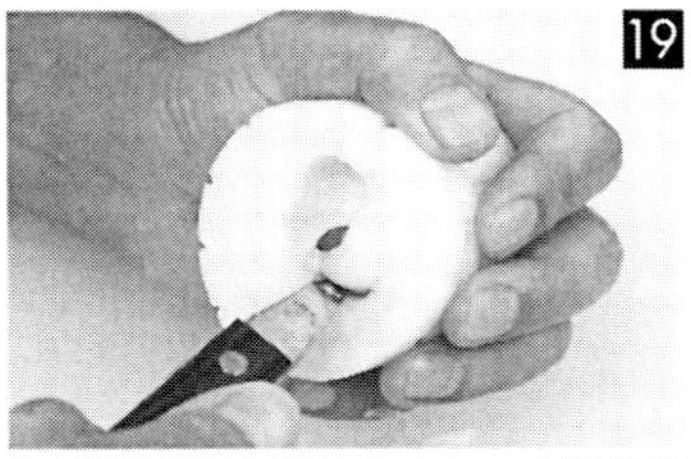

写真４で印をつけたお櫃の断面に、抜き型を底の近くまで差し込んで、中をきれいにくり抜き、底を平らにして仕上げる。

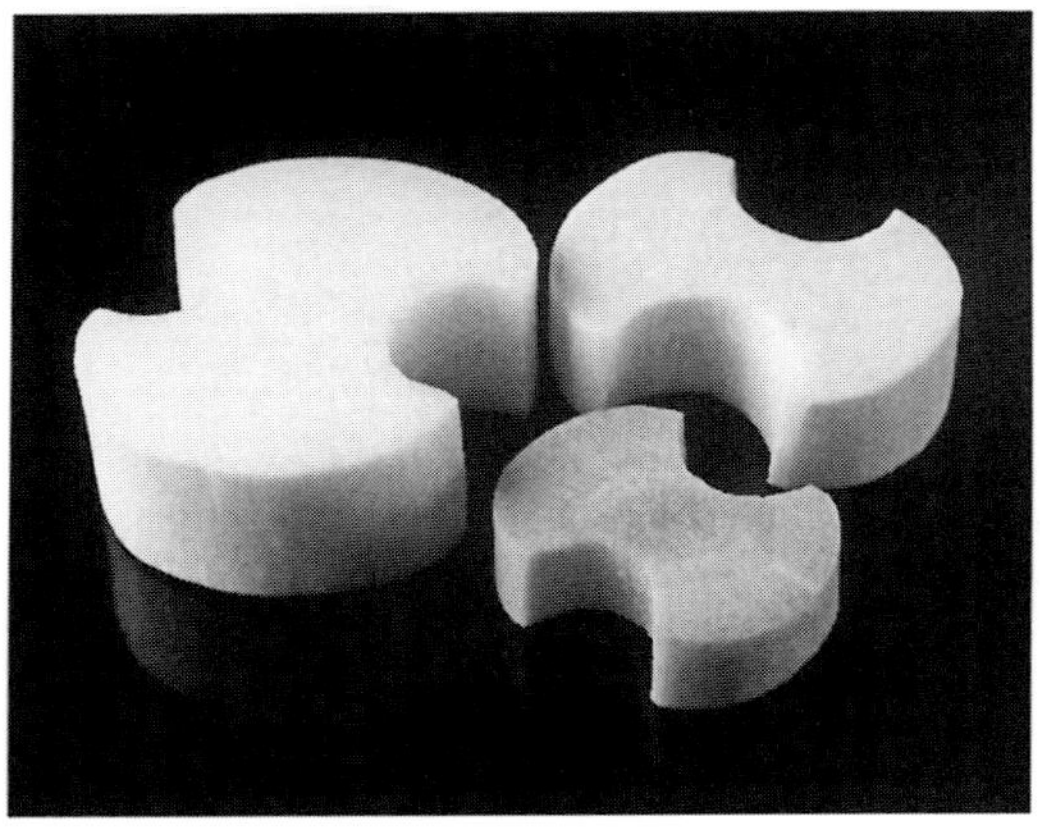

●大根●

1

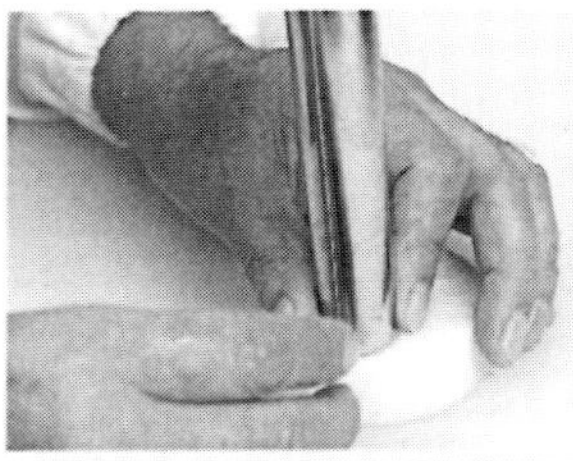

2

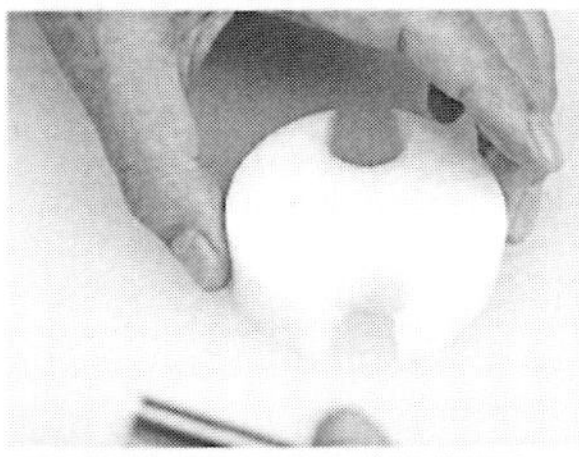

大根は輪切りにして皮をむき、楕円に近い形にして円の中心線上の左右の端を筒抜きで抜く。抜いた穴が左右対称の位置になること。

3

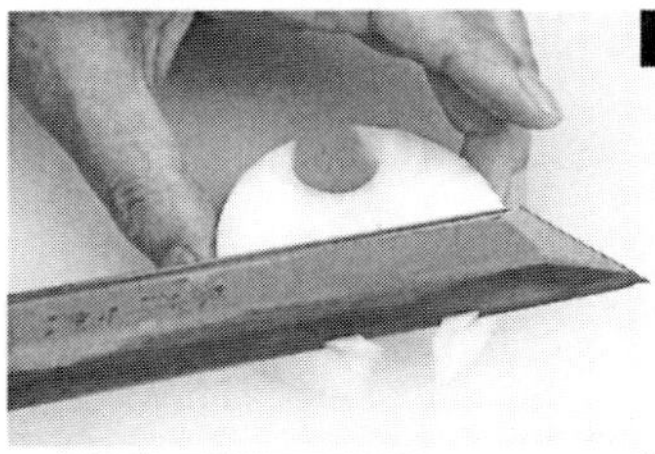

4

さらに、抜いた穴の角を切り揃えて分銅らしい形にととのえ、面取り庖丁で角に丸みをつけて仕上げる。

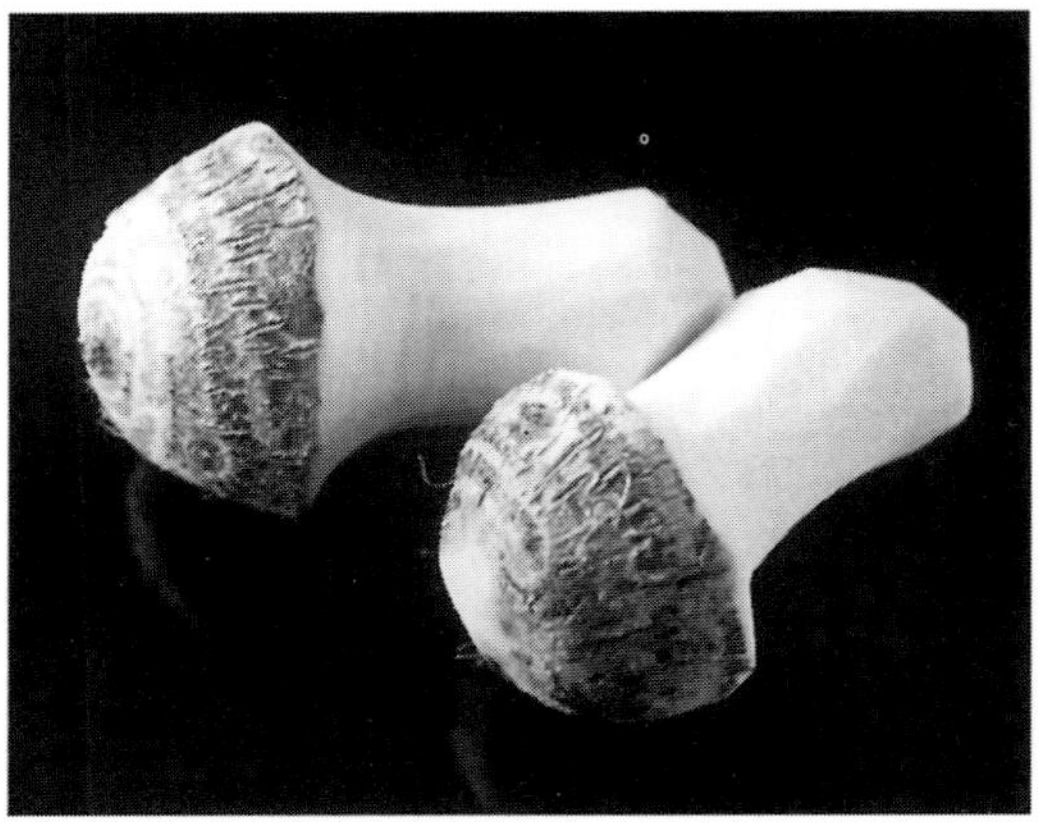

松茸小芋（里芋）

松茸の傘に似た里芋の皮の模様を活かしたむきもの。ちなみに、傘が開いていない松茸を「ころ松茸」と呼ぶ。里芋の皮をむくだけでできるので、ほとんど曲がり一本だけで済んでしまうが、仕上げは面取り庖丁で。なるべく細長い里芋を選ぶと無駄がなくてむきやすい。

1

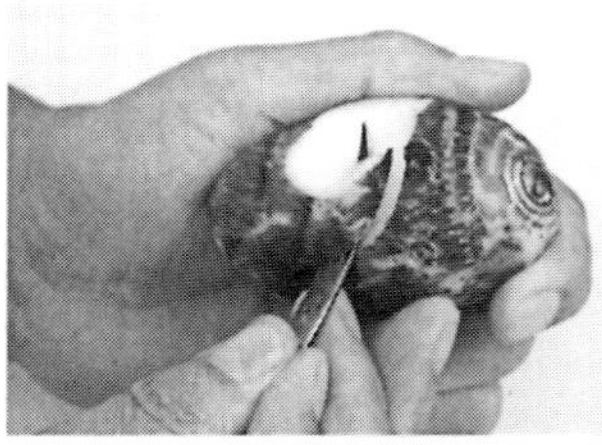

2

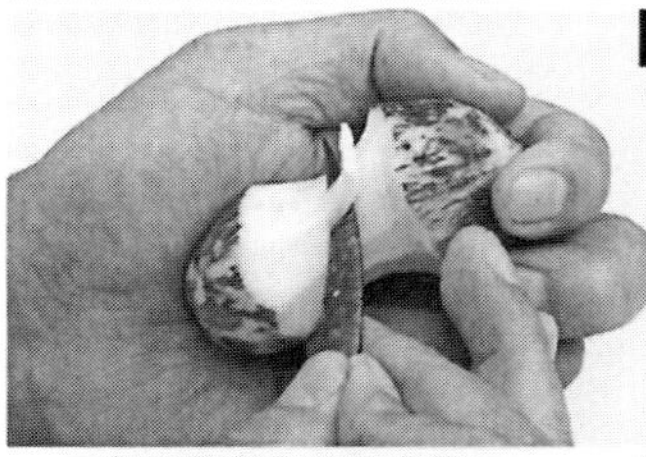

里芋の芽の出る方を松茸の傘に見立ててその大きさを決め、中ほどから曲がりで皮をむきながら軸の部分を形作る。

3

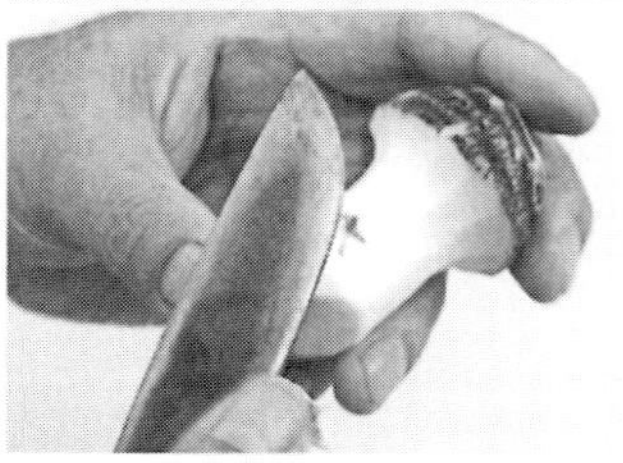

4

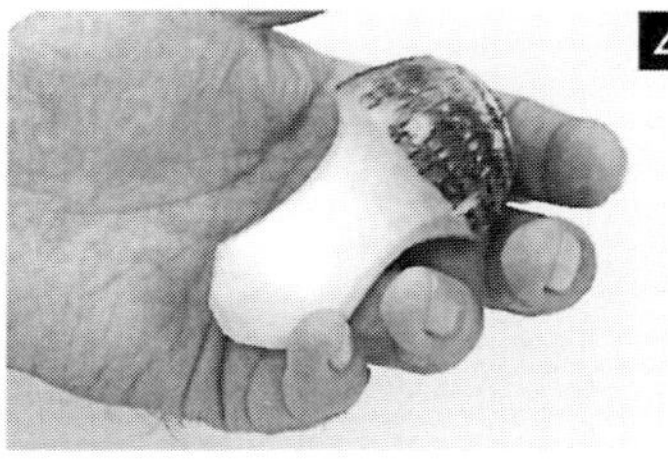

面取り庖丁に持ち変えて、軸のくびれを自然な形にととのえ、手前の石づきの部分は先をやや尖らせた六方にむいて仕上げる。

分銅（大根、人参、薩摩芋）

現代の若い調理師の人たちには馴染みがないかも知れないが、分銅とは天秤を使って物の重量をはかるときに用いられるおもりのこと。これも、昔からむきものの題材とされてきた。筒抜きで穴を抜くときに、野菜の縁から少し外にずらして抜くようにすると形が決まる。

●薩摩芋●

1

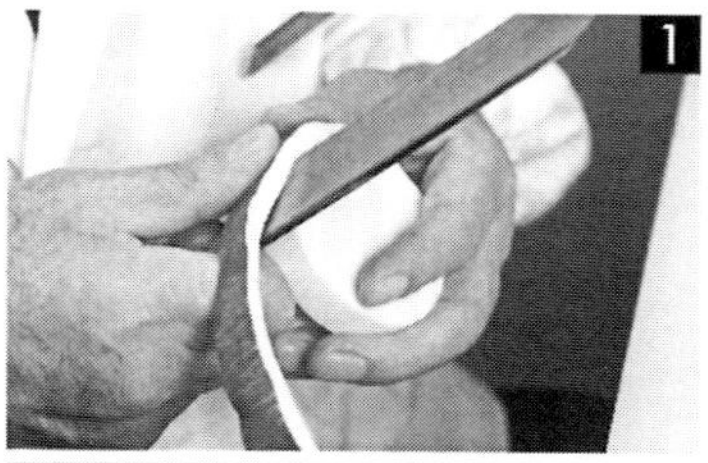

薩摩芋を輪切りにして、皮をむきながら楕円に近い形に取っていく。

2

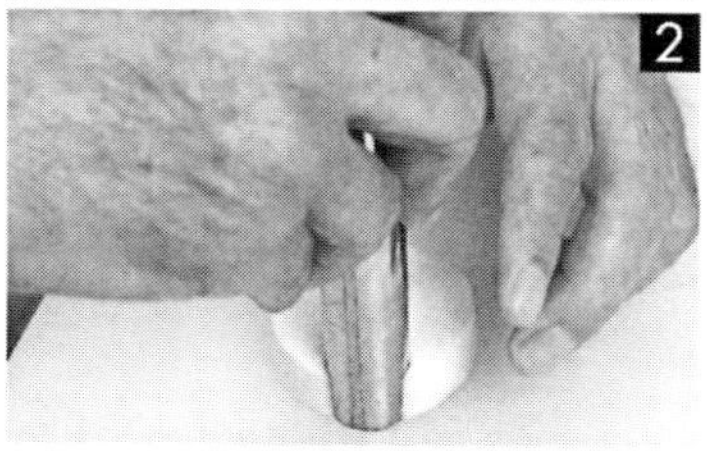

円の中心線上の左右の端を筒抜きを回して抜き、抜いた穴の角を切り揃え、面取り庖丁で丸みをつけて仕上げる。

3

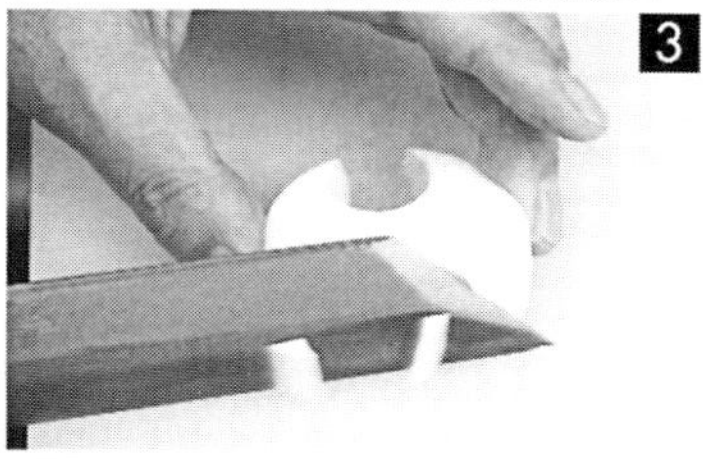

4

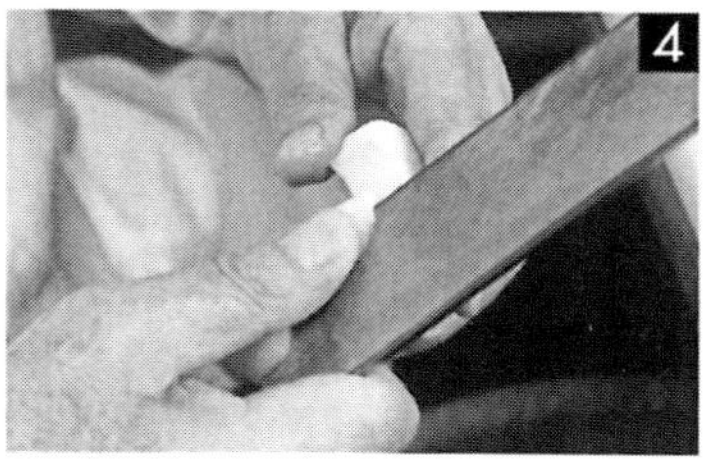

●人参●

1

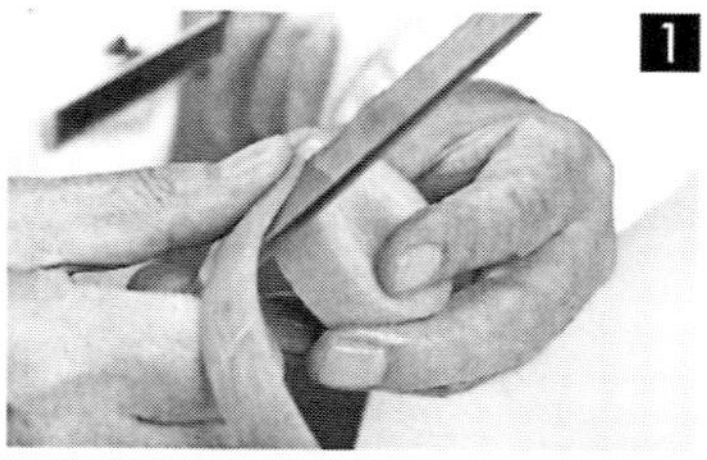

人参も大根と同じように、輪切りにして皮をむき、楕円に近い形にし、円の中心線上の左右の端を筒抜きを回して抜く。

2

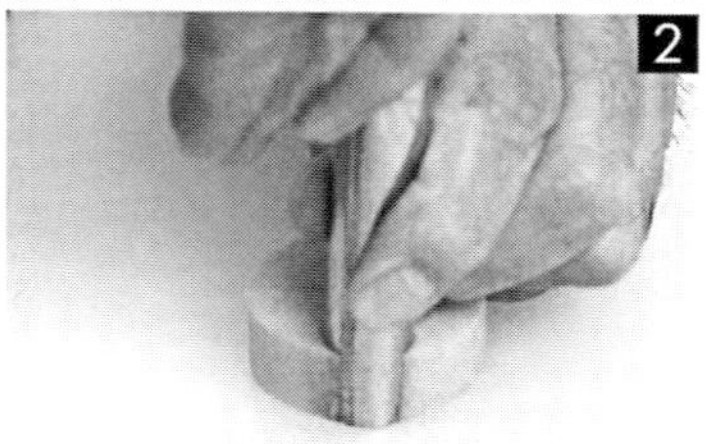

3

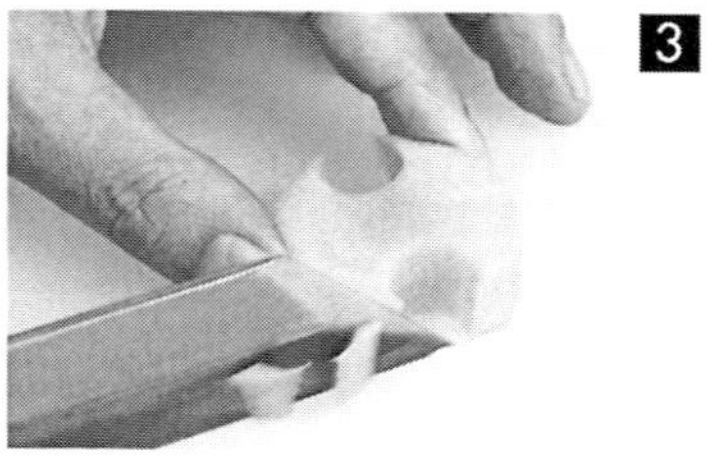

抜いた穴の角を切り揃えてから丸みをつけて仕上げる。

九月のむきもの

菊菱（エビ芋）

菊も格好なむきものの題材として取り上げられ、いろいろなむき方があるが、これは大輪の菊をイメージした。菱形に木取ったエビ芋の表面に十二枚の花びらをむいているが、中心と交差するように竹串で一度直線の筋を入れ、それを目印にしていけば簡単にむける。

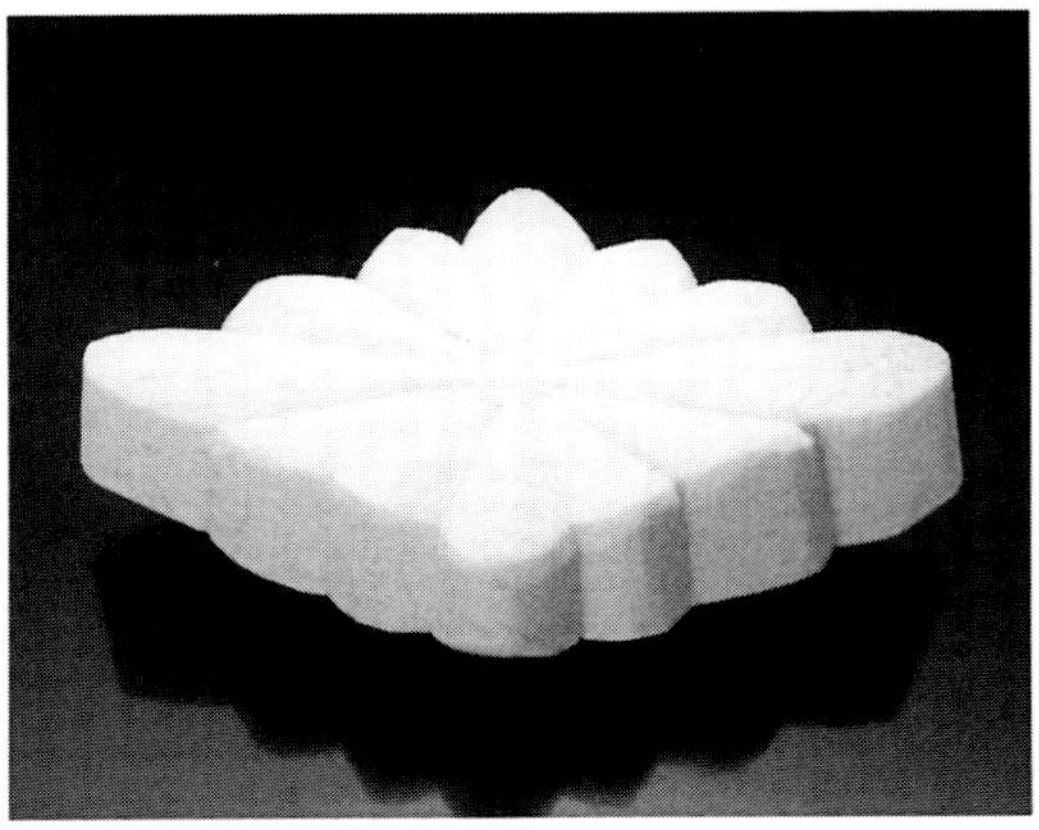

菱形に木取る

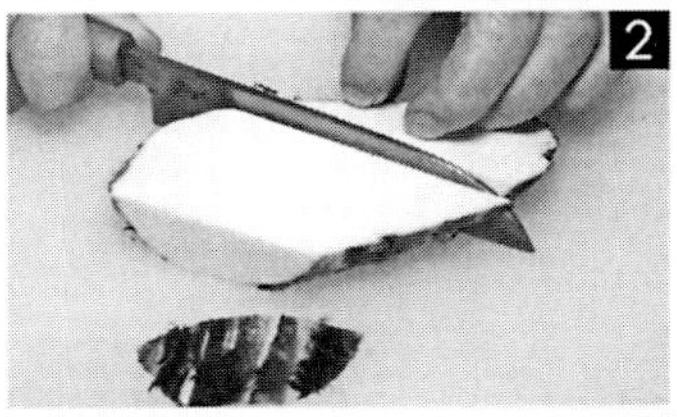

エビ芋は芯の部分を使う。縦二つに切り落とし、厚みのある中心部を菱形に木取り、皮を落として上下の断面を平らにする。

花芯と花びらの輪郭をつける

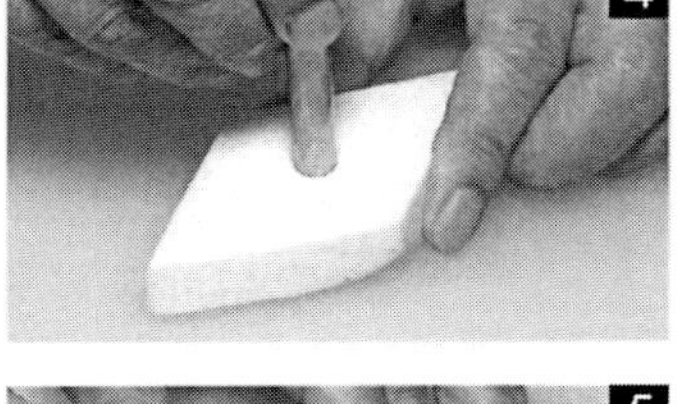

菱形の対角線が交わる中心に筒抜きを当て、丸く印をつけて花芯にする。

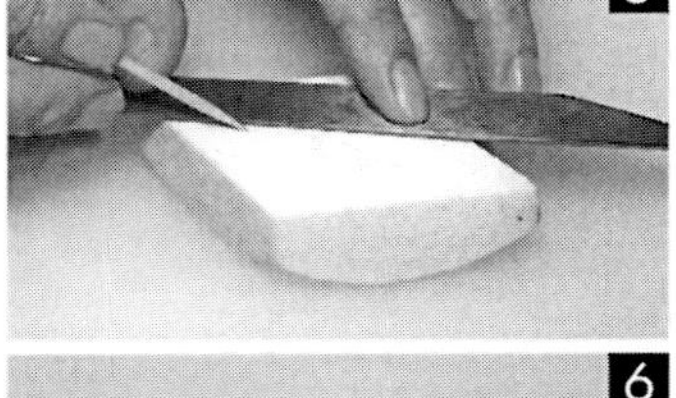

菊の花びらをむく筋をつける。面取り包丁の峰に竹串を沿わせながら、花芯に交差するように八本の直線の筋を引いていく。

花びらをむく

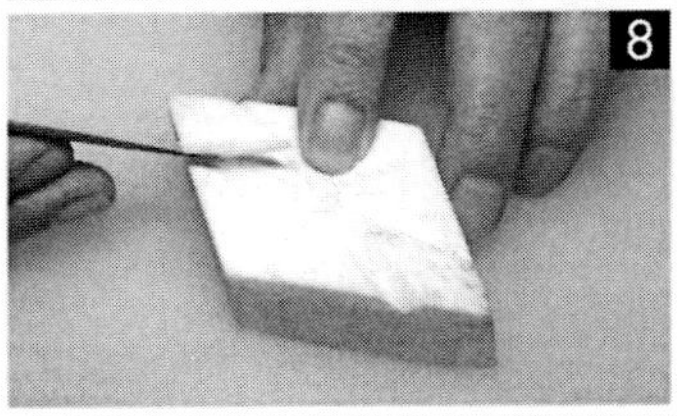

さらに筋を足して花びらの形を細かく分けていき、筋の両側から斜めに切り出しを入れ、V字状にむいて溝をつけていく。

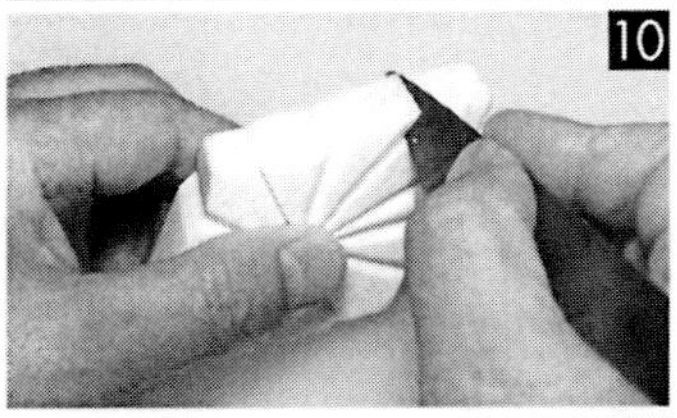

エビ芋を起こし、表面の花びらの溝に合わせて側面にも切り出しを入れ、こんもりと山型にむく。これで花びらの形がくっきりとする。

最後に、花びらの真ん中がやや高くなるようにむいて起伏をつける。

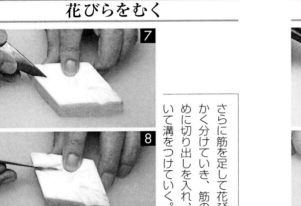

懸崖《けんがい》の菊（栗南瓜）

栗南瓜でむく小輪の菊。むき方の基本的な手順は前の「菊菱」と同じ。丸く抜いた南瓜の表面に菊の花びらをむいていくが、表面を十文字に十文字にと仕切っていけば、均一の花びらがむける。ここでも、南瓜の側面にも花びらに合わせて溝をきちんと入れること。

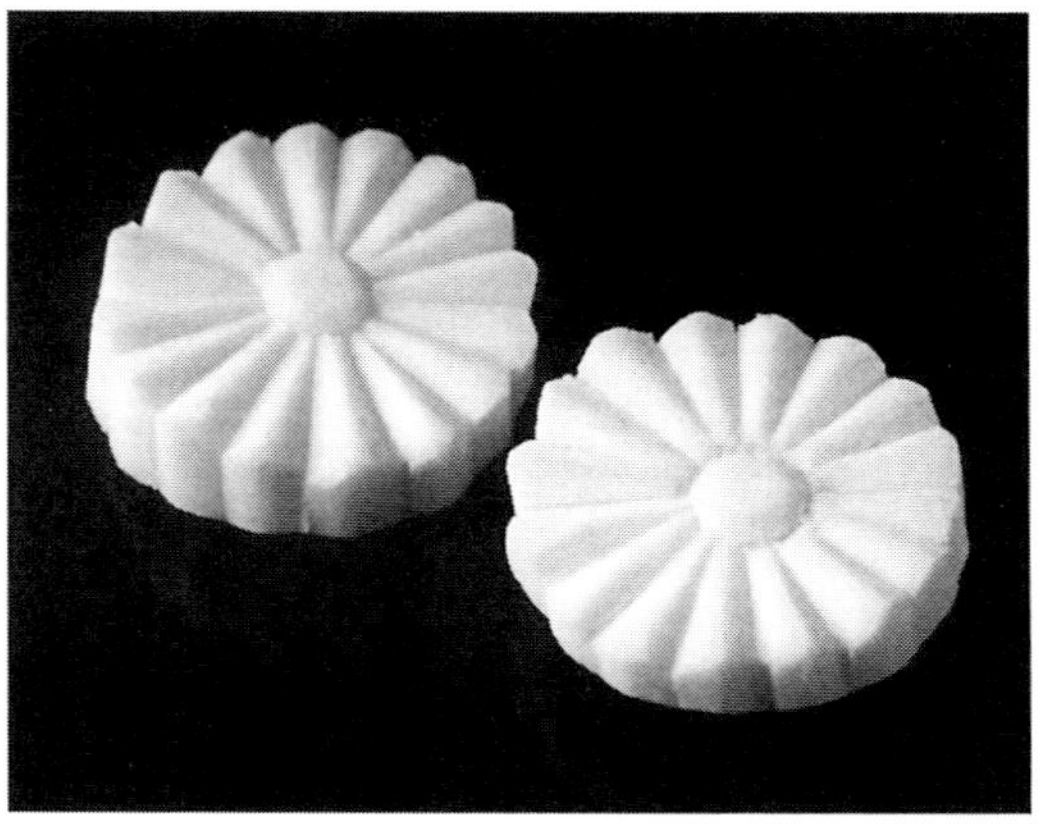

丸く抜き、花芯をつける

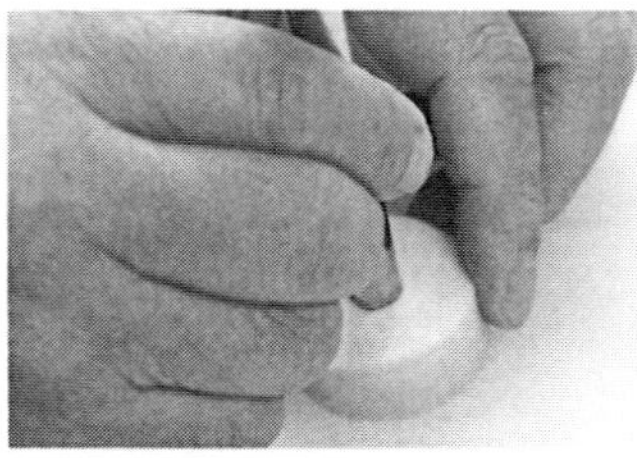

1

2

皮を落とした栗南瓜を抜き型で丸く抜き、その中心に小さな筒抜きを当てて印をつけ、その跡を浅く彫り込んで菊の花芯にする。

花びらをむく

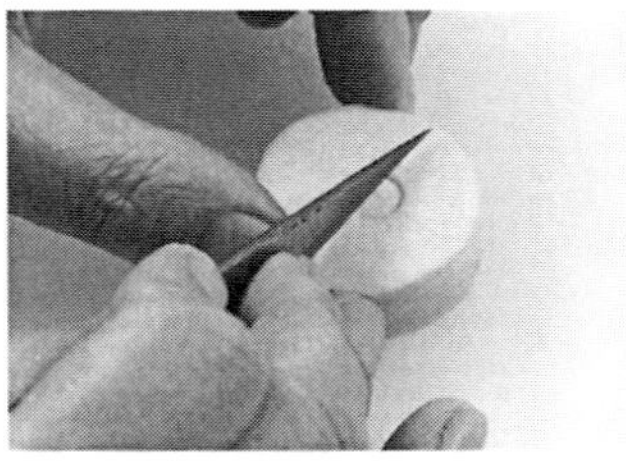

3

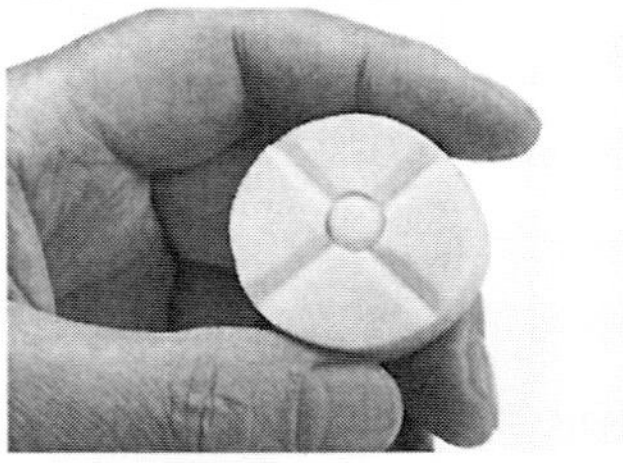

4

ここから菊の花びらをむく。まず栗南瓜の表面に縦横に交わる十文字の溝を入れ、等しい四つのスペースに分ける。

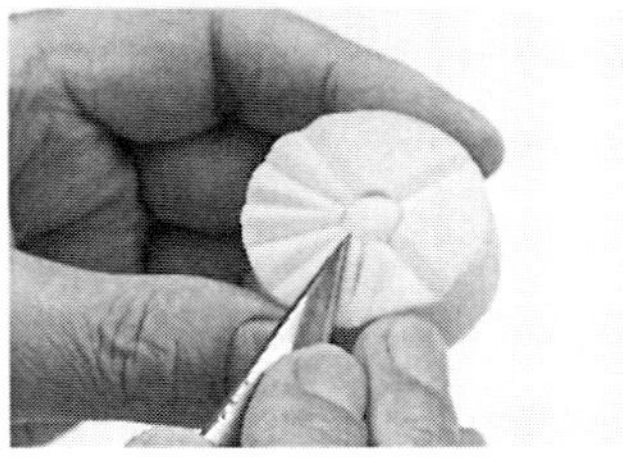

5

四つのスペースをさらに半分に、またその半分にと十文字に溝を入れていく。

角を面取りし、側面をむく

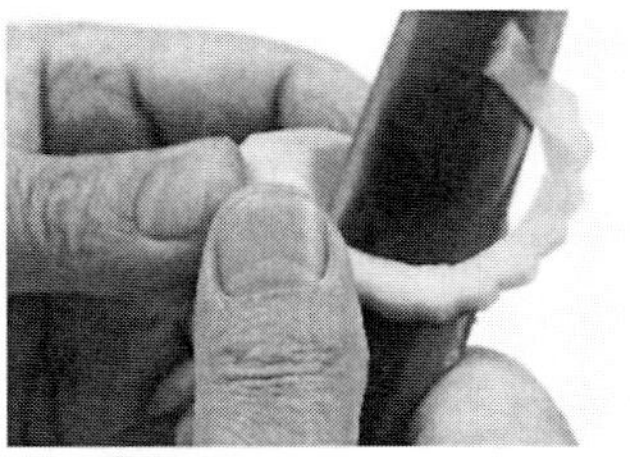

6

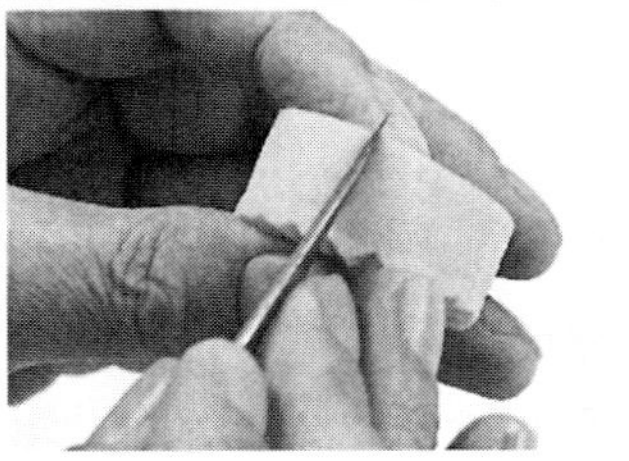

7

栗南瓜の底を上にして、面取り庖丁で縁の角をむいて丸みをつけ、その状態のまま花びらの溝に合わせて側面にも溝を入れて仕上げる。

菊蕪（小蕪）

蕪は大きいものは水っぽいので煮物に向き、小さい蕪は身がしまっているので菊花蕪や漬物にすることが多い。菊花蕪のむき方はこの後で紹介するが、ここではゴルフボールほどの小蕪を使い、その球形を活かして菊の花びらをむく。花びらの溝はやや深めにすること。

小蕪を丸くむく

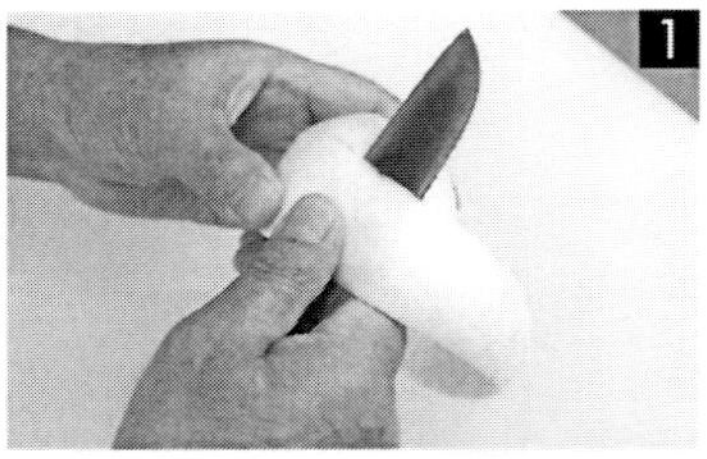

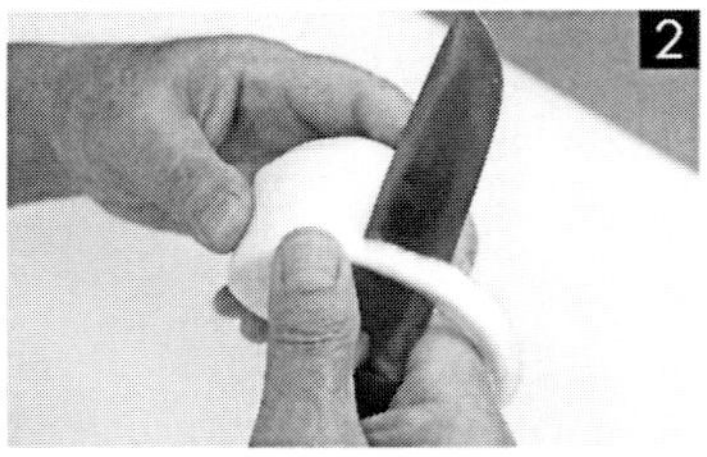

蕪はつけ根から葉を切り落とし、ひげ根の部分を平らに切り、葉を落とした切り口から皮をむいていき、下の角を面取りする。

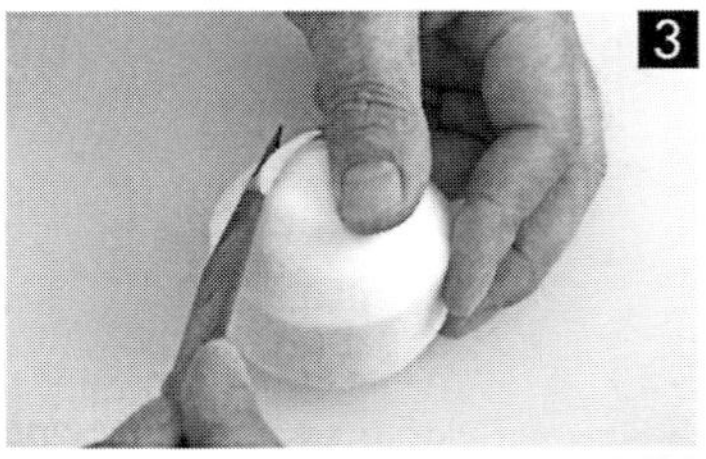

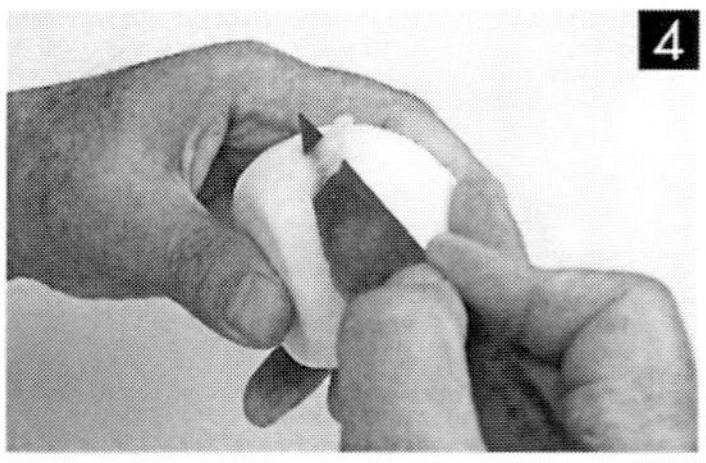

切り出しに持ち変えて、皮をむいた後の角張った表面を丸くむいていき、写真のようなボール玉に近い球形に形をととのえていく。

花びらをむく

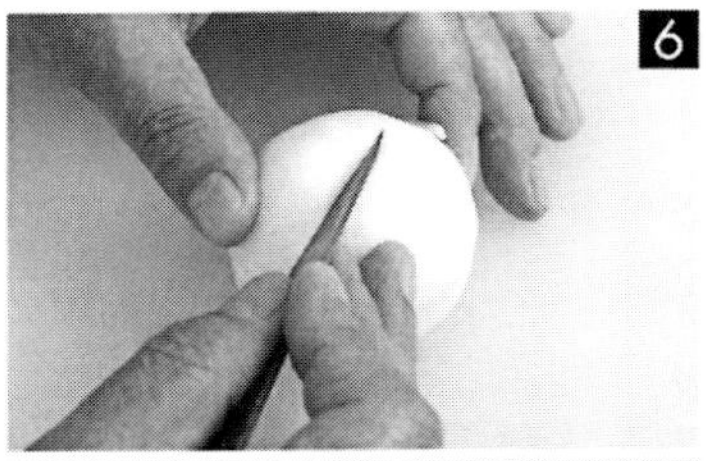

蕪を球形にととのえたら、上の丸みの表面に溝を交差させてむく。写真のように、中心から六本の溝を放射状に出す。

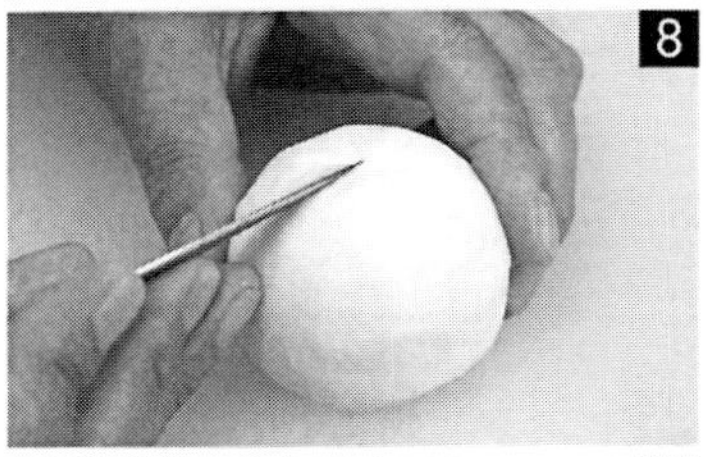

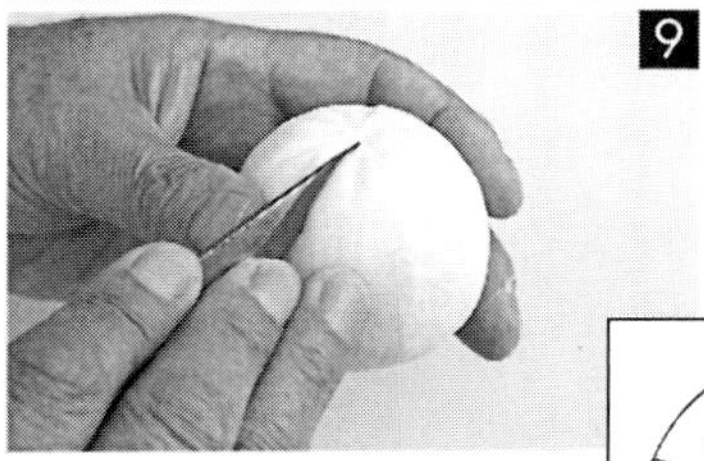

蕪の上にむいた六本の溝を起点にして、花びらをむいていく。イラストのように、溝と溝の間の下に次の溝を同じようにむいていく。

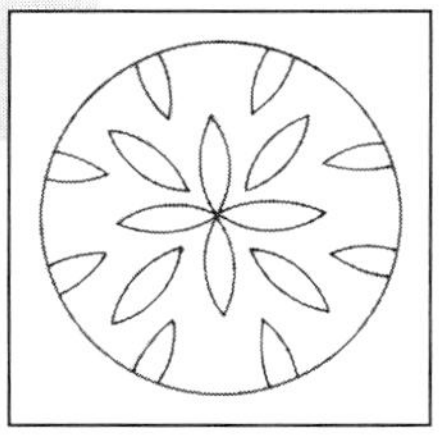

蕪の上側をむいたら横にして、周囲に花びらの溝をむいて、下まで続けていく。

桂むき大根

飾り切りやむきものの仕事の基本といわれるのが大根のかつらむき。料理人が最初に身につけなければならない庖丁仕事の一つだ。かつらにむいた大根の皮は造りのけんやつま類によく使われるが、ここで紹介しているように重ねて造りの盛り台に使うと変化が出せる。

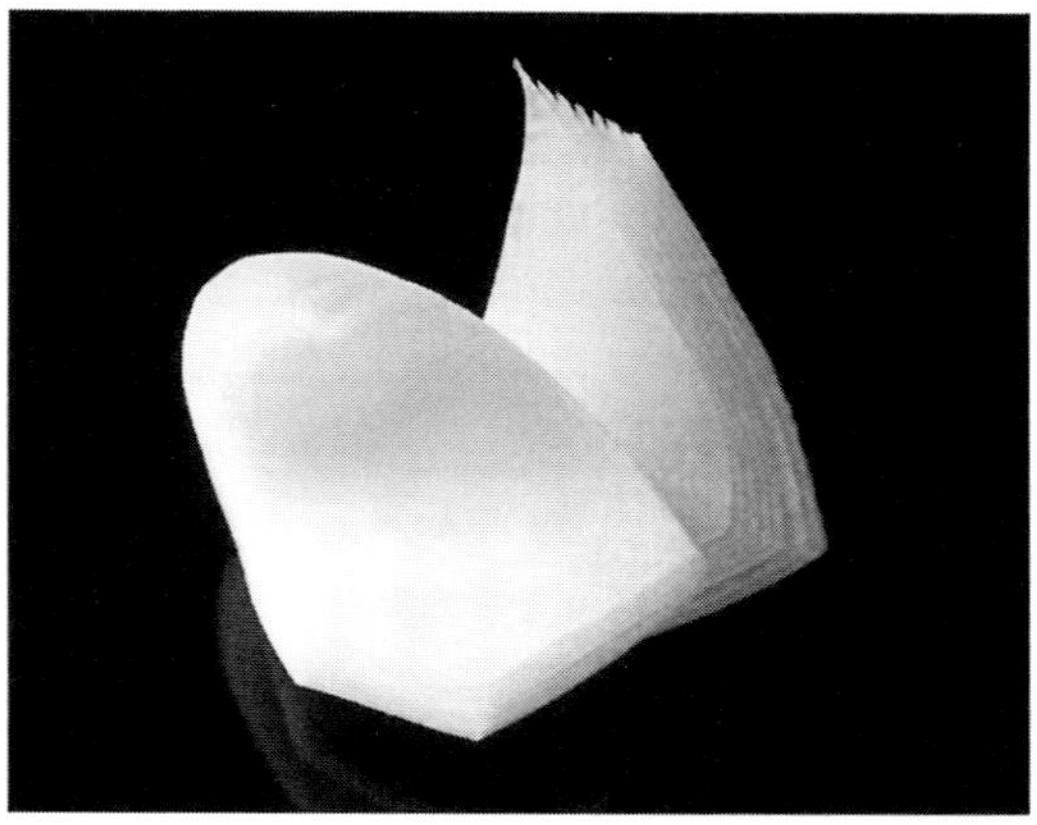

大根をかつらにむく

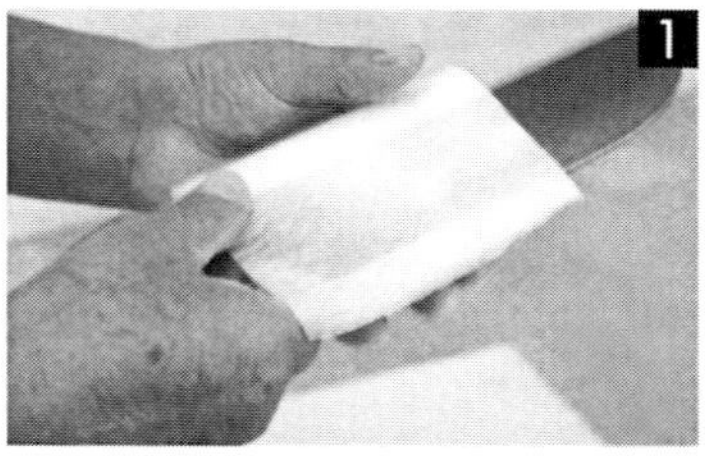

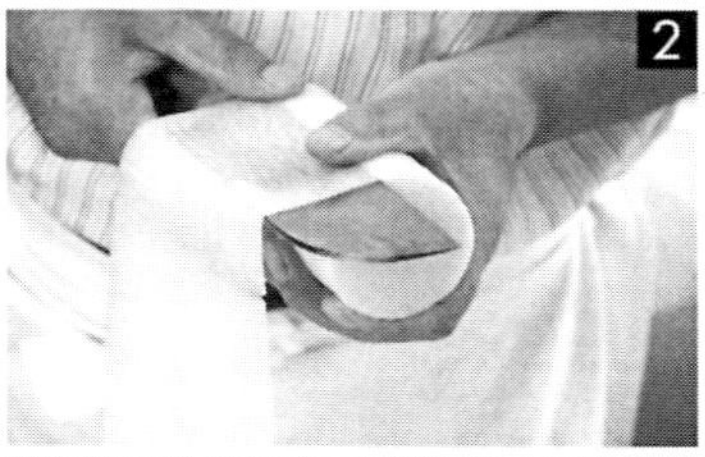

大根を長さ10㎝くらいに取り、左手で大根をゆっくりと前に送りながら庖丁は軽く上下に動かすようにして、皮を均一な薄さにむく。

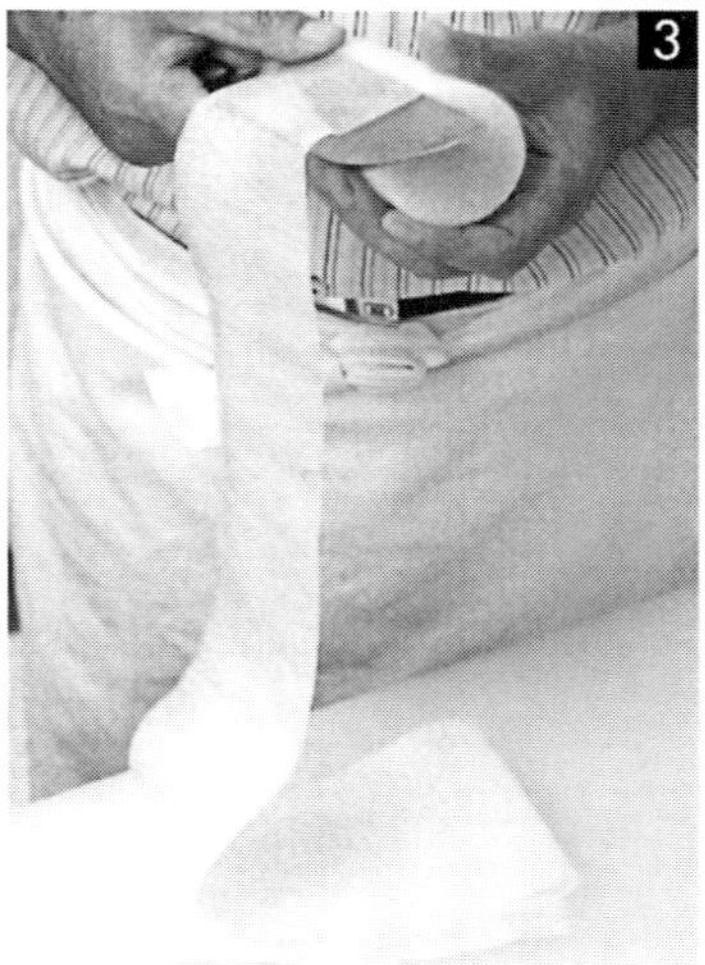

途中で切れないようにむき続けていき、むいた皮がまな板に届くようになったら皮を丁寧に折り重ねながらむいていく。

巻き戻してタコ糸で縛る

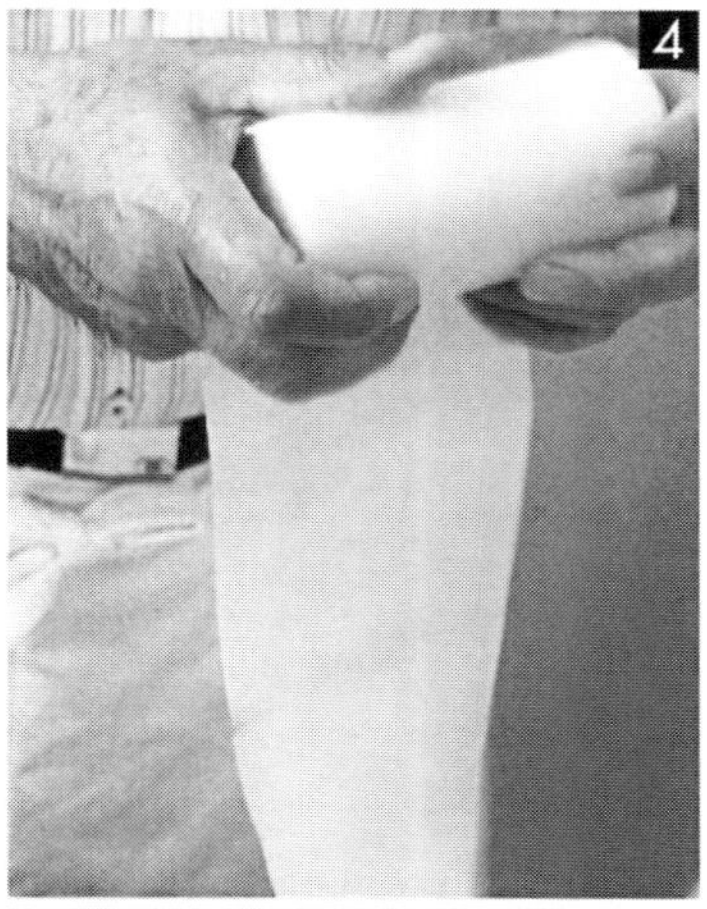

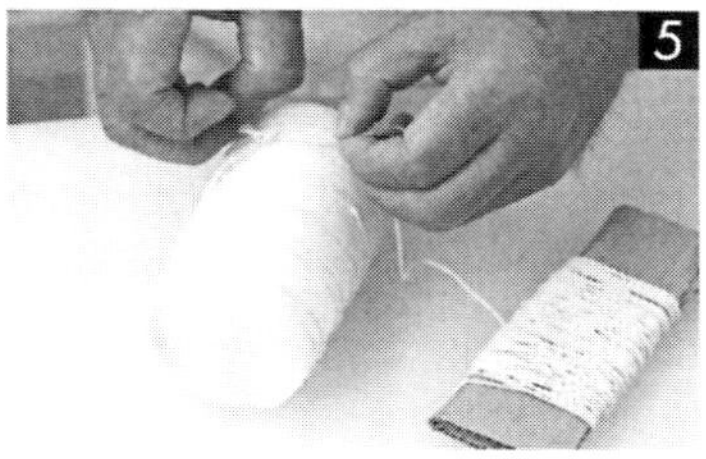

ある程度までむいたら、切り離さずに今度は大根の方に皮をきっちりと巻き戻していき、タコ糸でしっかりと縛る。

斜めに切る

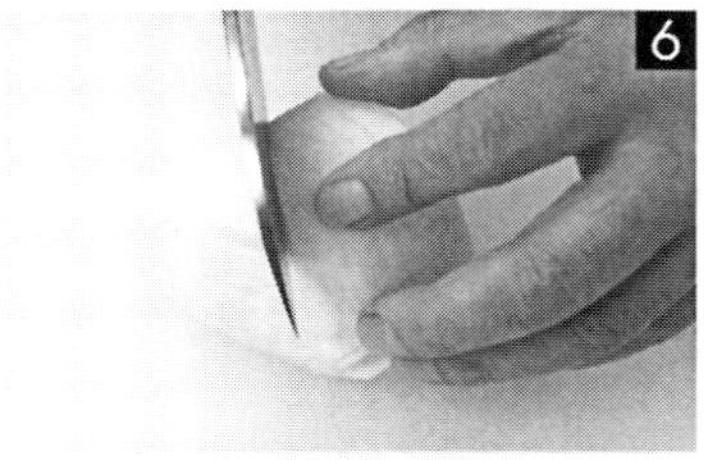

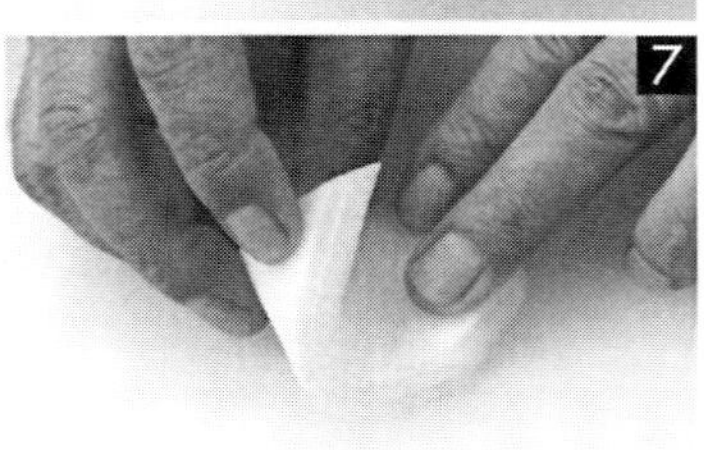

大根を水にさらしてシャキッとさせてからタコ糸をほどき、大根を芯にしたまま皮の部分を斜め切りにして、重なりを少しずらす。

菊花蕪(近江蕪)

蕪を使ったお馴染みの飾り切り。祝い事の焼き物料理のあしらいには欠かせないものだ。蕪に切り目を入れていくときに、竹串や箸を前後に置いて下まで切り離さないようにするやり方もあるが、プロならば庖丁の握り手で刃の高さを調節しながら切るようにしたい。

輪切りにして格子目を入れる

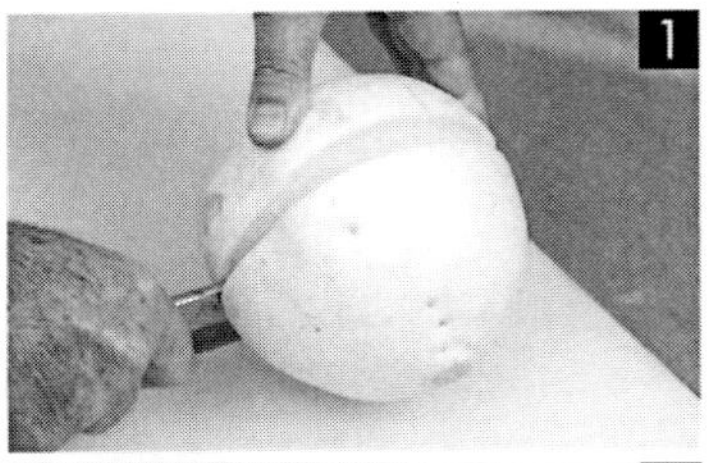

蕪は葉をつけ根から切り離し、中心部を厚み3cmくらいの輪切りにする。

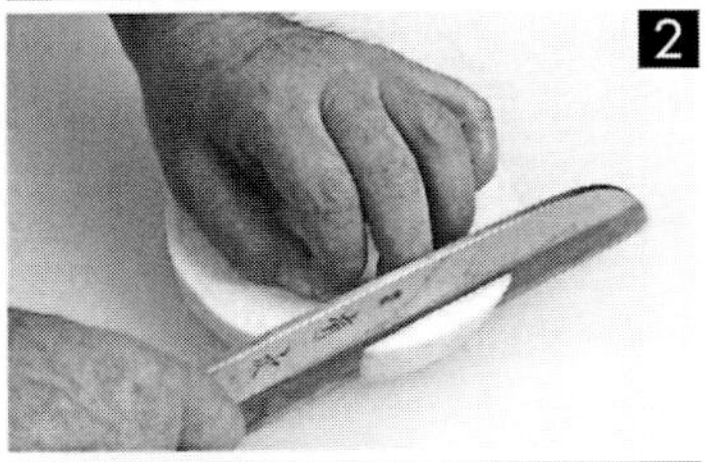

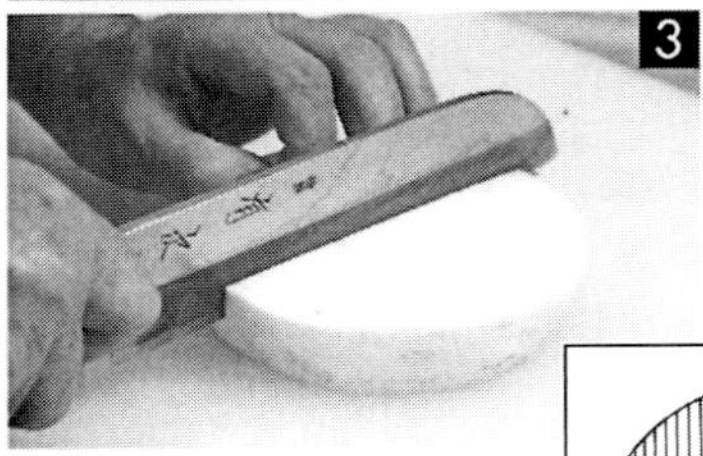

切り口の表面を平らに切り揃え、右端から1mm間隔で縦に切り目を入れる。切り目の深さは蕪の厚みの2/3くらいまで。

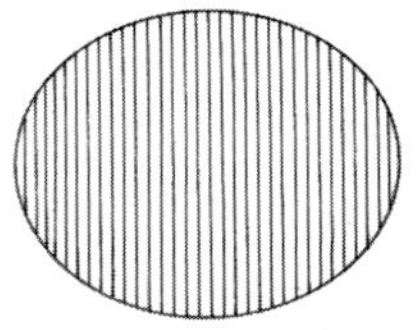

庖丁目の入れ方

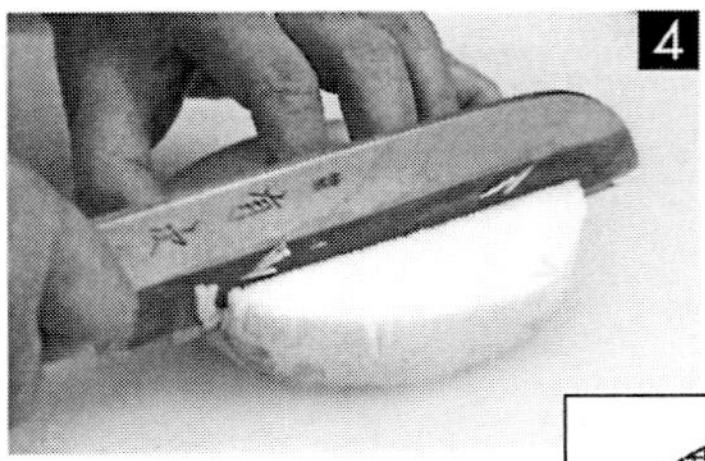

写真3で入れた切り目が真横になるように蕪の向きを変え、同じように右端から縦に1mm間隔の切り目を入れる。

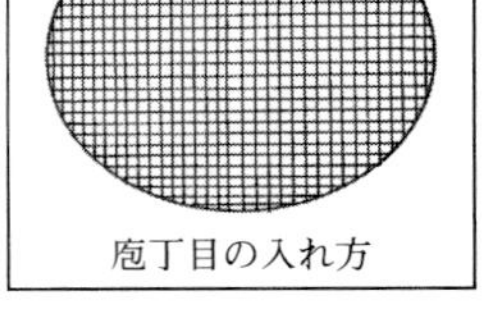

庖丁目の入れ方

裏返して角切りにする

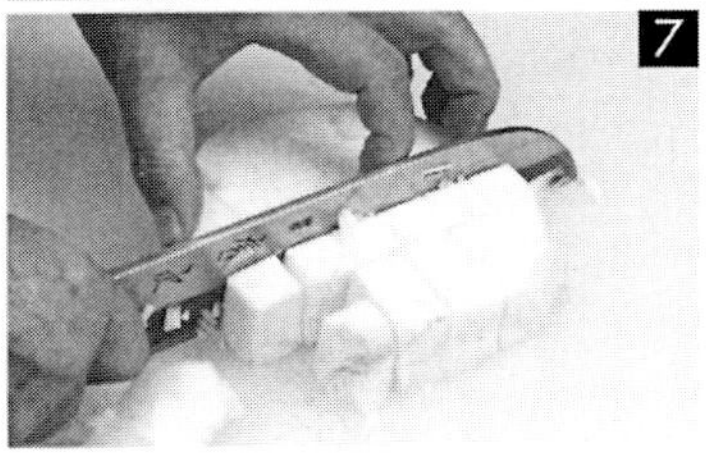

蕪を裏返して底を上にし、縦に1cm間隔で下まで庖丁を入れ、向きを変えて同じように庖丁を入れて賽の目切りにする。

甘酢に漬けて、切り目を開く

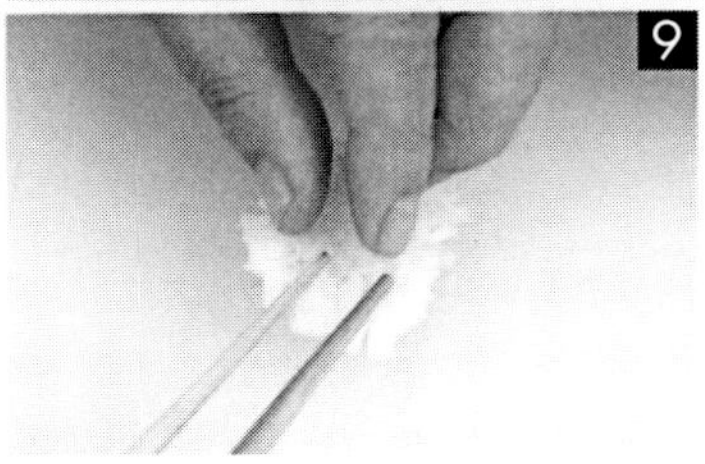

賽の目切りにした蕪は濃いめの塩水に漬けてしんなりとさせ、一晩鷹の爪を加えた甘酢漬けにしてから箸で切り目を開かせて用いる。

十月のむきもの

俵(京芋)

新米の季節。実りの秋を象徴する米俵のむきもの。藁を編んで作った袋状の入れ物で、その両側には桟俵《さんだわら》と呼ばれる同じく藁で編んだ丸い蓋が付く。形がシンプルなのでむきやすいと思われるが、藁の編み目や俵を括っている縄模様などをしっかりとむき出すように。

円筒形に木取る

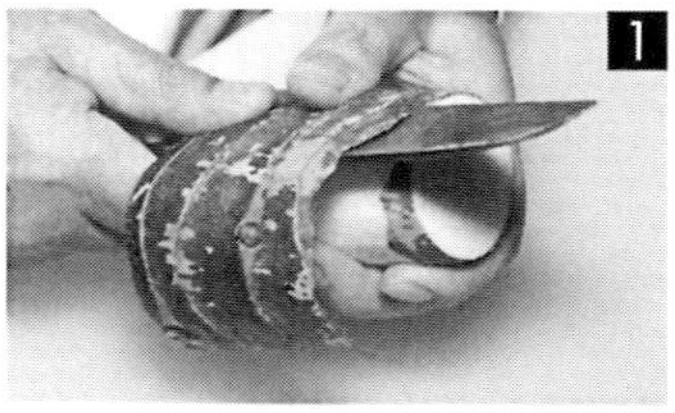

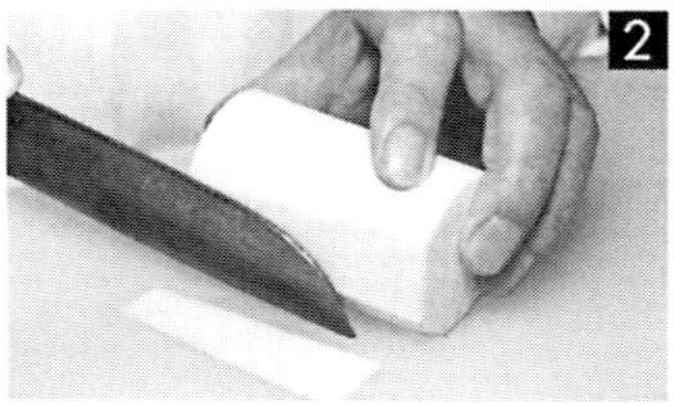

京芋を適当な長さの輪切りに取り、天地を平らにして皮を厚めにむき、座りを良くするために両端を少し平らに落とした円筒形に木取る。

上下の縄をむく

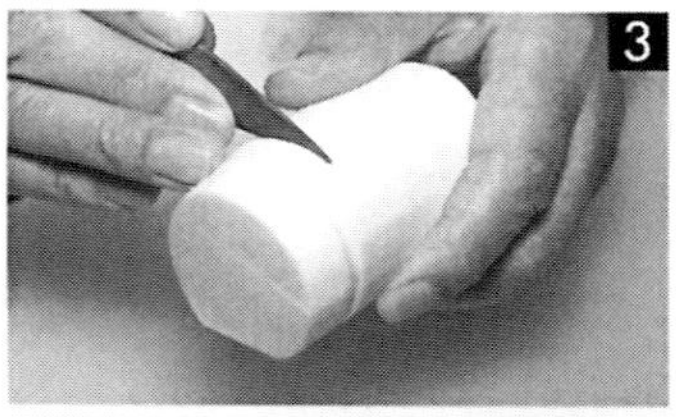

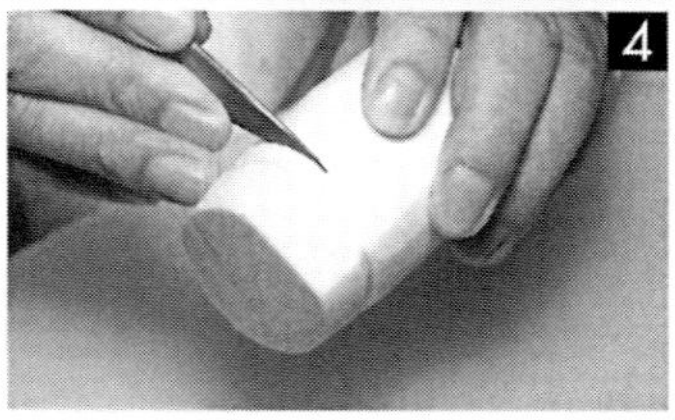

俵を括っている左右の縄をむく。端から適当な位置に切り出しを入れ、芋を手前に回しながら一周させて筋をつける。筋は2本入れる。

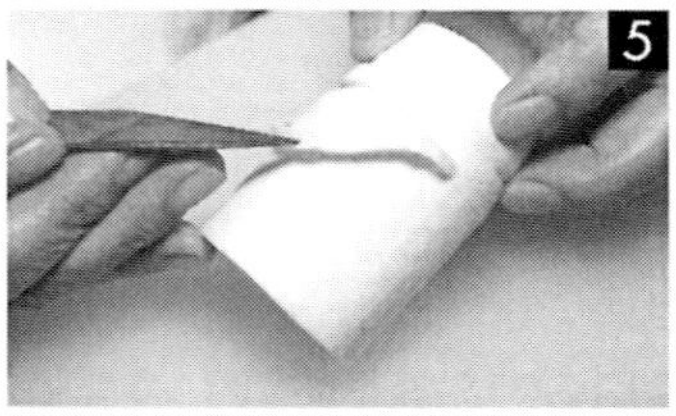

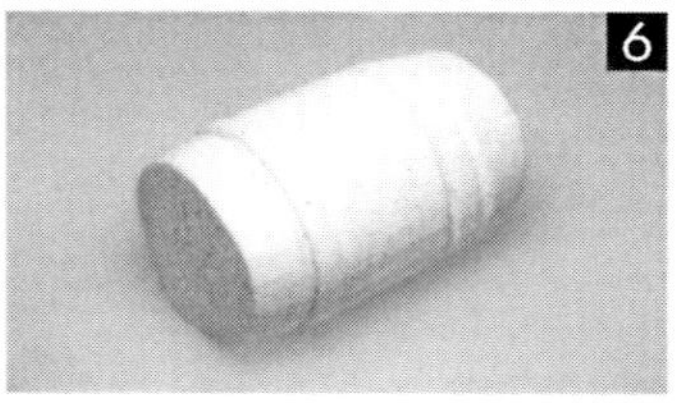

それぞれの筋の部分をむいて溝を作り、縄を浮き立たせる。もう一方の端の方にも同じ縄をむく。縄の幅が左右同じになるように。

桟俵をむく

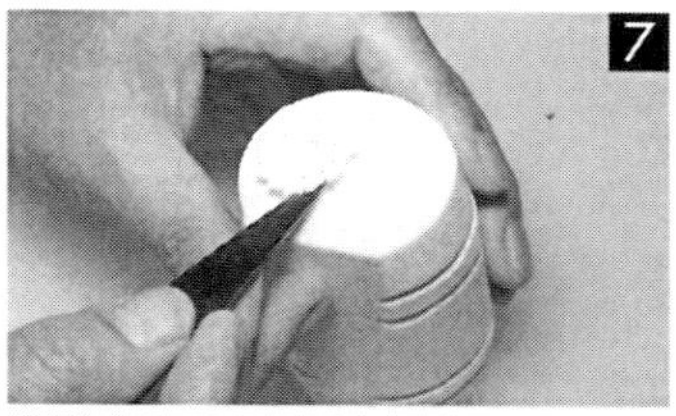

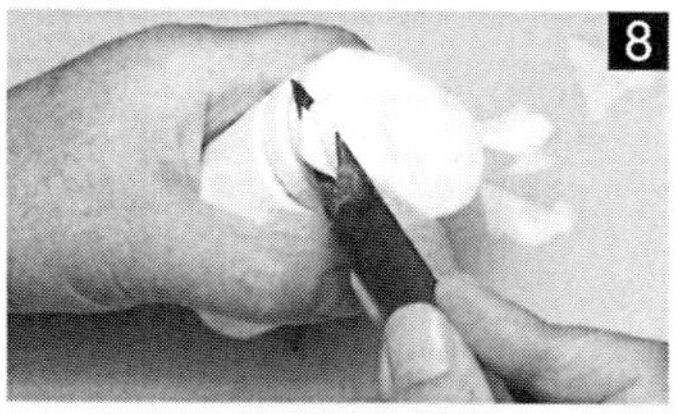

俵の両側の桟俵をむく。芋の断面の中心に筒抜きで印をつけ、その周りに溝を彫り、縁の角を落としながら丸みをつける。反対側も。

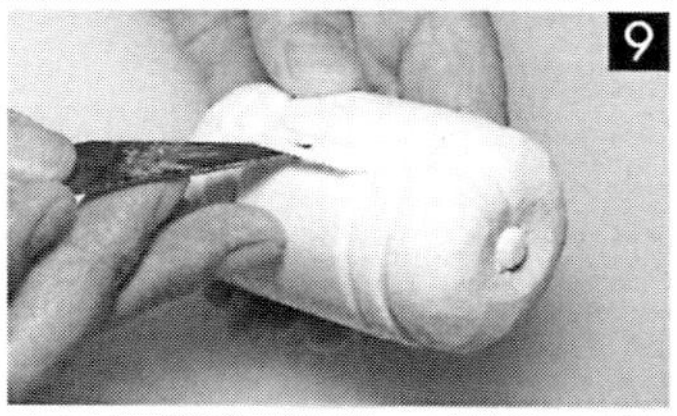

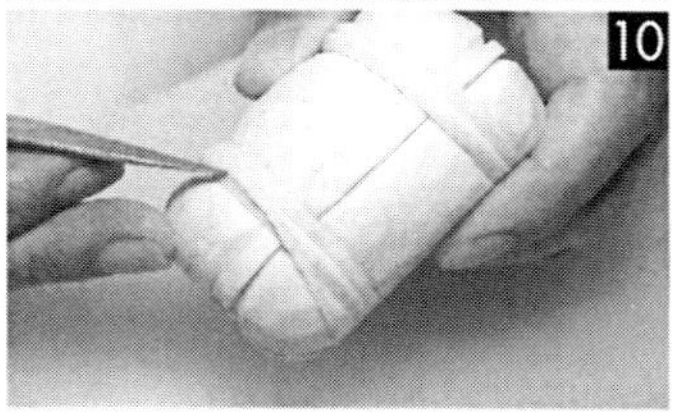

藁の編み目をむく。両側の桟俵の中心を結ぶように編み目の模様をむき、左右の縄の真ん中に筋を入れ、より縄の感じを出す。

編み目をむく

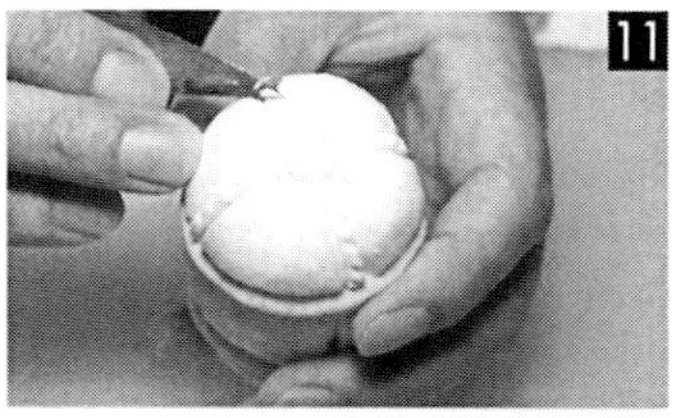

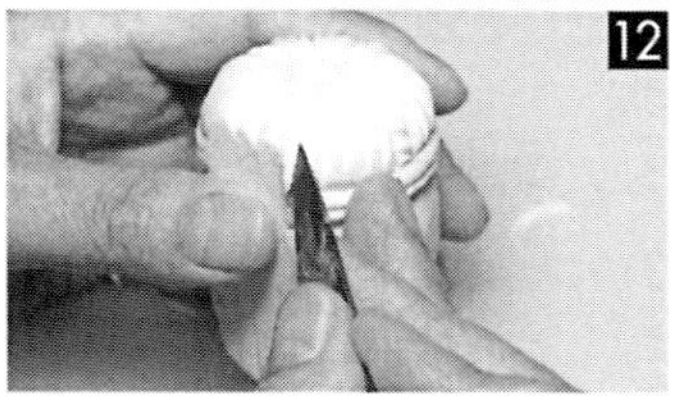

桟俵を括る二本の縄をむいて、その表面には小刻みに斜めの切り込みを入れ、桟俵から俵の周囲に縦に編み目をむいて仕上げる。

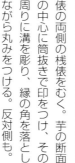

公孫樹(栗南瓜)

秋に黄葉する公孫樹を栗南瓜を使ってむく。扇のような公孫樹の葉は、その形の良さから縁起がいいとされ、煮物椀などにそっと浮かばせて出せば、お客に喜ばれる。葉の軸はくびれをはっきりとつけるようにし、葉先は真ん中から左右に広がっているようにむくこと。

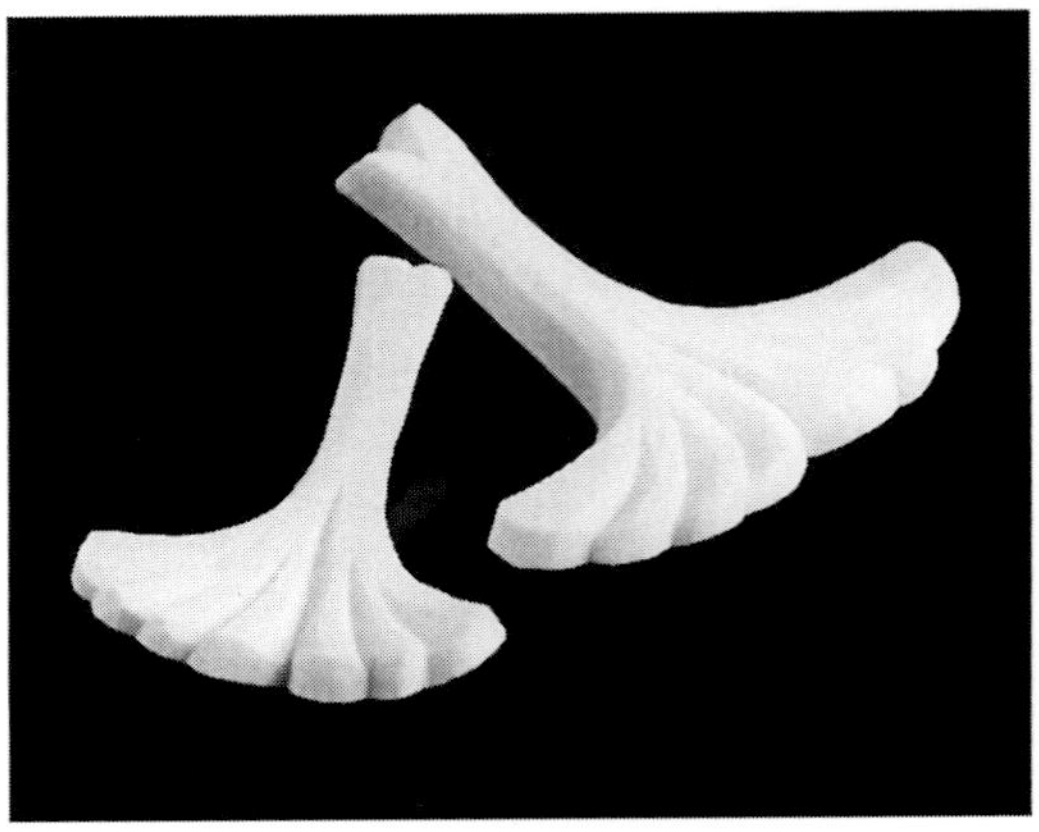

末広に木取る

1
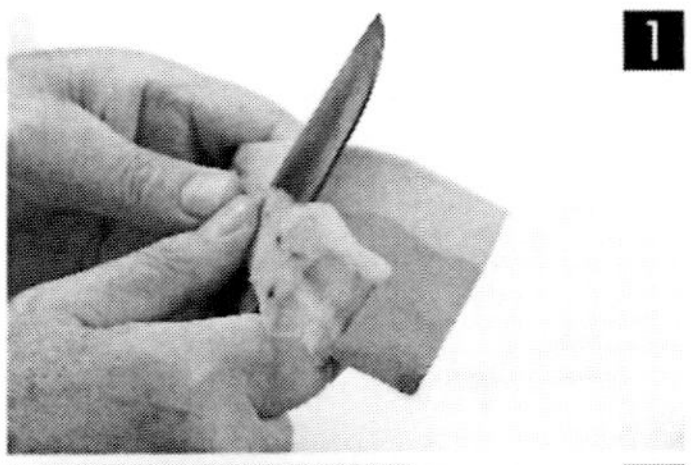

2
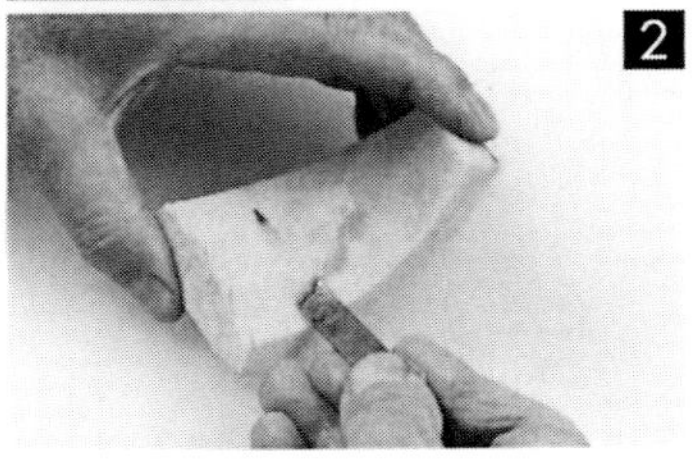

栗南瓜をくし形に切って皮をむき、曲がりで外側と内側の果肉をむいて厚みを薄くし、末広の形に木取る。

葉の全体をむく

3
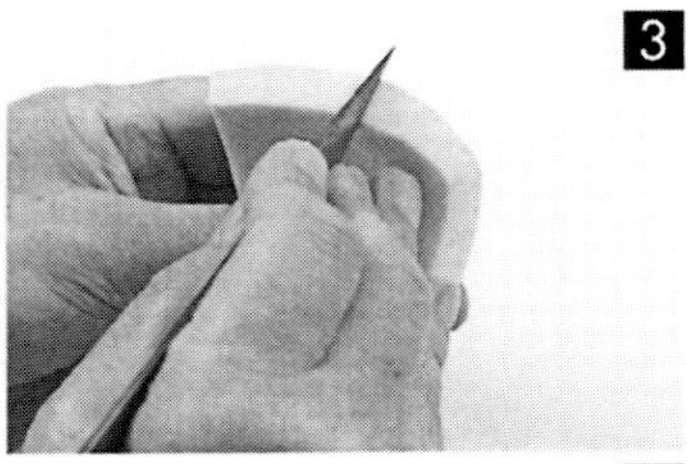

4

公孫樹の葉の切れ込みをむく。幅の広い方の縁の真ん中くらいをV字に抜き、その両側を切り出しでむいて丸みをつける。

5
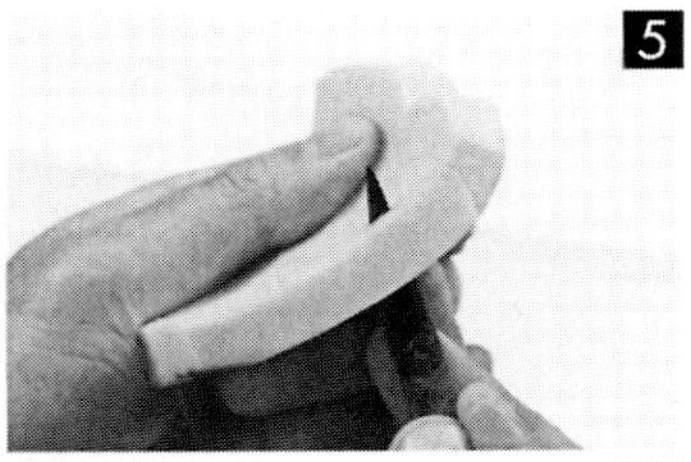

6
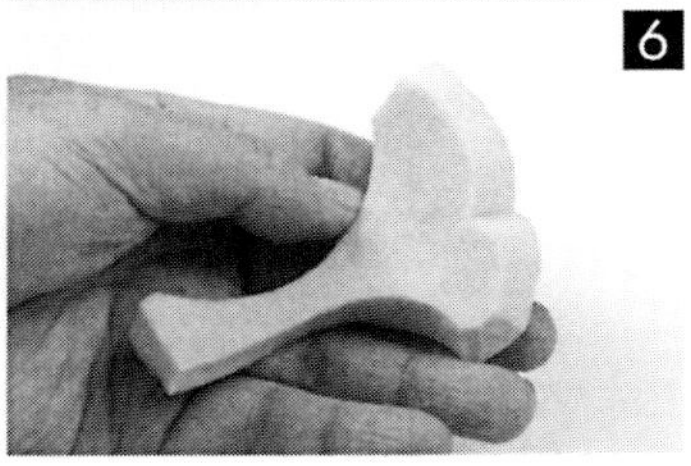

葉元の軸をむく。栗南瓜の右側の縁に上から切り出しを入れてくびれをつけながら下までむき、左の縁も同じようにむく。

葉先と葉元をむく

7
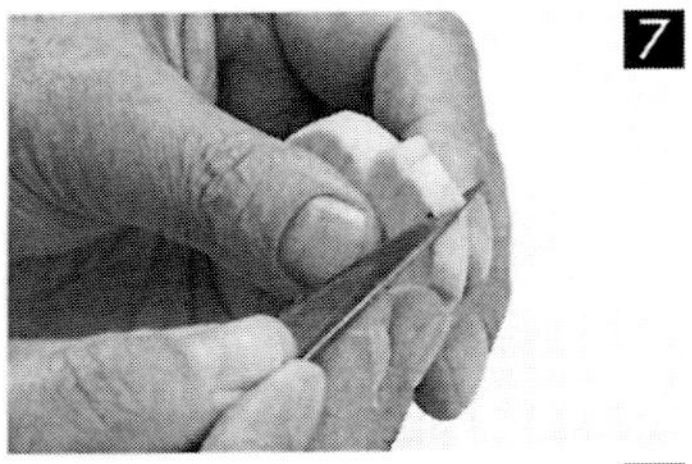

8
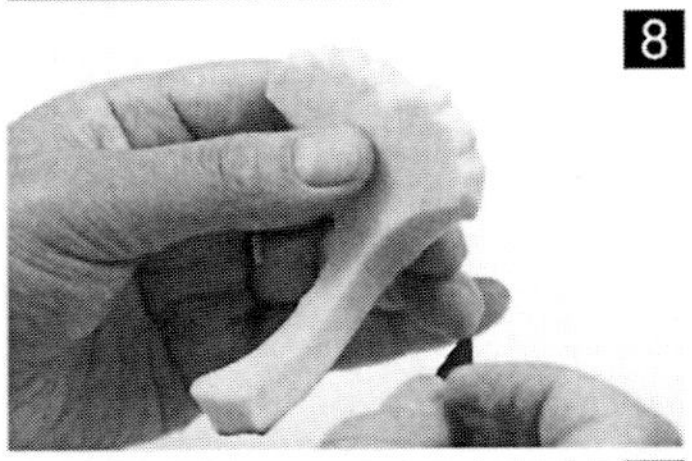

最初に切り込みを入れた葉先に、その左側に3箇所、右側に2箇所の切り込みを入れる。葉の向きが左右に広がるように。

9
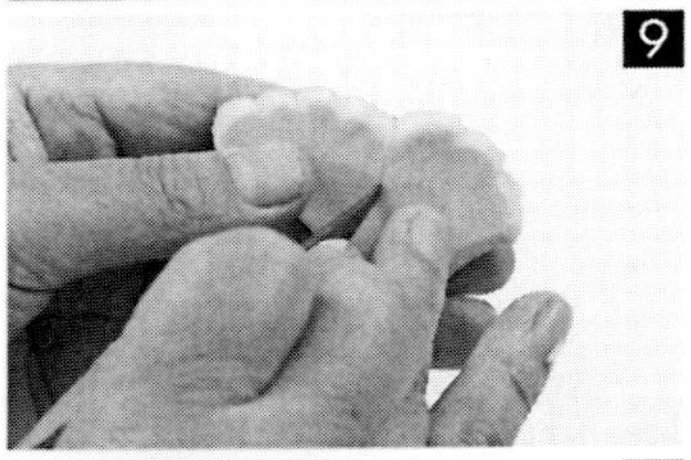

10
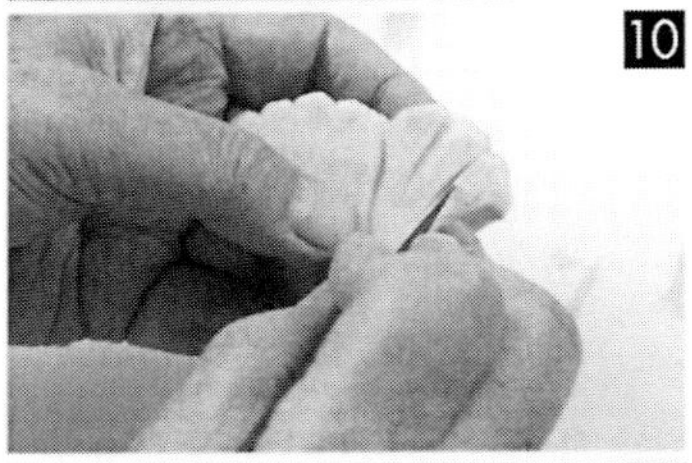

次に、葉の表面に葉脈を入れる。葉先の切れ込みの下から切り出しを入れて、中ほどくらいまで筋をつけてむき出す。

11
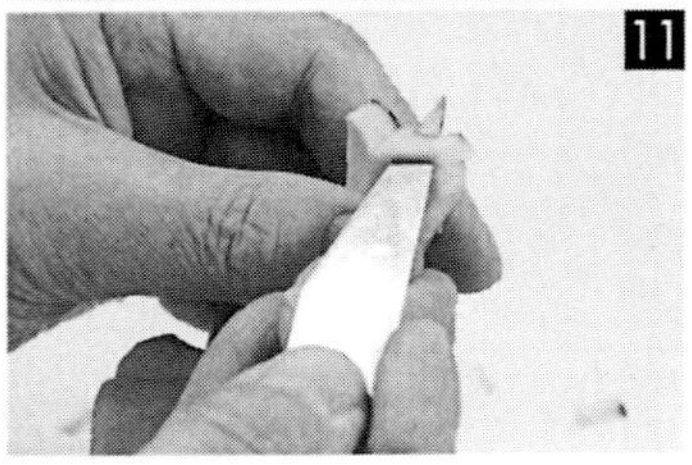

葉先を下にして、葉元の軸の縁にも切れ込みを入れる。

網大根

大根のかつらむきの応用が、この網大根。大根の中心に箸を通して側面全体に深く切り込みを入れていき、これを丸くしてかつらにむいていく。初心者の人は切り込みを入れる位置に注意してほしい。四つの側面それぞれの切り込みの位置が交互になるように入れる。

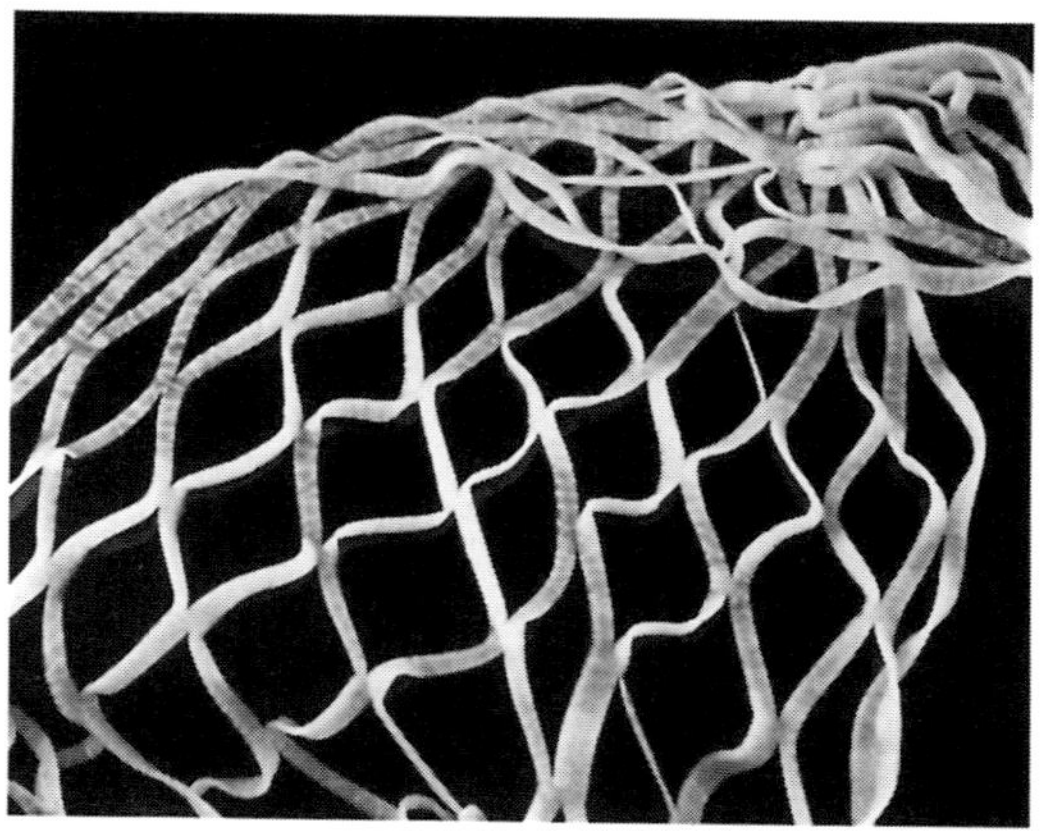

四角に木取り、中心に箸を通す

大根は厚みのある真ん中を長さ10㎝くらいに取り、周囲を平らに落としていきながら、ほぼ真四角に木取りする。

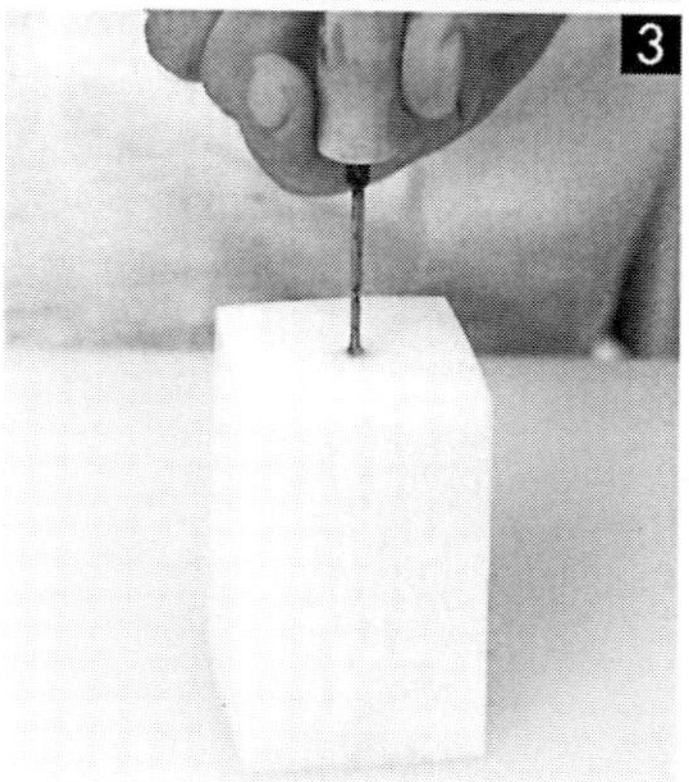

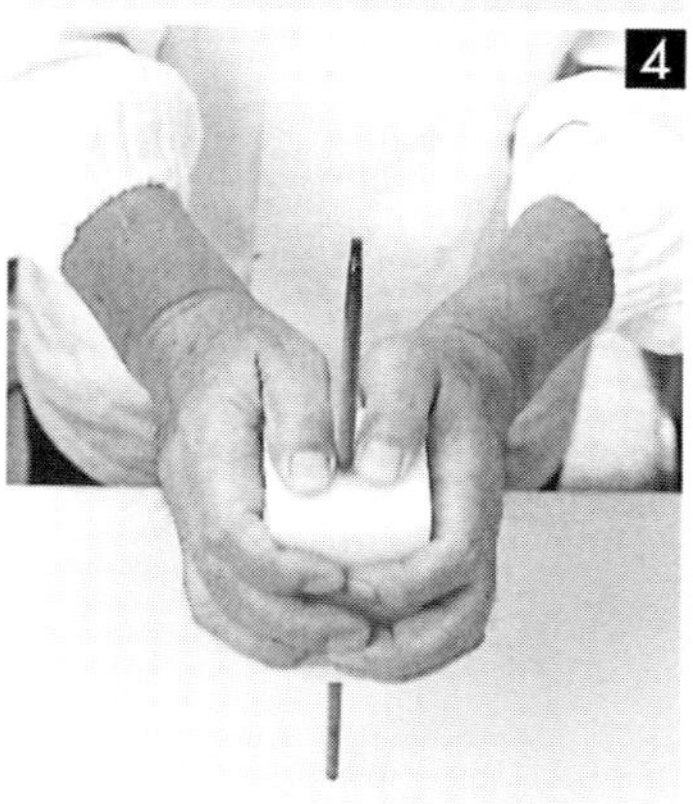

大根を立てて断面の中心に錐で小さな穴を開け、その穴に菜箸を真っ直ぐに通して下の断面の中心まで貫通させる。

大根を回しながら四面に切り目を入れる

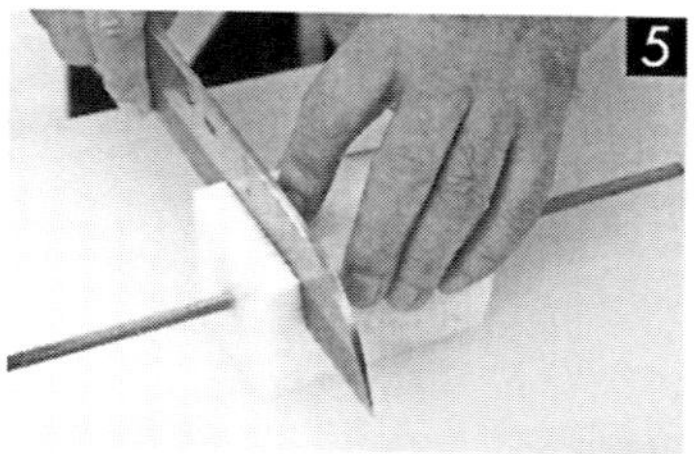

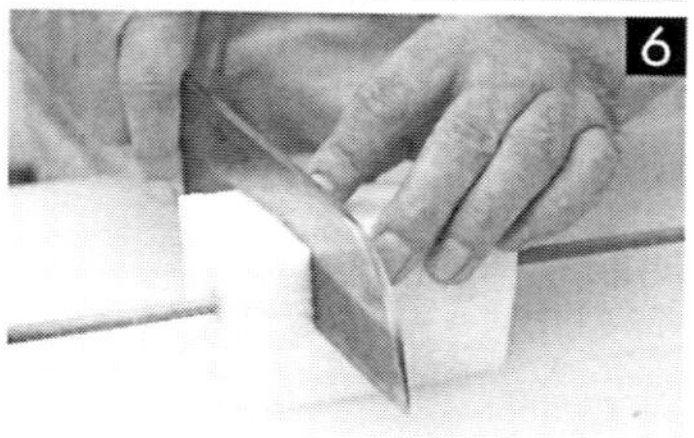

菜箸をさしたまま、大根の側面に一定の間隔で、箸に当たるまで切り込みを入れ、大根を手前に転がしながら順次入れていく。

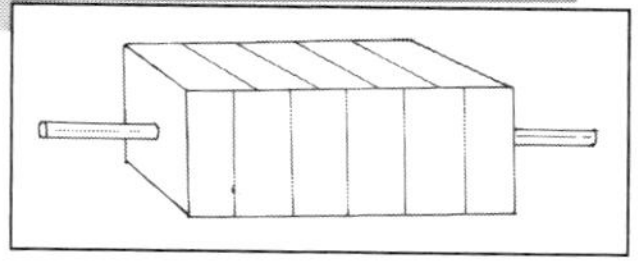

イラストを見るとわかるように、四つの側面の切り込みの位置が同じ間隔で互い違いになるように入れていくこと。

かつらむきにして、塩水にひたす

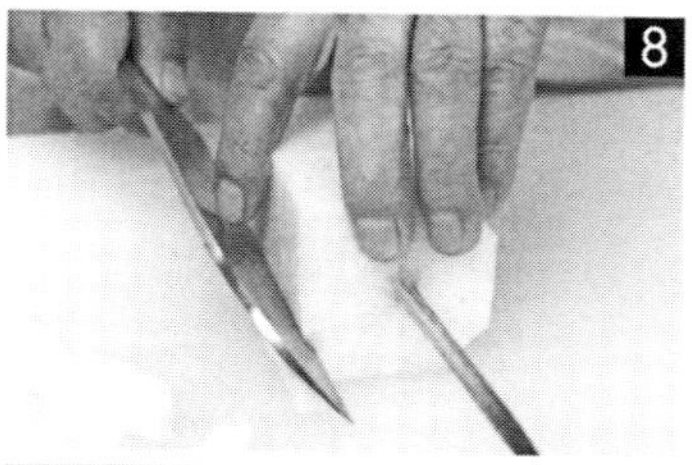

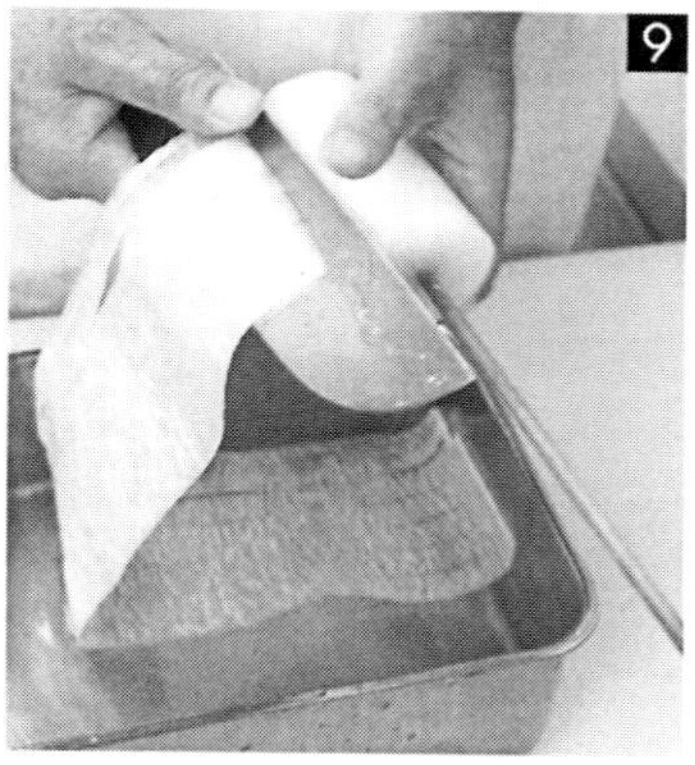

周囲の角を落として丸く形をととのえ、かつらむきの要領で一定の薄さで最後までむいていく。

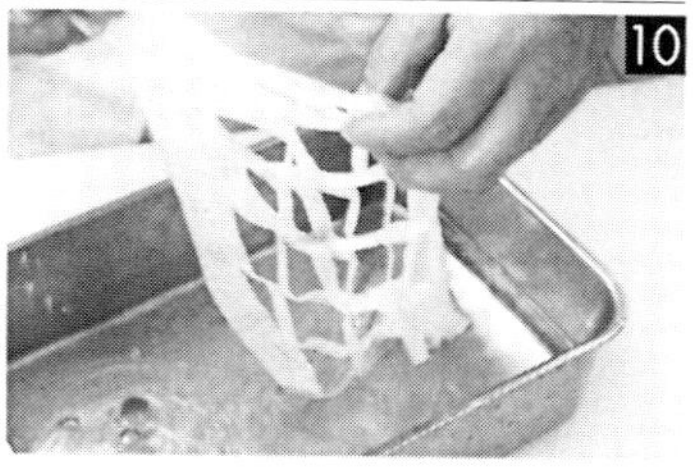

塩水を入れた角面器に折り重ねていき、しんなりとさせてから網目を手で開く。網の目が切れやすいので注意する。

羽釜（小蕪）

米を主食とするわが国では、古来から愛用されていたという羽釜。釜の胴の部分に鍔《つば》（羽）が張り出して釜底は丸く、竈にのせると中にすっぽりと入り、熱効率が大変にいい炊飯道具だ。この形を小蕪の丸みを活かして一個でむく。

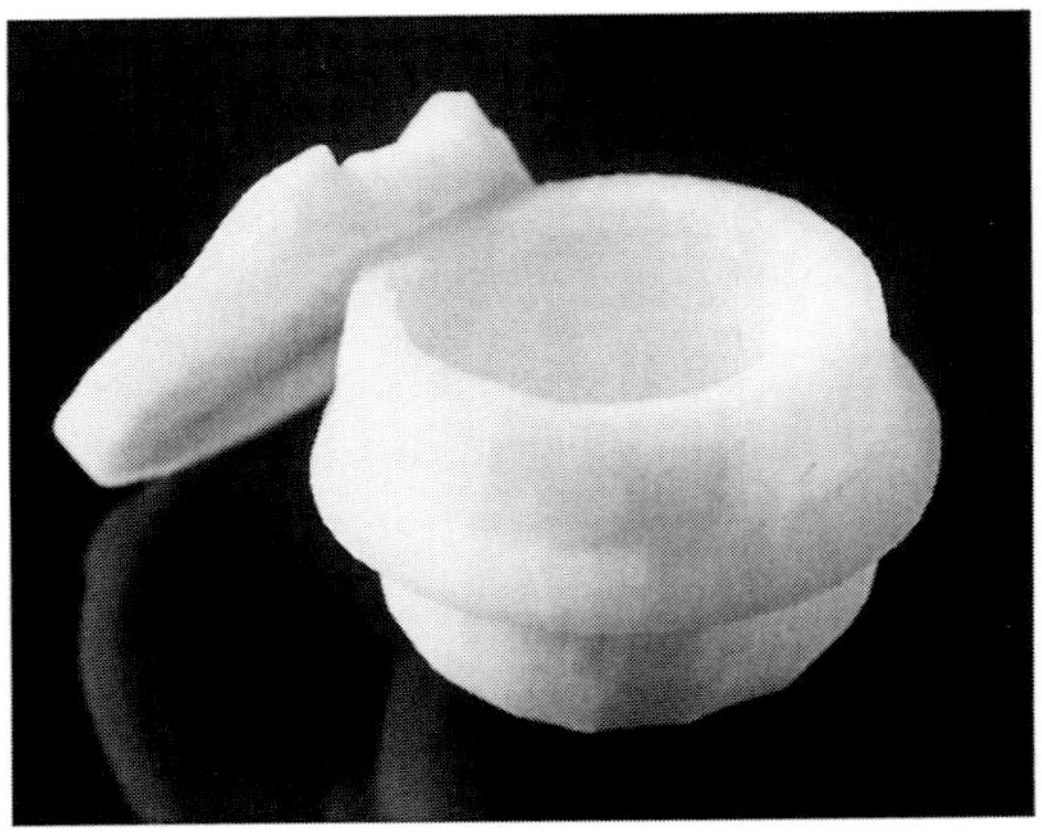

小蕪を蓋と釜に切り分ける

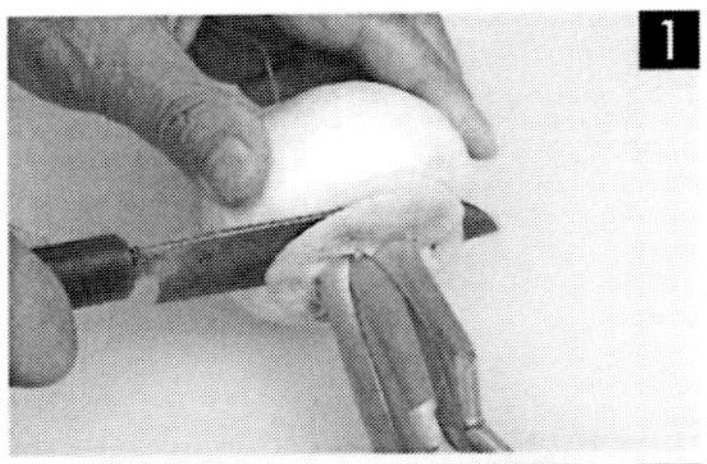

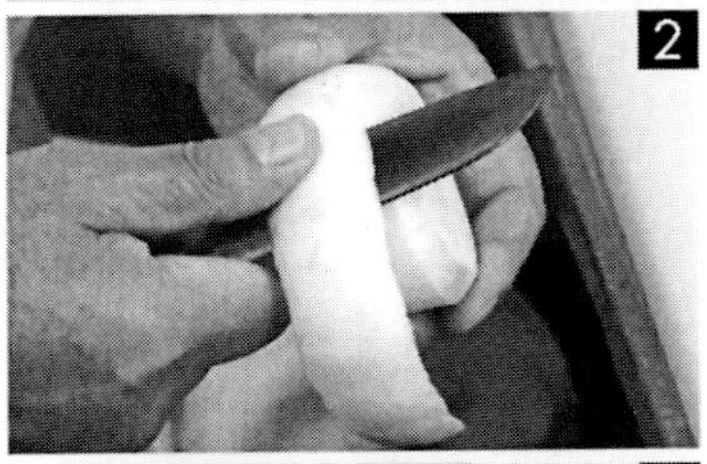

蕪の葉と茎をつけ根から平らに切り落として底のひげ根も取りのぞき、皮を厚めにむいて底を平らにし、円筒形に木取る。

釜と蓋の大きさのバランスを考えて、蓋の部分を適当な厚みで輪切りにする。

釜の鍔（つば）をむく

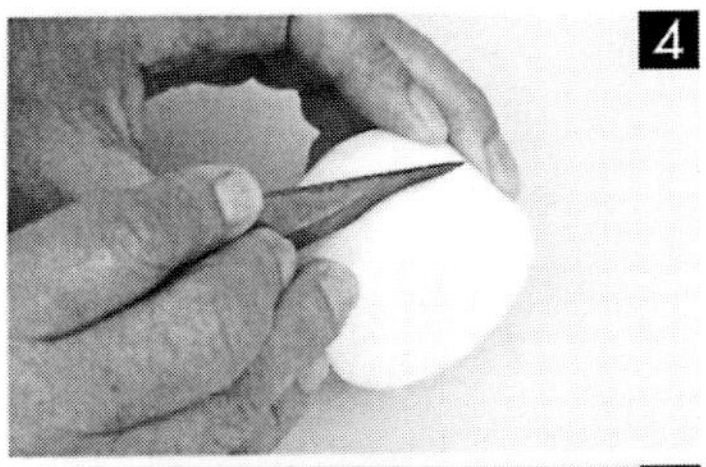

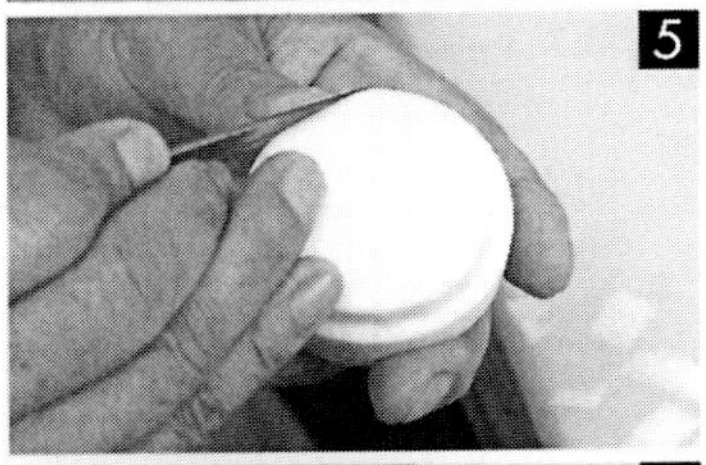

写真3で切り残した蕪の方を釜にして、その周りに鍔をむく。蕪を手前に回しながら切り出しを一周させ、断面からその筋までむく。

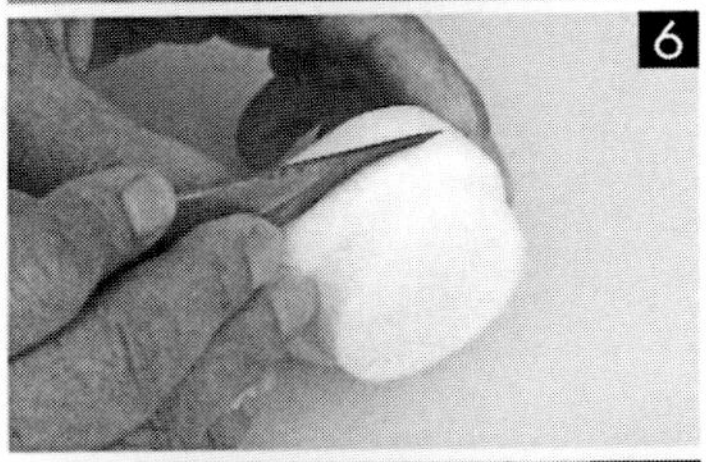

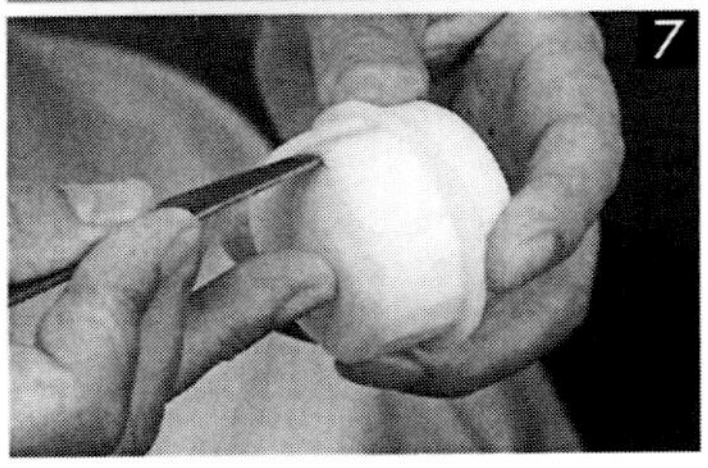

鍔の幅を取って再度切り出しを一周させて筋を入れ、反対側の断面からその筋までを丸くむき出して鍔の部分が浮き出るようにする。

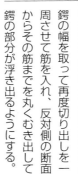

釜底を丸くむき、中をくり抜く

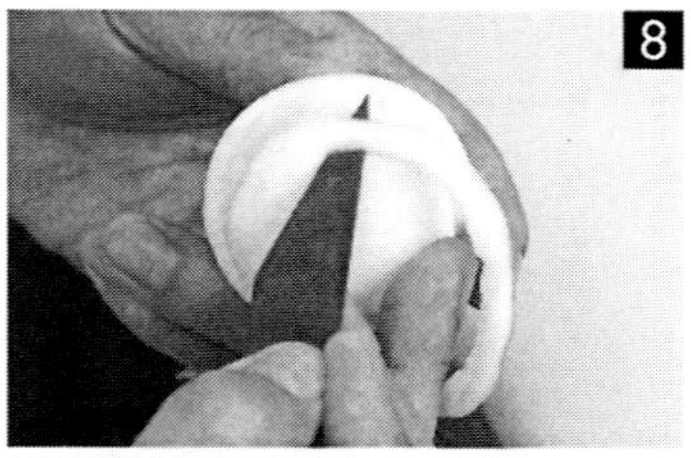

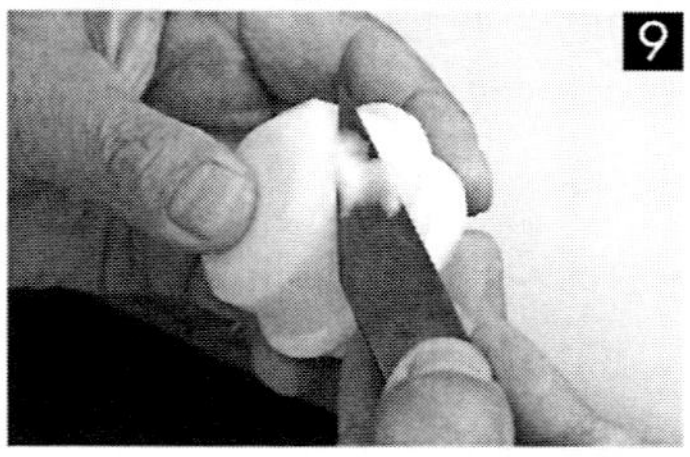

鍔の角を出すように形をととのえたら、どちらかの断面を釜底にして、断面の角を落として丸みをつける。

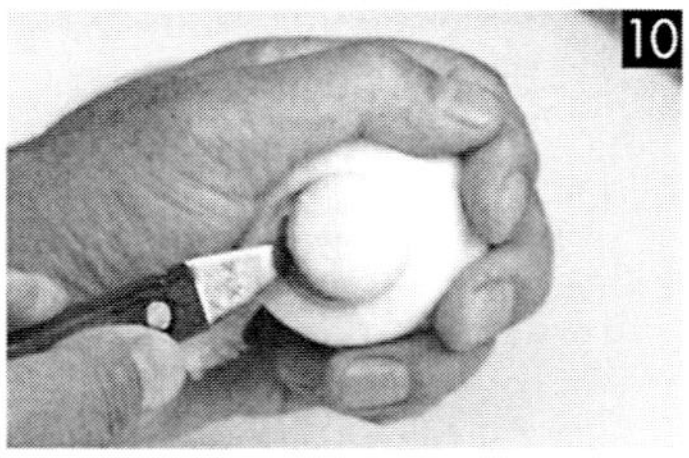

釜底を下にして、上の断面にくり抜きを入れて中をくり抜く。

蓋の形をむく

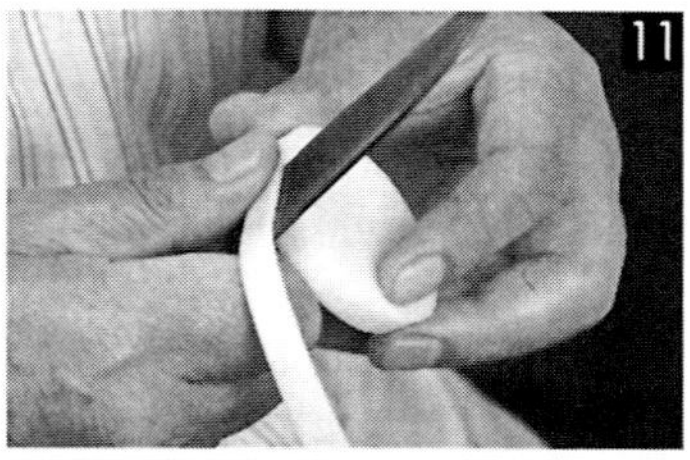

蓋になる輪切りにした蕪の周囲を丸くむき、釜になる蕪と合わせて、断面がぴったり合うように大きさを調整する。

蓋の取っ手をむく

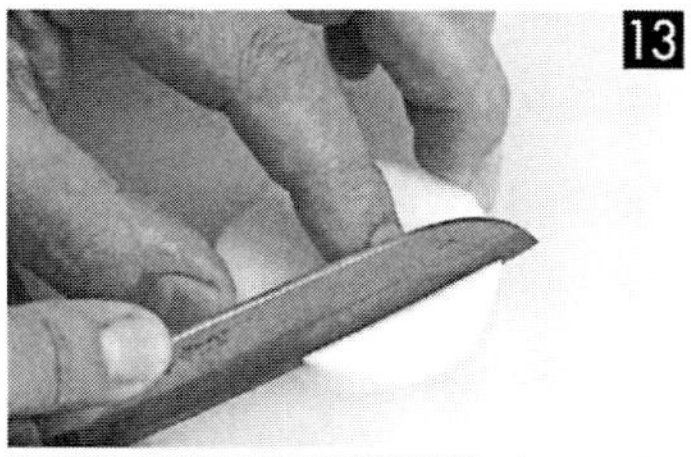

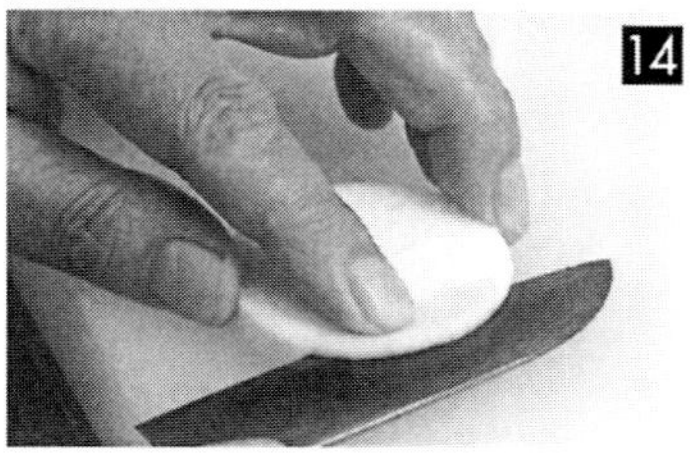

蓋の上に付く取っ手をむく。蕪の表面に縦に切り目を入れ（下まで切り離さないこと）、その横から水平に庖丁を入れる。

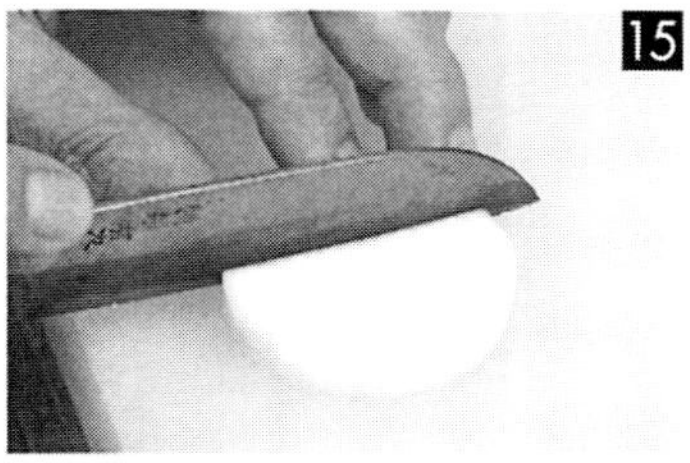

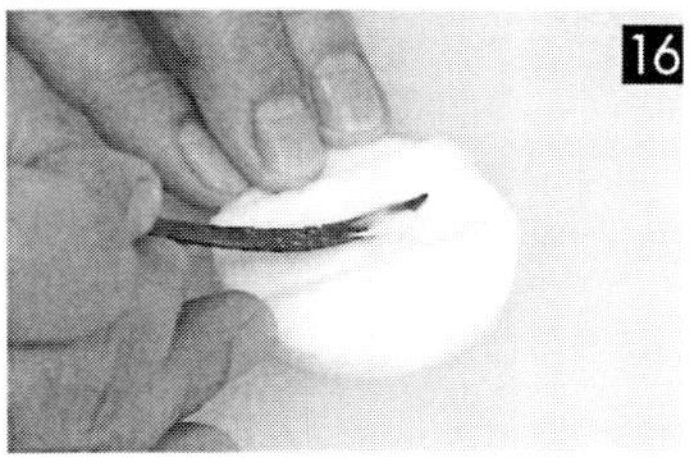

向こう側にも同じように切り目を入れてむき、２本の取っ手をむき出し、取っ手の間を曲がりで平らにして仕上げる。

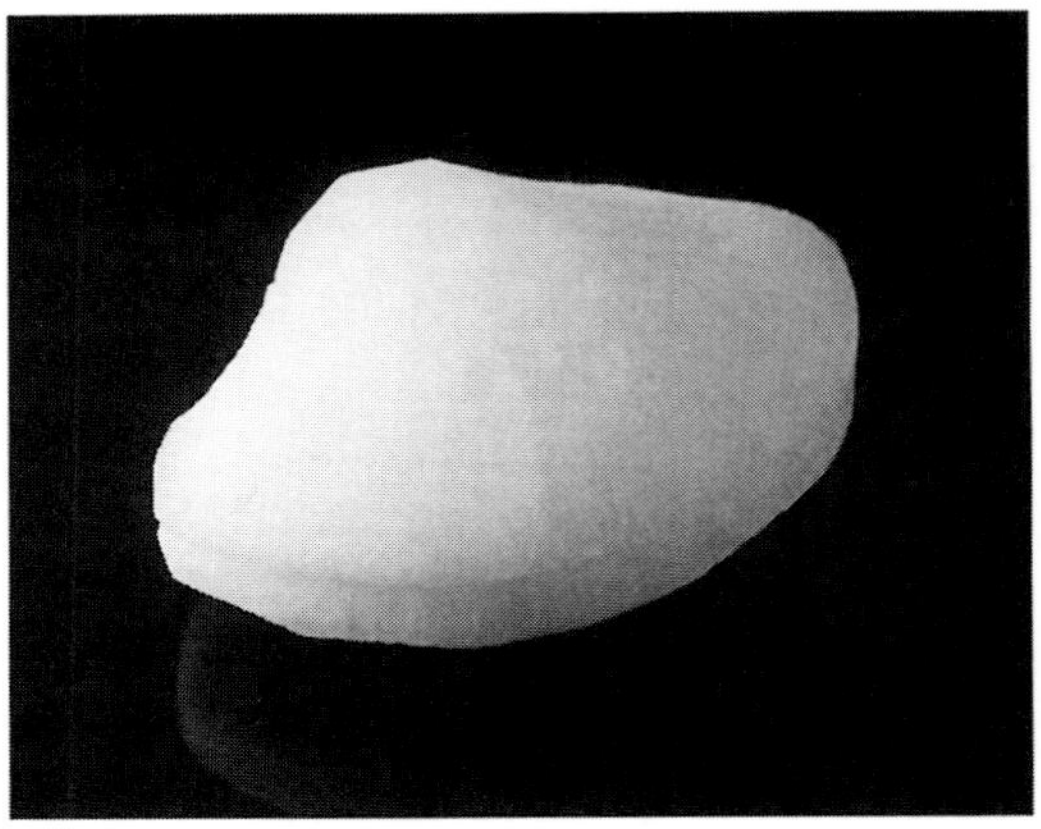

蛤(大根)

晩秋から春先にかけてが旬の蛤を大根でむく。蛤は二枚貝の代表的な貝で、その気品ある形と貝合わせの縁起から日本人にもっとも好まれる貝であろう。形がシンプルなだけに、三角の蝶番《ちょうつがい》、きれいにかみ合わさった殻のふっくらした輪郭を表現したいもの。

貝の形に木取る

1

2
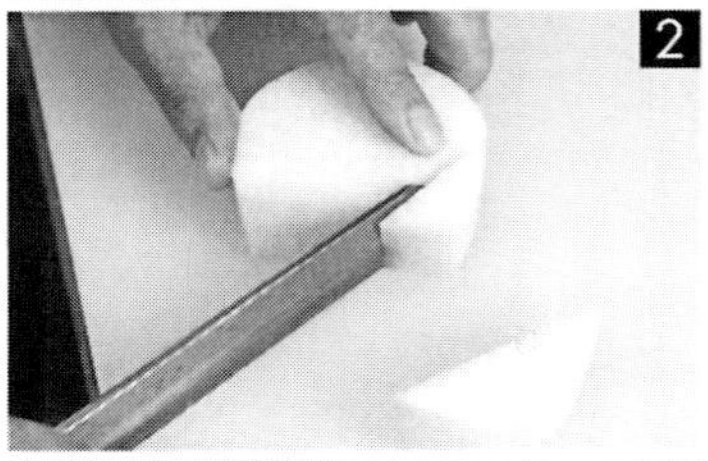

3
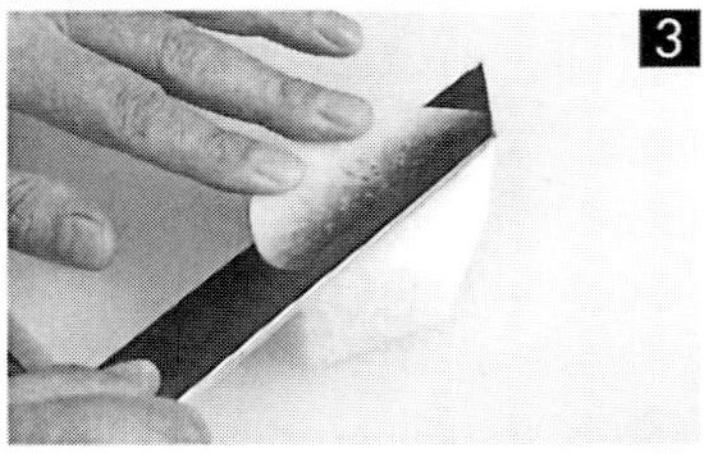

大根を輪切りにして皮をむき、一方の端を落として一度カマボコ形にし、さらにその両端を斜めに切り落として扇のような形にする。

4
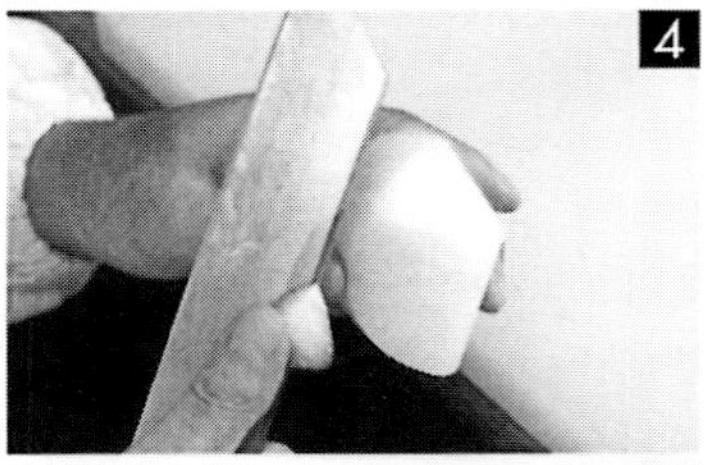

5

扇の要の部分を蛤の蝶番に、弓なりの部分が殻の合わせ目になるように大根の表面を薄くむきながら、貝らしい起伏をつけていく。

貝の合わせ目をむく

6
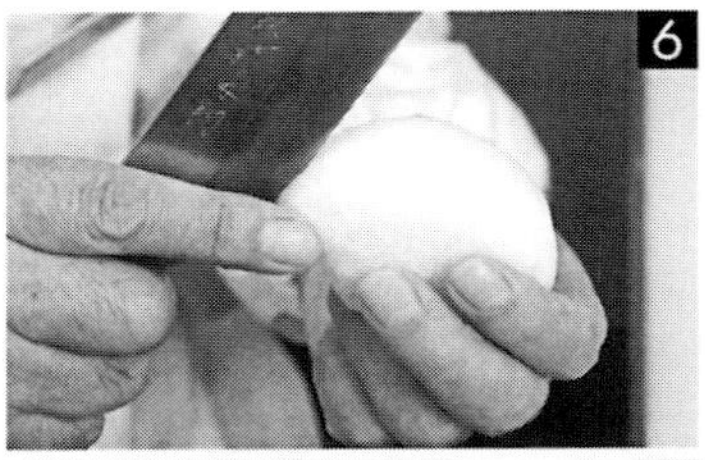

7
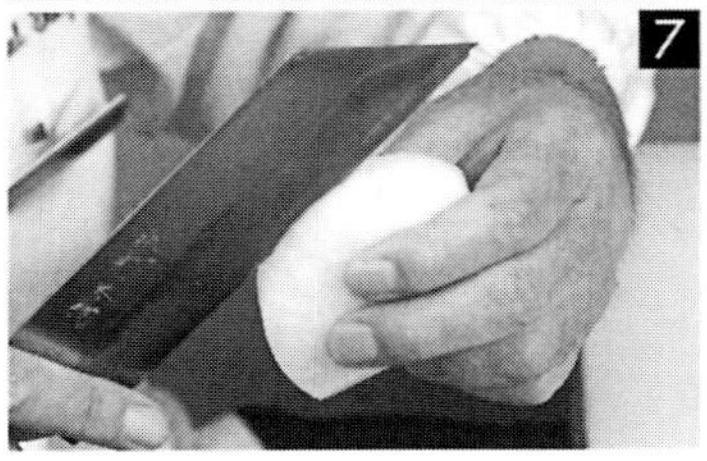

二枚の貝殻のかみ合わせをむく。合わせ目の方を手に持って、大根の弓なりの部分に庖丁の刃元から刃先までを渡らせて筋を入れる。

蝶番をむく

8
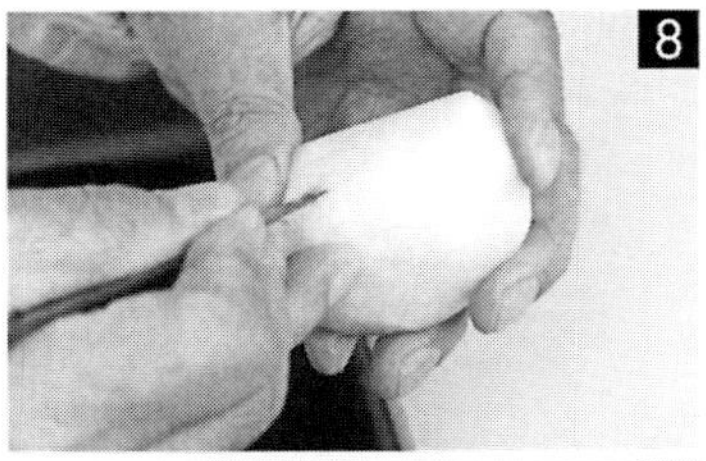

9
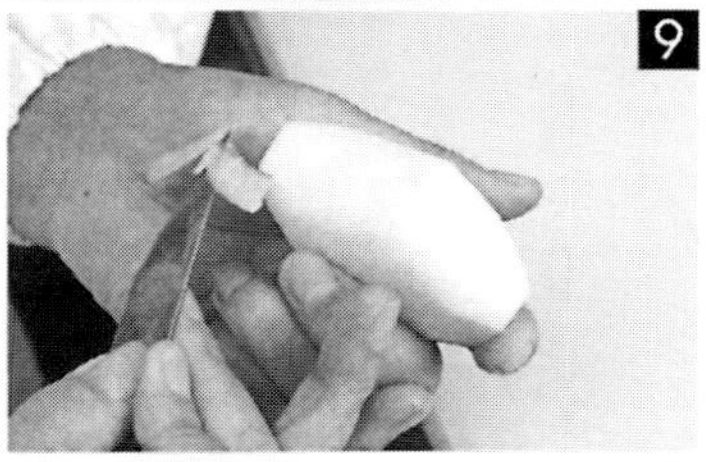

蝶番をむく。切り出しで楕円形の筋を入れ、その筋を彫り込んで溝をつけ、楕円の形が浮き出るようにする。

10
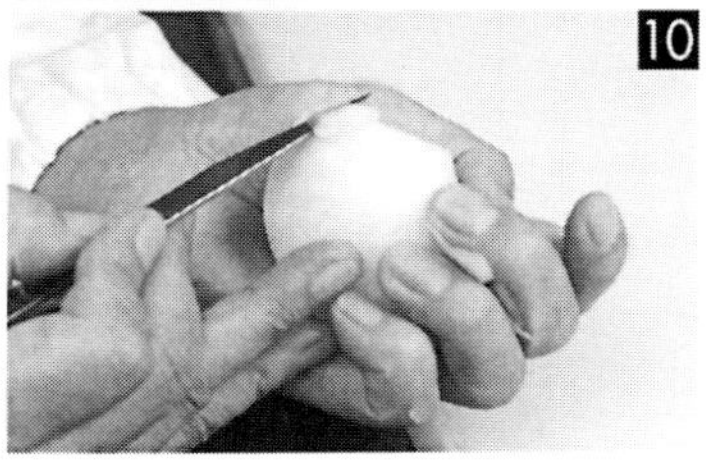

最後に、全体を切り出しでむきながら丸みと蝶番の起伏をつけて仕上げる。

十二月のむきもの

もみじ(京人参)

初心者がむきやすい、基本的なむきものの一つ。もみじの葉のむき方は、これまで紹介してきた梅や桜の花のむき方と同じである。ただし、この場合は花びらほどの丸みは必要ない。葉先のギザギザや葉脈もしっかりとむいて、抜き型ではできないひと仕事を見せたい。

六角形に木取る

1
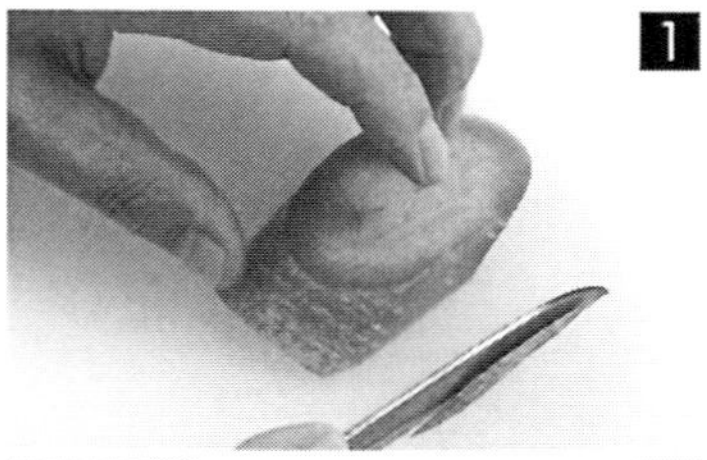

2
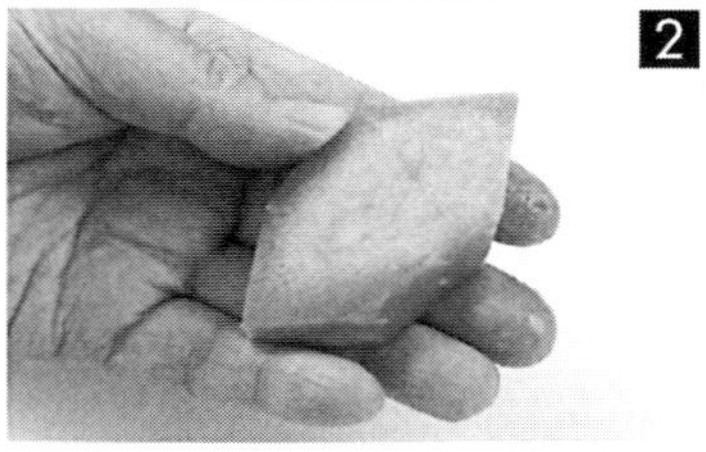

人参を適当な厚みの斜め切りにして断面を上に向け、上下を斜めに、両端をまっすぐに切り落として六角形に木取る。

もみじの形にむく

3
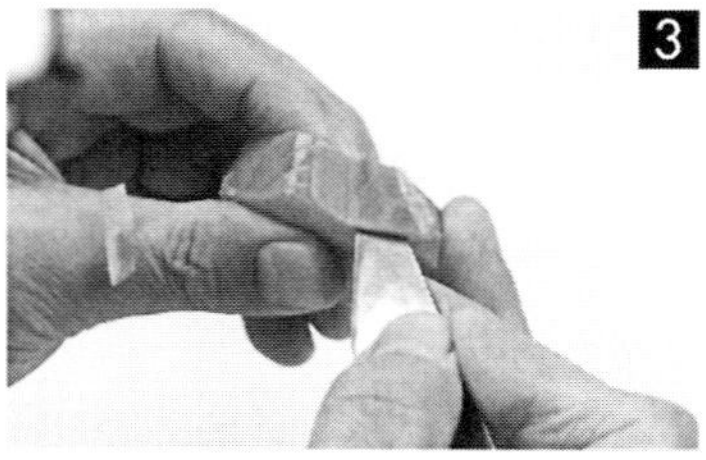

4
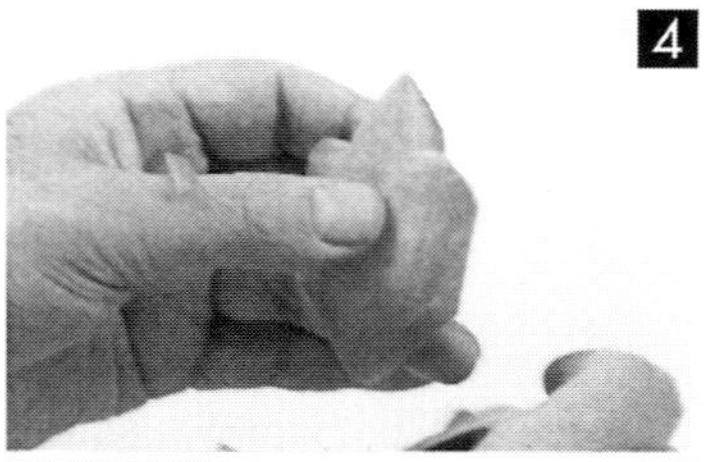

5
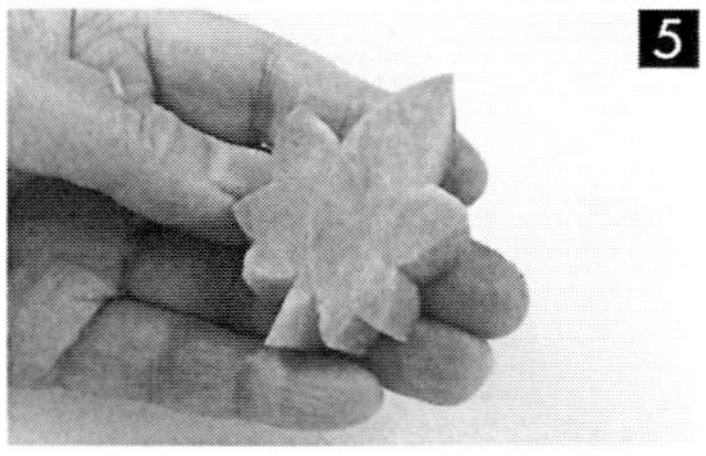

六角形のそれぞれの辺の中央に切り込みを入れ、角から切り込みまで丸くむいてもみじの葉の形を出し、下の方に葉の軸をむく。

葉の切れ込みと葉脈を入れる

6
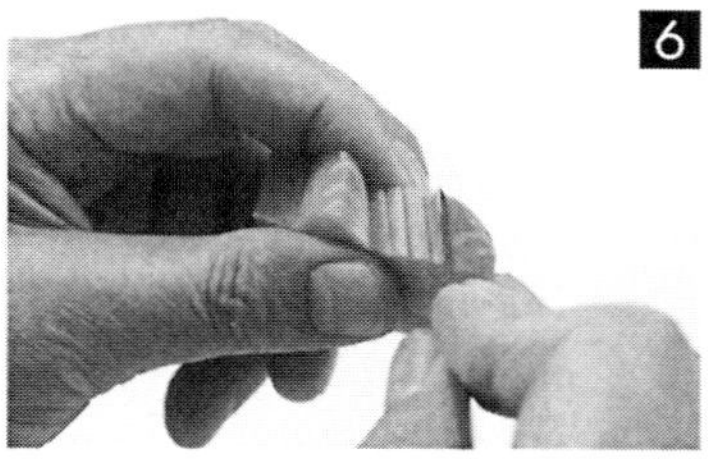

7
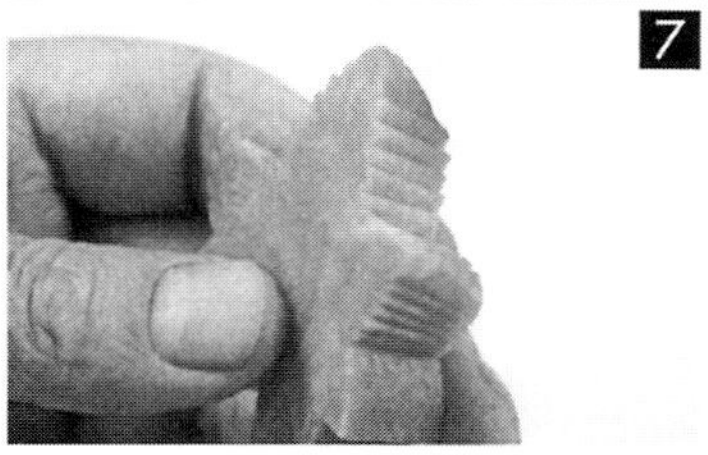

葉先のギザギザとした切れ込みをむく。葉先の縁に小刻みに筋をつけながら三角に抜いていく。これで一層、葉先の感じが出てくる。

8
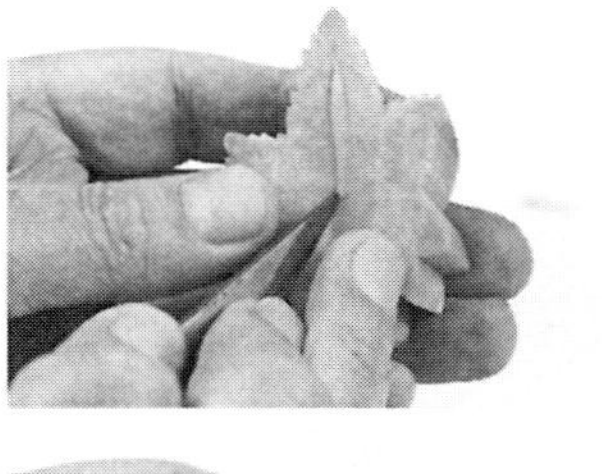

9
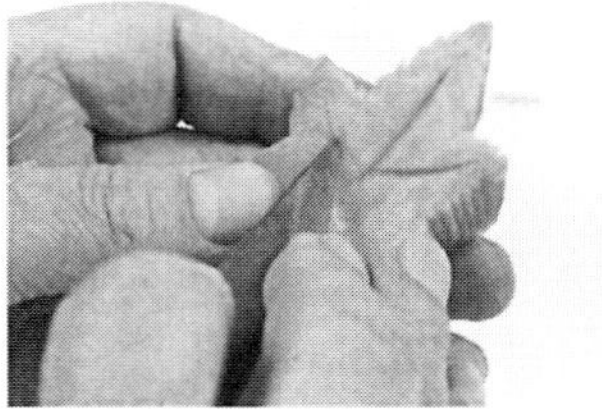

最後に葉脈をむく。それぞれの葉先の角と人参の中心を結ぶ6本の溝を入れ、中心から葉脈が放射状に広がっている形に仕上げる。

丸ダイ(大根)

輪切りにした大根の断面にタイの姿を頭から尾までをむき出す。写真ではわかりにくいかも知れないが、横から見ると胸ビレは立ち、タイが盛り上がって見える立体感を工夫した。胸ビレの部分は断面の真ん中を彫り上げ、背ビレや尾ビレの部分は反対に彫り下げる。

大根を輪切りにして胸ビレをむく

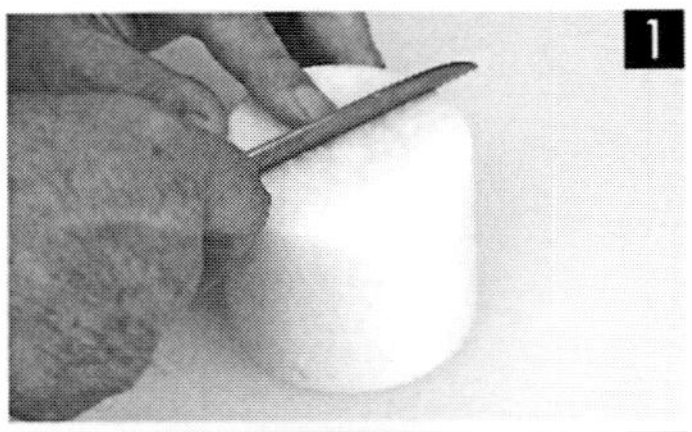

大根を5～6㎝長さの輪切りにして皮をむき、断面のほぼ真ん中にやや斜めに切り目を入れ、横から水平にむく。

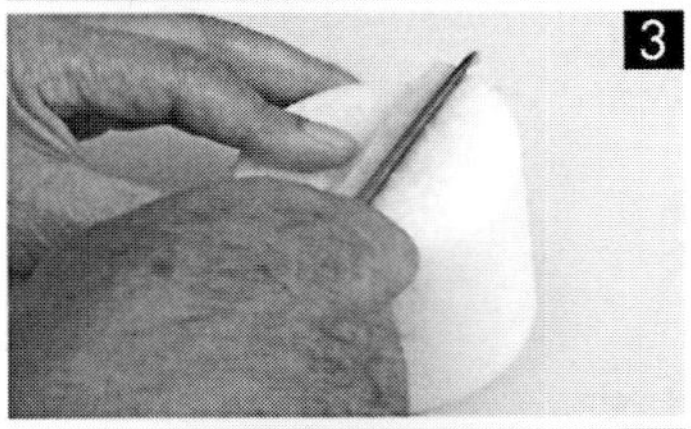

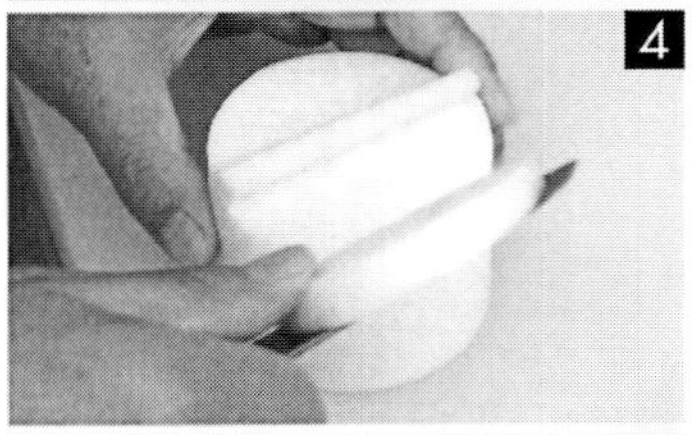

大根の向きを反対にし、写真1の切り目から5㎜くらいの幅を取って同じようにむき、写真のような立体感のある形に。

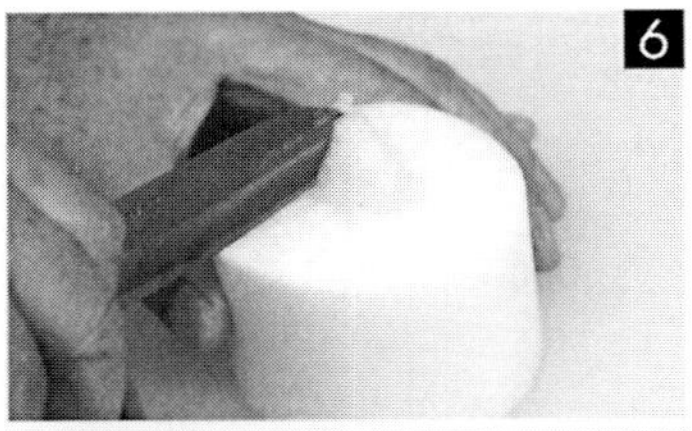

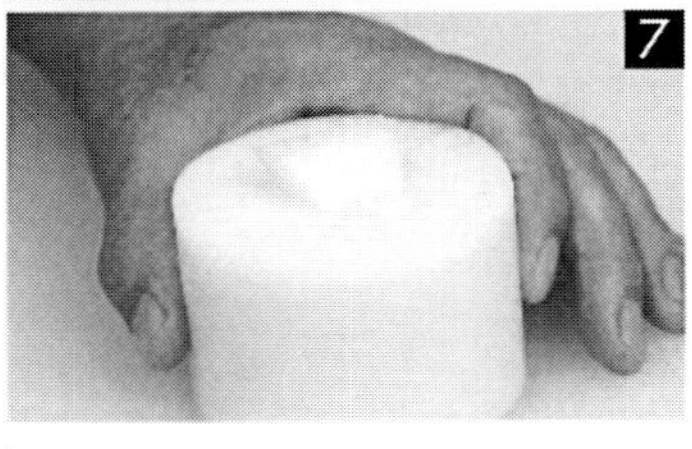

大根の断面から張り出したようなこの部分が胸ビレになる。真ん中だけを使うので、両端を落として大まかなヒレの形に。

背ビレ、尾ビレの形をむく

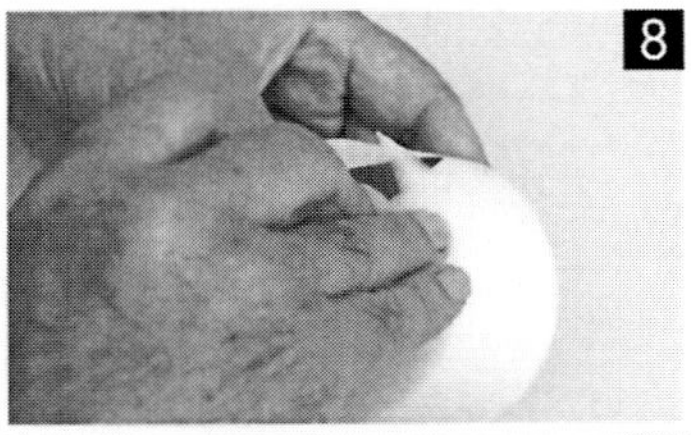

タイの頭と背ビレの境をむく。写真7でむき出した胸ビレの左を頭にして、大根の縁に小さな三角状の溝をつける。

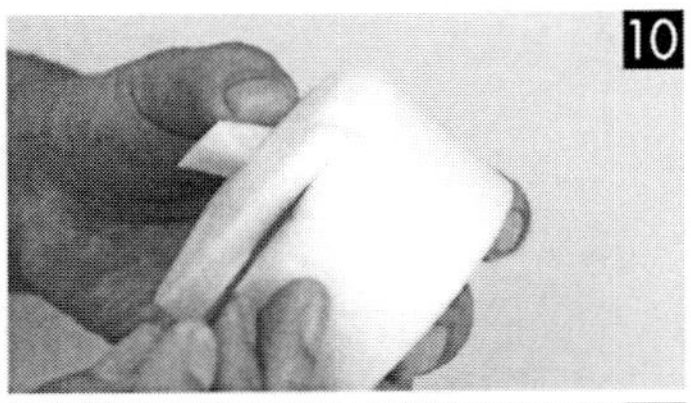

断面から5㎜くらい下の縁に、溝から右回りに切り出しを半周させ、その部分を丸くむく。

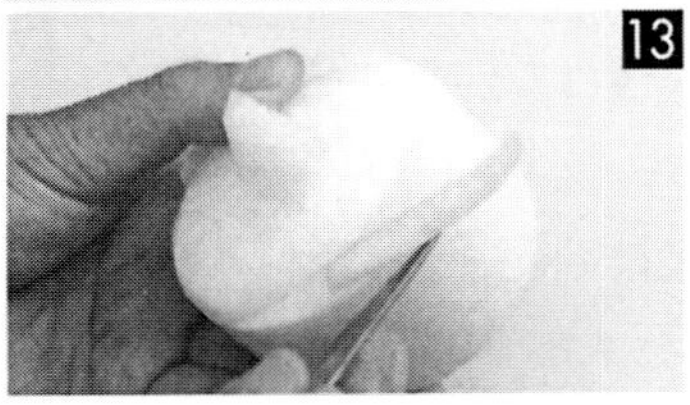

今度は頭の方まで切り出しを半周させてむく。イラストの上下のアミの部分がむいたところ。

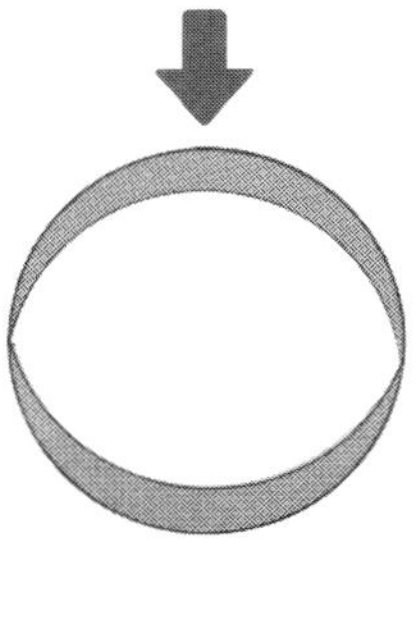

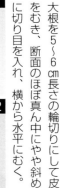

口、エラ、目をむく

口

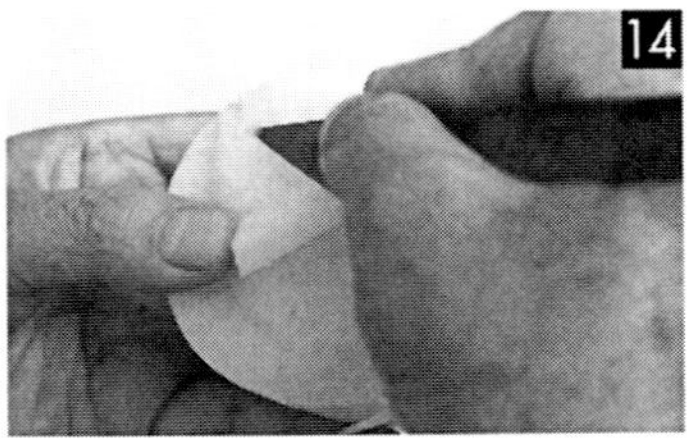

頭の先端になかば開き加減にした口もとをむく。

エラ

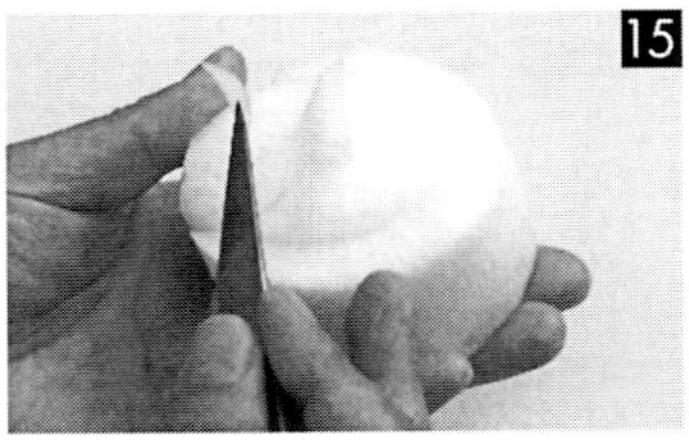

胸ビレの下から口もとに向けて弓なりの筋を入れる。

目

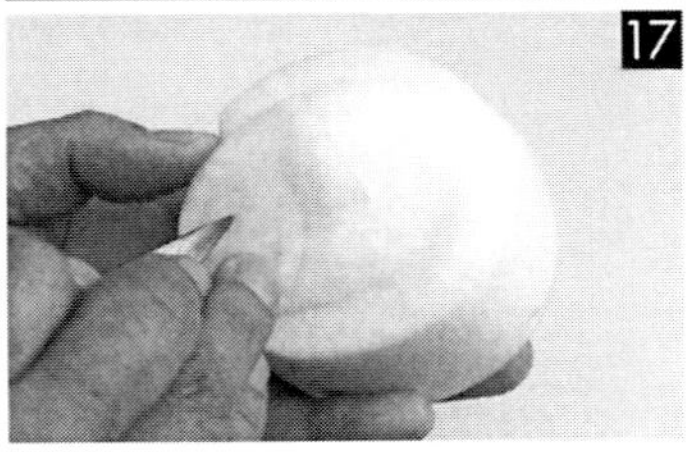

口やエラとバランスのとれた位置に目を入れる。筒抜きで目の縁をつけ、その中に三日月形の筋を入れ、表情のある目に。

背ビレに切り込みを入れる

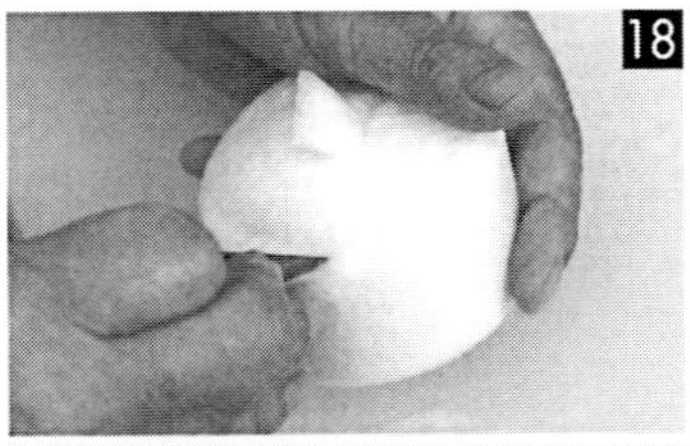

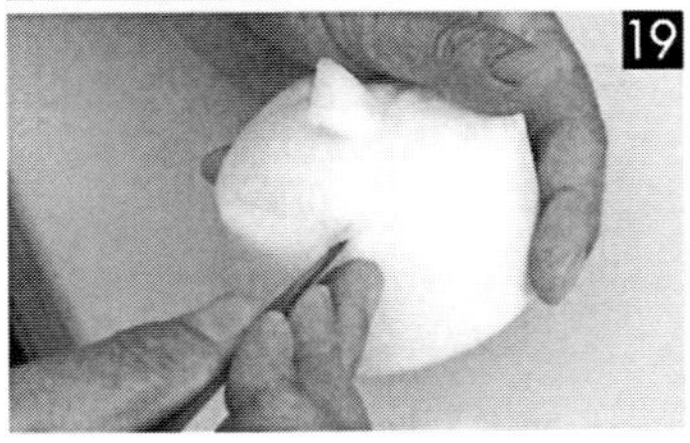

写真９でむいた背ビレの部分に切り込みを入れる。短い弓なりの筋を入れ、その手前から斜めにむき出して起伏をつけていく。

尾ビレに切り込みを入れる

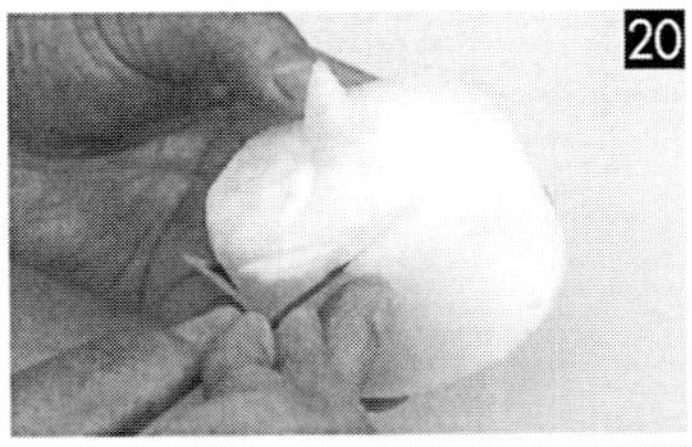

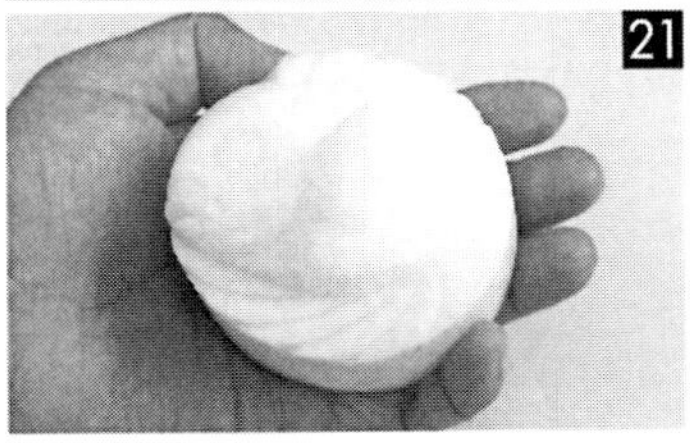

同じように写真13の尾ビレの部分にも切り込みを入れる。尾ビレの方は右から長い弓なりの線が出るようにむいていく。

胸ビレ、鱗をむく

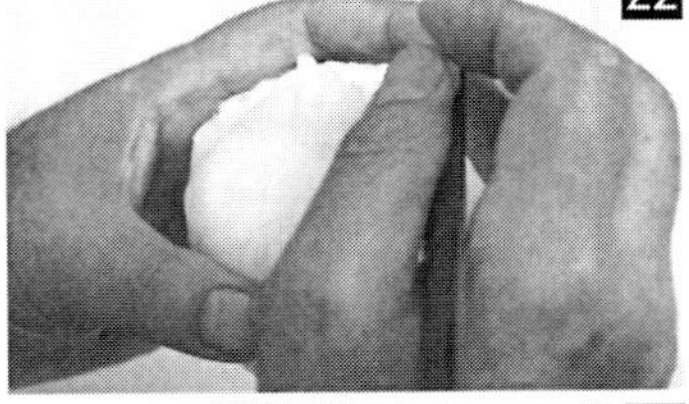

断面から張り出した胸ビレの先にも小刻みに切り込みを入れる。

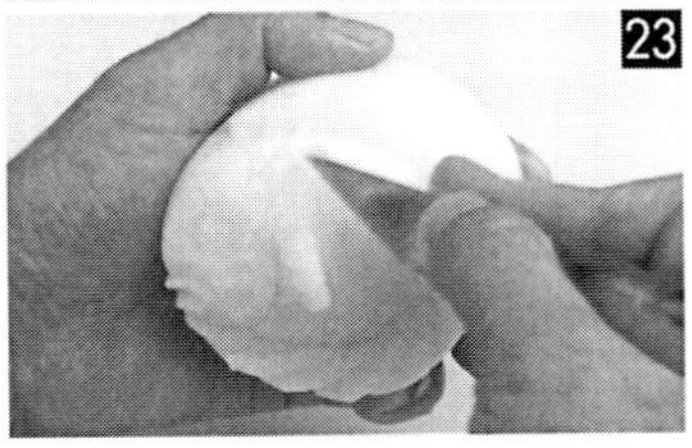

最後に鱗。鱗のむき方はP96の「鯉」と同じ。頭以外の体全体にむいていく。

松笠（くわい）

エビ芋や里芋を使ってむくこともあるが、松ぼっくりの形に似ているくわいを使うとずっとむきやすい。松笠は笠と笠の間の切れ込みが深く、ゴツコツした感じがある。それを意識してむくようにし、芽のつけ根と先端の笠は小さく、胴回りは大きくむいて立体感を出す。

芽のつけ根を五角形にむく

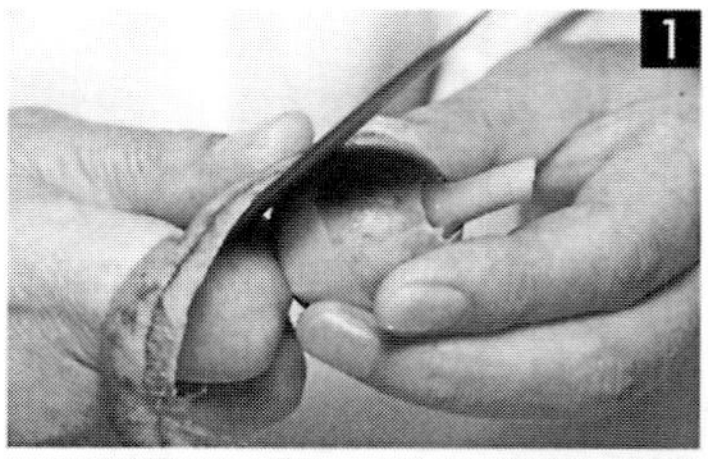
1

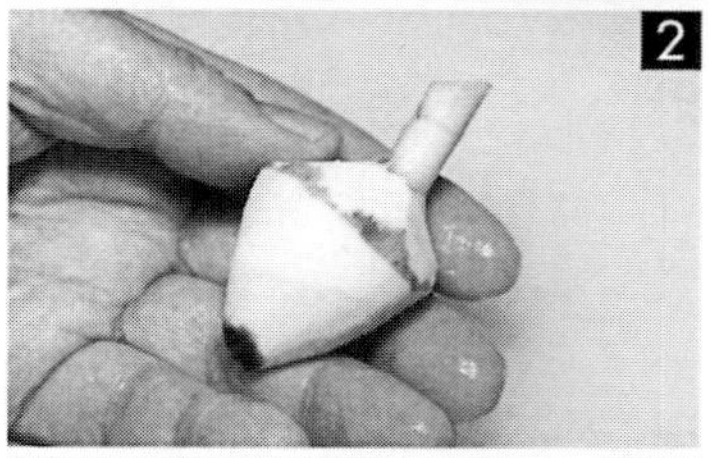
2

くわいは芽を少し落とし、皮を薄くむきながら、写真のように先端をややとがらせた円錐形に形作っていく。

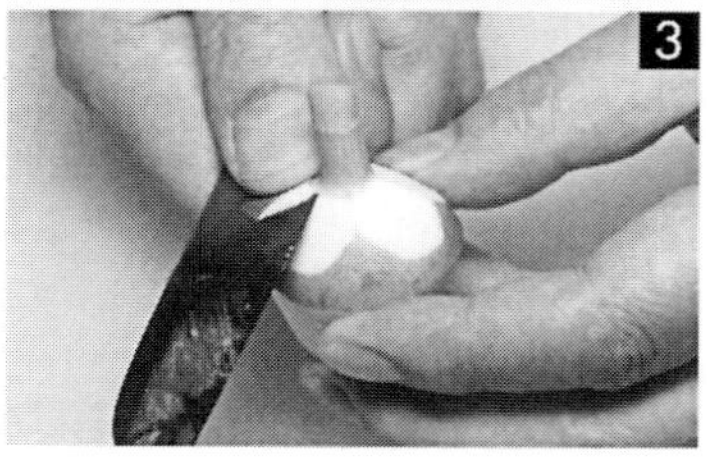
3

芽のつけ根の皮は下から庖丁を入れて、五角形になるように面取りする。

松笠をむく

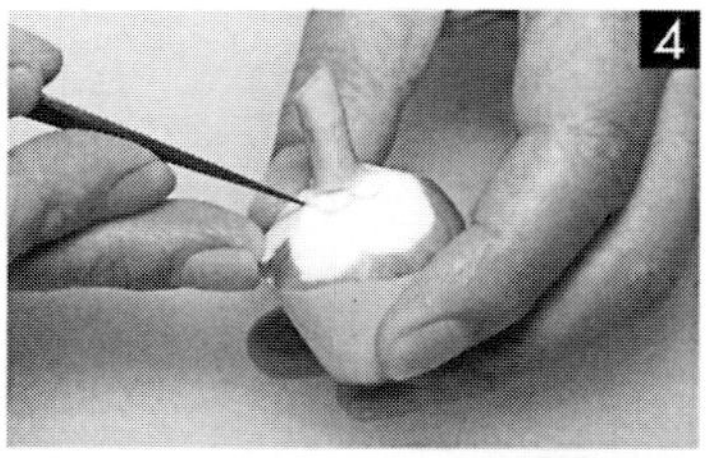
4

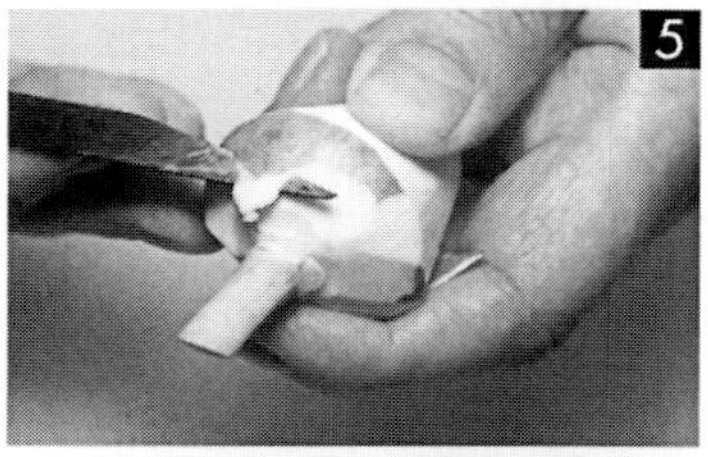
5

芽のつけ根に鯉の鱗と同じように弓なりの筋をつけて五枚の笠をむき出す。次に、つけ根の角を取りながら残っている皮をむく。

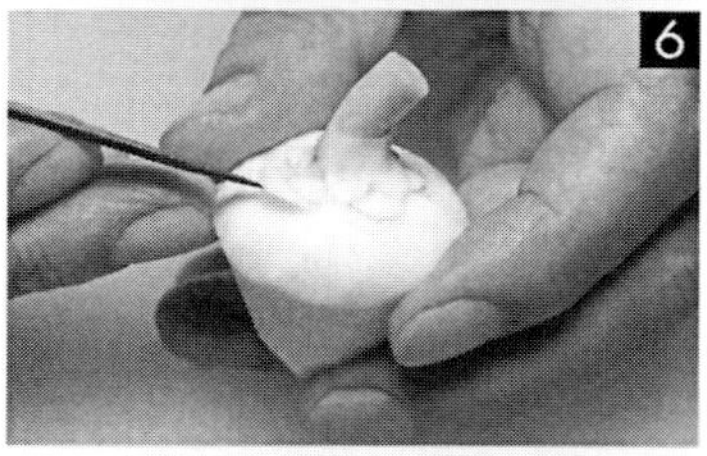
6

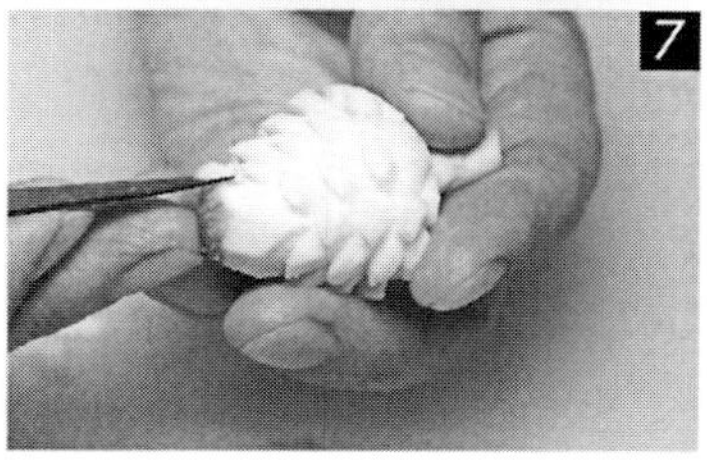
7

二列目の笠は一列目（写真4）の笠と笠の間にむいて互い違いになるようにし、これを繰り返しながら先端までむいていく。

扇面（蕪）

末広がりを表す扇もまた、縁起のいいむきものの一つ。祝い事の料理にはこうしたむきものをもっと活用して、料理人としての心づかいを見せたいもの。むき方も特にむずかしいところはなく、慣れれば大量にむけるので、正月などの忙しいときでも取り入れたい。

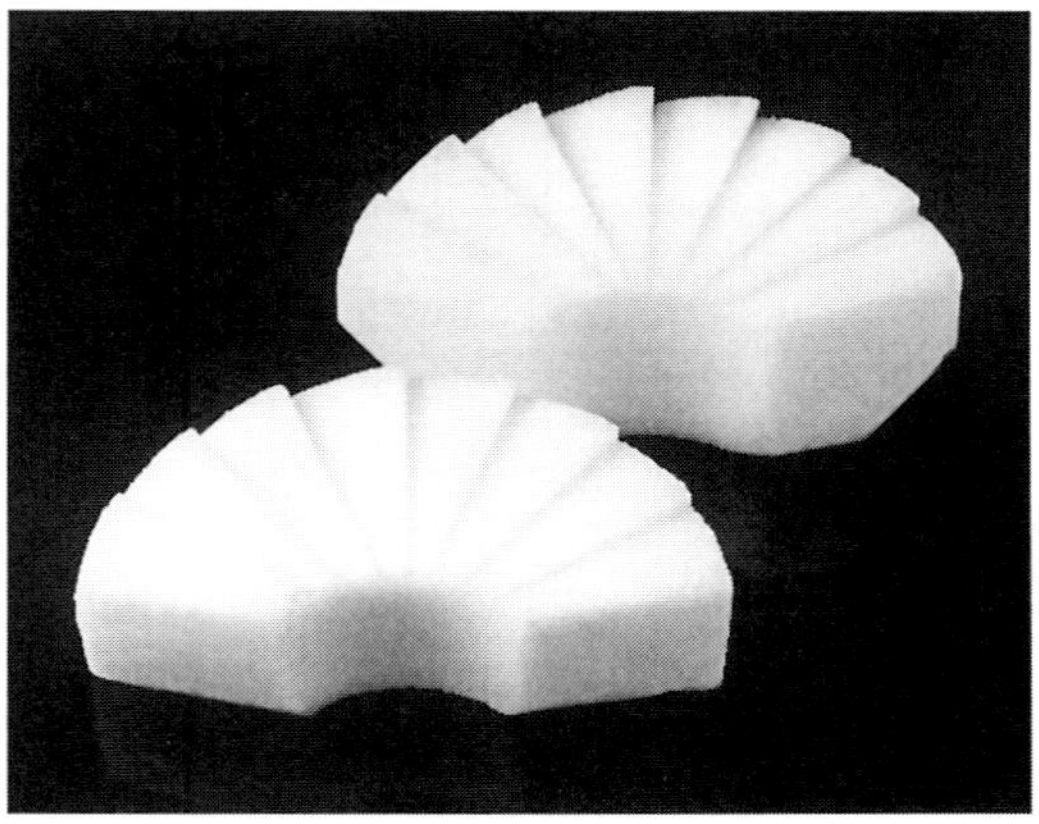

半月に切る

1
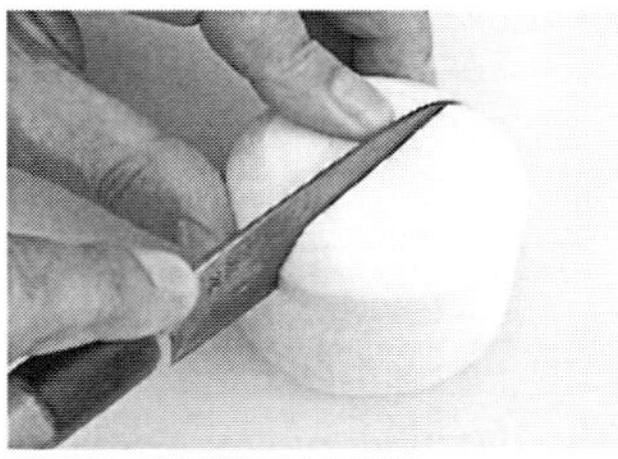

2
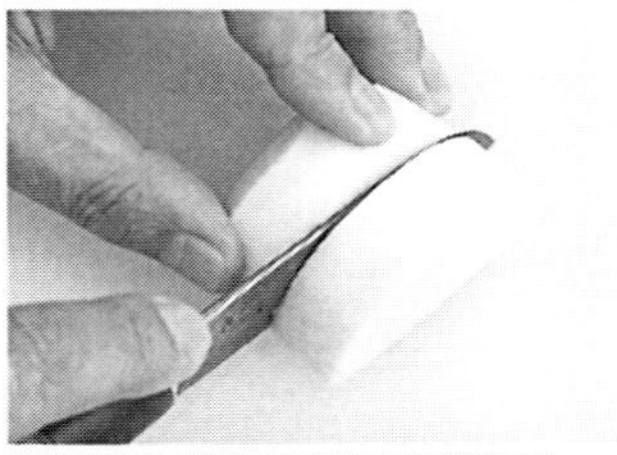

3
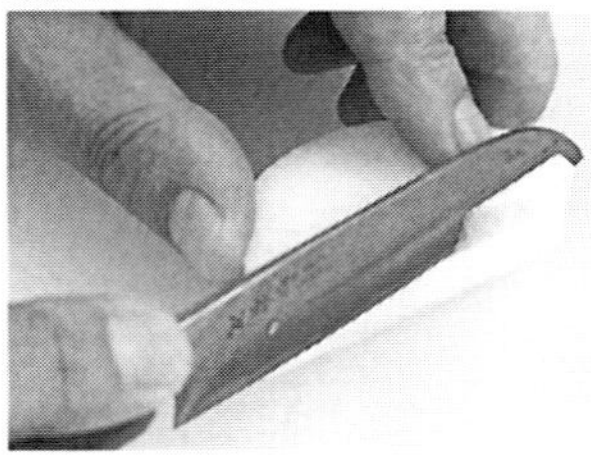

蕪は葉とひげ根を落として天地を平らにし、適当な厚みの半月に切る。その一つを、両方の角をやや斜めに落として扇の形に木取る。

7本の切り目を等間隔に入れ、表面を斜めにむく

4
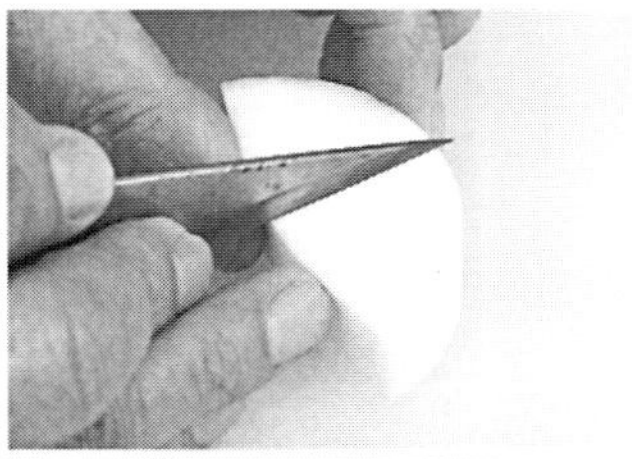

5
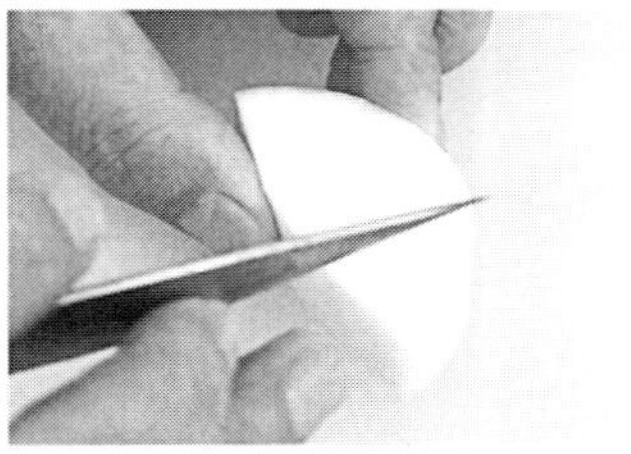

扇形に木取った蕪の表面に、7本の筋を等間隔に入れる。表面のスペースを半分に、その半分にと区切りながら筋をつけていけばいい。

6

7

扇の面をむく。一つ置いた筋際から左の筋の下に向けて斜めに切り出しを入れてむき、これを右側の筋まで繰り返していく。

8
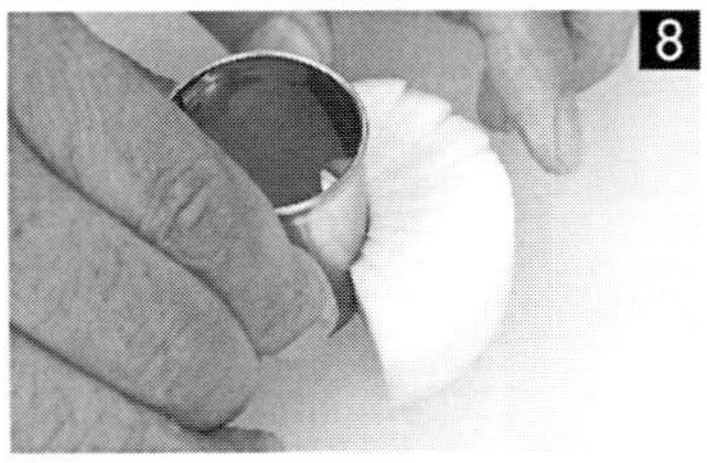

最後に、扇の要の部分を丸の抜き型で抜く。曲線が外側の弓なりと揃うように。

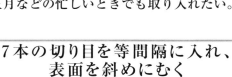

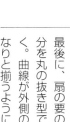

三つ巴（エビ芋）

さまざまな文様や図案に使われるのが三つ巴。三つの巴が同じ方向に尾を長く引いて回りあっている形を描いたもので、三つのものが入り乱れて絡み合うという意味もある。最初に抜き型と筒抜きで巴の印をつけておき、この三つの巴の間に尾をむいていくだけでいい。

輪切りにして、巴の印をつける

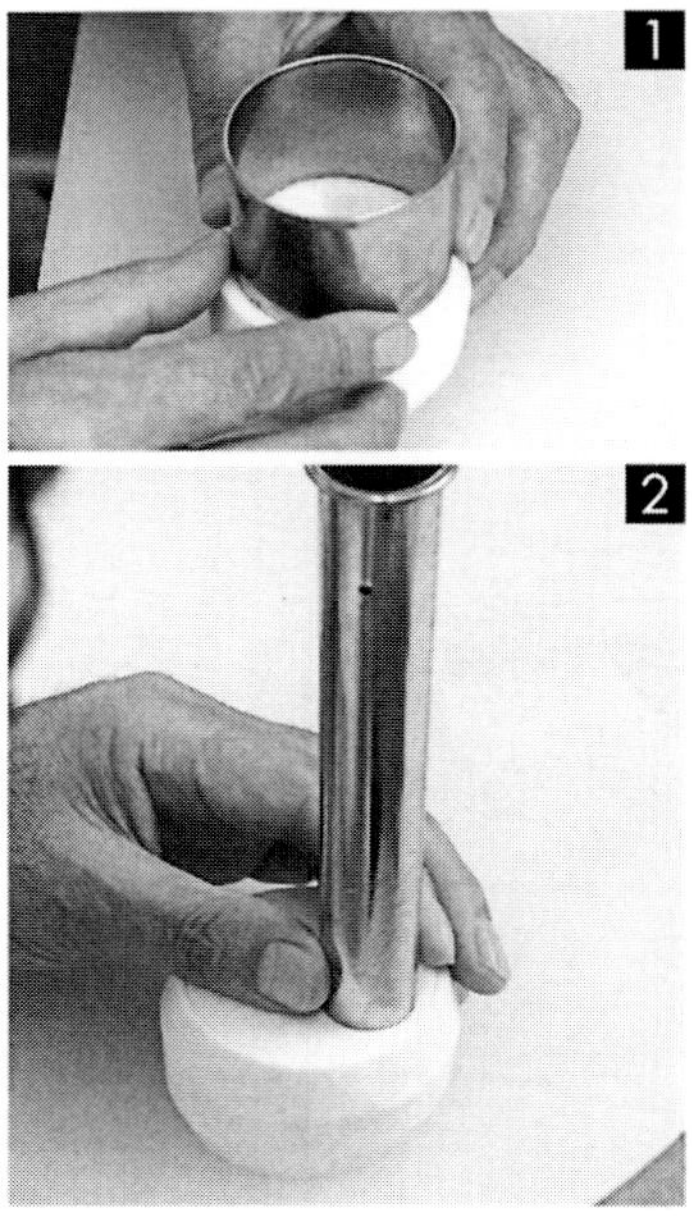

エビ芋を適当な厚みの輪切りにして皮をむき、断面の内側に抜き型で丸く筋をつけ、その中に筒抜きで三つの小円の筋を。

曲線をむく

エビ芋を手に持って、最初に抜き型で印をつけた円の筋に切り出しを入れて一周させ、浅く溝を彫り込む。

次に、筒抜きで筋をつけた小さい円の外周を切り出しで彫り込んでいき、三つの円（巴）が断面より浮き出るようにする。

間の尾をむく

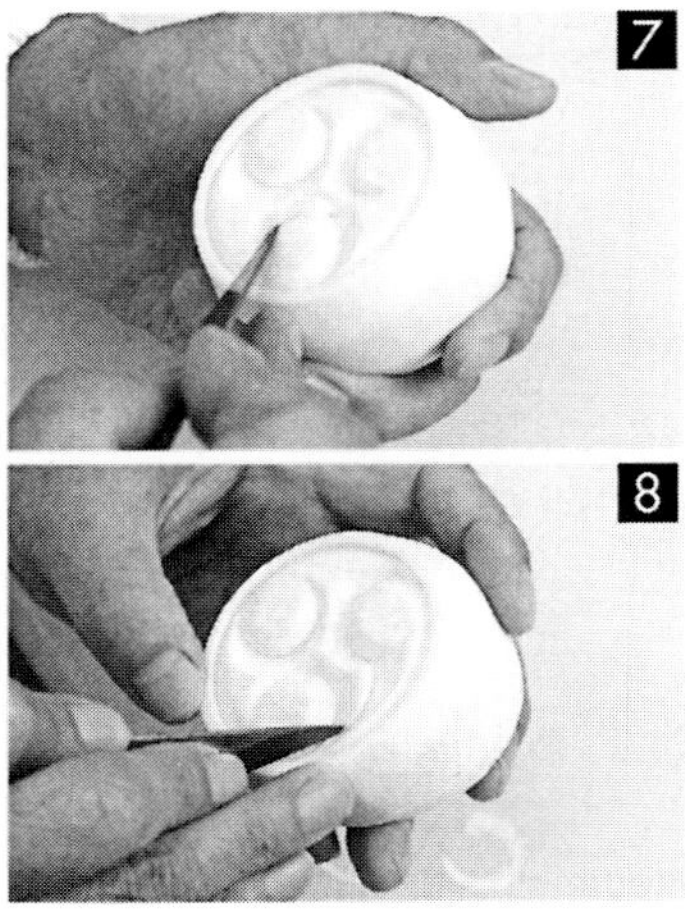

最後に三つの巴から出る尾をむいていく。三つの巴の間に尾が浮き出るように、巴の外側の縁が低くなるように傾斜をつける。

十二月のむきもの

寒牡丹(京人参)

むきものの題材としてよく取り上げられるのが花。比較的簡単なのは梅や桜だが、この寒牡丹となるとなかなかひとすじ縄ではむけない。まず、花をよく観察してその特徴を掴む。牡丹は大型の重弁花を持つので、そのうねりのある花びらをむき出す練習を積むことだ。

輪切りにして外側の花びらをむく

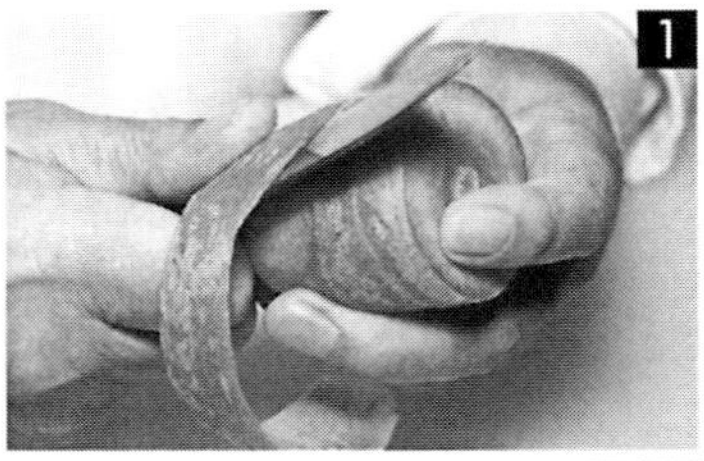
1

京人参を輪切りにして皮をむく。下側は特に厚めにむいて形をすぼませるようにし、その部分を曲りでむいて反りをつけていく。

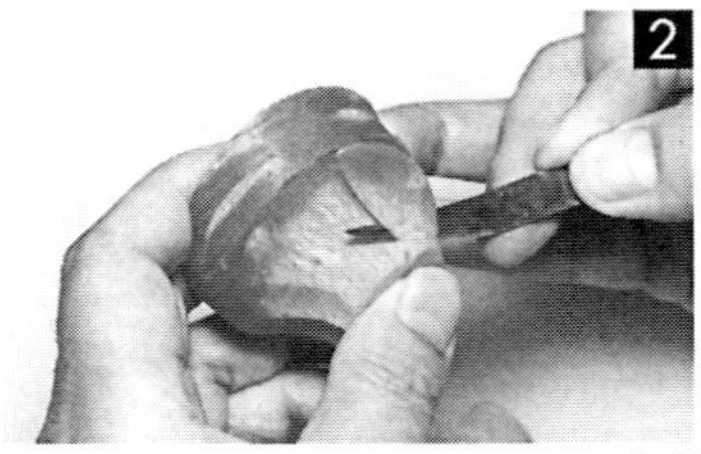
2

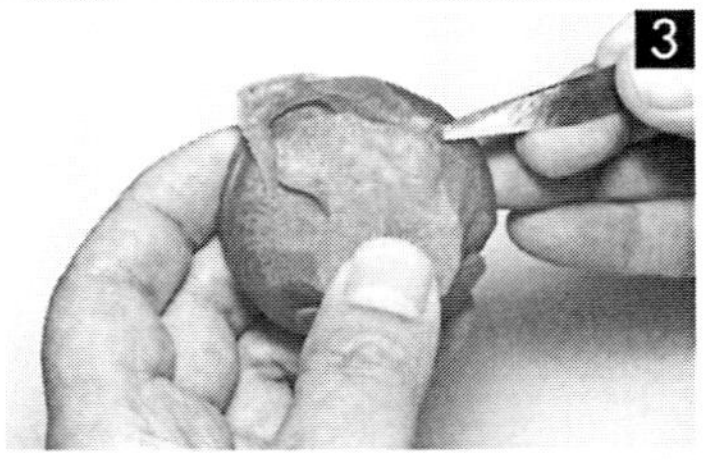
3

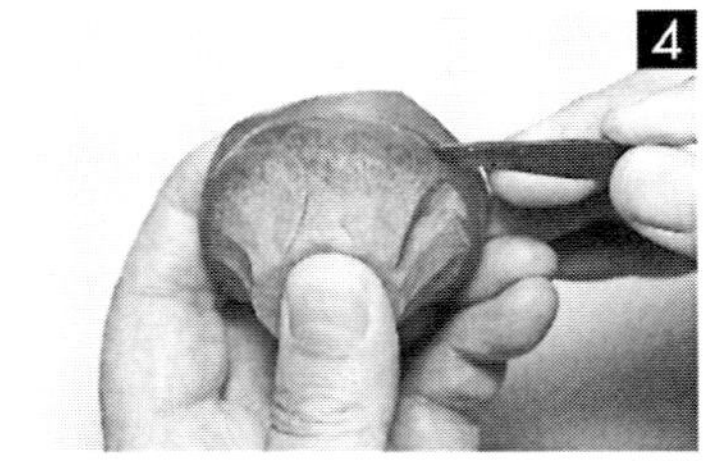
4

牡丹の花びらをむく。最初は反りをつけた下側に長い切り込みを数本入れて、写真5のような牡丹の外側の大きな花びらの感じにむく。

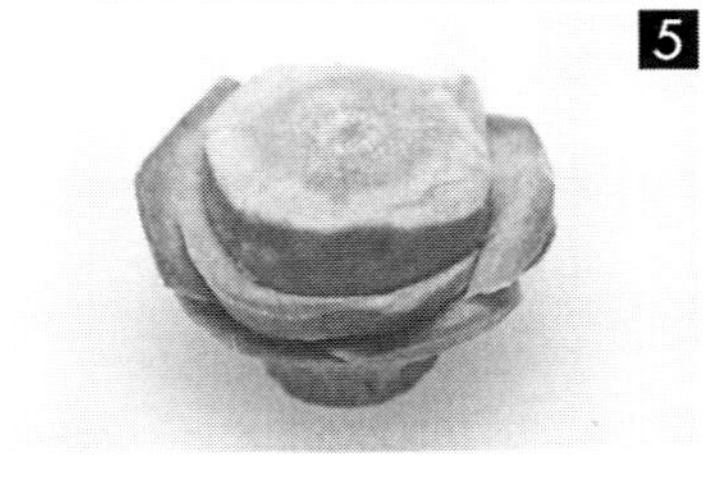
5

内側の花びらをむく

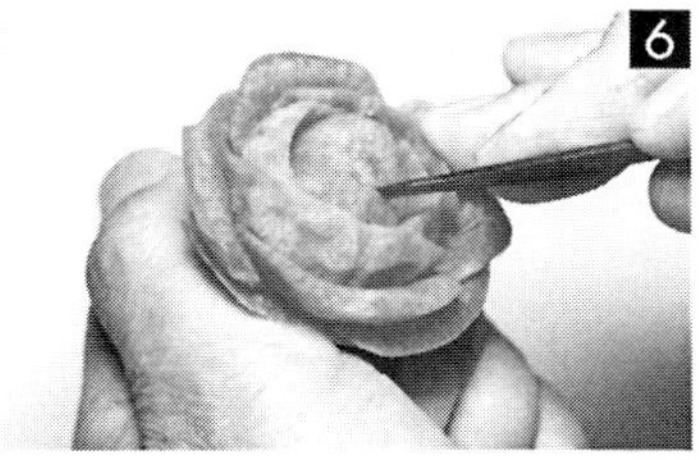
6

7

後は上の断面に向けて切り出しで細かく切り込みを入れていき、花びらが何重にも重なり合っているようにむき出していく。

8

恵比寿ダイ（薩摩芋）

七福神にまつわるユーモラスな恵比寿ダイのむきもの。鯛の胸ビレと尾ビレを跳ね上げて、躍動感を出した。大きめの薩摩芋１個を使うが、頭、腹、尾の各パーツがバランスが取れるように木取ること。ピチピチと跳ねる生きたタイの感じが表現できるようにむきたい。

タイの形に木取る

1
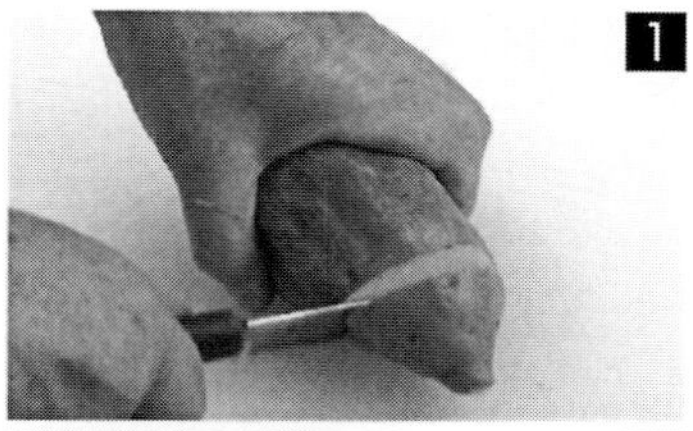

2

3
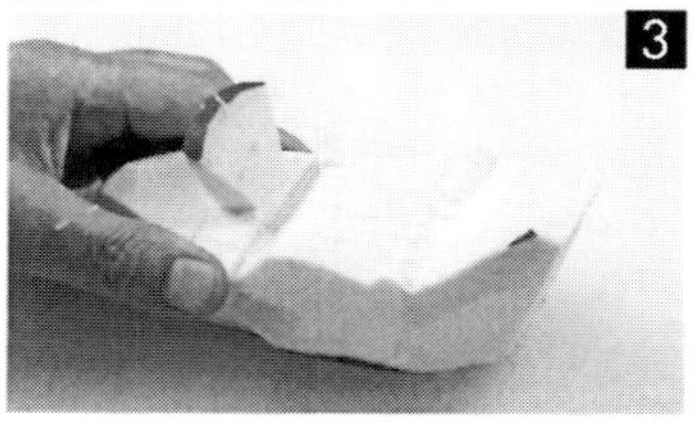

薩摩芋１個を天地を落とし、皮をむきながらタイの頭と胸ビレ、腹、尾と大まかなパーツに分けて全体の形を木取る。

全体の形をととのえる

4

5
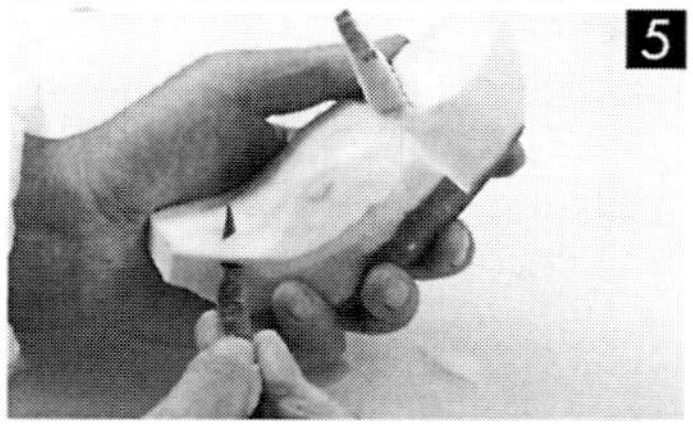

6

切り出しと曲がりを併用しながら角を取って表面に丸みをつけていき、尾は跳ね上げ、頭やヒレ類の形をはっきりとむき出す。

口と目をむく

7
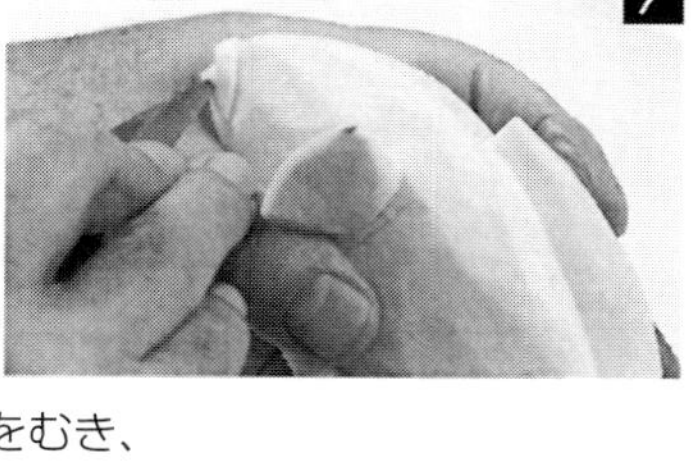

8
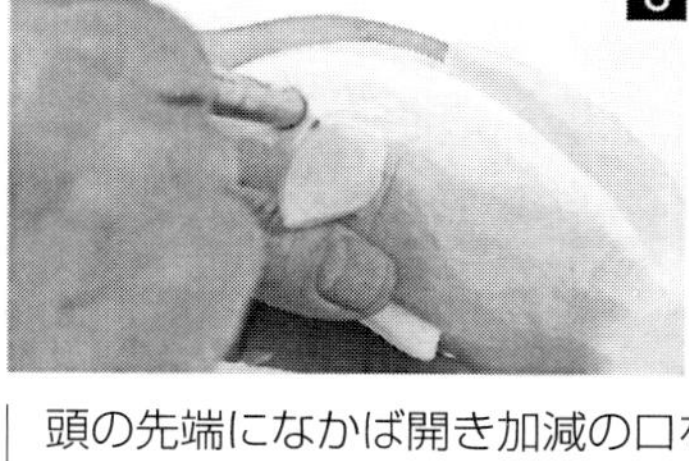

頭の先端になかば開き加減の口をむき、上下の唇は厚みをつけ、筒抜きで目の縁をつけ、その中に三日月形の瞳をむく。

ヒレをむく

腹ビレ

9
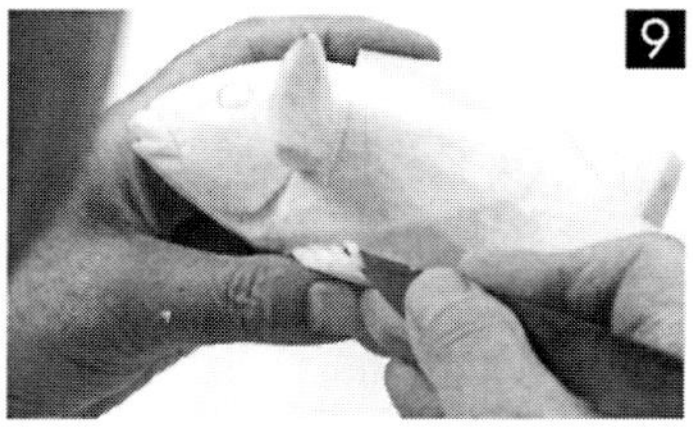

胸ビレの下からエラ蓋をむき、その下に腹ビレをむく。

尾ビレ

10
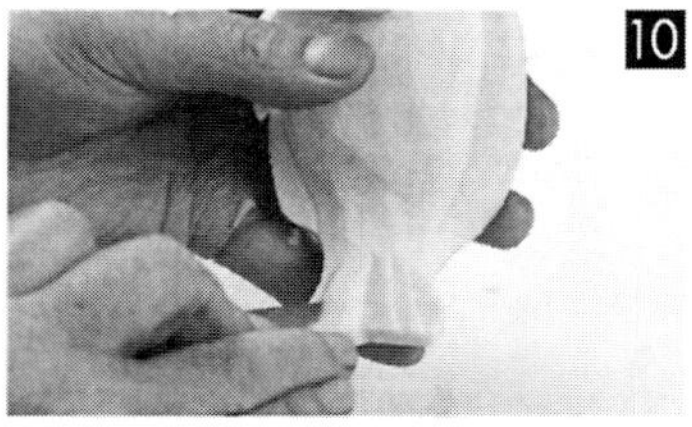

後ろの尾ビレの先端には筋を入れてむき、ヒレらしく。

背ビレ

11
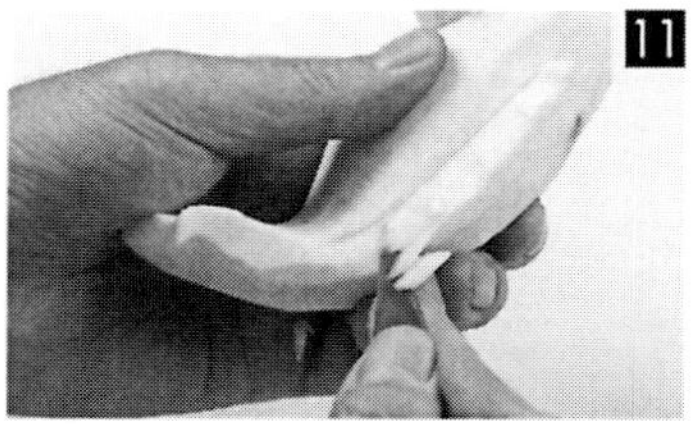

12
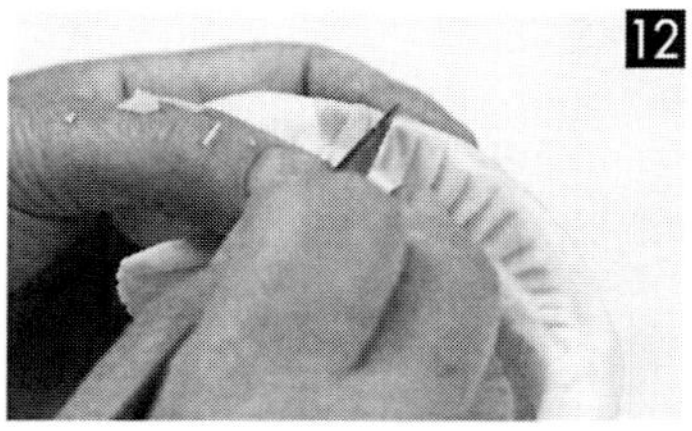

背ビレの部分は縁に反りをつけてうねった感じを出し、その表面に細かく切り込みを入れる。反対側にも切り込みを。

ウロコをむく

13
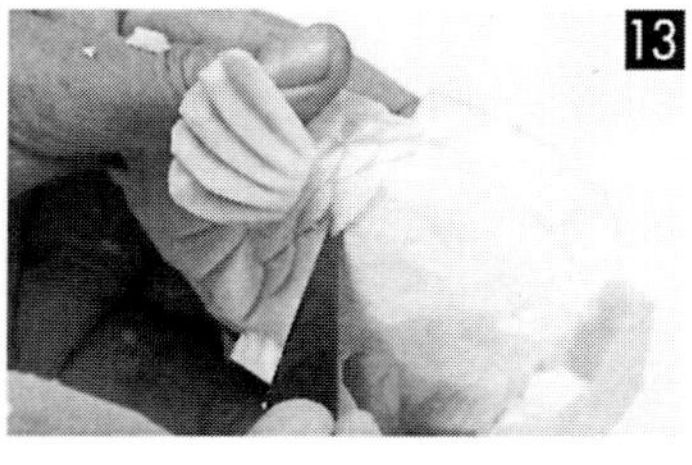

最後に鱗。弓なりの筋をつけてその形をむいていく。

蓮大根

日本料理には違う素材を使ってそれらしく見せるという手法があり、精進料理に見られる豆腐の使い方はその典型といえる。そうした発想から生まれたのが、この蓮大根である。大根一本を、まっすぐで真っ白な蓮根の形にむき出し、最後に断面に大小の穴をつける。

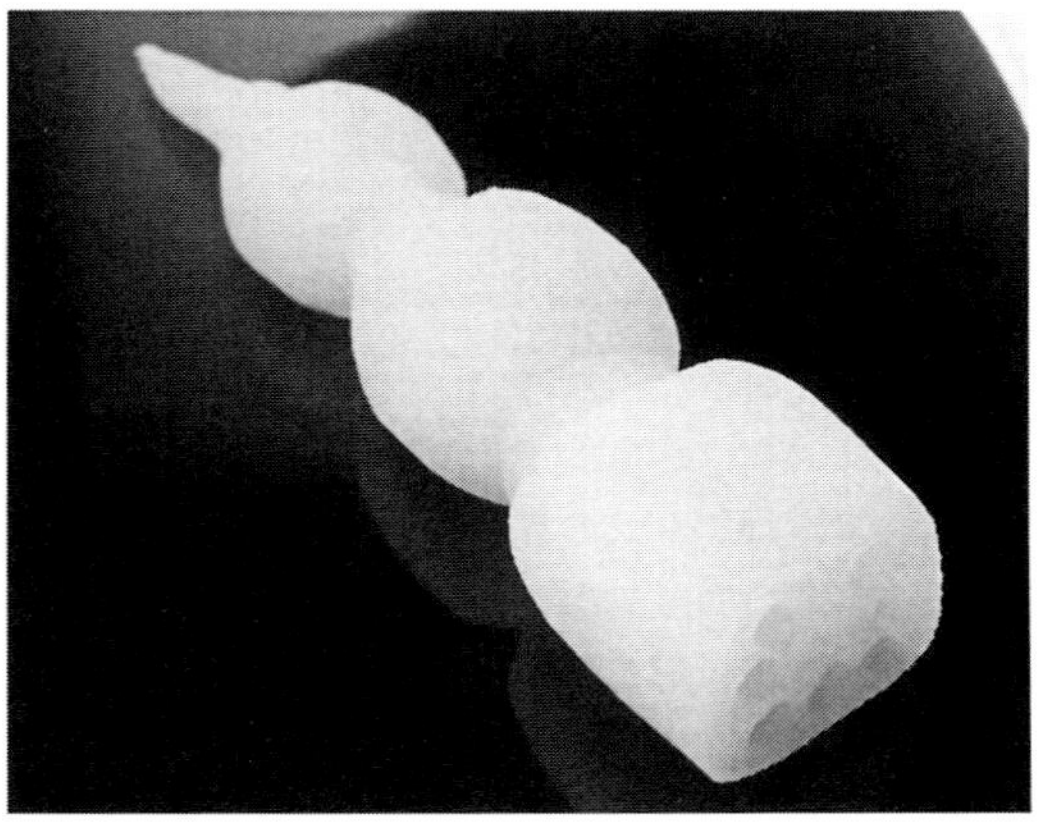

大根1本をハスの形にむく

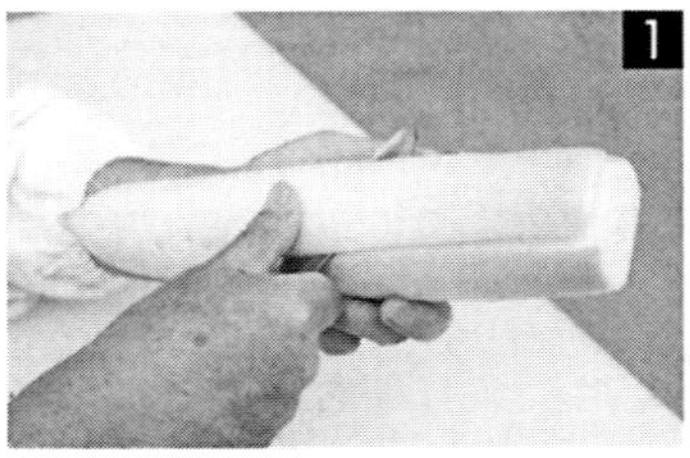

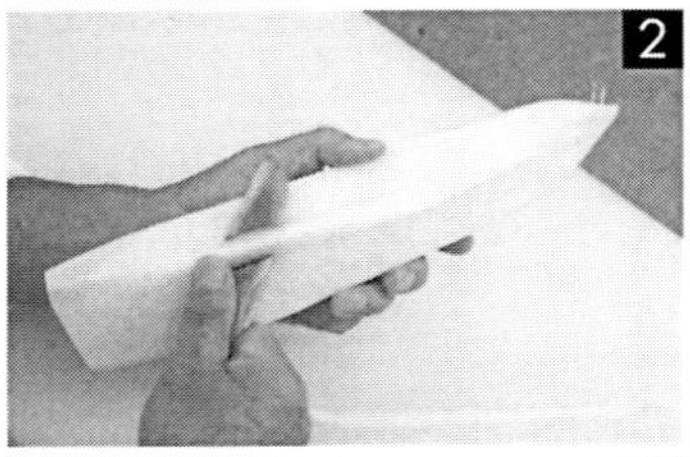

大根は葉のつけ根を平らに落とし、面取り庖丁で根の方は細く、葉の方はやや四角にむいていき、蓮根の形に木取る。

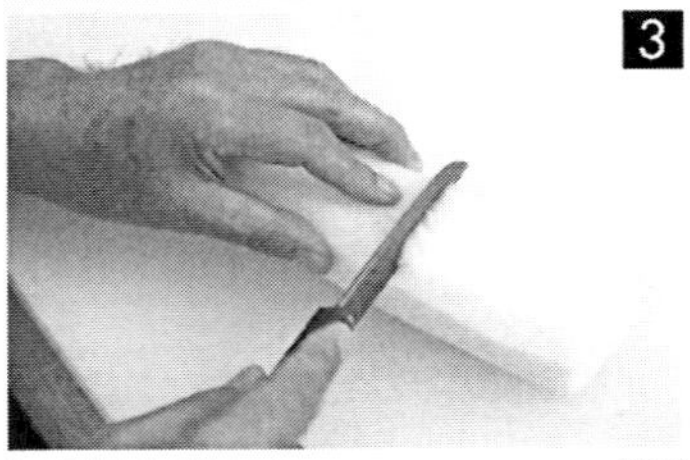

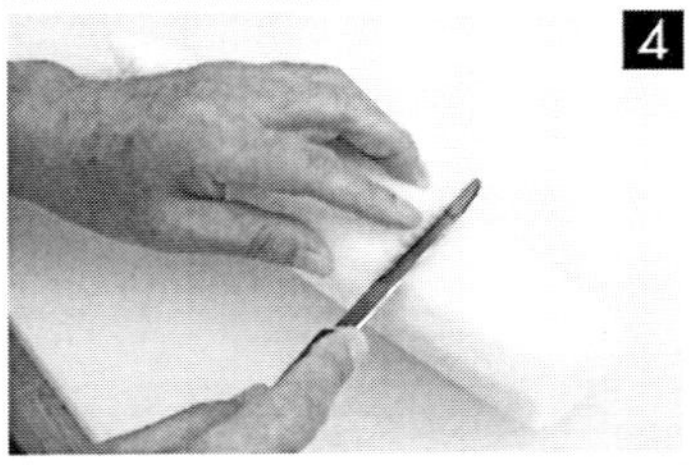

蓮根の節をむく。大根の長さを大体四等分して、三箇所に浅く溝を入れる。一刃は真っ直ぐに入れ、次の二刃は斜めに。

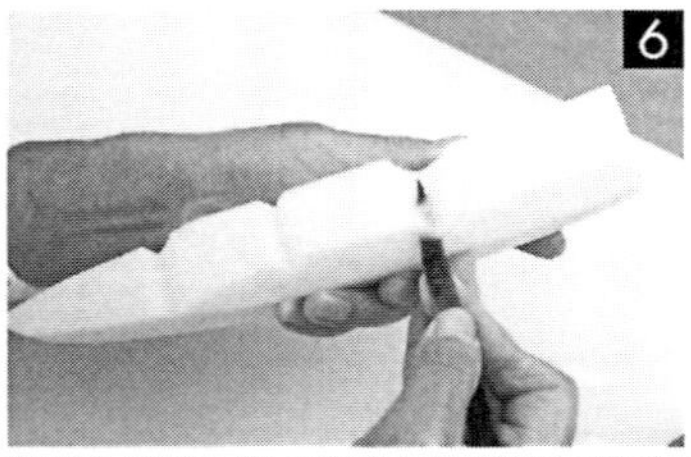

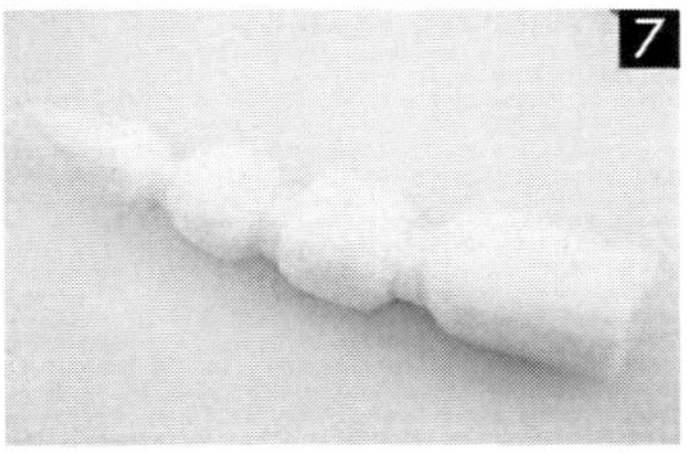

さらに曲がりを使って節の溝を深くむき出し、くびれをつけていく。その後、大根の根の先端をよりとがらせるようにむく。

大小の穴を開ける

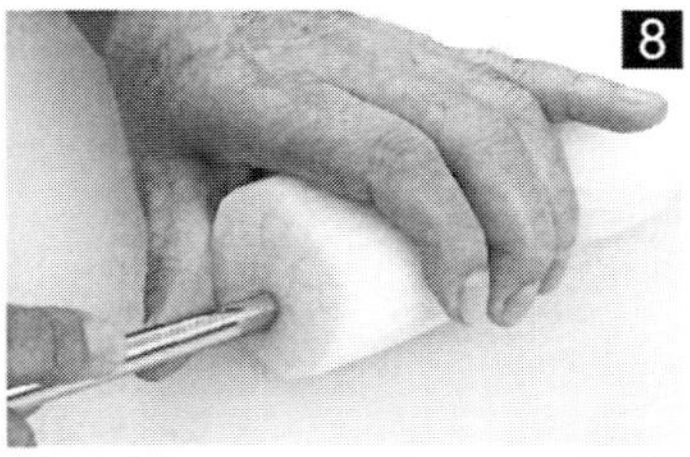

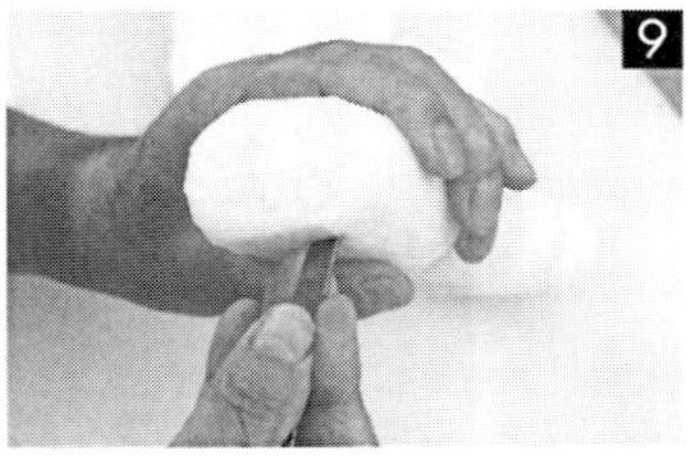

切り出しで大根全体に丸みをつけていき、葉の方の断面に筒抜きを押し込み、その後ろから切り出しを入れて穴の大根を抜く。

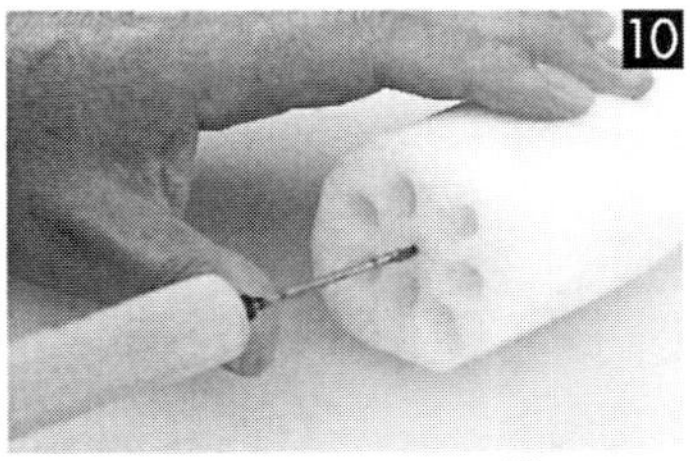

最後に、断面の中心に錐《きり》で小さい穴を二箇所開ける。外側と中心部に穴の大小ができて、ぐっと蓮根らしさが出てくる。

写真10で蓮根の形は完成しているが、穴の部分を適当な厚みで切って、煮物や酢の物にして使うこともできる。

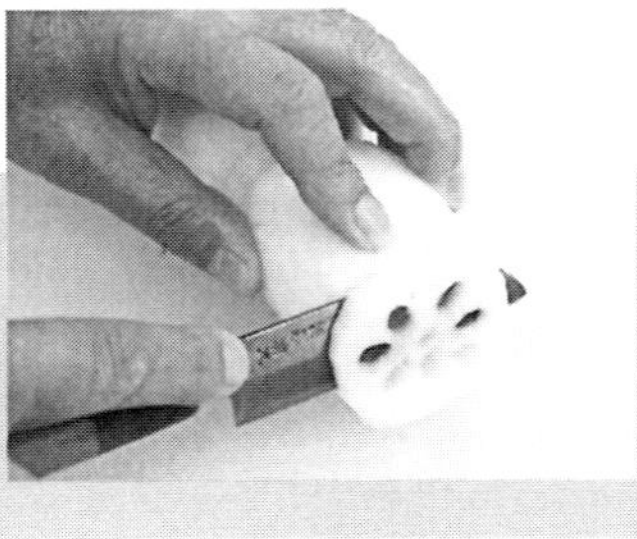

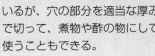

鶴(薩摩芋)

季節に関わらず、いろいろな祝いの席に使えるのが鶴のむきもの。この本でもいくつか鶴のむき方を紹介しているが、これは鶴が羽を折りたたんだ姿。優美なラインを出すために曲線を強調してむくようにする。首が細くて折れやすいので顔の部分を最初に仕上げること。

鶴の形を木取る

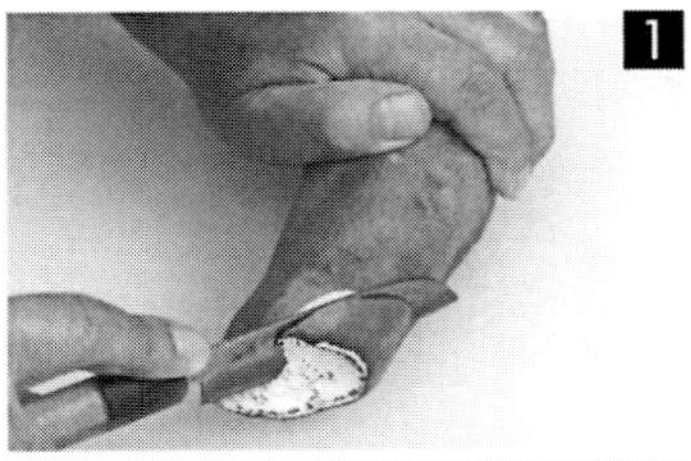

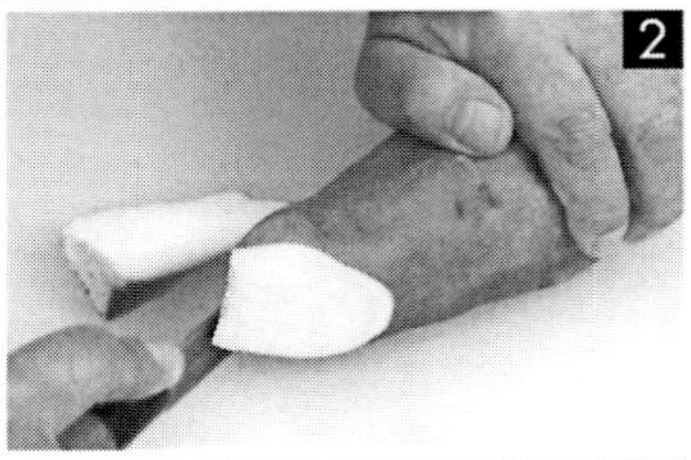

なるべく太くて大きい薩摩芋を選び、まず先端の両側を斜めに切り落とし、三角に突き出る形にする。

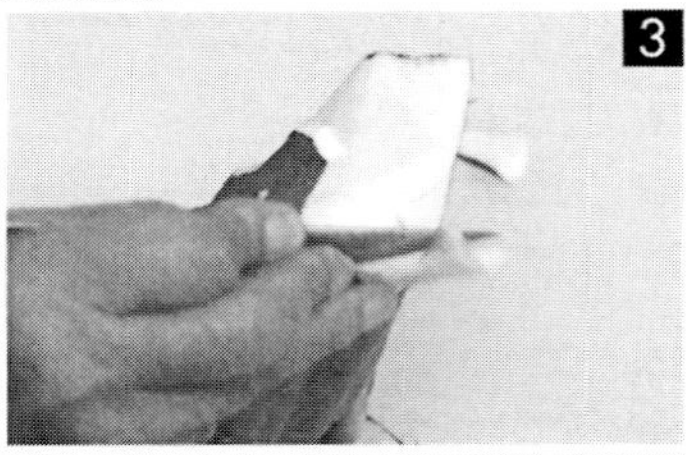

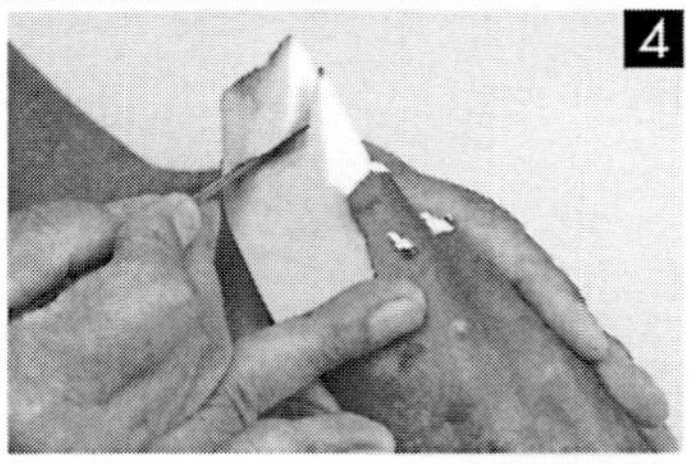

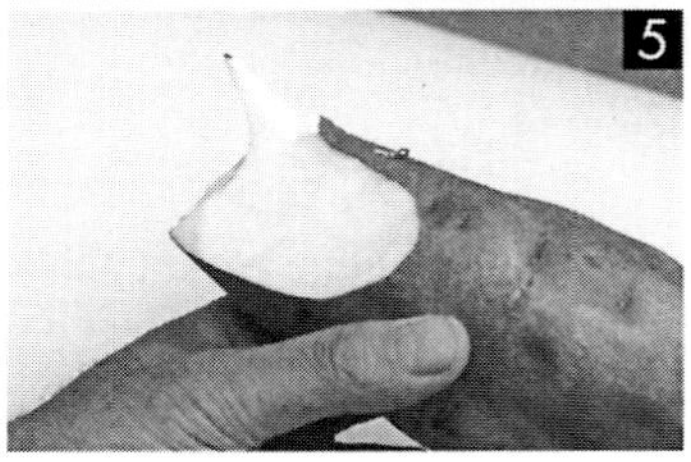

三角に突き出た部分をさらに切り出してとがらせるようにむいていき、写真のような鶴の細いくちばしの形をむく。

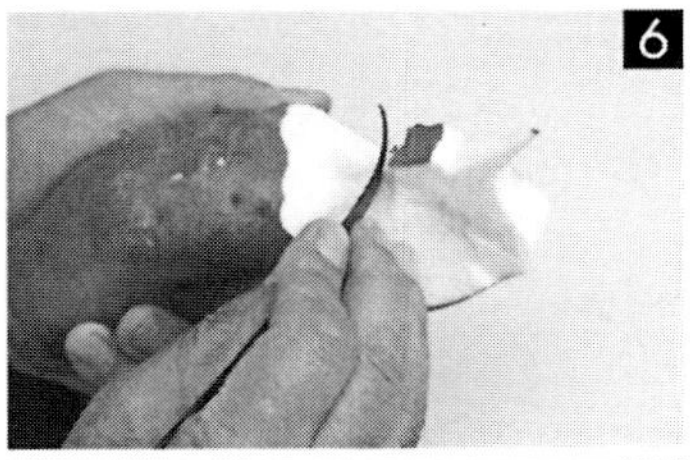

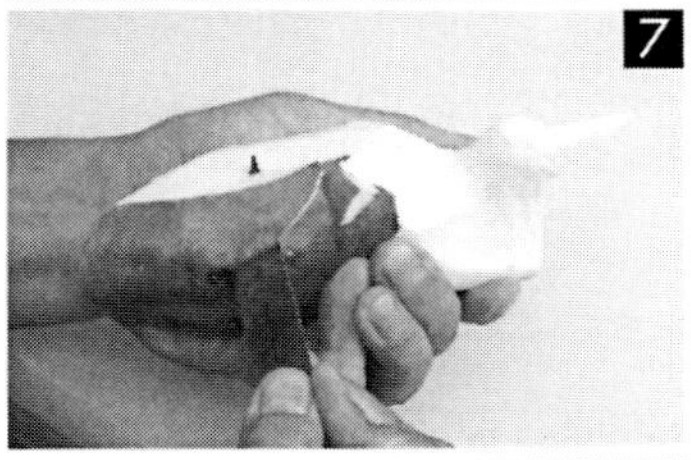

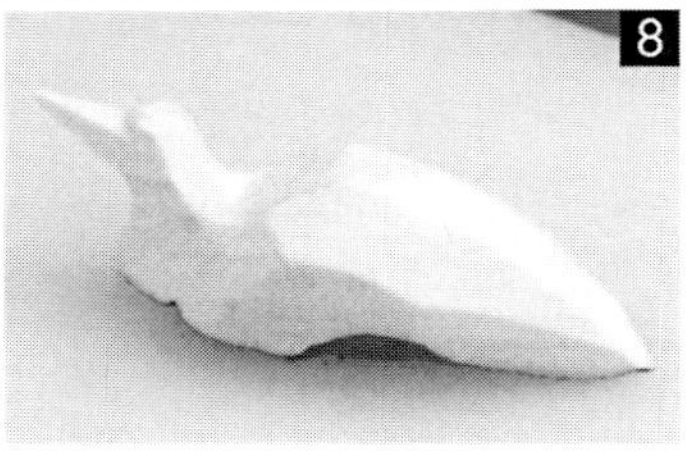

くちばしの後ろに頭、首、背中のラインを流れるようにむき、皮をむきながら羽のふくらみの形をつけ、尾の方はすぼませる。

目とくちばしをむく

目

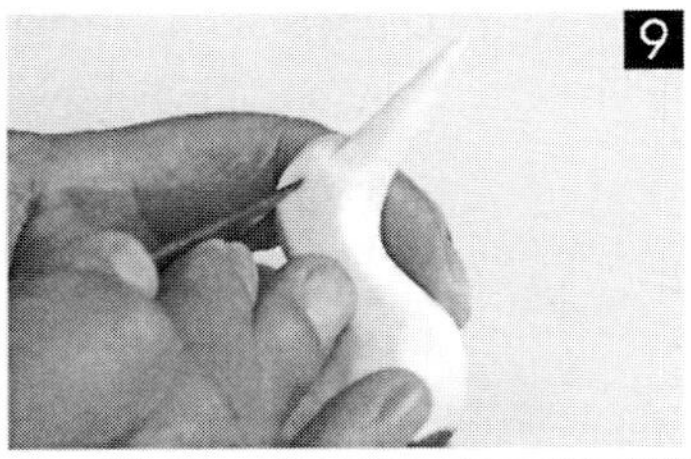

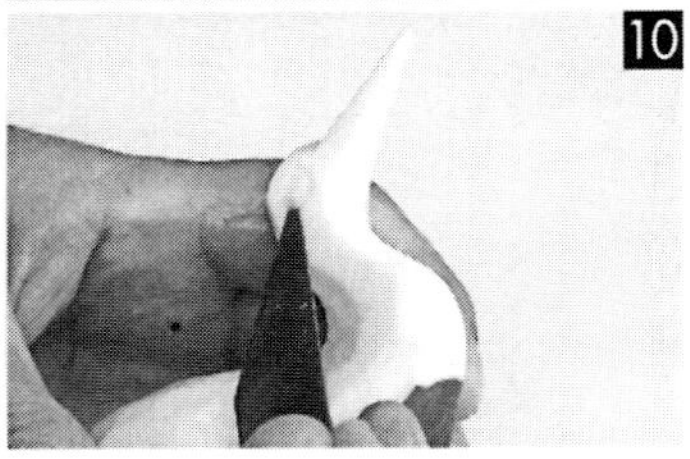

頭の両横に目を入れる。目は半円のような線をむき出し、半眼に開いた表情にする。

くちばし

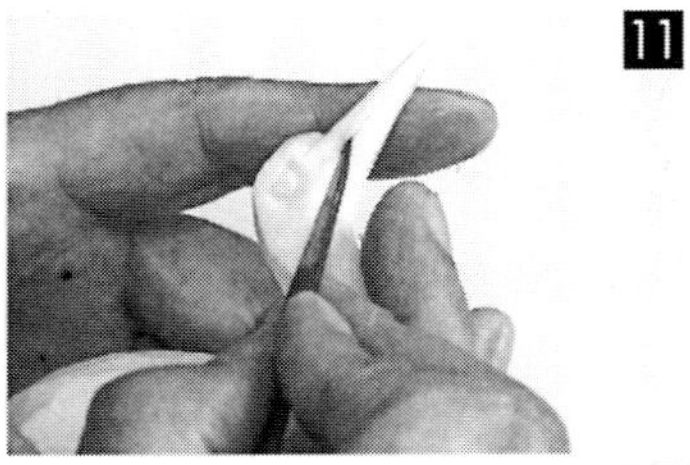

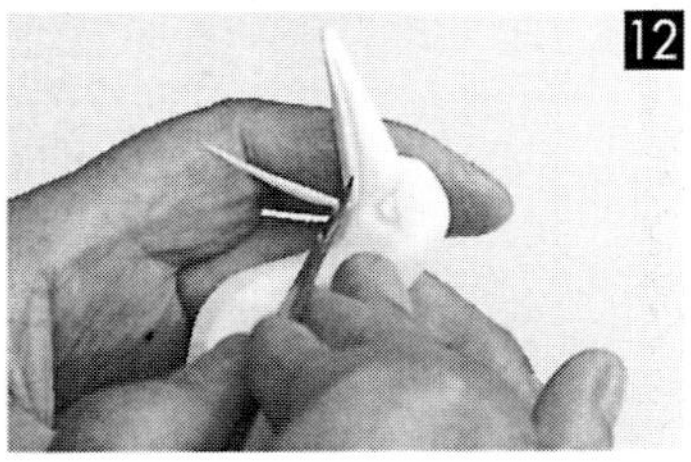

くちばしの形を細くととのえ、その中央に細く筋を入れていき上下のくちばしの境にする。

背側の羽をむく

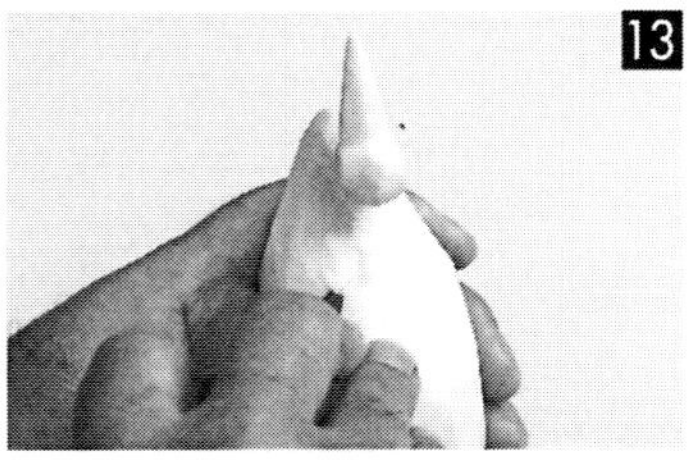

首の後ろの背に羽をむく。まず、縦に二列、小さい羽を一列三枚むく。下のイラストのような小さい弧の線をむき出す。

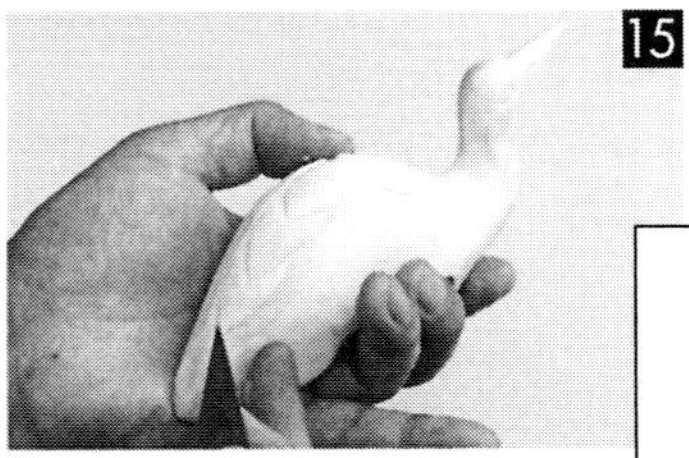

小さい羽の後ろに大きな羽三枚をむく。形としては、三枚の木の葉が連なっているような感じにむいていく。

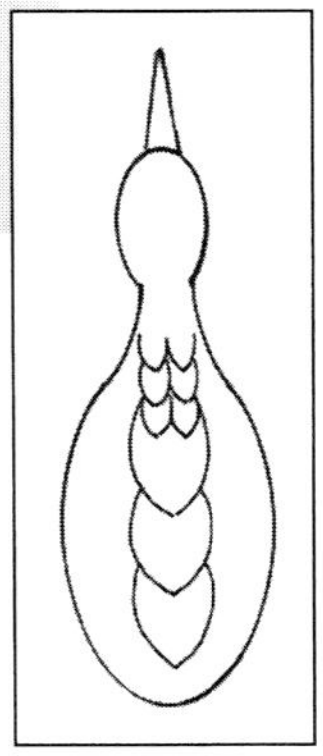

左右の羽をむく

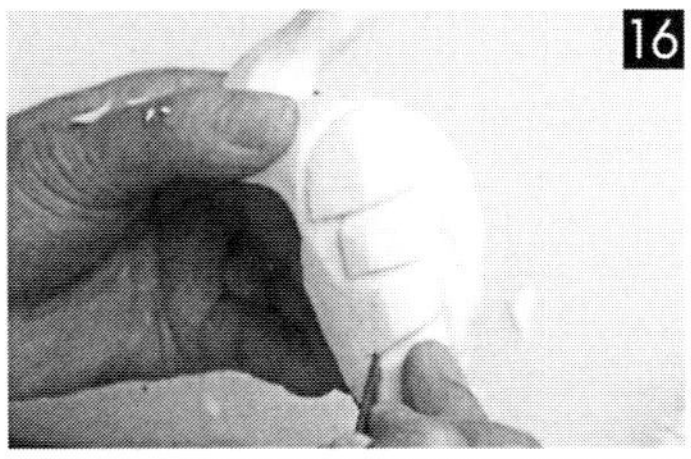

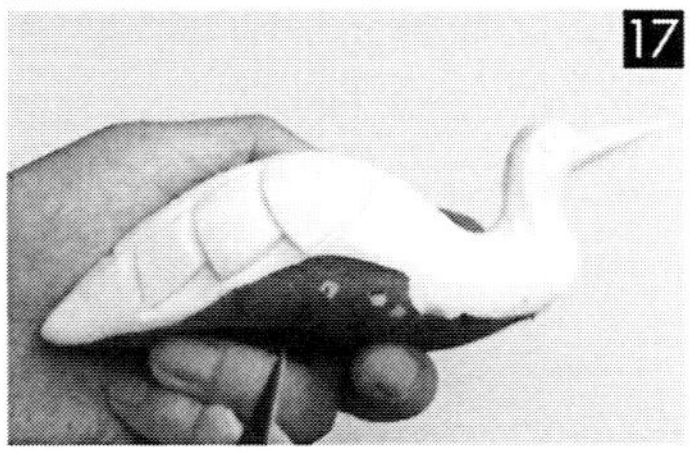

鶴の左右の羽をむく。背側の羽よりもさらに大きくむいていき、羽と羽の間はやや深い溝をつけるようにして立体感を出す。

羽に筋を入れる

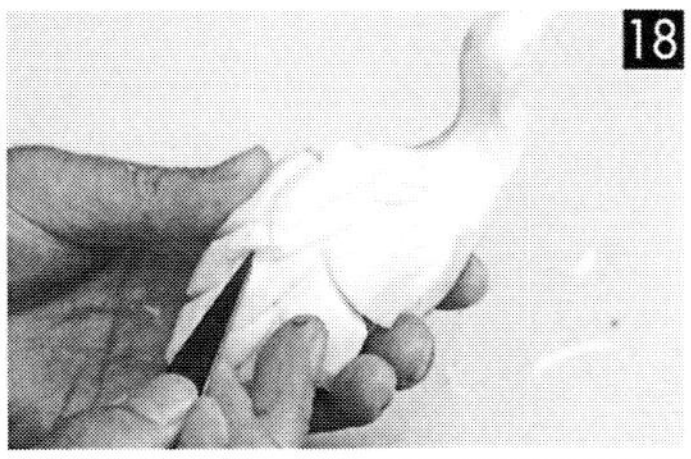

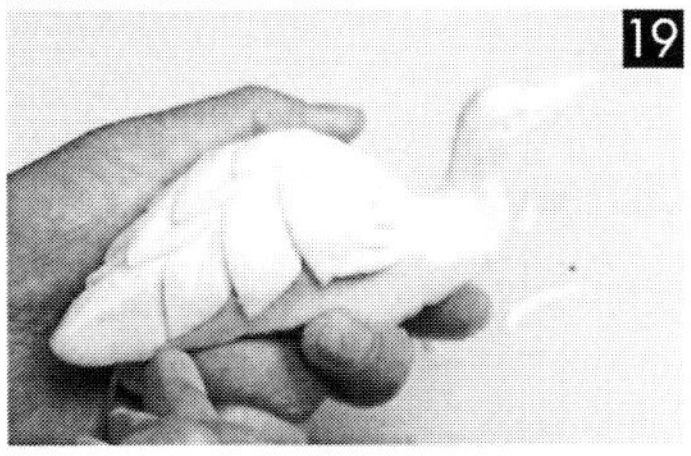

背側と左右の大きな羽の中央を山型に彫り込んで起伏をつけ、最後に首の羽のつけ根に溝を彫り、尾の方にも小さい羽をむく。

木の葉（エビ芋）

木の葉のむきものは八月に冬瓜を使ったものを紹介したが、エビ芋でむくと、まったく質感が異なってくる。むき方も冬瓜の場合は果肉を彫り込んでいくが、このエビ芋では葉の中央の軸、またその左右に広がる葉脈を、芋の表面に線を浮き出させながらむく。

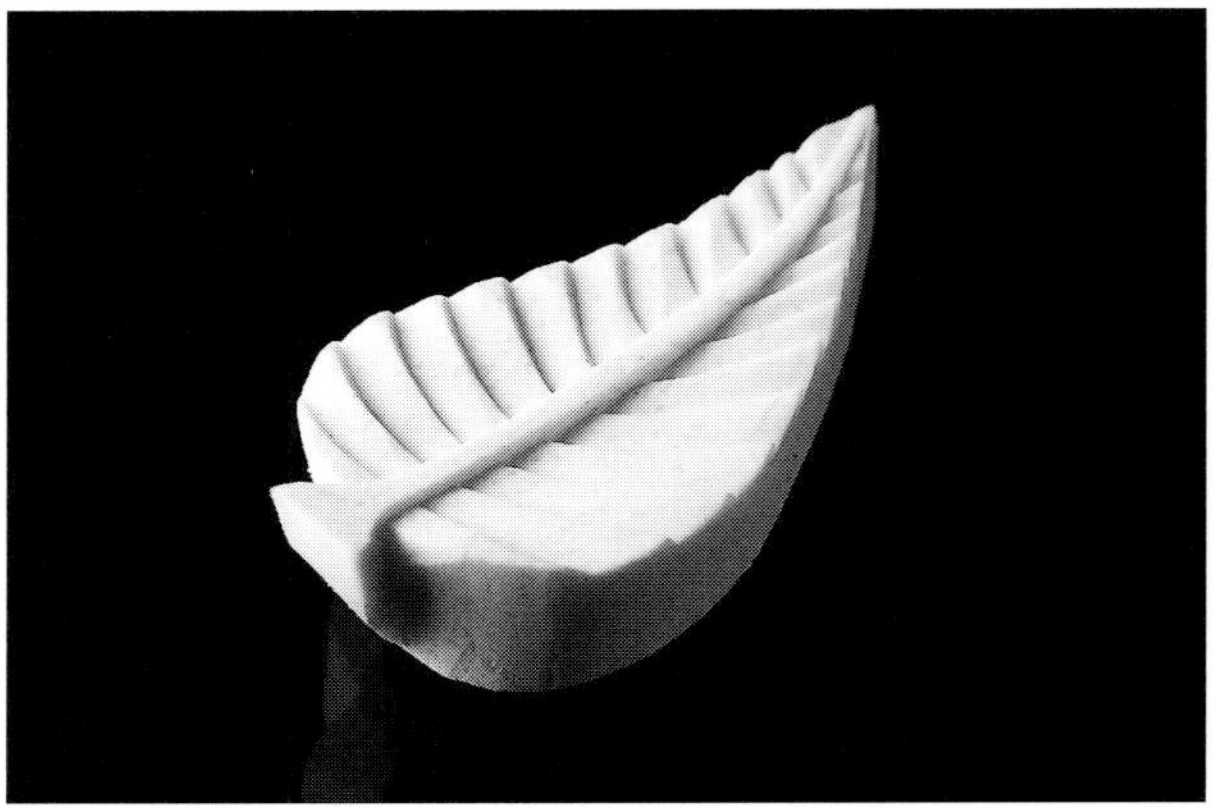

木の葉の形に木取る

1
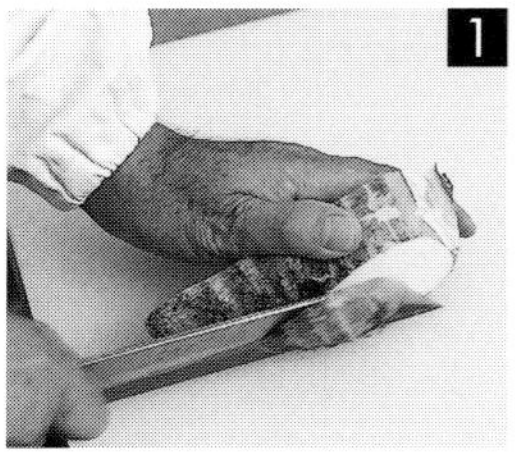

なるべく曲がりのないエビ芋を選び、まな板に置いて縦半分に切り落とす。下の面を平らにして座りをよくする。

2
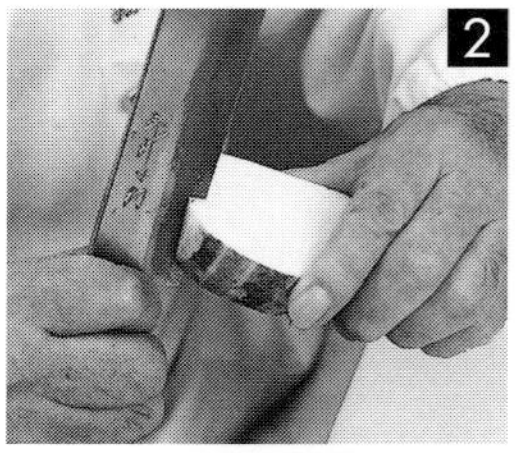

3
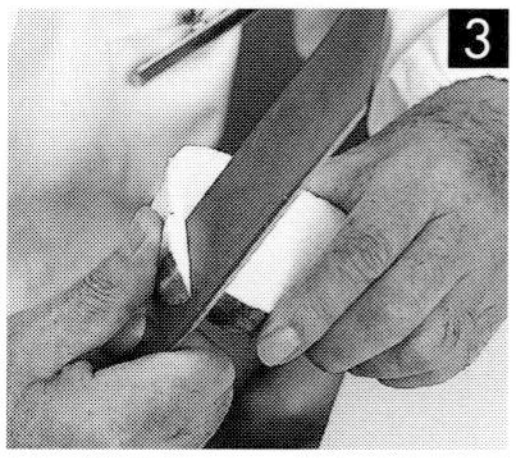

幅の広い方に葉元の軸をむく。エビ芋に対してやや斜めに庖丁を入れて軸の輪郭を作り、庖丁を入れ直して軸を残す。

4
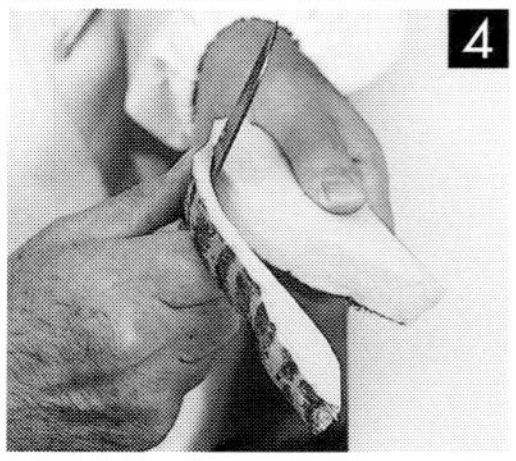

5
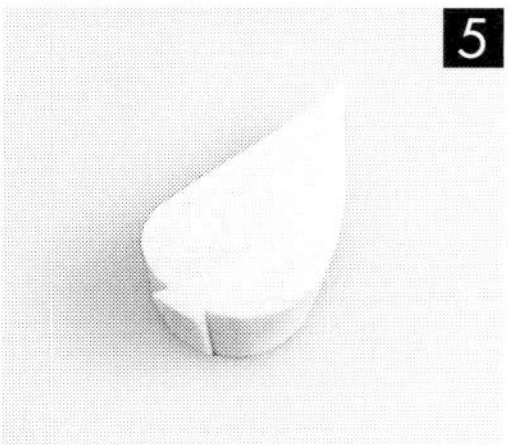

軸をむき出した方を手前にして、葉先から皮を厚めにむいて木の葉の形に整える。

6
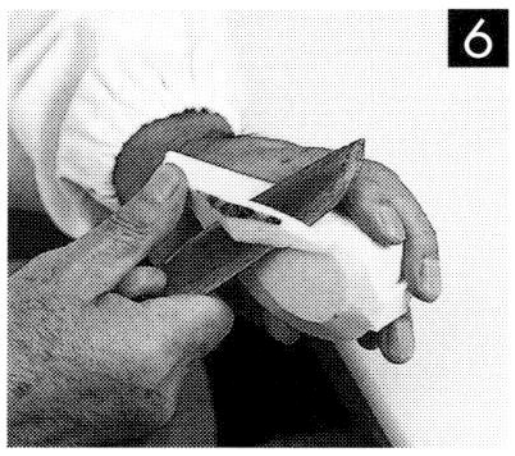

置いたときに底になる部分の皮を落として丸みをつける。

葉の中央の軸をむく

7
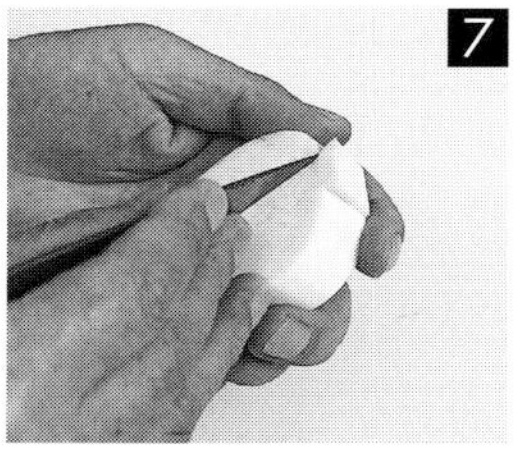

8

葉元の軸の左の線から葉先に向けてゆるやかな曲線状の筋を入れ、次に右から線を入れて、表面に軸のラインをつける。

9
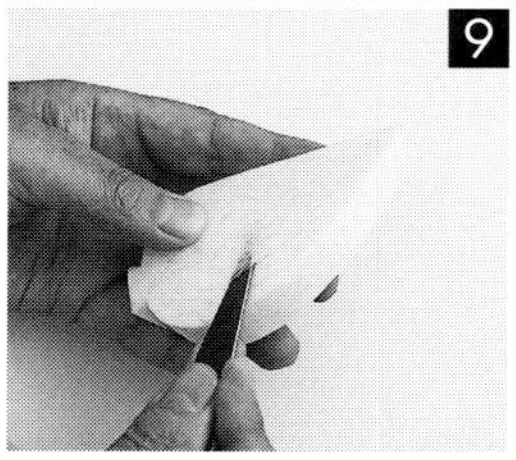

10
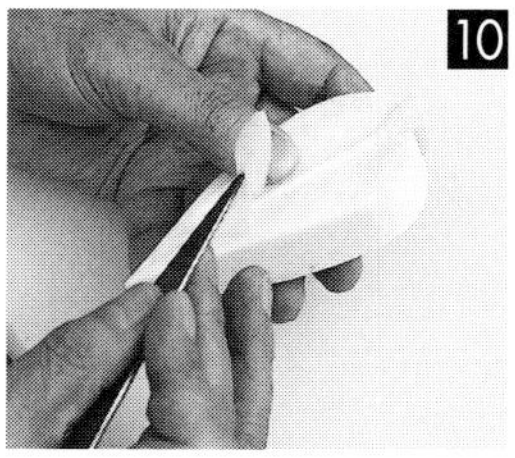

右の筋にそって切り出しを葉先から水平にすべらせてむき、芋の向きを逆にして反対側も同様にむいて軸を浮き出させる。

左右の葉脈をむく

11

12
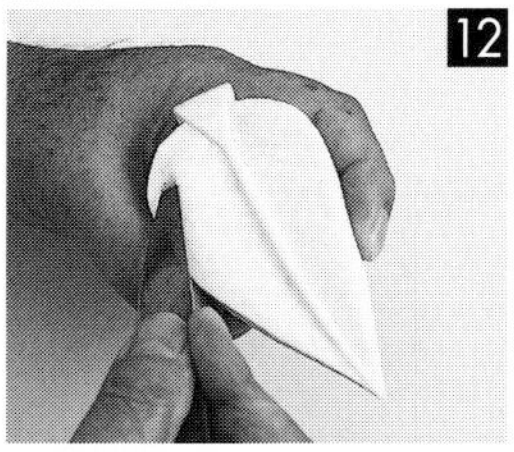

13

エビ芋の表面に曲線の筋を入れて葉脈を作る。切り出しを斜めに使ってむき、葉先まで何本も葉脈を入れる。葉先に行くに従って、幅を狭くする。

14

15
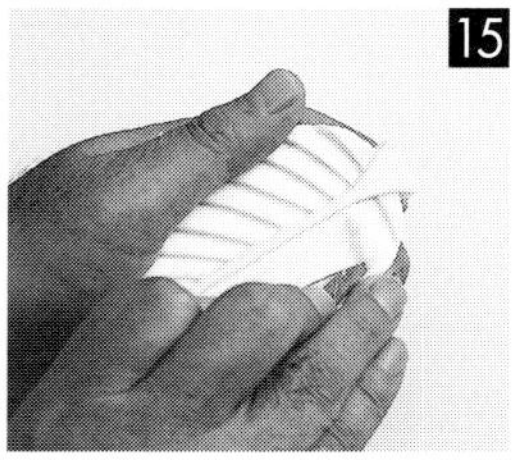

軸の反対側の面にも同じようにして葉脈をむく。左右の葉脈の線を対照にしてむく。

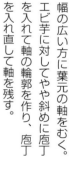

第五章

魚のおろし方の技術

出刃庖丁の使い方と魚のおろし方

出刃庖丁は　魚をおろすのにもっとも適し、身のやわらかい小魚から固い骨を断ち切るような中型魚まで様々な種類の魚をおろすのに使用する。

　ここでは、相出刃と呼ばれる出刃庖丁を使用して、魚の基本的なおろし方を紹介する。相出刃は、本出刃より細身で峰が薄く、軽くて使いやすい。水洗いと身おろしに適した出刃庖丁である。

魚をおろすときの庖丁使い

魚をおろすにあたっては、あまり強い力を必要としないため、力強くは握らない。柄は小指でしっかりと支え、刃が振れないように庖丁の腹に親指をあてる。人差し指は峰に添え、この指先で刃先にあたる魚の身や骨の感触の違いを感じとり、それによって微妙に刃を動かしていくのだ。

　魚の形や大きさによって刃の動きや角度などは様々に変わり、それに合わせて庖丁を握る手も自由に動かさなくてはならない。そこで魚をおろす際は、まな板のなるべく手前、縁に近い位置で行うことが重要だ。まな板の奥のほうに魚を置くと、庖丁を握る手がまな板の上にのることになり、刃先を動かしたくても手が自由に動かなくなるのだ。庖丁を握る手は必ずまな板の縁より手前にあって、左右上下と自由に動かせるようにしておく。

　このような庖丁の握り方と、まな板の使い方を身につけることが、実際のおろし方の技術を磨いていくために必要だ。

魚をおろすときの持ち方

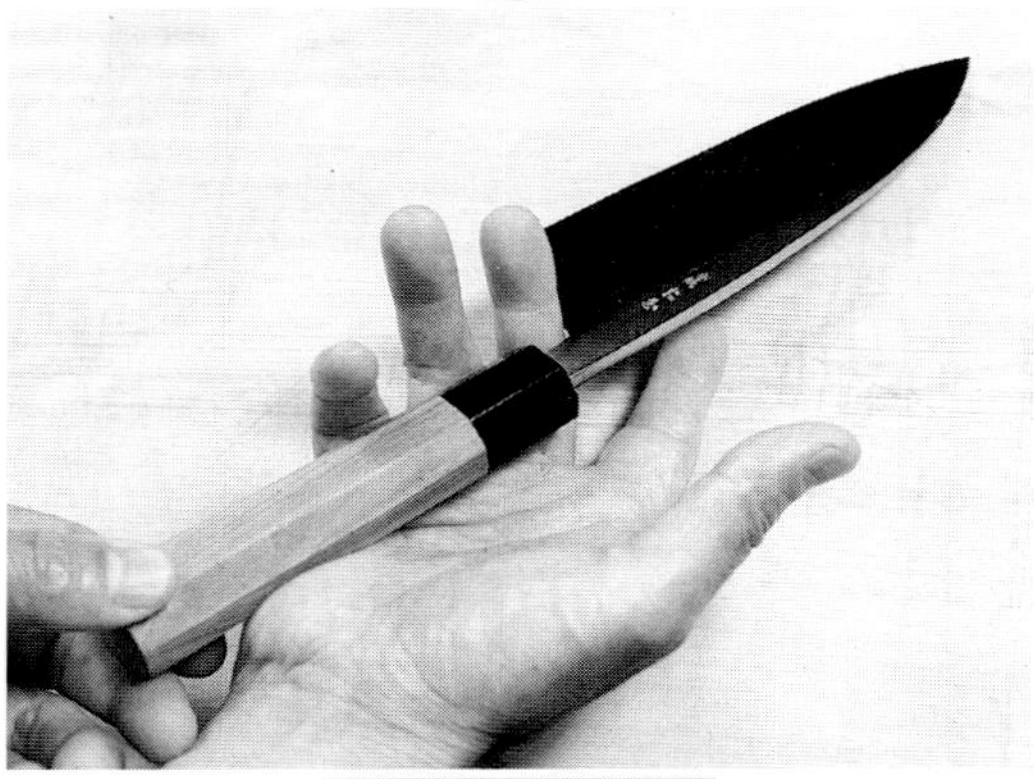

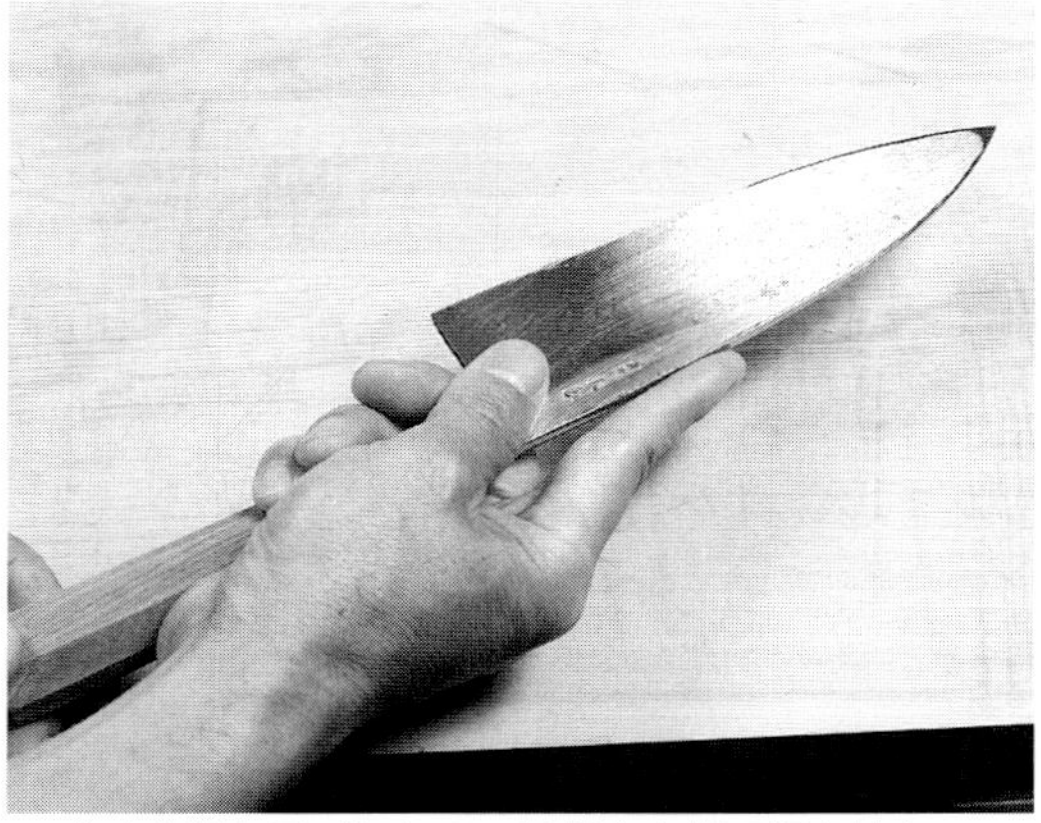

まず中指をアゴにあて、薬指と小指で柄を持ち、小指でしっかりと握る。親指を庖丁の側面にあてて、人差し指を峰に添える。

庖丁とまな板の位置

●悪い例●

庖丁を握る手がまな板の縁より奥になると刃先が自由に動かない。

●良い例●

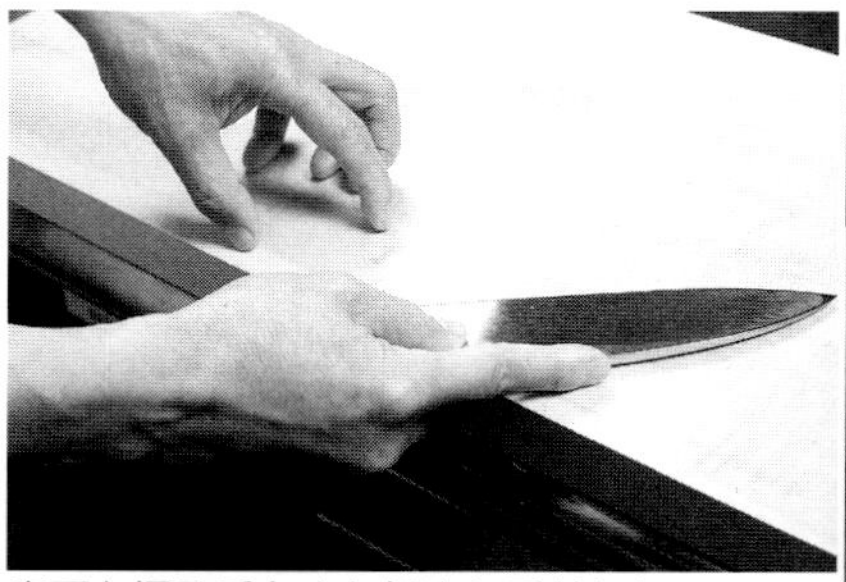

庖丁を握る手をまな板より手前にし、体の側でおろすと手を自由に動かせる。

おろし方の手法

●三枚おろし

魚を上身、下身、中骨の三枚におろすもっとも基本的な手法で、大抵の魚に対応できるおろし方。おろす手順としては、腹側もしくは背側の縁から中骨に沿って身を切りはなしていくのだが、これには大別して二種類の手法がある。

一つは背側か腹側から背骨までおろし、その後魚の向きを変えて反対側の身を背骨までおろし、最後に背骨から身を切りはなす方法。

もう一つは、腹側か背側から背骨まで身をおろしたら、魚の向きを変えずに背と身を切りはなし、そのまま反対側の身へ庖丁をすすめて身をおろし取る方法である。

前者は三枚おろしの基本中の基本であり、最もきれいに身をおろす手法である。それに対し後者は、多少は身が荒れるがより手早くおろすことができ、大量に迅速に魚をおろす活魚料理などに向いている。

また、もう一つ三枚おろしの基本となるのが下身から先におろすということだ。その名が示す通り、下身は常に魚体を支えている身であり、上身よりも当然傷むのが早いからである。

●大名おろし

頭の付け根から尾に向け、背骨に沿って一気におろす手法で、骨に身がたくさん残って贅沢だという意味から「大名」の名がついた。これは、身がやわらかく途中で刃を止めると身を傷めてしまう魚や、直線的に一気に身がおろせる紡錘形の魚に向いている。サバやカマス、小魚のキス、サヨリ、アユなどがその類である。

●五枚おろし

上身を腹身と背身の二枚、下身を腹身と背身の二枚、それに骨。合計五枚におろす手法。偏平形の魚に向く。代表的なものは、ヒラメとカレイである。

形が偏平なため身をおろす面積が広く、三枚おろしのように縁からおろす方法では刃先が奥まで届かない。また、ヒラメやカレイはエンガワという硬い部位が縁にあるため、庖丁を入れにくい。

そこで背骨に沿った魚体の中心に切れ目を入れ、そこから両側にむけて腹身と背身に分けておろしていく手法が適しているのである。

また、カツオも五枚おろしが適している魚だ。カツオは身がやわらかく、三枚におろすと自らの重みで身割れしてしまう。そこで片身をおろしたら、すぐに腹身と背身に切り分けて身割れを防ぐ。おろし終わるとヒラメなどと同様に五枚におろした状態になる。

●背開き

背側から身を開いていくおろし方で、その典型ともいえるのが長物魚のアナゴ。一般に関東式といわれるアナゴのおろし方である。庖丁を背骨に沿って刺し込み、腹の皮を切り破らないように注意しながら、背骨に沿って切りすすめていく。

また小魚の身を大きく広げて料理に使う場合にも背開きを用いる。キスの天ぷらなどがこれにあたる。

●腹開き

背開きと同様、長物魚や小魚の身を大きく広げて用いるのに有効な手法である。また、主に干物用に魚をおろす際にも使われている手法で、代表的なのがアジの開きだ。開き方も頭をつけたまま頭ごと開いたり、頭や中骨を切り取って開くなど様々である。

●松葉おろし

おろした身を切り取らず尾の付け根に残し、骨のみを切り取る。尾から二股になった身で松葉を表現するおろし方である。メゴチの松葉おろしの天ぷらが有名だが、形がきれいなので椀だねなどにも使えるおろし方だ。

●手開き

主にイワシをおろす手法。イワシは非常に身がやわらかいので、庖丁を使わずに手でおろせる。おろし方は、親指を使って身から骨をはがしていく。手早くおろせる上、庖丁では取れない細かな小骨も背骨などと一緒にまとめてむしり取ることができる。

●筒切り

骨ごと身を輪切りにするおろし方で、腹の部分が空洞になので筒状のおろし身になる。サバやカマスなど、胴が丸い紡錘形の魚に向いており、骨と身から旨味がでるので煮物などに向くおろし方だ。

手法別魚のおろし方

三枚おろし

【タイの基本的な三枚おろしから節おろしまで】

魚の向きを変えて、腹と背の両側から丁寧におろしていく基本の三枚おろし。節おろしでは薄い腹身を腹骨ごと切り分けて椀だね用に。

ウロコを残さず取り、エラと内臓を取って水洗いする

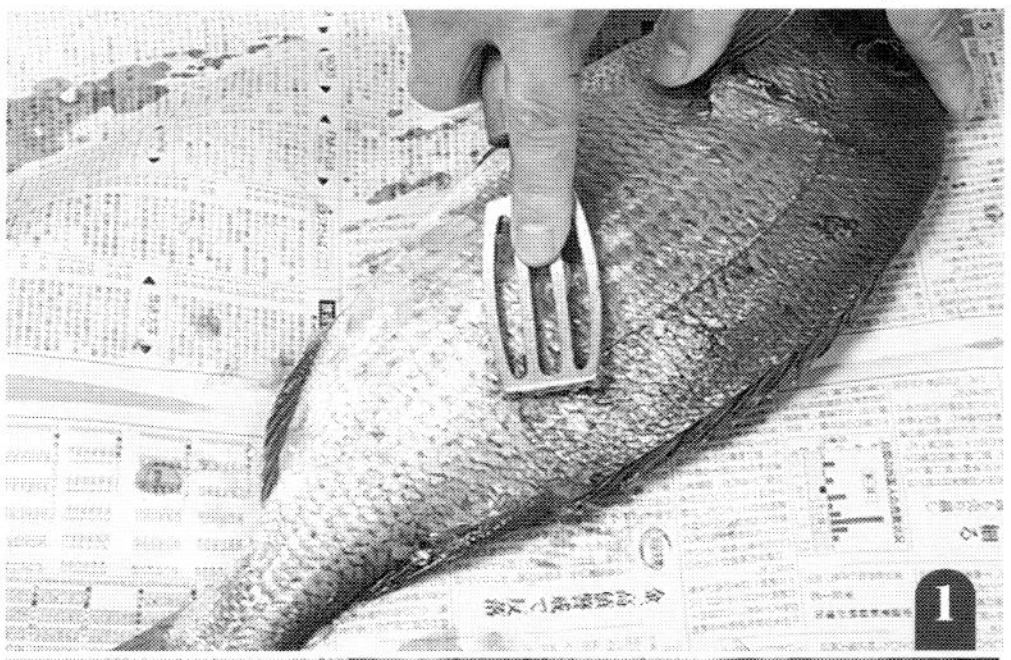

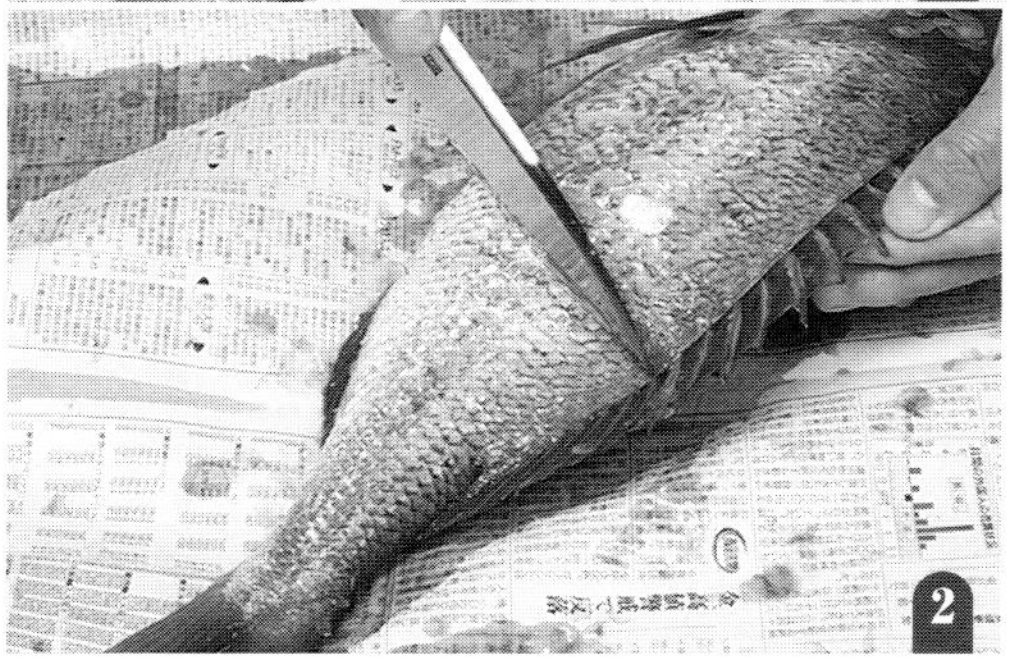

こけ引きで、尾から頭の方へ斜めにウロコを取っていく。ヒレの付け根にある細かいウロコは、庖丁の刃先でしごき取る。

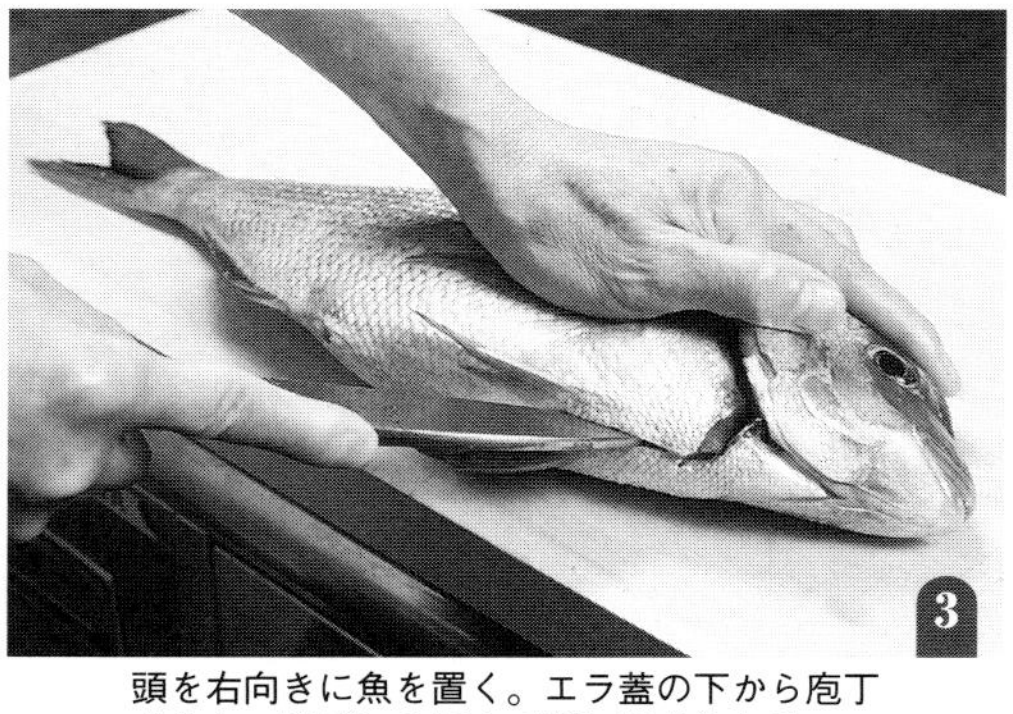

頭を右向きに魚を置く。エラ蓋の下から庖丁を入れ、腹ビレの下まで切れ目を入れる。

逆さ庖丁に持ち替え、肛門から切っ先を入れる。内臓を傷つけずに皮を切って腹を開く。

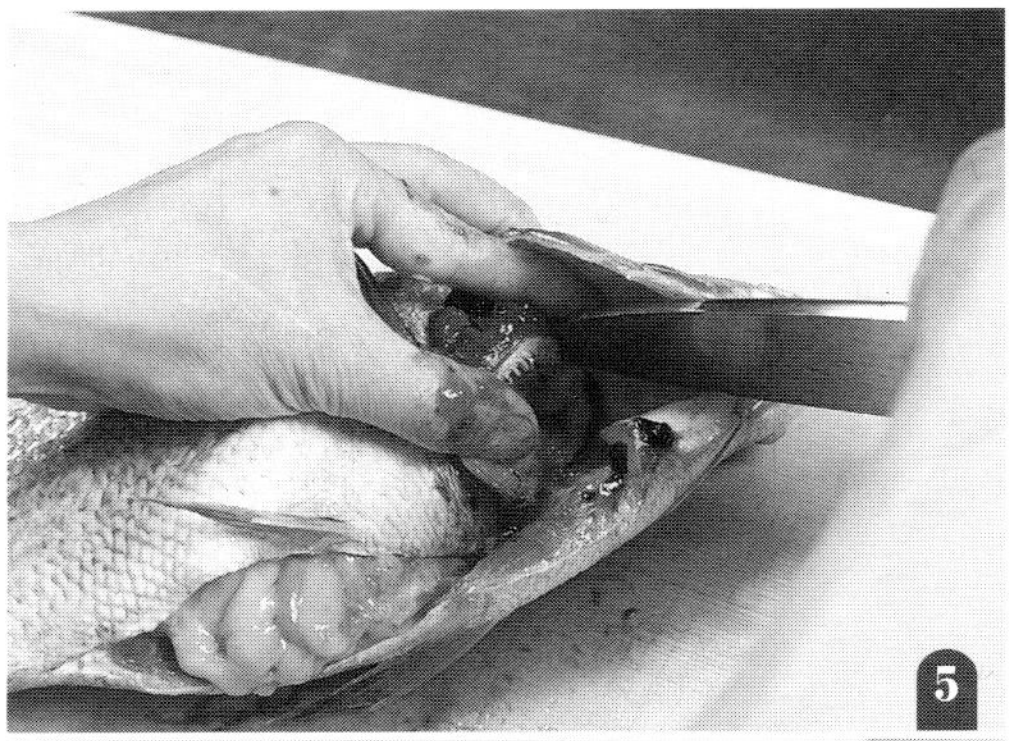

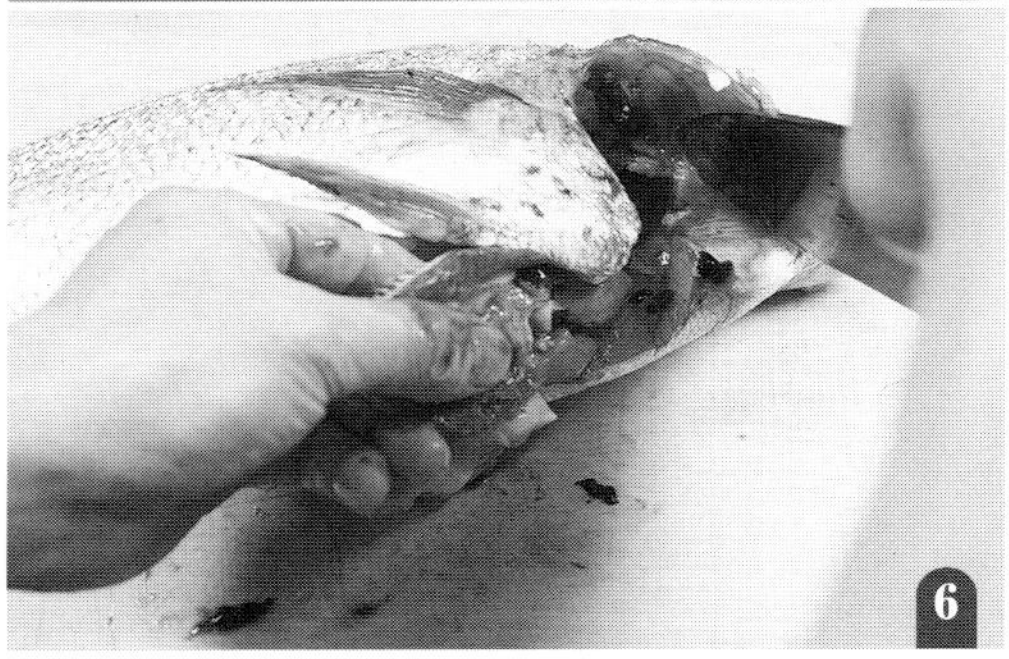

エラ蓋を持ち上げて庖丁をさし込み、エラの付け根を切る。そのまま庖丁で魚を押さえながら、エラを引っぱって内臓ごと取り出す。

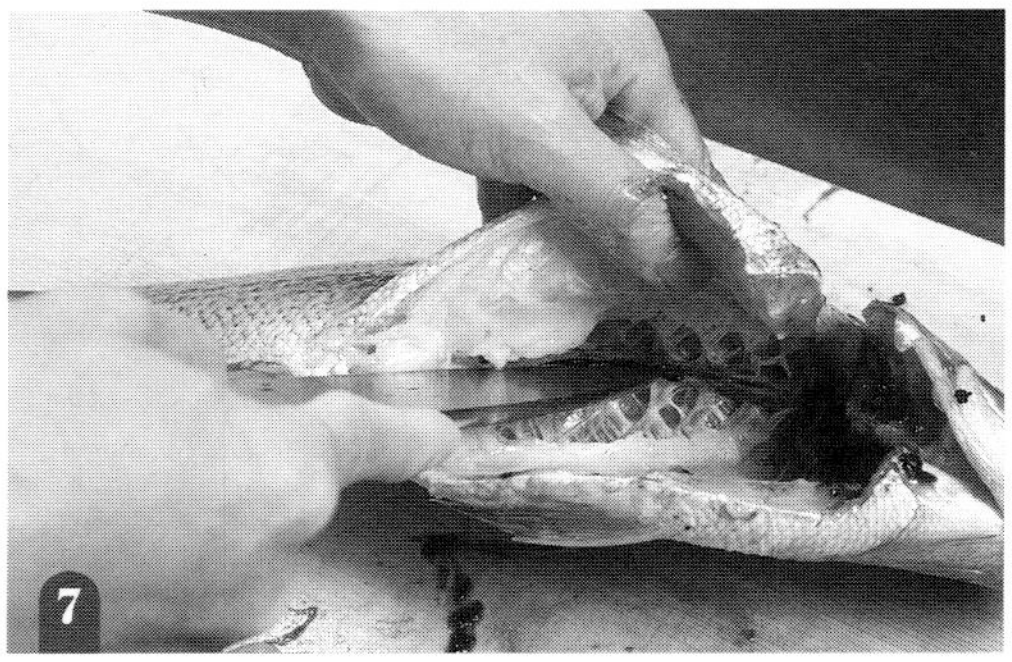

腹を開いて、庖丁の切っ先で背骨の下に切れ目を入れる。背骨の中にある血合いを取るため。

腹の中の血合いや汚れを、流水できれいに洗い流す。ささらを使って丁寧にこすりながら洗う。

頭を切り取り、下身を腹から背骨までおろす

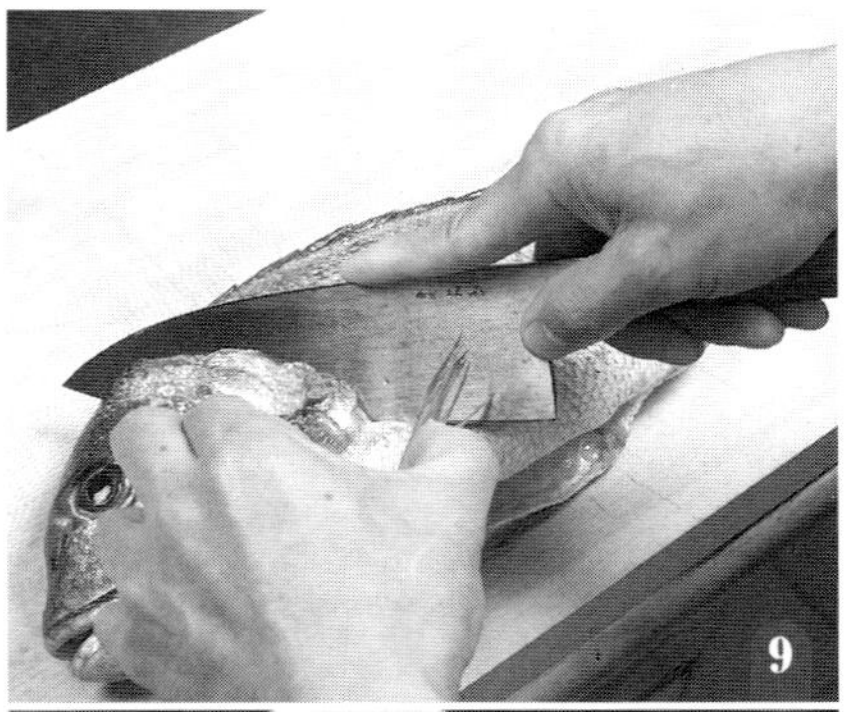

左右の胸ビレの裏から斜めに切れ目を入れ、頭と背骨を切り離す。

頭を落としたら、下身の腹側からおろしていく。まず腹の縁に沿って皮に切れ目を入れる。

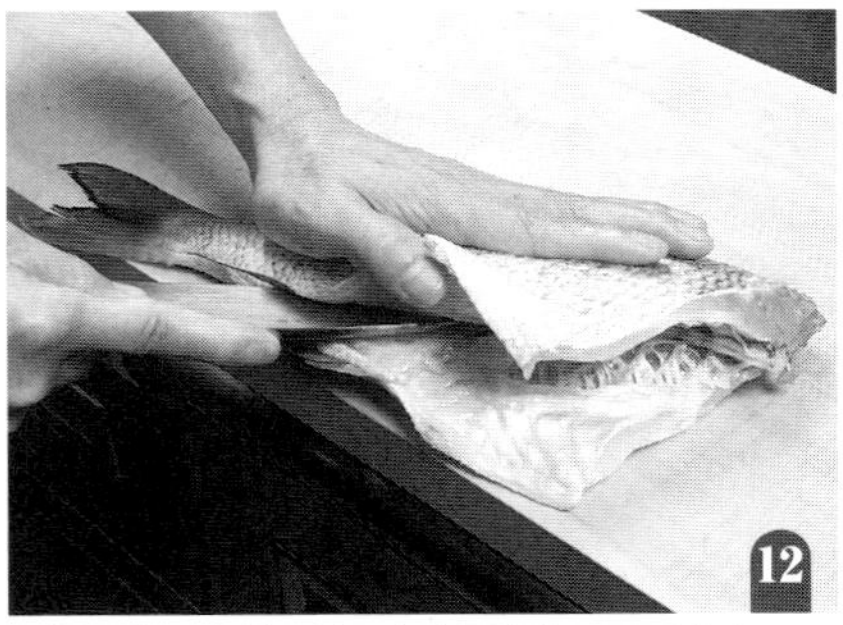

縁に入れた切れ目から庖丁をねかせて入れ、中骨に沿って背骨まで身をおろしていく。

背骨までおろしたら、刃先をやや上向きにして背骨の側面についている身を切りはなす。

魚の向きを変え、背側から下身をおろし取る

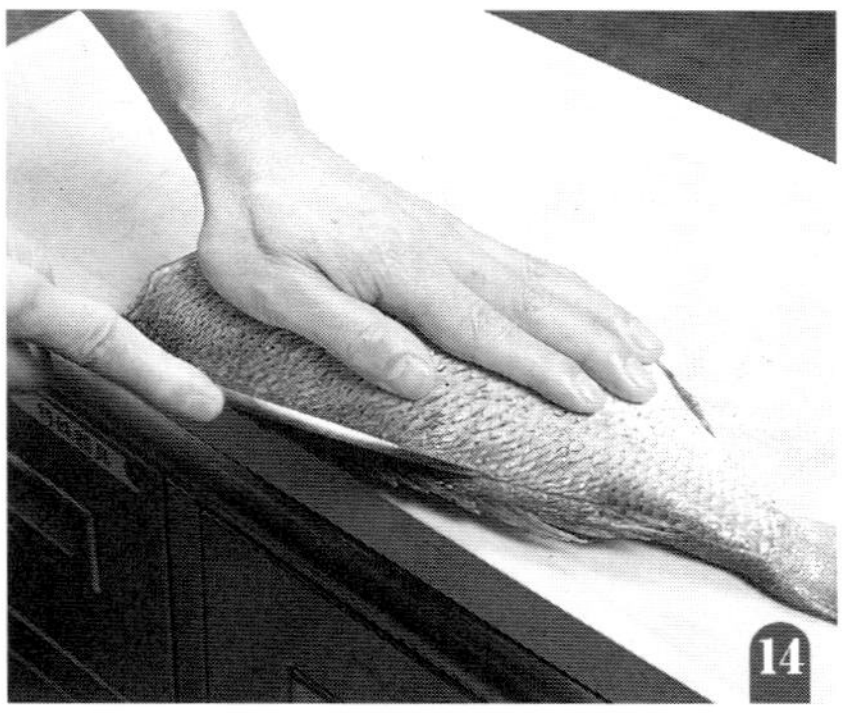

腹側をおろしたら魚の向きを変え、背側からおろす。はじめに背の縁に沿って切れ目を。

切れ目から背骨までおろす。中骨にしっかりと刃先を沿わせて身を残さずに切りすすめる。

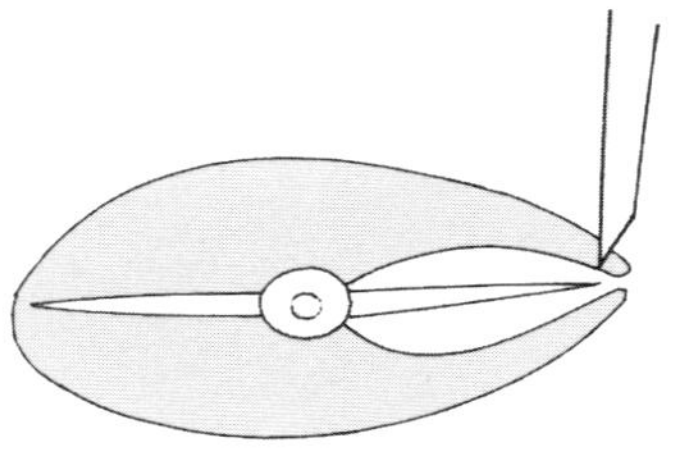

はじめに魚の縁に切れ目を入れるときは、庖丁の角度を立てる。

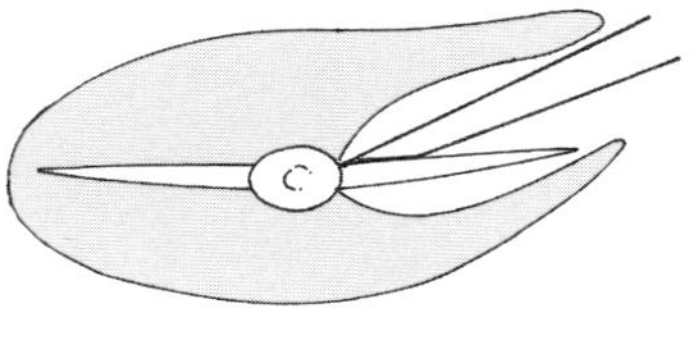

次に中骨に沿っておろすときは、庖丁の角度をややねかせる。

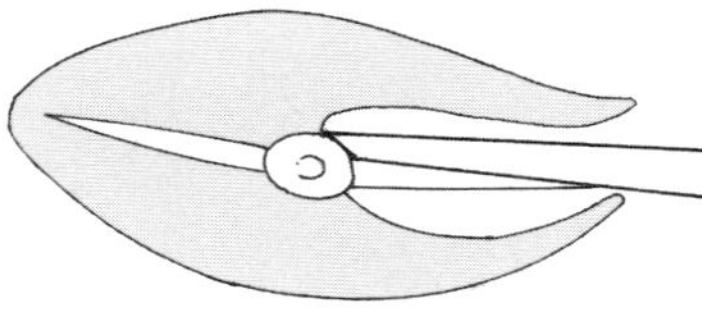

背骨の側面は刃先を上向きに。この3つの庖丁の角度が重要。

背骨の側面の身を切る。背骨は高さがあるので、おろした身を持ち上げると切りやすい。

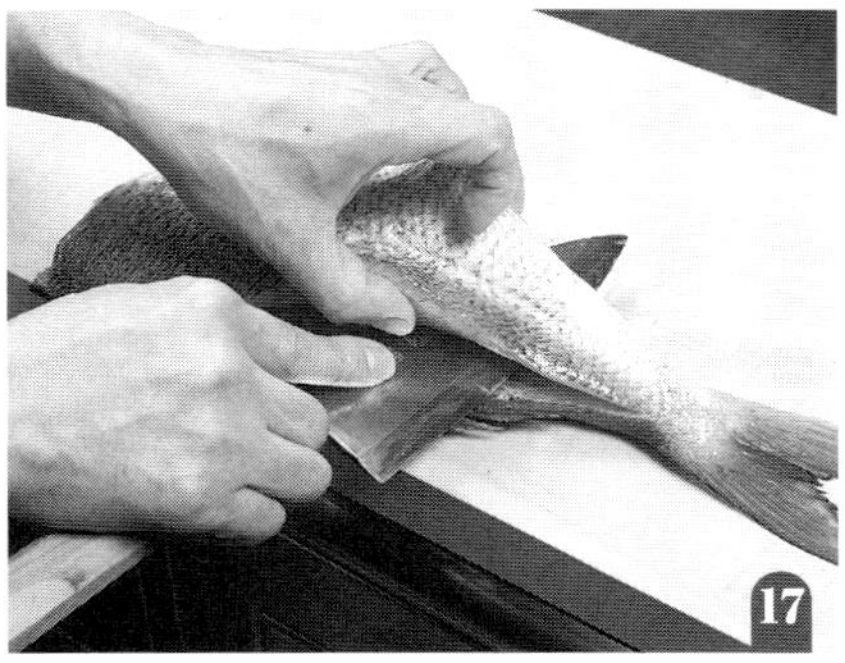

背骨に沿ってねかせた庖丁を突き刺し、尾の付け根まで切りすすめる。

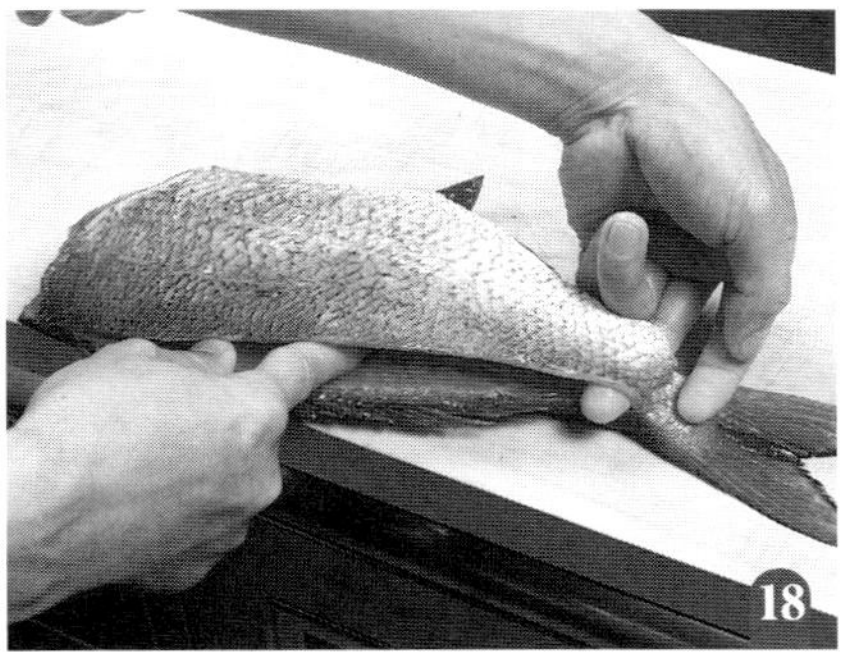

刃の向きを逆にし、尾の付け根に指をかけて背骨と身を完全に切りはなす。

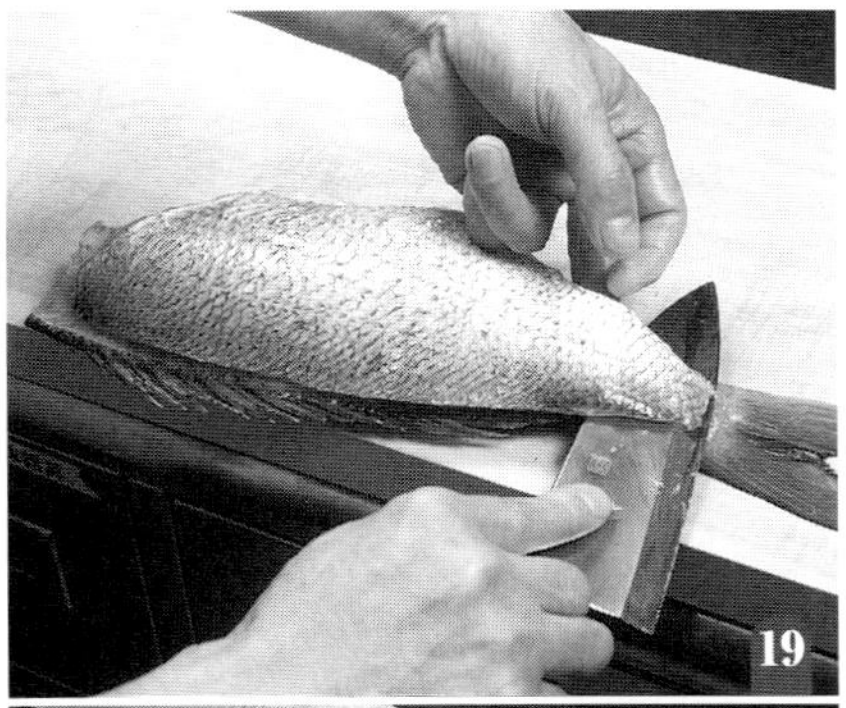

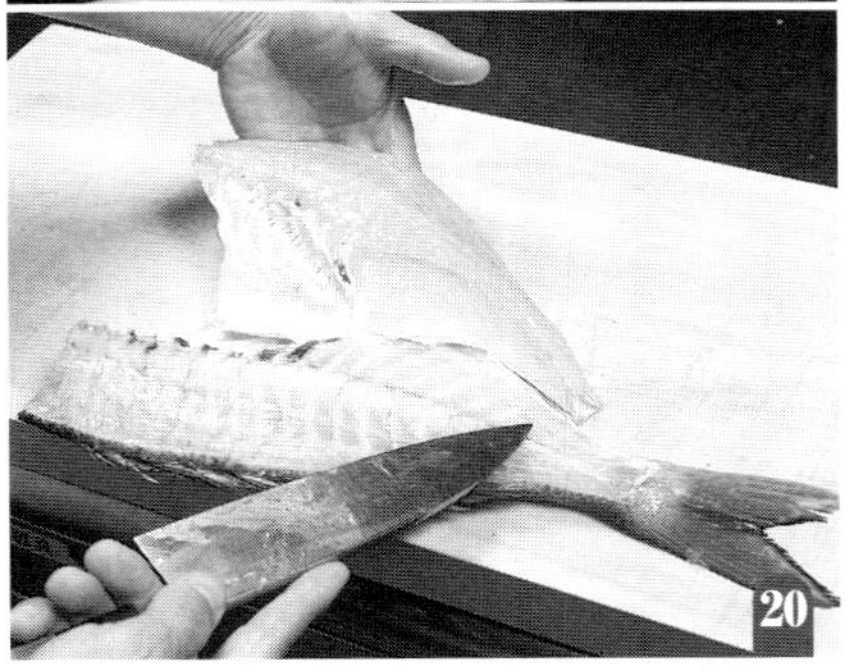

最後に尾の付け根を切りはなして、下身をおろし取る。骨に沿って丁寧におろすことで、骨に身がほとんど残らない。

魚を裏返して上身を背側、腹側の順におろす

上身を背側からおろす。下身同様に、縁に切れ目を入れて中骨に沿っておろし、背骨の側面を切る。

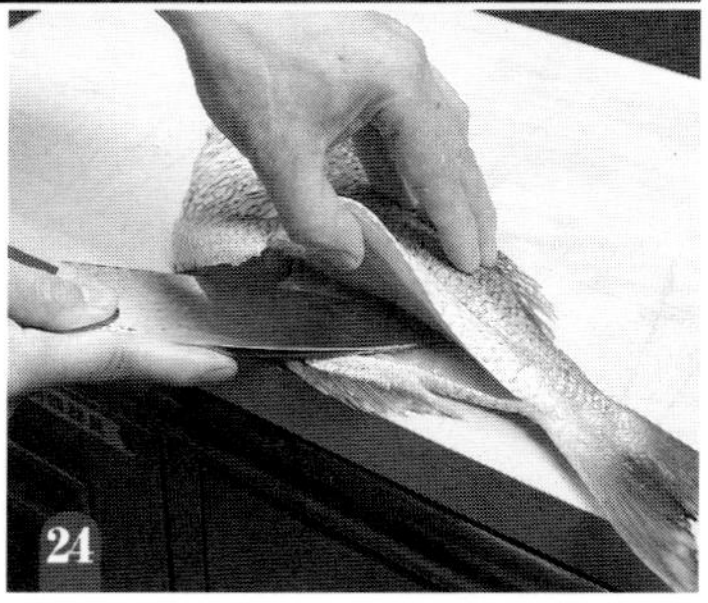

魚の向きを変えて腹側をおろす。上身と同じように、庖丁の３つの角度を守って丁寧におろす。

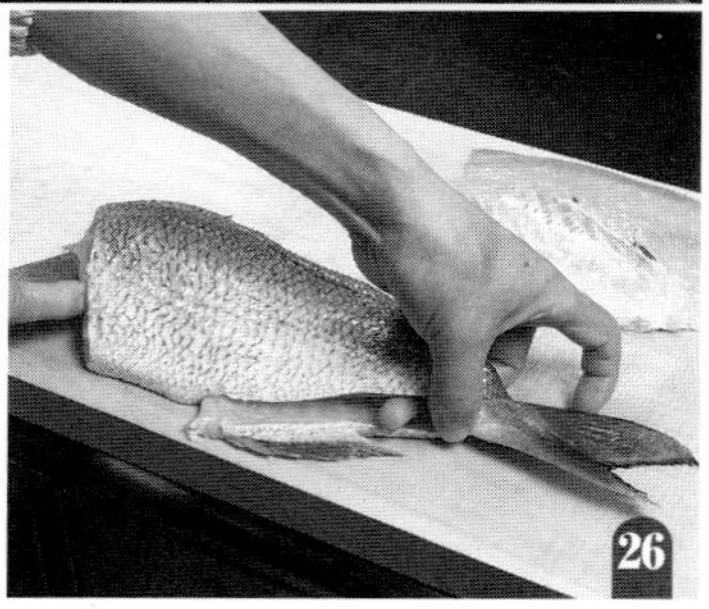

下身と同じように、庖丁をねかせて背骨に沿って切りすすめて身を切りはなす。

骨の形に合わせて細かく庖丁の角度を変えることで、骨に無駄な身を残さずにおろせる。

腹骨を残したまま、背身と腹身を節おろしに

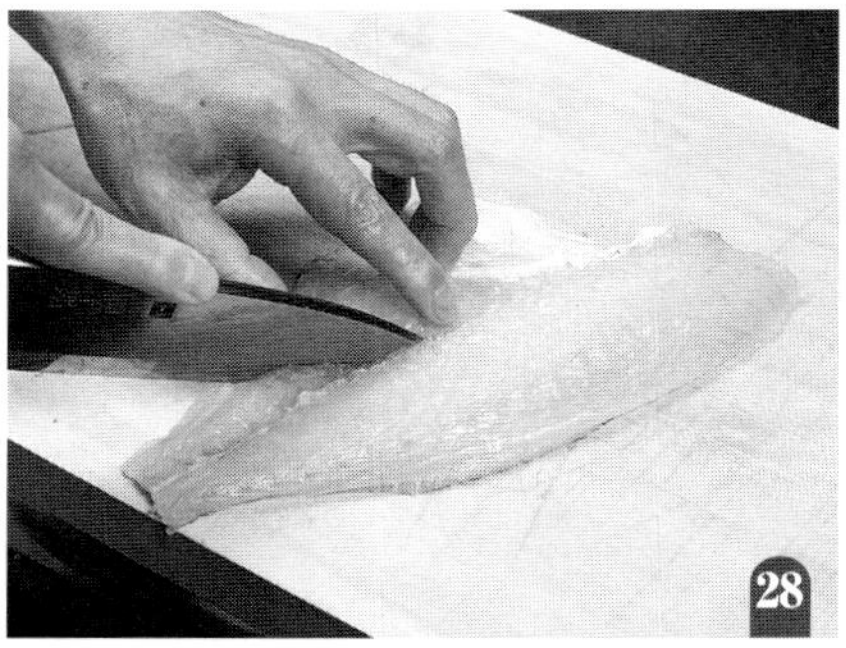

血合いと小骨を腹身に残しながら切り、尾の方は腹側に庖丁を逃がして背身の幅を揃える。

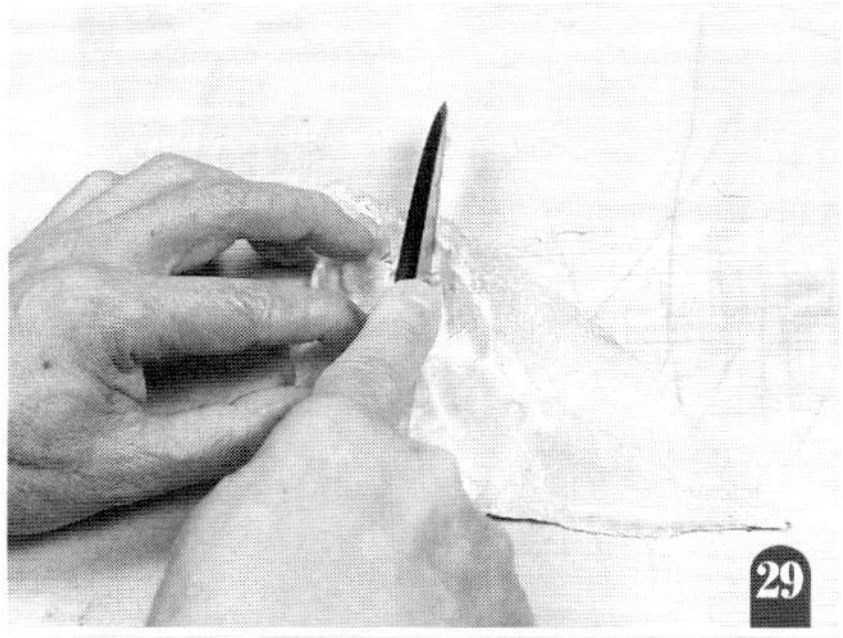

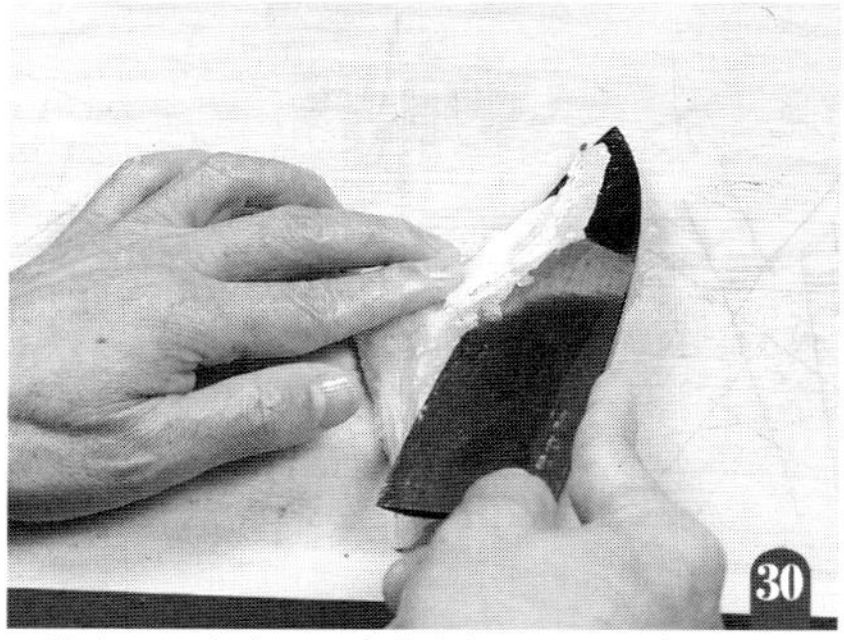

腹身から血合いと小骨を切り取って身の薄い部分を腹骨ごと切り分け、残った腹身の腹骨は庖丁をねかせて切り取る。

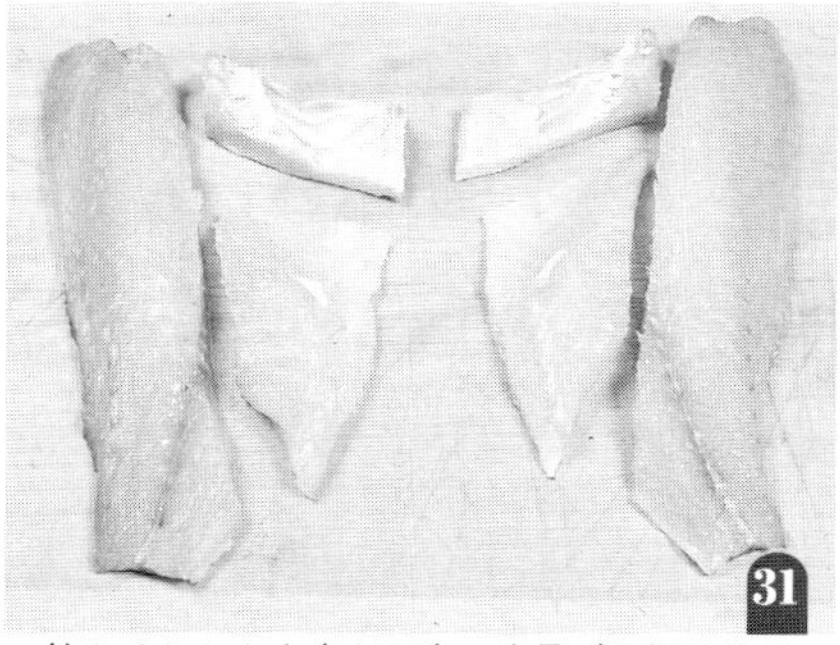

節おろしした上身と下身。腹骨ごと切り分けた薄い腹身は、椀だねなどに活用する。

タイの頭を梨割りにしてかぶとの形に

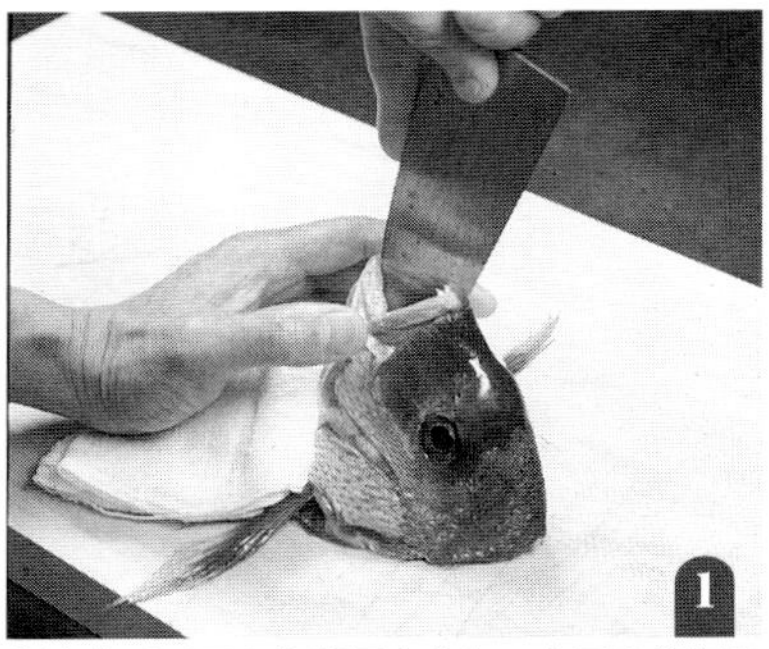

頭を立てて口から庖丁を入れ、上唇の前歯の間に刃をあてる。喉元を布巾でしっかりと押さえて一気に切り割る。

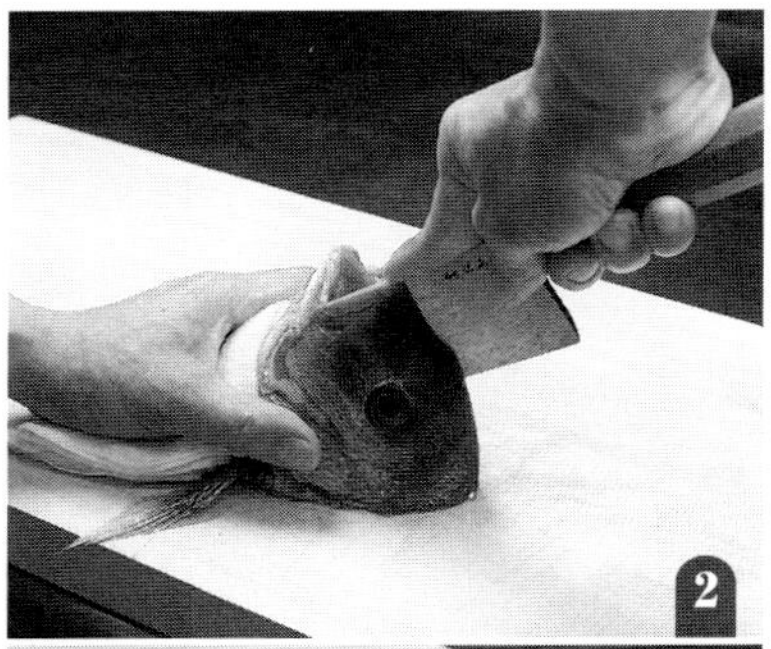

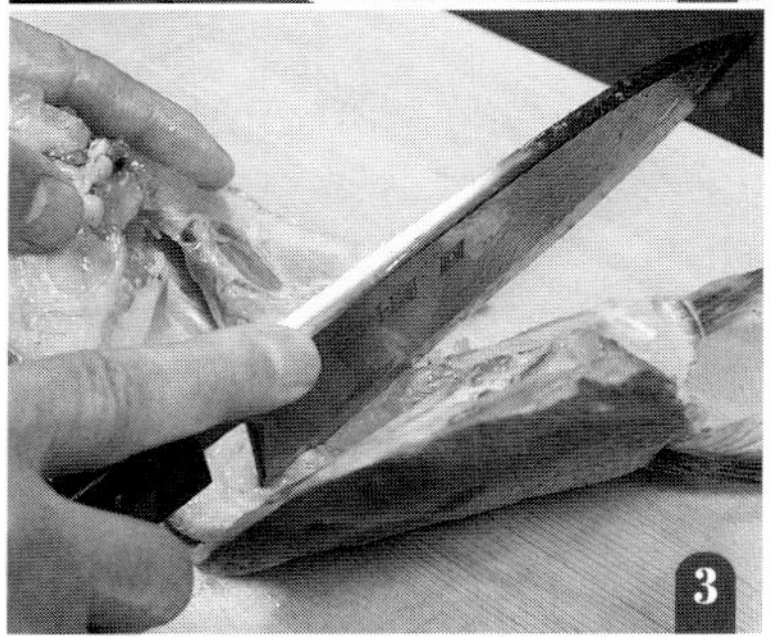

頭を開いて喉の部分を切り、下顎の軟骨を切り分けず刃元でポンと叩いて開く。

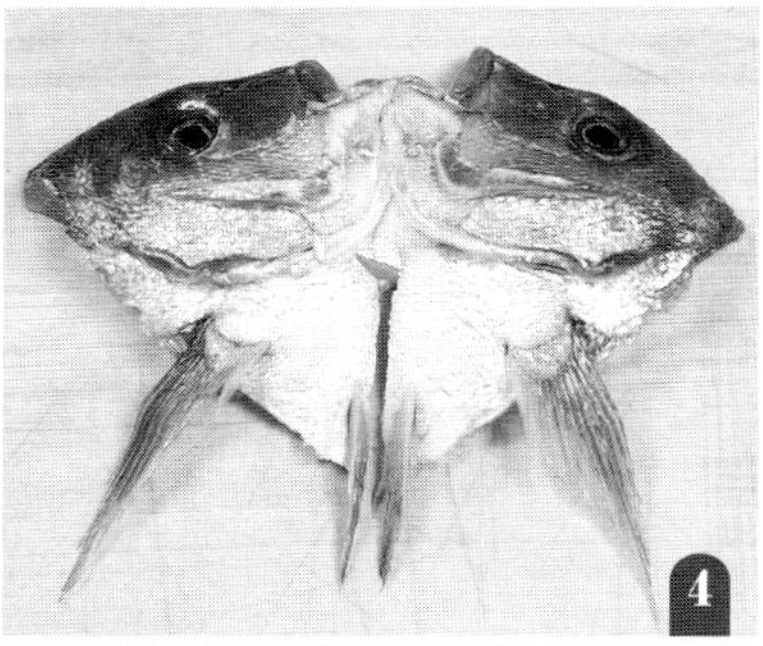

下顎を切らずにつなげたまま開くことで、見栄えのよいかぶとの形に仕上がる。

【タイの活魚料理向きの三枚おろしから節おろしまで】

手早く魚をおろす活魚料理向きで、魚の向きを変えずに効率よくおろす手法。身割れする赤身魚より身が締まった白身魚に適している。

下身を腹側から背側に向けて、一気におろす

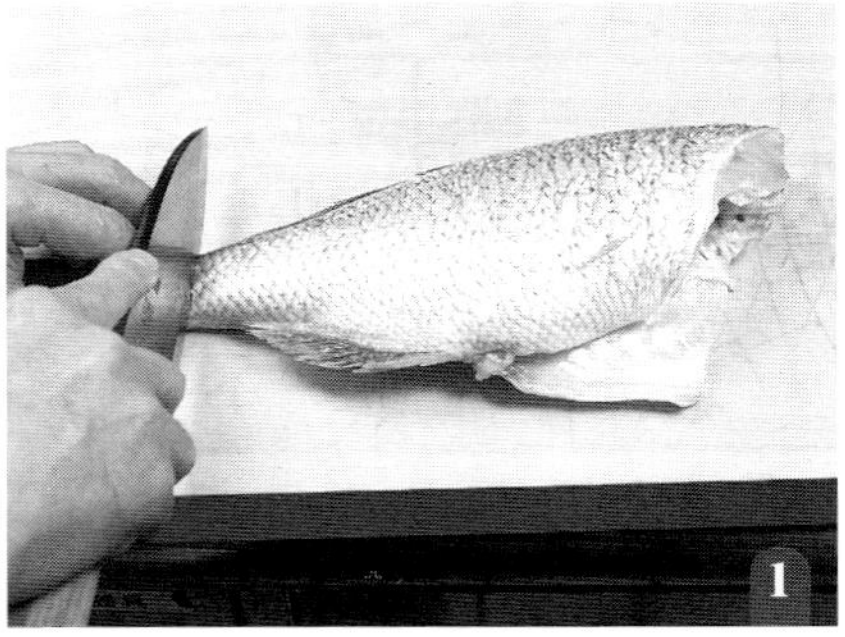

1 内臓と頭を取り除いて下身からおろす。腹を手前に置き、尾の付け根に切れ目を入れる。

2 腹側の縁に切れ目を入れてから、庖丁をねかせて中骨に沿って背骨まで身をおろしていく。

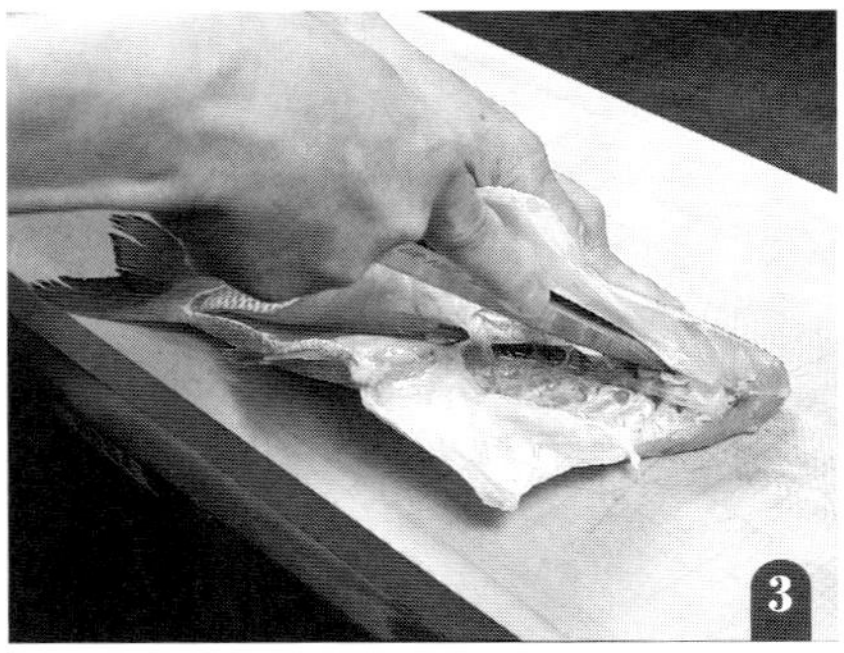

3 背骨までおろしたら、腹骨と背骨を切りはなす。身を持ち上げて、腹骨の付け根を一本ずつ切る。

4 腹骨を切ったら、そのまま庖丁の切っ先を背骨に沿ってすすめて背骨と身を切りはなす。

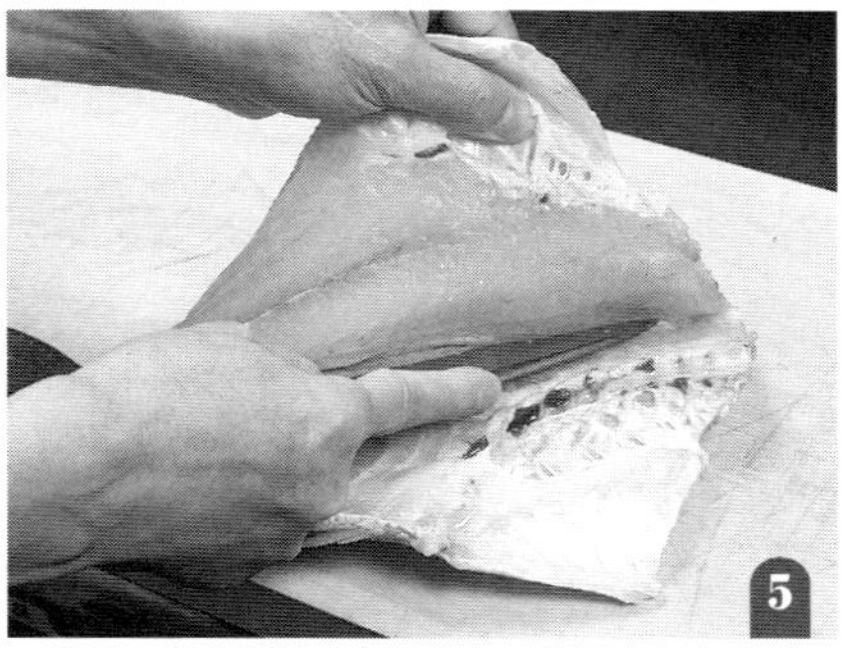

5 背骨と身を切りはなしたら、庖丁をねかせて背側の身を中骨に沿っておろし取る。

魚を裏返し、背から腹に向けて上身をおろす

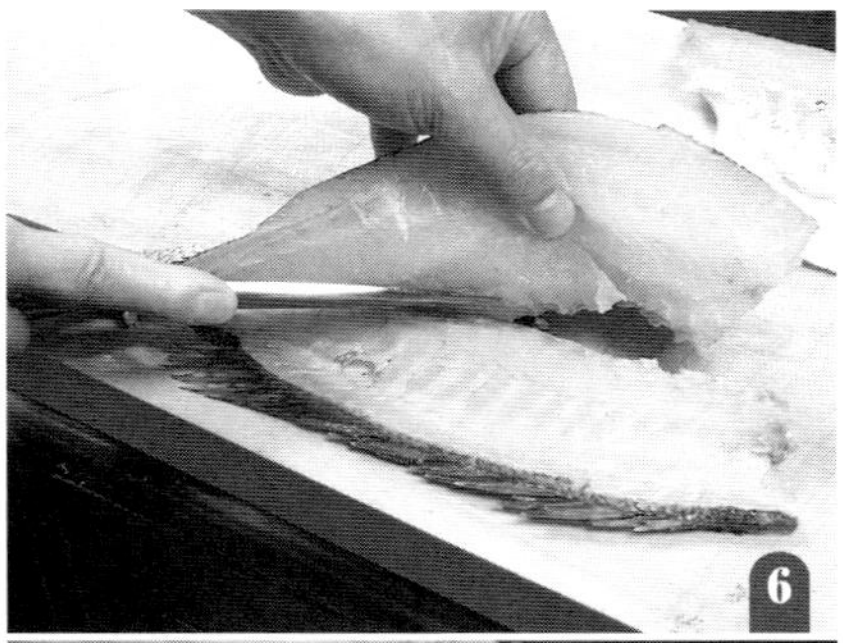

6

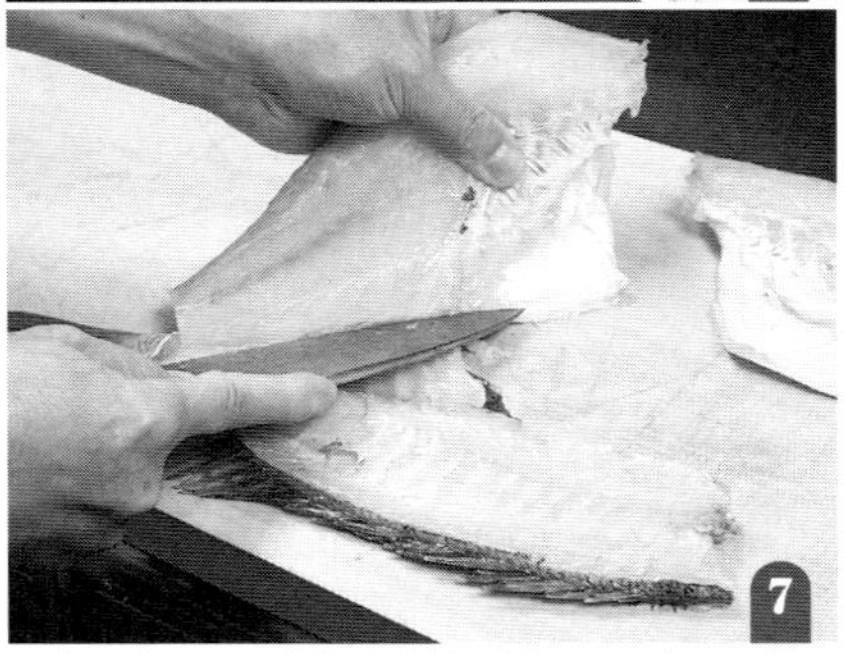

7 魚を裏返して背側を手前に置き、下身と同様の庖丁使いで背側からおろしていく。身を持ち上げておろすのがポイント。

8 細かく庖丁を使う基本的な三枚おろしに比べて骨に若干身は残るが、より手早くおろせる。

まず腹骨を切り取って、刺身用に節おろしする

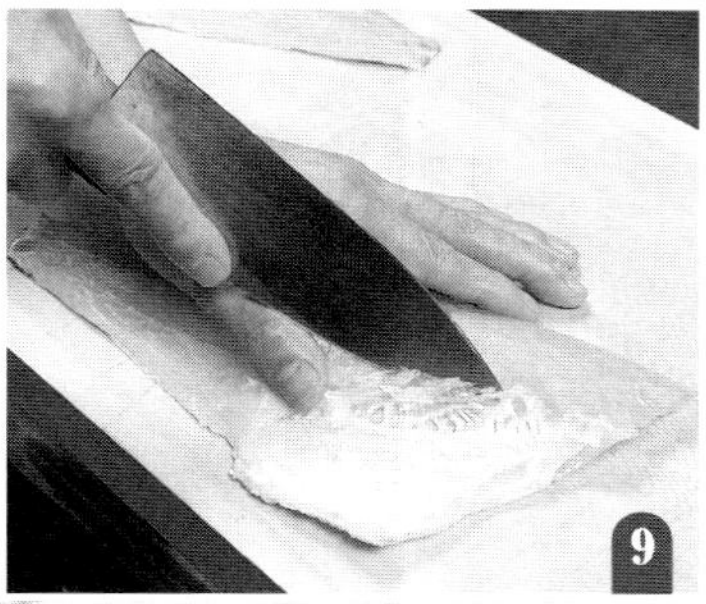

9 はじめに逆さ庖丁で腹骨の付け根を切りはなし、庖丁を持ちかえて腹骨を薄く切り取る。

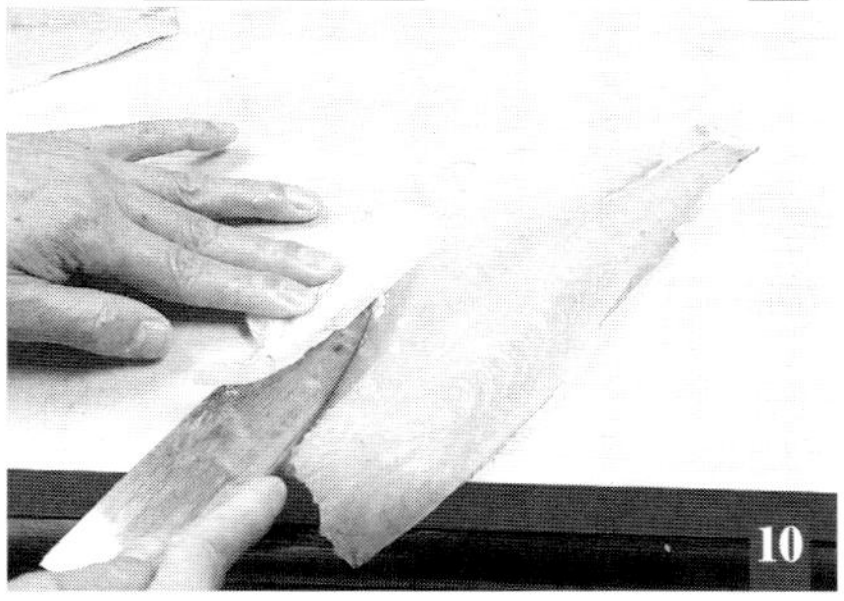

10

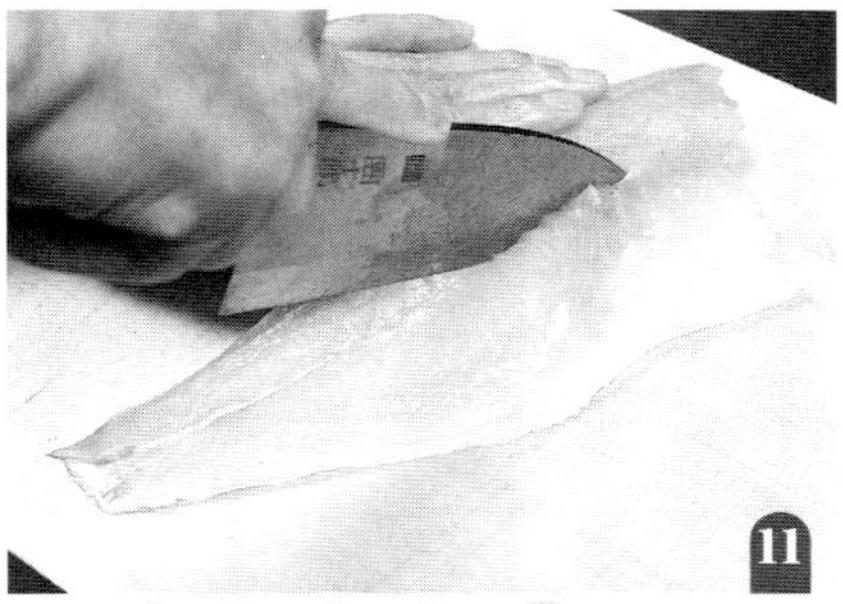

11

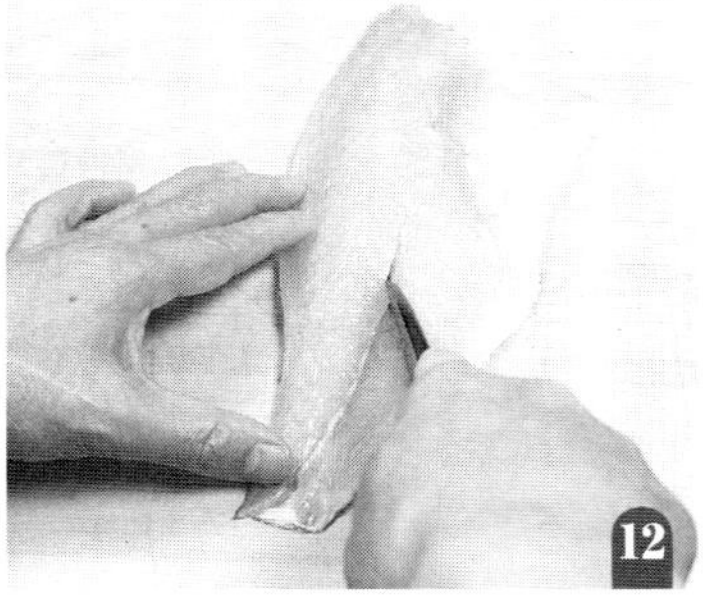

12 血合いと小骨を腹側に残して切り、小骨がなくなる部分から腹側へ斜めに切りすすめる。

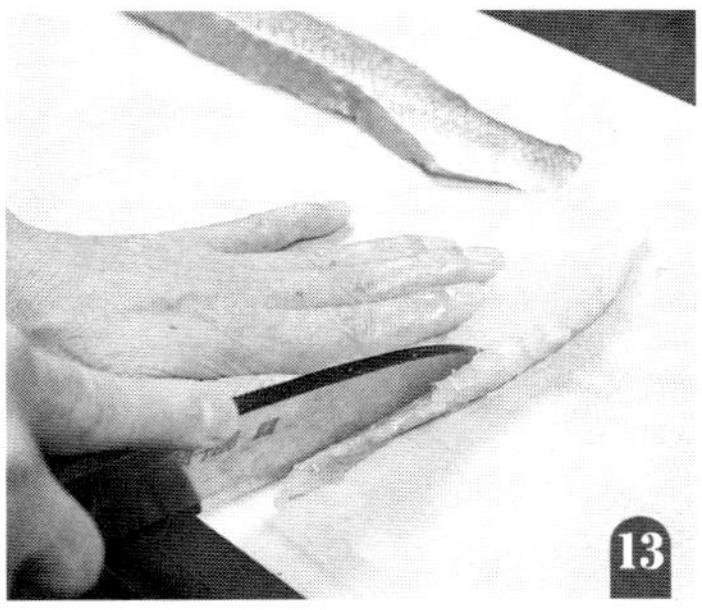

13 切り分けた腹身から血合いと小骨を切り取る。身を無駄に切らないよう注意する。

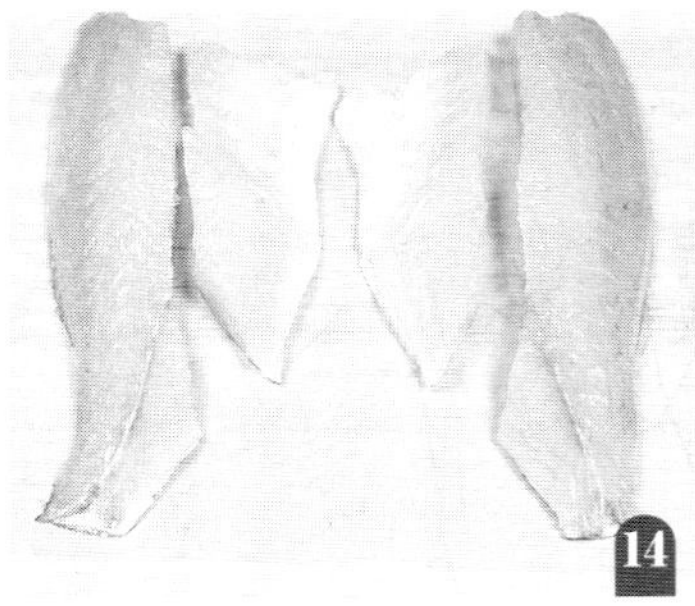

14 幅を揃えた背身を引き造りに、薄い腹身をそぎ造りにと身を丸ごと刺身に使える。

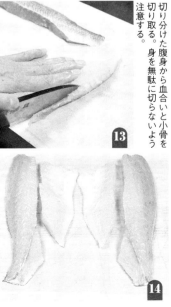

【アジの刺身向きの三枚おろし】

頭をカマごと斜めに切り落とし、刃先を細かく使って三枚におろすことで、小魚のアジの身を形がよくて厚みもある刺身用に。

身を傷つけずに、ウロコ、エラ、内臓を取る

庖丁を立てて、尾から頭に向けて刃先でウロコをこそげ取る。力を入れ過ぎないように。

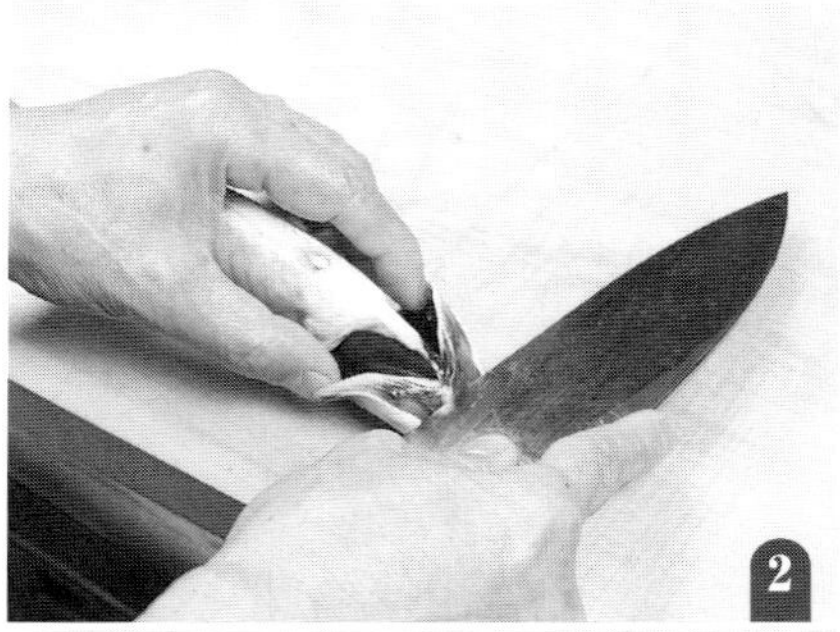

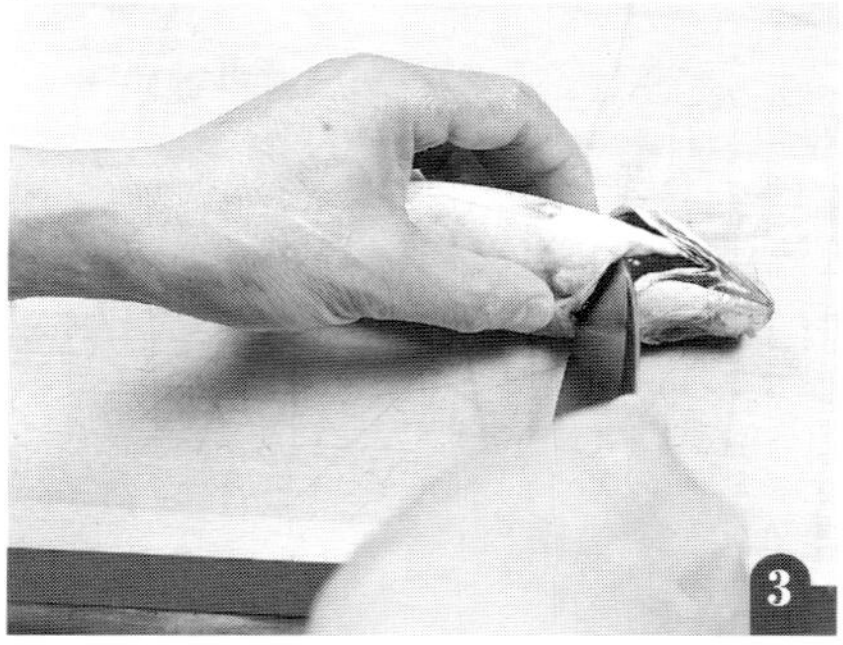

腹を上に向け、庖丁の腹で下顎を押してエラ蓋を開く。開いたエラ蓋から切っ先を入れてエラの裏にさし込む。

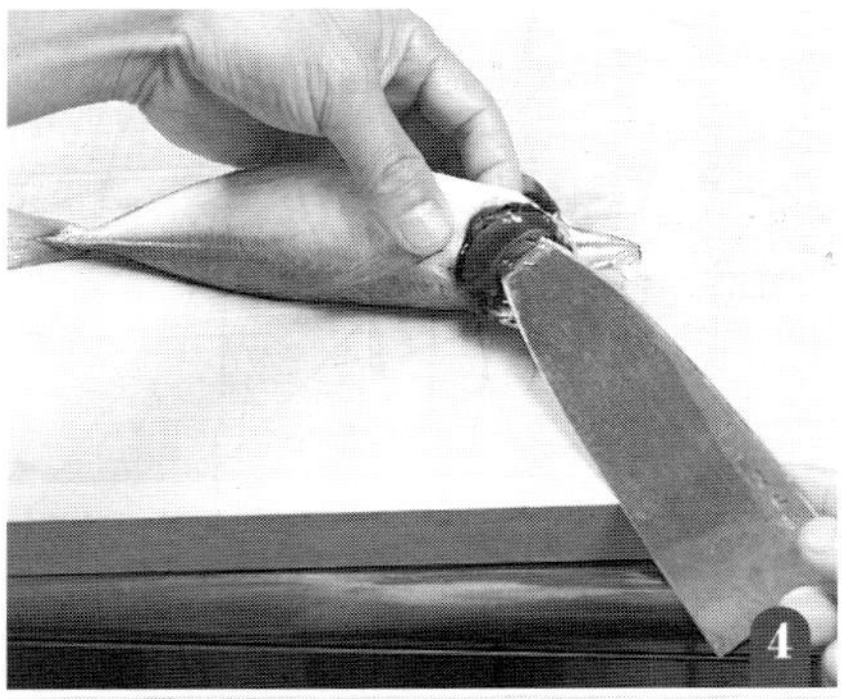

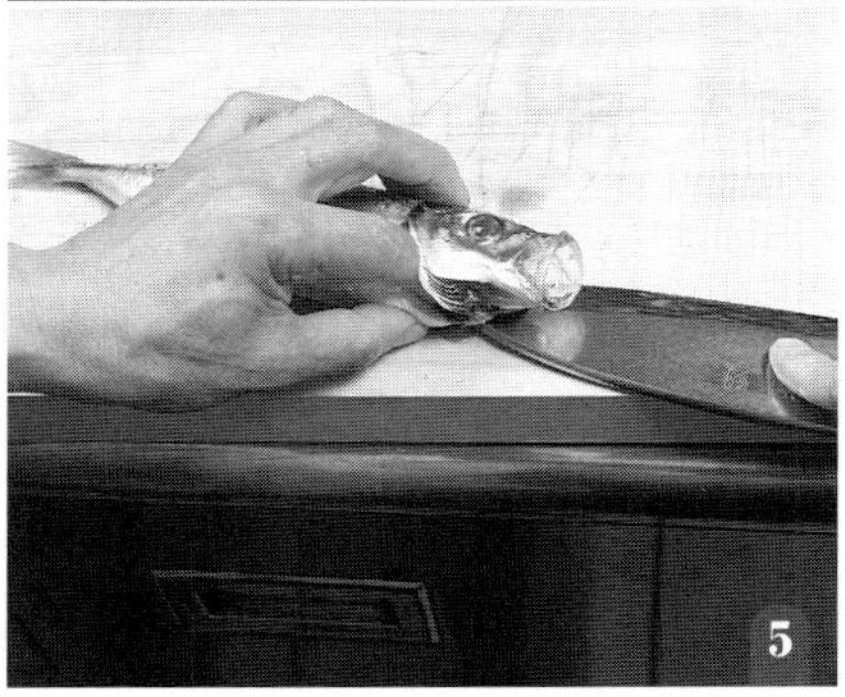

切っ先を引っかけてエラを少し手前に引き出す。そのまま魚と庖丁を一緒に手前へ裏返して、エラを切っ先でまな板に押さえつける。

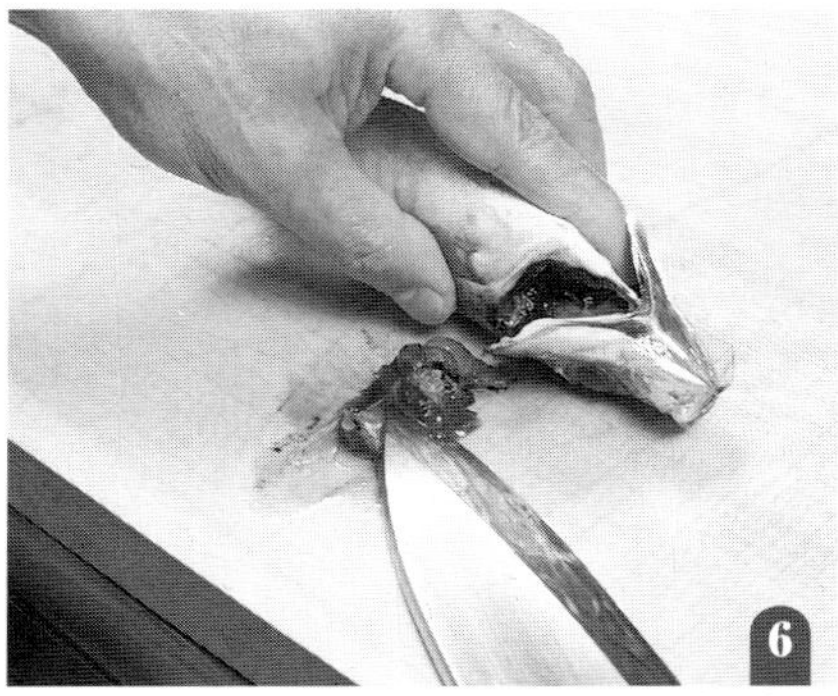

切っ先でエラを押さえたまま、魚だけ奥へ起こす。魚を傷つけずにエラがきれいに取れる。

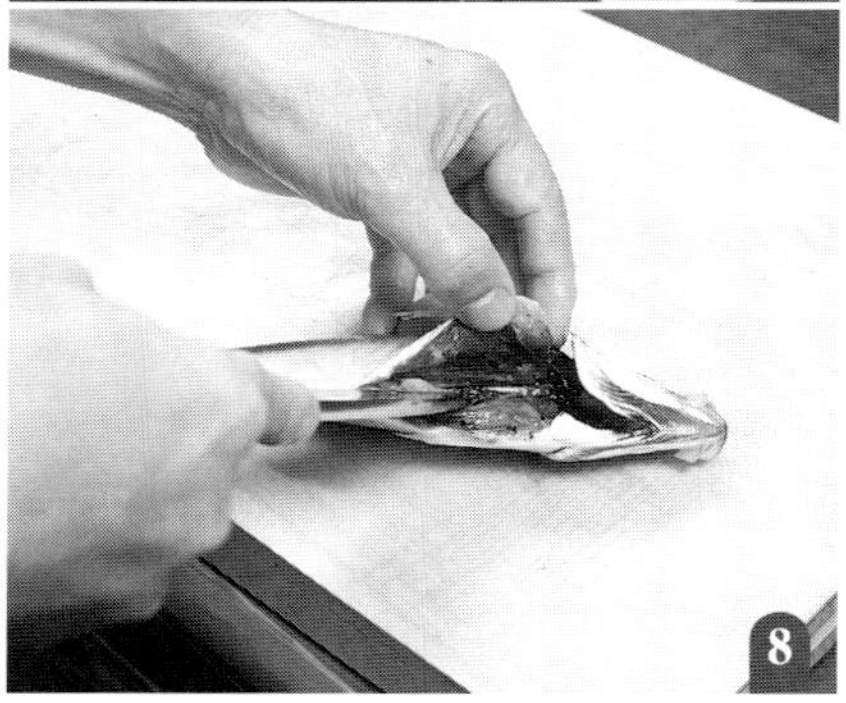

エラを取ったらカマ下から腹を切り開く。背骨の下に切れ目を入れて、血合いと内臓を洗い流す。

カマごと頭を落とし、下身からおろしていく

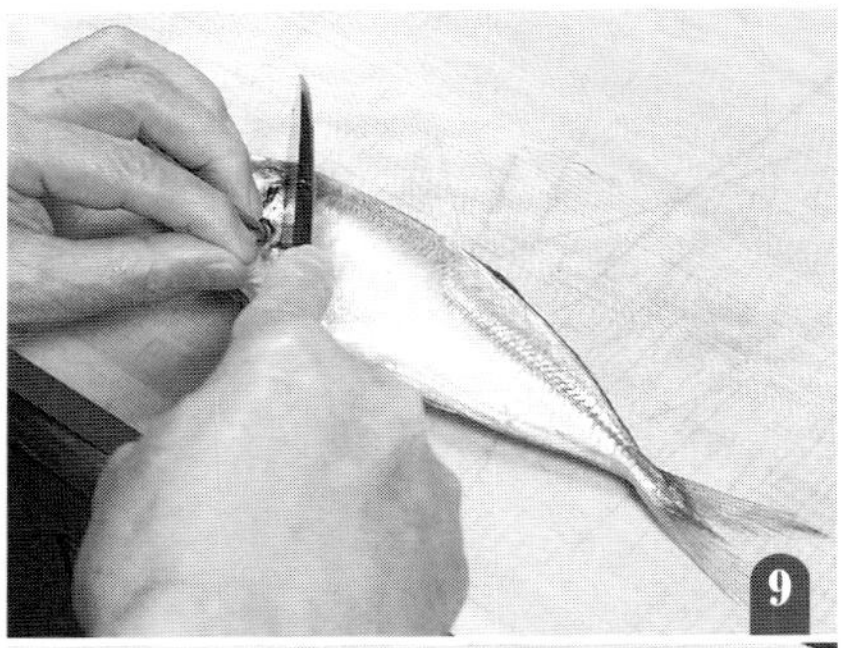

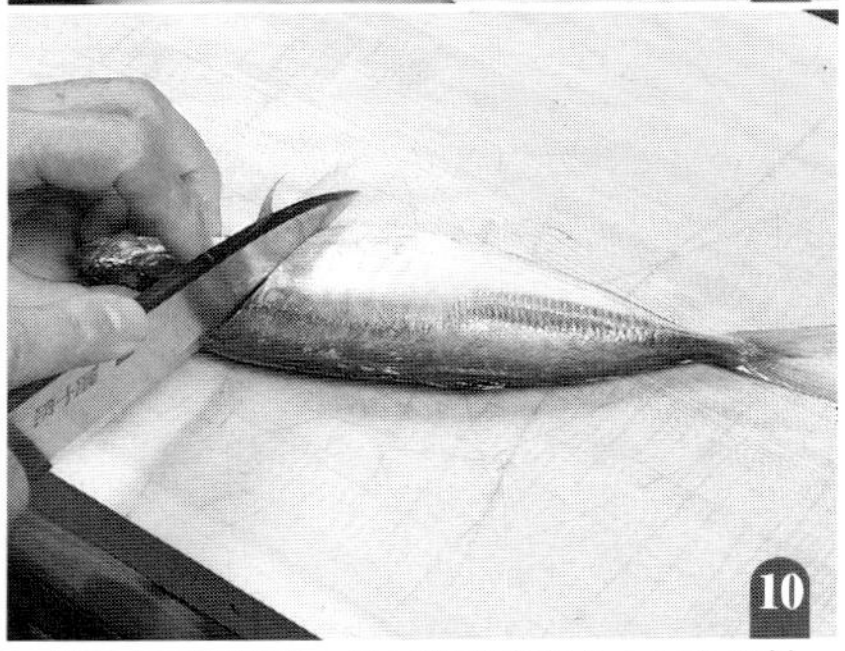

魚の左右両側に、エラ蓋の裏からカマまで斜めに切れ目を入れ、頭を背骨から切りはなす。

下身を上に、腹を手前に置いて腹側からおろす。まず、腹の縁の皮に浅く切れ目を入れる。

縁に入れた切れ目から庖丁をねかせて刃先を入れ、中骨に沿って背骨まで腹の身をおろす。

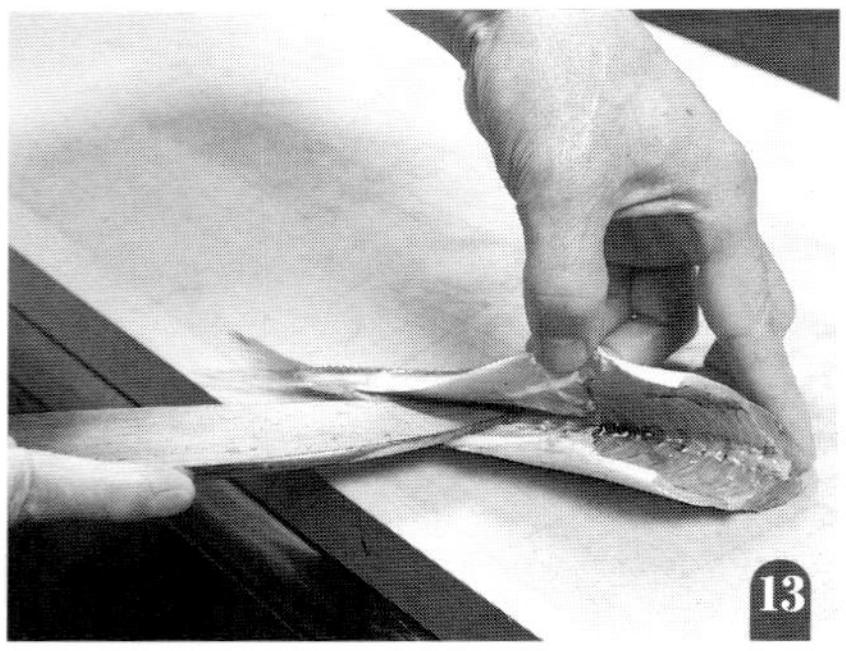

背骨までおろしたら刃先をやや上向きにして、高さがある背骨の側面から身を切りはなす。

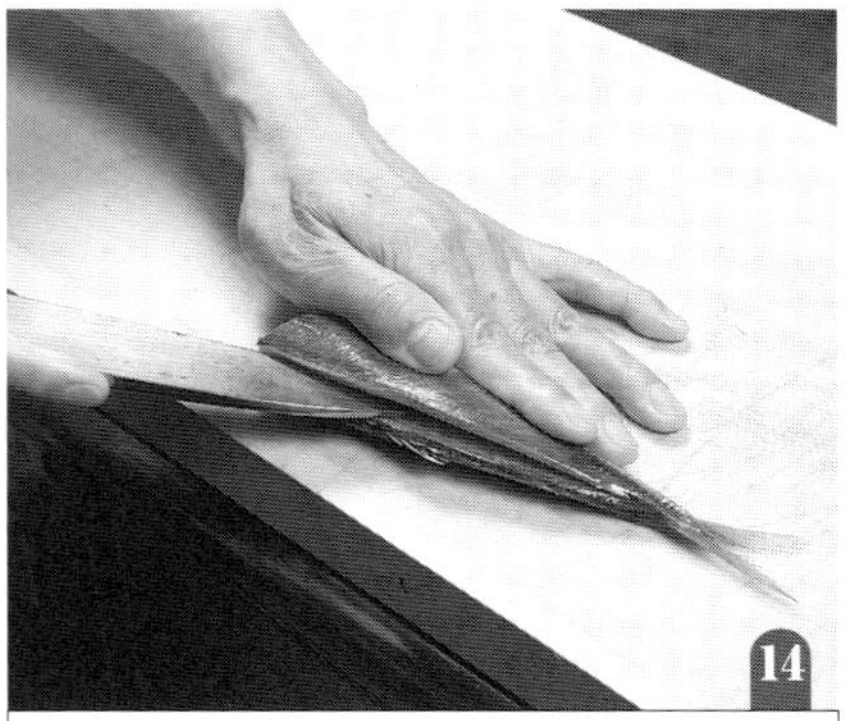

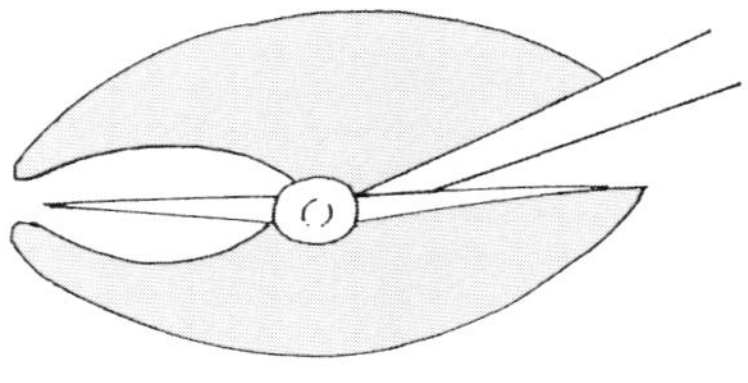

中骨に沿っておろすときはしっかりと刃を中骨に密着させて、小魚であるアジの身を無駄にしないことを心がける。

魚の向きを逆にして背側の身をおろす。腹側と同じ要領で、背の縁に切れ目を入れて中骨に沿って切り、背骨の側面と身を切りはなす。

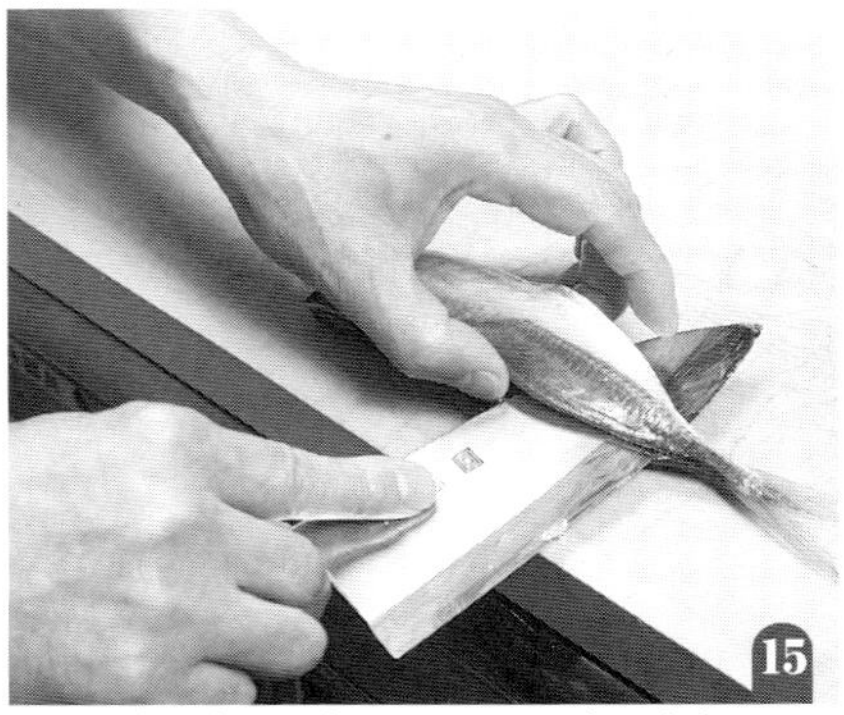

刃を右に向けて庖丁をねかせ、魚の中心から背骨に沿って突き刺し、尾の付け根まで切る。

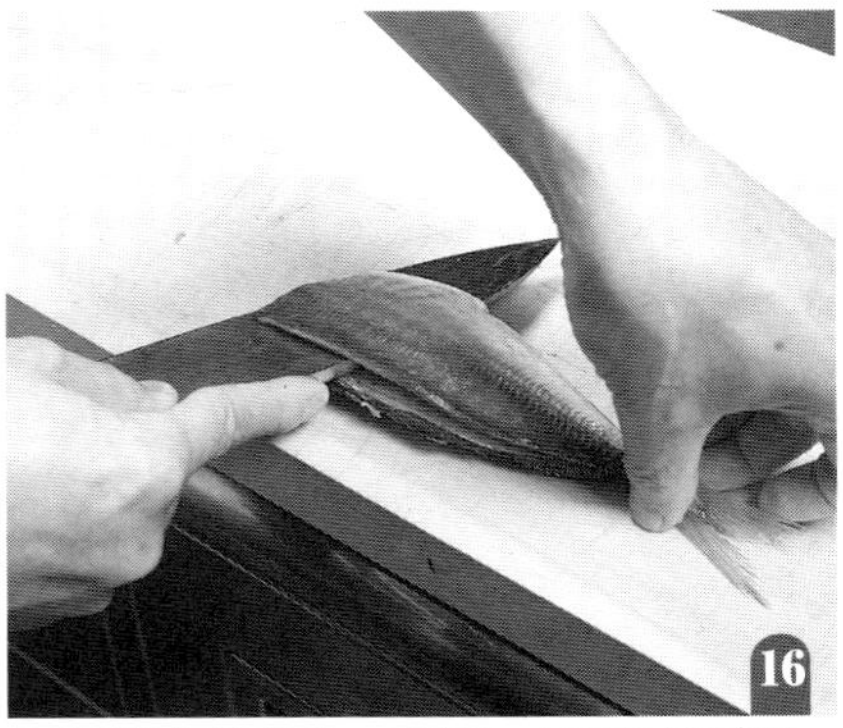

刃の向きを逆にし、尾を持って頭の方に向けて背骨と身を切りはなして尾の付け根を切る。

上身をおろし、上身と下身の腹骨を切り取る

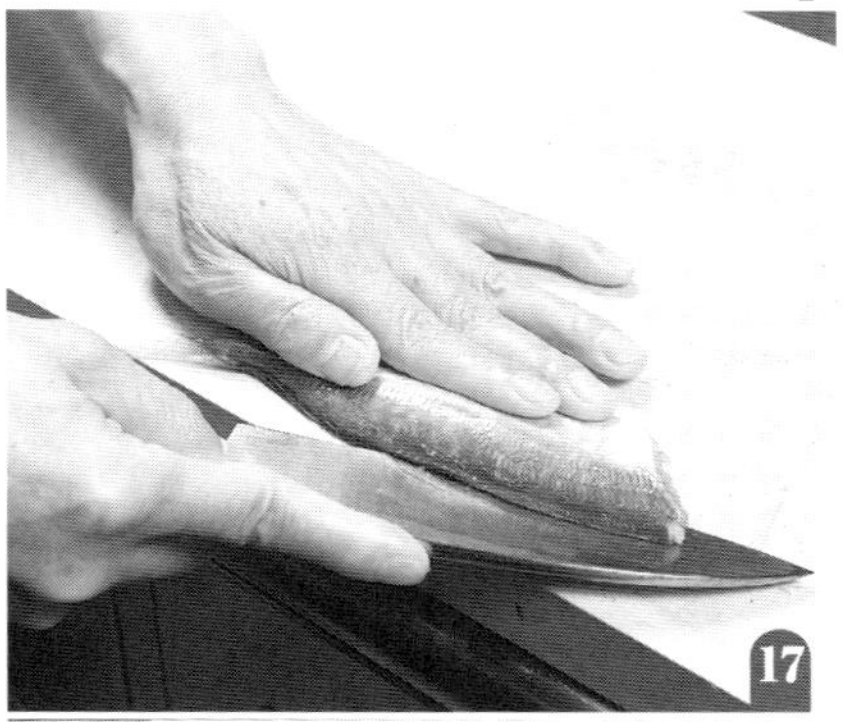

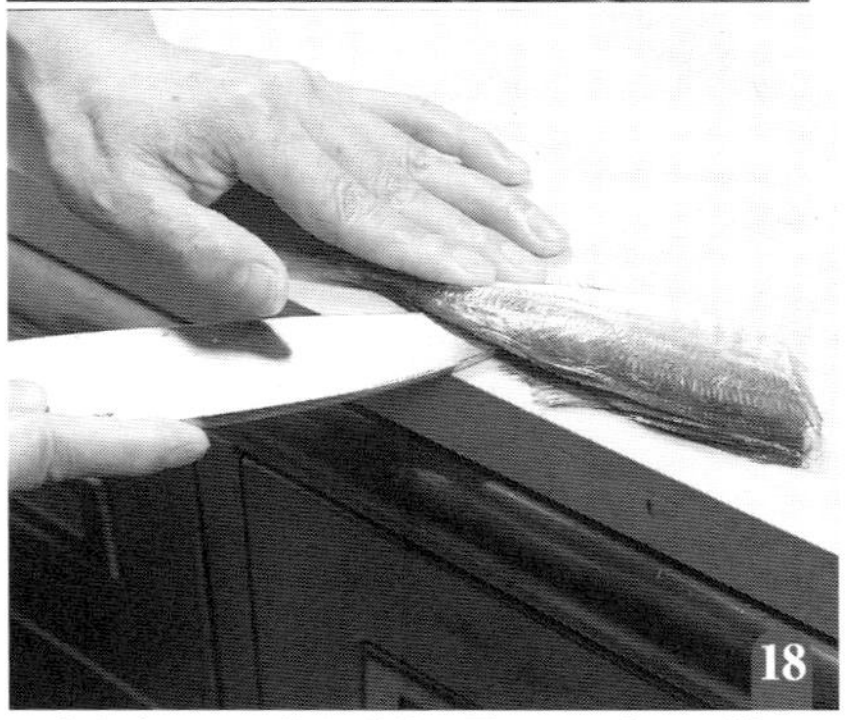

魚を裏返して背を手前に置き、下身と同様の庖丁使いで上身を背側からおろす。庖丁を自由に動かすためにまな板の手前の方を使う。

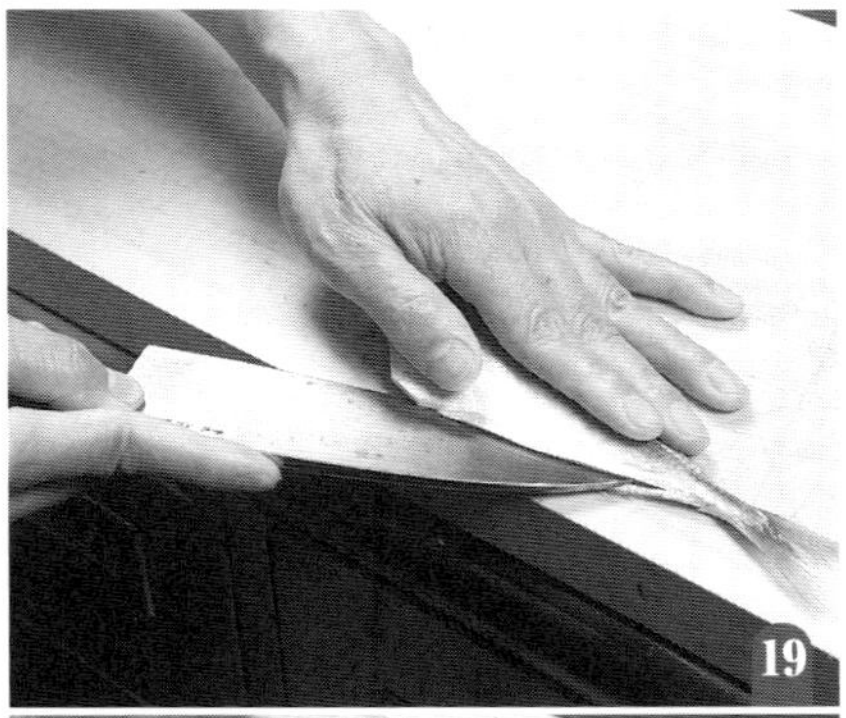

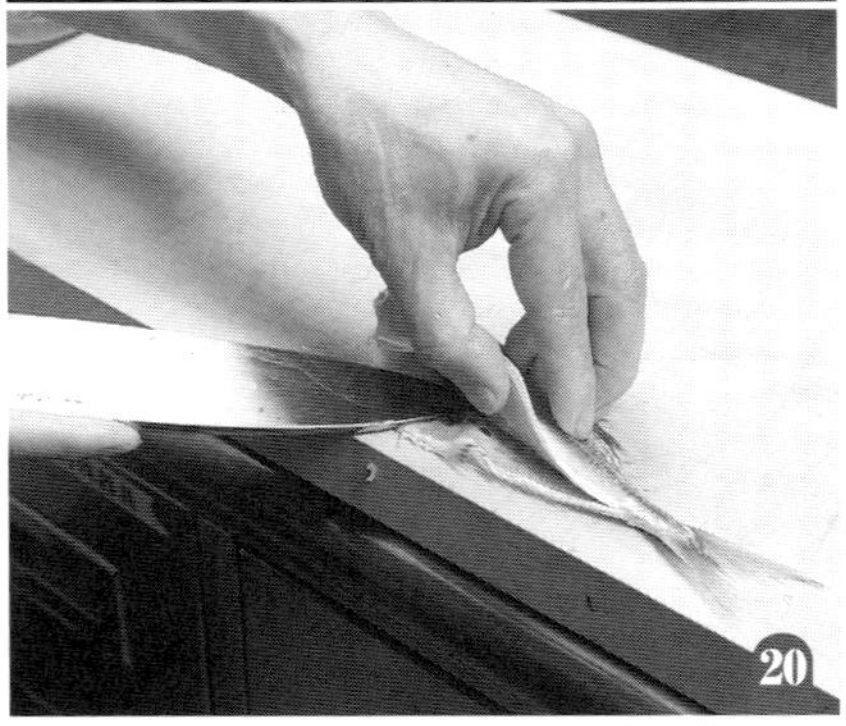

背側の身を背骨までおろしたら、魚の向きを変えて腹側をおろす。アジのやわらかい身を傷つけないように、刃先は丁寧に動かす。

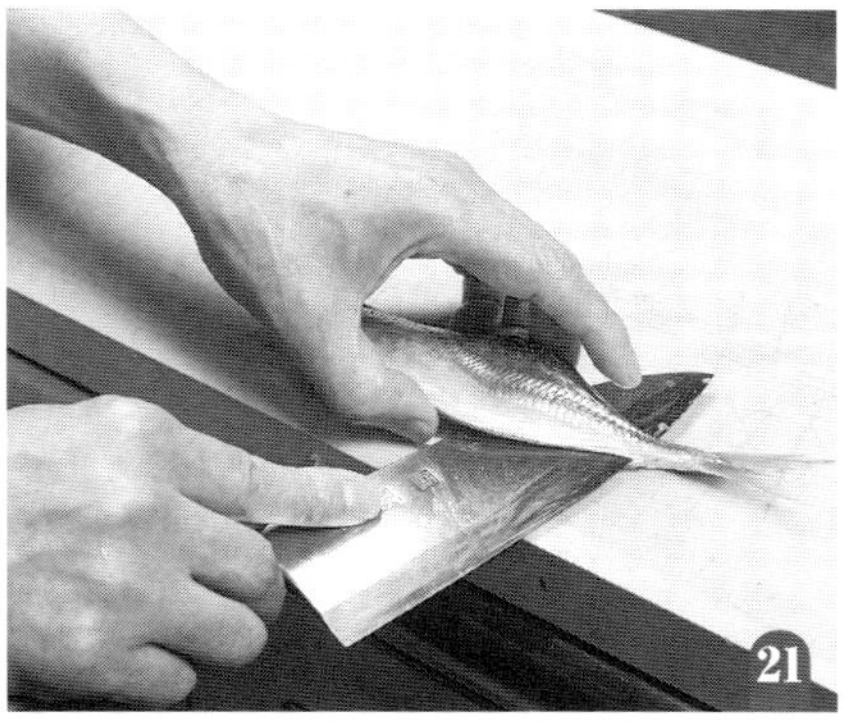

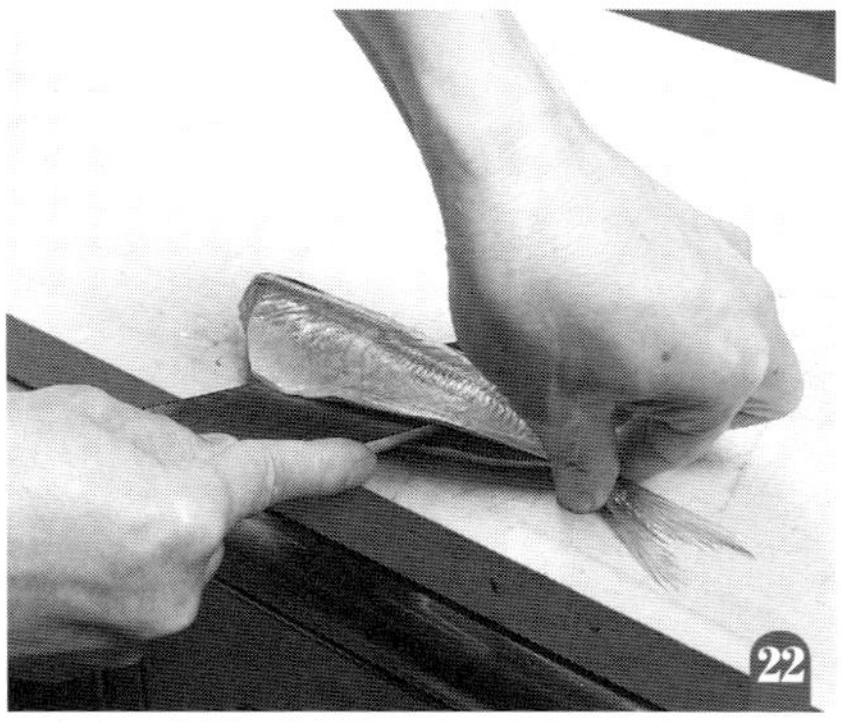

上身の背側と腹側をおろしたら、下身と同じ要領で庖丁をねかせて背骨から上身を切りはなす。

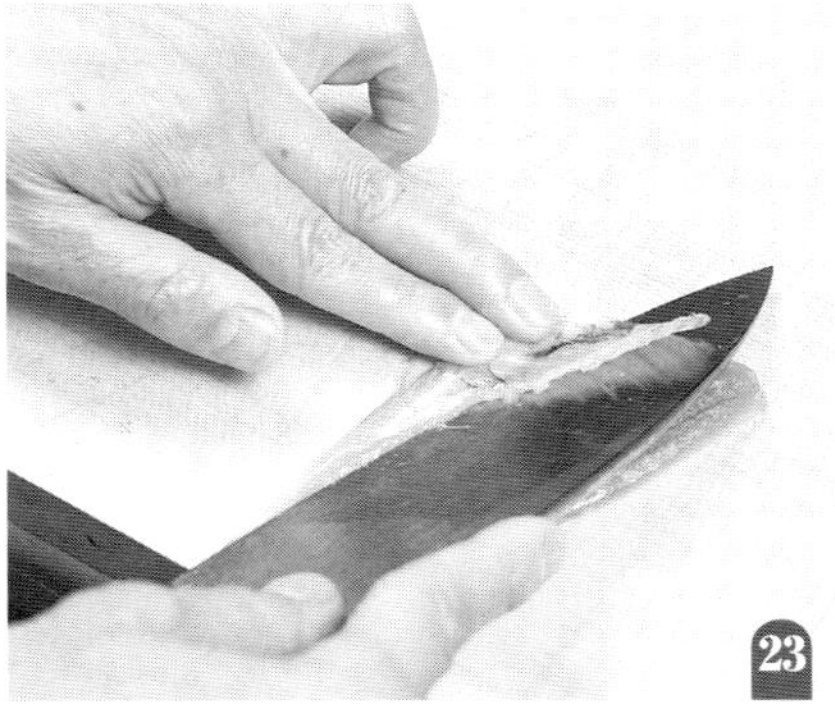

おろした上身と下身から腹骨を切り取る。庖丁をねかせ、腹骨に身を残さずにそぎ切る。

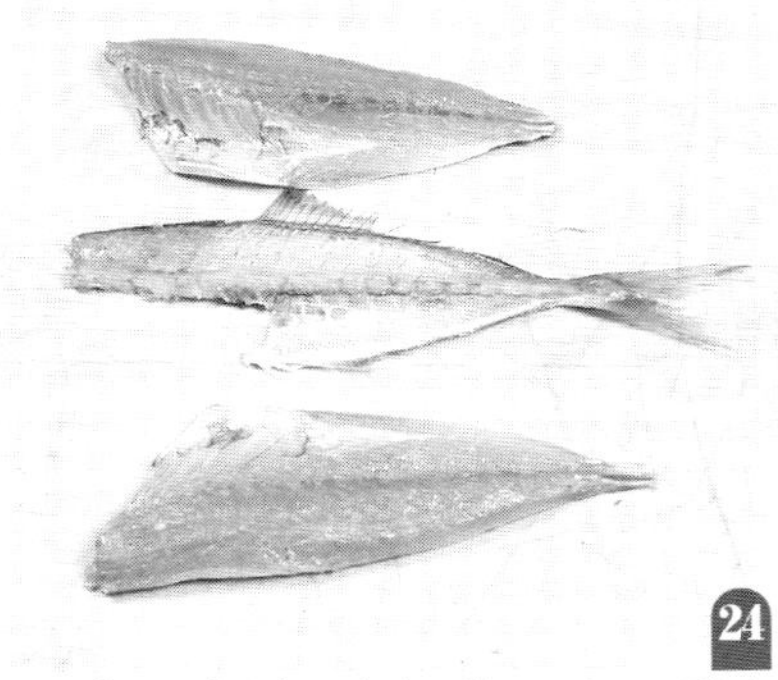

頭の落とし方と細かな庖丁使いにより、形がよく厚みも均一な刺身向きのおろし身になる。

【カワハギの皮むきから三枚おろしまで】

特徴である硬い皮のむき方と、珍味の肝の取り出し方がポイント。身はよく締まっているので、魚の向きを変えずに手早く三枚におろす。

肝を傷つけずに取り、硬いヒレを切り取る

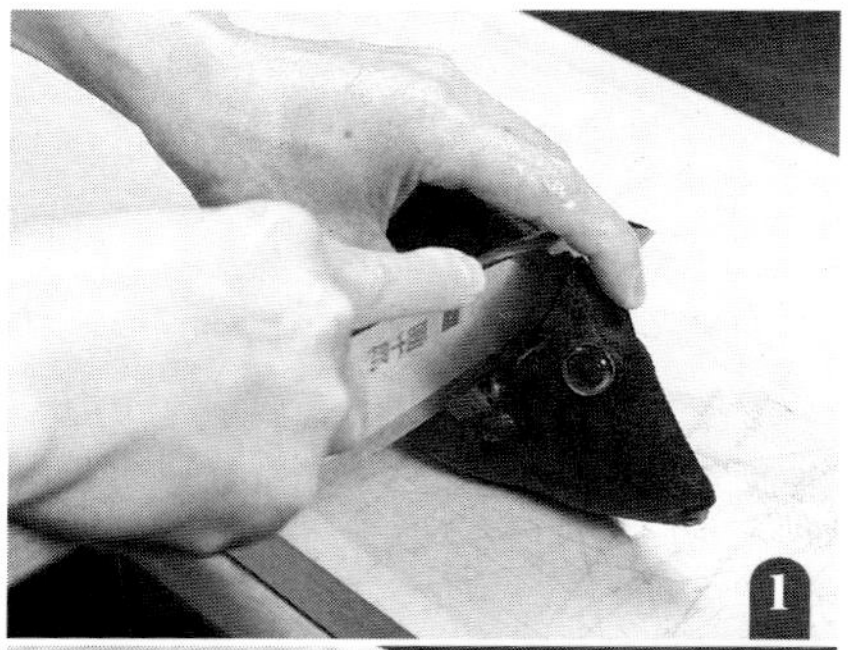

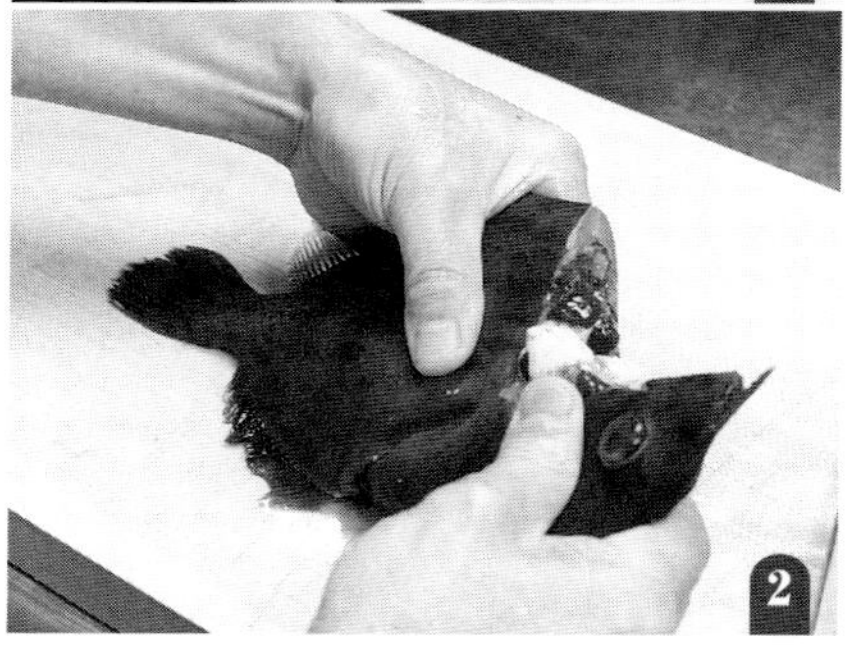

魚をまっすぐに立てて、角の裏から垂直に背骨まで庖丁で切る。胴と頭を両手で持ち、頭をむしり取ることで肝を傷つけずに取り出す。

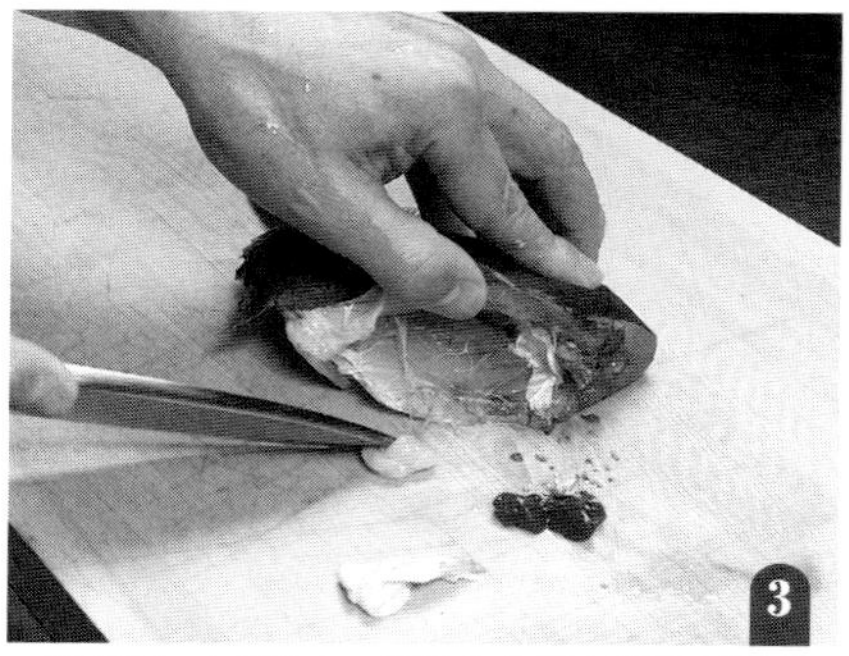

頭を取った胴から、浮袋や内臓を庖丁の切っ先でかき出し、血合いを水で洗う。

背ビレと腹ビレを切り取る。ヒレは硬いので、まな板の縁にヒレをのせて庖丁の刃先をしっかりと当て、魚を動かしながら切っていく。

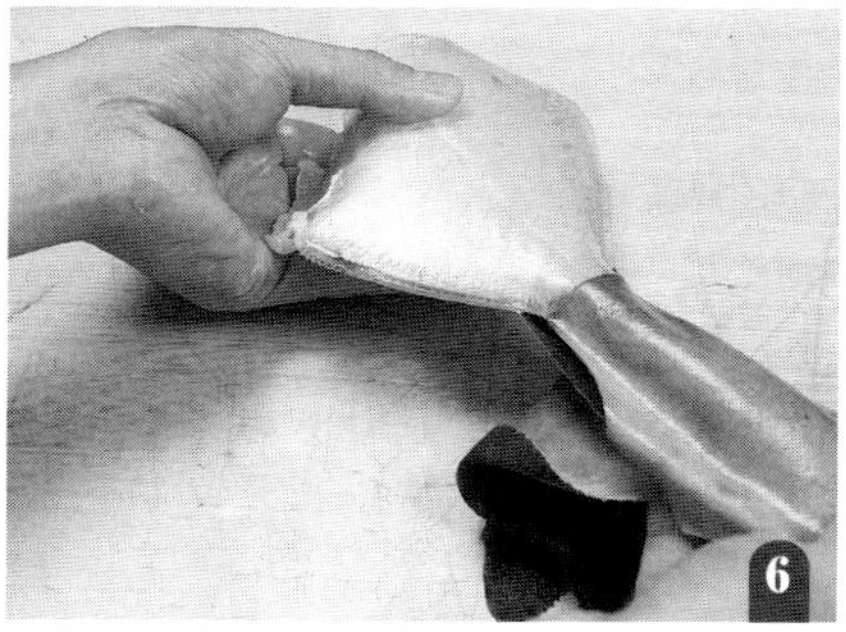

背ビレの切れ目から皮をめくって、頭から尾の方へむいていく。両側の皮が一枚にむける。

魚の向きを変えずに、手早く三枚におろす

下身を腹側からおろしていく。腹の縁に切れ目を入れて中骨に沿って庖丁を入れる。

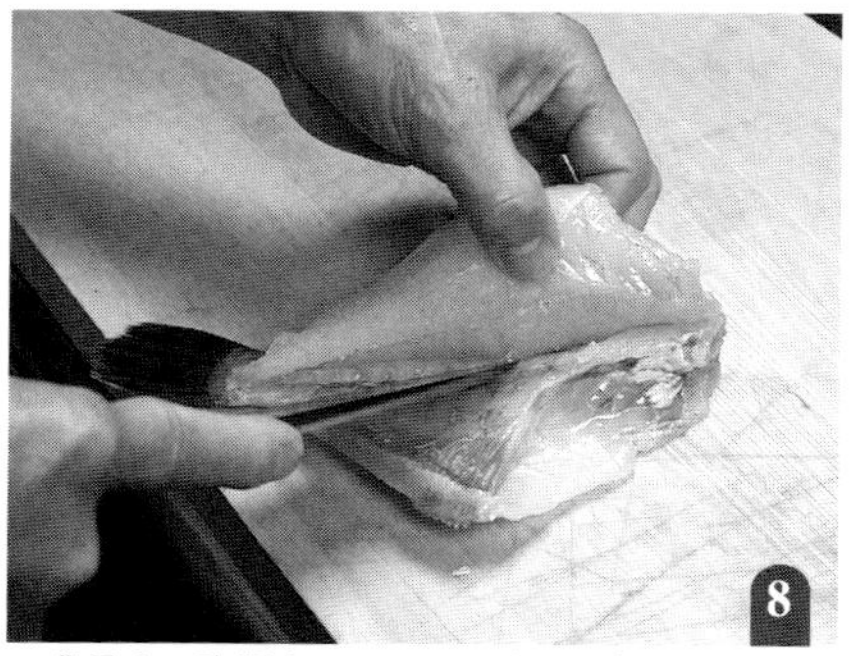

背骨まで腹側をおろしたら庖丁を起こし、おろし身を持ち上げて背骨と身を切りはなす。

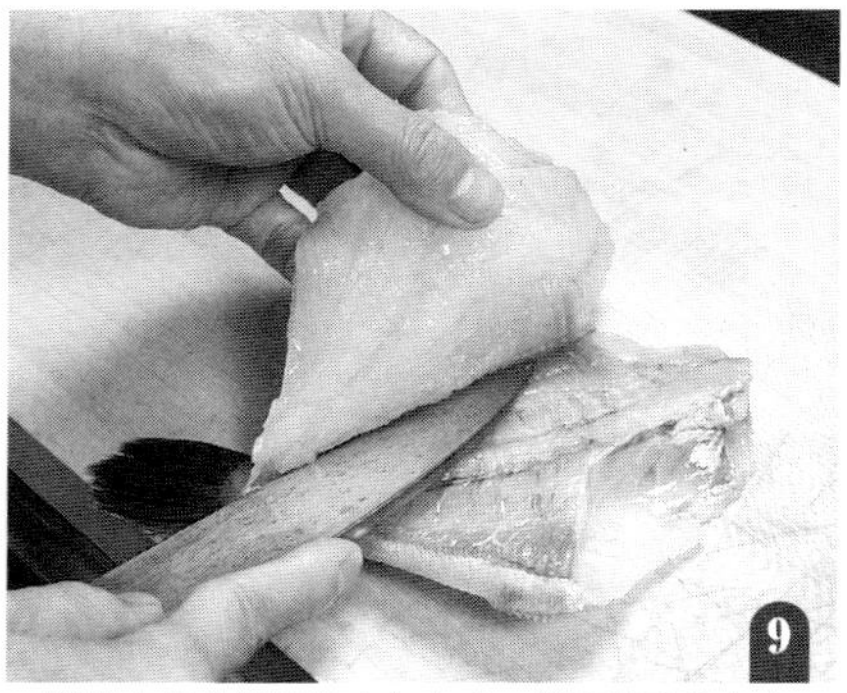

背骨と身を切りはなしたら、庖丁をややねかせ、おろし身を持ち上げながら背側をおろす。

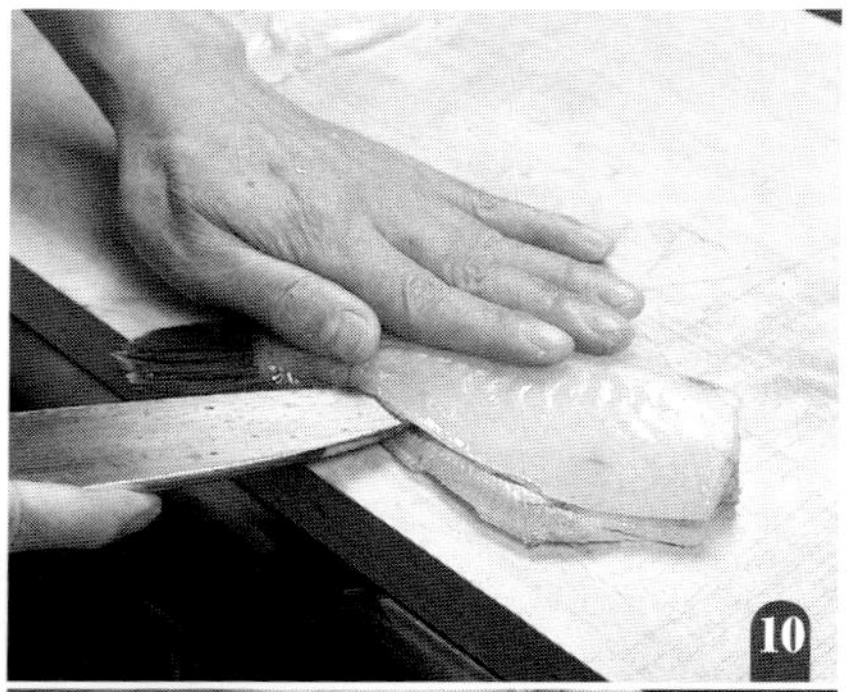

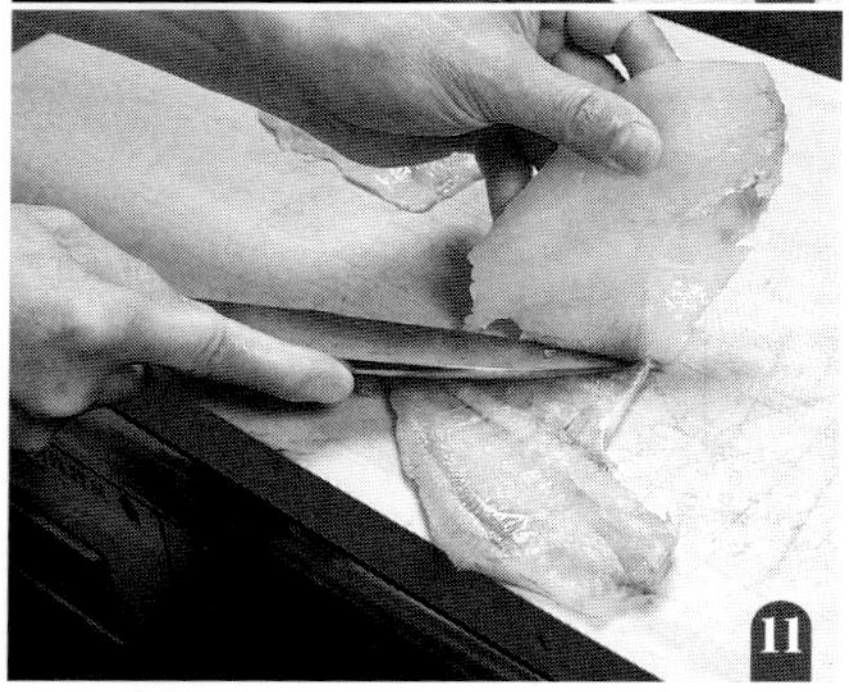

魚を裏返して上身を背側からおろす。下身と同じ庖丁使いで、背側の中骨、背骨、腹側の中骨の順に刃先を沿わせて上身をおろし取る。

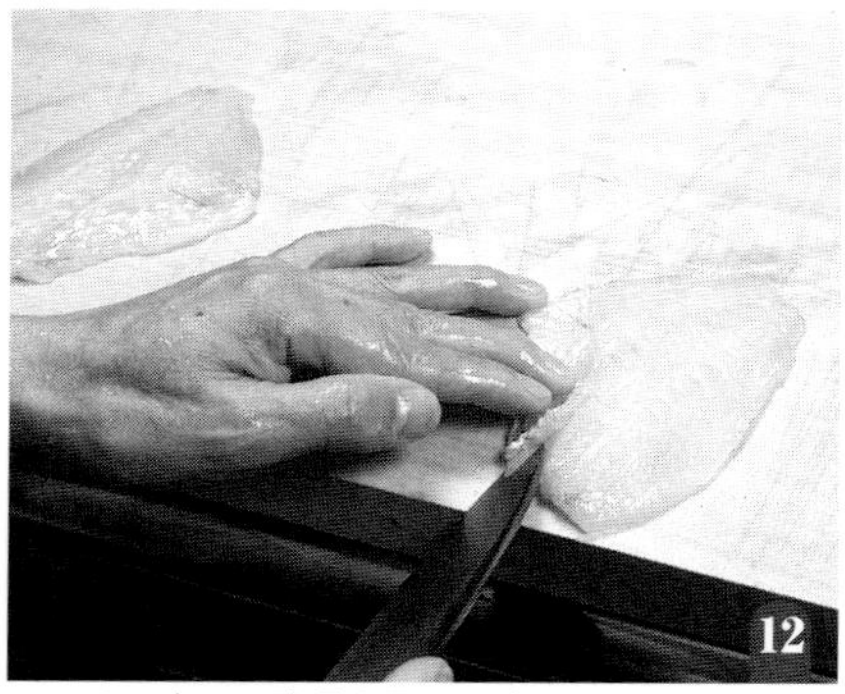

おろし身から腹骨を取る。庖丁をねかせ、指先を軽く添えながら身をつけずにそぎ切る。

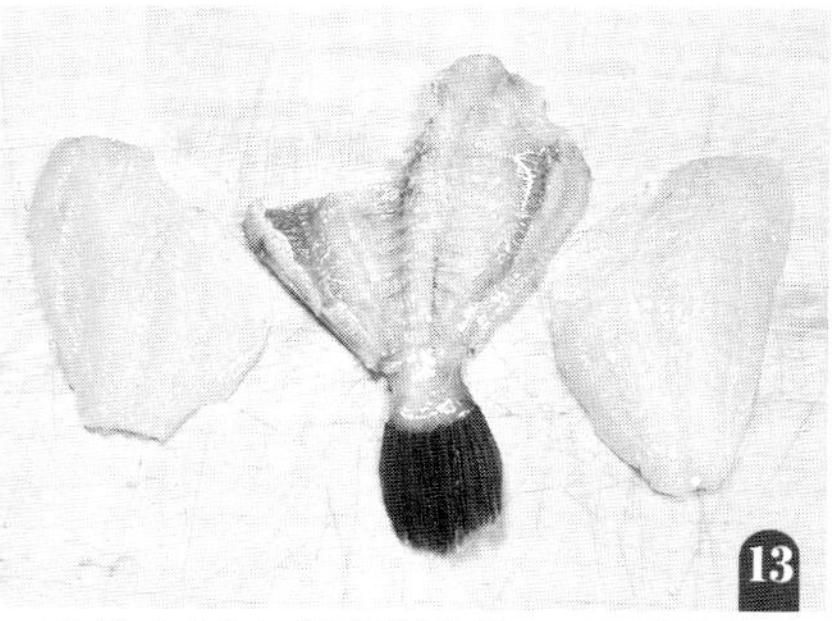

三枚におろした身には薄皮がついているので、刺身など生で使うにはさらに引く必要がある。

大名おろし

【サバの大名おろし】

サバは身がやわらかいため、途中で刃を止めずに背骨に沿って一気におろす大名おろしに。紡錘形の魚体もこのおろし方に適している。

内臓と血合いを水洗いして、頭を切り落とす

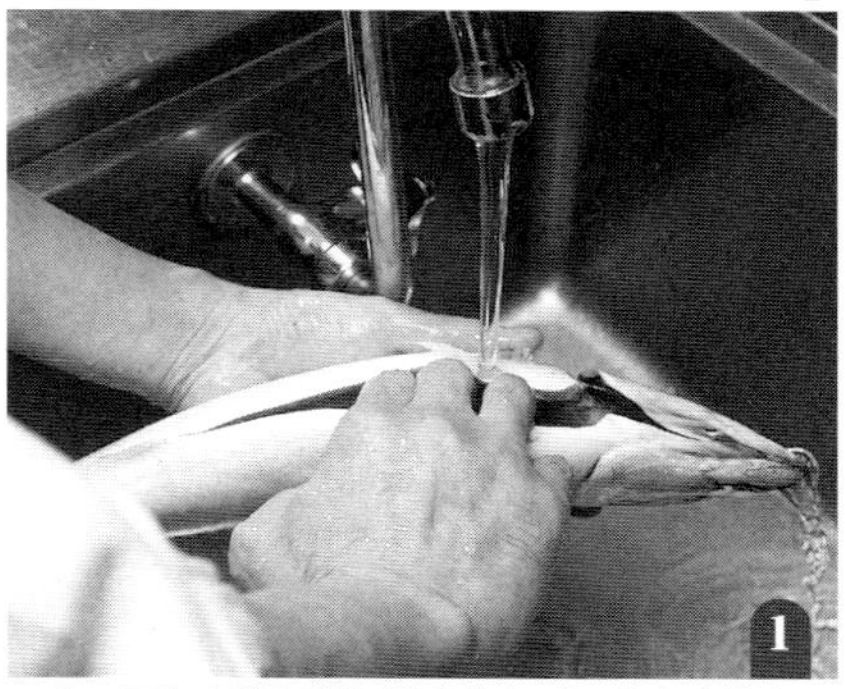

カマ下から腹に切れ目を入れてエラと内臓を取り出し、血合いを流水できれいに洗い流す。

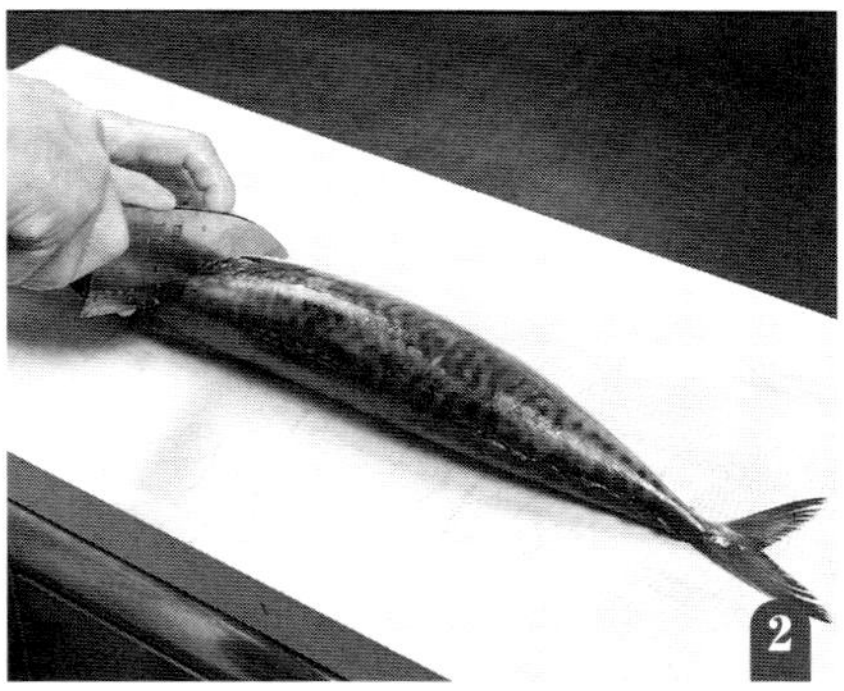

背を手前に置いて頭を切り落とす。庖丁を立てて、胸ビレの手前からまっすぐに押し切る。

頭の方から尾に向けて、一気に身をおろし取る

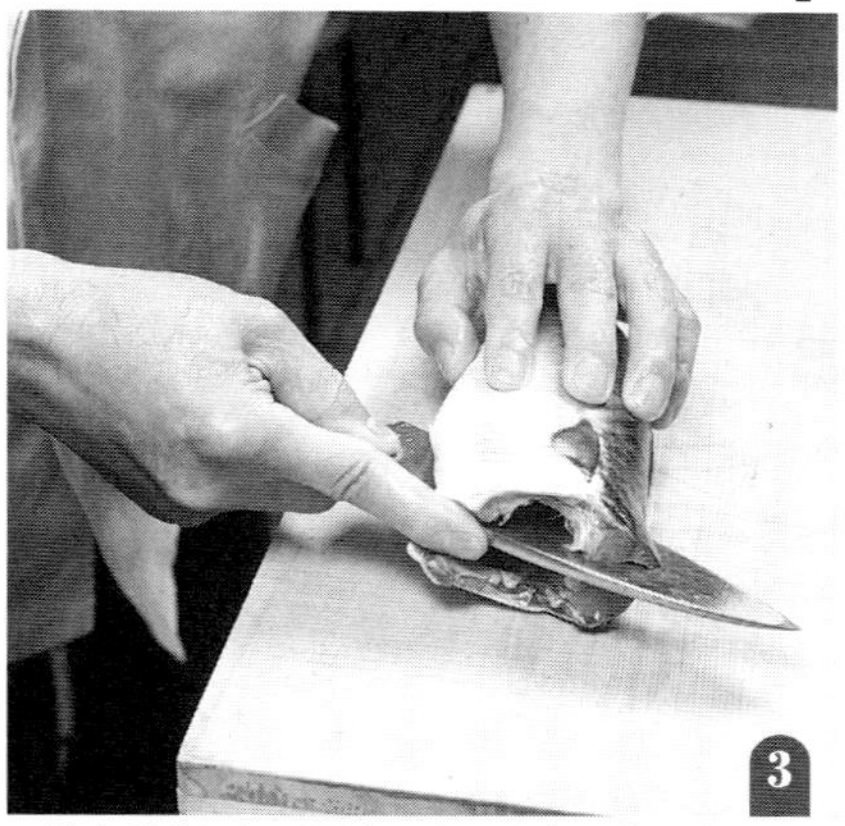

腹を手前にして下身からおろす。庖丁をねかせ、頭の付け根から背骨に沿って刃を入れる。

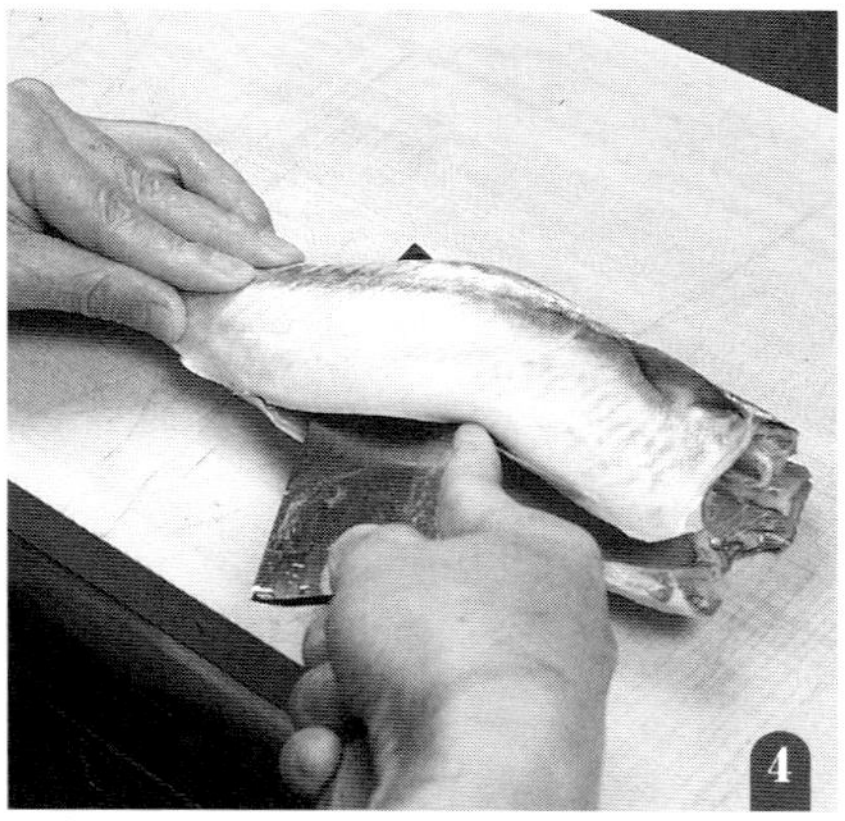

庖丁をねかせたまま、途中で止めずに尾の付け根まで一気に切りすすめて下身をおろす。

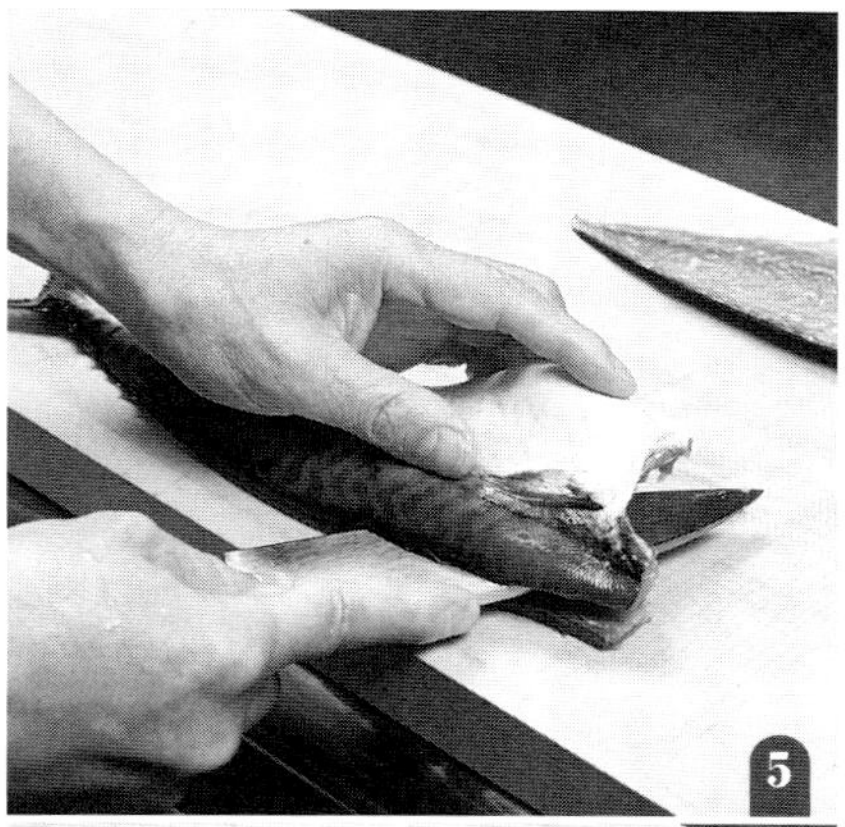

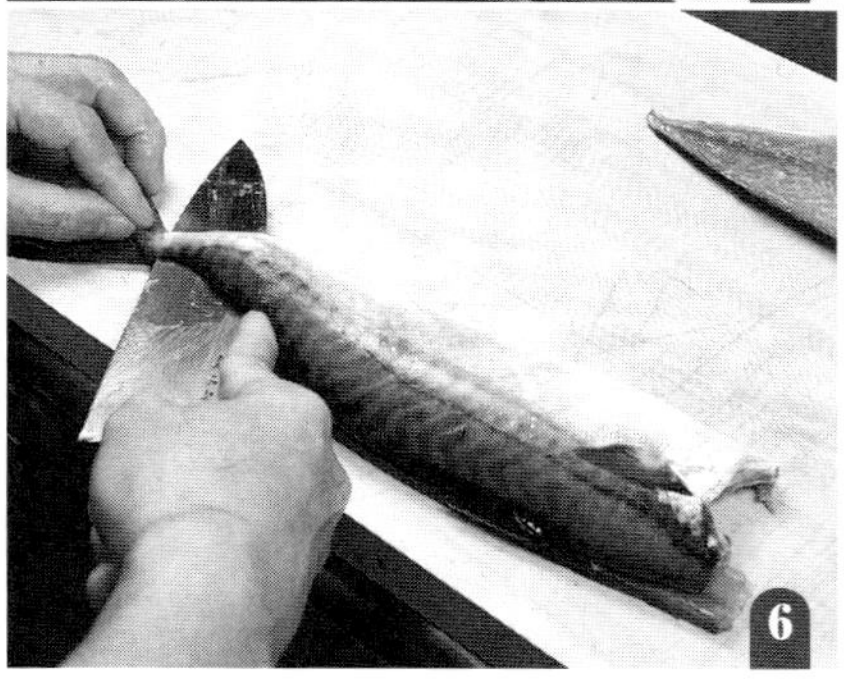

魚を裏返し、同じように上身をおろす。まっすぐに切りすすめながら、途中で手首を返して切っ先の向きを変えていき、刃先をより大きく動かすのがポイントだ。

骨に身がかなり残るが、やわらかいサバの身を傷つけずにきれいにおろすことができる。

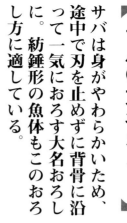

五枚おろし

【ヒラメの基本的な五枚おろし】

ヒラメには魚体に沿って特有のエンガワがあり、縁から庖丁を入れにくい。背骨から縁に向けて身をおろす五枚おろしが基本となる。

ウロコをすき取り、肝を傷つけず頭を落とす

上身のウロコを取る、ヒラメのウロコは細かく重なり合っているので刺身庖丁で引き切る。

下身のウロコも取る。庖丁をねかせて前後に細かく動かし、力を入れずに薄く引いていく。

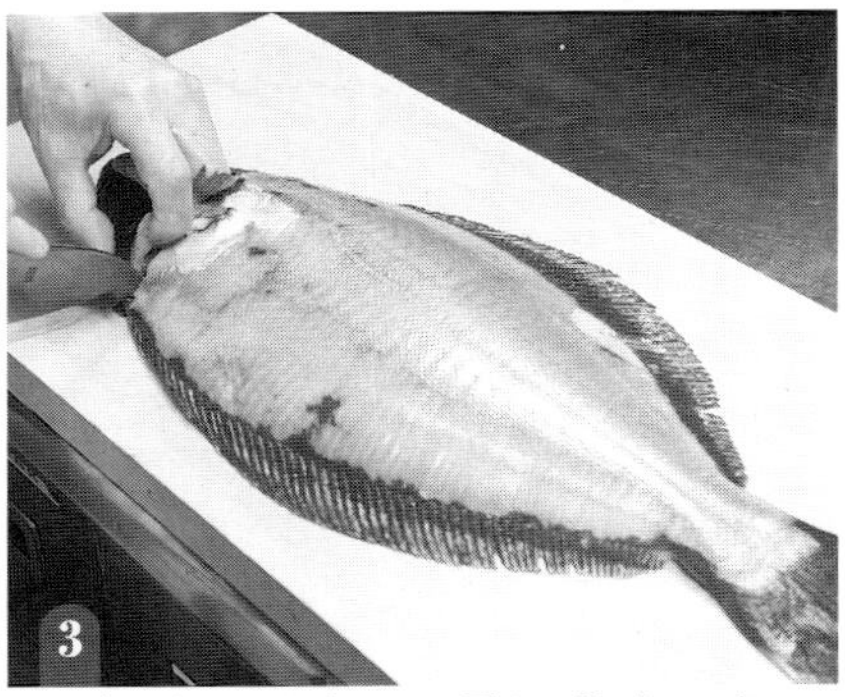

上身を上、頭を左にして置き、胸ビレの裏に切れ目を入れる。肝を傷つけないように注意。

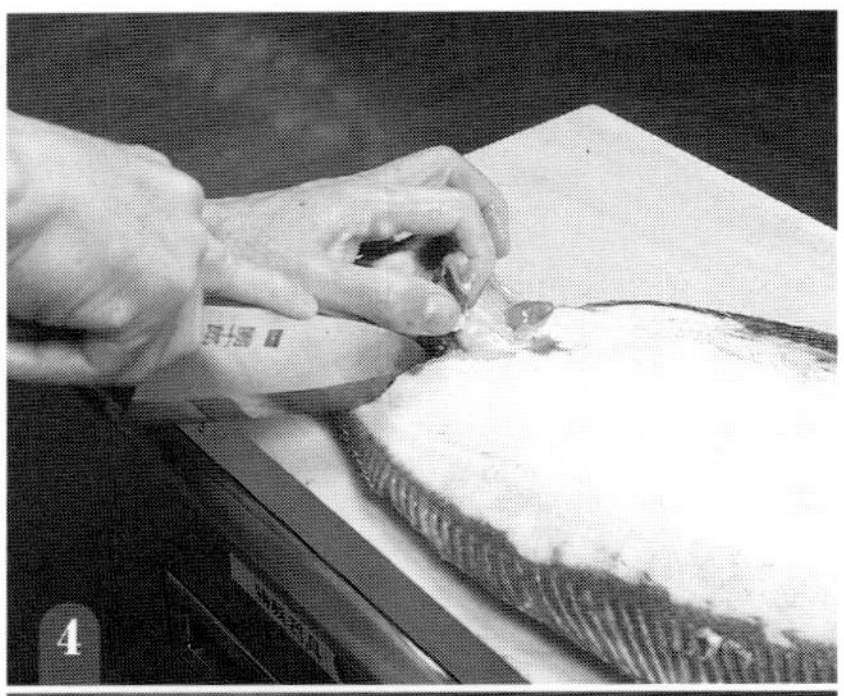

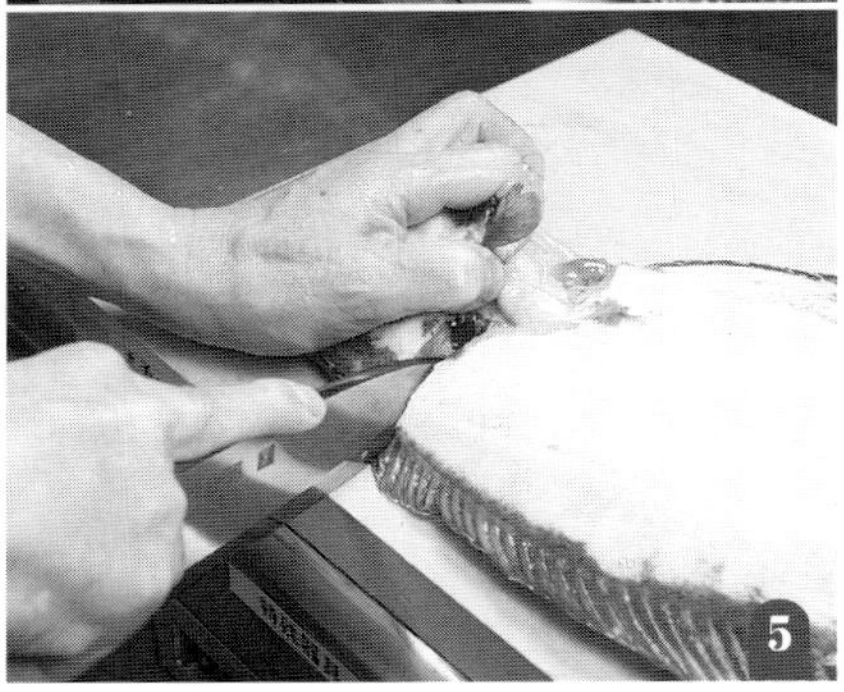

魚を裏返し、上身と同じように切れ目を入れる。アゴの部分にまっすぐ刃先をあてて庖丁の峰に手を添えて押し切り、頭を切り取る。

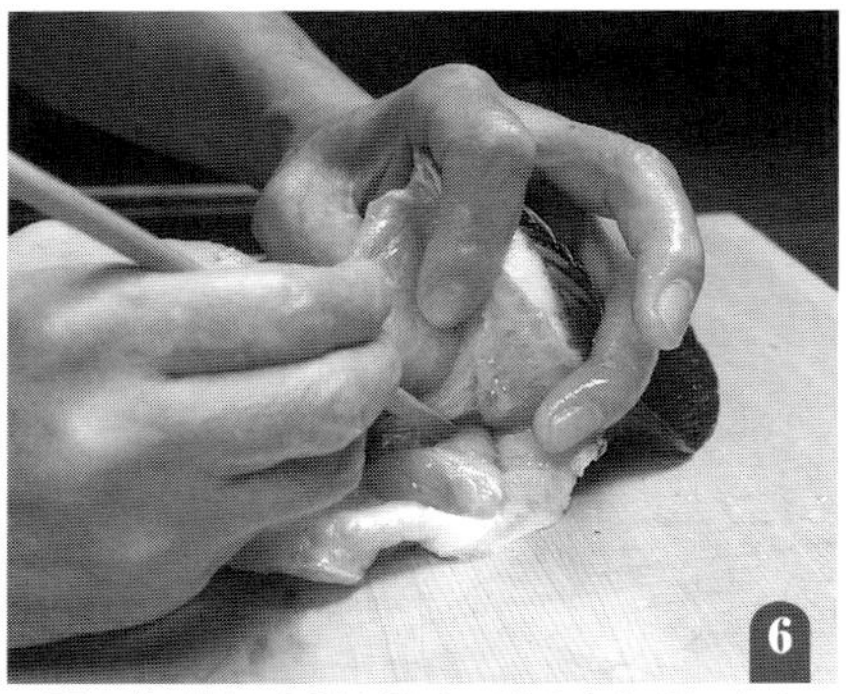

頭の付け根から肝を取る。肝のまわりにある薄い膜を菜箸で丁寧にはずして取り出す。

上身の側線を切り、腹側と背側の身をおろす

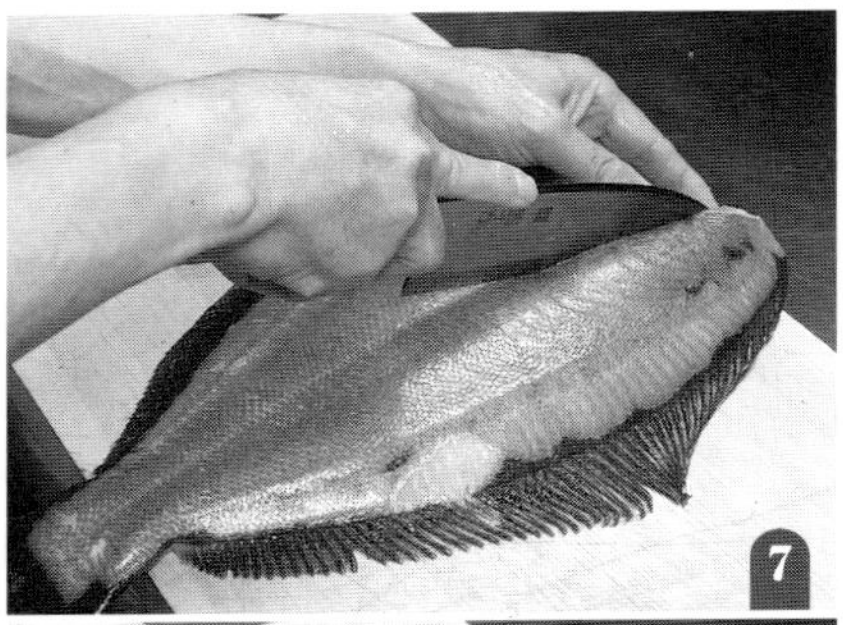

上身を上、尾を手前に置く。背骨のやや右側にある側線を、庖丁を立ててまっすぐ引いて切る。

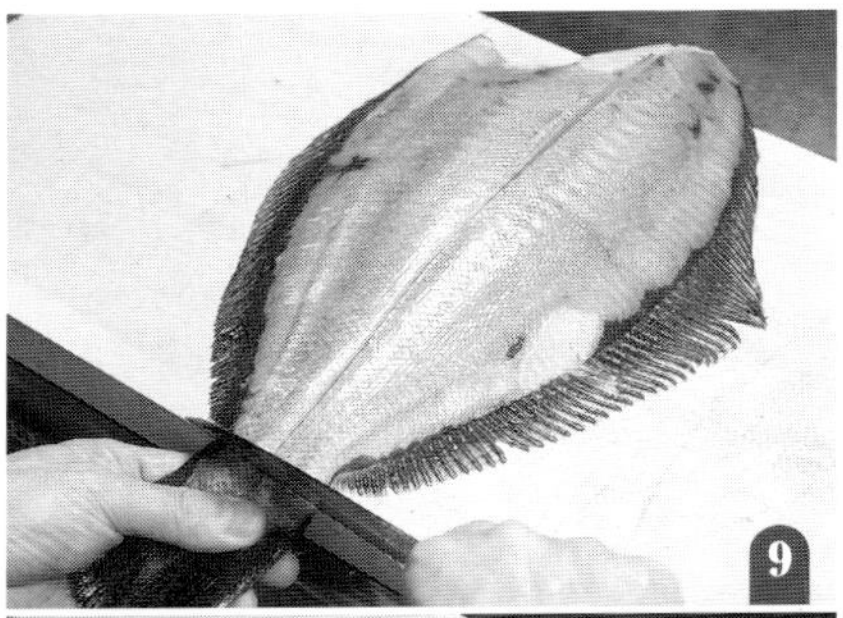

側線を切ったら、尾の付け根に切れ目を入れる。逆さ庖丁に持ちかえて、尾の付け根の切れ目から両側の縁にも切れ目を入れていく。

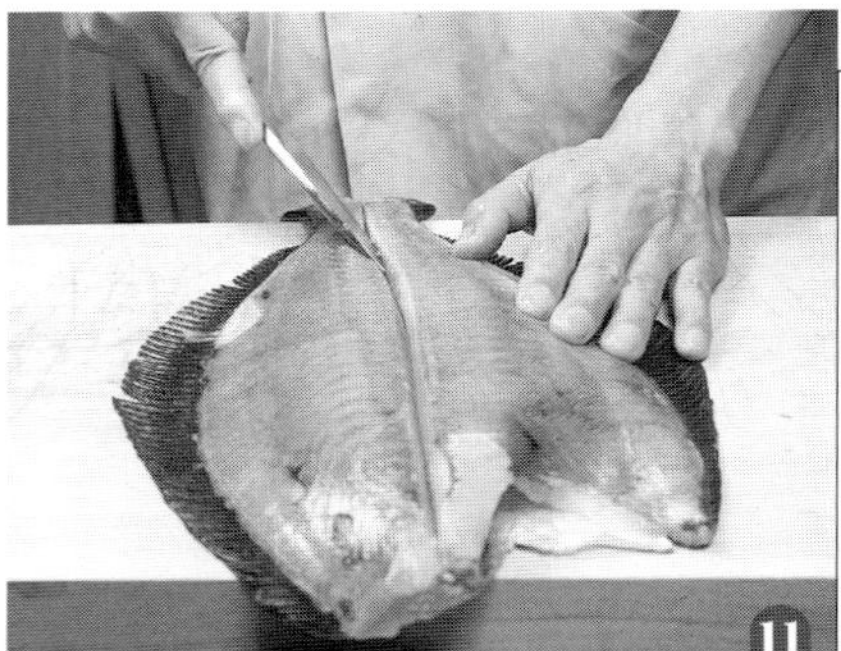

まっすぐに切った側線に庖丁を斜めに入れ、背骨と身を切りはなす。頭の方から尾に向け、背骨に沿って刃をすすめていく。

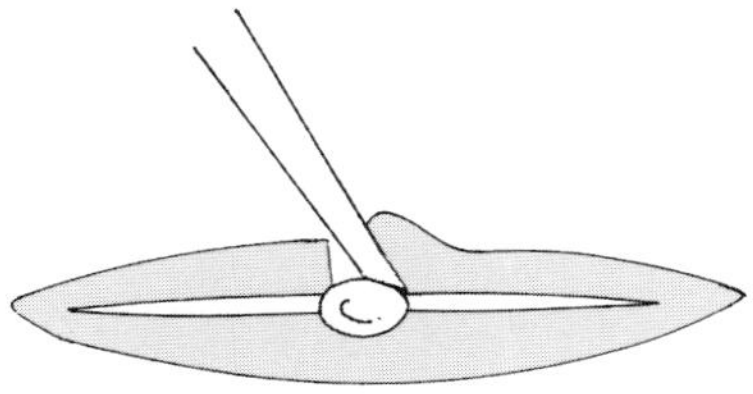

やや斜めに庖丁を入れ、刃先をしっかりと背骨に沿わせて身を切りはなす。身を無駄なくおろすポイント。

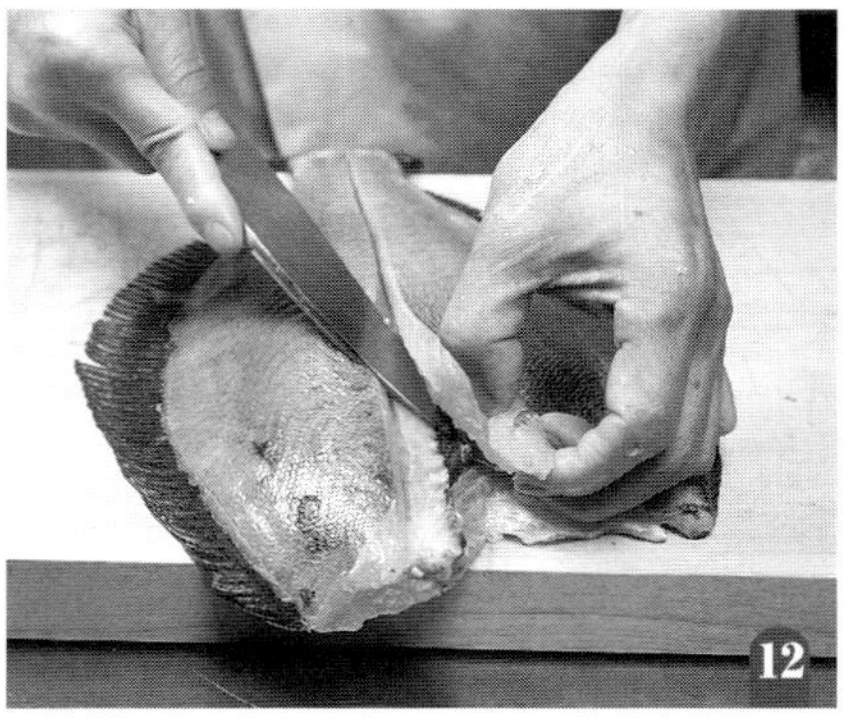

腹側の身からおろす。はじめに腹骨を背骨から切りはなしておく。一本ずつ丁寧に切る。

腹骨を切ったら、尾の方から腹側の身をおろしていく。身を持ち上げておろすのがコツ。

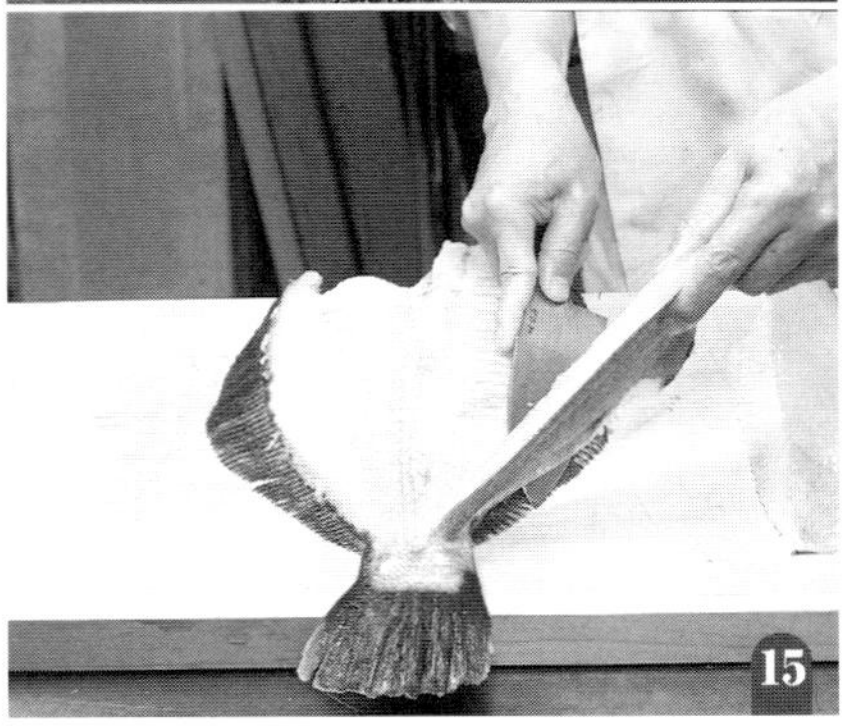

腹側の身をおろしたら、向きを変えて頭の方を手前にして背側の身をおろす。中骨にしっかりと刃先をあて、骨に身を残さずにおろす。

下身の背側と腹側の身も捌き、五枚おろしに

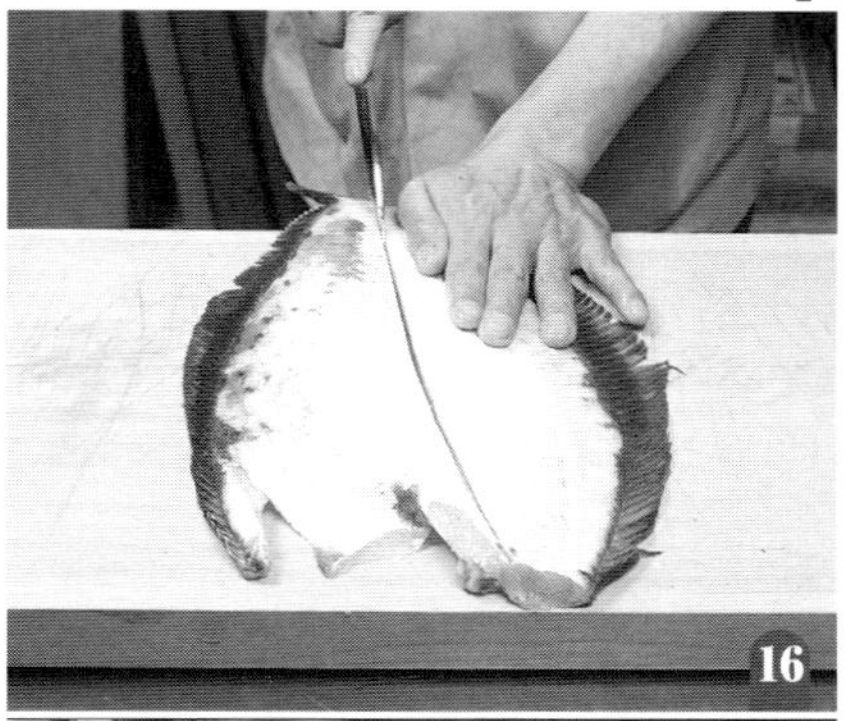

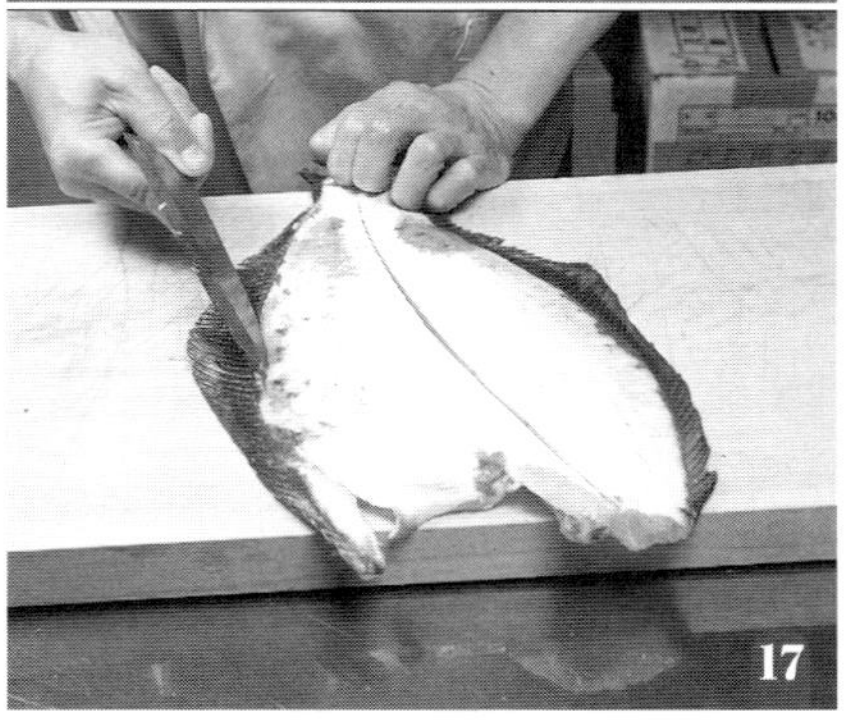

魚を裏返して尾を手前に置き、下身をおろす。まず側線を切ってから尾の付け根に切れ目を入れ、逆さ庖丁で両側の縁に切れ目を入れる。

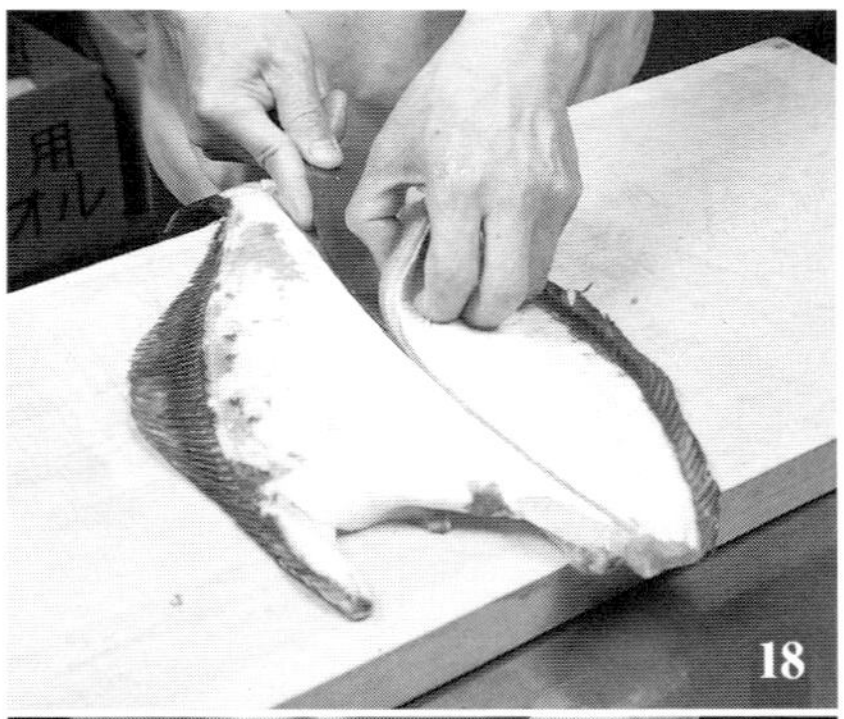

背側の身を尾の方からおろしていく。刃先は常に背骨から縁へ、中心から外へと動かす。

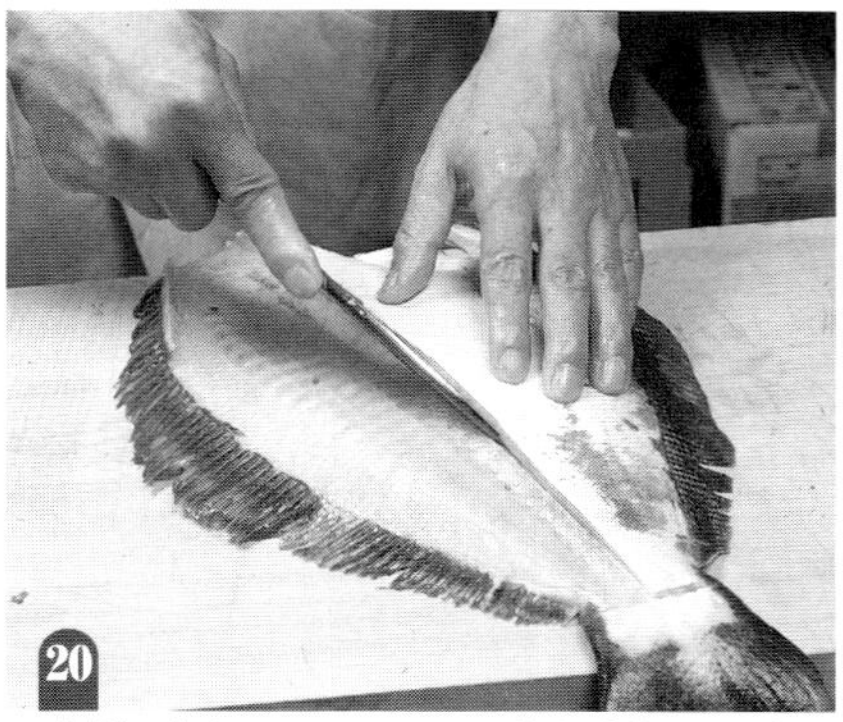

背側の身をおろしたら頭の方を手前にし、庖丁を傾けて背骨についている身を切りはなす。

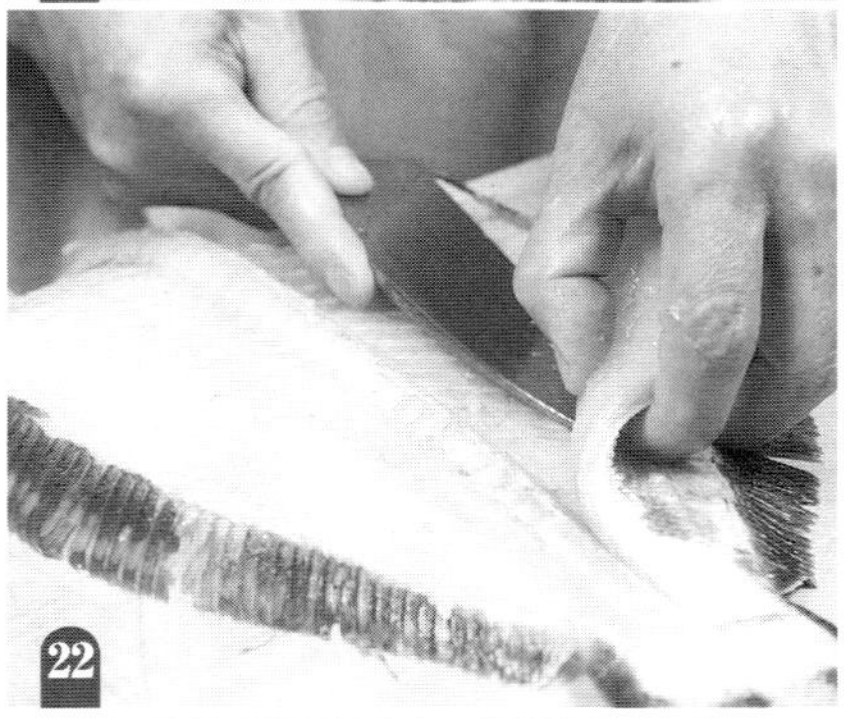

腹骨と背骨を切りはなし、腹側の身をおろす。上身をおろして魚が軽くなっているので、身は持ち上げず軽くつまみ上げる程度に。

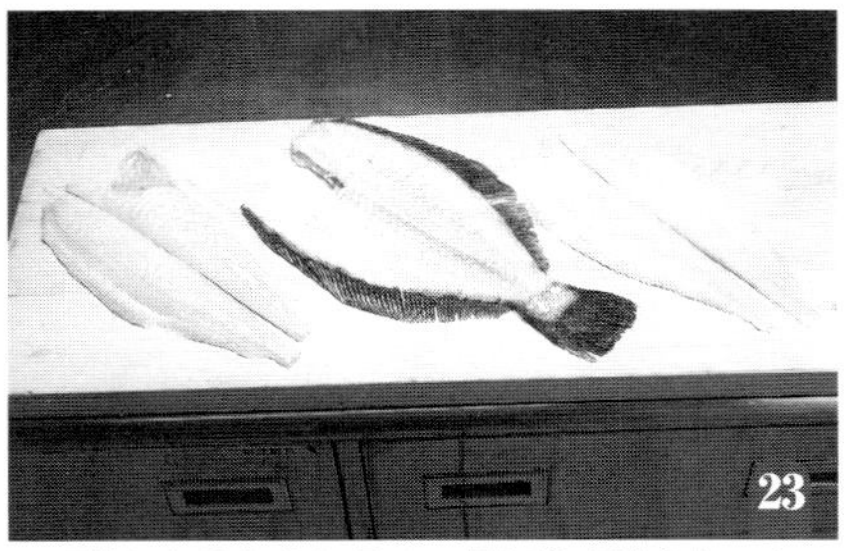

五枚におろしたヒラメ。骨に身を残さないためには、パリパリと中骨をこそぐ音がする程しっかりと刃先をあてておろすのがポイント。

カツオの身割れを防ぐ五枚おろし

身がやわらかく身割れしやすいカツオは、腹身と背身に分ける五枚おろしが向いてる。血合いが多いこともおろす上でポイントに。

硬いウロコをそぎ取り、頭ごと内臓を取り除く

1 頭をしっかりと押さえ、頭の付け根あたりにある硬いウロコをそぎ取る。

2・3 エラ蓋の裏側を切り、腹下の砂ずりを避けながら切りすすめて反対側のエラ蓋の裏も切る。

4 庖丁をまっすぐに立てて、頭と背骨の付け根を切りはなす。硬くないので簡単に切れる。

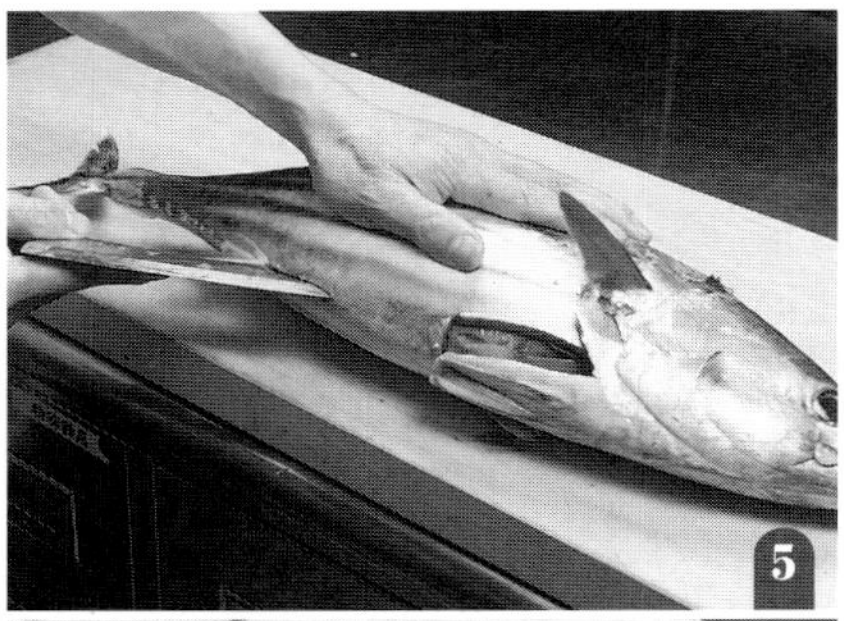

5・6 頭を右、腹を手前に置き、逆さ庖丁で内臓を傷つけずに腹皮を切って腹を開く。頭を腹の方へむしり取りながら内臓も一緒に取り出す。

長い骨のある背ビレと腹ビレを取り除く

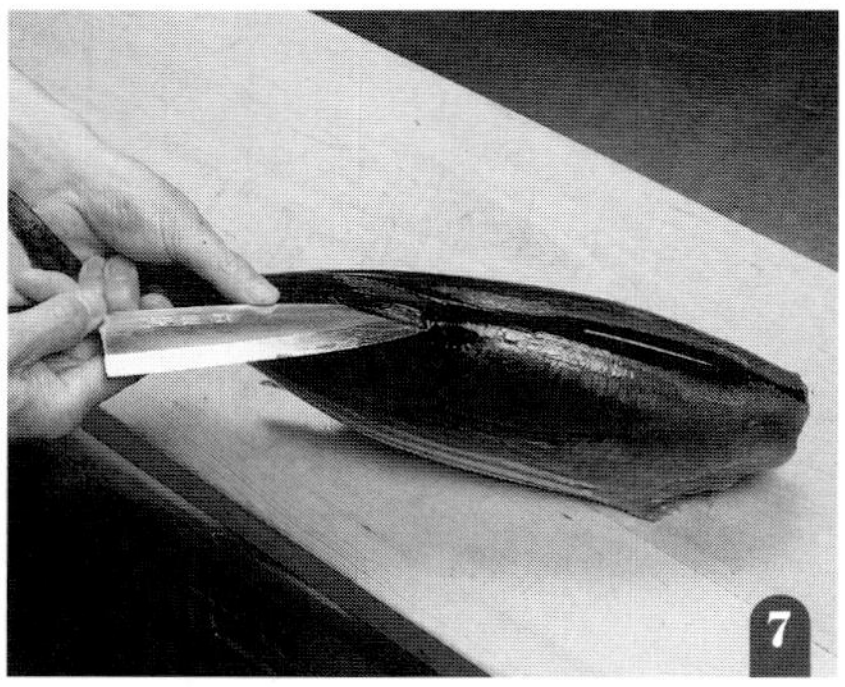

7 尾の方をしっかりと持ち、逆さ庖丁を立てて背ビレの横からやや斜めに切っ先をさし込む。

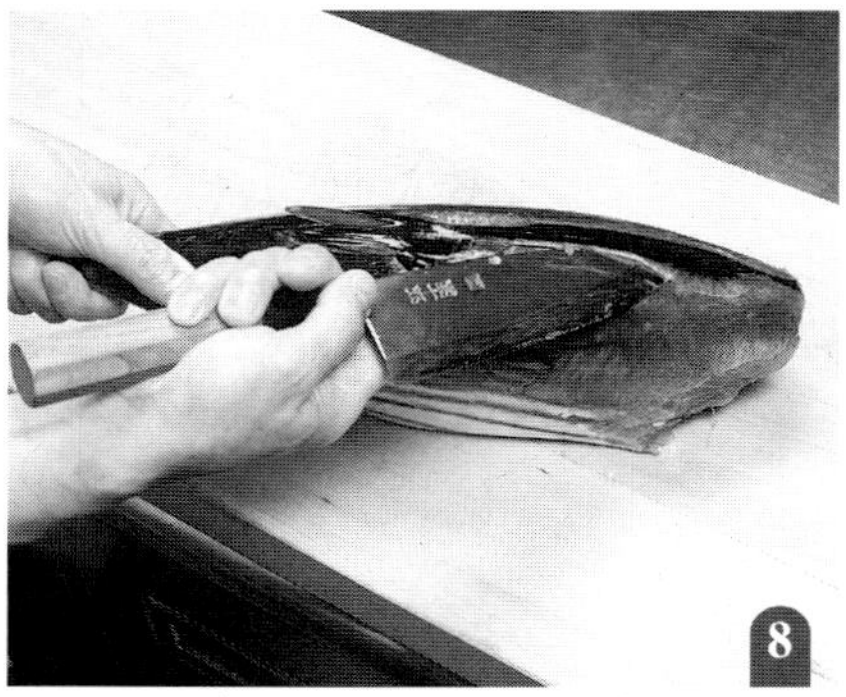

8 そのまま庖丁をねかせながら頭の付け根まで切っ先をすすめ、背の皮だけを引いていく。

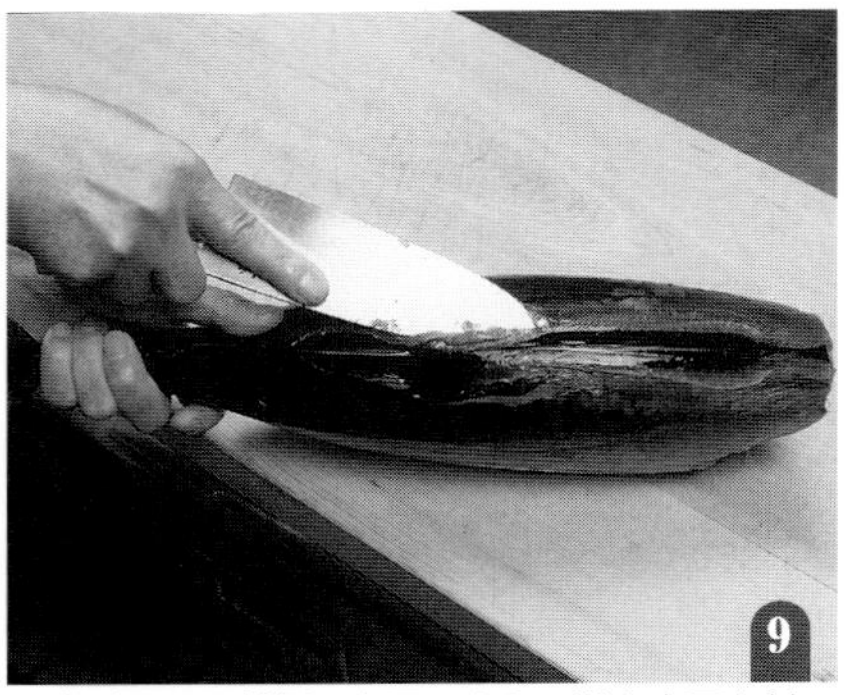

9 背ビレの反対側にも同じように逆さ庖丁を刺して、頭の付け根まで背の皮を引いていく。

10 刃元を使って背ビレを引っかけ、まな板に押さえつけながら骨ごときれいにむしり取る。

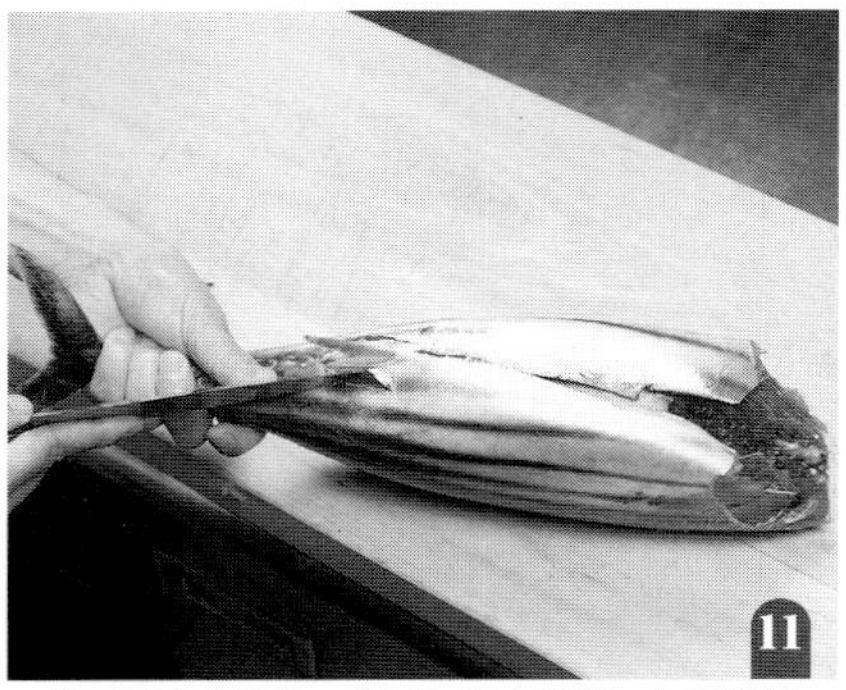

11 魚の向きを変え、腹ビレにも背ビレと同様に左右から逆さ庖丁をさし込んで腹の皮を引く。

12 切り込みを入れた腹ビレを庖丁の刃元でしっかり押さえて、骨ごと腹の身からむしり取る。

下身をおろし、すぐに腹と背に身を分ける

下身を上、腹を手前に置いて腹側からおろす。はじめに腹の縁に沿って浅く切れ目を入れる。

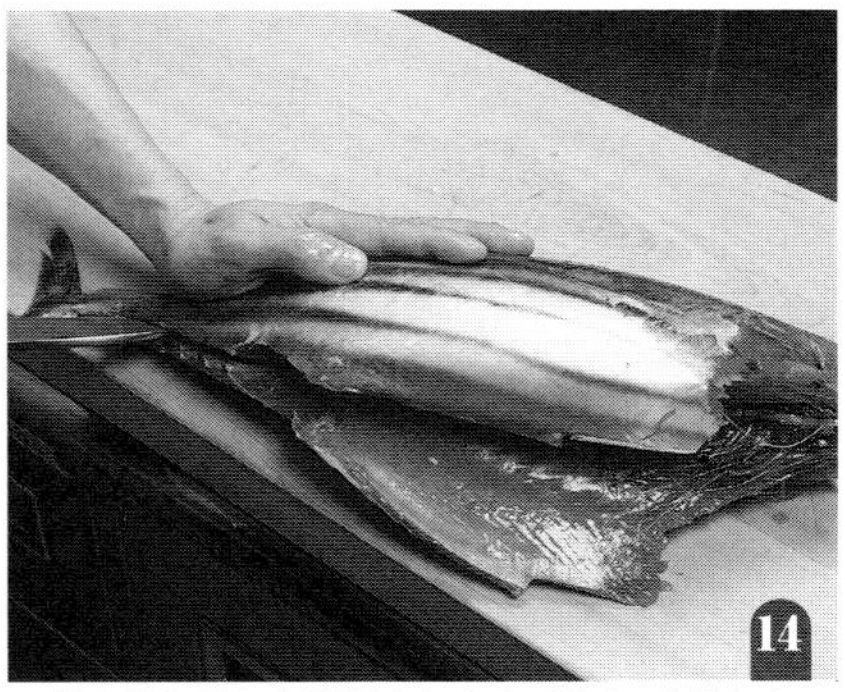

縁の切れ目から庖丁をねかせて入れ、中骨にしっかりと刃先をあてて背骨までおろしていく。

背骨までおろしたら刃先をやや上に向けて、背骨の側面についている身を切りはなしていく。

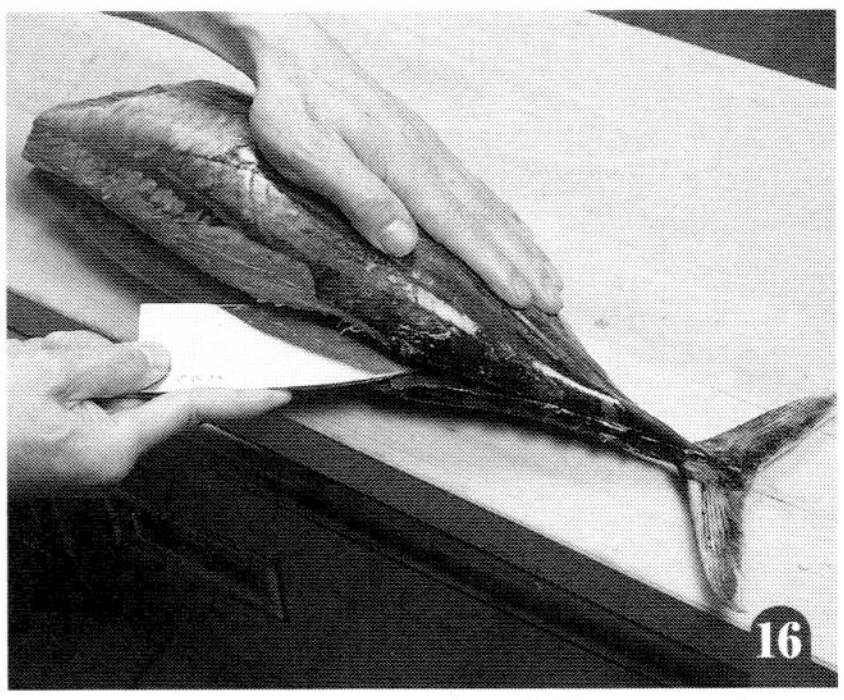

魚の向きを変え、背側の身を中骨までおろす。腹側をおろした時と同じ要領でおろしていく。

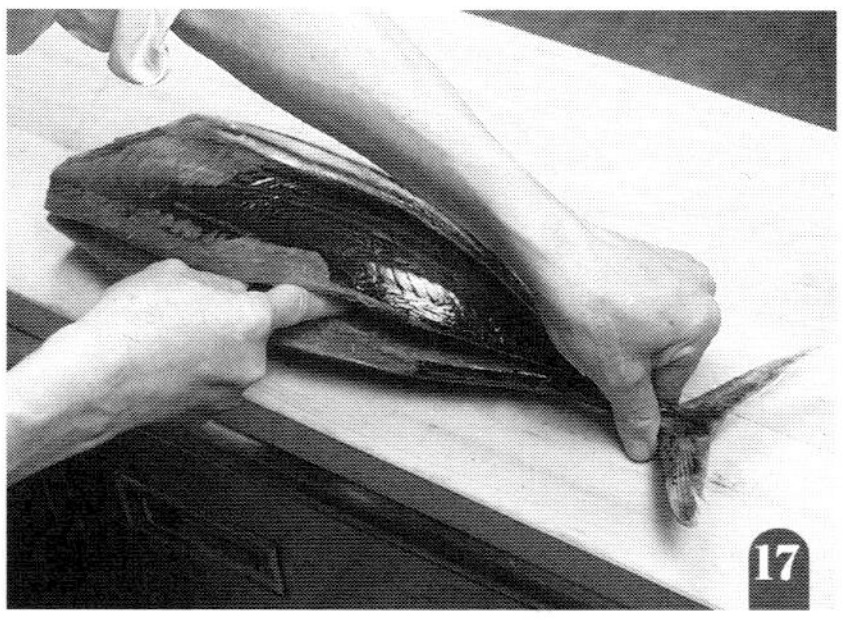

尾の付け根まで背骨と身を切りはなし、尾から頭の方へ背骨から下身を切り取る。

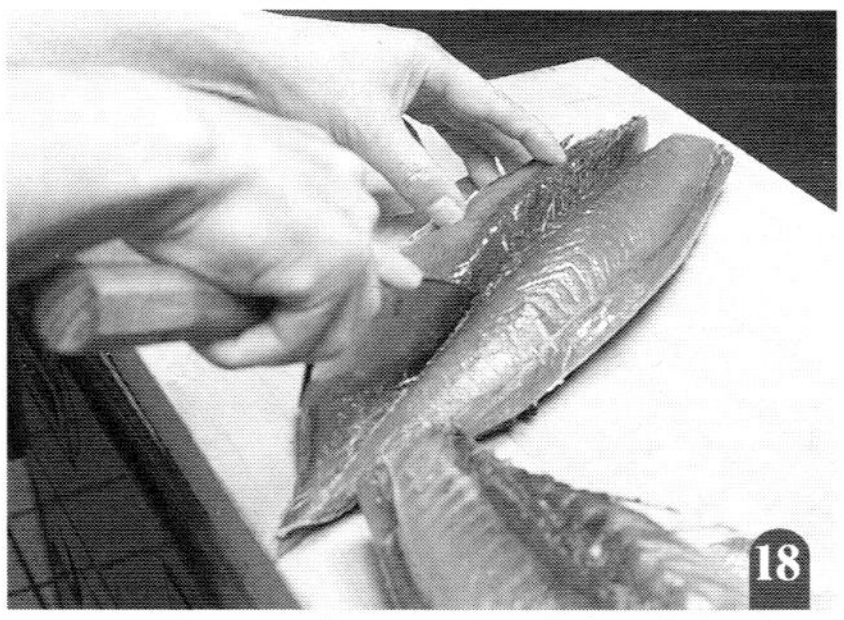

おろし取った下身を、すぐに背身と腹身に切り分ける。こうすることで身割れが防げる。

魚を裏返さずに上身をおろし、腹骨を切り取る

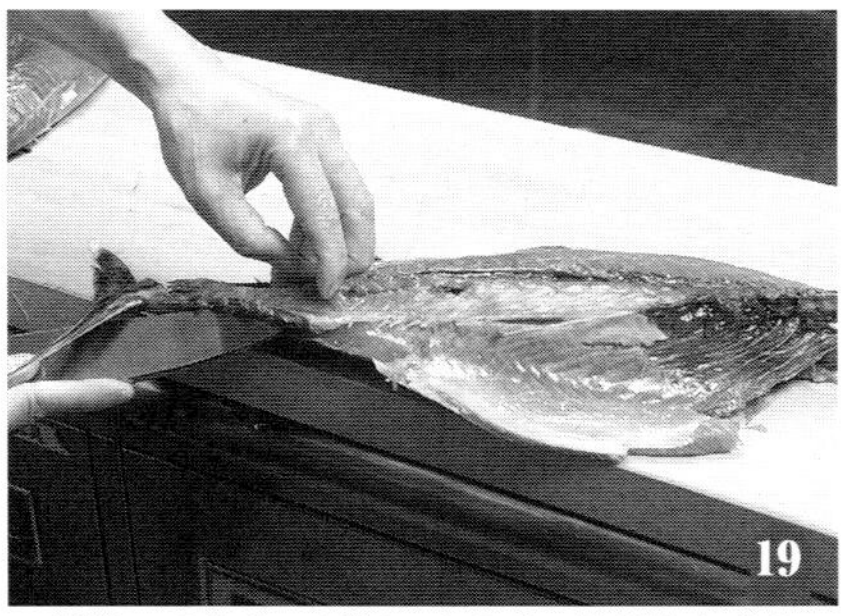

骨沿いの血合いが傷つくので、骨が上向きのまま上身をおろす。刃先の向きが下身と逆に。

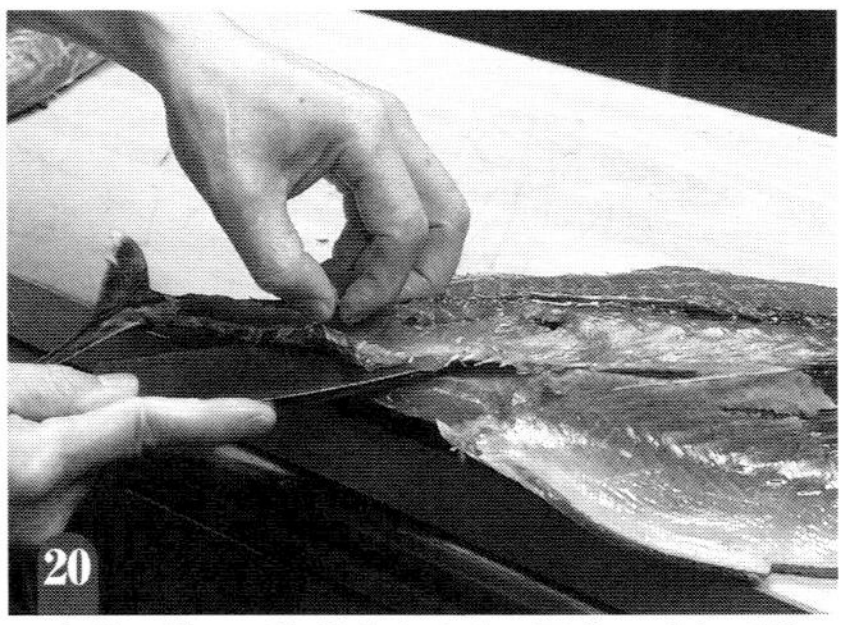

中骨に沿って腹側をおろす。下身の時とは逆に、下から上に向け刃先を中骨に押しあてる。

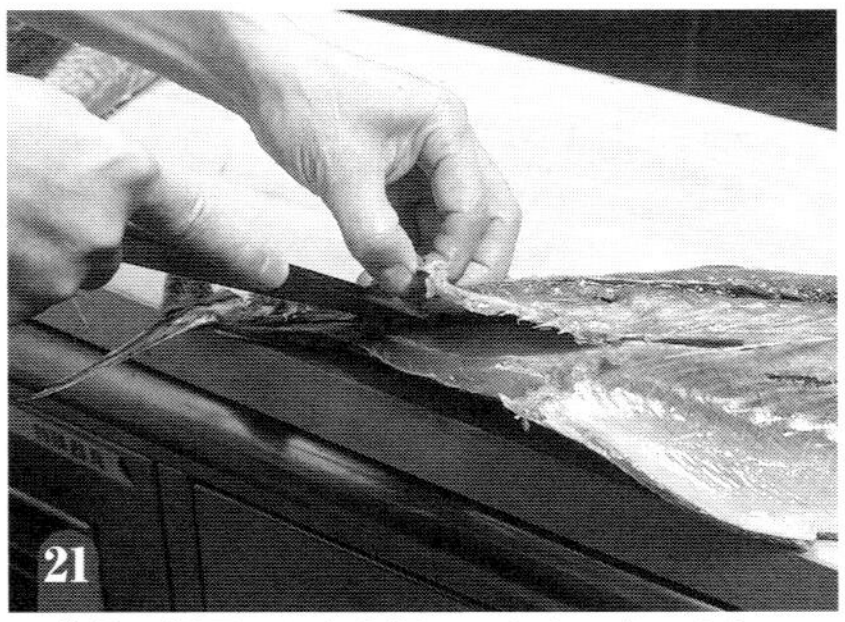

背骨の側面から身を切りはなす。庖丁を起こして刃先を下に向け、背骨に沿わせて切る。

向きを変えて背側の身をおろす。刃先より手元が下がるので、まな板の縁で仕事をする。

上身と背骨を切りはなす。刃先をやや上向きにしながら、骨に身を残さずにおろし取る。

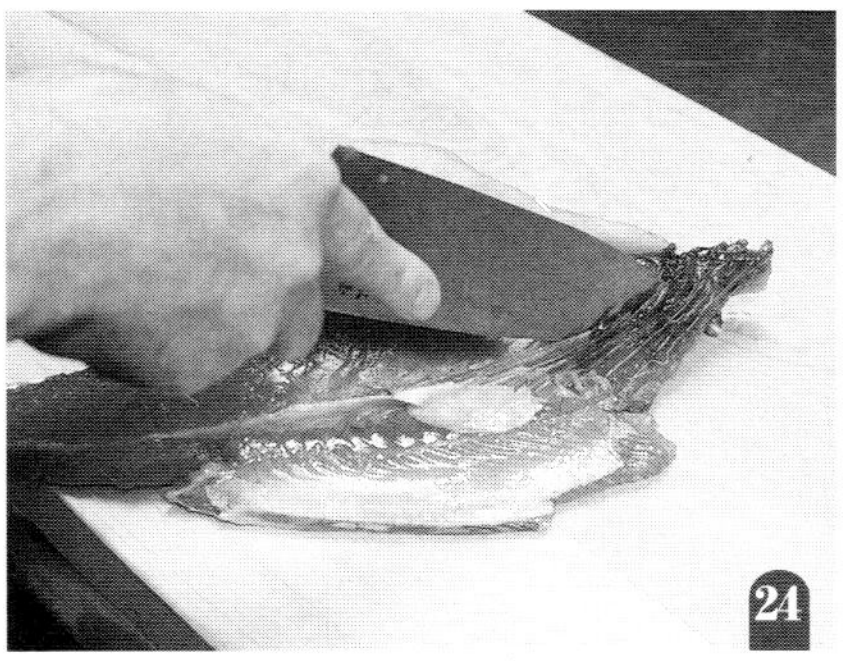

おろしてすぐ切り分けた腹身から、腹骨を切り取る。まず逆さ庖丁で腹骨の付け根を切る。

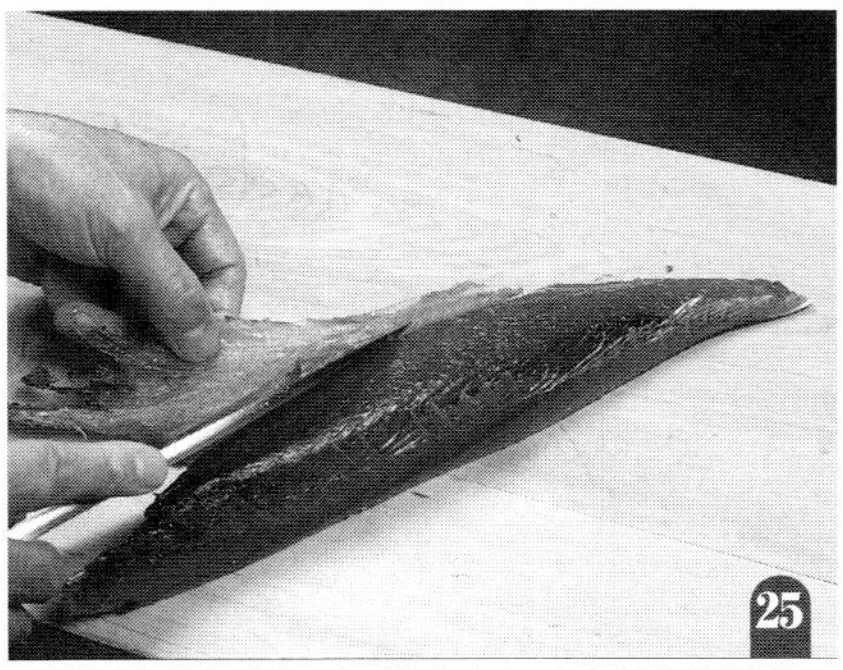

庖丁を持ち直して、刃をねかせながら腹骨をそぎ切る。身をなるべく残さずに薄く切る。

カツオの身はとてもやわらかく、身割れしやすいので、節に取る五枚おろしが適している。

背開き

【アナゴの関東式背開き】

アナゴを関東式の背開きにする。目打ちで頭をまな板に固定する長物魚独特の捌き方で、庖丁の切っ先を微妙に使う技術も必要である。

頭に目打ちし、庖丁の切っ先で背開きにする

頭を右に、背を手前にして置く。頭を真横に向かせ、目の裏側に庖丁の峰で叩いて目打ちをする。

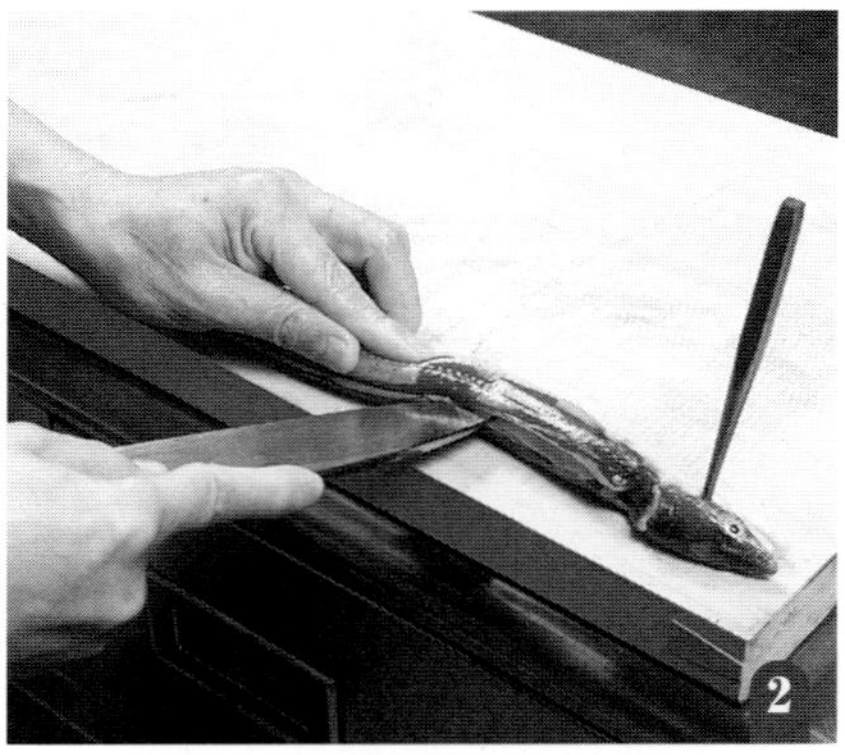

庖丁をねかせ、頭の付け根から背骨の上に沿って、切っ先で背側の身を切り開いていく。

血玉まで開いたら、庖丁の峰を左手の親指で、切っ先を身の上から人指し指で支えて尾まで開く。

身を開いたら内臓を取り除く。指先で内臓をつまみ、心臓と苦玉を傷つけないように切っ先で切り取る。

背骨をおろして、ヒレを庖丁の切っ先で引く

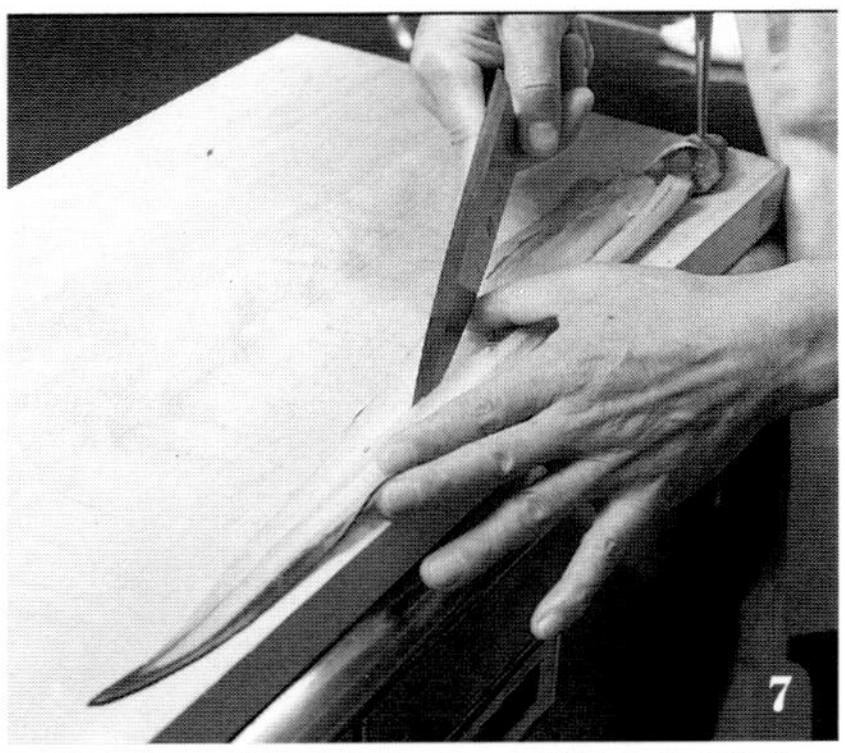

逆さ庖丁で頭から尾に向けて背骨と身の間を切り、背骨を起こしておろしやすくする。

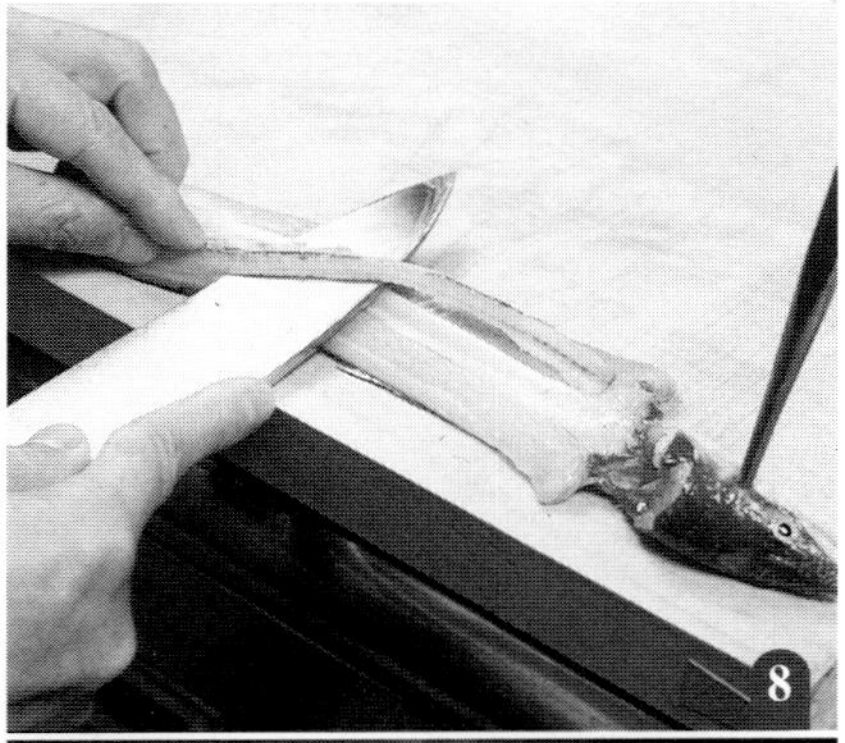

背骨をおろす。庖丁を前後に動かして切りすすめ、身が細くなる所からは小刻みに叩くようにおろし、切り取らずに尾の付け根に残す。

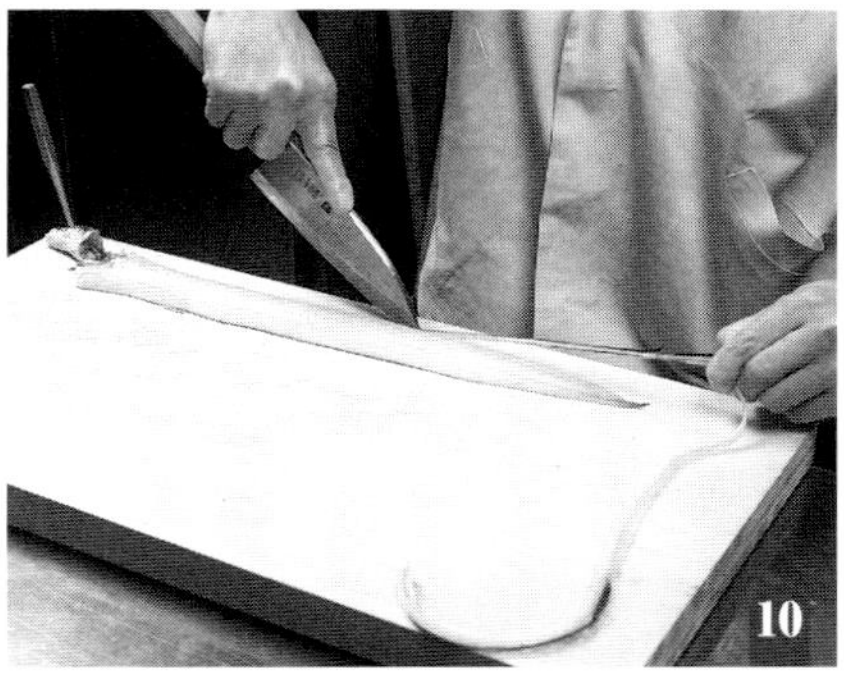

おろした背骨と尾を切り取りながら手で引っ張り、つながっている背ビレを庖丁の切っ先で引く。

斜めに刃を入れて背骨と尾を身から切りはなし、そのまま背ビレに沿って刃をすすめる。

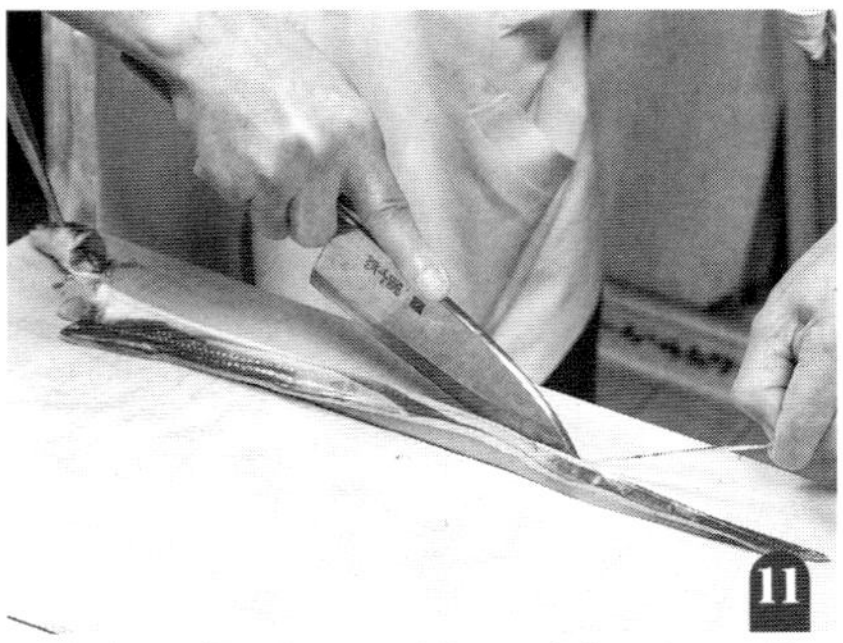

背ビレを切り取ったら開いた身をたたみ、反対側についている腹ビレも切っ先で引き切る。

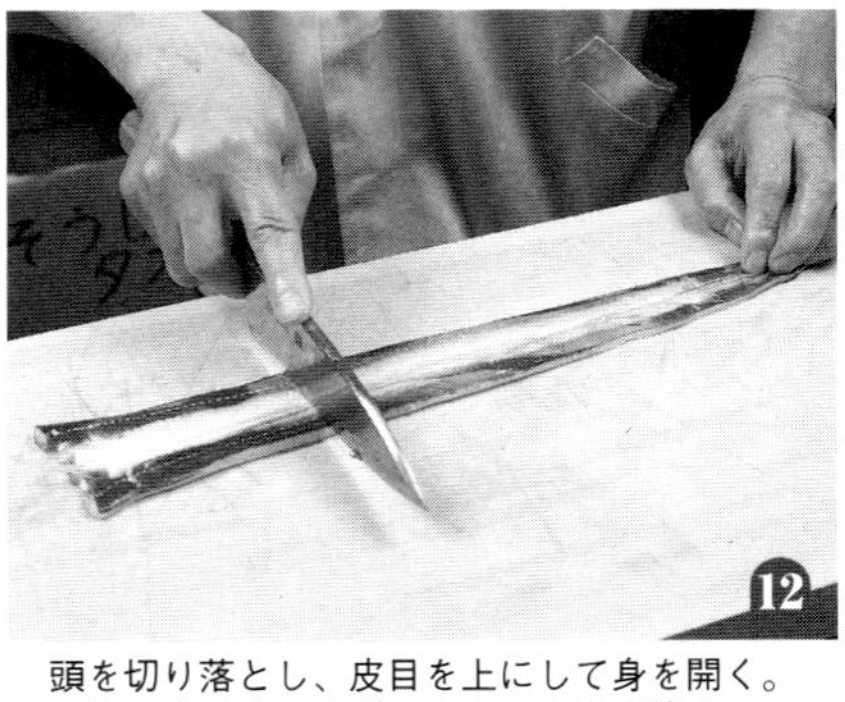

頭を切り落とし、皮目を上にして身を開く。刃先で皮目をこそぎ、ぬめりを取り除く。

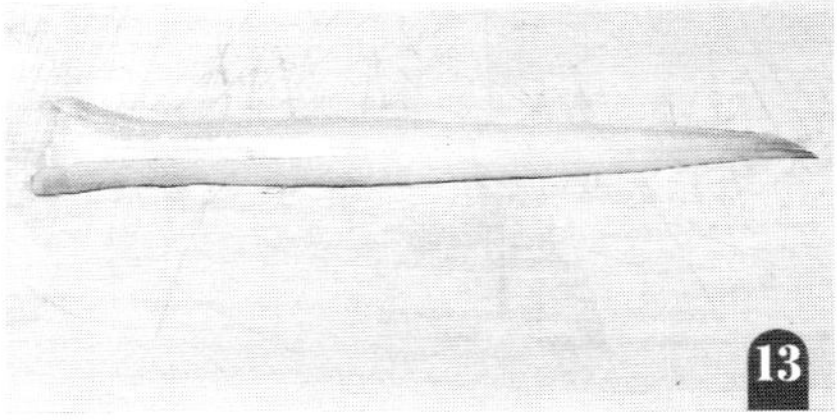

背開きしたアナゴ。身を傷めずに背骨をおろすことが、きれいな形に仕上げるポイントだ。

サンマの背開き

生干しや味醂干しなど、干物にすることの多いサンマの背開き。頭をそのまま残し、尾までおろした身を片側に開く片袖の背開きに。

頭の付け根から尾まで、一気におろして開く

頭を右、背を手前に置き、胸ビレの下からまっすぐに中骨まで切り込む。

中骨に沿って庖丁を入れ、腹の皮だけ残しながら一気に尾の付け根まで切り開く。

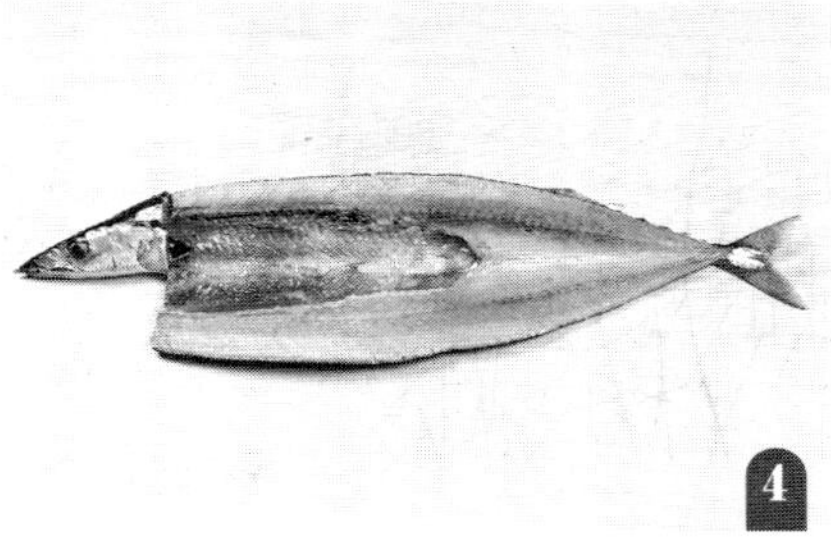

内臓をきれいに取って、見栄えのよい片袖の背開きに。

【キスの背開き】

キスを使う代表的な料理といえば天ぷら。大きな一枚の身に開く背開きにする。小魚なので身を無駄にせずおろすことが重要である。

ウロコを取り、頭を落として内臓を掻き出す

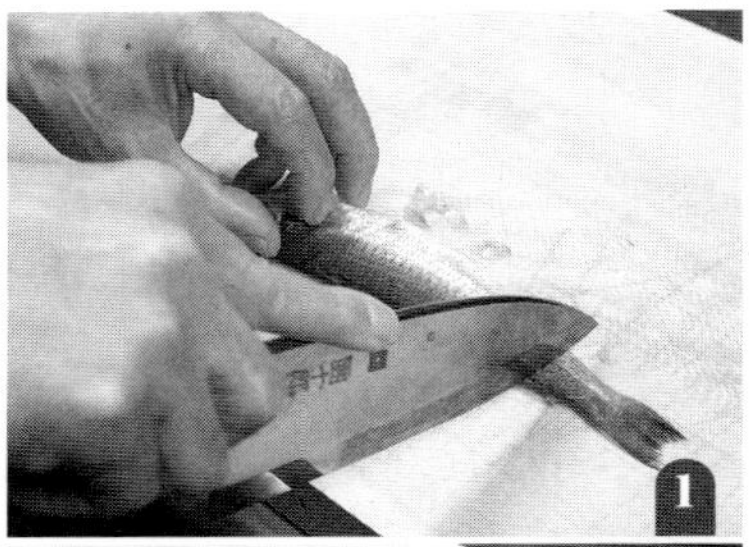

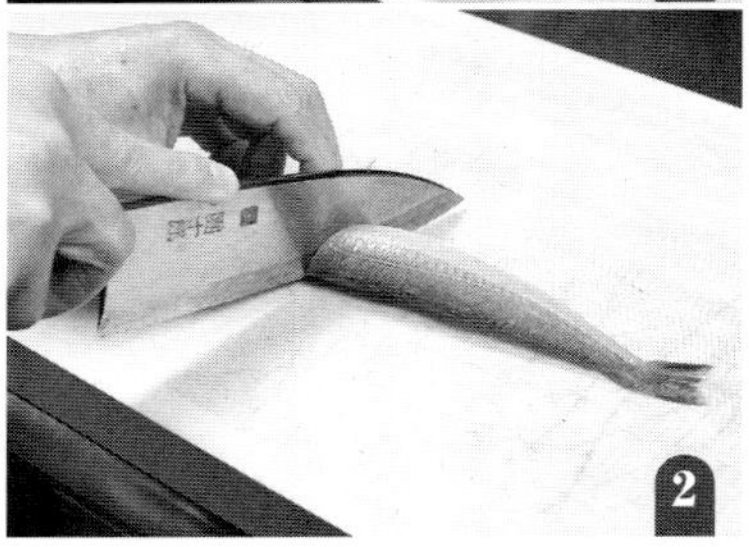

キスのウロコは細かくても硬いので、刃先で丁寧に取り除く。頭は胸ビレの裏からまっすぐ切り落とす。

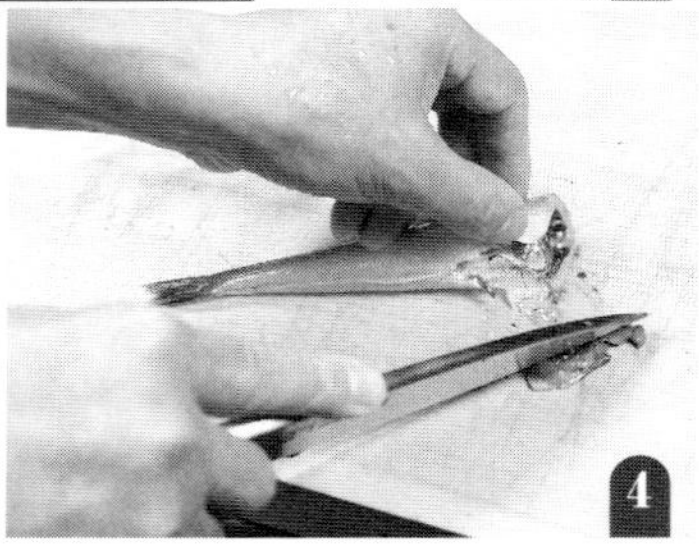

頭を落としたら、逆さ庖丁で腹の皮を切り開く。刃先を使って内臓を掻き出す。

下身から背開きにし、上身から骨を切り取る

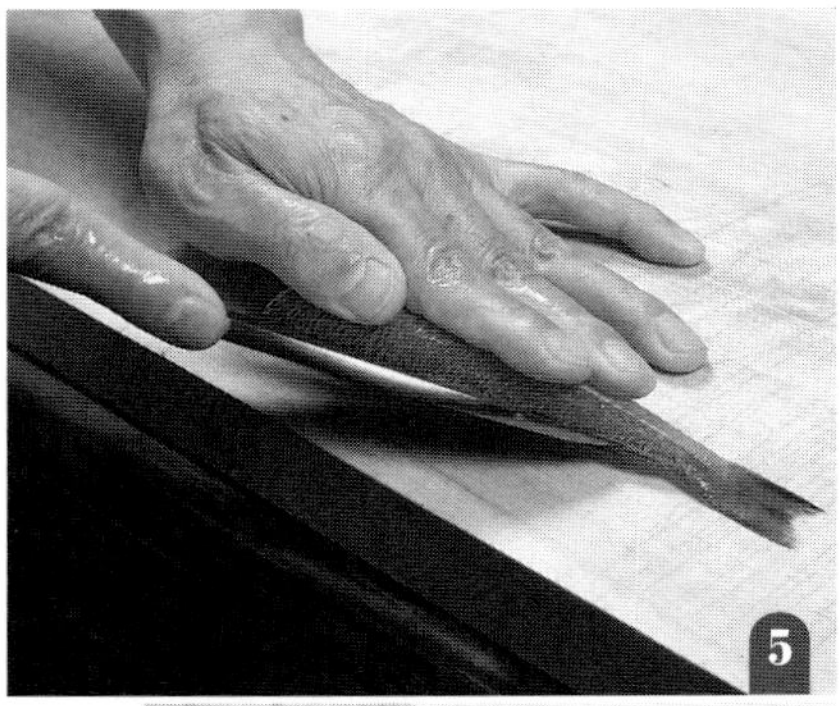

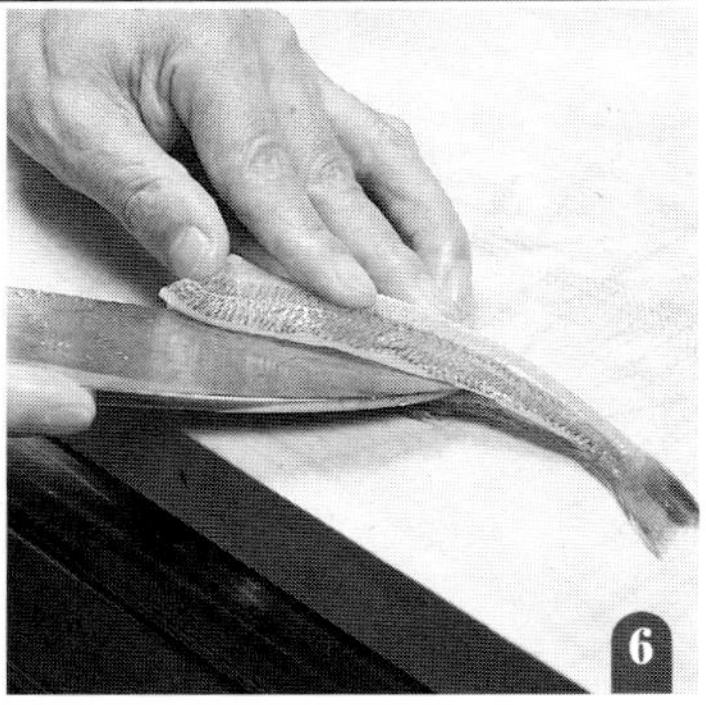

下身の背側からおろす。背の縁に浅く切れ目を入れて、中骨に沿って切り分けないように腹までおろす。

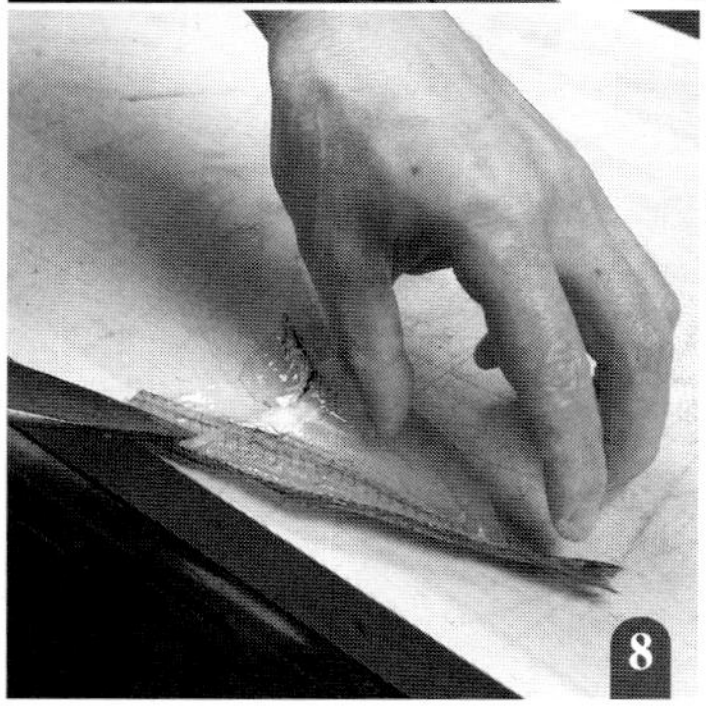

腹までおろしたら庖丁を少し立てて、切っ先で腹骨の付け根を背骨から切りはなして身を完全に開く。

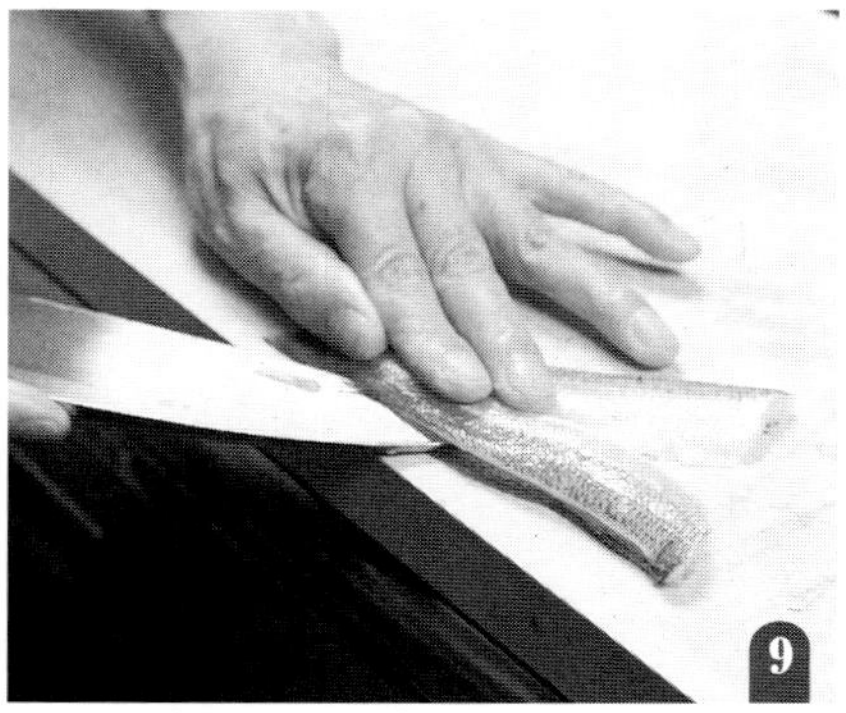

開いた身を下に、上身の背側を手前に置く。背の縁を切り、中骨に沿って上身をおろす。

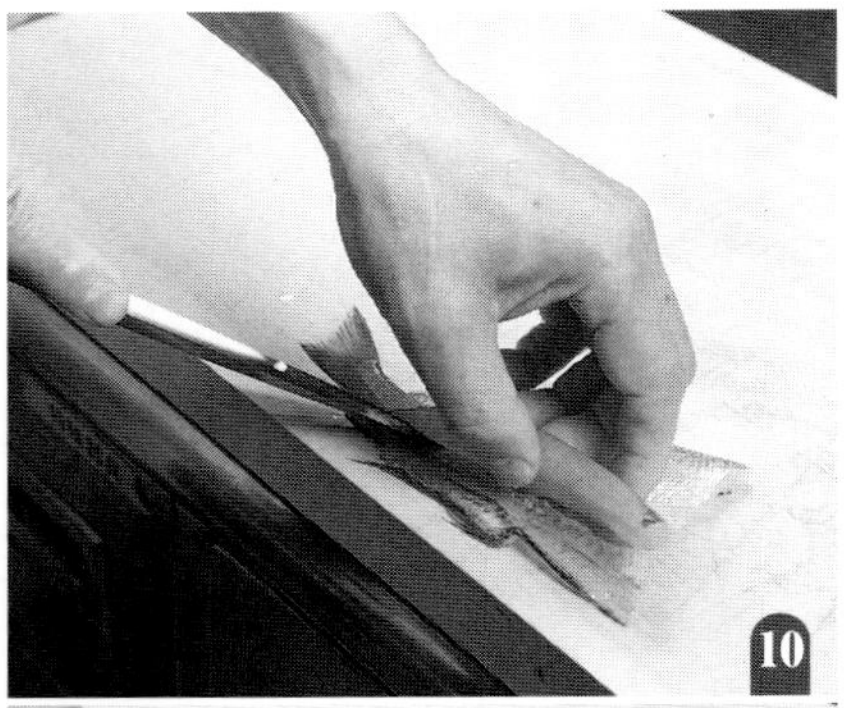

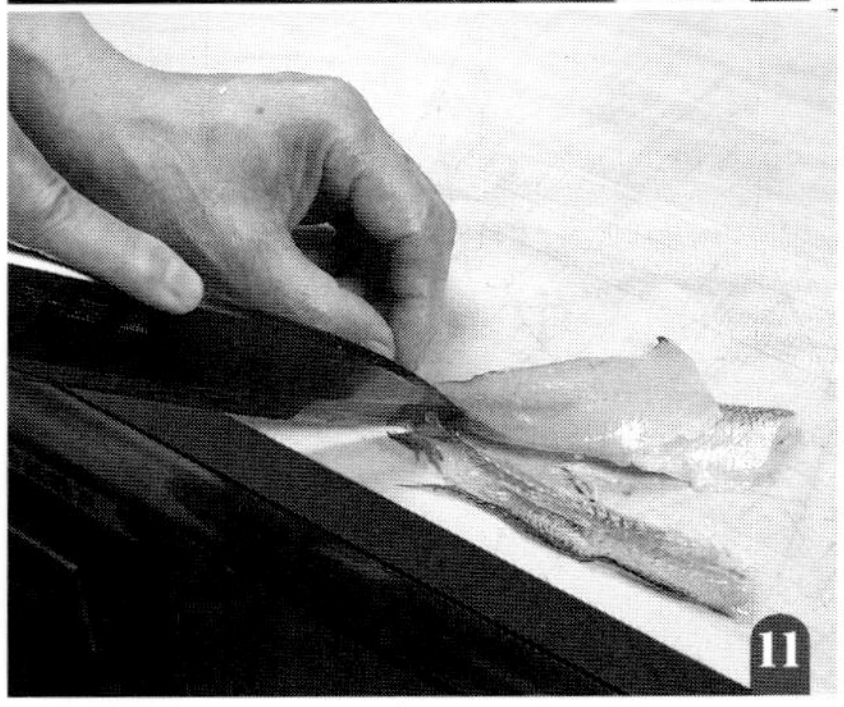

背骨と中骨から、上身を尾の付け根までおろしていく。身を脇によけて、骨を尾の付け根から切り取る。

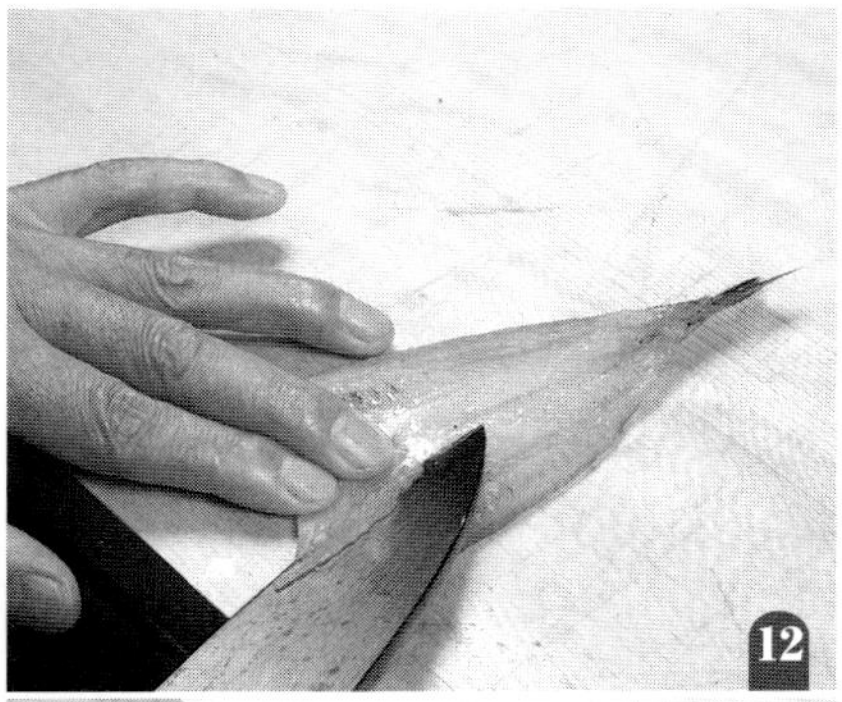

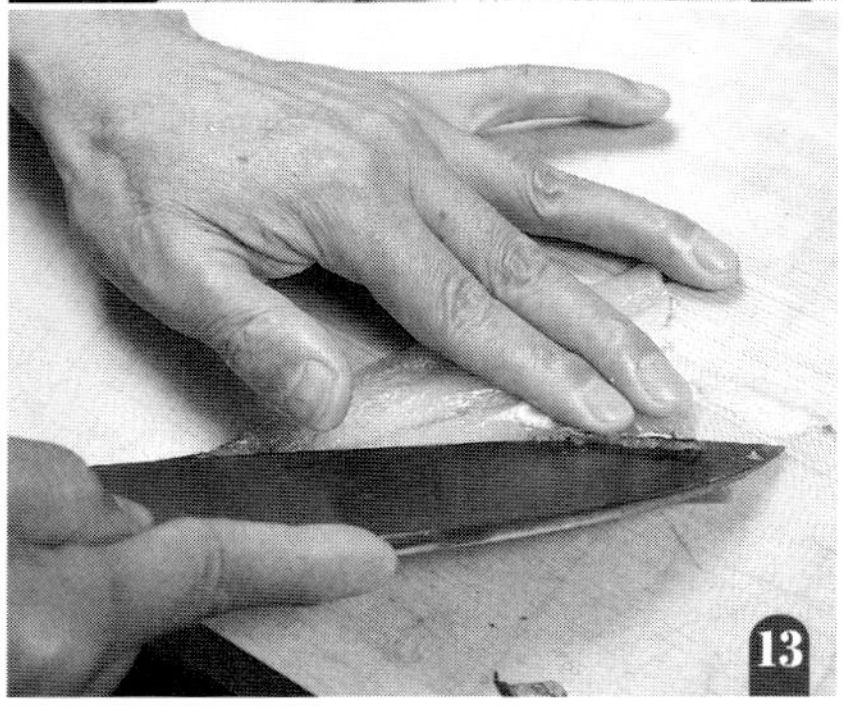

開いた方を上にして置き、腹骨をそぎ取る。庖丁をねかせて、なるべく腹骨に身をつけないように、指を添えながら薄くそいでいく。

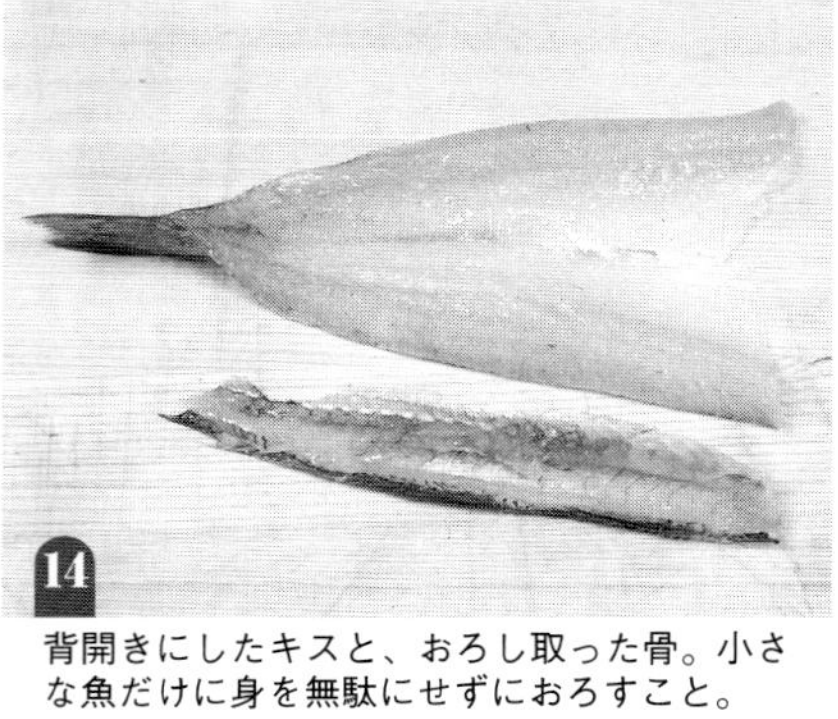

背開きにしたキスと、おろし取った骨。小さな魚だけに身を無駄にせずにおろすこと。

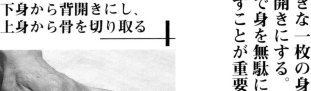

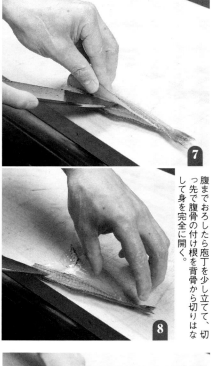

腹開き

【アジの干物向きの腹開き】

頭の先から尾まで完全に腹から開く、アジを干物にするときの腹開き。中骨に沿って丁寧におろし、頭を切り割らずに開くのがポイント。

中骨に沿って腹から背までおろし、頭を開く

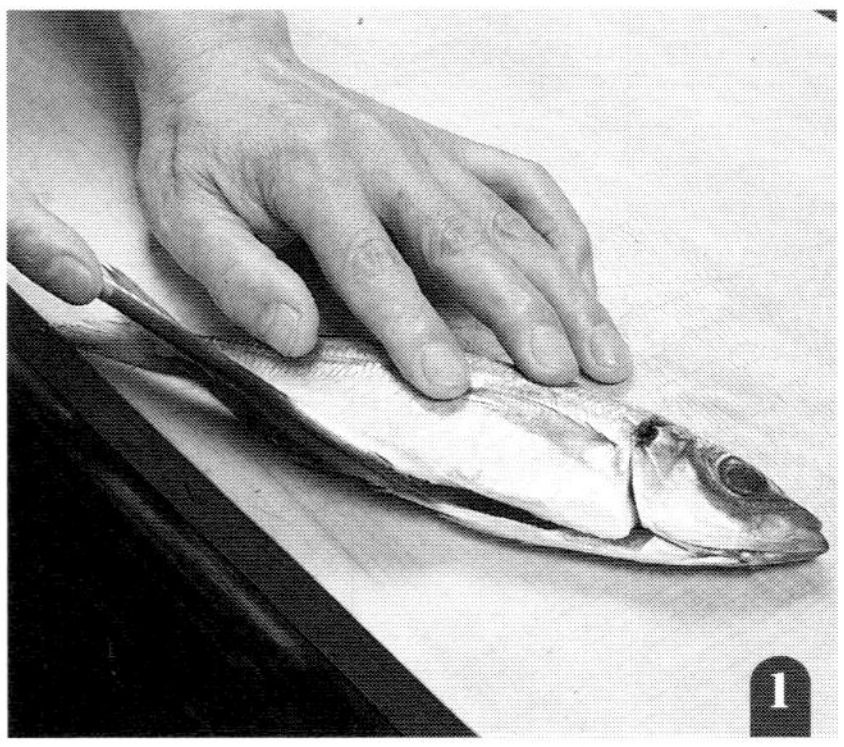

エラと内臓を取ったアジを、下身の腹側からおろしていく。まず腹の縁に切れ目を入れる。

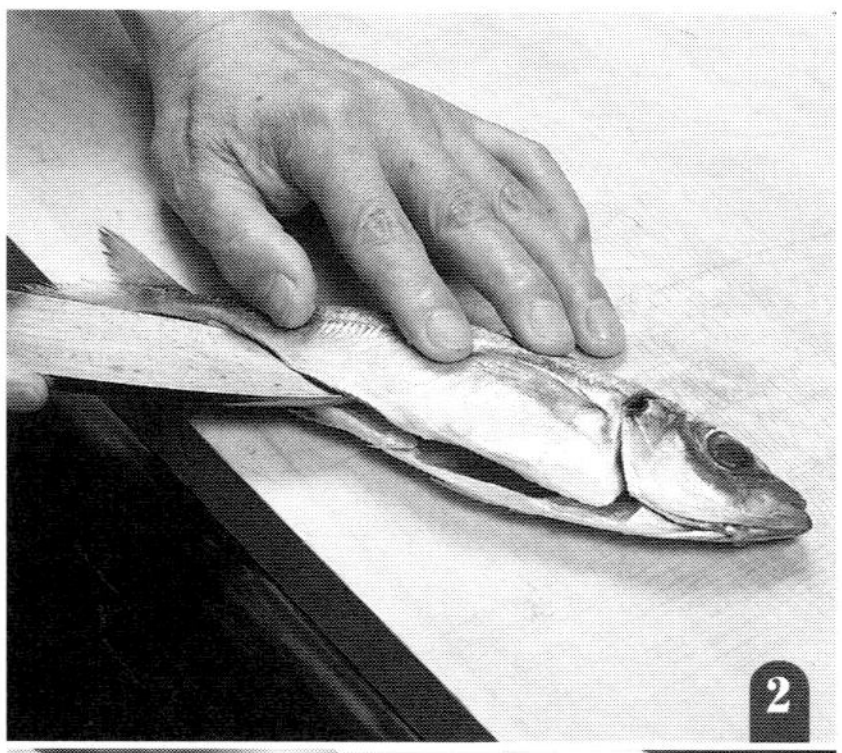

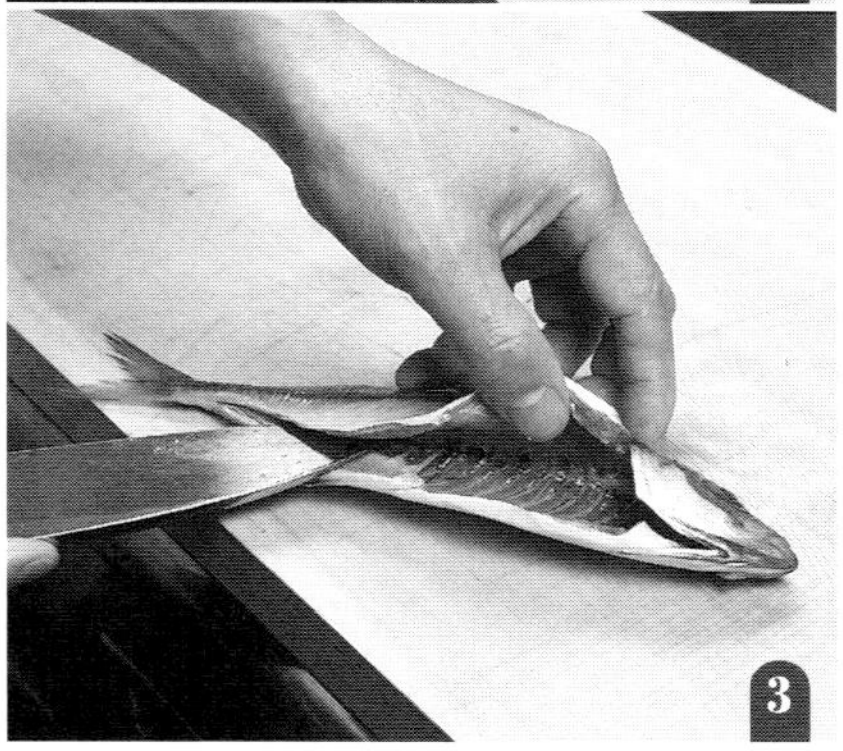

中骨に沿って背骨までおろしていき、身を持ち上げながら背骨と身を切りはなす。

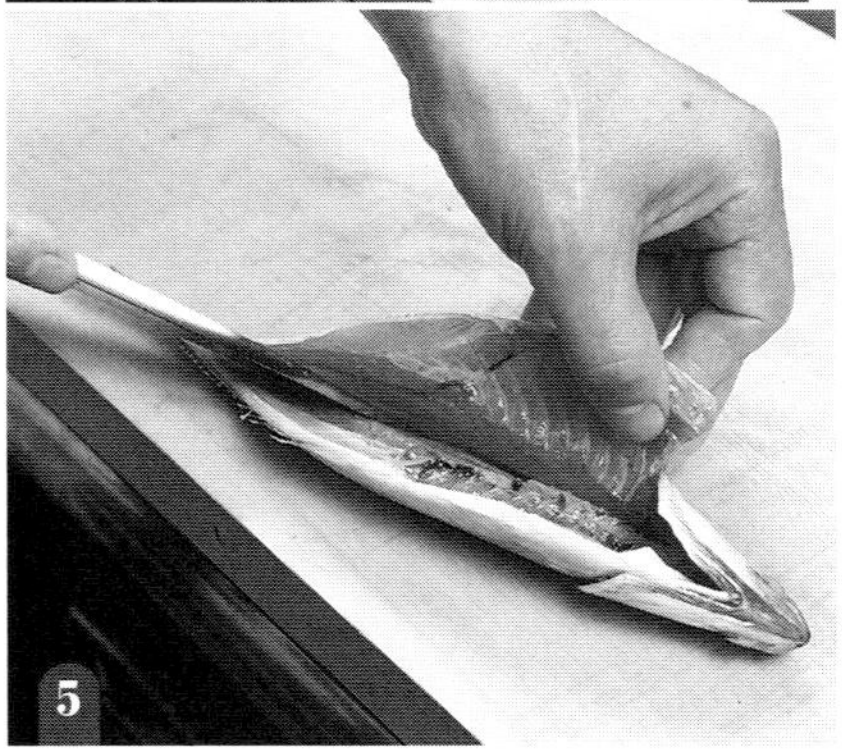

腹を上に向けて魚を起こし、庖丁を立てて中骨と頭の付け根を切っ先で切りはなす。そのまま背側の身を、背の皮までおろしていく。

背側まで身をおろしたら、頭を逆さに立てて下顎に刃先をあて、切り割らないように開く。

口先から尾の付け根まで完全に開いた腹開き。骨と身をきれいにはがすと、形よく身が開く。

松葉おろし

（メゴチの松葉おろし）

メゴチの細長い体型を活かして、身を尾の付け根から細い二股にすることで松葉の形に見立てるおろし方。特に天ぷらに向いている。

尾の付け根まで身をおろし、骨だけ切り取る

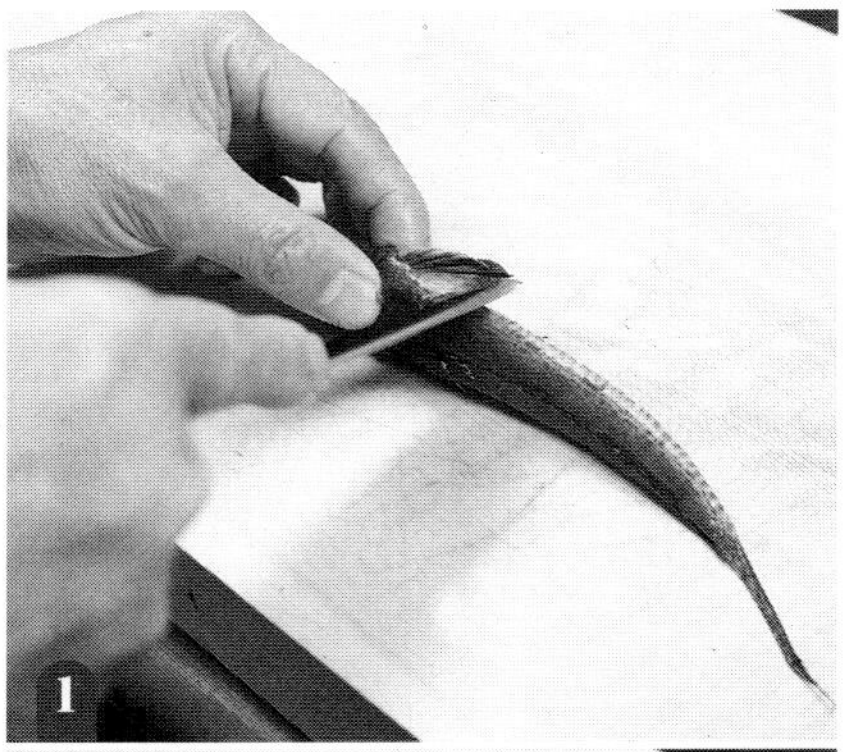
1

2

左右に胸ビレの裏側から、たすきに庖丁を入れて頭を切り落とす。この切り方だと身が大きく取れるので、小魚のメゴチに向いている。

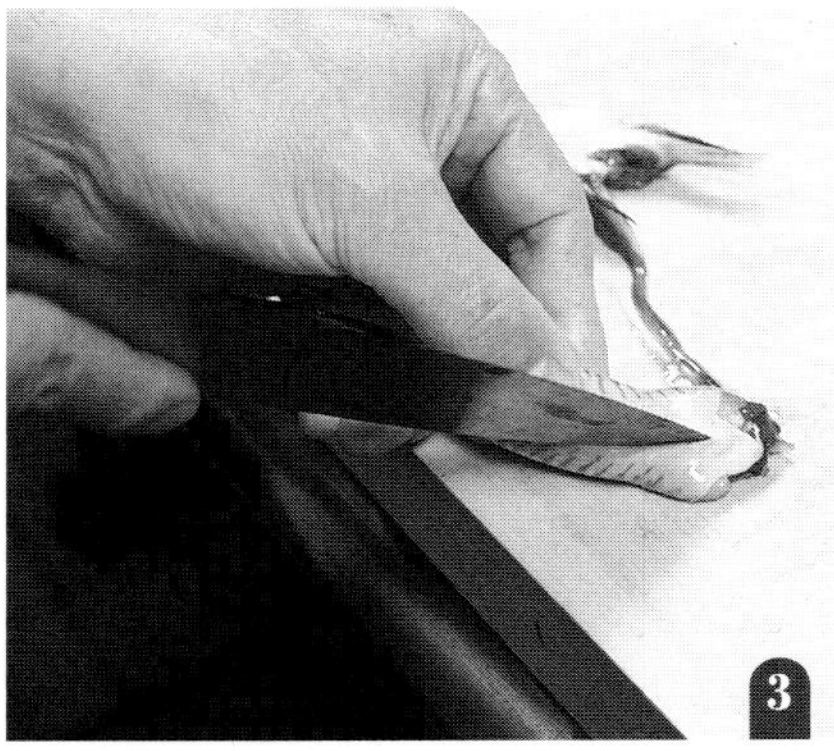
3

頭を落としたら、逆さ庖丁で腹の皮を切って開き、切っ先で内臓を掻き出す。

4

魚を真横に向け、まず片身をおろす。頭の方から尾の付け根まで、中骨に沿っておろす。

5

もう片方の身も同様に中骨に沿っておろし、中骨だけ尾の付け根から切り取る。

6

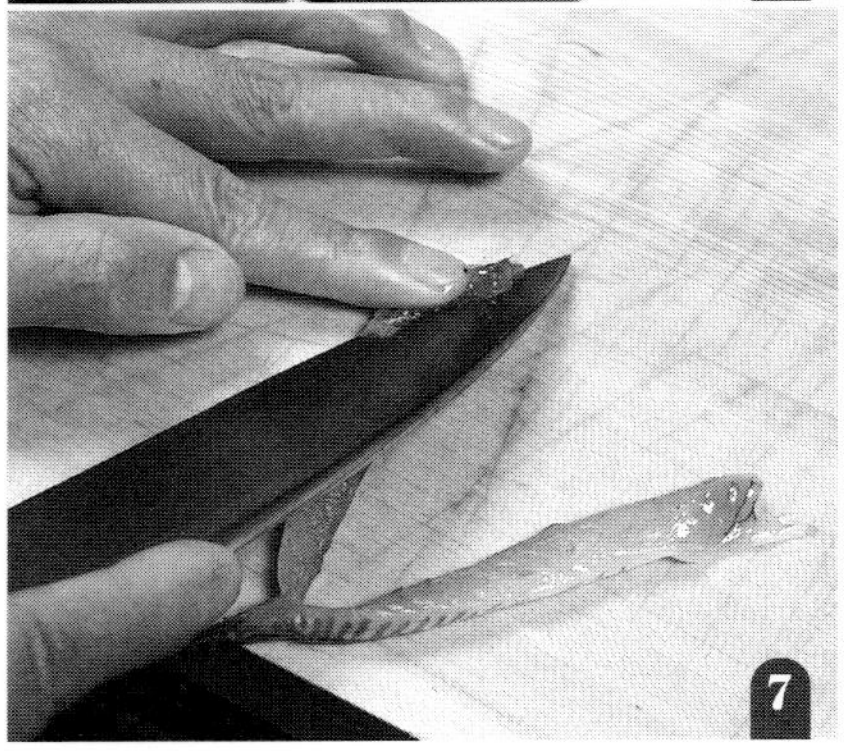
7

おろした身の先についている腹骨を切り取る。指先を腹骨に添え、庖丁をねかせて薄くそぐ。

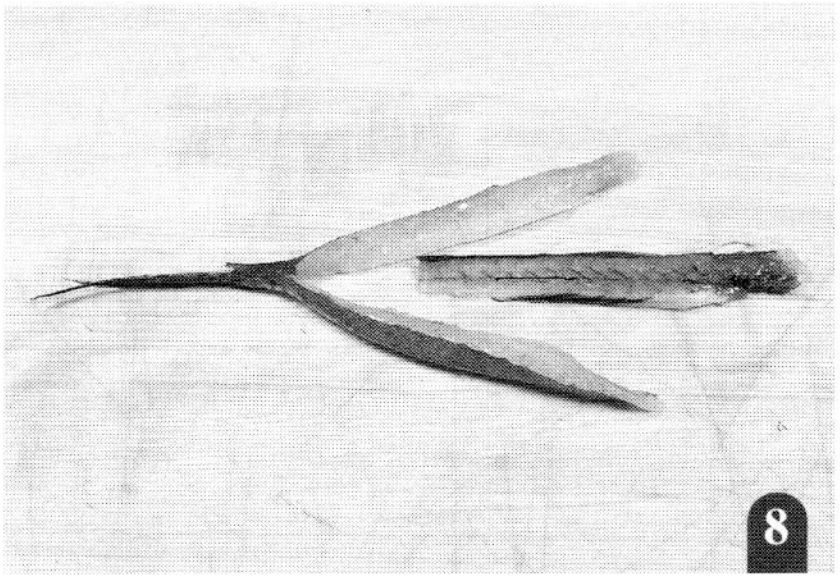
8

松葉におろしたメゴチの身と骨。簡単におろせる上に、見栄えよく仕上がる手法である。

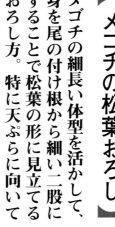

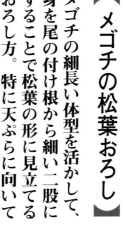

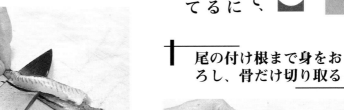

手開き

【イワシの手開き】

身がやわらかいイワシ特有のおろし方が手開き。庖丁でおろすよりも骨に身がつかず、逆に小骨まできれいに取れるなど利点が多い。

頭と内臓を除き、親指で身から骨をはがす

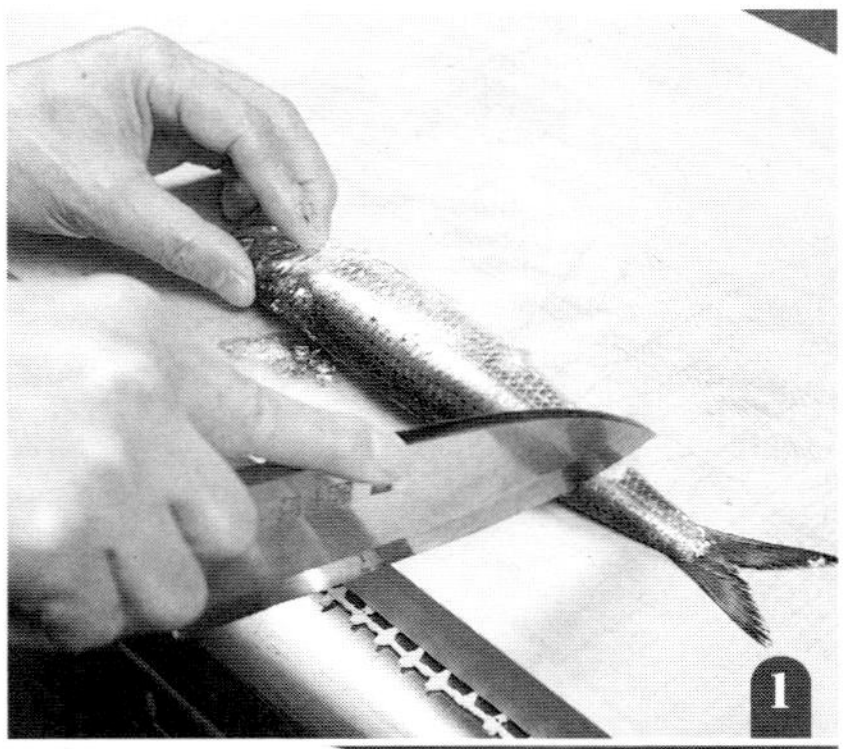

手でおろす前に庖丁で下処理する。刃先でこすってウロコを取り、胸ビレの裏から頭を切り落とす。

腹の下にとれないウロコがあるのでウロコごと斜めに腹を切り取って内臓を取り出す。血合いなどの汚れは流水で洗い流す。

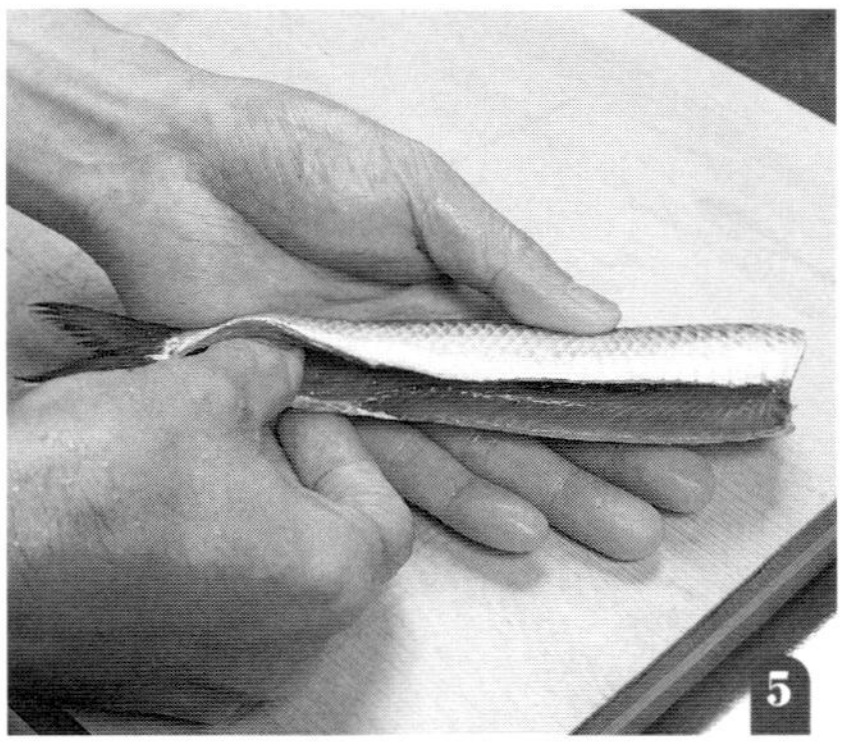

庖丁で切った切れ目から親指を尾まですすめて腹を開き、中骨と身の間に親指をさし込む。

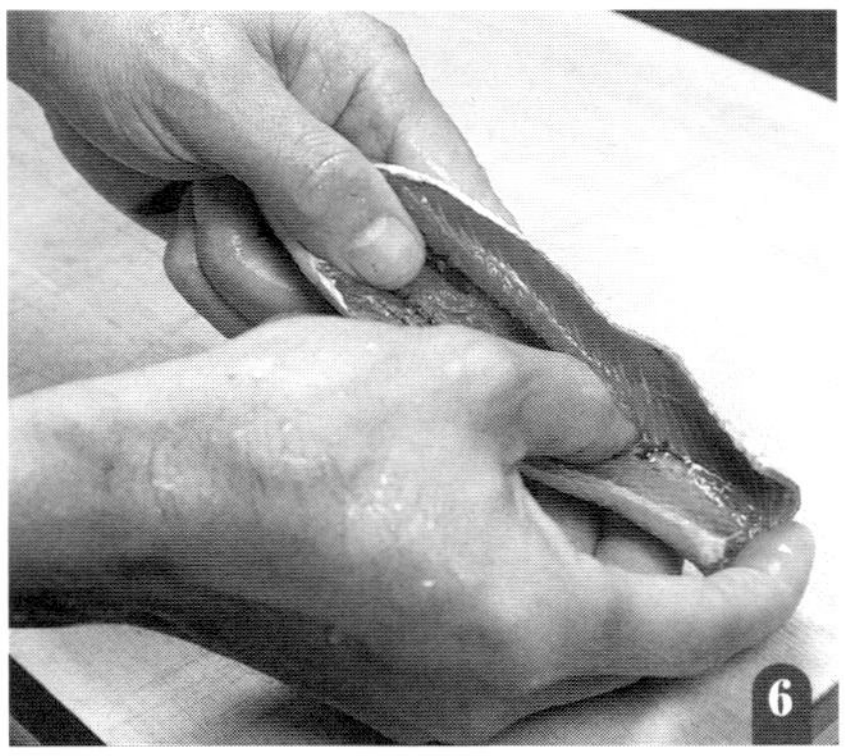

さし込んだ親指を、そのまま頭の方まで中骨に沿ってすすめ、身と中骨をはがしていく。

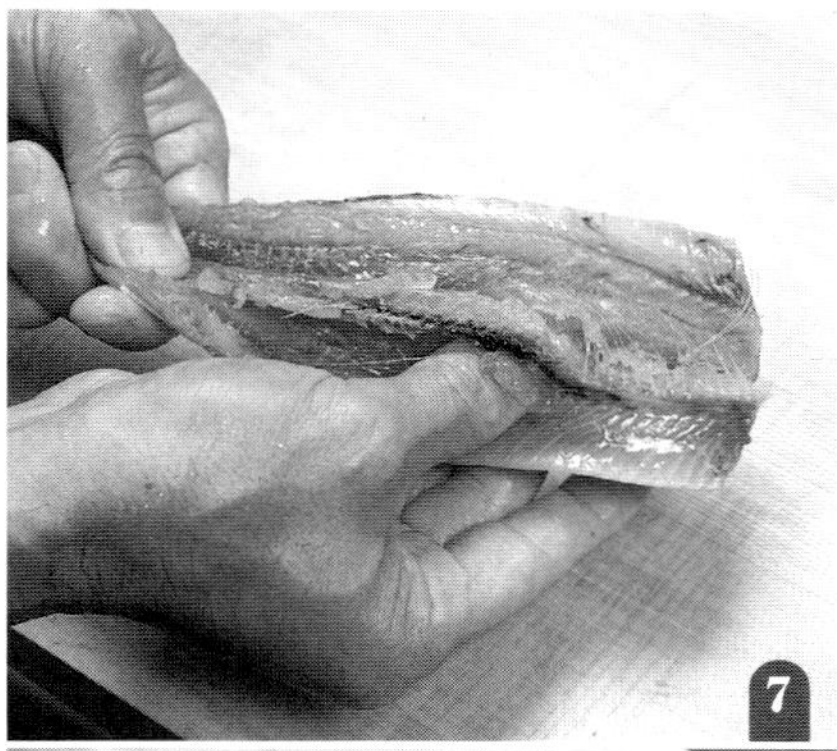

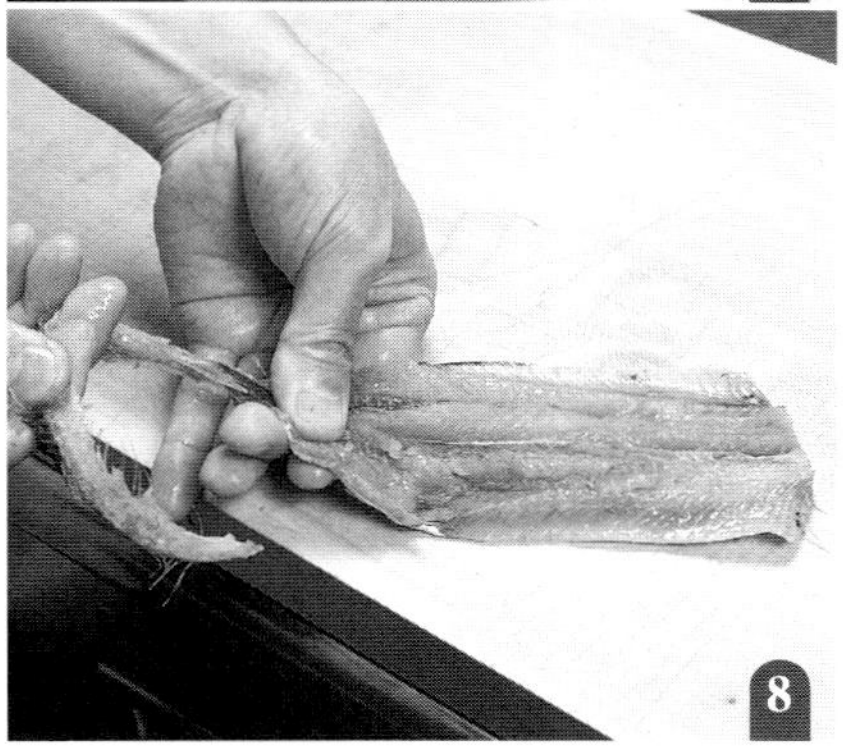

中骨と身をはがしたら、親指を背骨と身の間にさし込んで身からはがしていく。骨は尾の付け根までおろし、尾と一緒にむしり取る。

手開きしたイワシの身と骨。庖丁ではとれない小骨なども、中骨や背骨と一緒にとれる。

筒切り

サバの筒切り

骨ごと魚を輪切りにし、身と骨の旨みを活かす煮物などに向くのが筒切り。内臓や血合いをきれいに洗い、断面を垂直に切るのがコツ。

エラと内臓を取り出し、垂直に身を切り分ける

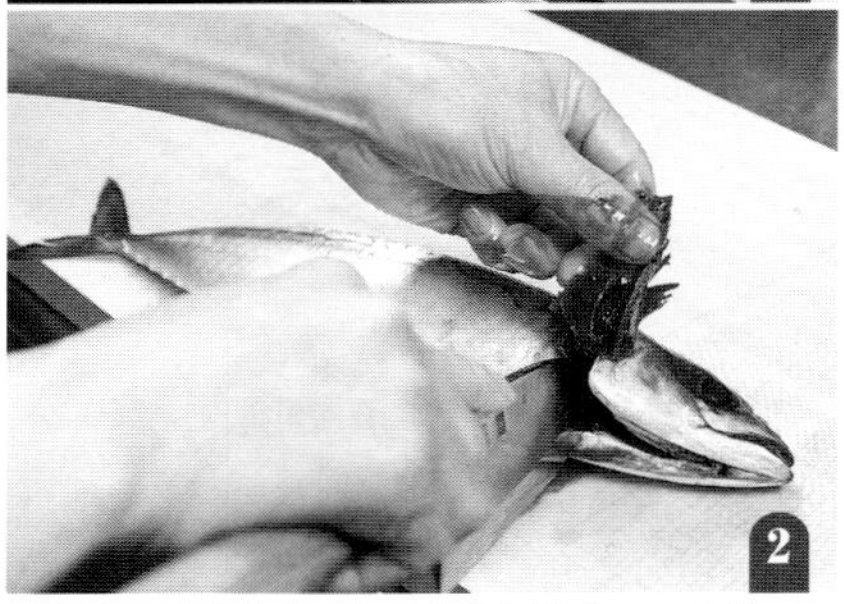

腹をやや上向きにして魚を押さえ、エラ蓋から切っ先を入れて食道とエラの付け根を切り、エラを取り出す。

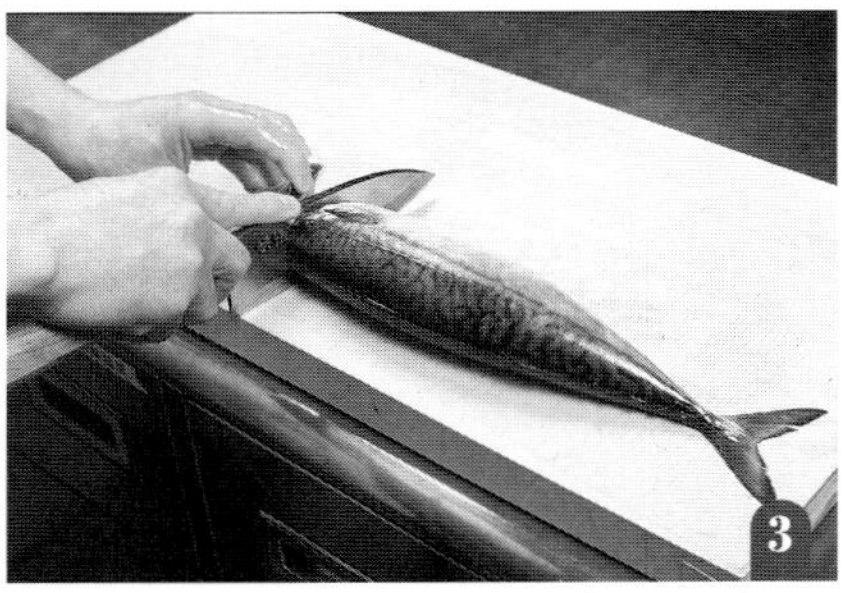

頭を左、背を手前にして置き、身を多く使うためにカマを身のほうにつけて頭を切り取る。

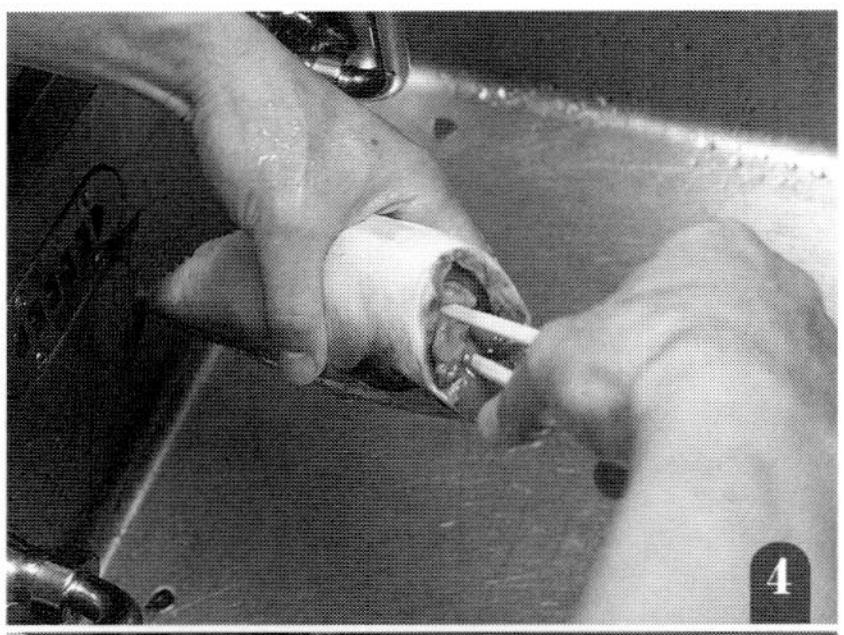

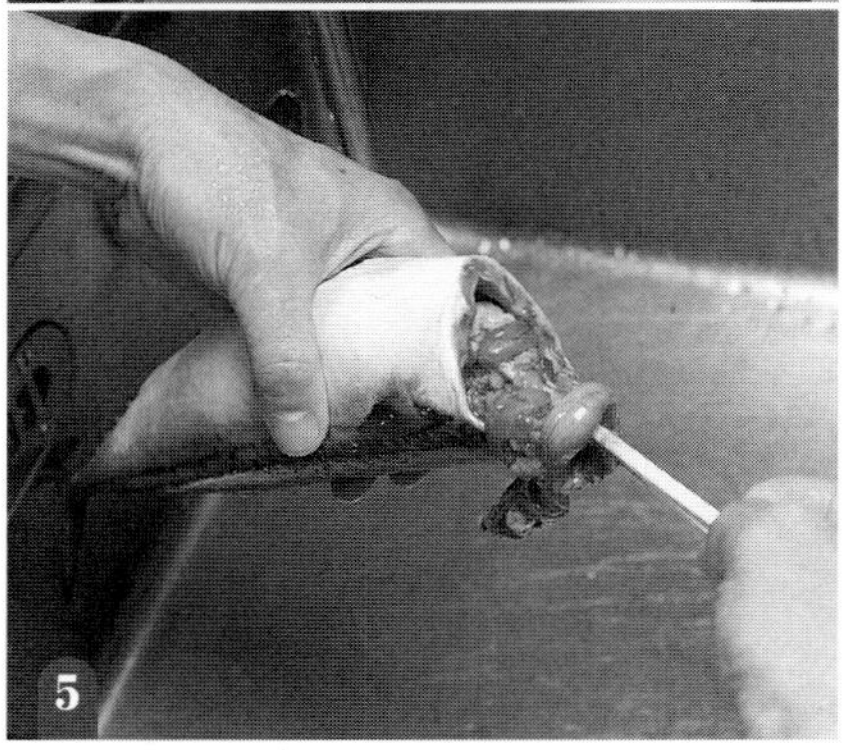

内臓を取り出す。菜箸2本を頭の切り口からさし込み、菜箸をひねりながら内臓を絡ませて引っ張り出す。腹の中は流水でよく洗う。

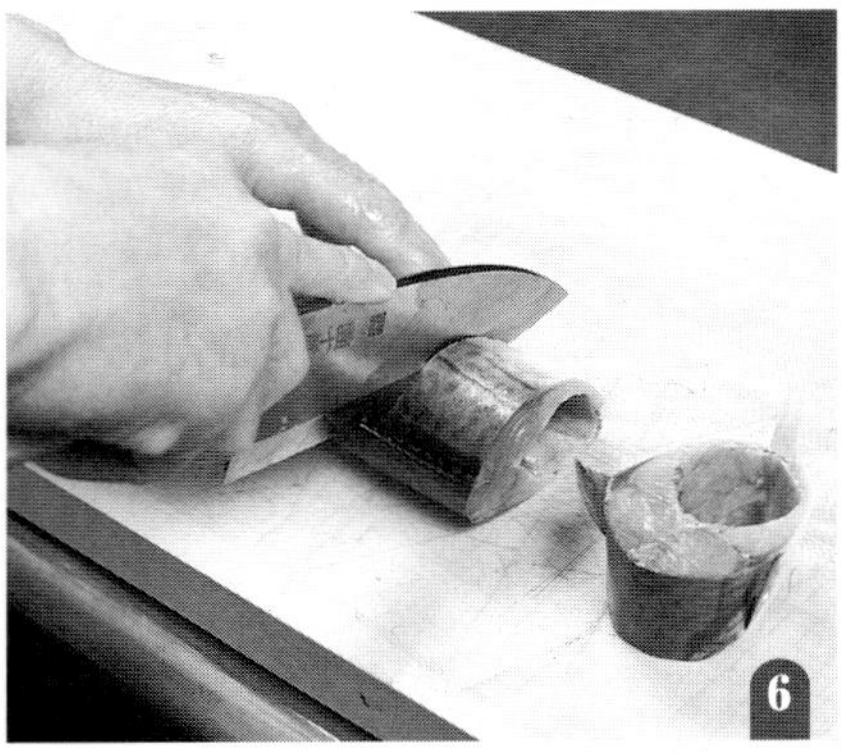

洗った身を骨ごと切る。刃先を魚に垂直にあてて、同じ幅にそろえながら切り分けていく。

筒切りしたサバ。煮物にすると身と骨両方の旨みがでる。腹の中に詰め物をしてもよい。

第六章

刺身の切りつけと活造り・姿盛りの技術

刺身庖丁の切れ味で決まる刺身の旨さ

　刺身の切りつけは、魚種ごとの持ち味を引き出すことが大切なので、素材の状態や用途により、食べやすく、見た目にもおいしさを感じてもらえるように切りつけることがポイントとなる。

　ここでは、引き造り、そぎ造り、細造りなどの基本的な切りつけ方から、鹿の子造り、木の葉造りなどの簡単で、見栄えのする細工を施した切りつけなどを紹介する。基本的な技法を覚え、おいしさをより引き出す切りつけを工夫したい。

手入れのされた庖丁で手早く切りつける

　刺身の旨さは、切りつけ方で変わってくる。切りつける人の腕の善し悪しが刺身の旨さをも左右するので、上手に切りつけるためのポイントを挙げてみよう。

　まず、庖丁だが、刺身の切りつけに使われる柳刃庖丁は、刃の幅が狭く、薄いのが特徴。切っ先が鋭く、刃が柳の葉のようにゆるい曲線であるということから、この名がある。刃渡りが長いという利点を活かし、それをいっぱいに使って切りつけることができる。力を入れずにすっと引いて切りつけるのが基本だ。

　刺身は、手早く切りつけることも技術のうちとなる。とくに身の柔らかい魚などをゆっくり切りつけたのでは、身割れしやすい。また、切りつけに時間がかかるということは、必要以上に身を触ることにもなる。これでは新鮮な素材を仕入れても、鮮度が損なわれてしまう。

　また、刺身は、切り口の美しさが命である。切りつけた身をきれいに見せるためには、きちんと手入れされた庖丁を使うことも重要だ。

　おろし身を切りつける際には、魚の状態で厚みなどを変えることも必要。例えば、マグロの引き造りの場合、脂肪の多い部位と赤身のところでは、造り身の厚さを変えたり、白身魚では、身の締まり具合によって食べよい厚みに切りつけるといった工夫などが必要とされる。

　刺身の切りつけは、お客様の目に触れる所で行われている店も多い。手際のよい切りつけを身につけることで、お客様の舌だけでなく、目を楽しませることもできる。

刺身の盛りつけについて

　盛りつけでは、造り身のおいしさがいっそう引き立つようにしたい。盛りつける器に合わせて、けん、つまなども含めて、形や色彩のバランスを先に決めておく。盛りつけに迷うことも刺身を触りすぎることになり、おいしさを損ねてしまう。ほかに、取り分けやすく、食べよく盛りつけることも重要。

　造り身を二種盛りや三種盛りにする場合、盛りつけの基本の手順は、まずけんと敷きづまをおき、主となる刺身を台盛りにし、ついで添え盛りとなる。三種の場合は、この後、前盛りの順で盛り、最後に薬味を添えてつまをあしらう。

　このように何種かを盛る場合、食べ味や色取りの違いのほか、ちょっとした細工ものが加わると、盛りつけのポイントとなり、目も楽しませることができる。

マグロとホタテ、イカの三種盛り

マグロとタイの二種盛り

活造り・姿盛りでお客様を魅了する

盛りつけは、華やかさと、食べ安さを考えて行う。枕やけんで、中骨などの台をしっかりと固定し、活きのよさを表現し、かつ食べやすい盛りつけに。

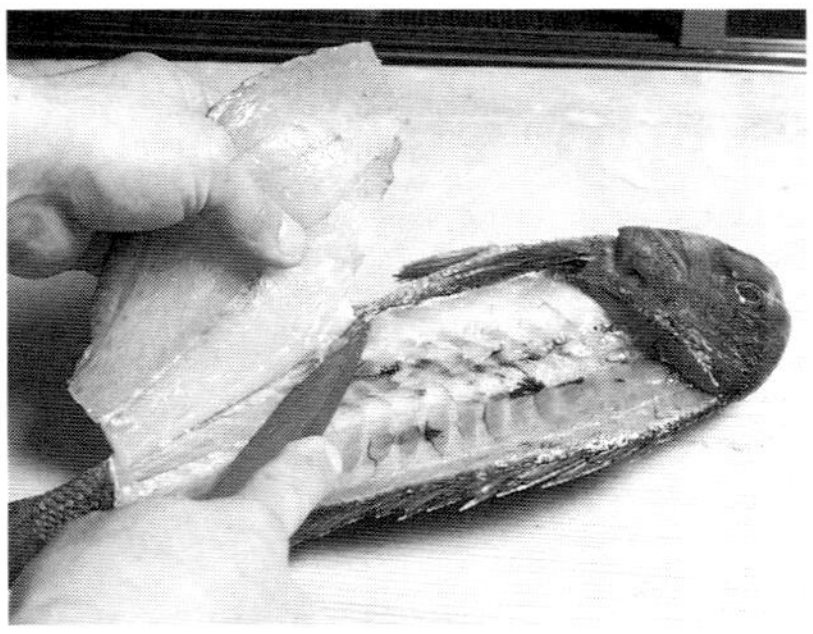
活造りや姿盛りは、活きのよさが命。新鮮な素材を仕入れることもさることながら、手際のよい下処理を施す技術を身につけることも大切である。

お造り、刺身は和食において中心となる料理であり、献立上の華ともいえる。その中でも、「姿盛り」と呼ばれる魚の一尾盛りは、本来、タイの雌雄を姿に造って祝いの膳に出したものを指した。同じように「舟盛り」といえば、イセエビの姿盛りのことともされていた。

しかし、現在では、この特別な「ハレ」のお造りであった「姿盛り」が刺身料理の盛りつけの一つとして多くの店で定着している。特に近年、その豪快で華やかな盛りつけから、宴席を盛り上げる料理としての人気も高くなっている。和食の調理師にとって腕の見せ場でもある「活造り」「姿盛り」の技術をしっかりと身につけておきたい。

新鮮さを保つ効率のよい仕事

一般に「活造り」は魚介を締めずに、内臓をつけた生きたままの状態で刺身にすることをいい、「姿盛り」とは、魚介が締めてあっても生きていても姿に造ってあるものをいう。いずれにしろ、刺身は活きのよさが命なので、新鮮な素材を仕入れることはもちろんのこと、素早く刺身にして盛りつけたい。そのため、まず、効率のよい下処理の仕方を身につけることが必要になる。

例えば、アワビの身を殻から取り出すときには、口のついていた方と逆の方から身をはずすようにすると、殻に内臓がついて身だけはずれるので、その後の作業も早くなる。

また、ヒラメは通常、初めから五枚おろしにするが、活造りではまず、三枚におろし、サク取りしながら五枚にする。その方が仕事が早く、きれいにサク取りできるからである。こういった、効率のよい仕事が、素材の鮮度を守る。

新鮮さを保つにはもう一つ気をつけなければいけないことがある。刺身にしたら、なるべく触れずにすぐに盛りつけるということだ。刺身をいじりすぎると盛りにくくなり、新鮮さも失われる。

縦けんを使い、食べやすく盛る

活造りや姿盛りはその活きのよさや姿の豪快さという見た目を楽しむものである。そのため、器の中に華やかに盛りつけることも大切な仕事である。切りつけまでの仕事がうまくいっても、盛りつけが美味しそうでなければせっかくの活造りや姿盛りの迫力がなくなってしまう。

まず枕やけんで盛る位置を決めてから中骨や殻を置いて安定させ、しっかりとした台を作ることが大事である。この台がぐらついていると、その後の盛りつけもきれいにいかない。また、崩れやすく、お客様にとっても食べにくいものとなってしまう。盛りつけは、見ためのよさに加え、食べやすいのが大前提である。

台を安定させるために敷くけんは、縦けんを使う。縦けんは、桂むきにした大根を繊維に添って切ったものである。繊維に直角に切った横けんに比べて、しっかりと形を作ることができ、中骨や殻などの台を置いても崩れにくい。やわらかい横けんでは、台が沈んでしまう。用途によってけんの使い分けを心がけたい。

立体感のある盛りつけを

立体感のある盛りつけをするには、敷きづまを使っておろす前の身と同じくらいの厚みになるように刺身を盛り、手前にあしらいなどをおく。この、器の奥の方が高く、手前が低い盛りつけは「山水盛り」という伝統的な盛り方で、見栄えがし、かつ、お客様にとって食べやすい。

ここでは、一般によく使用される素材を用い、下処理の仕方から刺身の造り方、盛りつけまでの過程をくわしく紹介している。いずれも魚種ごとに一種盛りにしているが、引き造りと薄造りのように造り身を組み合わせて変化をつけた。このように、何種類かの切りつけ方を知っておくと、魅力を打ちたてやすい。

刺身の切りつけの技術

引き造り

最も基本的な切りつけ方。庖丁の柄元を下げて、刃渡りをいっぱい使って切りつける。幅の狭いサクはやや斜めに切りつけて切り身を幅広く見せる。盛りつけのことも考えて、おろし身の角を立てて切りつけて送り庖丁をする。

おろし身の角を立てるようにして斜めに切りつけていく。切り終えた身は庖丁につけたまま右へ送っていく。

マグロの引き造り

そぎ造り

タイなどの身が厚くて固い白身の魚を切りつけるのに適した手法。引き造りよりも身を薄く引く。庖丁は右にねかせて斜めに切りつけ手前に引く。その身を左手で持ち上げたら庖丁をおこしてまっすぐ引くと皮まできれいに切りつけることができる。

皮目を下にして左側から左手を軽く添えながら切りつけていく。

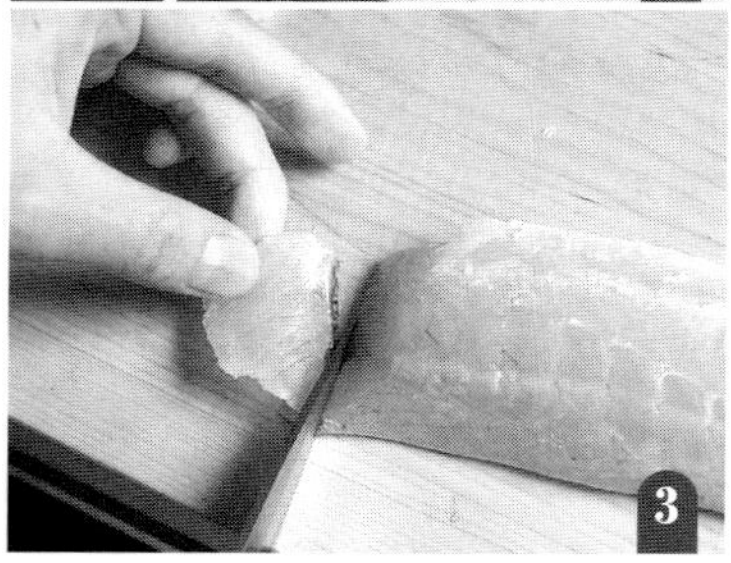

切り終えそうな時に左手で身を持ち、庖丁をたてて皮まで切りつける。

タイのそぎ造り

薄造り

庖丁をねかせて一枚ずつはがすようにして斜めに薄く切りつける。庖丁の刃全体を使って手前に引いて切る。器の模様や色が透けてしまうほどの薄さに切る。切り終えたら左手でつまみ、庖丁の切っ先を使ってそのまま皿に盛りつける。

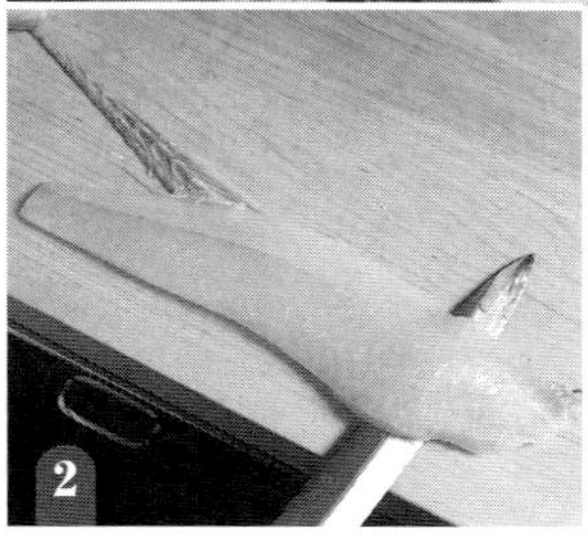

ヒラメは皮を引く。皮と身の間に庖丁を入れて左手で皮をおさえながらすすませる。

皮目を上にして斜めに庖丁を入れて、親指と人指し指で切り身を持つ。

切りつけた身はそのまま庖丁を使って放射状に盛りつける。

ヒラメの薄造り

角造り

サクに取れない端身も有効活用できる切りつけ方。切りつける前に湯引きをしておくと切ったときに切り口の赤身の色が引き立つ。一口で食べきれるくらいのさいの目に切りつけて、切り口を上に見せて盛りつけると見栄えがいい。

引き造りの要領で、縦と横が同じ幅になるように角状に切る。

笹造り

サヨリやキスなどの身幅の狭い魚を刺身にするときの切りつけ方。三枚におろして皮をひいたおろし身に、斜めに庖丁を入れてそぎ切りにする。切りつけた刺身の形が笹の葉に似ていることからこの名がある。

庖丁の中ほどを使っておろし身に対して斜めに切りつける。

マグロの角造り

サヨリの笹造り

細造り

おろした身を細く切りつける手法。弾力のあるイカや身の細いサヨリ、キスなどに用いられる。身に刃を垂直にあてて、庖丁の中ほどから先端までを使って4～5㎜くらいの厚みで、手前に引くようにして均一に切りつけていく。

イカの細造り

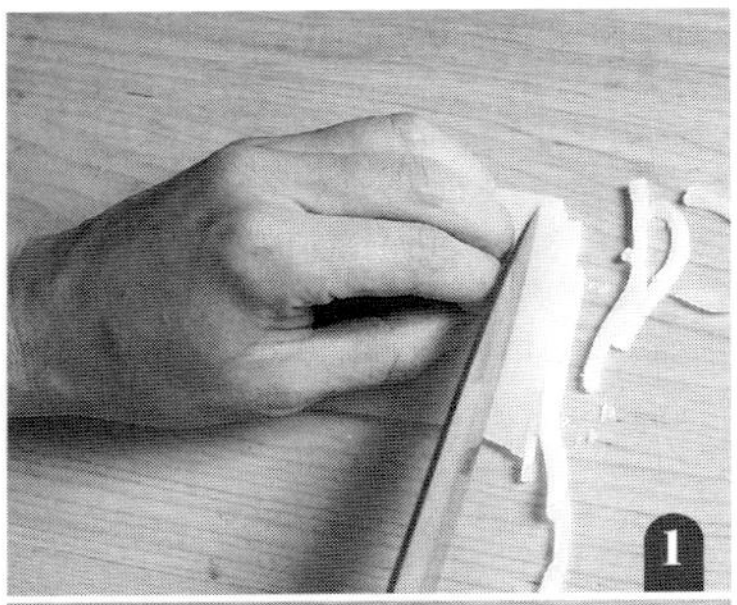

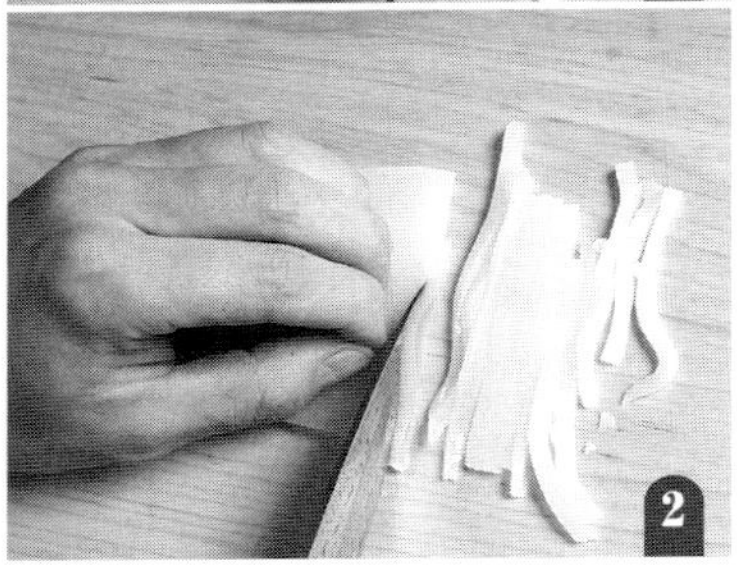

イカは粘りがあるのでまな板にくっついてしまうため、手早く切りつけるのがコツ。

さざ波造り

醤油とのからみをよくするために用いられる飾り切りの手法。身に対して庖丁を右にねかせて上下に動かしながら、引くときに波形になるように切りつけていく。

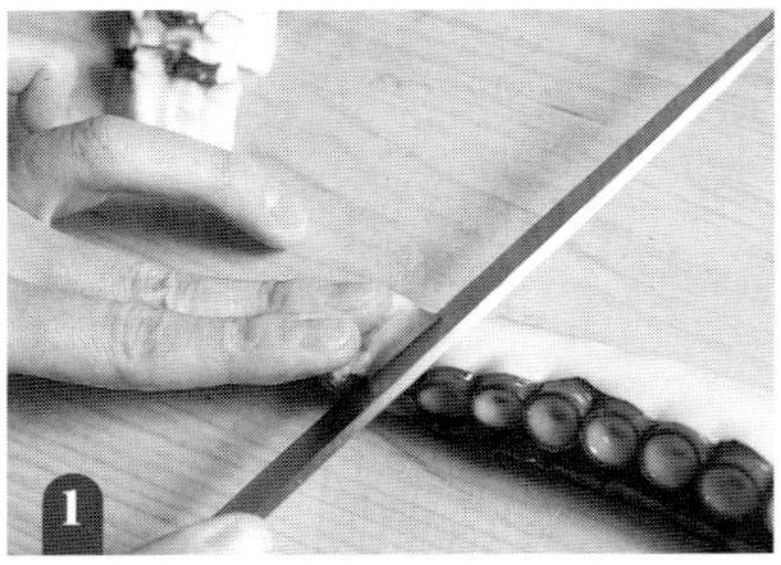

庖丁はねかせながら、刃渡りの中ほどと切っ先を使い、上下に動かして切りつける。

小刻みに切りつけて、等間隔の波形を入れる。

タコのさざ波造り

鹿の子造り

飾り庖丁の一つの手法。赤貝に格子状に切り込みを入れていく。切り目の間隔を一定にするため、かたく絞った布巾の上にのせて切りつけるとよい。弾力のある身に切れ目を入れることで、食べやすく、また醤油のつき具合もよくなる。

赤貝の鹿の子造り

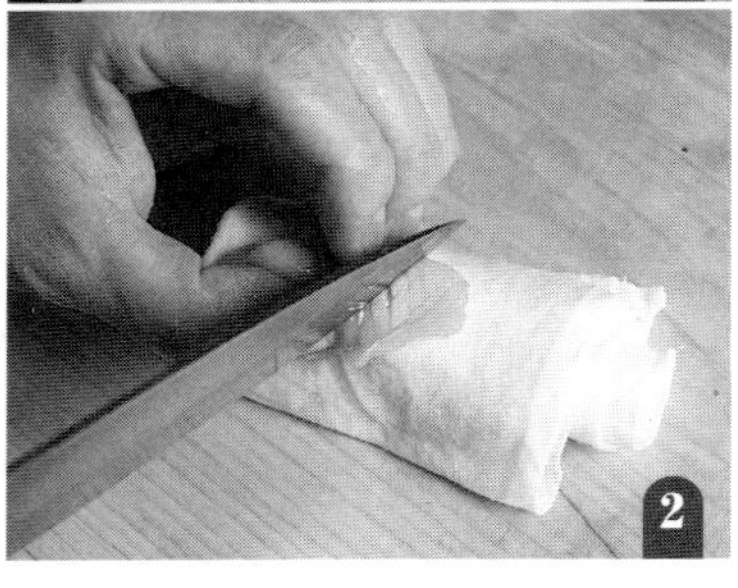

布巾の上に赤貝の身をのせて、斜めに切り込みを入れていく。向きを変えるときは布巾ごと。

筋目造り

切り身に筋目を入れることで、食べやすく、醤油のつきもよくなる切りつけ方。皮をひいたおろし身を縦に置いて5㎜間隔の筋目を入れる。それを横に向きを変えてから一口大に切り分ける。見た目にも変化がつく。

水分の多い大型のアジは筋目造りに向く。三枚におろした身は皮をひく。

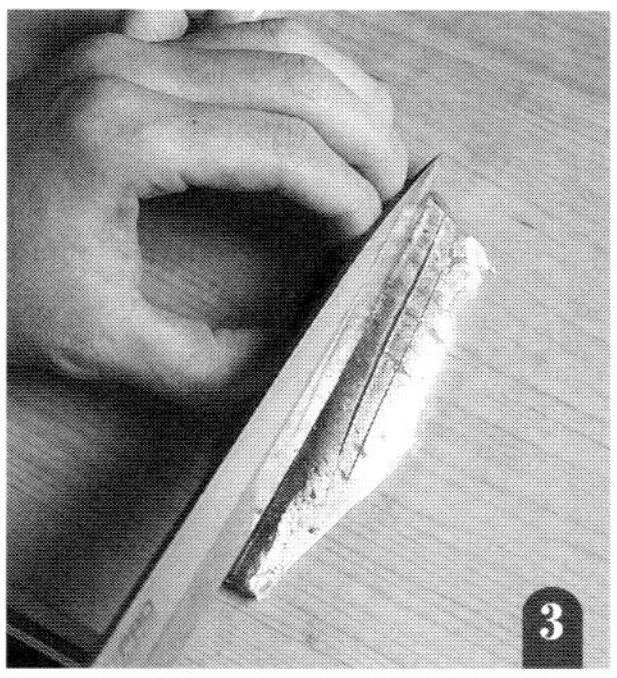

おろし身を縦において庖丁の切っ先で縦に筋目を入れていく。

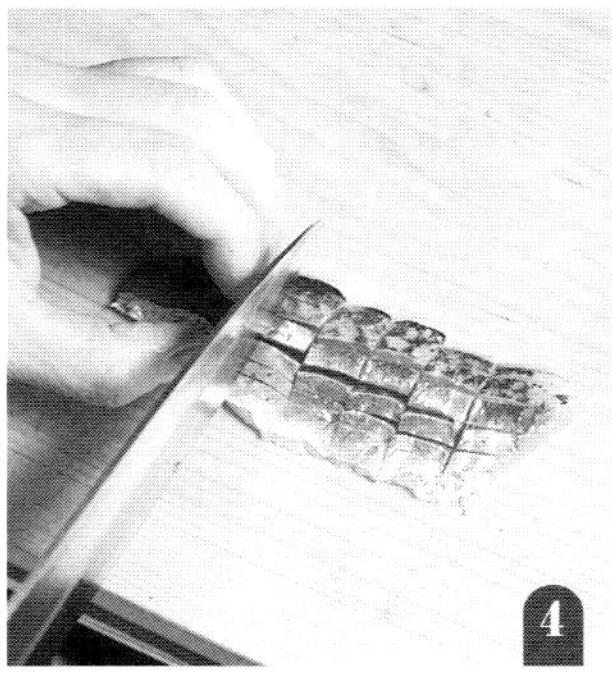

横にしてから食べよい大きさで等間隔に切り分けて提供する。

アジの筋目造り

八重造り

カツオや〆サバなど、身を厚めに切りつける魚に向く手法。おろし身の半分くらいまで庖丁を入れて止め、二度目の庖丁で切り落として送り庖丁をしていく。中央に切れ目があるために、醤油もとまりやすいのが特徴。

カツオの八重造り

まずおろし身の半分くらいまで庖丁を入れて止める。

最初に入れた切れ目が中央にくるように二度目の庖丁で引き造りに。

切りおえたら右に送っていく。厚みは8㎜から1㎝を目安に。

木の葉造り・藤造り

木の葉造りと藤造りは、見た目にも美しい切りつけの手法である。皮目を上にした片身のアジは半分に切って端を揃え、上⅔を残して重ねる。さらにそれを半分に切って上⅔を残して重ねていく。最後に真ん中に庖丁を入れて開き、形を整えると木の葉の形になる。藤造りは、皮目を下にして木の葉造りと同じような工程ですすめていく。味が淡白で香りや艶も良いサヨリを使うと盛り合わせのアクセントとして映える。

アジの木の葉造り・サヨリの藤造り

木の葉造り

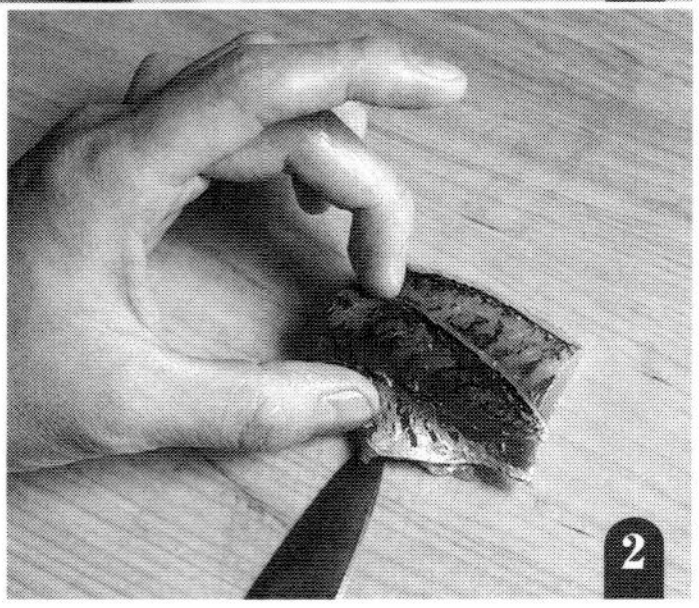

皮を引いたアジは皮目を上にして半分に切り、少しずらして重ねる。

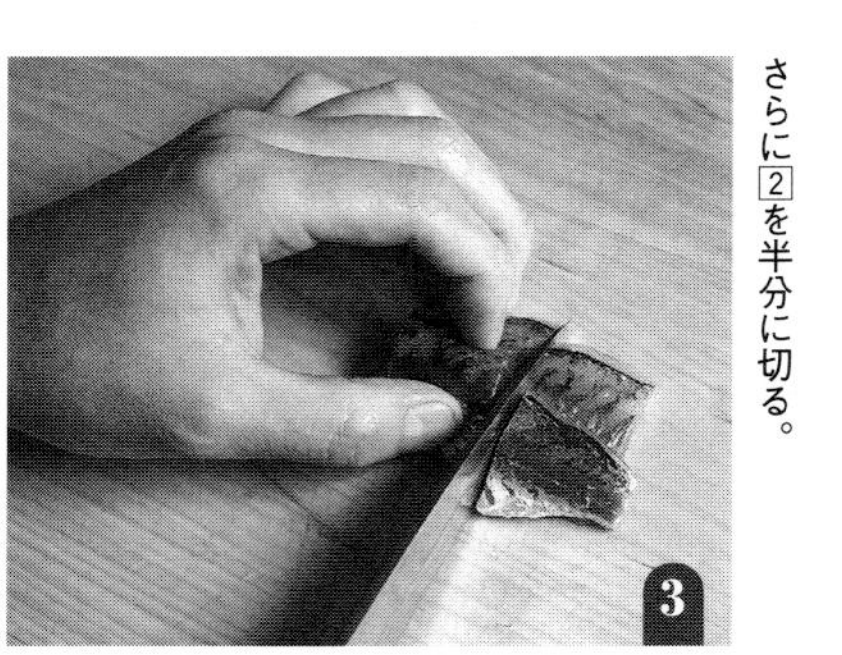

さらに[2]を半分に切る。

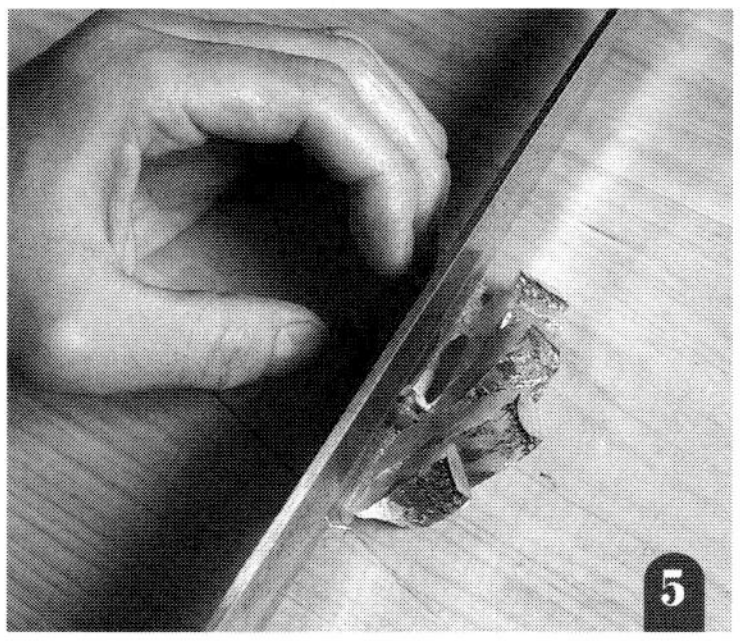

[3]を重ね、真ん中に庖丁を入れて開き、形を整える。

藤造り

サヨリを使った藤造りは木の葉造りとは逆に皮目を下にして始める。

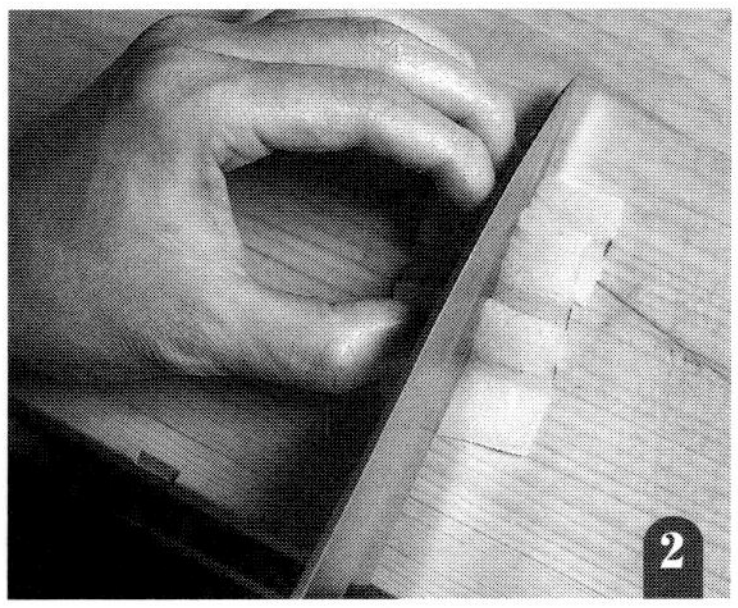

切り身を半分に切って重ねる工程を2度繰り返していく。

最後に庖丁の峰で形を整えて、そのまま皿に盛りつける。

射込み

射込みとは、材料をくり抜いたり、切り込みを入れたりして、その中に別の材料を入れること。ここではイカの中に室胡瓜を入れて射込みにした。イカの厚みの中程に庖丁を入れて切っ先から入れて切り込みを作り、その中に室胡瓜を押し込むようにして入れ、一口大に切る。

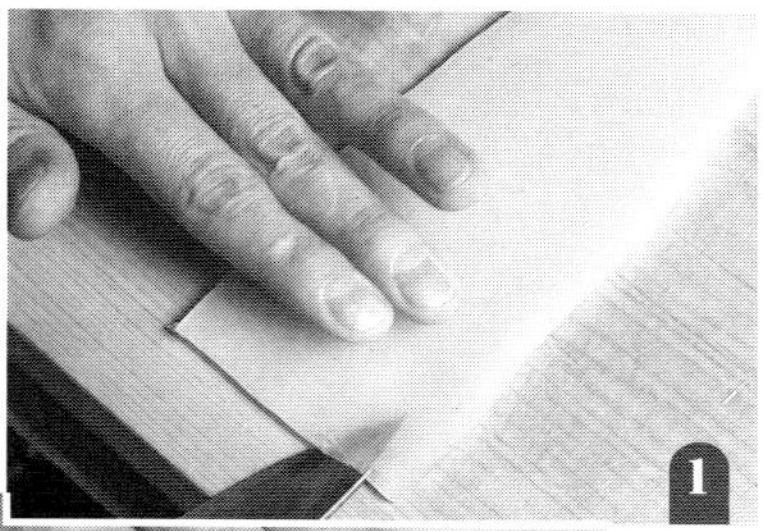

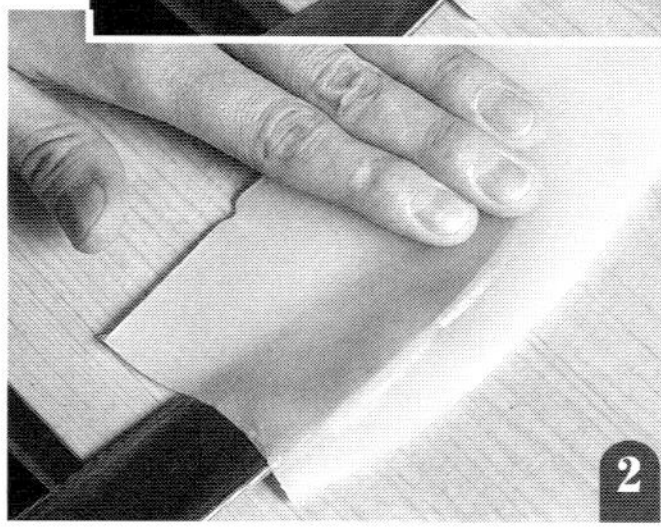

イカの厚みの中ほどを庖丁の切っ先から入れていく。イカの中央部分まで切り込みを。

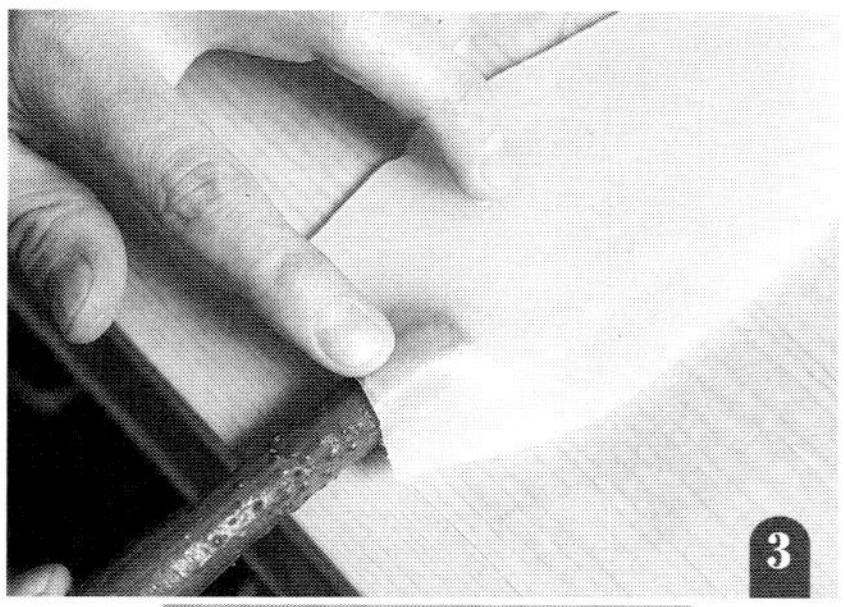

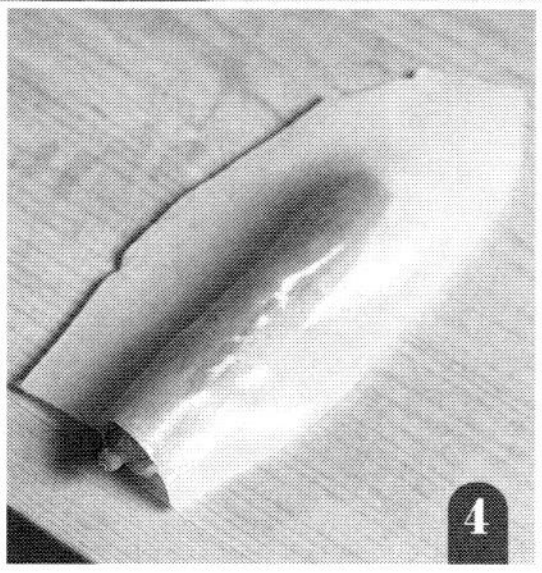

室胡瓜は一度軽く湯がくとツヤが出る。それをイカの切り込みの中に入れる。

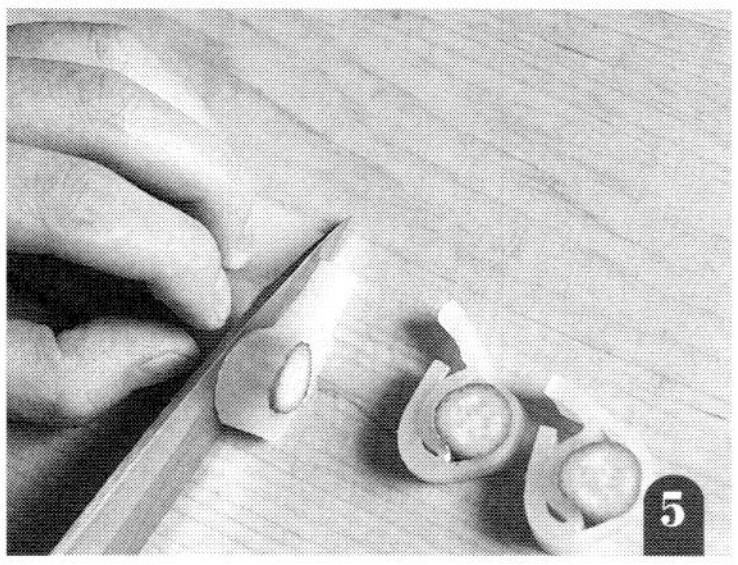

室胡瓜を射込んだイカは、食べよい大きさに切り分けて供する。

イカの射込み

鳴門造り

四国の鳴門海峡のうず潮のイメージから名付けられた切りつけ方。ここではイカを使って海苔を巻き込んだ。イカは巻きやすいように縦に筋を入れておく。海苔はイカと同じぐらいの大きさに切りそろえて巻き、一口大の大きさに切る。

イカは後で海苔が巻きやすいように、1cm間隔で筋目を入れる。

まな板の上に海苔を置き、その上にイカをのせて形を整える。

[2]を裏に返して海苔を中にして巻き込み、一口大に切る。

イカの鳴門造り

とさか造り

鶏のトサカをイメージした切りつけで、素材の活きの良さを演出する飾り庖丁だ。赤貝は両方の縁の部分に切り込みを等間隔で細かく切り込みを入れていく。それを半分に切ってまな板の上にたたきつけると切り込みの角が立ち、トサカの形に。

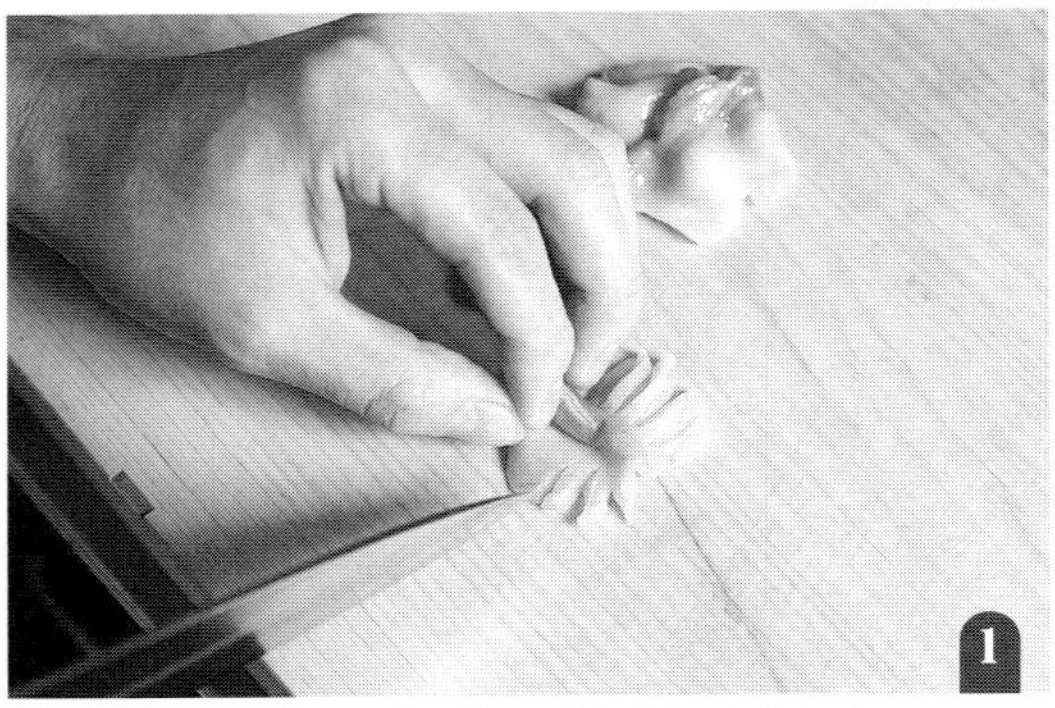

赤貝の縁に庖丁の切っ先を使って切り込みを入れる。

切り込みを入れたら真ん中を庖丁で切り、まな板にたたきつける。

赤貝のとさか造り

蝶造り

そぎ造りの要領で、一度庖丁を入れて途中で止める。さらにその切れ目が中央にくるように庖丁を入れてそぎ切りにする。切りつけたら真ん中を開いて裏に返すと、ちょうど皮目が中央にくるので蝶の姿のようになる。

タイの蝶造り

皮目を下にしたタイのおろし身をそぎ造りの手法で切りつけ止める。

一度目の切り目が中央にくるようにして庖丁をおこして切りつける。

2を裏返すと、蝶が羽を広げた姿になる。

博多造り

博多帯の織り柄のように、2種類以上の色の異なる材料を使用した造りのこと。ホタテ貝は薄い輪切りにして、半月形に切ったレモンと交互になるようにして重ねていく。レモンの酸味によってホタテ貝の味が引き締められる効果も。

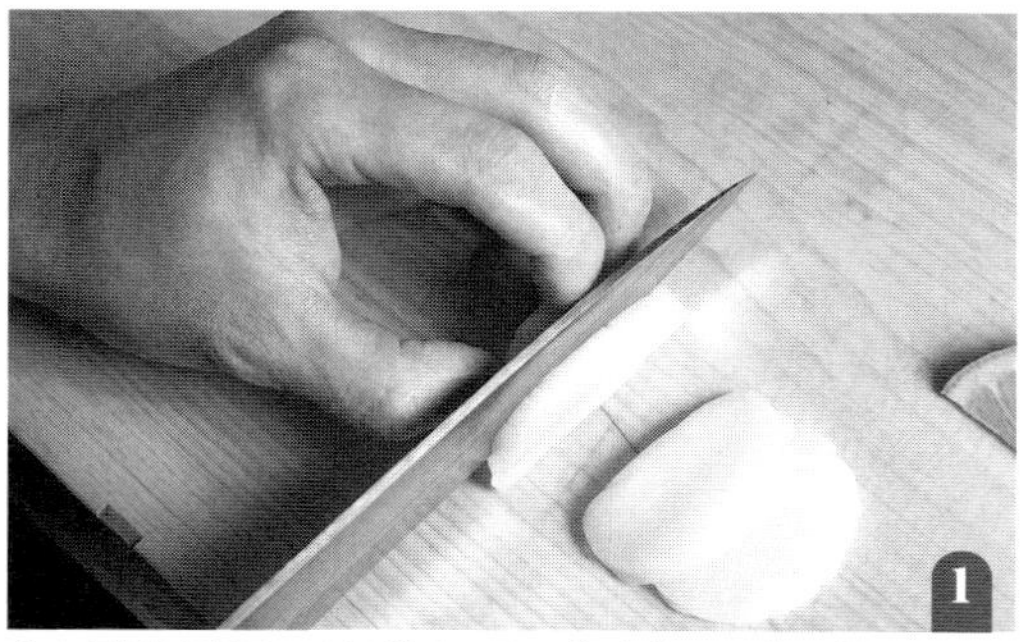

ホタテ貝は庖丁の中ほどよりやや先を使って薄い輪切りにする。

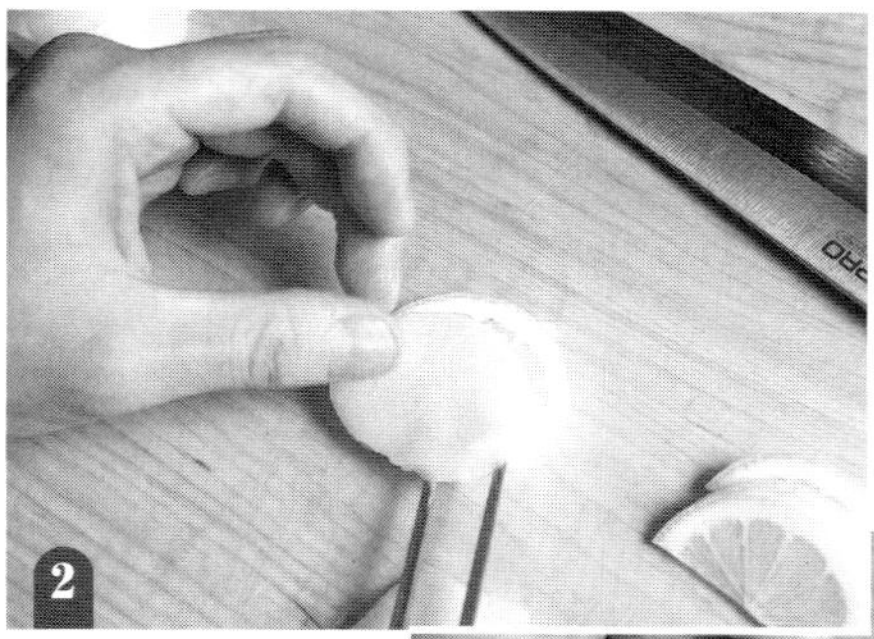

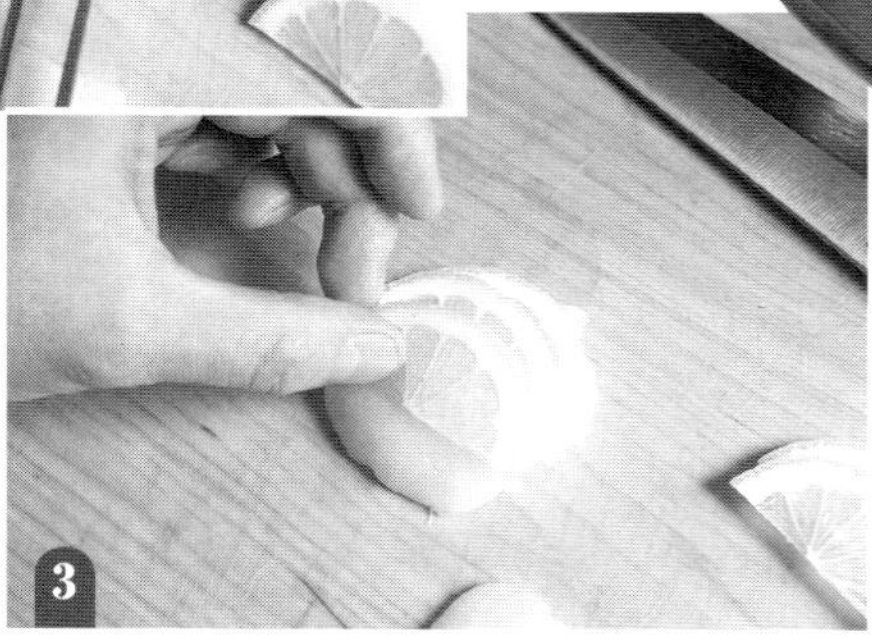

薄い輪切りにしたホタテ貝と半月形に切ったレモンを重ねていく。

ホタテの博多造り

花造り

そぎ造りにした身を並べて巻いていき、花が咲いたような形に仕上げる手法。お祝いの席に喜ばれる細工である。ヒラメの身はそぎ造りにして下から端を重ねるようにして並べていく。並べ終えたら、手前からくるくると巻き、最後に端を開いて花びらのようにする。

ヒラメは庖丁の中ほどから切っ先を使ってそぎ造りにする。

並べていくので、同じ身幅にして重ねていくのがコツ。

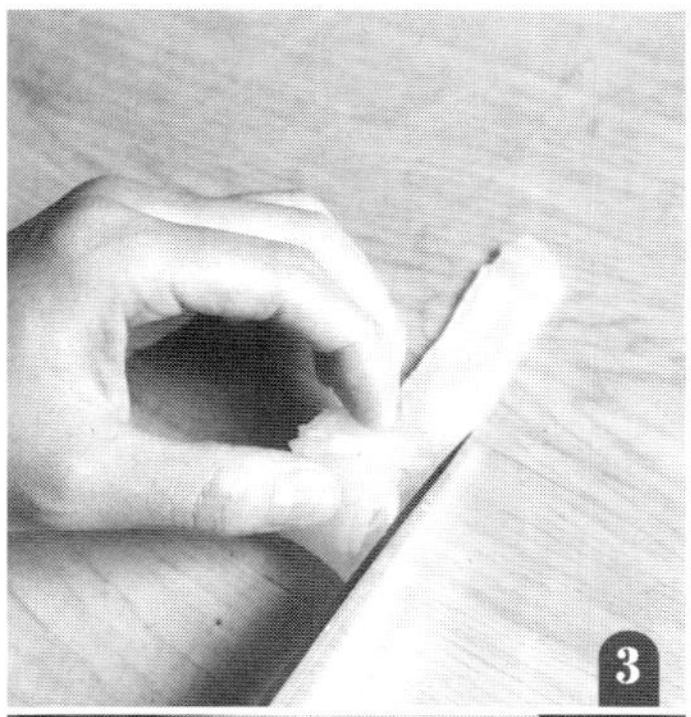

手前からくるくると巻いていく。最後に形を整える。

ヒラメの花造り

活造り・姿盛りの技術

タイ活造り

胸ビレを立たせ、頭と尾を枕で支えて活きのよい形に。おろし身はそぎ造りと松皮造りに仕立て、立体的にバランスよく盛り込む。

ウロコを取っておろす

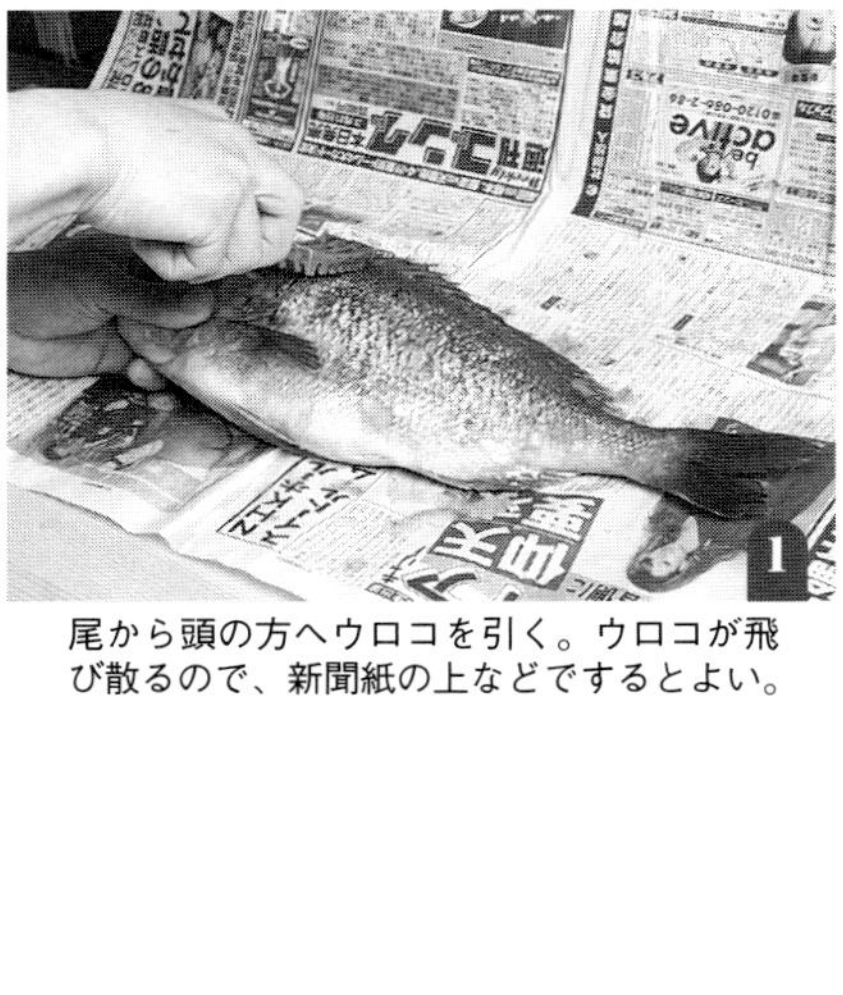

尾から頭の方へウロコを引く。ウロコが飛び散るので、新聞紙の上などでするとよい。

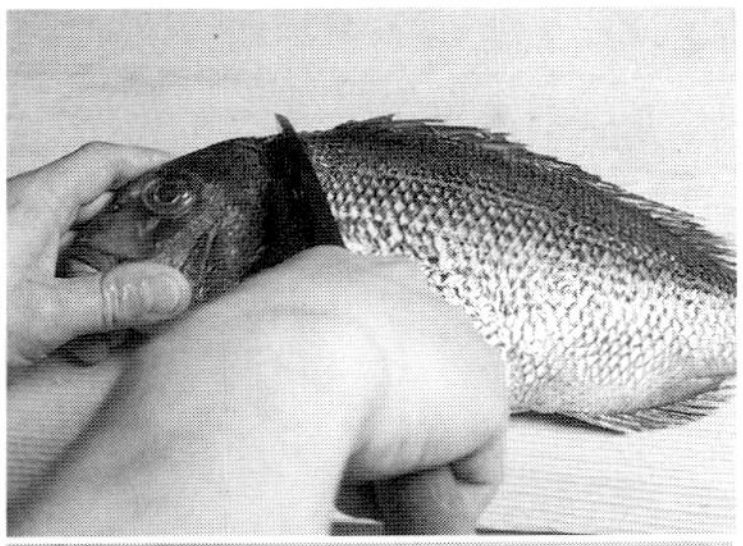

内臓を傷つけないようにエラ蓋の横を切り、尾ビレのつけ根にも切り目を入れる。

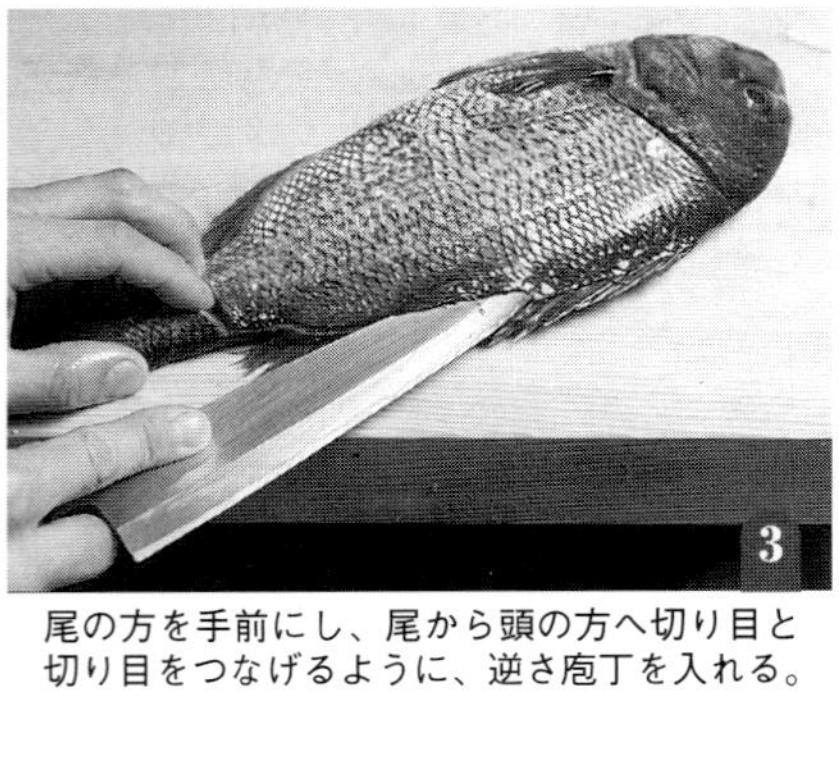

尾の方を手前にし、尾から頭の方へ切り目と切り目をつなげるように、逆さ庖丁を入れる。

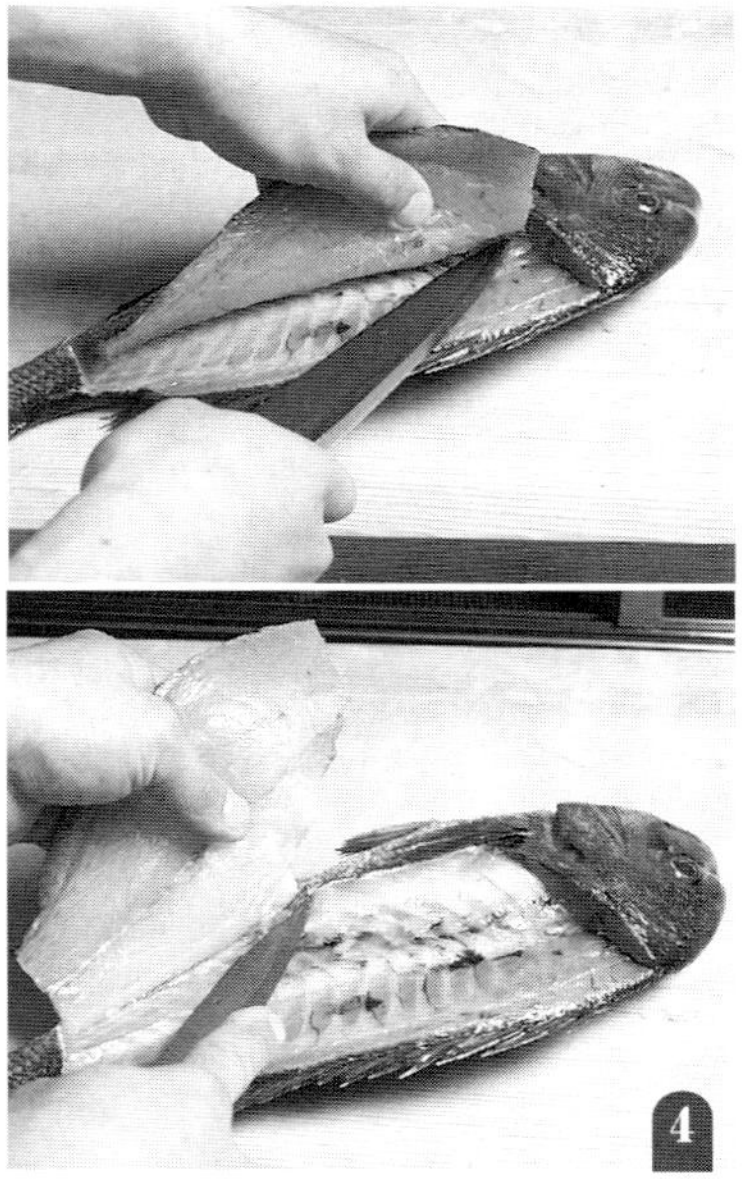

庖丁を返し、逆さ庖丁を入れたところから上身をおろす。活造りなので内臓は中骨につけておく。

下身も同じ手順でおろす。庖丁の先を使い、内臓を避けながら慎重におろすこと。

三枚におろした状態。上身と下身を刺身にし、頭と内臓がついた中骨は盛りつけの台に使う。

腹骨を取ってさく取りする

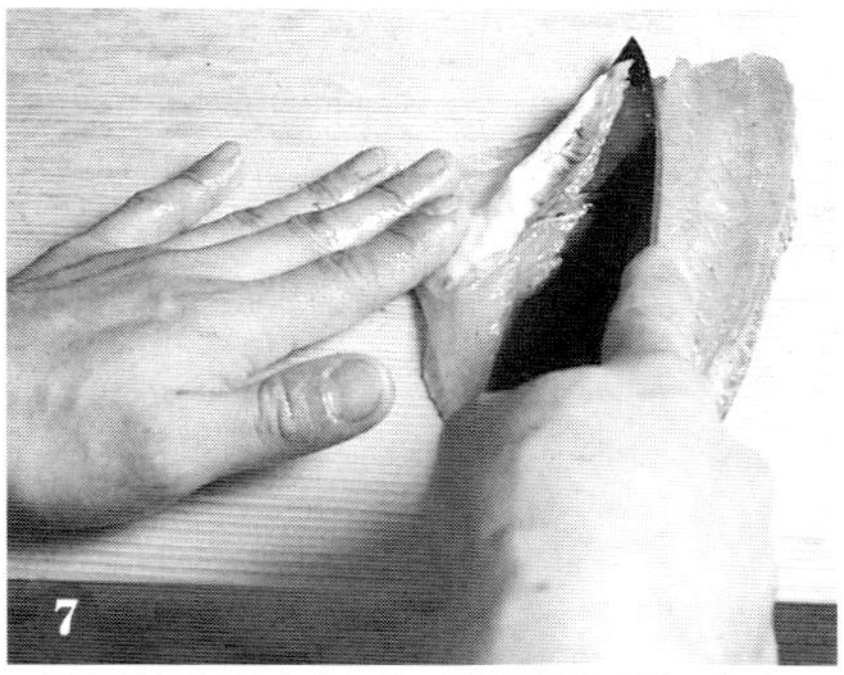

庖丁を傾けるようにして腹骨を取り除いたら、背骨に沿って庖丁を入れ、腹身と背身に切り分ける。

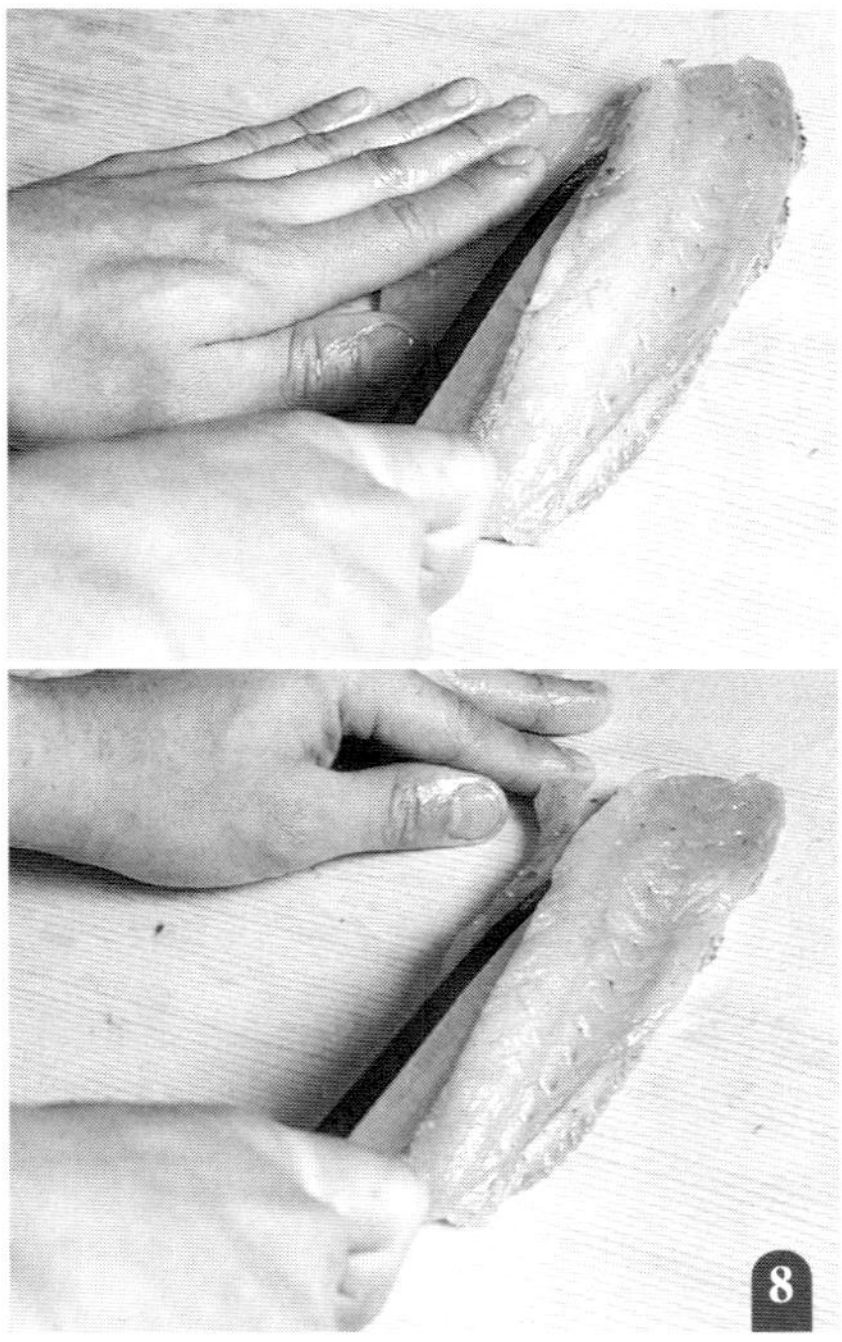

背身には背骨と血合いの部分がついているので切り取り、きれいな切り身にする。

刺身にする

•そぎ造り•

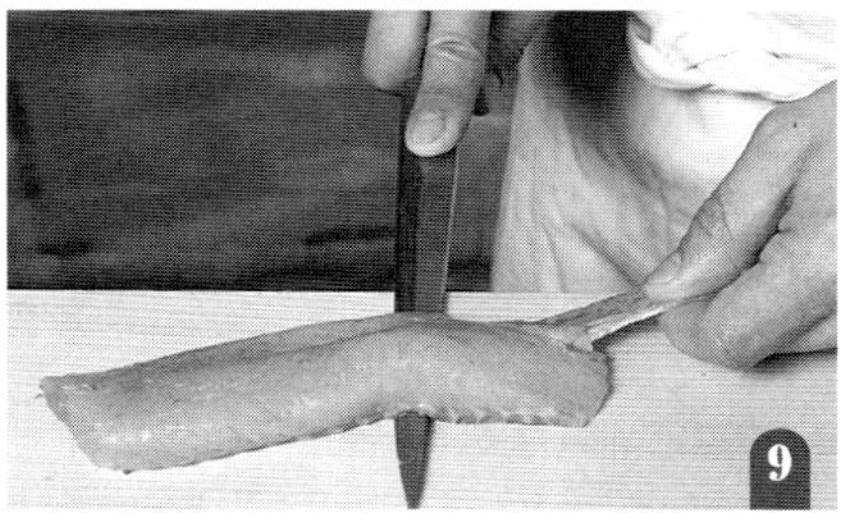

皮と身の間に庖丁をねかせて入れ、左手で皮を引っぱりながら庖丁を動かして皮を引く。

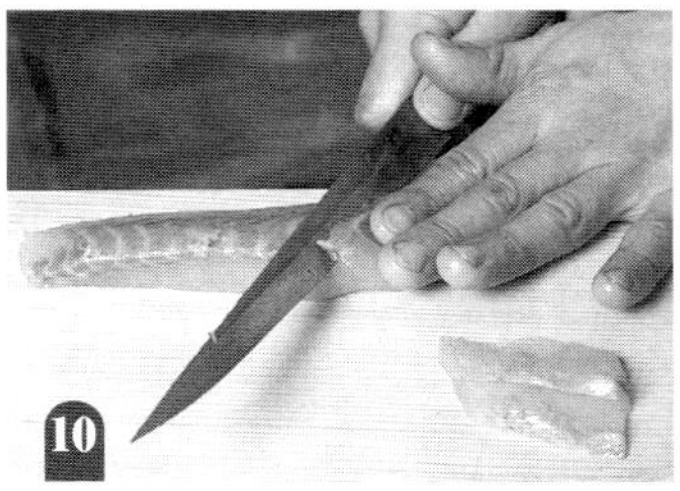

庖丁の刃をやや右にねかせて切りつけ、そのまま切っ先まで手前に引くようにして切る。

•松皮造り•

皮を引かない切り身を、皮目を上にしてまな板に置き、布巾をかけてから熱湯をかける。

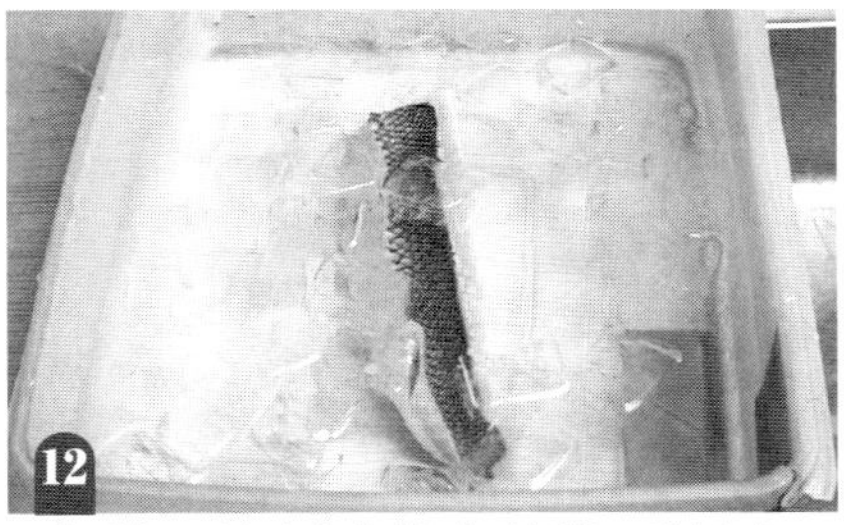

皮が立ってきたらすぐに氷水に取って冷やし、冷めたら布巾にとって余分な水気を拭き取る。

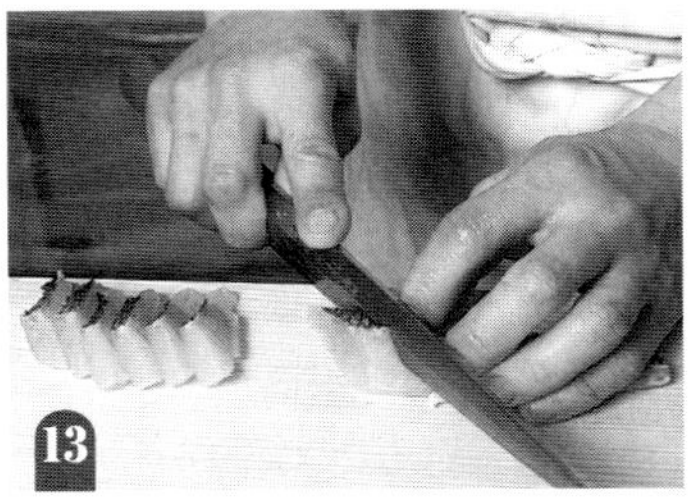

庖丁の刃元から切りつけて切っ先まで手前に引き切り、右に身を送って引き造りにする。

盛りつける

•ヒレを立てる•

胸ビレの先を1本割いてエラ蓋の内側にさし込み、胸ビレを立たせて威勢のよい形に整える。

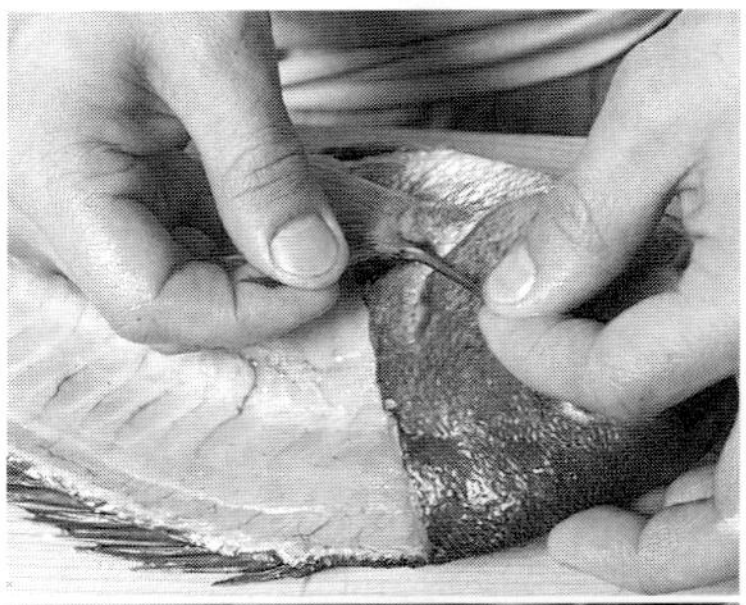

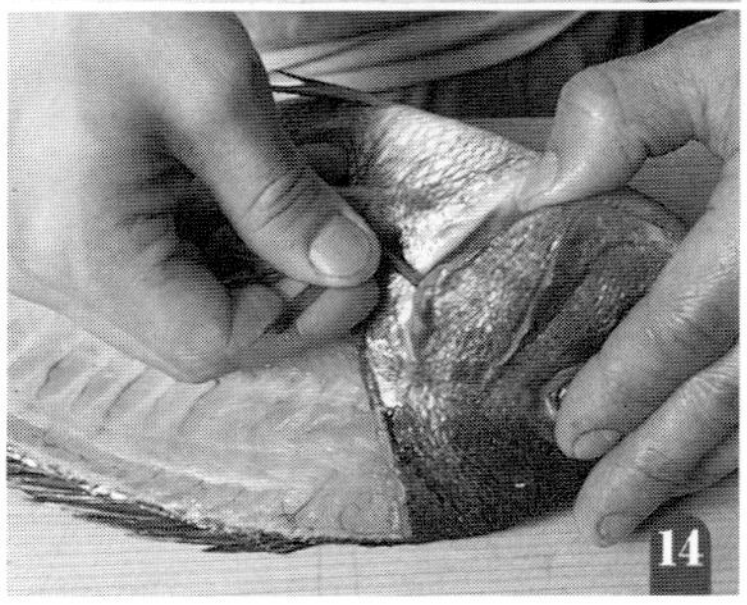

背ビレを広げて頭に一番近い部分に楊枝（ようじ）を刺してとめ、背ビレが立った形にする。

•台を作って刺身を盛る•

頭の方が高くなるように枕の高さを調節し、器に置いて位置を決めたら竹串を立て、中骨を刺してとめる。

中骨に大根のけんをたっぷりと敷く。手前が低くなるように敷くと形よく刺身が盛れる。

けんの上に大葉をすき間なく敷く。大葉は、刺身がけんの水気を吸うのを防ぐ働きをする。

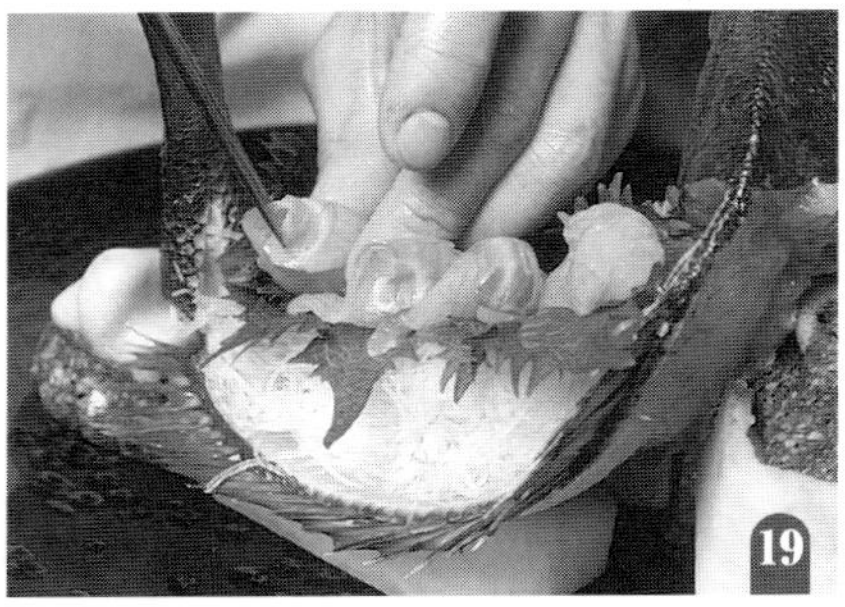

まず、そぎ造りの身を盛る。身を丸めて少しずつずらしながら重ね、段をつけて立体的に。

波打つような形にそぎ造りを台全体に盛ったら、手前に松皮造りを並べて盛る。

•盛り込みを整えて仕上げる•

柚子釜を作って器に置き、残りのそぎ造りの身をこんもりと盛りつける。

枕をオゴノリで隠し、けんやわさびを置いて南天や松葉などをあしらい、氷を添えて仕上げる。

ヒラメ活造り

ヒラメは、活造りにする場合、三枚におろしてからさく取りする。背側の身は引き造りに、腹側の身はそぎ造りにして洗いにした。

ウロコを取っておろす

1

水洗いしてぬめりを取り、すき取り庖丁の刃をねかせて使って背側のウロコを引く。

2

腹側のウロコは、背側のウロコより薄く細かいので、残さないように丁寧に引くこと。

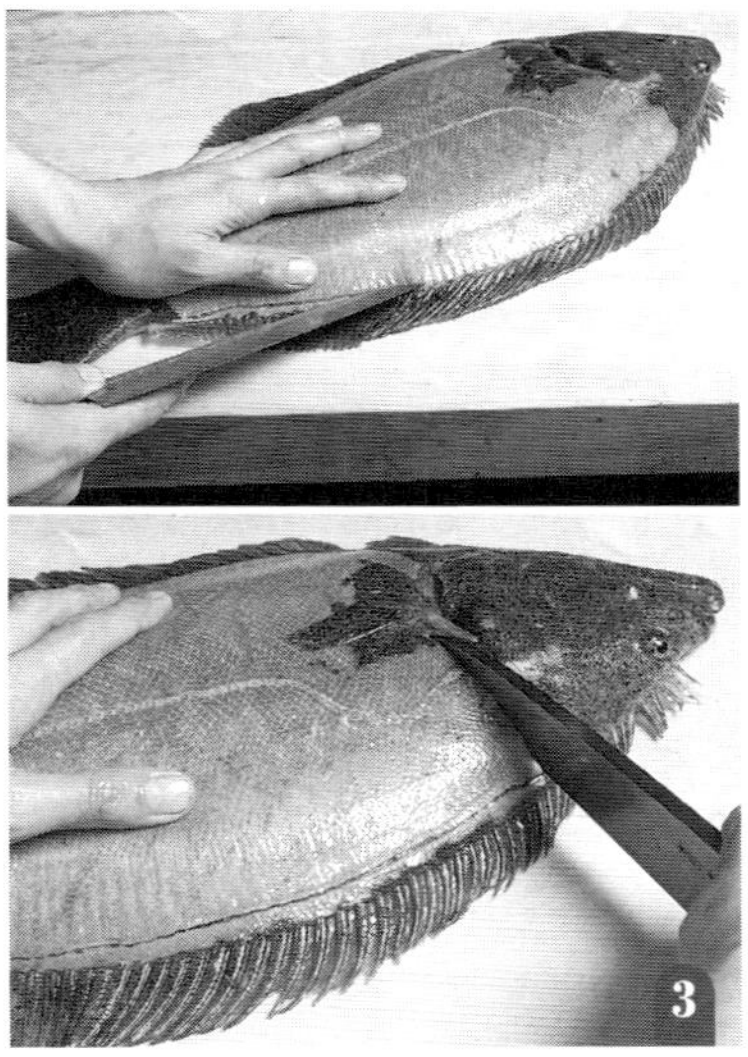

3

背側を上にして置き、エンガワとヒレの間に逆さ庖丁で切り目を入れたら頭の下の部分を切る。

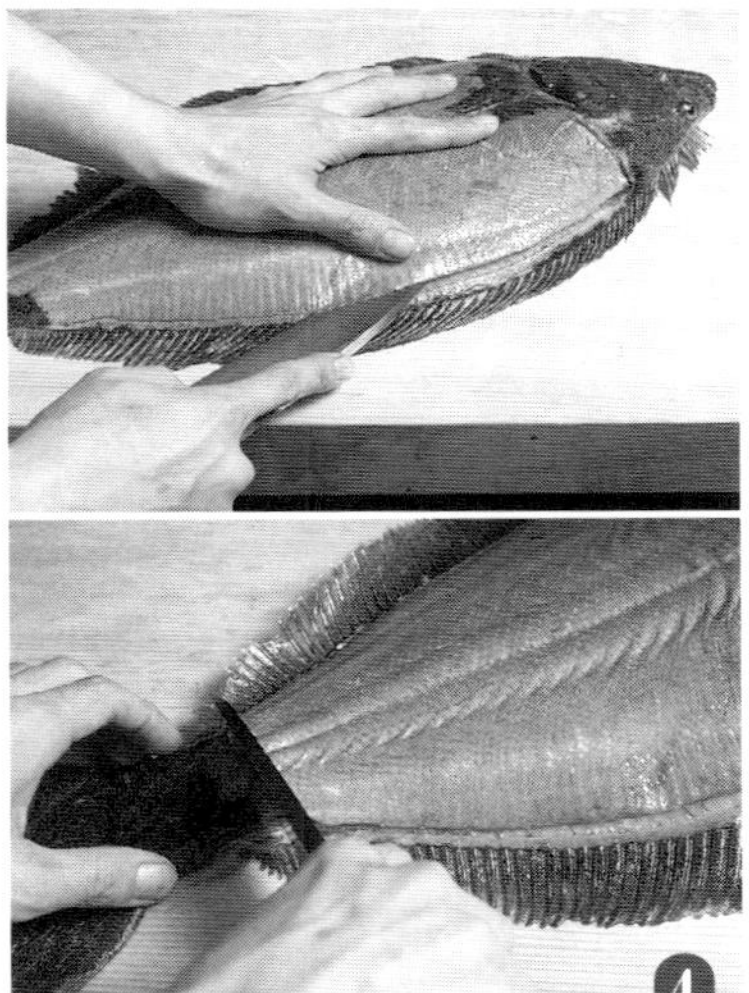

4

切り目を入れたエンガワとヒレの間に庖丁をねかせ気味に入れておろし、尾のつけ根を切り離す。

5

内臓をつぶさないように、庖丁の切っ先を上向きかげんにして丁寧におろすこと。

6

腹側も同様に、逆さ庖丁で切り目を入れてから内臓をつぶさないようにしておろす。

7

三枚におろした状態。背側の身は厚いので引き造りなどにし、腹側の身は薄いのでそぎ造りや薄造りに。

腹骨を取ってさく取りする

庖丁の先を使って腹骨を取り、背骨に沿って半分に切り離したら背骨と血合いを切り取る。

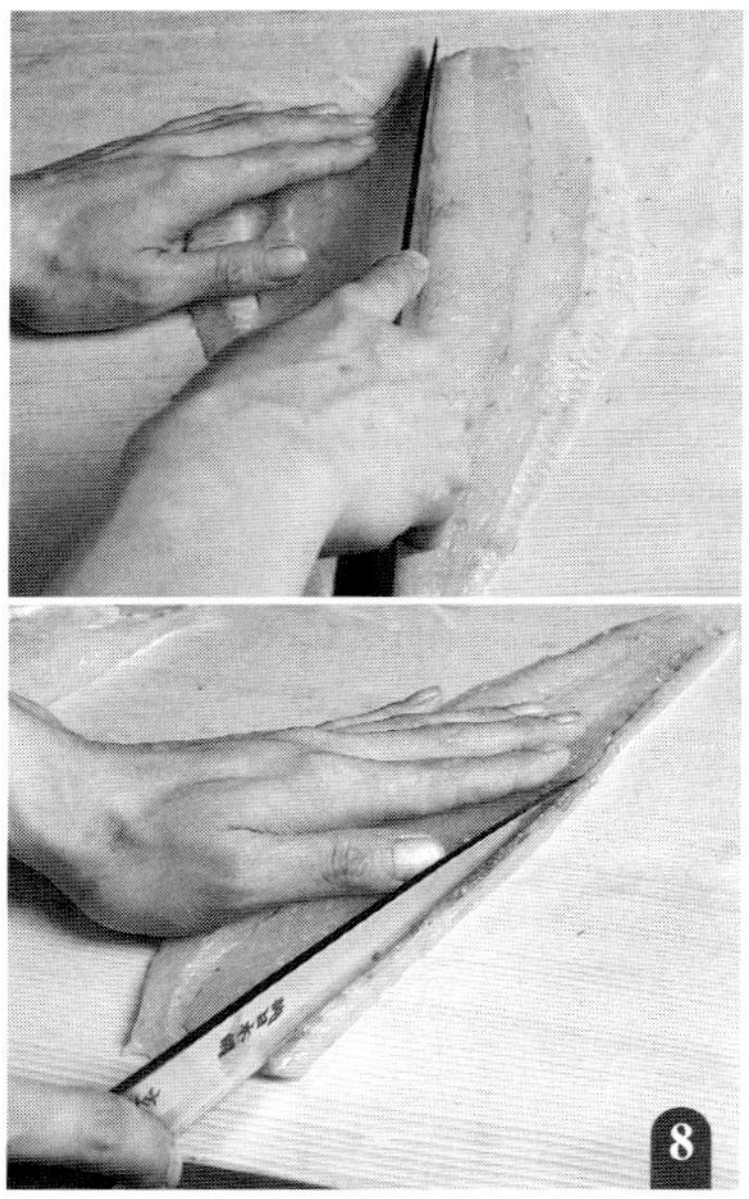

8

9

身についているエンガワを切り取る。この部分も刺身に使うのでとっておく。

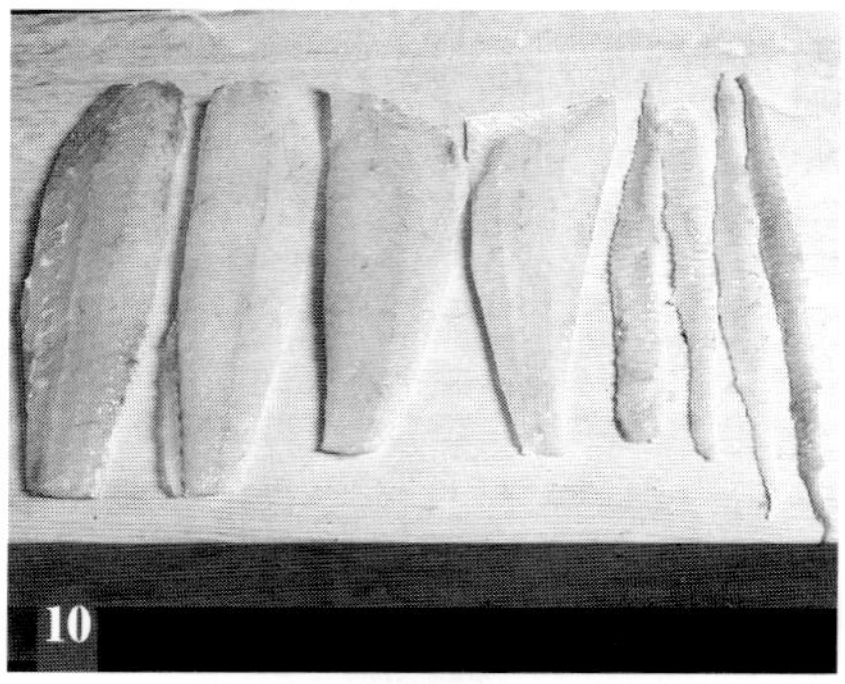

10

さく取りをし終わった状態。背側の身は引き造りに、腹側の身はそぎ造りと洗いにする。

刺身にする

•引き造り•

皮と身の間に庖丁をねかせて入れて皮を引き、庖丁の刃元から切りつけて切っ先まで引き切る。

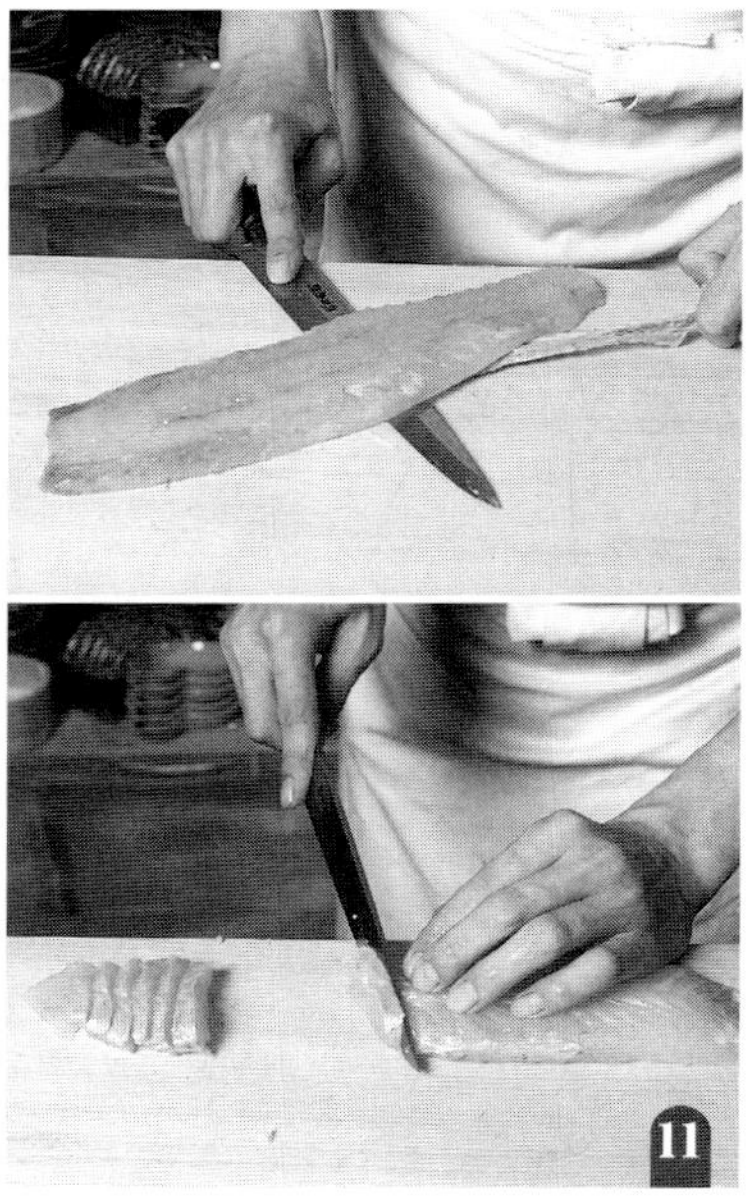

11

•そぎ造り•

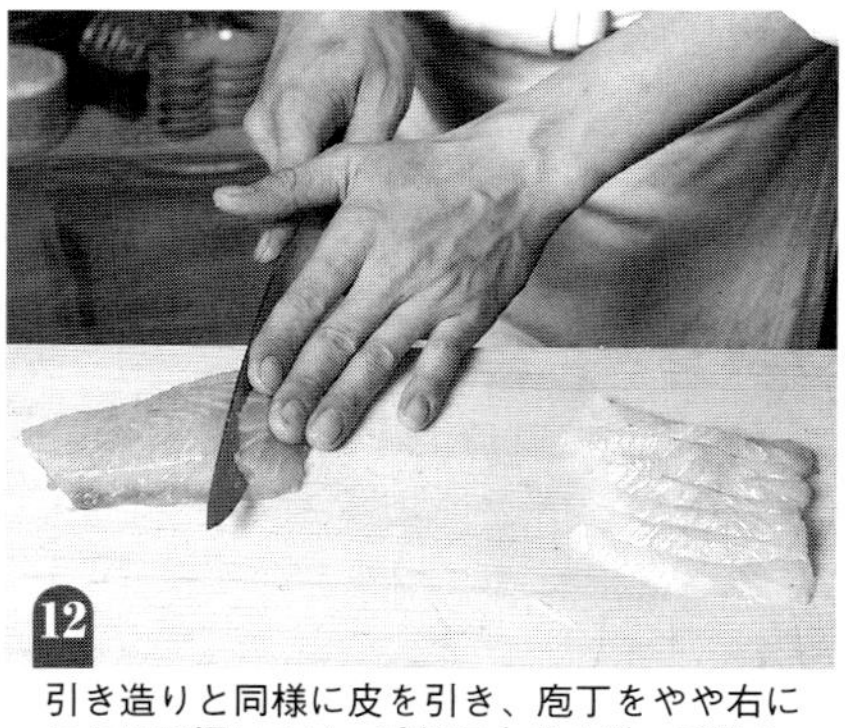

12

引き造りと同様に皮を引き、庖丁をやや右にねかせて切りつけ、手前に大きく引いて切る。

•洗い•

そぎ造りにした身を氷水に入れ、流水で身が白くなるまで洗ったら布巾で水気を取る。

13

•エンガワ•

さく取りした身と同様に皮を引き、半分に切って重ね、それをさらに3等分する。

14

盛りつける

•台を作って刺身を盛る•

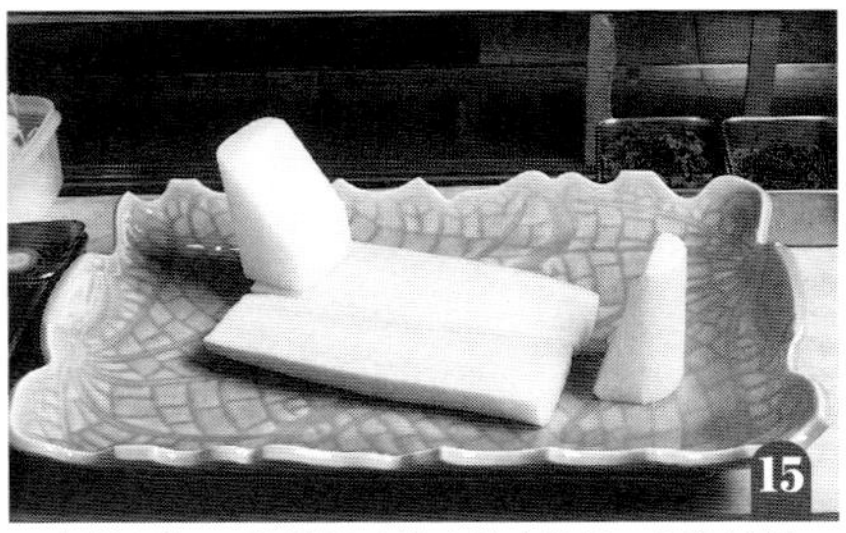

大根を使って写真のような枕を作り、左奥が頭、右手前が尾になるように位置を決める。

竹串の尖った方を上にして枕に刺し、その竹串にヒラメの頭を刺す。尾の方も同様にする。

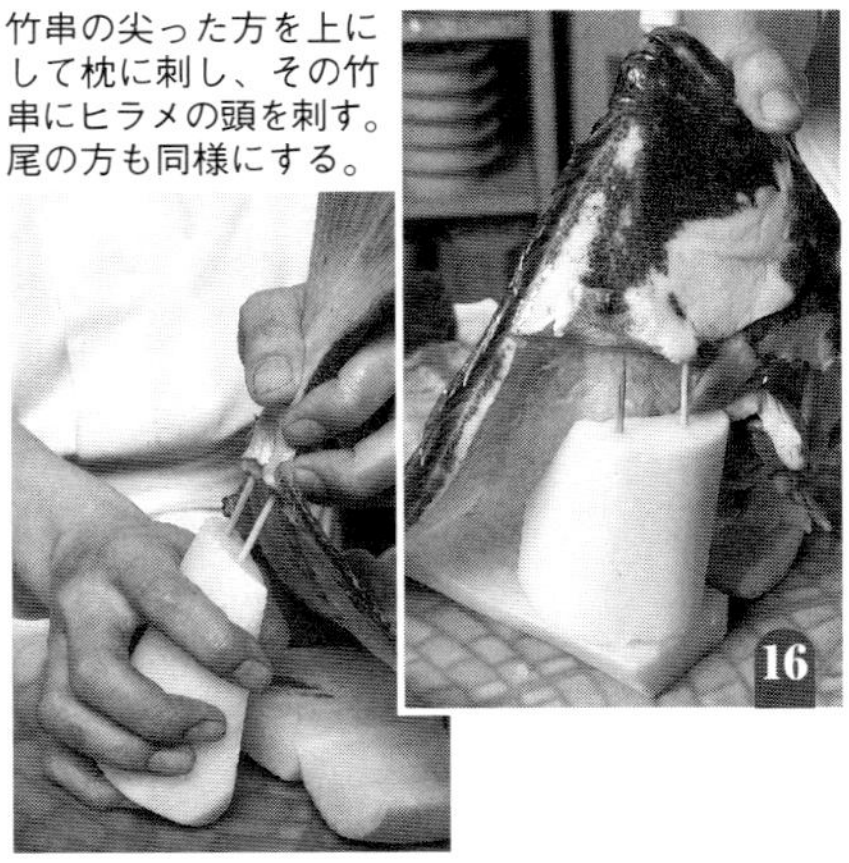

中骨の台を弓形に整えて安定させ、奥の方を高くして大根のけんを敷き、大葉を並べる。

まず、引き造りにした身を盛る。3切れずつを、段になるようにずらしながら並べていく。

胸ビレの下に楊枝を刺してとめ、胸ビレを立たせる。ヒレから出た部分はニッパーで切る。

手前の方にも大葉を敷き、そぎ造りにした身を丸めて少しずつずらしながら並べる。

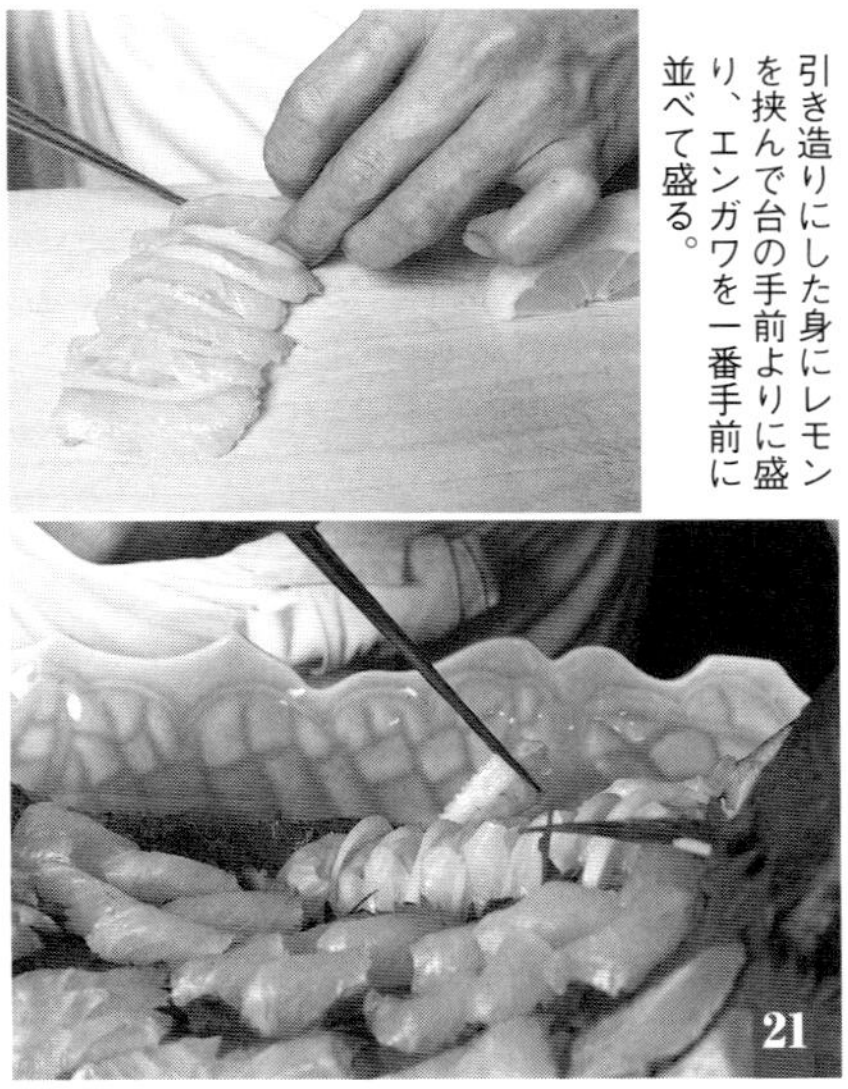

引き造りにした身にレモンを挟んで台の手前よりに盛り、エンガワを一番手前に並べて盛る。

•盛り込みを整えて仕上げる•

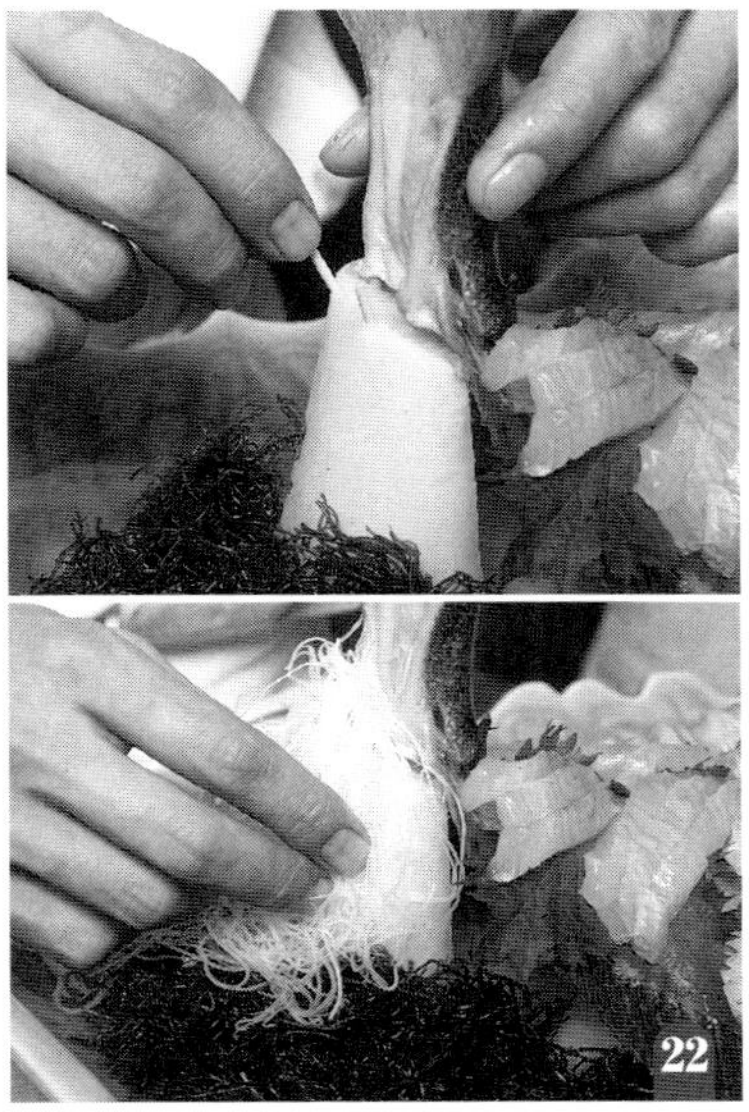

大根の枕に楊枝を何本か刺し、それにけんやオゴノリを引っかけるようにして覆い、枕を隠す。

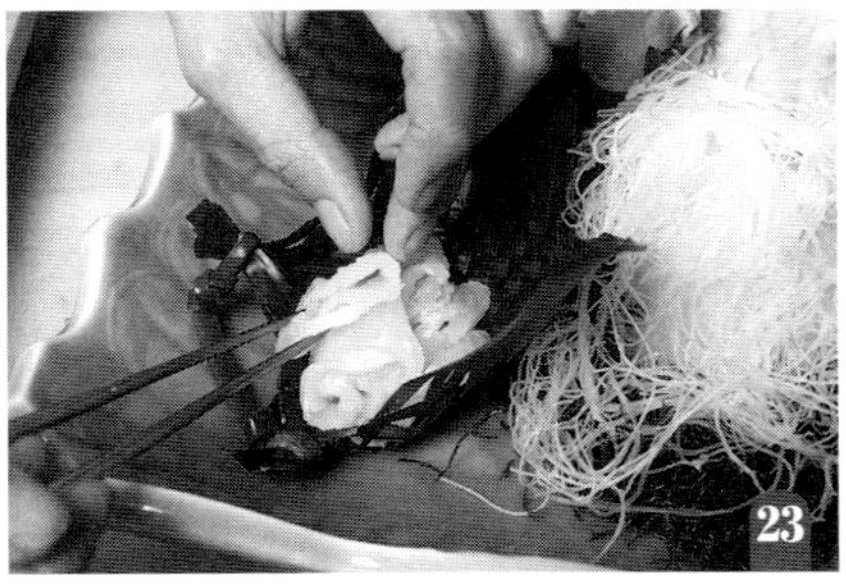

笹で作った盛り台を器の右手前に置き、洗いを盛って唐草大根をあしらう。

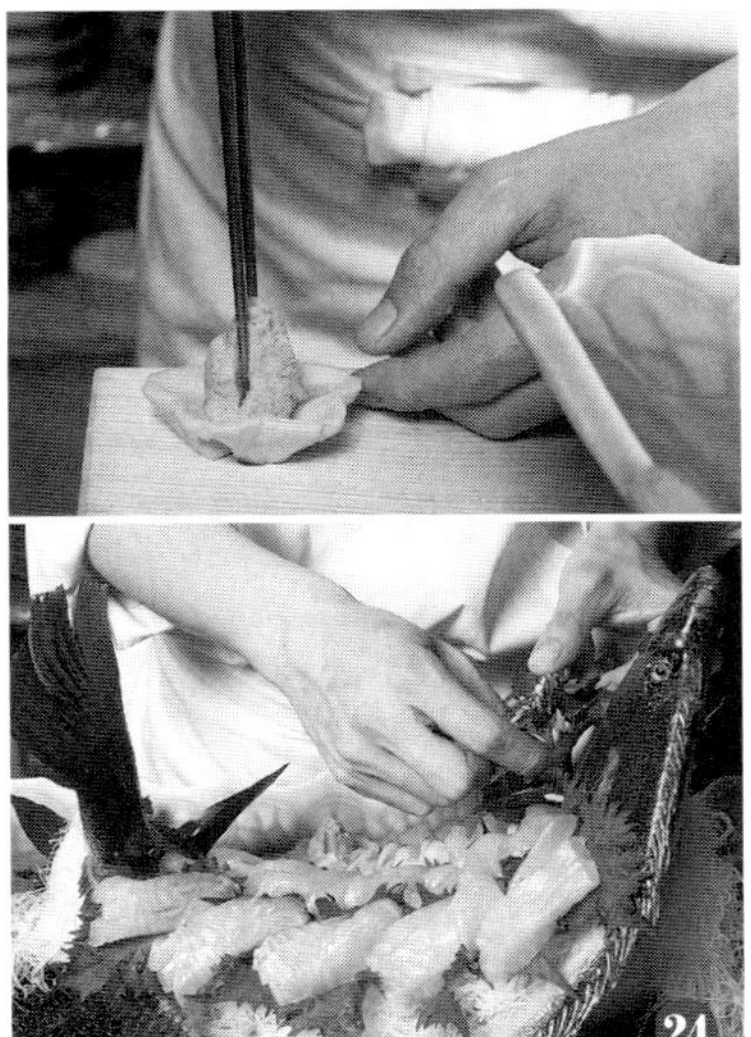

南京のわさび台にわさびをのせ、けんやつま、あしらいなどと器に盛り、氷を添えて仕上げる。

イセエビ活造り

イセエビは豪華な姿をそのまま生かして活造りに。おろし身は洗いにして、柚子釜と舟に盛った。殻は丁寧に扱うこと。

殻から身をはずす

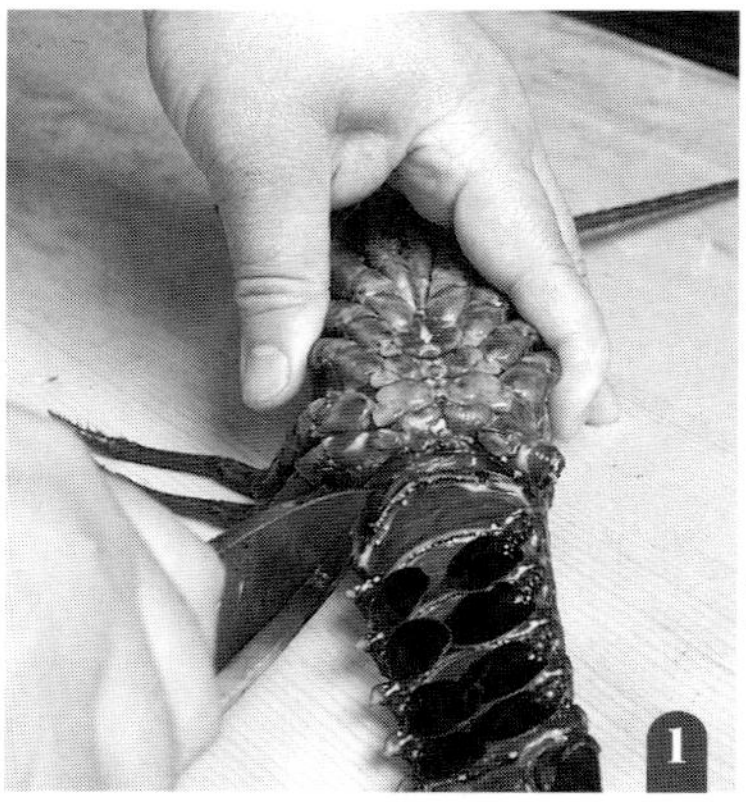

1 イセエビの腹側を上にして置き、頭と腹部の境目に庖丁の先を入れてつなぎ目を切る。

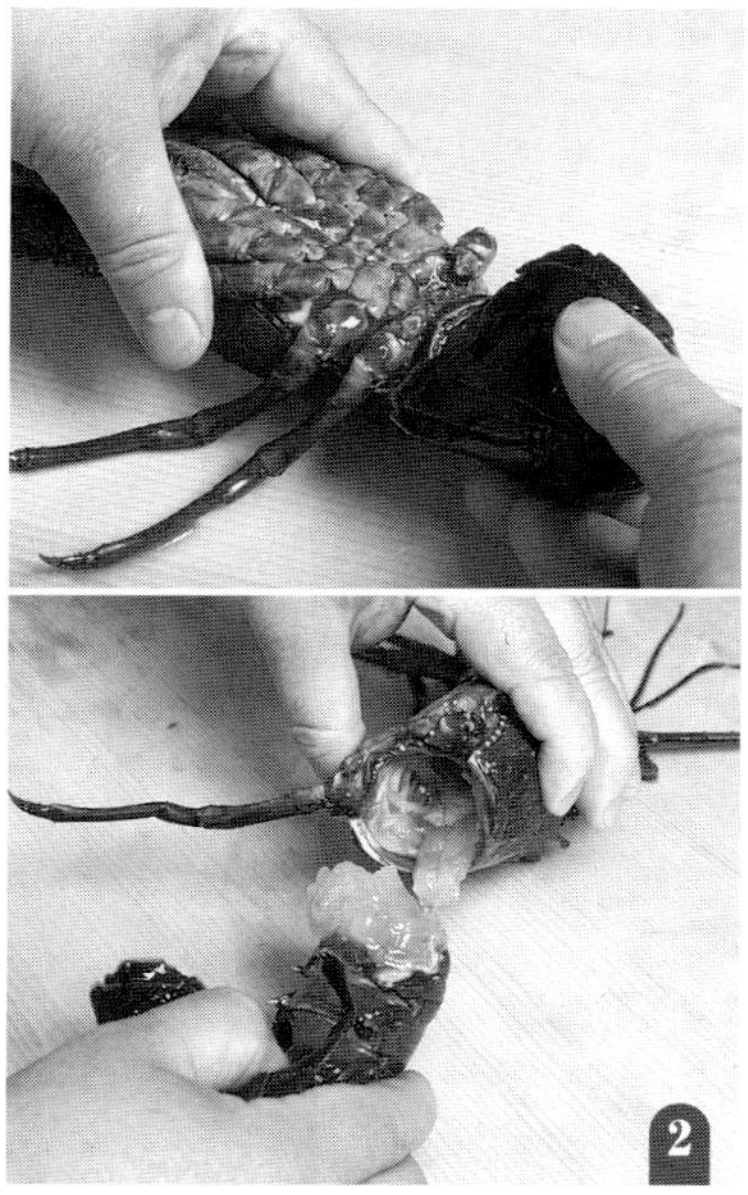

2 尾を持って腹側に曲げるようにしてねじりながら抜き、頭から腹部をはずす。

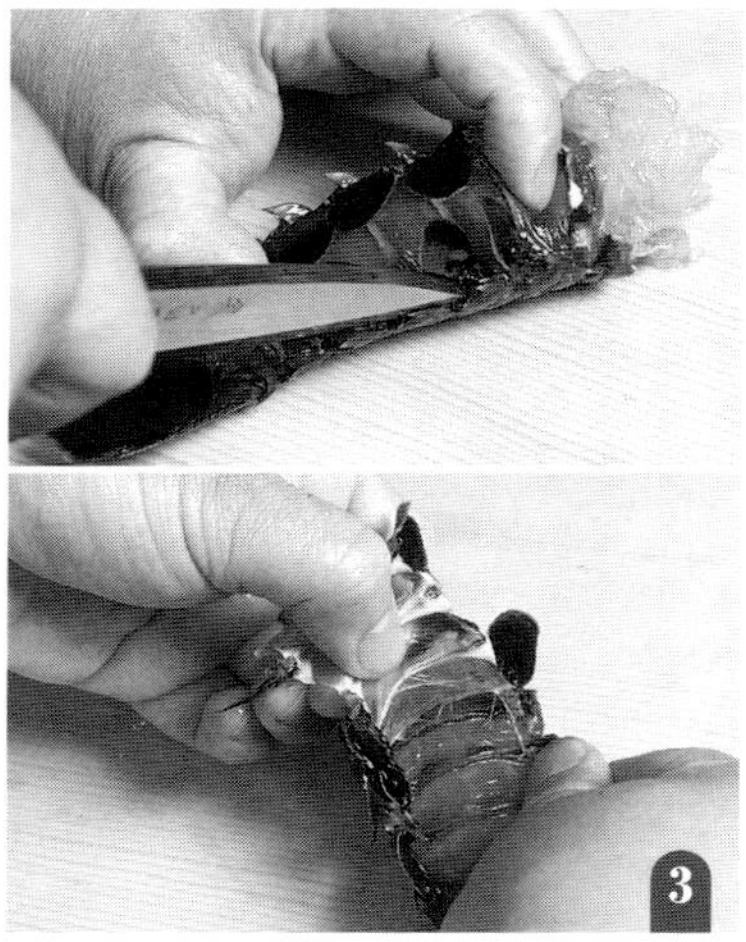

3 腹部の殻に沿って庖丁を入れ、足を切り落としたら手で腹皮をむき取る。

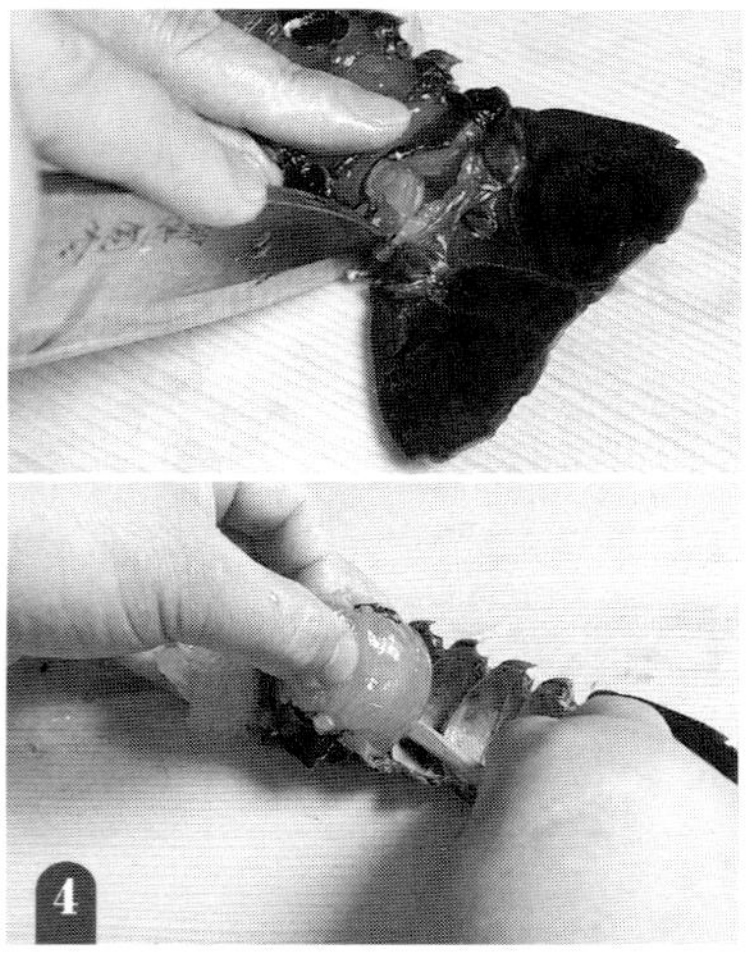

4 庖丁の先で尾のつけ根に切り目を入れ、そこから身をはがすようにして殻から取り出す。

切り分けて洗いにする

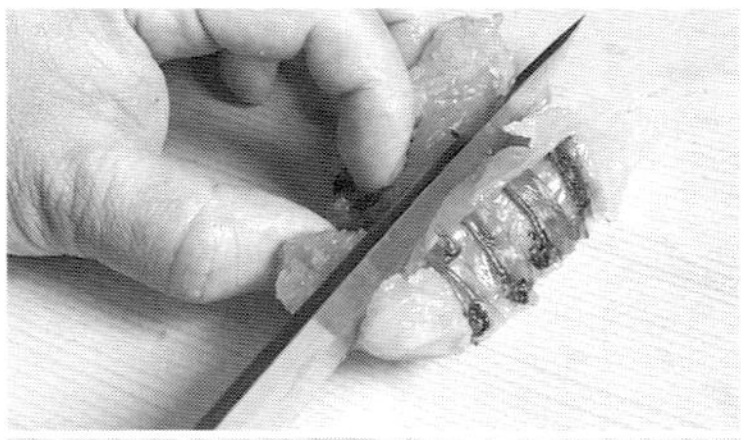

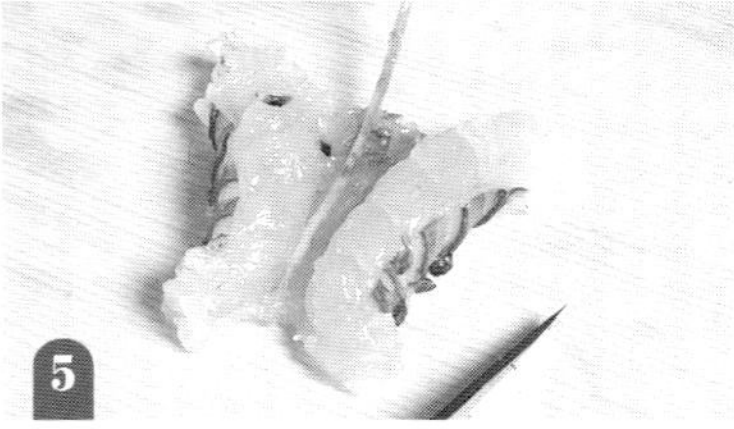

5

殻から身を取り出したら、腹側を上にしてまな板に置き、真中に庖丁を入れて背ワタを取り除く。

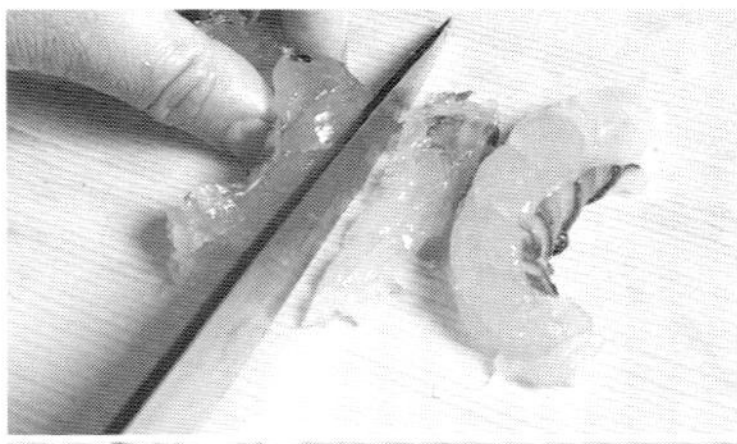

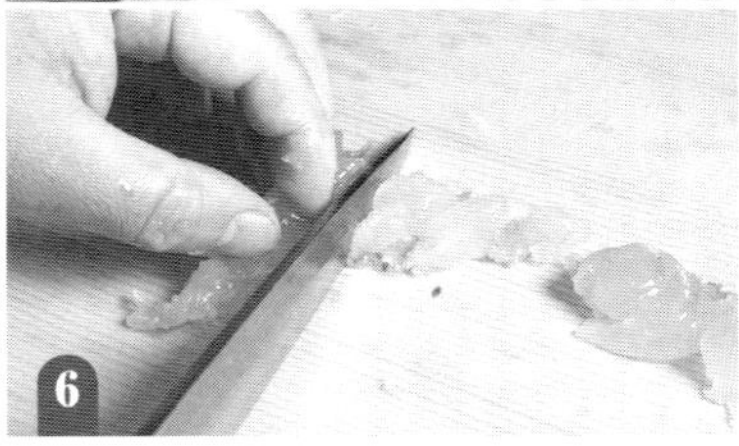

6

身を縦に3等分し、それぞれを細かく切る。身に筋肉の筋がついているので、それに沿って切るとよい。

7

ボールに身を入れて身が飛び出ないように巻き簾で蓋をし、水道の水を勢いよく出して洗いにする。

8

2〜3分洗って身が白っぽくなったら水から取り出し、布巾で余分な水気を取っておく。

盛りつける

•殻で台を作る•

9

大根で安定させたサザエの殻を枕にし、枕に刺した竹串の先をイセエビの頭の口下に刺す。

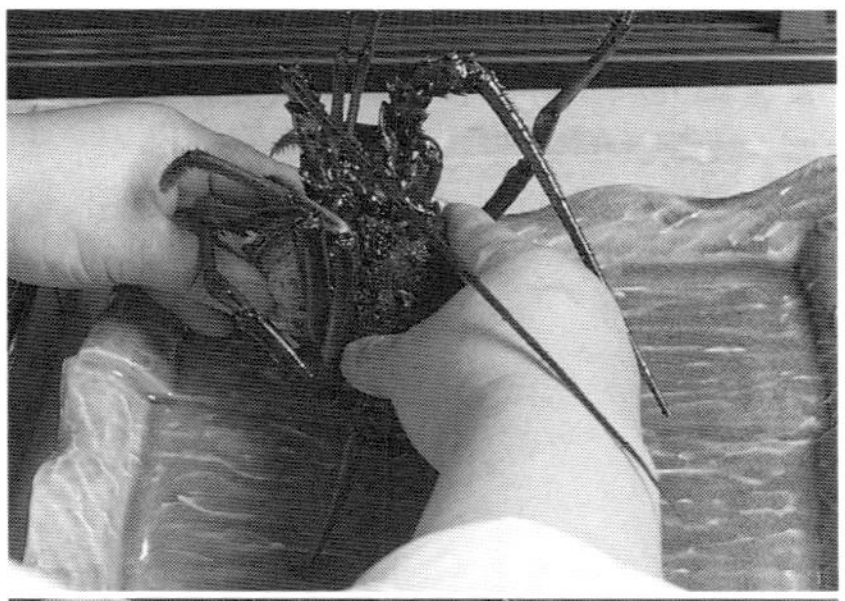

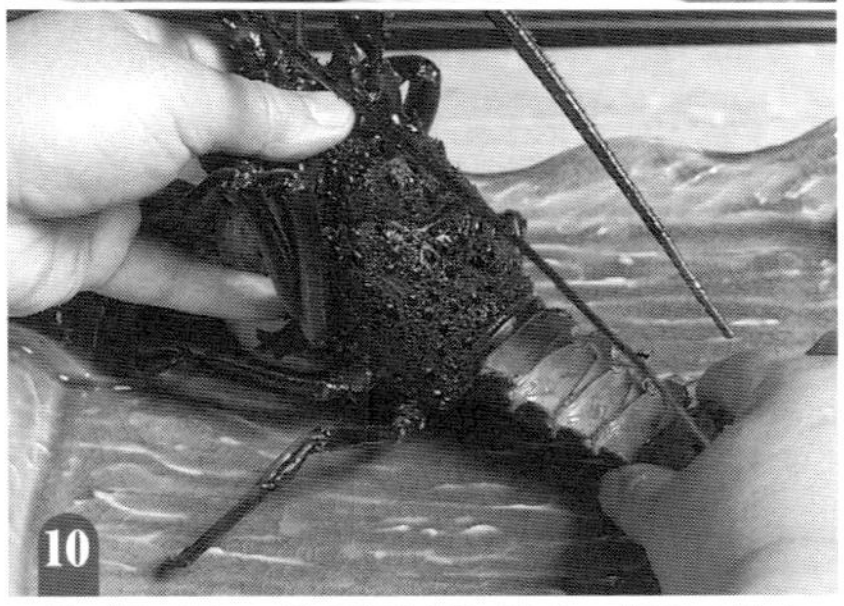

10

枕ごとイセエビの頭を器に置き、腹部の殻を頭にさし込む。器の対角線上に殻の台を置くと形がよい。

•刺身を盛りつける•

11

尾の下にも小さな大根の枕を置き、尾がはね上がった形に整えて刺身を盛りやすくする。

12

イセエビの殻に大根のけんを敷いて刺身が沈まないように高さを出し、大葉をのせる。

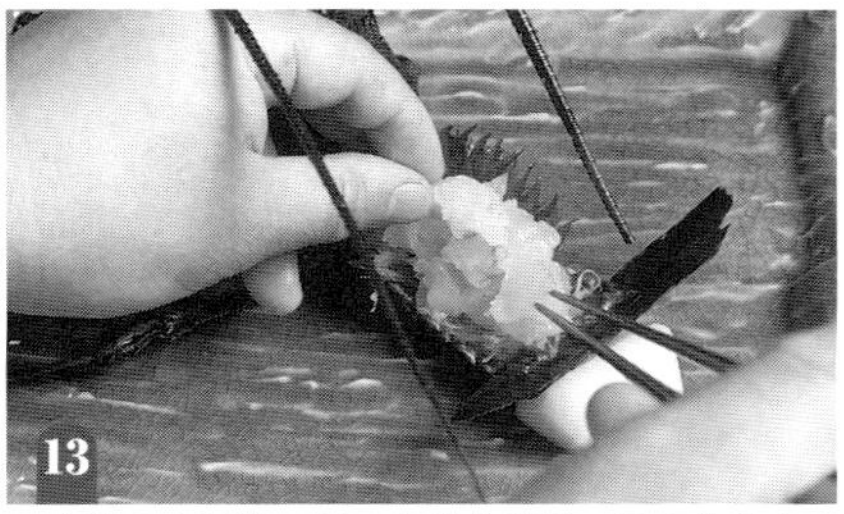

13

大葉の上に洗いにした身を盛る。こんもりと盛り上げるようにし、見栄えよく盛りつける。

•盛り込みを整えて仕上げる•

14

器に大根のけんを丸めて置き、柚子釜をのせる。大根のけんと大葉を敷いて残りの洗いを盛る。

15

枕を海藻類で隠し、わさび、ラディッシュの立てけん、つまなどをあしらい、氷を添える。

アジ姿盛り

人気のアジの姿盛りを鹿の子造りと筋目造りに。ここでは造った身を丸めながら盛り、切り目を開かせることで、見栄えよく仕上げた。

おろして下処理する

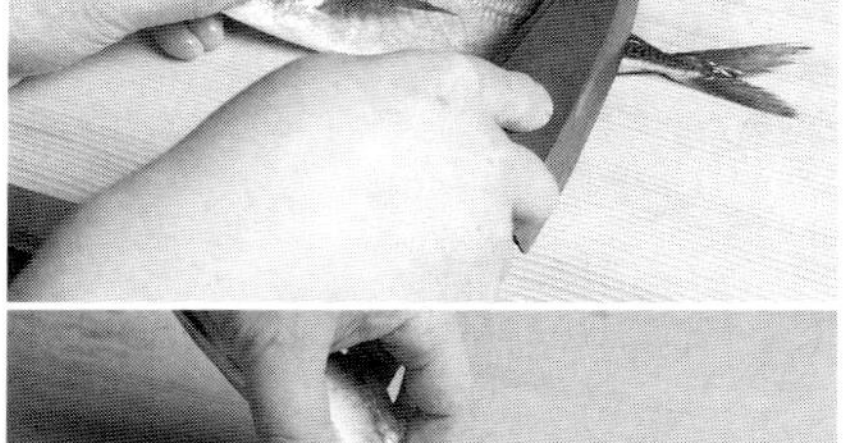

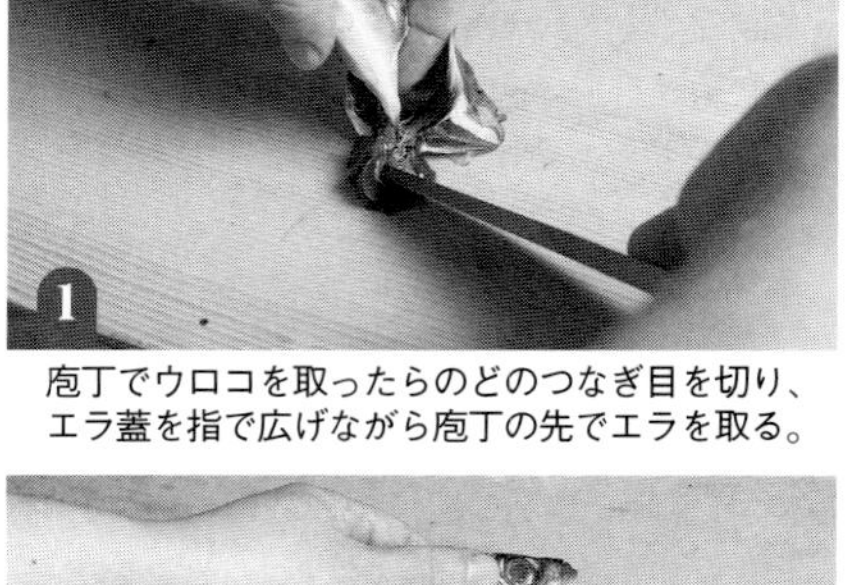

1 庖丁でウロコを取ったらのどのつなぎ目を切り、エラ蓋を指で広げながら庖丁の先でエラを取る。

2 腹の部分に切り込みを入れ、身を傷つけないようにしながら庖丁で内臓を引き出す。

エラ蓋の脇に切り目を入れたら背側に庖丁を入れ、背骨に沿って庖丁をねかせて使い、尾の方まで切る。

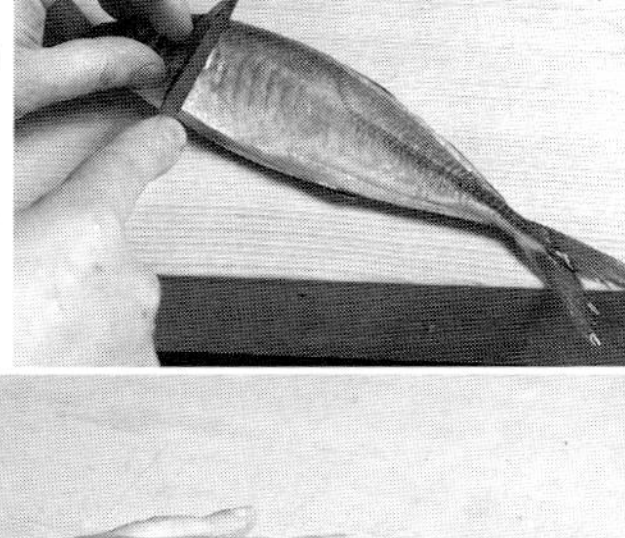

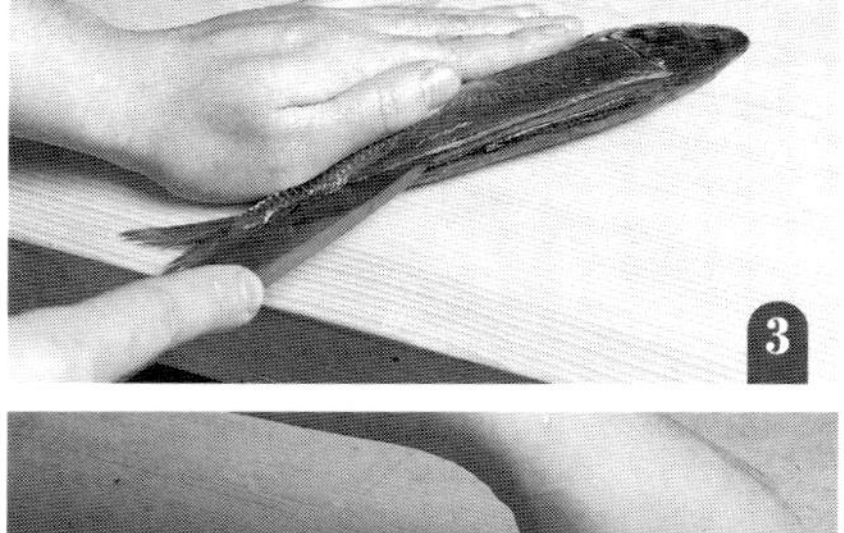

3

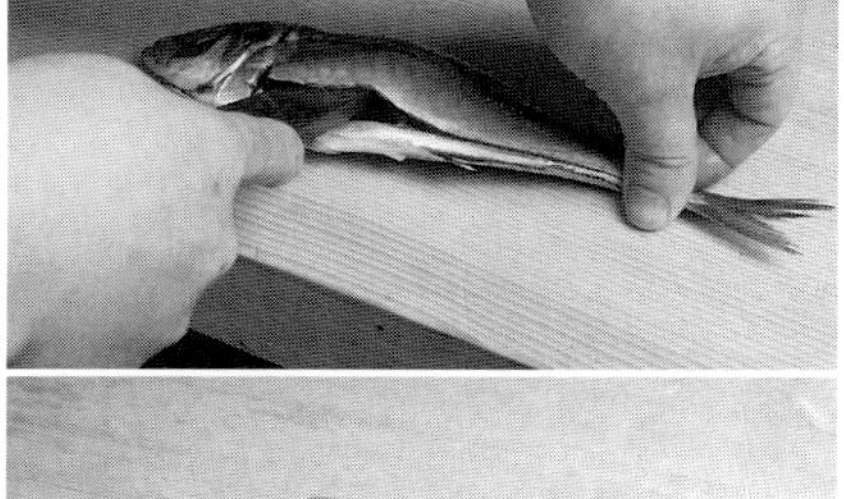

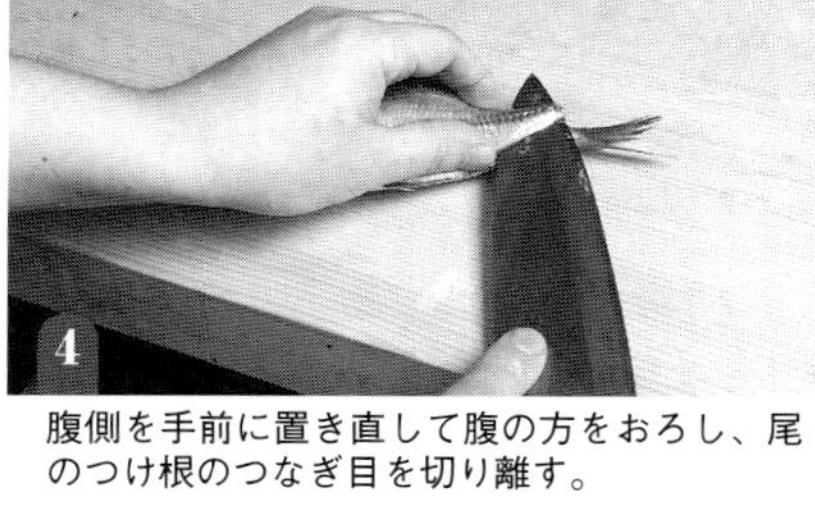

4 腹側を手前に置き直して腹の方をおろし、尾のつけ根のつなぎ目を切り離す。

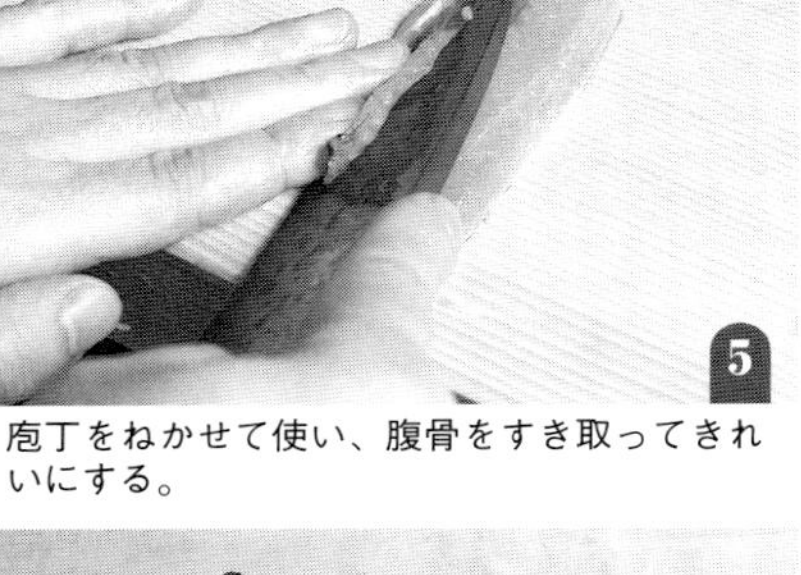

5 庖丁をねかせて使い、腹骨をすき取ってきれいにする。

6 頭と尾のついた中骨と身におろした状態。皮を引いて使うので、ゼイゴは取らない。

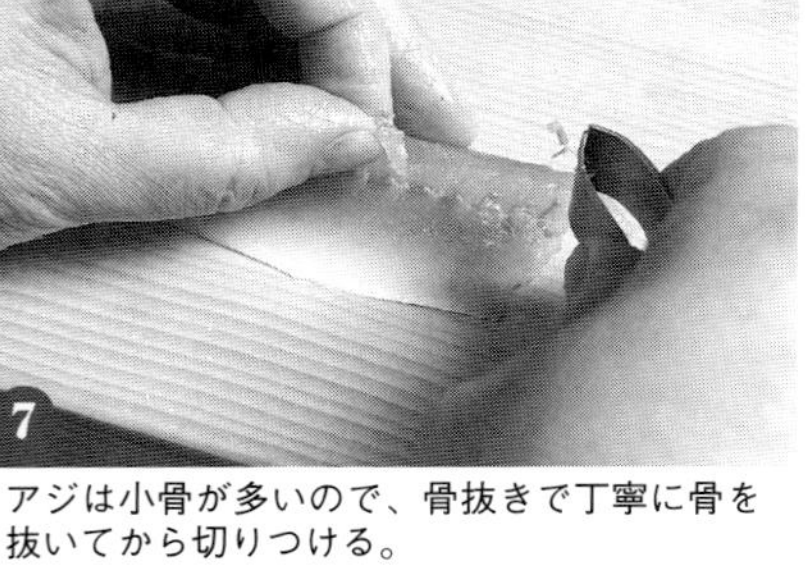

7 アジは小骨が多いので、骨抜きで丁寧に骨を抜いてから切りつける。

刺身にする

•鹿の子造り•

タイやヒラメと同じ要領で皮を引き、身に格子状の切り目を入れて一口大に切る。

•そぎ造り•

皮を引いた身に縦に切り目を入れて筋をつけたら、身を横にして、庖丁をねかせてそぎ切りにする。

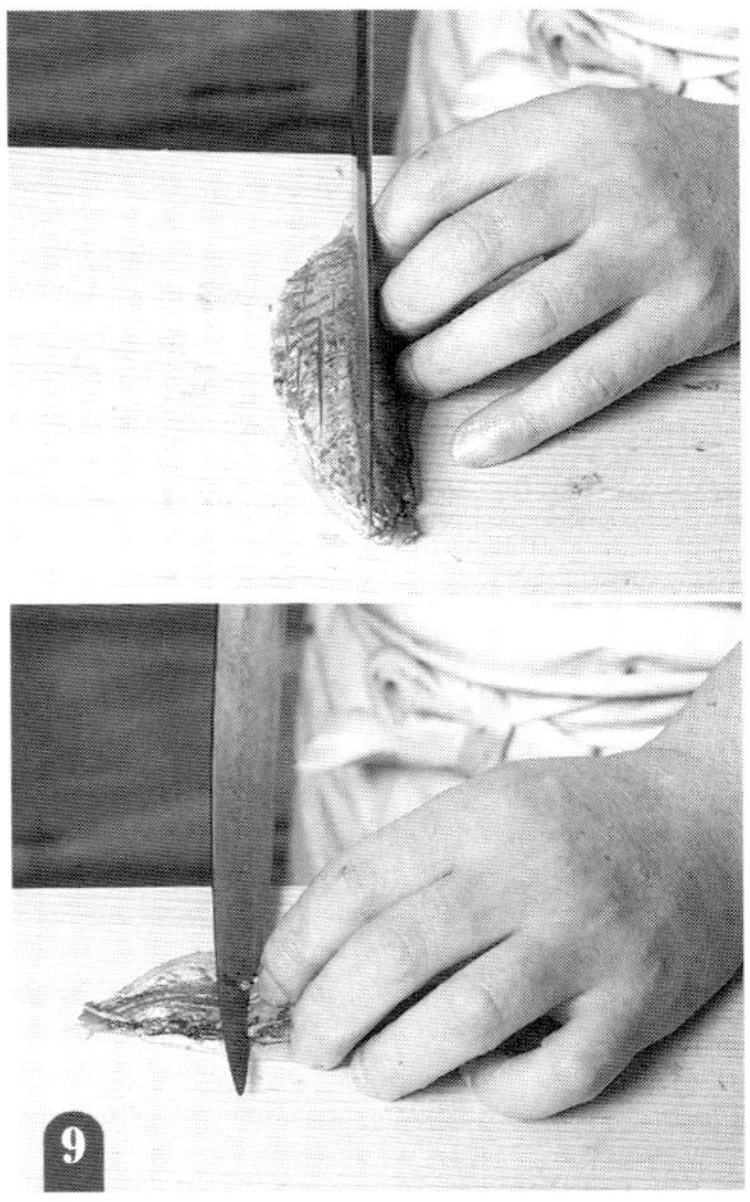

盛りつける

•台を作って刺身を盛る•

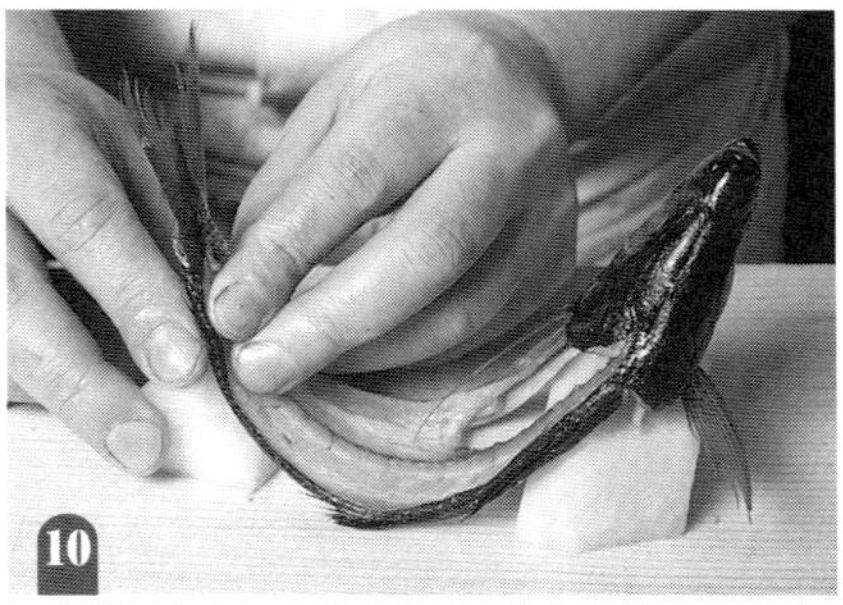

大根で小さめの枕を作って竹串を刺し、アジの頭と尾をとめて器にのせる。

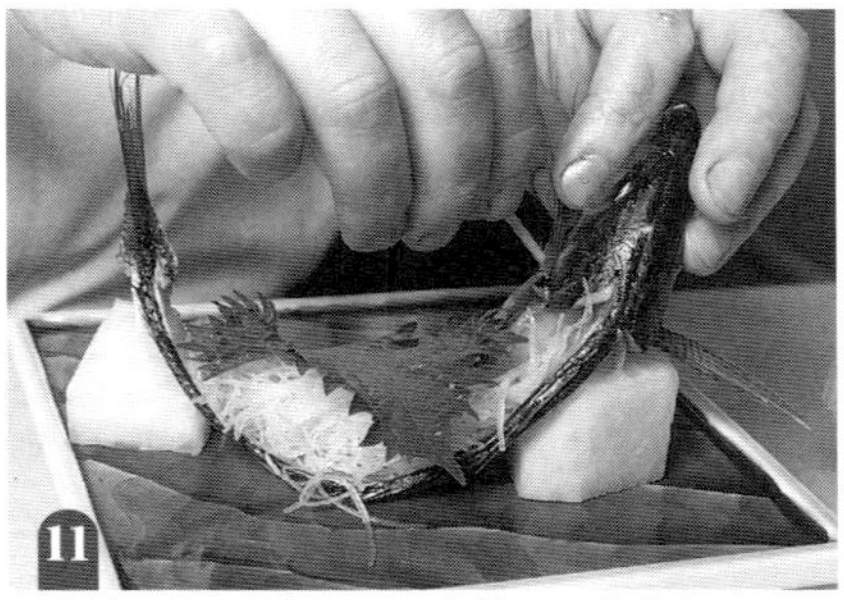

中骨の台に大根のけんを敷いて大葉をのせ、胸ビレの下に楊枝を刺してヒレを立てる。

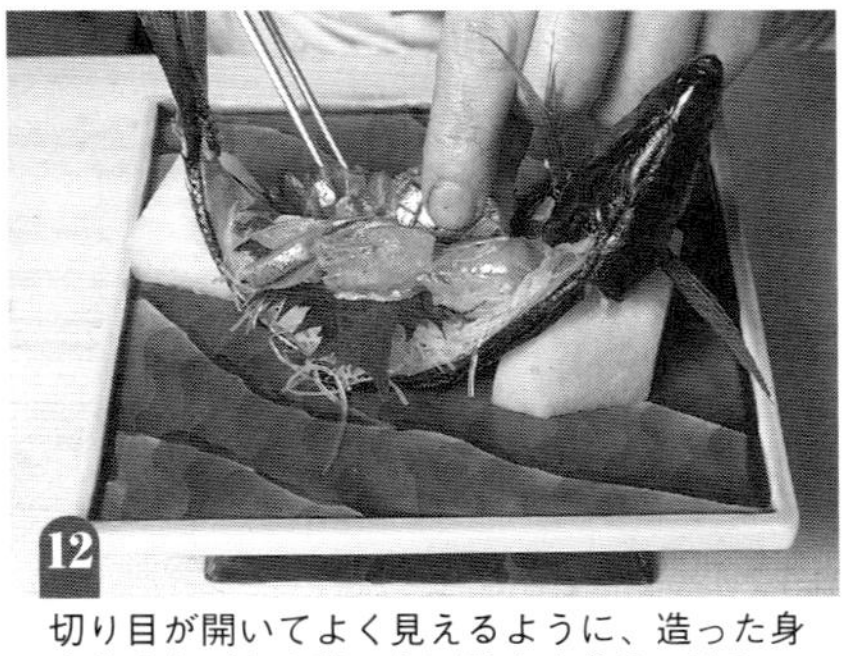

切り目が開いてよく見えるように、造った身を丸めながら大葉の上に形よく盛りつける。

•盛り込みを整えて仕上げる•

枕を赤と青のトサカノリで隠し、刺身に花人参をあしらって胡瓜と大根の縦けんを盛りつける。

好みで薬味を選べるように、わさびと、青柚子釜に入れたおろし生姜の両方を置く。

タコ活造り

霜降りにした足を薄造りにし、茹でた足を波造りにしている。頭は茹でて鹿の子造りにし、ぬめりを取った吸盤と共に盛った。

洗って下処理をする

タコに粗塩をたっぷりふり、しごくようにして吸盤についているぬめりや汚れを取り、水洗いする。

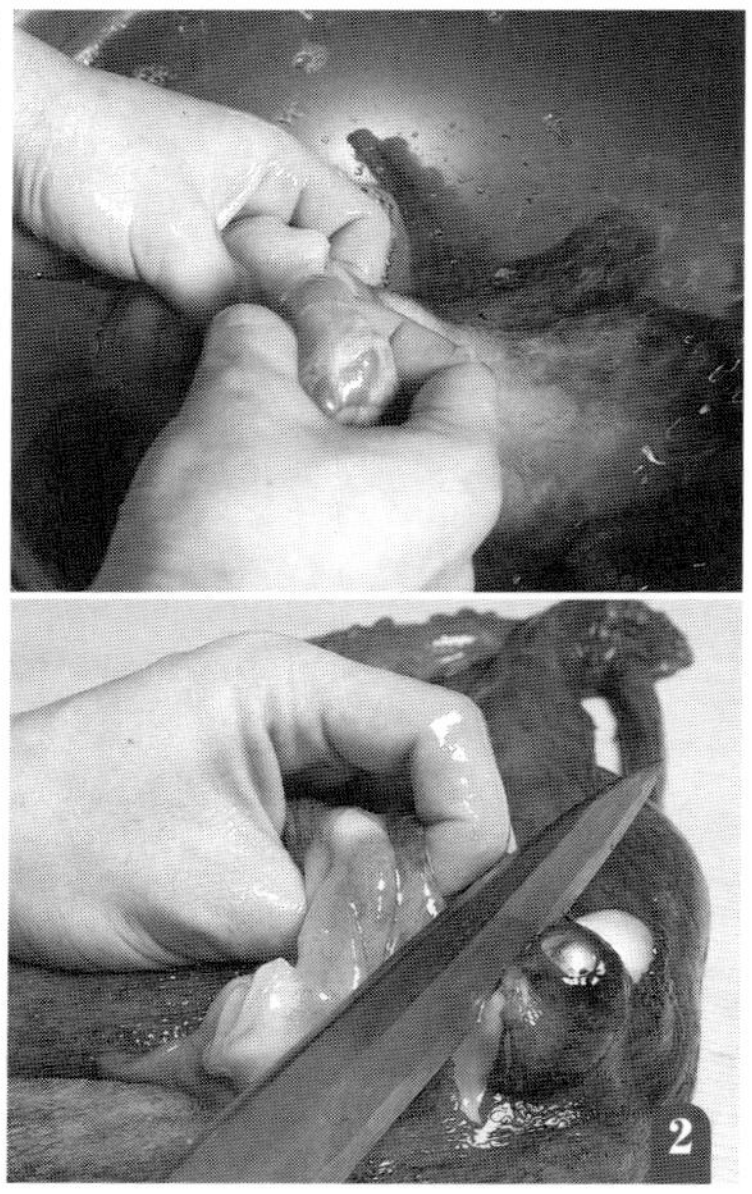

頭の部分を裏返し、破らないよう丁寧に墨袋を取り、頭をもとに戻して目玉を切り取る。

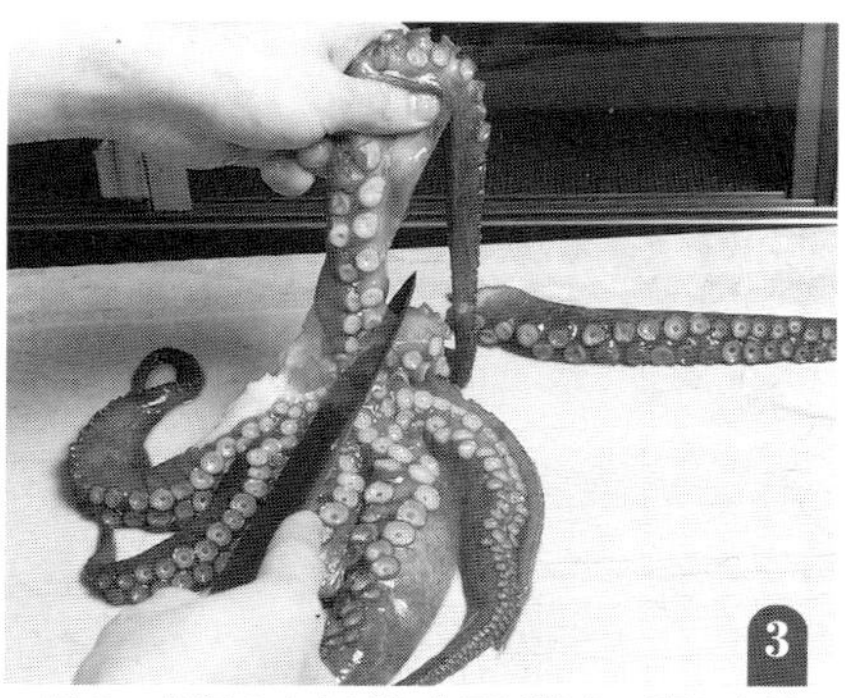

足のつけ根のくちばしを取り除き、頭から足をはずして足を１本ずつに切り分ける。

刺身にする

•薄造り•

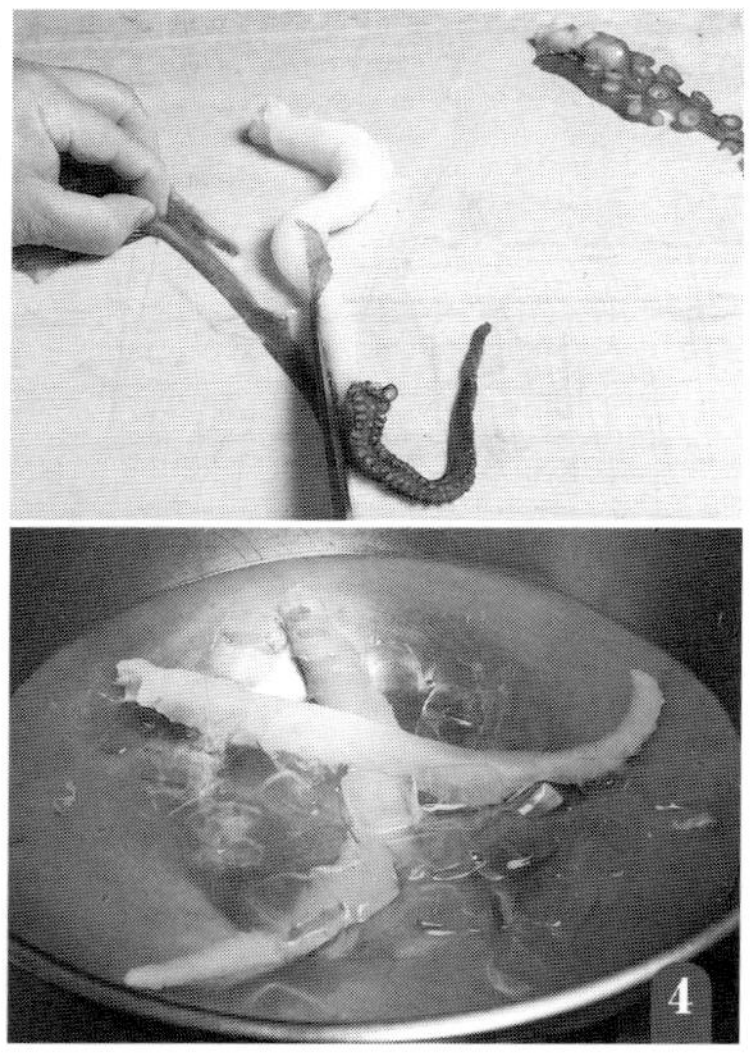

足の皮に切り目を入れ、身の方を庖丁で転がすようにして皮をはずしたら霜降りにして氷水に取る。

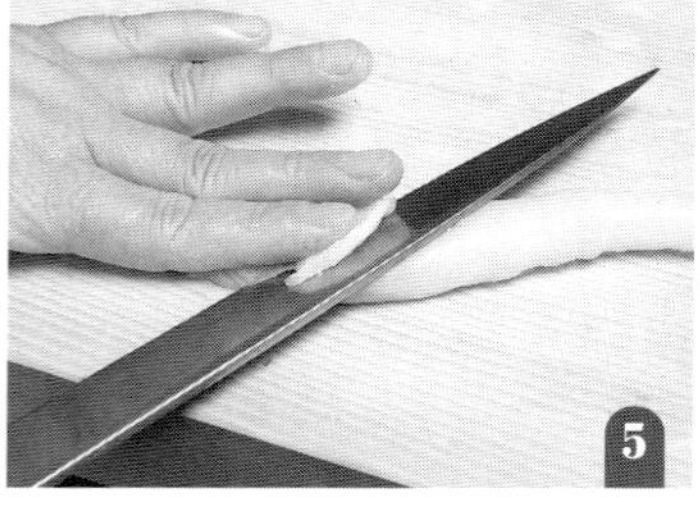

タコのぬめりが取れたら布巾で水気を取り、庖丁をねかせてそぐようにごく薄く切る。

盛りつける

•波造り•

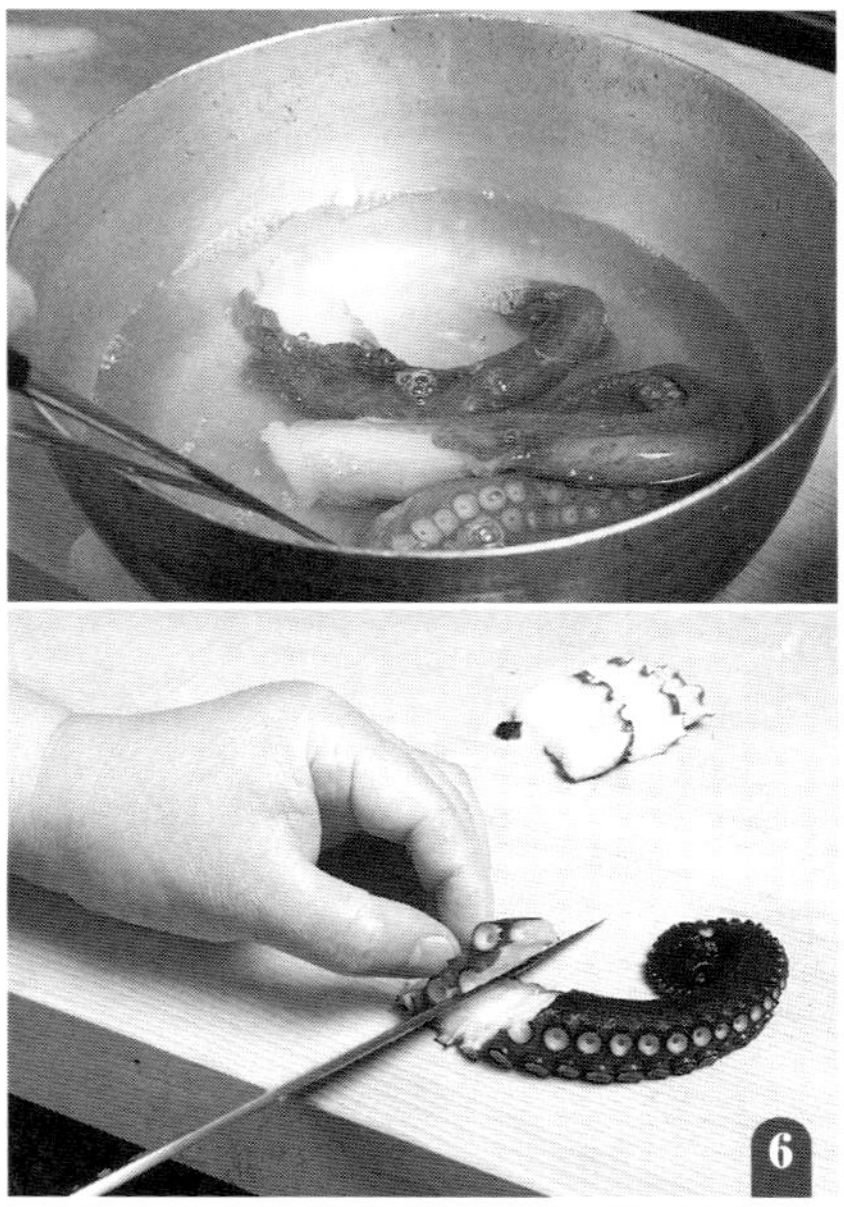

波造りにする足は茹でダコにし、庖丁の刃を細かく上下に動かして切り目がきれいな波になるように切る。

•吸盤•

吸盤は特にぬめりが強いので、吸盤のついた皮の部分は茹でてから用いる。

一口大に切って刺身にし、足先の細い部分の吸盤は一つずつ切り離して飾りに使う。

•鹿の子造り•

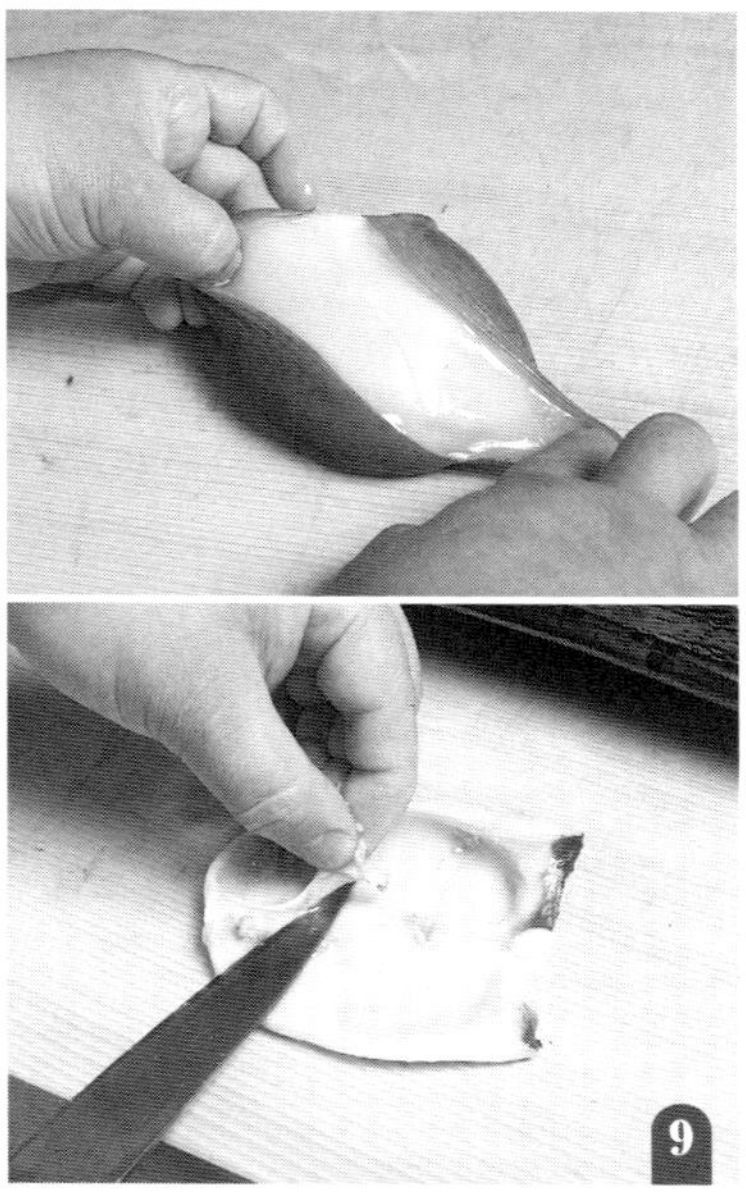

頭の部分は茹でて皮をむき、開いて袋の中になっていた部分を庖丁でしごくようにしてぬめりや汚れを取る。

さっと水洗いして布巾に取り、余分な水気を取ったら身に格子状の切り目を入れ、一口大に切り分ける。

•刺身を盛りつける•

薄造りにした身を半円形に並べて大葉を敷き、その上にもう１段小さめの半円形に並べる。

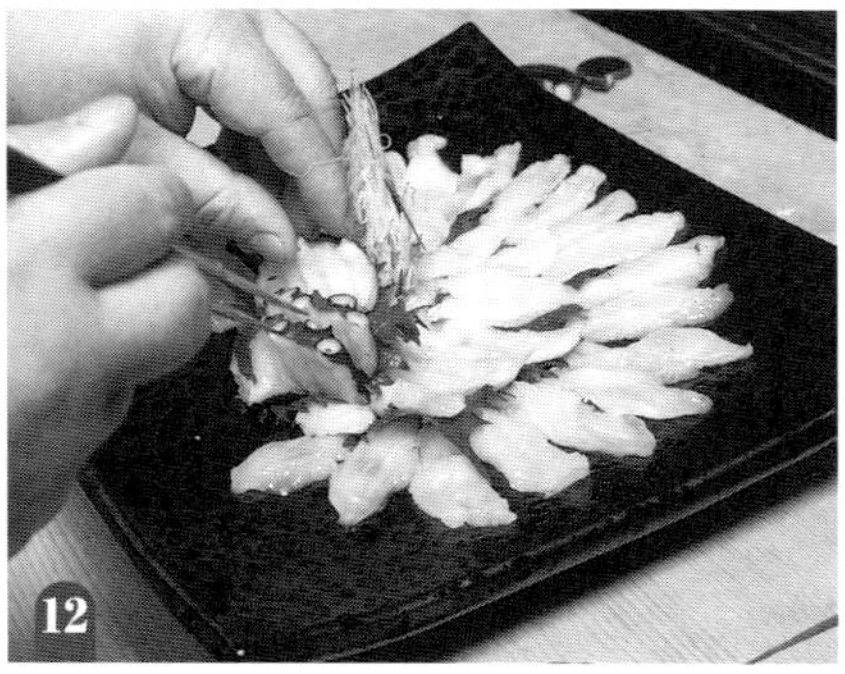

立てけんを半円の真中の部分に置き、その手前に波造りにした身と、鹿の子造りを盛りつける。

•盛り込みを整えて仕上げる•

薄造りに吸盤を散らしてあしらいを添え、籠に入れたあさつきやもみじおろしなどを置く。

イカ姿盛り

見た目も楽しいヤリイカの姿盛り。鹿の子造りの湯びき、糸造り、鳴門造りにし、三種の旨み、食感を楽しんで頂くことができる。

おろして下処理する

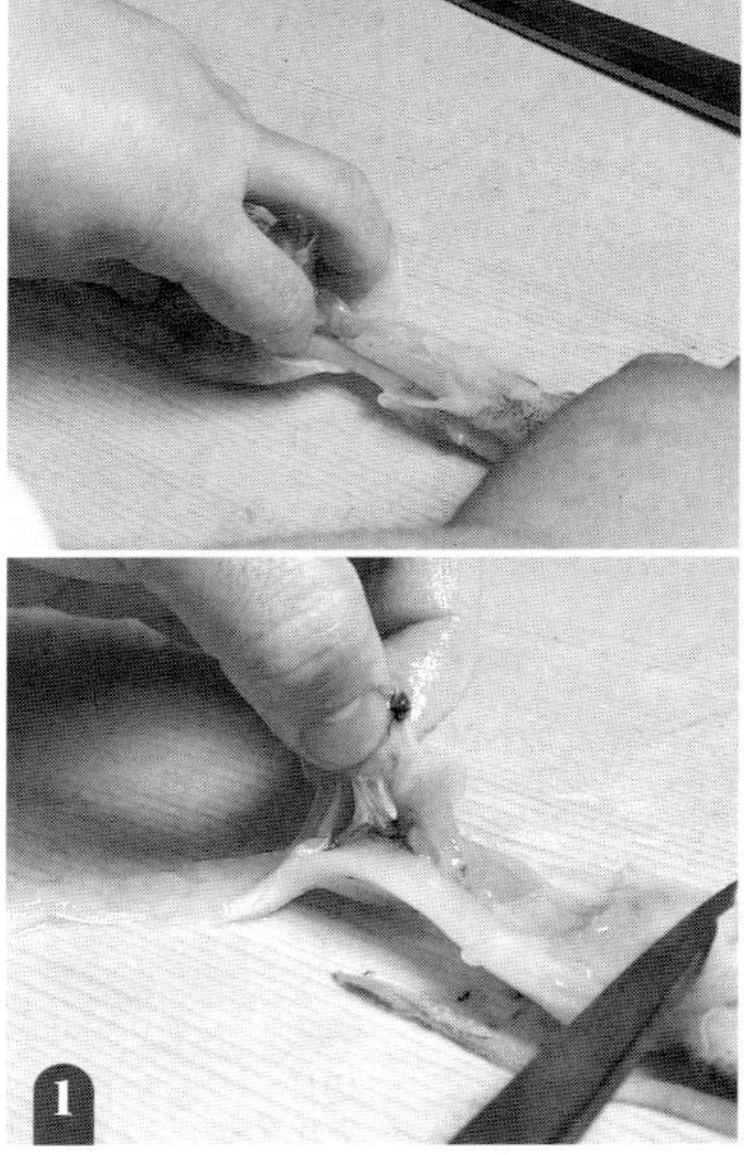

ヤリイカの胴の部分から内臓ごと足を引き抜き、内臓を取り除いてから墨袋を破らないように切り取る。

骨抜きを使って、胴の部分から軟骨を引き抜くようにして取ったら、エンペラを胴から切り離す。

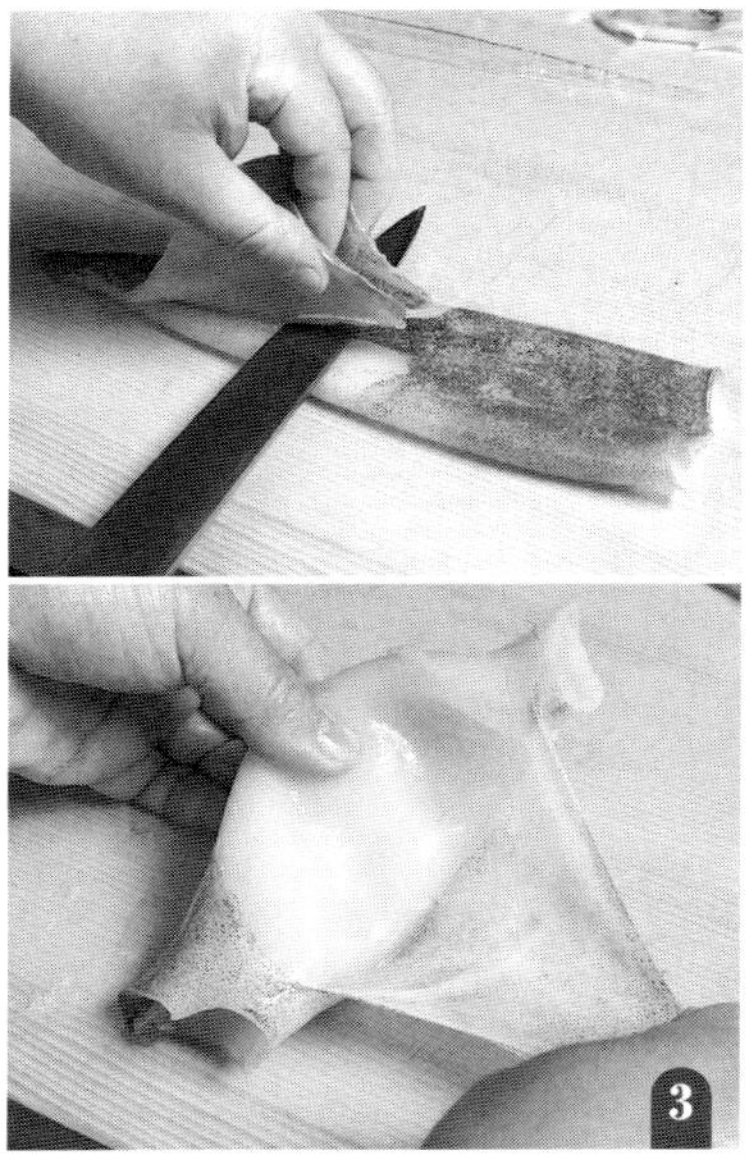

胴の皮に切り目を入れ、そこから皮をひっぱるようにして皮を全部きれいにむく。

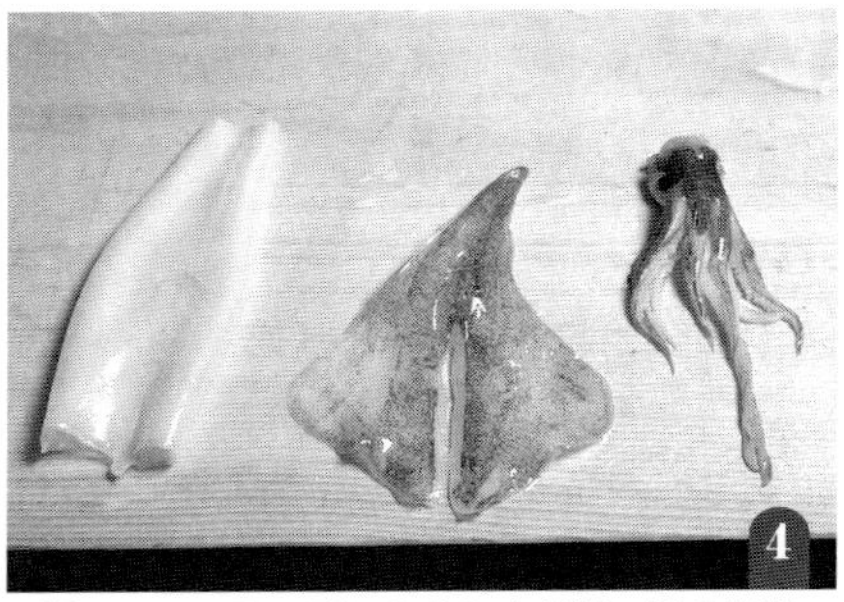

胴、エンペラ、足におろした状態。胴の部分を刺身にし、エンペラと足は盛りつけに使う。

胴を開いて庖丁でしごき、汚れとぬめりを取る。水に触れると甘味が消えてしまうので、水洗いはしない。

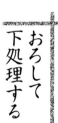

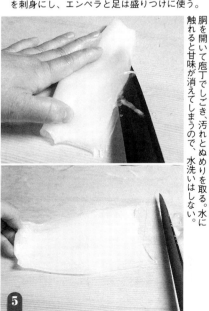

刺身にする

•鹿の子造り•

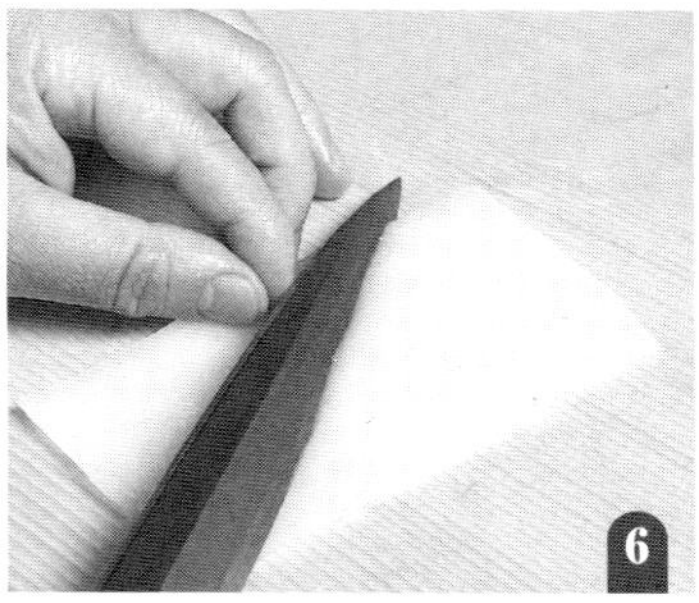

庖丁をねかせて使い、身に格子状の切り目を深めに入れたら、一口大に切り分ける。

霜降りをし、切り目が立ってきれいに開いたら、すぐに氷水に取って冷やす。

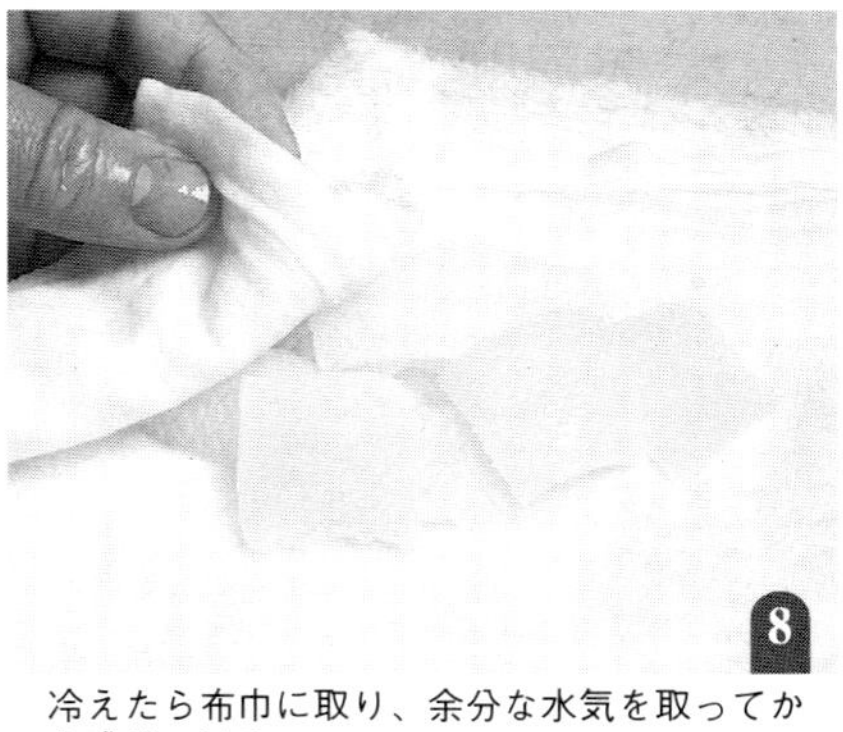

冷えたら布巾に取り、余分な水気を取ってから盛りつける。

•糸造り•

イカの繊維の方向に直角に庖丁をあて、庖丁の先を使って３〜５㎜幅にまっすぐに引き切る。

•鳴門造り•

イカの繊維に沿って縦に細く切り目を入れる。

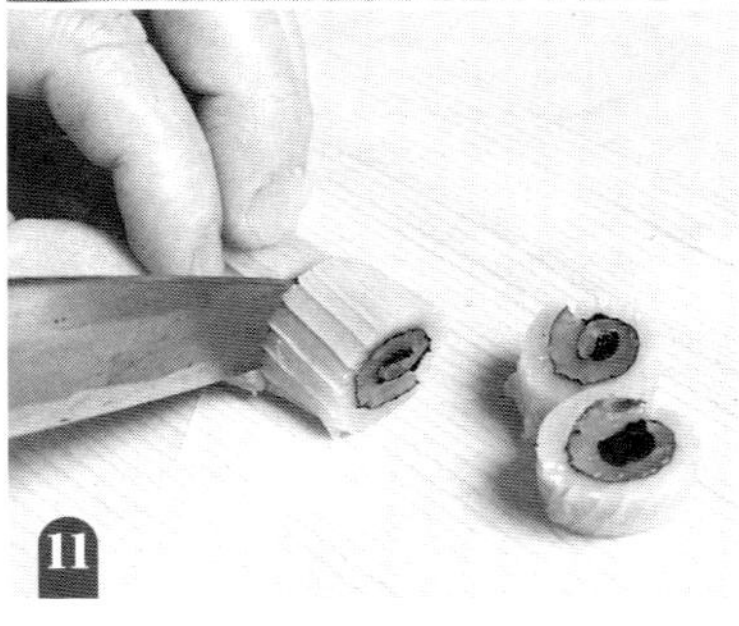

海苔をのせ、ずれないようにきっちりと端から巻き込み、食べやすい厚さに小口から切る。

盛りつける

•台を作って刺身を盛る•

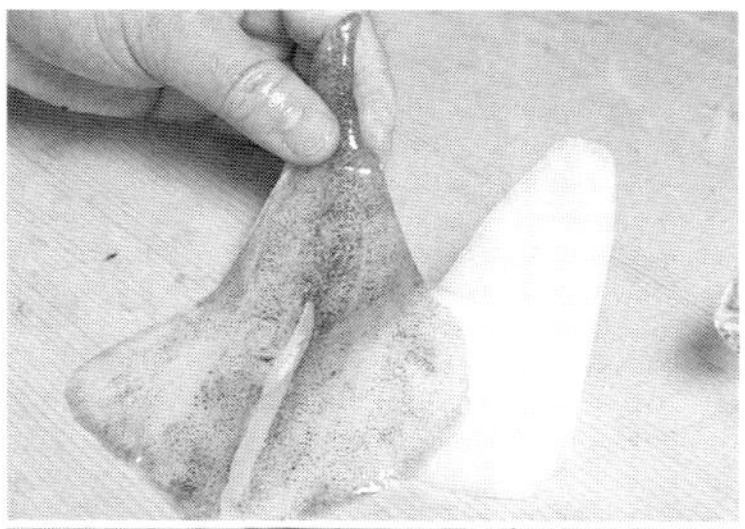

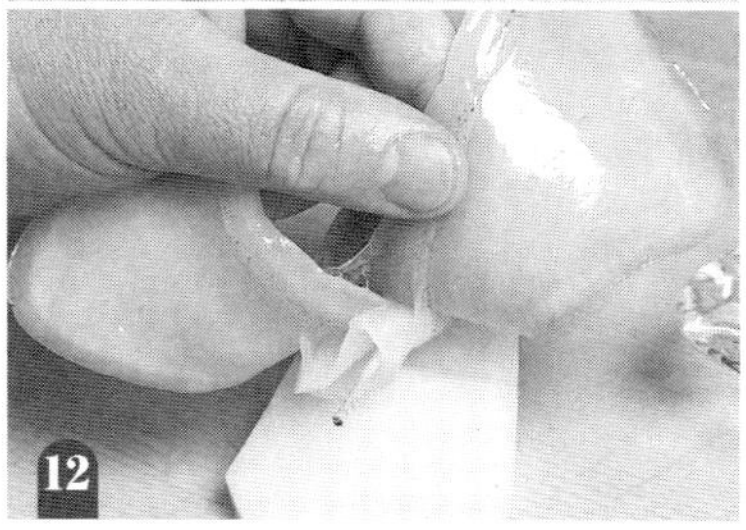

大根の枕にエンペラをのせ、中央部分にある筒状のところを楊枝でとめてはみ出した部分をニッパーで切る。

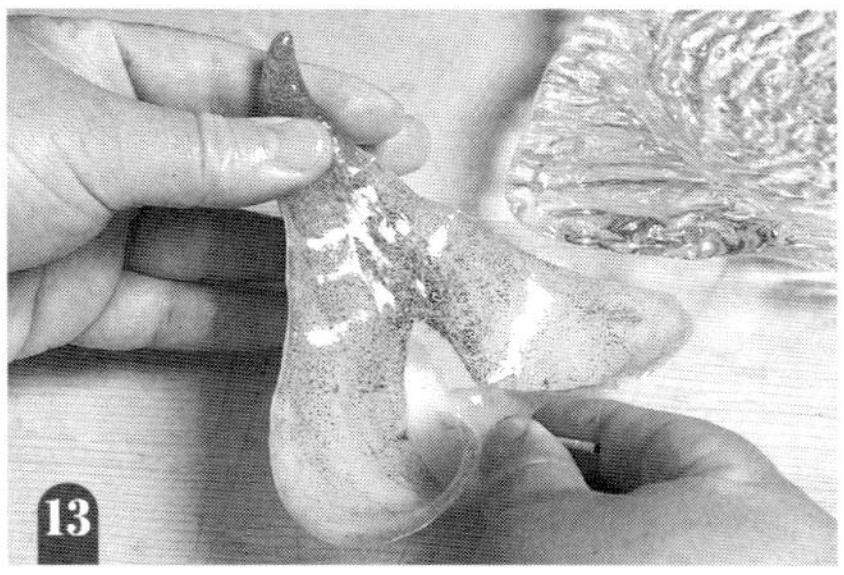

エンペラの両端の部分を丸めて真中のところで重ね、枕に楊枝でとめて立体感を持たせる。

枕ごとエンペラを器にのせ、器の対角線に沿って大根のけんを敷いて大葉をのせ、鳴門造りを盛りつける。

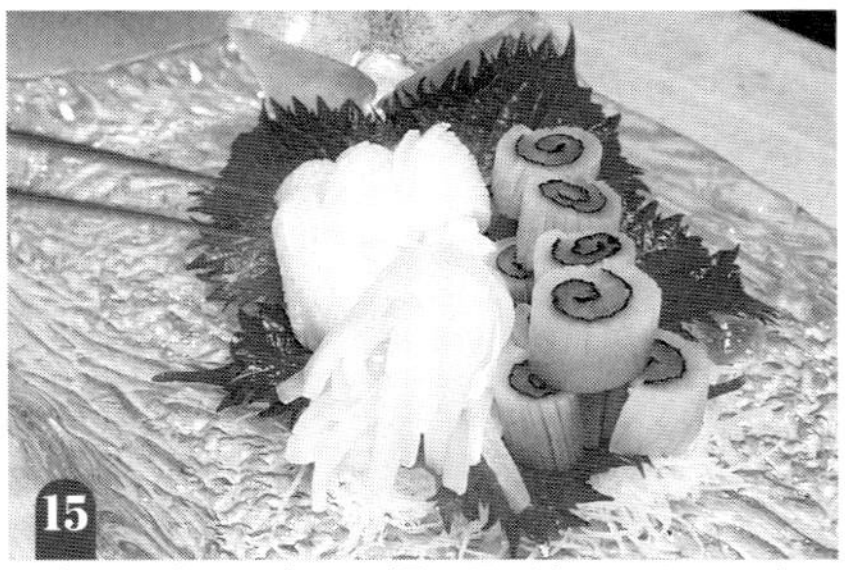

鹿の子造りは丸めて切り目が立つように、糸造りは流れるようにそれぞれ盛りつける。

アワビ貝盛り

貝盛りでは、刺身が沈んでしまわないよう、けんをたっぷりめに盛ることもポイント。平造りと波造りで食べよくすすめる。

•盛り込みを整えて仕上げる•

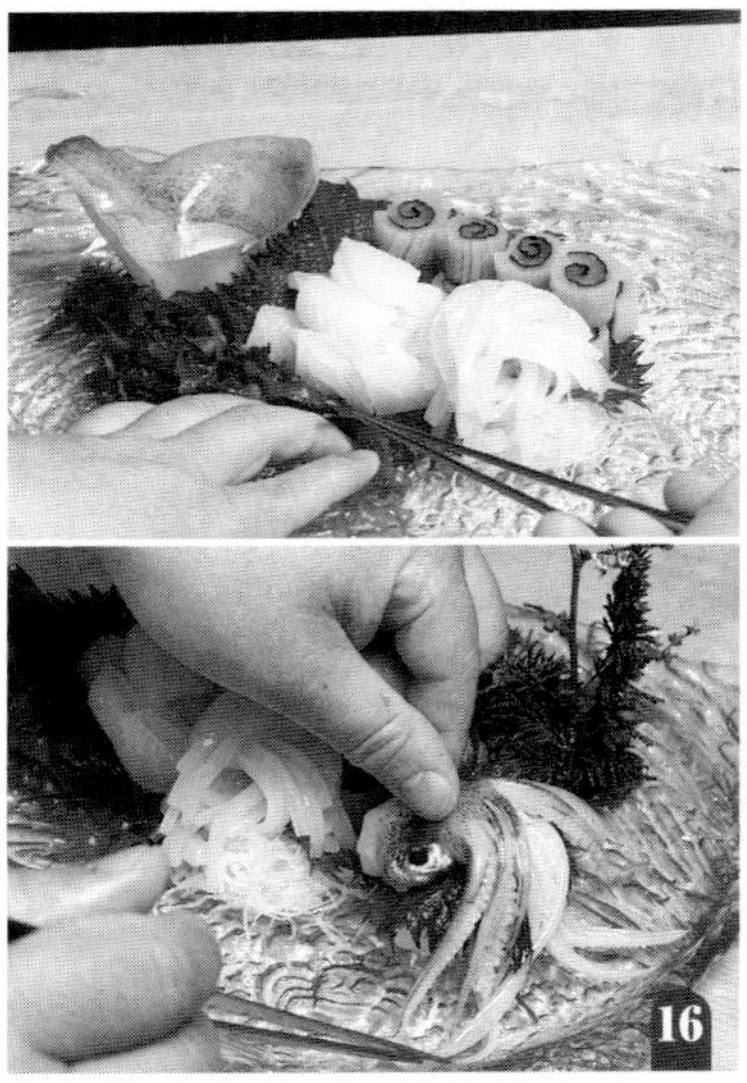

16

刺身の周りに赤トサカを置いてイカの白を引き立たせ、大根の枕に大葉を敷いた上にイカの足をのせて盛る。

17

大根と人参の縦けん、オゴノリを置き、より人参、より胡瓜、よりうど、金魚草をあしらい、エンペラに赤芽と青芽を入れる。

18

わさびを立てけんの手前に置き、氷を左手前と右奥に添えて涼しげに仕上げる。

殻からはずして下処理をする

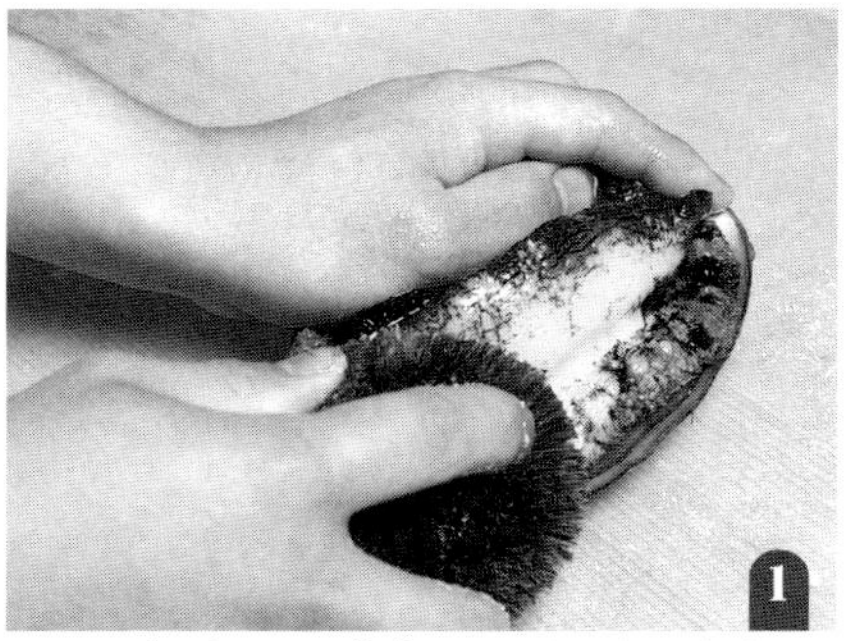

1

アワビにたっぷり塩をふり、タワシでよくこすって掃除をしたら水洗いする。

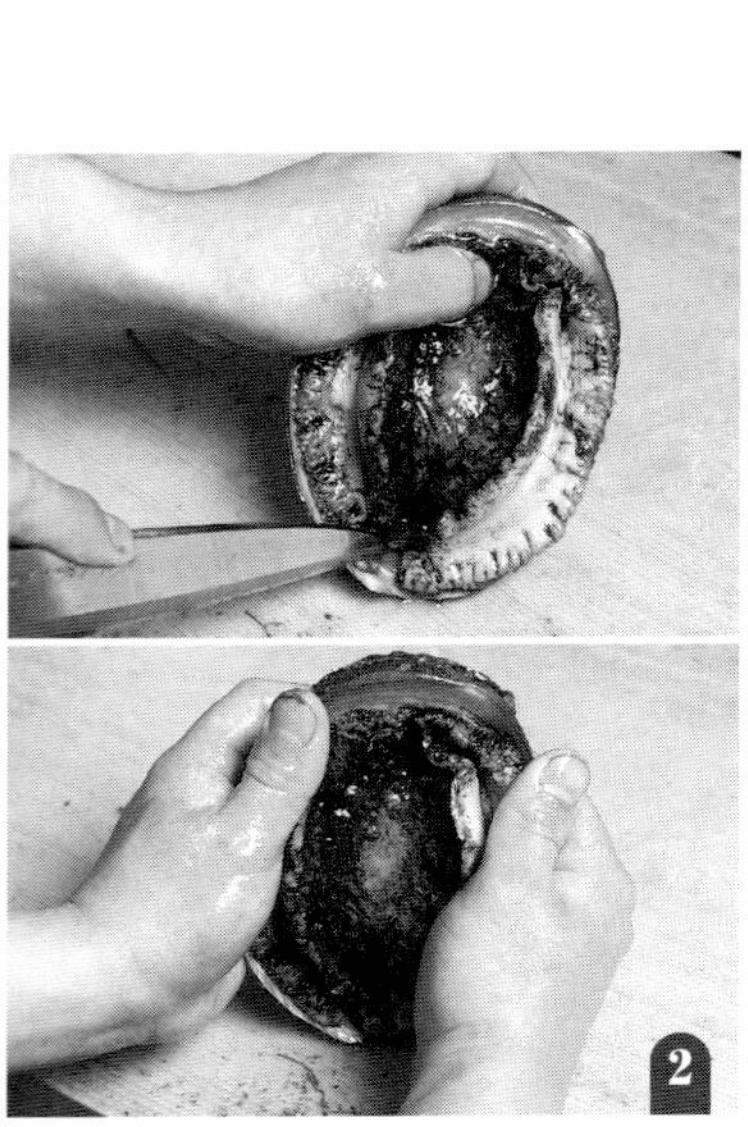

2

口の部分を庖丁でV字形に切り取り、殻ごとまな板に打ちつけて中の水分を出し、身をしめる。

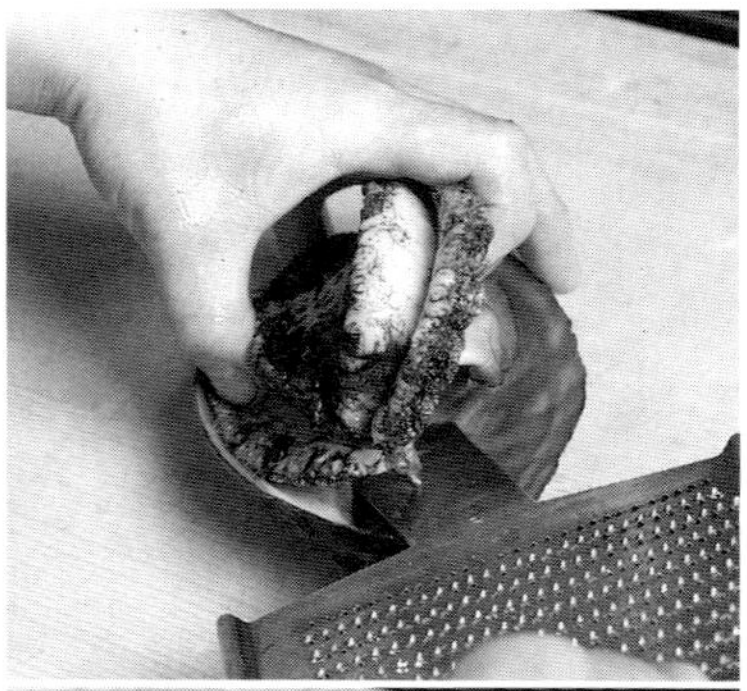

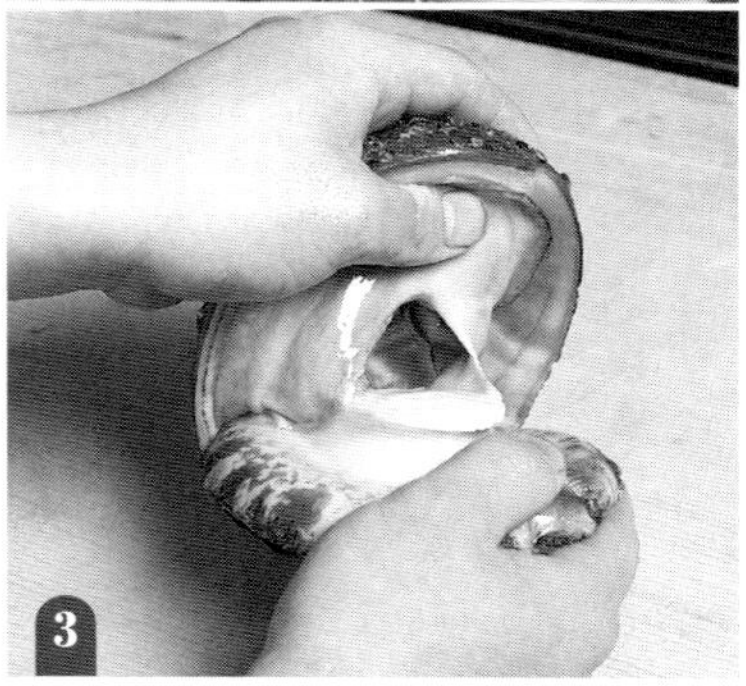

身と殻の間にへらなどを差し込んで貝柱をはずし、口の逆の方から身をはがすようにして殻からはずす。

口の逆の方から身をはずすと、殻に内臓の部分が残って身だけがきれいに取れる。

殻に残った内臓をはずす。内臓ごと身をはずしてから切り取るよりも、早い仕事ができる。

殻についていた方の身もタワシで掃除し、口のついていた部分を切り取ってきれいにする。

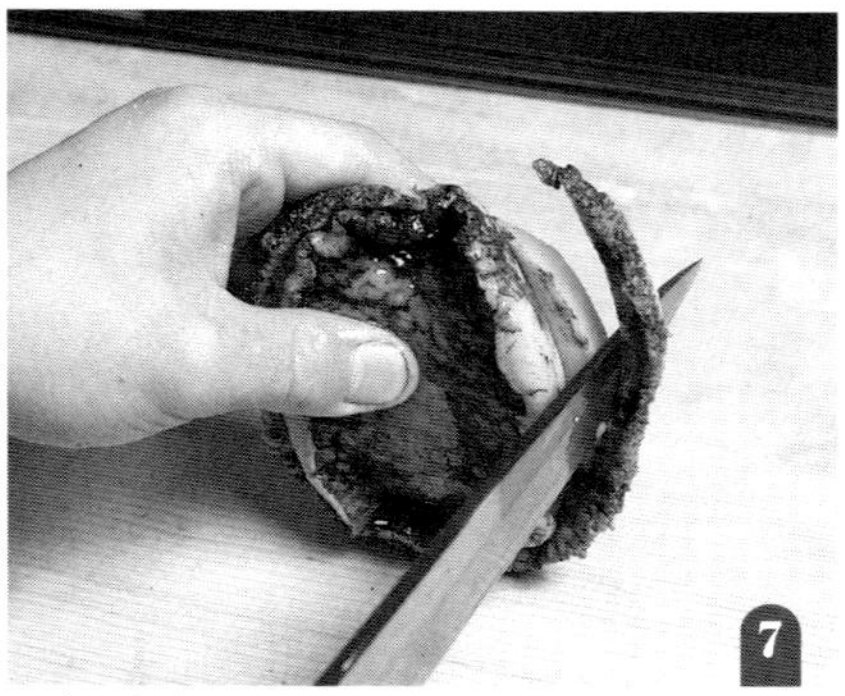

身を左手で回しながら庖丁を動かして一周させ、エンガワを身から切り離す。

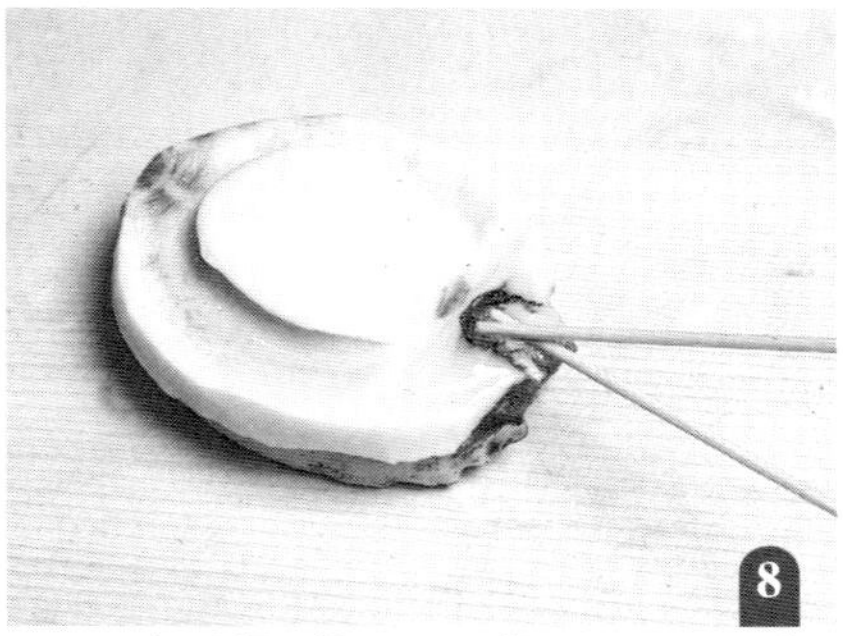

エンガワを切り離したら、切りつけるまで身に竹串を刺しておき、身のしまった状態を保つ。

刺身にする

•平造り・波造り•

身から竹串をはずして刺身にする。下処理をしてから2時間以内に刺身にすること。

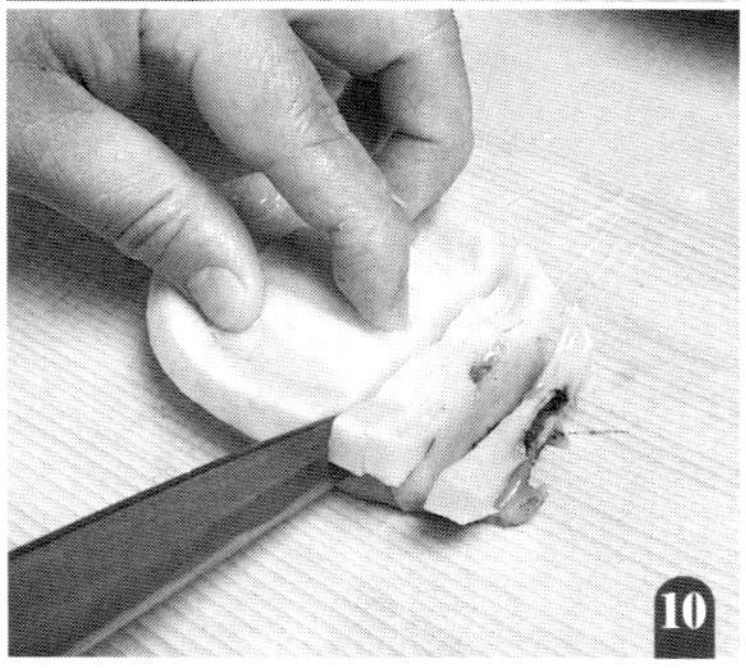

庖丁の刃の向きを上下に細かく動かして貝柱の部分を切ってから、身を平造りにする。

半分まで切ったら、残りの半分は庖丁の先を細かく左右に動かして切り、波造りにする。

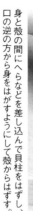

盛りつける

•殻に刺身を盛る•

殻にそのまま盛ると刺身が沈んでしまうので、大根のけんをたっぷり敷いて高さを出す。

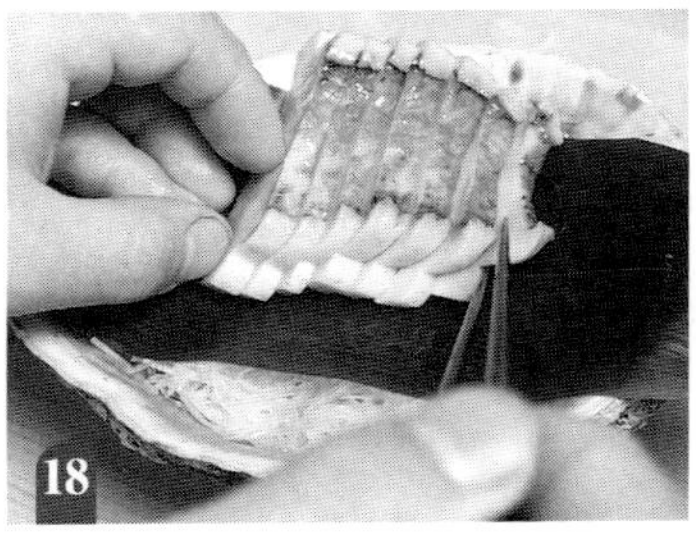

笹をのせ、平造りにした身を、切ったときに下になっていた方を上にして殻の奥に盛る。

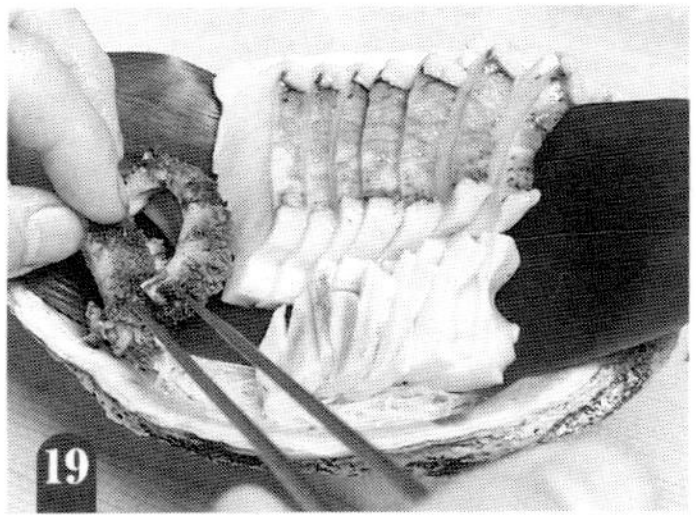

手前の方に、波造りにした身とエンガワをそれぞれ盛りつけ、殻ごと器の奥の方にのせる。

•盛り込みを整えて仕上げる•

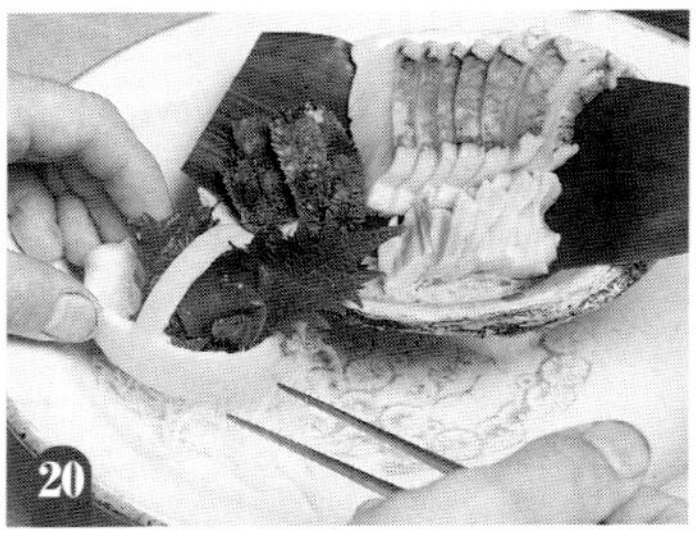

レモン釜を作って大根のけんと大葉を敷き、3等分した肝を盛って器にのせる。

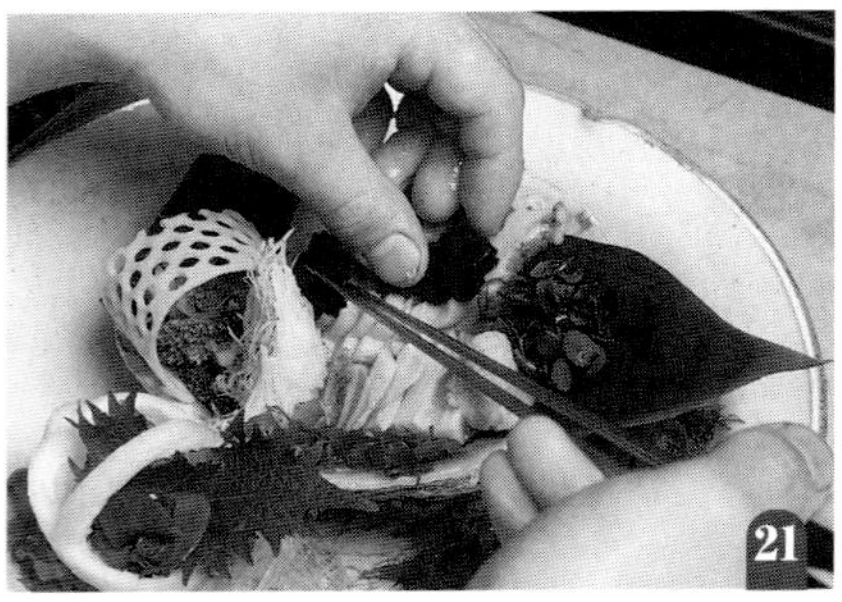

殻の周りに海藻類を敷いてエンガワを蛇籠人参で覆い、あしらいを飾って氷を添える。

•エンガワ•

エンガワは生のままだと固いので、霜降りをしてから氷水に取って冷やす。

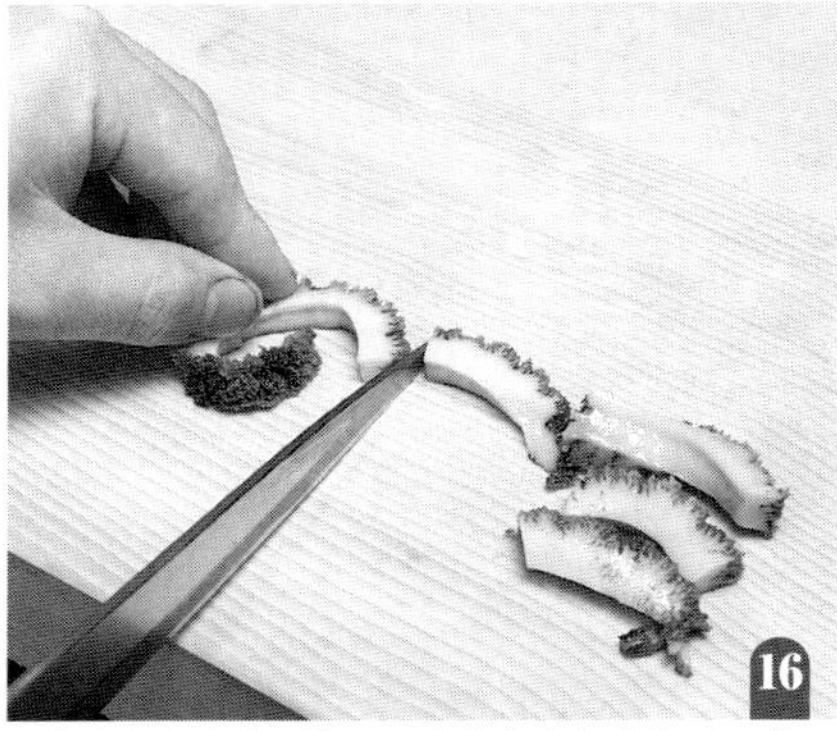

冷めたら布巾に取って余分な水気を取り、食べやすい大きさに切りわける。

•ワタ•

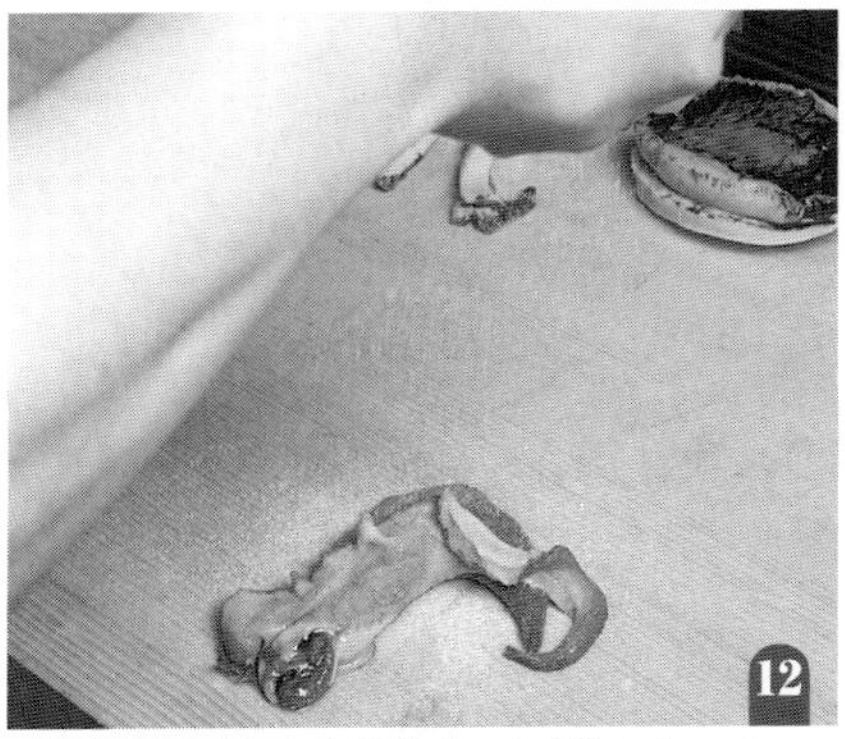

殻からはずした内臓をさっと水洗いし、たっぷり塩をふる。

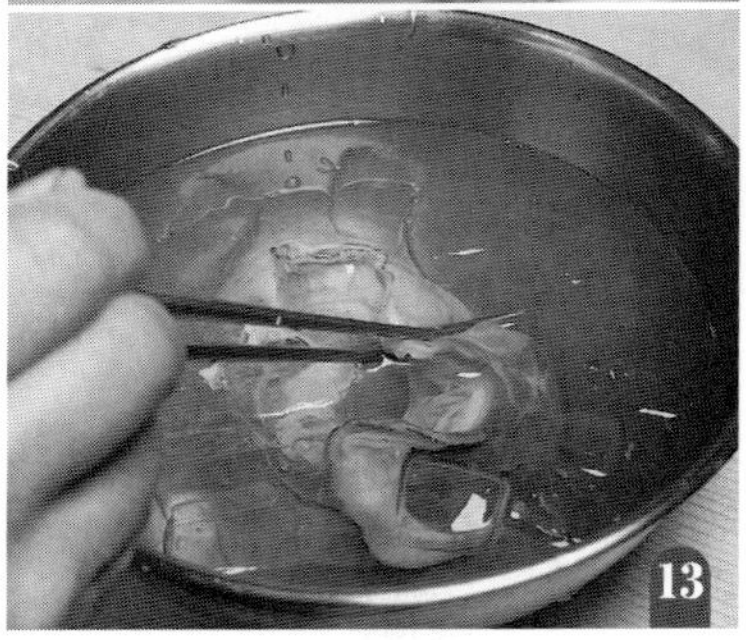

臭みを取るために湯に入れ、8割がた火を通したら氷水に取って冷やす。

余分な水気を取り、ヒモと肝を切り離す。ヒモは味がよくないので、肝だけを使う。

赤貝盛り

赤貝の身は切り込みを入れて、とさか造りといちご造りに。まな板にたたきつけると身が縮み、切り目がたって見栄えがよい。

殻からはずして下処理をする

1
赤貝の蝶番《ちょうつがい》のところに貝剥《む》きを当て、力を入れて蝶番をはずすと簡単に殻が割れる。

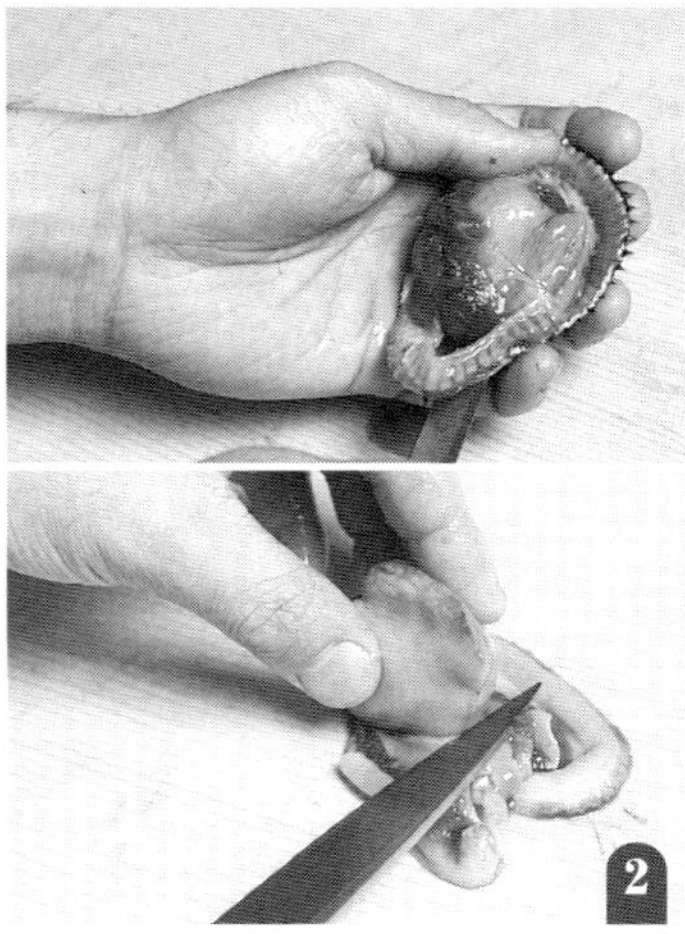

2
割れたら貝剥きで殻から身をはずし、水洗いする。ヒモを下にしてまな板に置き、身からヒモを切り離す。

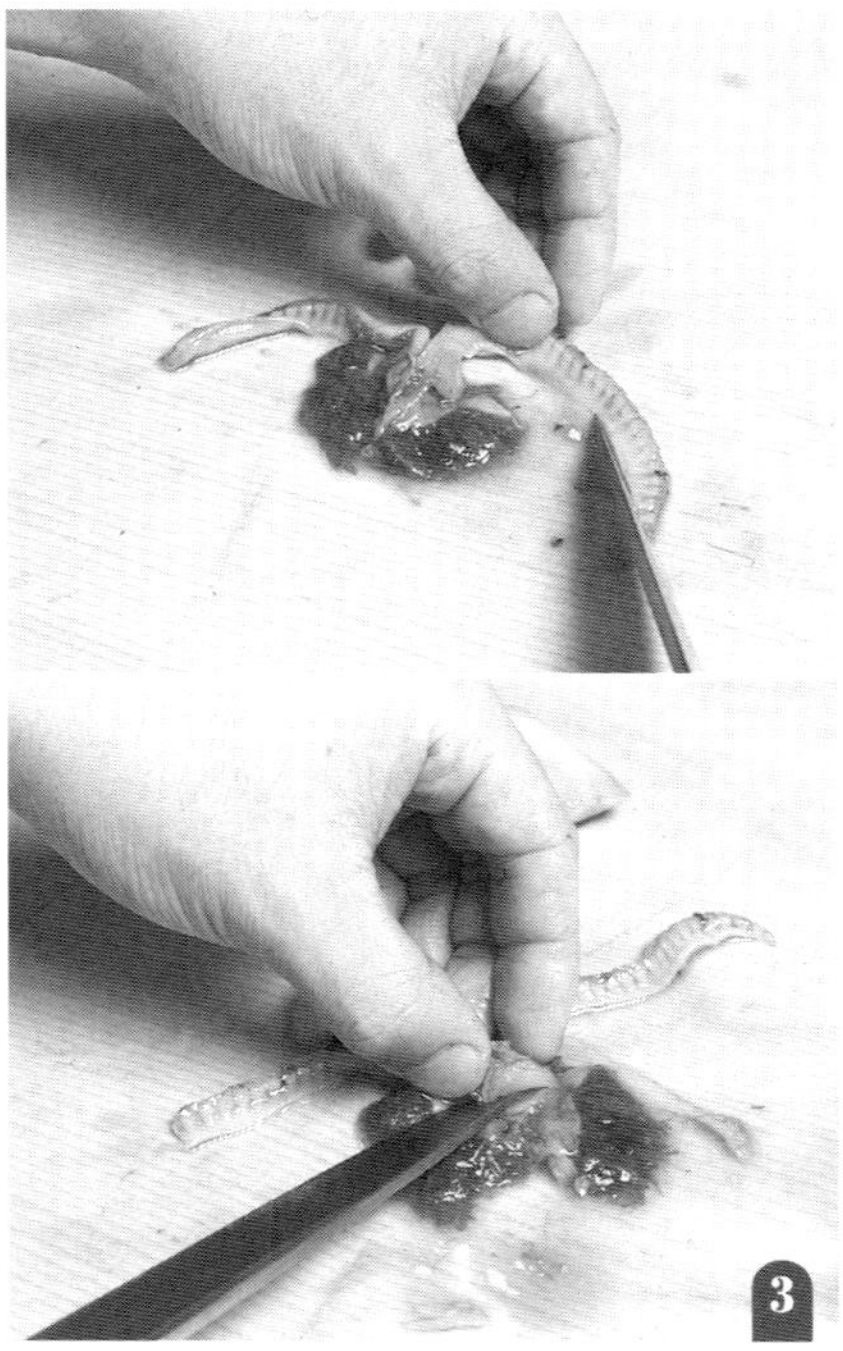

3
ヒモに付いている薄い膜を庖丁の先を使って切り取ったら、肝などの内臓を切りはずす。

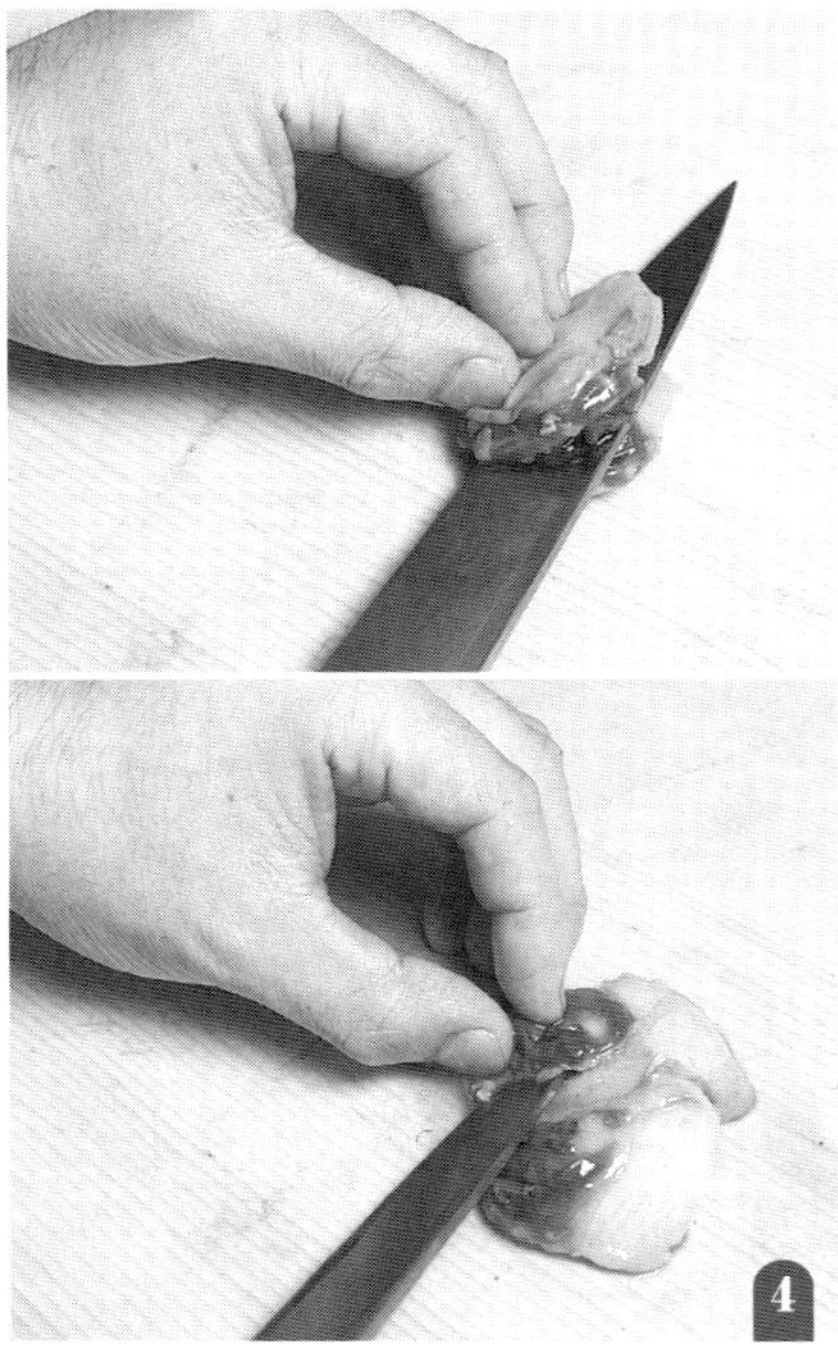

4
身を半分に開き、ワタをそぐようにしてきれいに切り取る。

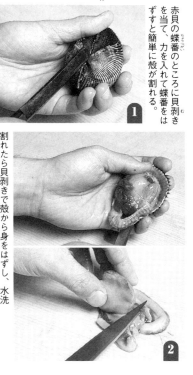

刺身にする

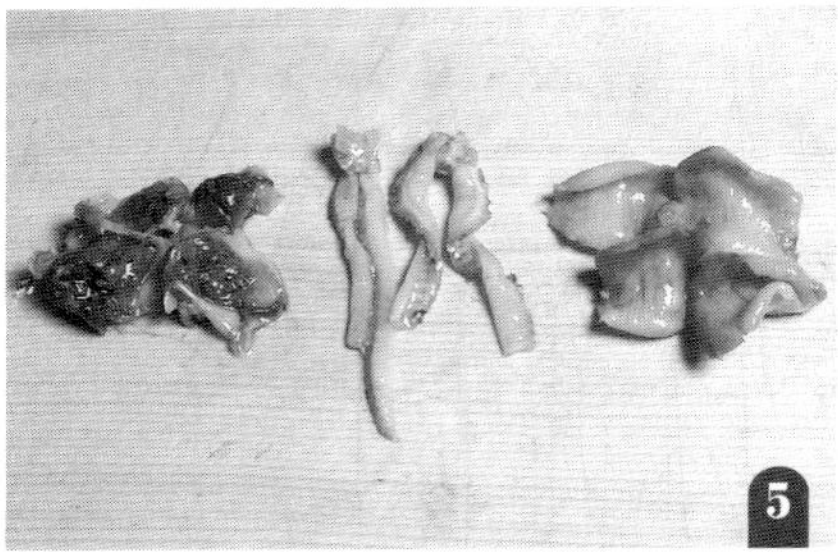

身、ヒモ、ワタに切り離した状態。ここでは身とヒモだけを刺身に使う。

身とヒモをボールに入れて粗塩をたっぷりふり、よく洗ったら塩を洗い流して布巾に取る。

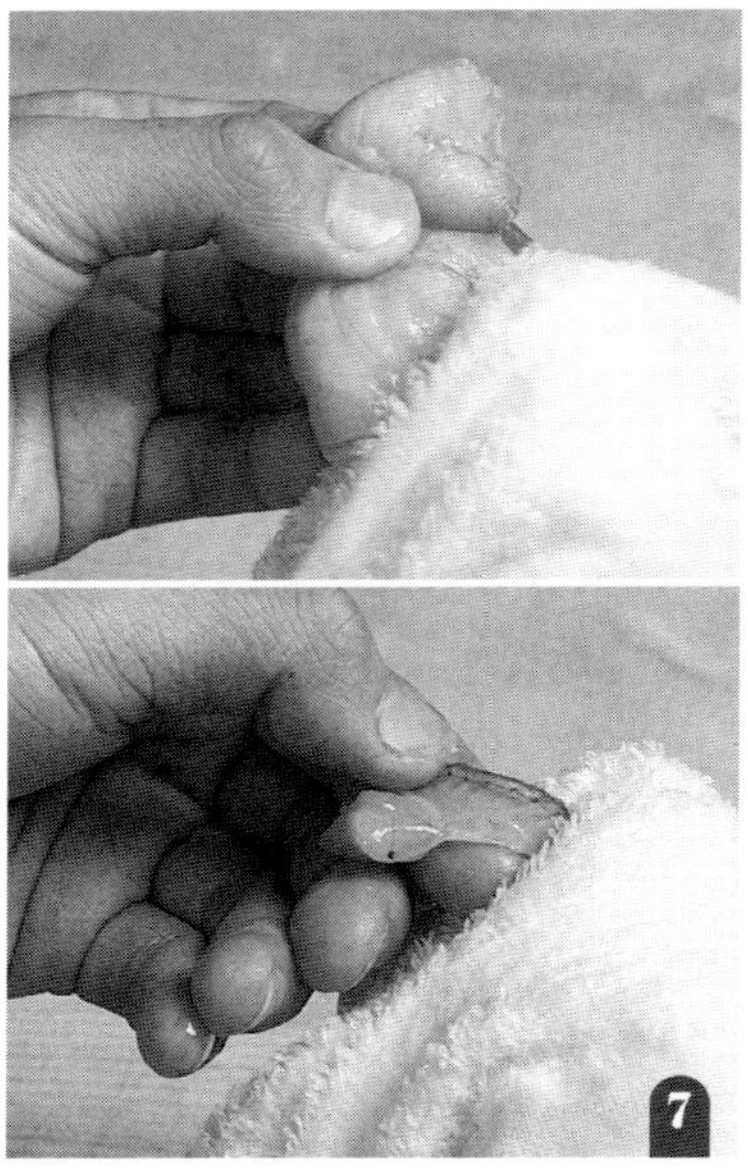

布巾で余分な水分を取りながら、身やヒモに残っている血などの汚れを丁寧に拭き取って掃除をする。

•とさか造り•

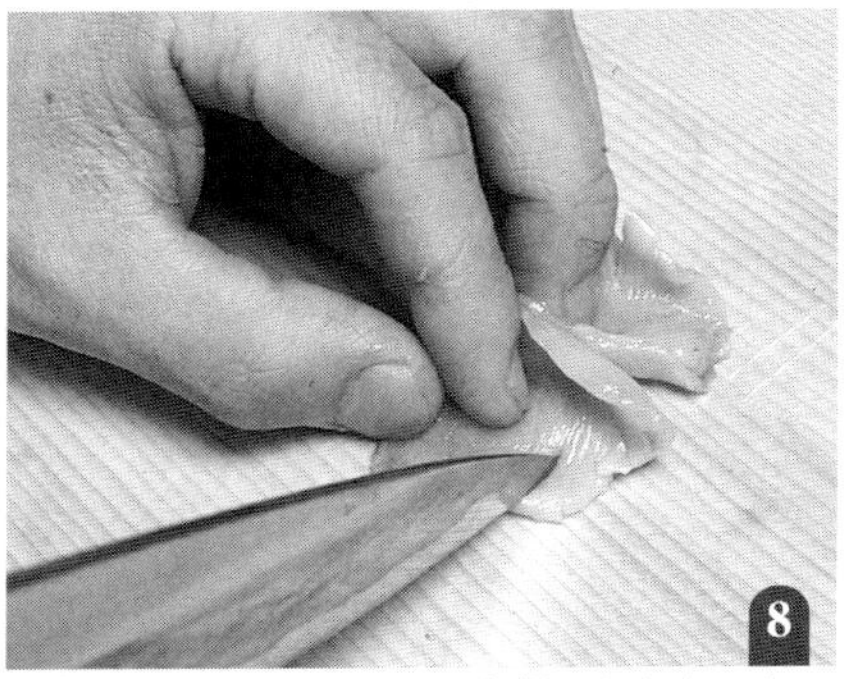

身に切り込みを入れてまな板にたたきつけ、切り目を立てて鶏のとさかのような形にする。

•いちご造り•

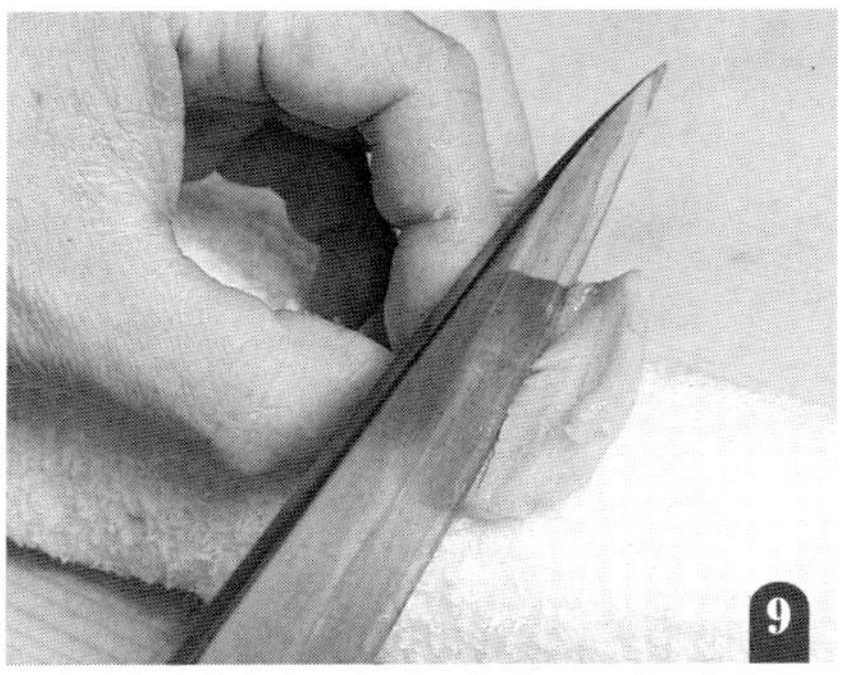

丸めた布巾を台にしてワタのついていた方を下に身を置き、格子状に切り目を入れる。

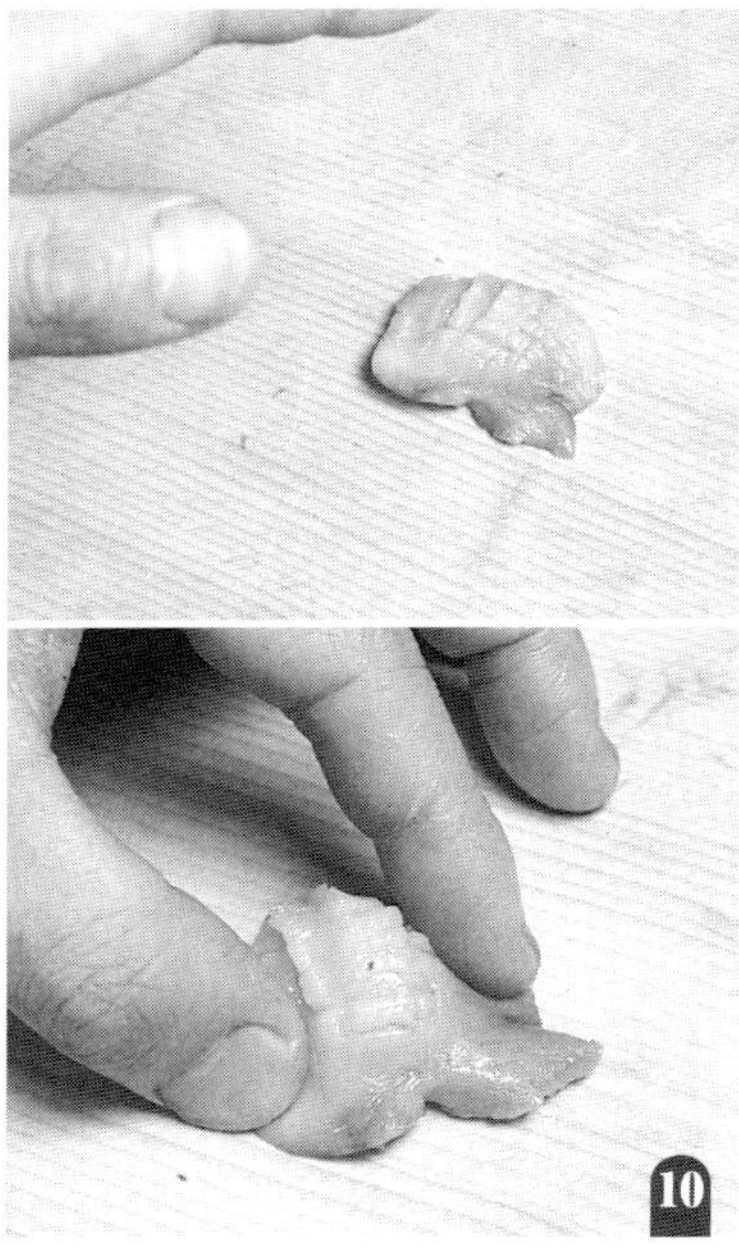

まな板にたたきつけると身が縮み、切り目が立ってはっきりする。つまむように持って盛るとよい。

盛りつける

•殻に刺身を盛りつける•

大根のけんを固く丸め、器に置いた上に赤貝の殻をのせ、殻の中にけんと大葉を敷く。

固く絞った大根おろしに、いちご造りにした身をのせて丸みをもたせ、殻にのせる。とさか造りはそのまま盛る。

•盛り込みを整えて仕上げる•

殻の真中と南京のわさび台の上にヒモを盛り込み、人参と胡瓜の縦けん、トサカノリ、赤芽などを添える。

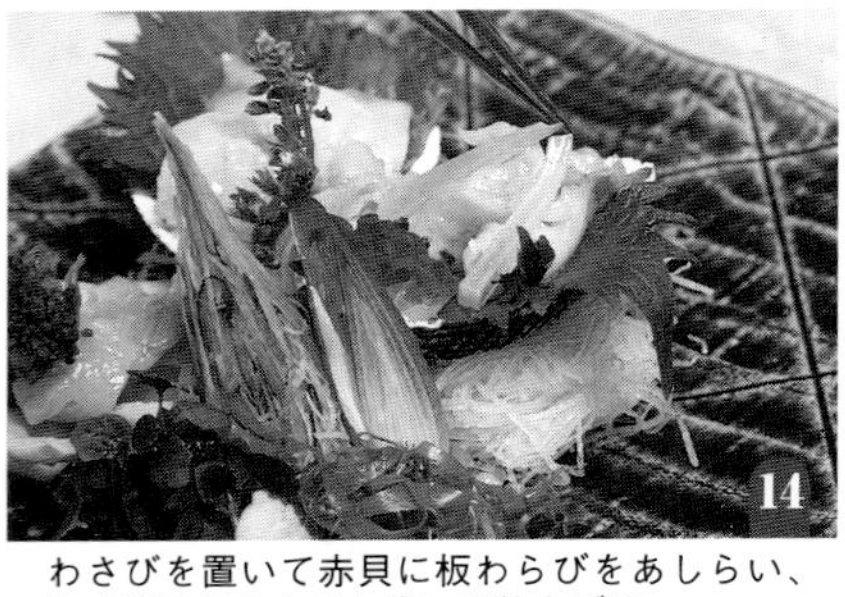

わさびを置いて赤貝に板わらびをあしらい、氷を奥にこんもりと盛って仕上げる。

第七章

庖丁の技術を高める知識

和庖丁の材質と特徴

和庖丁を材質から分類すると、鋼だけで作られる「本焼き庖丁」、鉄と鋼を貼り合わせて作る「合わせ庖丁」が伝統的な製法によるものである。近年ではステンレス製の和庖丁の製品も増え、以上の三種が主に使われている。材質の違いによる特徴を知り、上手に使いこなしたい。

本焼き庖丁

本焼き庖丁というのは、すべてが鋼で作られている和庖丁で、日本刀と似た製造工程で作られる。

素材の鋼には、純度の高いものが用いられ、その製法は大変むずかしく、よい本焼き庖丁を作るには高度な技術が必要とされるため、値段も必然的に高くなる。

また、鋼は硬度があるが、脆《もろ》いという特徴もある。そのため、衝撃に弱く、無理な力を加えると、刃こぼれをしたり、場合によっては、刃先から峰まで真っ二つに折れてしまう。そのため扱いには注意が必要だ。

さらに、庖丁の方でまな板を選ぶ傾向があり、プラスチックのまな板では使いにくく、「檜《ひのき》のまな板でないと刃が傷む」という料理人もいる。

本焼き庖丁は、高価なだけあって、よいものは、それだけの力を発揮する。切れ味の点で、大変に優れ、連続した作業でも、美しい切り口を保つといわれる。

切れ味が数段長持ちするという大きな長所を持っているが、一方で刃が硬いので研ぎの技術が未熟だと、手入れをするときに、刃を付けるのが難しい。使う側も高い技術がなければ使いこなせない庖丁ともいえる。

本焼きが、その料理人の「格」にもなり、憧れの道具となっているのは、こういった理由のためでもある。

合わせ庖丁

現在、和庖丁で最も多く生産され、使われている。一般に、「霞」「本霞」と呼ばれることが多く、「付け刃」「付け刃物」とも呼ばれる。

合わせ庖丁は、片刃の場合、鉄（地鉄）の上に鋼の小片を乗せて、炉中で熱し、鋼片を叩いて鉄と合わせる（鍛接《たんせつ》する）。両刃の場合は、鉄（地鉄）を熱し、V字型に割れ目を作る。その割れ目に鋼の小片を挟み込んで、鍛接する。

硬いが脆いという鋼の欠点を、比較的柔らかい鉄を組み合わせることで補っているのである。

鋼のみで作られた本焼き庖丁に比べると、鉄が衝撃を和らげるため、丈夫で、刃こぼれしにくい。本焼きには多少劣るが、プロが使用するのに不足のない切れ味も持ち合わせる。また、研ぎも本焼きほど難しくなく、手入れ時の刃付けもしやすい。

合わせ庖丁は、切れ味を保つための適度な硬さと、刃こぼれしにくい丈夫さを兼ね備えた、合理的な庖丁といえる。

また、製法上も、本焼きほどの熟練技術を必要としない。このため、数が打てるので、本焼きよりかなり手頃な価格で手に入れることができる。

しかし、安物の庖丁で長年使っていると、刃が反るなどして切れ味が悪くなってしまうことがある。これは、膨張率が異なる、鉄と鋼の二つの金属を貼り合わせて作られているためで、鋼が鉄に押されて反りが生じる。熟練の職人が作ったものならば、鍛練《たんれん》、焼入れ、焼戻しの技術が高いので、こういったことは起こらない。また、ある程度の反りなら、メーカーに依頼するなどして修正することも可能なので、相談してみるとよい。

先ほども触れたが、合わせ庖丁は、「霞」「本霞」と呼ばれる方が一般的である。「霞」の名の通り、刃全体がぼやけた感じに仕上がっているのがこの庖丁の特徴でもある。

ここでいう「霞」とは、元々は切刃の部分の研ぎ方の一つである。霞研ぎとは、鉄と鋼を貼り付けた部分を、柔らかい砥石を使って霞がかかったようにぼかして研ぐ、化粧研ぎのことである。鉄（地鉄）と鋼との境目が直線的にはっきりと出ているものよりも、美しく仕上がり、格調高い。このため、合わせ庖丁は霞仕上げがなされたものが多い。

だが、こうした仕上げをしていないものも中にはある。また、庖丁を長く使い込んでいくと、霞研ぎの部分が削れてなくなってしまう。

こういった、「霞」になっていない庖丁もあるので、本来は「霞」より「合わせ」と呼んだ方が正しいのだが、今日では「霞」のほうが一般的な呼び方になっている。

ステンレス庖丁

ステンレス製の和庖丁は、近年になって登場した庖丁である。伝統的な製法で作られる、本焼き庖丁や合わせ庖丁と比較すると、水切れがよくサビにくい、刃こぼれしにくい、といった長所がある。

また、ステンレス製の庖丁は、鉄にクロームと炭素を混合して製鉄したステンレス鋼を庖丁型に抜き、加熱・急冷して研磨する。前出の庖丁のように鋼を叩いて鍛造するという工程がない。大量生産が可能なので、品質が一定していてばらつきが少なく、価格も手ごろである。食材に庖丁の金気がついたり、逆に食材の香りがついたりしにくいという特徴もある。しかし、切れ味の面では前出の庖丁ほど長続きしない。また、砥石にのりにくいという面もあり、ステンレス庖丁専用に硬めの砥石を用意する必要がある（P204参照）。

ステンレス鋼はStainless Steel（さびない鋼）と表す。さびやすい鉄にクロームなどの金属を添加し、さびにくい鉄を作ろうという研究から、作られたものである。この研究の過程で、炭素の含有率が大きいほど劣化しやすいことが発見され、炭素の量を減らして作られたため、初めの頃のステンレス庖丁は、硬度が下がってしまった。

この、さびにくいが、硬度が低く、切れにくいというステンレス庖丁を改良するため、様々な研究がなされ、さびにくさと切れ味を兼ね備えた新しい素材も開発されている。以前は家庭用としての印象が強かったステンレス庖丁であるが、さびにくく、衛生面でも優れている上に、プロの使用に耐えうる新しい素材の和庖丁も登場してきているので、最近では店で使うところも増えてきている。

■本焼き庖丁
鋼だけで作る本焼き庖丁。刃には合わせ庖丁のような境目がなく、庖丁全体が光っているのが特徴。刃は付けにくいが、一度刃が付くと長時間切れやすい。脆くもあるので扱いには注意が必要。

■合わせ庖丁
鉄と鋼を貼り合わせた、合わせ庖丁。刃を柔らかい砥石で研ぎ、鉄と鋼の境目を美しくぼかして仕上げるため、その仕上がりの状態から「霞」「本霞」と呼ばれることが多い。刃が付きやすく、丈夫。

■ステンレス庖丁
ステンレスの和庖丁。直線的に仕上げて刃の部分を強調している。水切れがよく、さびにくいので衛生的。また、大量生産が可能で、品質も安定しており、手に入れやすい価格も特徴。

特殊庖丁の基礎知識

特殊庖丁は、限られた用途に合わせて作られた庖丁である。そのため、独特の形をしたものが多い。扱いも難しいが、基本的な使い方をしっかり覚えれば、練習の積み重ねで上手に使うことができるようになる。

ここでは、ハモ骨切り庖丁、ウナギ庖丁、すし切り庖丁、そば切り庖丁といった、いくつかの特殊庖丁について、簡単に紹介する。

ハモ骨切り庖丁

ハモ骨切り庖丁は、ハモ切り庖丁、骨切り庖丁とも呼ばれる。

ハモはおろした身に細かく硬い小骨がたくさんついている。非常に細かくびっしりとついているので、出刃庖丁ですき取ったり、骨抜きで抜くことが難しい。

そこで細かく硬い小骨を身ごと切ってしまう「骨切り」という方法が考え出された。この「骨切り」をするために作られたのがハモ骨切り庖丁である。

ハモ骨切り庖丁は、その重みを利用して、硬い小骨を叩き切るため、鋼が厚くできているのが大きな特徴である。

刃は片刃で峰の幅や刃が厚い。また、切り終えるときに庖丁を上に逃がすため、切っ先が少し上にそり上がっている。刃渡りはほとんどまっすぐで骨切りのときに刃がまな板に平行になるようになっている。

ハモの骨切りでは、小口から一定の幅で庖丁を入れていく。皮一枚を残すくらいにし、一寸（3・03㎝）に22～24の庖丁目を目安とするとよい。また、身に対し、庖丁を少し左に傾けて入れると、身がふわっと立つ。

ハモの骨切りでは、この熟練の技が料理のおいしさを引き立て、シャッシャッという骨切りの音もシズルを高める。

ウナギ庖丁

ウナギは体表のぬめりで刃がすべりやすい。また、魚体が細長く、頭から尾までまっすぐ一気に開かなければならない。そこで、骨が硬くぬめりがあるウナギを手早くおろすための、小型で使いやすく工夫された庖丁が作り出された。

ウナギ庖丁は、地方によって形が大きく異なるのが特徴である。

まず、背開きするときに用いられる関東式のウナギ庖丁。これは「江戸裂」と呼ばれ、先端が切り出しのようになっていて、切っ先部（三角刃とも呼ばれる）

●ハモ骨切り庖丁●

【ハモ骨切り庖丁】硬い小骨をもつハモの身を、皮目から切り離さずに切るための庖丁。切っ先が反り上がり、刃や峰が厚く、重量がある。

●ウナギ庖丁の種類●

【江戸裂】ウナギを背開きにする関東でよく使われるウナギ庖丁。切っ先部と元刃部に分かれている。刃は二段刃で、柄尻の峰側の角が切れ込んでいる。

【京裂】ウナギを腹開きにする関西でよく使われるウナギ庖丁。柄や刃渡りは短く、表側の峰が鍵型に厚くなっている。刃は一段刃。柄を深く握り込んで使う。

【大阪裂】京裂と同じく、関西でよく使われるウナギ庖丁。柄がなく、切っ先の部分がむき出しになっていて、すべて鋼でできている。刃は江戸裂同様二段刃。

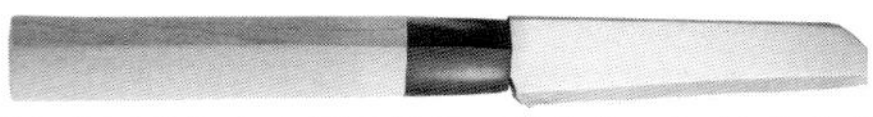

【名古屋裂】名古屋のほうで使われているウナギ庖丁。柄のほうがやや長く、庖丁の身も幅も狭くなっている。刃は京裂と同じ一段刃。

と元刃の部分とに分かれている。また、柄尻の峰側の角が斜めに切れ込んでいて、握ったときに手のひらにすっぽり柄の部分が収まるようになっている。

刃は片刃で二段刃になっており、刃の角度がついているところを中骨に添わせ、刃を骨の上にすべらせながらまっすぐに背を開く。

また、小さいサイズのものは、主に、ドジョウを裂くときに使われる。

これに対して、「京裂」と呼ばれる関西で腹開きにするときに使われているウナギ庖丁は、なたに似た形をしている。

刃は一段刃で、柄や刃渡りは短く、表面の峰の部分が鍵型に厚くなっている。この部分を手がかりにぐっと力を入れて、深く握るようにする。鍵型に厚くなっている分、先の方が重くなる。その重みを利用することにより、安定して庖丁を動かすことができる。

同じく関西でよく使われるウナギ庖丁に「大阪裂」というのがある。片刃の二段刃で、切り出し小刀のように、「江戸裂」の切っ先部にあたる部分がむき出しになっている。柄はなく、切っ先から元の部分まで鋼でできている。手のひら全体で、刃を除いた鋼の部分を握って使う。

主に名古屋のほうで使われている「名古屋裂」と呼ばれるウナギ庖丁もある。庖丁の柄の部分が長く、刃が比較的柄のほうに少しひっこんだような形をしている。柄を深く持って握り込んで使う。刃は片刃の一段刃で、刃渡りがまっすぐになっている。刃の幅は「京裂」に似ているが、厚みは京裂よりもやや厚い。

ウナギ庖丁が、これだけ異なる形に分かれた理由は、はっきりとはわかっていない。ただ、庖丁は、板前が自分にとって使いやすいよう、独自に改良して発展してきた道具である。それぞれの板前の要望に庖丁屋や鍛冶屋が応えていくうちにこれだけの種類が生まれたのではないかといわれている。

すし切り庖丁とそば切り庖丁

すし切り庖丁は、押しずしや巻きずしなどを切るときに使われる。主に関西で使われている特殊庖丁で、やわらかいすしの形を崩さないよう、刃は非常に薄く、両刃である。

先の方から刃を入れて、一度手前にひいて軽く押し切る。最後に手首を使って刃を垂直にあげ、向こうへ押して切り離す。刃全体が丸みを帯びているのは、すしを切るためのこれらの作業に適しているからだ。

庖丁は布巾で湿らせて使用する。手首をうまく使ってリズミカルに庖丁を動かし、一気に切る。こうすると、米などが刃につかず、切り口が美しく仕上がり、等間隔に切り分けることができる。

そばやうどんの生地を切るときに使われる、そば切り庖丁という特殊庖丁もある。生地を均一に切ることができるよう、刃渡りが長く、柄の下まで伸びているのが特徴である。

中指、薬指、小指の三本の指で柄を握り、親指と人差し指は刃の平に添える。延してたたんだ生地にこま板という添え板をのせ、こま板の枕に庖丁の刃をまっすぐ当てる。手前から向こう側へ押し出すようにして下ろし、庖丁の重さを利用して完全に切り離す。

このように、特殊庖丁は、形状、扱い方、ともに特徴があり、使いこなすのが難しい。しかし、素材に合わせて工夫が凝らされているので技術を身につければ、使い勝手のいい庖丁でもある。

押しずしや巻ずしを切るときに使われるすし切り庖丁。すしの形を崩さぬよう、刃は薄く、両刃。湿らせた庖丁で、手首をうまく使い、一気に切る。

そば切り庖丁は生地を均一に切るため、刃渡りが長く、長方形に近い、バランスのよい形をしている。こま板に刃を添え、庖丁の重みを利用して切る。

和庖丁の手入れと砥石の知識

手入れは、使い終わった後の手入れ（刃の磨き、研ぎ、保存）、そして刃こぼれをした場合の手入れ（修理）の二つに分けられる。どちらも切れ味を高めるために欠かせない作業である。

庖丁の刃の磨き方、保管の仕方

使用後の手入れ法は、全体を磨き、中砥と仕上げ砥で刃を研ぎ、水分がつかないように保存する（刃の研ぎについては後でくわしく述べる）。

まず、庖丁全体をクレンザーで磨く。布巾を固く巻いてタコ糸で縛った棒状のものにクレンザーをつけて行っている人が多い。危いので、必ず台に刃をしっかりつけて磨くようにする。このとき、柄も一緒にクレンザーで磨く。柄は汚れが目立ったままだと、細菌が発生しやすく、見た目にも不衛生だ。クレンザーで磨いていると、柔らかい柄は刃の部分より早く減ってくる。減りすぎたら、刃の減りにバランスを合わせて、庖丁店で取り替えるとよい。

磨き終わったら、よく水洗いする。熱湯で洗うと、柄が割れたり、安いものでは庖丁が曲がったりするので、80度以上のお湯に長くさらさない。水気をよく切ったら、乾いた布でよく拭き、風通しのよい平らな所に置いておく。タオルなどを上にかけておくとよい。

長期間使用しない庖丁は、さびに注意して保管する。手入れをし、乾燥させた庖丁の刃全体に植物油を薄く塗り、乾燥剤と共に新聞紙で包む。これを乾燥した場所で保管する。油が膜を作り、空気を遮断するため、刃がさびにくくなる。

時々、取り出して油を塗りなおす。さびが出ていたら、洗浄してさびを落とす。空気と水を避け、庖丁をさびから守ることが、長期間、保管するために大切だ。

＜研ぎの要領＞

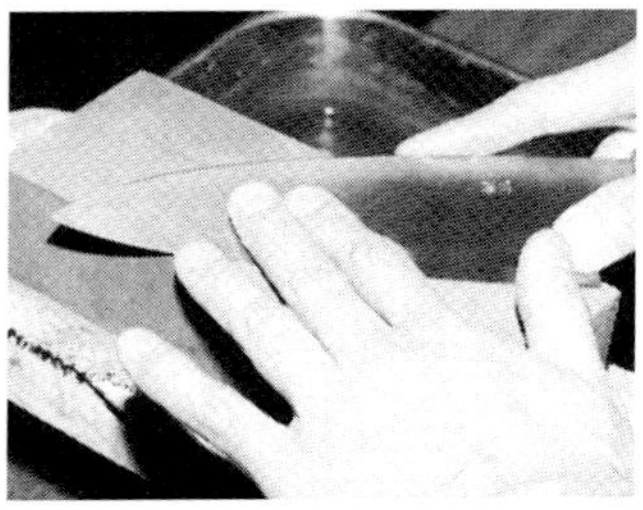

利き手で柄を握り、逆の手は庖丁の研ぐ部分に添える。添えた手は、常に砥石の中心線上を移動させるように動かし、「硯で墨をする」要領で余分な力は入れずに研ぐ。

砥石の選び方と基礎知識

刃の手入れでは、砥石選びも重要である。基本的には、荒砥（刃こぼれ時に使用）、中砥（刃付け時に使用）、仕上げ砥（刃の仕上げに使用）の三種類を用意する。ステンレス庖丁の場合は、通常の砥石では刃がのりにくいので、硬めの砥石を用意する（写真左下参照）。

砥石は、材質的に大きく分けて天然ものと人造ものがあり、人造ものでも、粒子を固めたものと、粒子を焼き固めたものがある。三種類の中では天然ものが、最も柔らかく、粉末を焼き固めたものが最も硬い。同じ番手の目でも、メーカーによって硬さは違うので注意する。また、石によってクセが違うので、そのクセを理解して使うことも必要だ。

庖丁は砥石の粒子と削れた庖丁の金属粒子とが合わさった泥で研ぐ。営業的に得だからと減りの少ない硬めの砥石を求める人もいるが、減らない砥石＝粒子のでない砥石では、庖丁は研げない。慣れない人ほど、硬いものより柔らかめの砥石を選ぶ方がよい。

また、何度も研いでいると、砥石の表面は凸凹してくる。このような砥石には、面を研いで平らにする「面直《めんなお》し」という手入れが必要だ。手入れが必要な研石を、別の砥石とすり合わせ、表面を平らにする。この、すり合わせる砥石には、手入れが必要な研石よりも、粗い目の砥石（コンクリートでもよい）を使う。

ステンレス庖丁用の砥石。和庖丁のものより、番手の高い、硬めのものを選ぶとよい。近年では、ステンレス専用の砥石も出てきている。

写真上より「荒砥」「中砥」「仕上げ砥」。荒砥は60～200番、中砥は800～1200番、仕上げ砥は6000番以上が、目安。ただ、同じ番手でもメーカーによって砥石の硬さが異なるので注意が必要。

＜研ぎの手順＞

10～20分ほど水につけ、水分を十分に含ませた砥石（中砥）で研ぐ。庖丁はまず表面の切っ先の方から研いでいく。切っ先の「そり」の部分は角度が違うからだ。

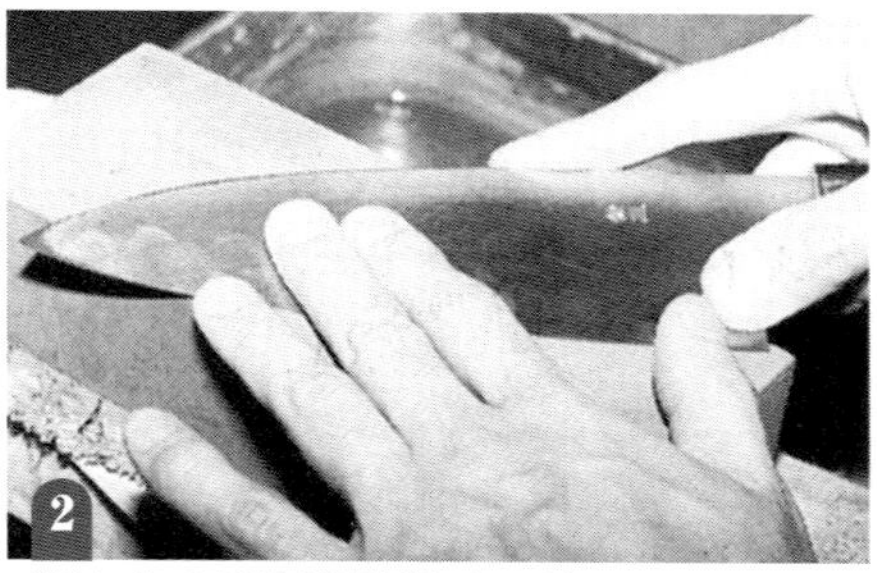

「そり」の部分が研げたら、徐々に刃元の方に移動して研いでいく。研いでいて出てくる黒い泥水は、刃を研ぐには不可欠なものなので、洗い流したりしない。

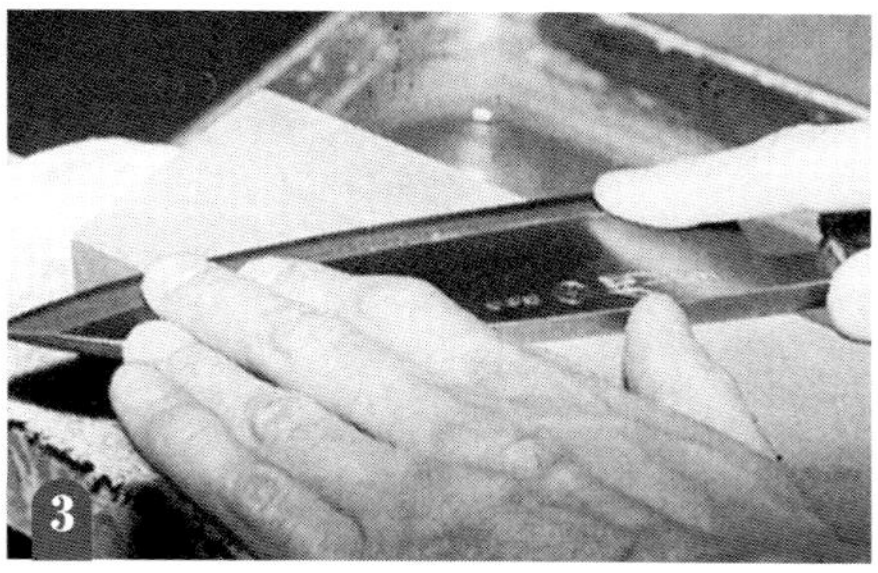

表面が研げたら、裏側を研いでカエリを取る。裏側は力を入れず、スッと研ぐ。表90回に対し、裏側は10回程度。終わったら仕上げ砥で同じように研いで仕上げる。

研ぎの正しい姿勢と手順

庖丁を研ぐのは、汚れを取り、切れ味を保っていくために大切な作業である。心を落ち着け、庖丁への感謝の気持ちを込めて研ぎ、砥石も手入れする。これを一日の仕事の締めくくりとして行いたい。

●研ぐときの姿勢

庖丁は、正しい姿勢で研ぐことが重要である。両足は肩幅よりやや広めに開き、膝はやや曲げてゆとりを持たせ、上体を少し前屈みにする。腕だけで研ぐのではなく、肘を通して腰で研ぐ感じで行う。履き物も滑りやすいものは避けたい。また、押すときにやや力を入れ、他に余計な力は入れないというのも研ぎの基本だ。刃の状態を確かめながらゆっくりと研ぐ。コツは、「硯で墨をする」要領。泥水の具合を保ち、砥石が乾いてきたら泥を流さないように水に当て庖丁を動かす。

●砥石（中砥）を準備する

砥石は水に10～20分漬け、充分に水分を含ませておく。砥石の準備ができたら、動かないように砥石を固定する。

●表面から研ぐ

砥石を上から見て、砥石の中心線に対して庖丁を60度の角度で斜めに当てる。薄刃、柳刃と出刃とで庖丁の角度は違う。このため片刃の和庖丁は刃の作られた角度（鎬《シノギ》の角度）に合わせて鎬の面を研ぐようにする（両刃の場合は鎬筋は目安にせず、刃を15～20度の角度で研ぐ）。研ぐときは利き手で柄を握り、逆の手で庖丁を押さえる。庖丁を押さえる手の中指（この下の刃が研がれる）は、必ず砥石の中心線上を移動するようにし、砥石から出ている部分にあてない。

最初は切っ先に近い部分から研いで行き、刃元の方に移動させる。庖丁によって、重点的に研ぐ部分と、そうでない部分があるので注意する。出刃は切っ先の方は研ぐが、刃元はほとんど研がない。柳刃は、切っ先から、腹、刃元で、5対3対2の比率で研ぐ。

●裏面を研ぐ

裏返してカエリをとる。表90回に対し裏は10回程度で軽く研ぐようにする。

●仕上げ砥で研ぐ

中砥で研いだ後は必ず仕上げ砥で研ぐ。中砥で研いでざらざらしたままの刃では、切れ味が滑らかでなく、金気が食材に移ったりするからだ。仕上げ砥も中砥と同じ要領で研ぐ。回数は少なくてよい。

刃こぼれの修理

刃こぼれした庖丁を研ぐには、荒砥を使う。まず刃こぼれした部分がなくなるまで全体に削り、その後で刃を付けて仕上げる。

荒砥は、刃こぼれ部分を研ぎ取る場合だけに使う。他の研ぎ方と同様、表面から研ぐが、庖丁を砥石の表面に対し、横から見て45度の角度に起こして研ぎ取る。刃こぼれの場合、荒砥による裏研ぎは行わない。

また、急いで力をいれて研ぐと、余計に刃を減らしてしまうので、ゆっくりと丁寧に研ぐようにする。

この後、中砥に代えて刃を付け、裏研ぎで約2㎜幅に研ぐとよい。その後、仕上げ砥で研ぎ、水気を切って保管する。

庖丁は、その扱い方ひとつで、その料理人の技術の程度や「格」まで分かってしまう特別な道具である。丁寧に扱い正しく手入れすれば、庖丁はその料理人の腕を引き上げてくれる道具にもなる。正しい手入れを身につけ技術を高めていきたい。

〈刃こぼれの修理〉

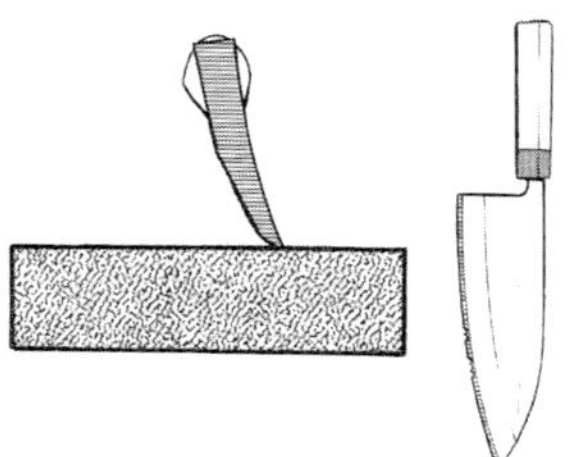

①荒砥を使い、庖丁に砥石に対して45度の角度に起こして刃こぼれ部分を研ぎ取る。

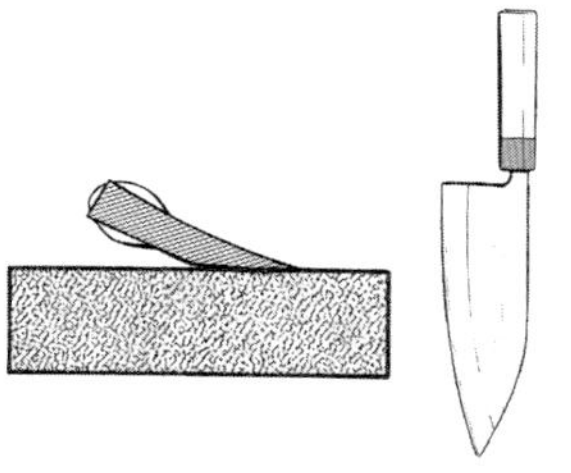

②刃こぼれを研ぎ取ったら、砥石を中砥に変えて刃を付け、裏研ぎ時に2㎜幅に研ぐ。その後仕上げ砥で研いで仕上げる。

まな板の役割と知識

まな板は材料を乗せて切るための単なる下敷きではない。庖丁の切れ味をさらに高め、作業の効率を高める、様々な役割がある。こうした意味からも、まな板選びや、手入れはおろそかにできない。

まな板の役割と材質

●まな板の役割

調理上のまな板の役割は様々である。その中でも、特に大切なのが、庖丁によって切る作業をリズミカルにする役割と、切ったときに庖丁の刃を傷めないようにする役割である。材料を切るとき、庖丁の刃には勢いがついているが、その勢いはまな板によって吸収される。表面が刃を受け止め、わずかに切れることによって衝撃を吸収し、適度の跳ね返りを生んでいるのである。この適度な跳ね返りが庖丁作業をリズミカルにする。

まな板の使いやすさを表現するとき、「粘り」があると言うが、この「粘り」は庖丁の刃がまな板の表面を切って適度に食い込む度合いのことを指す。

まな板には他にも、材料を安定させる役割などがある。また、刺身の盛りつけなど、料理の仕上げ作業にも使われる。まな板に白色や単色、木目などが多いのは、衛生的なイメージからだけでなく、料理の邪魔をしないという理由もある。

●まな板の材質

独特の香りのため好き嫌いはあるが、一般には、昔からまな板の最高級品は檜製のものとされる。その後は銀杏、檜葉、桂、朴の木、柳…と続く。

業種によっても適したまな板がある。例えば和食全般では檜のものが良いとされるが、うどんなどを切る場合は檜では固すぎるため、銀杏や朴の木が適しているという人もいる。柳は柔らかすぎると嫌う人もいるが、塩で洗うと木目が締まり、使いたての刃当りが出ると評価する人もいる。材質の特性を知り、仕事にあったまな板を選ぶことが大切である。

また、繊細な感覚を必要とする庖丁の仕事に使うものなので、仕事に馴れてきたら、自分に合ったまな板を選ぶようにしたい。

最近になって大衆店を含め多くの店で使われるようになったのが、合成樹脂（プラスチック、ゴムを含む。以下同）製のまな板である。抗菌タイプのもの・積層式のものなど扱いやすいものも増えている。最大のメリットは、品質が安定的で様々なサイズのものが揃えられ、大型のものでも低価格で手に入るという点。しかも、木製のまな板に比べて扱いや手入れがしやすい。ひと昔前のもののように、固くてたわみやすいものは少なくなり、木製のものに迫る品質のものが登場してきている。刃当り感も、木製に近づけるよう各メーカーで改良されてきている。

また、刃当り以外の問題も、徐々に克服されてきている。例えば、初期の頃は、購入したてのまな板を水にぬらすと材料が滑りやすいという使いにくさがあった。しかし、表面加工を変えることで、水にぬらしても摩擦抵抗が変わらず、滑らないものが開発されている。

まな板の選び方、揃え方

まな板の材質決めには、前述の各種特徴を参考にしていただき、ここでは、まな板のサイズ決めについて説明する。

まな板は、よく使う基本の一枚を用意し、それを補うように小さめのものを何枚か用意するのが、基本的な揃え方である。基本のまな板は、店でまな板を置いて使う場所の寸法を測ってから、使うスペースにぴったり合うものを購入する。

基本のまな板を補う形で、仕事に合うまな板を何枚か揃えるようにするとよい。

基本のまな板には、ある程度の厚みが必要である。ちなみに、よく売れている厚さは90㎜。刺身用では60㎜である。まな板の厚みは、仕事の質と密接な関わりがある。特に差し渡しで使うまな板については、ある程度厚みがあるものがよい。魚の下処理などで量をさばく店、客数の

●桂●

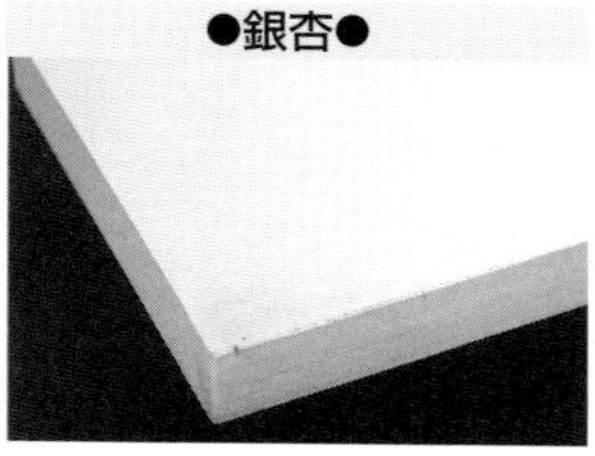
●銀杏●

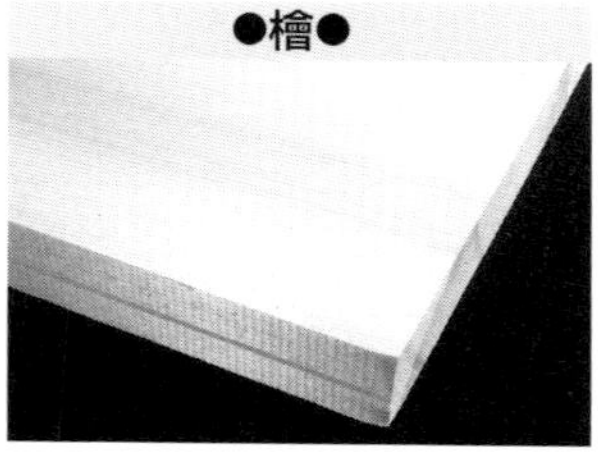
●檜●

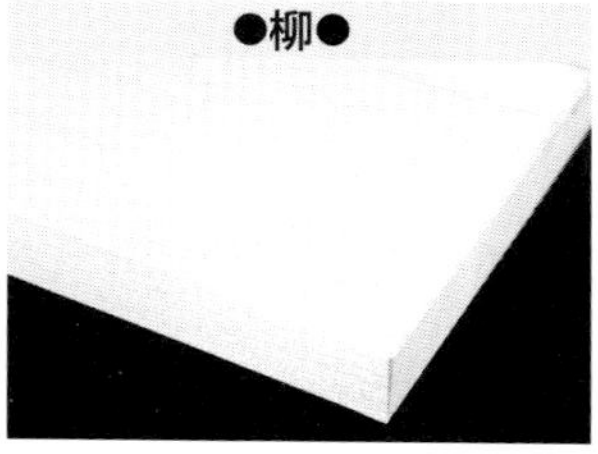
●柳●

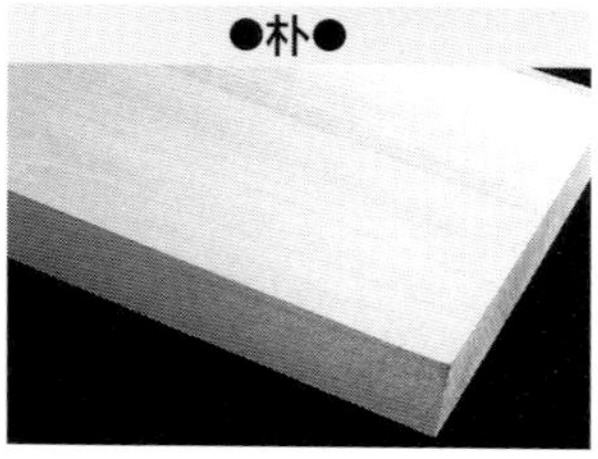
●朴●

〈材質の特徴と用途〉

多い店でも、厚めのものを買う。厚めのまな板は庖丁のショックを適度に吸収するので、長時間使っていても疲れない。また、まな板は削りながら使うのが普通なので、やや厚めのものを購入した方が長持ちする。使うときの高さは履き物によって調整できる。

基本のまな板の上に乗せて使う小さなまな板については、薄くてもよい。ただし、30㎜くらいある方が使いやすい。

まな板を効率よく使うにためは、前述のように複数のまな板を用意して使い分けるとよい。肉・魚介・野菜などに分けたり、火が通ったもの・生もの・魚介に分けて使う。魚介類を分けたほうがよいのは、魚介の皮などに細菌類がついていることが多いからだ。

さらに、客の前で庖丁さばきを見せるスタイルの店では、小型のまな板を用意しておくと便利だ。小魚を下ろすとき、小型のまな板があれば、客の前で仕上げ用まな板を汚さずにすむ。

材質	特　　徴
檜《ヒノキ》	まな板の中では最高級。法隆寺の建材にも使われているように、ヒノキチオールという抗菌性の水気をはじく芳香成分を含み、腐りにくい。木の色が白いため、器を置いて盛りつけるときの邪魔にならない。また木肌もひじょうにきれいで清潔感があるため、客の前でも使える。料理の最後の仕上げ用に向く。
銀杏《イチョウ》	檜に次ぐ高級まな板。木肌は滑らか。木はやや淡黄色かかった白。タンニン分を含み、殺菌効果もあり腐りにくい。大木が多いため、大きなまな板に用いられることが多い。西日本でよく使われる。料理の最後の仕上げ用に向く。碁・将棋の盤にも使われる。
檜葉《ヒバ》(翌檜)	植物名からも分かるように檜科で、木の固さや弾力については、ほぼ檜と同じ。ただし木の色は、ややくすんでいて白くない。檜よりヒノキチオールが多く、独特の芳香が強いため、好き嫌いがある。料理の最後の仕上げ用に向く。

材質	特　　徴
桂《カツラ》	中部以北に多い広葉樹。布の張り板としても使われるように、香り少なく、アクが出ない長所がある。木肌は滑らかで、ささくれもおきにくい。色は褐色。大木になるため、大きなまな板にされることが多いが、近年は木が減ってきている。料理の最後の仕上げ用に、檜の代用で使われることが多い。
朴《ホオ》	大木は少ないが、全国的に分布している。木の性質は桂とほぼ同じで、アクも出ないし香りも少ない。桂と同様、近年は減少気味。料理の最後の仕上げ用に向く。
柳《ヤナギ》	割り箸や柳行季などに用いられるように、木は柔らかい。しかし弾力に豊むため庖丁の切り傷は、他のまな板よりも小さくてすむ。木肌は滑らかではないので、出刃庖丁で魚をさばく作業に向く。
桜《サクラ》・欅《ケヤキ》	木質が固いため、日本のまな板としては肉切り用として、ごく一部で使われている程度。中華まな板としてよく使われる。

まな板の手入れ

●使用前後の手入れ

まな板を使う前には、必ず水で表面を洗う。乾いたまま使うと材料の臭いや材料がつきやすく、後で洗っても落ちにくい。また、木製まな板の場合は、水を吸うことによって木が僅《わず》かに膨らみ、少しの庖丁傷ならふさがるので、まな板を長持ちさせることにもつながる。

使うときの注意点は、一つの作業が終わったら、まな板を洗い流すことである。これも材料の臭いや色がつかないようにするためだ。生臭みの多い材料を使ったときは、塩をつけてタワシでよくこすっておくとよい。それでも生臭みが残るときは、生姜をこすりつけておくと、臭いが消える。

まな板を清潔に、長持ちさせる決め手は、使い終わった後の処置の仕方にある。

使い終わった後は、まず必ず中性洗剤で油汚れを洗い落とすようにする。木製の場合は、木質にしみ込みやすいので、洗剤で洗った後、水を切るために風通しの良いところに立てて干しておく。

こうしておけば、漂白は週に一度で済む。油汚れを落とさないと漂白剤がはじかれて効果がないので注意する。漂白は、小さいまな板なら、漂白剤を溶かした中に漬けておく。大きなまな板には、漂白剤をかけ、その上に水を絞った布巾をまな板一杯に広げるとよい。さらに、木製の場合は、乾きにくいので、時々、窓越しの日の入る所に置いて日光消毒する。

●まな板についた傷の手入れ

まな板は使いつづける間に庖丁のあたる部分が刃で削られ、傷も多くなってくる。昔はカンナなどを使って削ったが、上手に削らないと表面が凹凸になったり、ささくれ立ちを作ってしまう。また合成樹脂製のものの中には、削った部分からクズが出やすいものもある。

今日では、合成樹脂製のまな板削りの業者があるのでそこへ頼むとよい。木製のものなら購入した店へ相談すると、削り直しに応じてくれる。

また、小さな傷程度なら、専用のまな板削り器も販売されているので、こうした道具も活用し、常に衛生的で使いやすい状態にしたまな板で、仕事を進めたい。

本書は『わかりやすい和食の庖丁技術』（平成13年発行）をベースに『むきものの技術』（平成18年発行）の掲載内容を合わせて加筆し、1冊にまとめたものです。

増補版

プロの仕事が身につく

和食の庖丁技術

発行日　平成28年5月8日　初版発行

編者　旭屋出版編集部（あさひやしゅっぱんへんしゅうぶ）

発行者　早嶋　茂

制作者　永瀬　正人

発行所　株式会社 旭屋出版

〒107-0052　東京都港区赤坂1-7-19
キャピタル赤坂ビル8F
電話 03（3560）9065
FAX 03（3560）9071

郵便振替　00150-1-19572

印刷・製本　凸版印刷株式会社

ISBN978-4-7511-1198-7 C2077